스토리 창업 & 창업가정신

이 저서는 2017년 대한민국 교육부와 한국연구재단의 지원을 받아 수행된 연구임 (NRF-2017S1A5B5A07061363)

스토리 창업 & 창업가정신

유성은 지음

pnc
publishing and culture
피앤씨미디어

머리말

협동과 경쟁의 본질은 자연과 인간사회가 생명력을 유지하고 발전하게 만드는 우리의 삶의 원동력이다. 격변(turbulence)하는 환경과 불확실성이 점점 커지는 지금 세계는 미국의 보호무역주의와 중국의 굴기(崛起), 일본의 부활, 4차 산업혁명 속에서 생존을 위해 저마다 혼신을 다해 뛰고 있으나 한국은 그동안 경제성장과 일자리 창출을 주도했던 전통산업이 쇠퇴하고 대기업들이 지속적인 고용창출을 하지 못하고 있다. 2006년 1인당 국민소득 2만 달러를 넘은 지 10년이 지나고도 3만 달러를 넘지 못하는 저성장시대에 빠진 오늘날 우리에게 가장 시급한 과제는 침체를 극복하고 일자리 문제를 해결하는 것이다. 2017년 말 청년실업률이 역대최악인 9.9%라고 하지만 체감실업률은 외환위기 때보다 심각한 22.7%까지 치솟아 청년실업이 심각한 사회문제화되었고, 취업절벽과 마주한 우리청년들에게 난관을 해결할 최상의 대안은 창업이라는 인식에 정부도 대학창업교육 현장에서 해답을 찾기 위해 다양한 창업활성화 정책을 시도하고 있다. 그러나 실제 창업교육 현장을 보면 목이 아프게 창업을 외치는 교수와 무관심과 무반응으로 일관하는 학생들, 그 사이에서 가시적인 성과를 내라고 대학을 압박하는 정부 등 대학 창업교육의 세 주체들은 서로 다른 방향을 보고 있는 실정이다. 관련부처에서는 대학에 창업교육성과를 독촉하지만 정작 대학생들은 창업하는 방법이나 아이디어보다는 창업 자체에 대한 두려움과 자신감부족 때문에 선뜻 창업에 나서지 못하고 있다. 특히 준비가 부족한 대학생들이 억지로 창업을 시도하려니 창업관련 정보도 부족하고 초기자금 융통도 녹록치 않은데, 설사 어렵게 창업을 시도하려 해도 곳곳에 복병이 많아 기대할 만한 실전 창업도전은 엄두를 내지 못하는 실정이다. 더구나 창업은 체육관의 연습용 목검(木劍)승부가 아니라 정글 앞의 위험한 진검(眞劍)승부이므로 예상 못한 불확실성과 수많은 위험을 동반할 수밖에 없다. 그럼에도 역동성이 부족한 우리에게 창업은 미래의 희망이라는 데 모두가 공감하고 "청년창업은 1%의 가능성에 99%의 노력이 더해져야만 성공할 수 있다"는 인식과 "창업은 할 만하다"는 창업에 도전하는 분위기 조성과, 위험을 감수한 무모한 도전에 대한 응원도 절실히 필요하다.

또 창업가정신의 대표적 발현사례가 창업(Startup)이고, 창업의 핵심이 창업가정신(entrepreneurship)이며, 창업가정신은 적용범위가 창업뿐만 아니라 어느 조직에나 꼭 필요한 성장엔진으로, 불확실성이 높은 격변의 시대에 국민 누구나 습득해야 할 햇빛과 같은 생명의 기운이고 야성적 에너지이며, 모든 산업에서 적용되는 사회 및 경제발전의 촉진제다. 또 현재 우리 사회 대부분 산업은 경쟁이 치열한 레드오션(red ocean) 상황에서 경쟁 없는 블루오션(blue ocean)을 개척하려는 기업들에게 끊임없이 위험을 감수하면서 창의적 혁신을 추진할 개인의 기본역량이자 도전하는 생명에너지로써 경제사회적 가치를 만들어 내는 필수적인 요소가 창업가정신이다. 또 창업가정신으로 무장한 혁신적 스타트업의 출현과 성공이 선순환되는 국가만이 일류국가로 발전할 수 있지만 이는 기존의 주입암기식 학습을 통한 단순이해로 습득(mastering)할 수 있는 성격이 아니기 때문에 다양한 사례를 포함한 스토리형식을 활용할 경우 창업자들에게 보다 쉽게 접근할 수 있을 뿐 아니리 본질의 바른 이해와 감각적 체득에 더욱 효과적이라는 판단 때문에 본서를 스토리 형식으로 집필하였다. 본서에 대한 기대효과는 다음과 같다. ① 창업과 창업가정신의 본질을 이해함으로써 창업에 대한 막연한 두려움을 벗어버리고 자신감을 갖는다. ② 활력을 잃고 저성장의 늪에 빠진 우리 경제의 역동성회복을 위하여 창업가정신의 핵심인 창의적 혁신과 도전정신으로 가치창출을 일상화함으로써 경제활성화의 기반을 조성한다. ③ 제2의 한강의 기적을 재현할 주인공들을 육성함으로써 창조적 혁신국가로의 재도약을 준비한다. ④ 우리 생활 전반에 역동성을 상승시켜 위축된 청년들이 꿈을 갖고 자신감을 되찾으며, 삶의 질을 향상시키는 동력을 얻는다. 또한 이 책의 출판을 허락해 주신 박노일 대표님과 독자들과 더 효과적인 커뮤니케이션을 위해 애쓰신 심성보 이사님께도 감사드린다.

– 충절공가에서 수공(修空) 유 성 은

차 례

Chapter 1

창업환경과 창업시장 트렌드trends

1. 사회변화와 창업환경

2016년 1월 세계경제포럼WEF: World Economic Forum, Davos Forum에서 제기된 제4차 산업혁명은 디지털 기술과 기존 제조업과의 융합혁명을 통해 사물인터넷IoT, 클라우드Cloud, 빅데이터Big Data, 자동차의 자율 주행기능Mobile, 인공지능AI, 3D프린팅, 바이오테크놀로지biT 등 첨단기술이 융합되고 혁신하여 새로운 창조가 이뤄질 것으로 예상된다. 특히 4차 산업혁명을 주도할 미래유망기술로 공감대가 형성된 인공지능AI분야는 인간의 두뇌작용을 컴퓨터 혹은 기계가 스스로 추론·학습·판단하면서 행동하는 시스템이다. 인공지능의 발전으로 IBM 인공지능 의사doctor 왓슨Watson은 수천 개의 환자 유전자 특성과 2,000만 개 논문을 비교 분석하여, 희귀한 유형의 병명을 찾거나 수술성공률도 수준 높은 의사보다 탁월하다고 한다. 또 테슬라의 신개념 고속철도(하이퍼루프)는 시속 1,300km(마하 1.06)로 서울과 부산 간(441km)을 20분 만에 주파할 정도로 발전하고 있으니 변화속도가 빛의 속도speed of light인 시대가 되었다. 특히 광속변화의 선두주자인 구글의 인공지능 바둑 SW '알파고'는 2016년 이세돌을 비롯한 세계최정상 바둑기사들을 대상으로 60연승을 기록하면서 사람이 입력한 방대한 자료를 바탕으로 판단하면서 인공지능의 새 장을 열었다. 그런데 최근 한층 더 진화된 새로운 차원의 인공지능 알파고 제로Zero는 기본적인 규칙을 입력하면 스스로 학습한 후 판단하고 결정하는 수준까지 발전하여 3일(72시간)간 독학 후 원조 알파고와의 제한시간 2시간의 대국에서 100전 100승의 압승을 거두었다. 또 4차 산업혁명에 따라 유통산업에도 혁명적인 변화로 세계적 유통공룡 아마존Amazon이 선보인 무인항공기 드론Drone을 활용한 상품 배달시스템이나 직원, 계산대, 대기시간 등 세 가지를 없앤 오프라인 식료품점 〈아마존 고amazon go〉가 일반화될 전망이다. 글로벌 기업들 사이에서도 아마존에 대한 공포는 경계가 없다.

또 옆 차선에서 달리는 운전자와 통화가 가능한 커넥티드 카Connected Car, 인공지능으로 움직이는 무인자동차 등 수많은 첨단기술이 필요한 자동차의 미래는 세계최대의 인터넷검색 서비스 기업 구글Google이 인공지능AI과 사물인터

2017년 창업 시장 흐름 전망

진화하는 가성비 시장 (가성비＝가격 대비 성능)	한 공간에 두 아이템… '숍인숍' 확산	배달해주는 맛집 증가	혼밥·혼술족 겨냥한 매장 재구성	골프에서 야구·테니스로… 스크린 놀이방 다양화

자료: 에프씨창업코리아·맥세스컨설팅

1인 가구는 산업 지형도를 바꾸고 자신만의 안락한 공간을 원하는 이른바 코쿤cocoon문화 발달을 등에 업고 VR(가상현실)방도 점차 영역을 넓히고 있다.

'가성비' 세분

'가성비(가격 대비 성능)'는 창업시장에선 대세로 자리 잡은 지 오래고 경기침체를 타고 가격에 비해 성능이 좋은 제품을 선호하는 현상은 더 심화할 것으로 보인다. 무조건 가격을 낮추는 데 주력할 게 아니라 품질에서 차별화하는 게 관건이다. 커피체인점 카페베네는 126가지 맛을 즐길 수 있는 베이글 등 다양한 디저트 메뉴 개발에 총력을 기울이고 있고, 일식 전문점 미타니야는 호텔급 일식을 합리적 가격으로 제공한다는 기치를 내걸고 '매스티지(masstige: mass와 prestige)를 조합' 소비자층 공략에 나섰다.

한 지붕 두 가족… 숍인숍 증가

밥집에서 밥만 먹고 피자집에선 피자만 먹는 시대는 지났다. 점포 가동률을 높여 매출을 올리기 위하여 한 점포에서 두 가지 아이템을 취급하는 곳이 늘고 있다. 원할머니보쌈족발·박가부대찌개, 본죽·비빔밥 카페, 훌랄라치킨·인앤피자 등이 있고, 외식업체 더본코리아는 빽다방을 기존점포 안에 끼워서 등장시키고 있다. 한 점포 공간을 공유하는 '숍인숍shop in shop'은 권리금과 임대 보증금·시설비 등 고정비용을 크게 줄이고, 기존 매장고객을 활용할 수 있다.

맛집도 이젠 배달로 승부

장기불황에 따라 맛집들도 이젠 배달 서비스로 눈을 돌리고 있다. 배민라이더스와 푸드플라이 등 배달업체들이 먼저 뛰어든 맛집 배달서비스에 맛집 정보 앱 식신히어로가 가세했다. 도시락업체 한솥도시락은 앱을 통해 주문·결제를 먼저하고 매장에서 픽업만 하는 서비스를 준비 중이다.

– 조선일보, 2017.1.6.

넷, 빅데이터 등 미래가치와 무인차에 필요한 뛰어난 기술을 선도하고 있다. 미국 라스베이거스에서 2017년 1월 열린 소비자가전전시회CES 2017은 주인을 따라다니며 바람을 불어주는 에어컨, 좋아하는 프로그램을 먼저 틀어주는 TV, 공중에 뜬 채로 음악을 들려주는 블루투스 스피커, 운전자와 감정을 나누는 자동차 등 연결을 통한 소비자 경험에 초점이 맞추어졌다. 또한 국제전자제품박람회CES 2018의 주제는 스마트시티Smart City로 그동안 일부기기에만 제한적으로 쓰였던 기술들이 대부분의 가전제품과 자동차 및 집에 일제히 적용되면서 인공지능AI과 자율주행 기술이 일상 속으로 들어왔음을 보여주었다. 이처럼 다양한 광속의 변화 속에서 새로운 기회와 위협요소가 동전의 양면처럼 혼재되어 있고 그 기회가 사업business의 씨앗이 되기 때문에 미래 세상변화를 선도할 창업자가 되기 위해서는 큰 관심을 가져야 할 것이다.

독일 막스플랑크연구소는 "국민소득 2만 달러까지는 생산요소의 투입으로 가능하지만, 그 이상의 성장을 위해서는 창업가정신이 관건이다"라고 강조하였다. 또 여론조사기관 갤럽Gallup의 CEO 짐 클리프턴James K. Clifton에 의하면 새로운 양질의 일자리 창출효과에서 신생 벤처기업의 일자리 창출기여도가 65%라고 하니, 현재에 안주하거나 안정적인 일자리만을 고집한다면 일자리 장벽을 넘어 생존의 한계와 마주할 수밖에 없는 상황이다. 그 대안으로 우리청년들의 창의적 혁신마인드를 제고시키고 경제성장에 주춧돌인 창업에 대한 두려움 극복할 수 있도록 자신감과 도전의지를 함양하는 것이 많은 일자리를 만들 전제조건이다. 그러나 지금 사회에 진출하려는 대학생들은 일자리를 찾지 못한 채 미래에 대한 불안감과 무한경쟁의 공포에 빠진 채 학교를 벗어나기가 두려워 졸업을 미루며 조마조마한 마음으로 취업문을 두드려 보지만 취업은 녹록치 않다. 불안감에 대한 반작용으로 청년층에게 안정된 직장을 선호하는 분위기가 조성됨으로 인해 수많은 공시족이 양산되고 있다. 교육부와 한국직업능력개발원이 발표한 2017년 초·중등 진로교육현황조사에 따르면 초·중·고생 모두 희망직업으로 교사를 가장 많이 꼽았다. 중·고생은 교육부와 직능원이 진로교육 현황조사를 처음 실시한 2007년부터 11년 연속 희망직업 1위에 교사가 올

주력 소비자 감소시대… 뉴노멀 경제의 소비 7대 트렌드

2016년부터 30~54세에 해당하는 주력소비자가 본격적으로 감소하기 시작했다. 한국경제는 이제 뉴노멀New Normal 경제로 변화했다. 급격한 고령화, 4차 산업혁명의 시작, 마케팅 4.0 시대로의 진화 등으로 한국 경제는 과거 60년간 경험하지 못한 새로운 표준, 즉 '저성장' 경제로 진입했다.

① 4차 산업혁명과 기술 변화로 인한 파괴적 혁신이다. 최근의 기술혁신은 기존의 일자리와 비즈니스를 와해시키는 '파괴적 혁신'이다. 2017년 문을 연 시애틀 소재 아마존의 스마트 매장 '아마존 고'는 80명이 필요했던 식료품 매장의 직원 수를 6명으로 감소시켰다.

② 고객 수 감소다. 고성장이 표준이던 경제에서는 고객 수와 객단가 모두 지속적으로 증가했으나 한국은 작년부터 주력 소비자 수가 줄었고, 16~64세 경제활동인구도 1~2년 후 감소하기 시작한다.

③ 1인 가구 증가다. 일부일처一夫一妻 결혼의 붕괴와 양육비 증가, 일자리 부족에 따른 결과다.

④ 100세 시대다. 수명연장으로 인생의 불확실성이 높아지고 고소득 고령층의 소비가 감소하면서 구매력이 위축되고, 소비환경과 구매행태도 바뀌는 추세다.

⑤ 인구 1,000만 명 이상의 글로벌 메가시티만 성장을 지속하고 나머지 지역은 정체되는 현상이다.

⑥ 스마트폰으로 쇼핑의 개념이 검색으로 바뀌었다. 소비자가 많은 정보를 무상으로 획득하게 되면서 기업과 소비자 간 정보비대칭이 없어졌다.

⑦ 옴니채널이다. 과거 소비시장을 오프라인이라는 육지와 온라인이라는 바다에서 각각 활동하는 육군과 해군이라면 이제는 오프라인과 온라인의 경계가 무의미해진 옴니채널 시장이 도래했다.

뉴노멀 현상은 기업의 성장전략과 정부의 경제, 사회정책의 대수정을 요구하고 있다. 기업은 성장전략을 뿌리부터 바꿔야 한다. 소비재 유통산업의 경우 내국인의 구매력으로는 지속성장이 힘들다. 따라서 1인 가구와 관광객 등 틈새성장 시장 영업력을 강화하고 옴니채널 등 성장채널을 구축해 지속성장을 도모해야 한다.

랐다. 초등학생도 2012년과 2014년을 제외하고는 교사가 줄곧 1위였다(조선, 2017.12.25). 반면 미국의 스탠퍼드나 MIT 출신 상위권 학생들은 대부분 창업을 하고, 그다음부터 대기업에 가는 반면 한국은 최상위 등급은 대부분 대기업에 입사하고 높아진 취업문턱에 막혀 아무 곳에도 취직 못한 학생들이 취업대신 창업을 선택하다보니 턱없이 부족한 에너지로는 그 험한 고난을 이겨나가기에 너무나 버거운 상황에 직면하게 된다. 이러한 사회분위기를 활력 넘치게 전환하고 창업을 활성화하기 위해서는 세부적 지원시스템보다 젊은이들이 도전에 나설 수 있게 사회·교육구조를 개선하는 게 더 시급하다.

현재 산업·경제 관련 부처는 물론 모든 정부부처가 국정과제인 일자리 창출에 총력을 쏟는 분위기이고, 정부의 청년창업에 초점을 맞춰 일자리를 늘리겠다는 아이디어는 좋지만 창업은 정부가 독려한다고 해서 활성화되는 것이 아니기 때문에 창업할 수 있는 환경과 분위기가 조성되어 자연스럽게 창업에 나서겠다는 청년이 많아져야 한다. 청년이 선뜻 창업에 뛰어들지 못하는 근본 이유부터 따져보고 창업환경을 만들어야 한다. 젊은이들을 도전으로 이끄는 분위기 조성은 우리 사회 모두가 공동으로 책임을 져야 하고, 학생들이 창의력을 발휘할 수 있도록 교육시스템의 중심축을 입시에서 능력개발 중심으로 바꾸고 교육과정을 다변화함으로써 청년들 스스로도 위축된 분위기를 벗어나 도전정신을 발휘해야 한다. 또한 창업과정의 시행착오와 실패를 용인하는 분위기 조성, 그리고 무모한 도전이 일상화되고 도전이 두렵지 않은 사회분위기를 조성하여야 한다. 감당하기 어려운 창업실패에 대한 두려움해소 및 실패한 창업자를 위한 재활프로그램 구축과 같은 재도전 환경을 개선함으로써 누구나 분명한 목표와 불굴의 의지를 가지고 노력한다면 성공할 수 있다는 분위기를 조성해야 한다.

> "가만히 있는데, 저절로 성공하는 신화는 없다. 의류쇼핑몰 바이미by me 또한 태풍, 천둥, 벼락을 오롯이 품고 성장했다. 1년 동안 개발자를 찾아 뛰어다녔고, 디자이너 한 명 한 명을 만나 입점을 설득했으며, 사업가 선배들을 쫓아다니며 조언을 구하며 회사를 키워나갔다. 태풍과 천둥, 벼락을 품은 노력 없이 절로 얻을 수 있는 건 세상에 아무것도 없다."
>
> –「태풍, 천둥, 벼락을 품은 기업가가 되어라」 중에서

준비된 창업을 위하여 기술이나 아이디어, 자금, 시장, 인력 등의 요소를 확보한다고 충분한 것이 아니며 더 가장 중요한 것은 창업자가 기업가적 기질을 가졌는가, 기업 환경에 적응하고 성장해나갈 수 있는 사람인가의 여부다. 즉, 창업가정신Entrepreneurship과 역량을 갖춘 사람이어야 한다. 흔히 기술이나 아이디어를 사업화시키거나 취업의 대안을 찾고자, 아니면 사회적 경험이나 자금의 활용차원에서 창업에 뛰어드는 경우, 창업자는 도전정신과 모험심, 끈기와 결단력의 기질과 더불어 경영자원을 확보·운영할 수 있는 역량을 갖추고 있어야 한다. 특히 창업가들이 창업성공에 자신감을 가지고 도전하기 위해서는 우선 창업을 대단히 어렵고 특별한 소질을 가진 사람만 할 수 있는 일이라는 고정관념부터 깨트려야 한다. 창업하면 나의 삶을 살고, 취업하면 남의 삶을 산다는 말처럼 나의 삶을 살기 위해서는 고난을 감수할 남다른 의지가 필요하고 창업자들이 성공적인 창업을 위해서는 철저한 시장조사를 바탕으로 전략적으로 충분히 준비된 창업이어야 한다. 하지만 '어떡하지!', '어떡해!' 하면서 발만 동동 구를 뿐 그에 적절한 준비를 하지 못한 채 불안한 창업밀림을 헤쳐 나가야 할 초보 창업자에게는 매 상황마다 처음 접하는 난감한 사태들뿐이니 문제의 본질을 꿰뚫지 못하면 매번 헤맬 수밖에 없다. 이와 같은 전반적 식견을 갖춘 준비된 창업을 위해서는 ① 구상하고 있는 아이템의 시장상황과 트렌드, 경쟁환경, 고객환경 등을 분석해서 사업의 기회요소와 위험요소를 파악해야 하고, ② 기회요소와 위험요소를 감안해 사업아이템의 명확한 사업콘셉트를 정해야 하며, ③ 명확한 콘셉트를 세부적으로 연구, 분석해 차별화 전략을 세워 경쟁우위를 만들어야 한다. ④ 대상지역의 특성과 핵심 고객층을 중심으로 단계별 운영전략 계획을 세우는 것이 필요하다. 이러한 절차적 지원과 함께 정부기관의 다양한 자금지원과 교육지원 및 컨설팅 지원에도 불구하고 많은 청년들이 창업을 시도하지 못하는 이유는 창업에 대한 전반적인 이해가 부족하고 창업에 대한 전체적인 디자인이 안 됨으로써 마주하게 되는 막연한 두려움과 공포감 때문이며, 혹 어렵게 오랫동안 고심을 거듭해 치밀한 준비를 거쳐 꿈꿔왔던 창업을 한다 해도 선점하고 있는 기업들과 경쟁하며 수익을 창출하는 것 또한 힘겨운 일이기 때문이다. 따라서 실제 창업실패를 줄이기 위해서 창업자 스스로 실패를 두려워하지 말고 상황대처 능력과 위기관리능력에 대한 폭넓은 공부를 해야 한다. 대학생처럼 창업 경험이 없는 예비창업자라면 업종 선택에서부터 치열한 공부와 정보습득이 선행되어야 성공창업에 한 걸음 가까이 다가갈 수 있을 것이다.

2. 창업의 본질과 창업지원 시스템

1) 창업의 본질essence

먼 옛날부터 시간과 에너지를 투여하여 유용한 가치를 만들어 내는 행위는 우리 삶 자체였고, 우리는 인간의 생존과 번식의 동력인 의미 있는 일을 업業이라고 표현한다. 힌두어 카르마karma, 라틴어 미션mission이라고 하는 업業의 핵심인 직職은 자리를, 업業은 일을 의미하므로, 취직은 자리에 들어서는 것, 창업은 일業을 만드는 것을 뜻한다. 지금도 제도권 교육의 학습과정을 마치는 졸업반 학생들의 사회진출(취업 or 창업)을 선택해야 할 시점에서 취업就業을 선택하는 것은 그 조직의 목표를 달성하는 데 이바지하겠다는 약속을 전제로 한 고용계약을 체결하는 것이고, 창업創業을 선택하는 것은 무언가 의미 있는 고객가치를 창출함으로써 자신이 주인공이 되는 사업business의 시작을 의미한다. 취직과는 전혀 다른 삶의 방식을 요구하는데 창업business start-up이란 창업가가 남들이 보지 못한 기회를 찾아 사업목표를 정하고, 그 기회를 토대로 충분치 않은 자원으로 불확실성과 위험을 감수하면서 각종 자원을 투여하여 새로운 가치가 담긴 상품(서비스)을 생산하고, 소비자를 만족시킴으로써 수익을 창출하려는 두렵고 스릴 넘치는 사업business을 시작함을 의미한다. 창업은 자신의 판단 아래 독립적으로 일하는 기쁨을 느낄 수 있는 매력적인 일로써 창업에 들어서면 경쟁이 수반되고 늘 위험과 마주하게 되는데 자신에게 부딪치는 위기상황은 때로 위험이나 기회가 되기도 한다. 실제로 창업에 임하는 창업자들 가운데 창업의 본질을 돈버는 일로 이해하는 창업자들이 많은데 실제로 돈버는 데 집중하면 고객은 그것을 좋아하지 않을 것이므로 결과적으로 돈 버는 일과는 멀어지게 될 뿐 아니라 오히려 생존의 위험에 처할 수 있다. 그러므로 돈을 멀리하는 법이 곧 돈을 많이 버는 법이며, 수익모델이 없는 비즈니스 모델이 곧 창업의 본질이라는 철학을 이해한다면 결국 돈을 버는 결실에 가깝게 도달할 수 있을 것이다. 또한 창업의 본질을 기업의 명쾌한 존재 이유나 새로운 가치를 창출하는 혁신 및 고객만족으로 이해하는 철학을 갖는 창업자도 그 철학이 고객가치 창출과 연계됨으로써 자신이 원하는 과실을 얻을 가능성이 높아질 것이다.

창업의 가장 큰 장점

주변을 돌아보면 자신은 물론 친구와 지인의 대부분이 '남의 회사'에 취직해 일하고 있다. 이들의 삶을 들여다보면 왜 취업을 두고 '다른 사람을 위해 일하는 것'이라고 하는지 금세 알 수 있다. 가장 큰 고통은 자율성이 훼손된다는 것과 매일 같은 시간에 출근해 다람쥐 쳇바퀴 돌 듯 같은 업무를 하는 것이다. 원하지 않는 부서에 배정을 받거나 신념에 어긋나는 업무를 지시받았을 때 과감하게 자신의 의견을 말하기 어렵다. 가장 큰 문제점은 사람은 누구나 어딘가에 구속되기를 꺼려하지만 취업하는 그 순간부터 다른 이가 정해 놓은 규칙에 자신의 몸과 정신을 모두 맞추며 살아야 한다. 그러나 창업을 하면 다른 사람이 아닌 스스로를 위해 모든 시간과 열정을 쏟을 수 있기 때문에 창업은 즐겁게 일하고, 행복하다고 느끼며 살 수 있는 유일한 방법이라고 할 수 있다. 창업의 또 다른 장점은 자신의 운명을 스스로 관리할 수 있다는 점이다. 미국 비즈니스 역사상 최고로 존경받는 CEO 잭 웰치Jack Welch는 "자신의 운명은 스스로 관리하라, 그렇지 않으면 남이 나의 운명을 지배할 것이다"라고 종종 말했다고 한다. 정규직으로 근무하고 있는 사람이라면 누구나 하루 최소 8시간, 일주일에 적어도 40시간을 회사에서 보낸다. 하루 이틀도 아니고 수십 년을 이렇게 지내는데 그 시간은 자신의 운명과 미래를 결정짓는 데 절대적인 영향력을 행사할 수 있는 길고 긴 시간이므로 그 긴 시간을 '남의 회사'가 아닌 '내 회사'를 위해 쓴다면, 자신의 운명을 스스로 개척하고 관리하는 기회를 가질 수 있게 된다. 창업의 장점은 정신적인 측면뿐 아니고 손에 잡히는 금전적인 보상도 즐거움이며, 경우에 따라서는 막대한 부를 얻을 가능성도 있다.

– MIT 스타트업 바이블, 빌 올렛 지음, 백승빈 옮김, 비즈니스북스, 2014.

한편 창업세계에 뛰어든 창업자가 사업을 진행하는 과정에서 환경의 변화를 예측하고 이에 적절히 대처할 수 있으면 기회가 되겠지만 예상하지 못한 채 변화를 맞게 되면 위험이 되는데 이때 실패가 두려워 도전하지 못한다면 아무것도 할 수 없게 된다. 또한 예비 창업자가 검토할 사항은 ① 비즈니스의 새로운 목표를 추구하기 위하여 우리의 어떤 사업을 할 것인가? ② 우리의 고객은 누구인가? ③ 우리의 소비자는 무엇을 가치 있다고 여기는가? ④ 우리의 소비자는 왜 이것을 원하는가? ⑤ 경쟁사와 비교하여 우리의 장점은 무엇인가? 등이다.

> "정확한 미래 전망보다 변화의 흐름을 가장 빨리 읽는 경영자가 되라. 변화에 대응할 수 있는 적응력이 경쟁력의 핵심이다."
>
> –전 GE 회장 잭 웰치(Jack Welch)

비즈니스의 운명을 좌우할 최대 쟁점 5가지

지금 중요한 것은 무엇인가, 게리 해멀(Gary Hamel)

1. 가치value

지금은 그 어느 때보다 더욱더 높은 가치를 창출해야 한다.

2. 혁신innovation

대다수의 기업들은 여전히 '시스템' 때문이 아니라 '시스템과 상관없이' 혁신을 달성하지만 혁신innovation이야말로 장기 가치를 창출하는 유일한 '지속가능 전략'이라는 점에서 문제를 풀어야 한다.

3. 적응성adaptability

비즈니스 세계에 변화가 가속화되고 있으므로 전략을 갱신하는 속도를 높이는 적응성adaptability이 필요하다. 업계의 선도자들이 하룻밤 사이에 꼴찌로 전락하는 지금은 오로지 성공을 재창출해야만 성공을 지속할 수 있다.

4. 열정passion

비즈니스에서 '무미건조하게' 살아가거나 '영감'을 발휘하며 살아가는 문제는 열정passion을 느끼는지 여부에 따라 그 결과가 달라진다.

5. 이념ideology

우리 기업들이 새로운 환경에 적응하거나, 혁신을 제대로 이뤄내지도 못하고, 직원들에게 영감을 잘 불러일으키지 못하는 이유는 경영이념 때문이다. 비즈니스 프로세스나 비즈니스 모델을 개선한다고 끝나는 게 아니라 비즈니스 원칙들을 개선해야 한다.

창업을 하기 전에 스스로에게 물어야 할 10가지 질문

좋은 아이디어가 있다면 사업을 시작 전에 다음의 질문을 스스로에게 던져보라. 전부는 아니더라도 대부분 긍정적인 답변이 나와야 한다.

① **나는 이 일에 맞는 사람인가?**: 이 사업을 성공시키는 데 도움이 될 만한 재능과 경험을 가지고 있는지 자신의 강점과 약점을 정리해보고 자신의 강점활용과 약점 보완을 자문自問해보라.

② **이 일이 사람들이 정말로 필요로 하는 일인가?**: 누가 이 상품이나 서비스를 구입할 것이며 왜 필요로 하는지 자문해보라. 고객의 니즈가 없으면 실패할 수밖에 없다.

③ **이 일로 돈money을 벌 수 있는가?**: 이 사업이 론칭되고 굴러가는 동안 충분한 이익을 얻을 수 있는지, 그렇지 않다면 왜 이 사업을 해야 하는지 자문해 보라.

④ **사업계획business plan을 가지고 있는가?**: 물론 모든 일이 계획대로 이루어지는 것은 아니지만 계획을 세우는 것은 도움이 되는 일이다. 대출을 받거나 투자를 유치하려면 제대로 된 계획서가 있어야 한다.

⑤ **사업을 이끌어나갈 자금capital이 있는가?**: 일반적으로 새로운 사업에는 당초 예상한 것보다 많은 자금이 소요된다. 현금 흐름이 플러스가 될 때까지 사업을 이끌고 생활을 유지할 수 있는지 자문해보라.

⑥ **가족(family)이 이 일을 지원하는가?**: 직계 가족과 사업 계획에 대해 토의하고 그들의 지원을 얻어내는 것은 매우 중요한 일이다.

⑦ **이 사업의 차별점differentiation은 무엇인가?**: 경쟁사와 비슷하지는 않은지, 자신만의 차별화 포인트를 가지고 있는지, 왜 고객들이 경쟁사가 아닌 자신을 선택할 것인지 자문해보라. 경쟁사에 비해 더 나은 것보다 차별화가 더 중요하다.

⑧ 세일즈 및 마케팅 전략marketing strategy은 무엇인가?: 표적 시장은 어디이며 어떻게 거기에 접근할 것인지, 사전에 목표 고객을 대상으로 테스트를 해볼 수 있는지 자문해보라.

⑨ 자신의 약점과 경험부족을 보완하고 도와줄 동료나 친구의 지원 네트워크를 가지고 있는가?: 성공적인 창업을 위해서는 무엇보다 파트너십이 중요하다. 만약 비즈니스 파트너가 없다면, 조언하고 후원해 줄 사람들과의 네트워크를 가지고 있는지 자문해보라.

⑩ 플랜-B를 가지고 있는가?: 사업이 계획대로 되지 않을 때 자신과 사업을 위한 대체전략이 있는지 자문해보라. 사업의 부침에 적응하고 대처할 수 있는 충분한 유연성을 가져야 한다.

– B2C, 폴 슬로안(Paul Sloane),
10 Questions To Ask Yourself Before You Start Your Own Business 번역 요약.

흔히 창업의 4가지 요소는 창업가, 창업아이디어, 창업자금, 그리고 창업가정신으로 구분하는데, 창업경영자가 된다는 것은 창업의 why, what, how에 대한 해법을 위해 망망대해를 항해하는 배의 선장이 되려는 것이고, 창업아이디어는 시장이 원하는 신선하거나 보다 더 큰 가치로 전환할 수 있어야 하며, 창의적 사고와 혁신능력, 도전 마인드 등 창업가정신이 기업의 생존과 지속적인 성장의 기반이기 때문이다. 창업자들 가운데 극히 일부만 경험할 수 있는 성공창업자가 되려면 창업 준비단계에서 세상을 새로운 방식으로 볼 줄 아는 안목과 도전정신, 위험을 대처할 통찰 및 당양한 경험 등 폭넓고도 철저한 준비가 필요하다. 사실 용기 있는 창업가들은 남들이 보지 못한 기회를 포착하고, 미래의 불확실성과 높은 위험에도 불구하고 모험정신을 발휘해 새로운 가치를 창출하기 위하여 어려운 결단을 내리며, 뛰어난 실행력과 혁신적 사고로 세상에 없던 것을 만들어 고객을 행복하게 함으로써 수익을 창출하고 그 수익을 사회와 나누면서 행복을 추구하는 영웅들이다. 따라서 우리 경제가 활력을 유지하려면 창업은 기업에 취직하지 못한 사람의 두 번째 선택이 아니라 모든 훌륭한 인재가 꿈꾸는 일이 되어야 한다. 스스로 선택한 나의 삶을 살기 위해서는 고난을 감수할 의지와 결과에 대한 책임을 감당하겠다는 주인공으로서의 자세를 준비하여야 한다.

2) 대학들의 청년창업지원

최근 국내대학들은 기존의 교육과 연구중심의 상아탑 역할에서 벗어나 창업과 산학협력 기능에 공감하고 청년창업 창업지원책을 내놓으며 창업대학으로의 발전을 모색하고 있다. 각 대학에는 산학협력단, 기술이전센터, 창업보육센터, 실험실 창업, 창업 선도대학, 산학협력대학사업, 기술지주회사 등 많은 제도들을 통하여 교육부, 산업부, 중기청 등에서 지원하고 있다. 특히 중소기업청은 정부의 지원을 통해 2011년부터 '창업선도대학 육성사업'을 시작하며 우수한 창업지원 인프라를 갖춘 대학을 창업선도대학 또는 산학협력 선도대학으로 지정해 청년창업기업의 육성과 창업문화 확산을 위하여 지역별로 창업인프라가 우수한 대학을 선정하여 캠퍼스 벤처(대학 창업) 활성화를 위해 종합적으로 지원하고 있다. 현재 우수한 인프라와 액셀러레이터 역량을 갖춘 창업선도대학은 2017년 8곳이 추가돼 40개가 운영 중이다. 교육부·미래창조과학부·중소기업청(이하 중기청)은 청년창업활성화와 일자리창출을 위해 2013년부터 대학 창업교육 5개년 계획을 시행하며 대학 창업교육 생태계를 조성해 왔고, 창업자금, 보육센터 공간제공, 경진대회 등 다양한 지원도 확대되는 추세다. 또한 지난 2011년 국내 최초로 사관학교식 청년CEO 양성을 위해 출범한 '청년창업사관학교'는 39세 이하의 예비창업자 및 창업 후 3년 이하인 자를 대상으로 청년창업자를 선발, 1년의 교육기간 동안 1인당 최대 1억원 이내, 총 사업비의 최대 70%를 지원하고 있다. 청년창업사관학교(안산, 천안, 광주, 경산, 창원)는 2011년 청년기술창업활성화와 청년일자리창출을 목표로 창업공간을 비롯해 창업에 필요한 교육, 코칭, 판로지원, 정책자금 등 청년들이 창업 초기에 겪는 어려움을 원스톱으로 지원해주고 있다. 매년 3월 입교해서 1년간 철저한 과정관리와 충분한 지원으로 성공가능성을 높여준다. 청년창업사관학교의 성공비결은 철저한 스파르타식 교육이다. 창업 3년 이내 스타트업 또는 예비창업자에게는 재무관리, 마케팅, 투자 유치, 판로 개척 등 창업 전반에 관한 120시간짜리 교육 프로그램을 제공한다. 특히 청년사관학교에서는 고객(시장) 중심의 사업화를 지원하기 위하여 우선 고객분석 교육에서, 전문가들은 1대 1 멘토링 작업을 통해 시장분석과 사업계획에 이상이 없는지 등을 꼼꼼하게 체크해준다. 특히 향후 기업을 발전시키는 데 있어서 근간이 될 윤리교육을 바탕으로, 전문가들과 함께 고객들이 원하는 디자인을 연구하며, 디자인이 완성되면 시제품을 통해 검증한 뒤 제품을 생산한다. 교육만으로 안 되는 작업은 교수들이 함께 고민하며, 제품이 나온 후에는 마케팅을 통한 투자유치, 실전마케팅 작업을 전개하게 된다. 2018년 모집에는 전국 5개(안산, 천안, 광주, 경산, 창원) 학교에 2,227명이 몰려 4.9대 1의 최고경쟁률을 보였다. 정원증가와 함께 정부지원도 2017년에는 470명에 500억원, 2018년에는 525명에 540억원으로 증가했다. 입교자는 1년간 총 사업비의 70% 이내에서 최대 1억원(2년 과제는 2년간 최대 2억원)의 시제품개발비와 공간, 실무교육, 기술 및 마케팅 전문가의 밀착코칭 등이 지원된다. 청년창업사관학교는 2011년부터 7년간 누적졸업생 1,515명 배출, 지적재산권 등록 2,846건, 총 매출액 7,312억원의 성과를 냈다. 이곳 출신의 9개 기업은 2018년 2월말 스페인 바르셀로나에서 개최된 '2018 MWCWorld Mobile Congress'에 출품하기도 했다. 이러한 성과와 더불어 더욱 빛나는 것은 창업을 통해 5,674명의 일자리가 만들어졌다는 점이다. 청년창업가가 일자리 창출의 답을 제공하는 것이다. 이곳 출신 창업생존율은 83.1%였는데 2016년 통계청이 집계한 창업 3년 이후 국내 스타트업의 생존율은 38%였다.

중소기업진흥공단 청년창업사관학교 사업추진 절차도

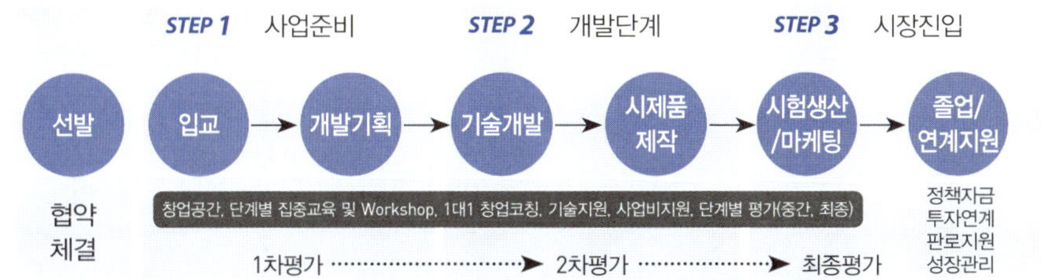

자료: 중소기업진흥공단

우리 정부는 중소기업청(창업진흥원)을 포함, 53개 기관이 약 218개에 달하는 지원사업을 시행하고 있고, 각 지자체에서도 창업진흥원, 기술보증기금 등의 기관과 협력한 사업뿐만 아니라 독자적인 형태로도 청년창업을 지원하고 있어서 수백 개에 달하는 창업관련 지원제도가 시행기관에 따라, 지원시기 및 대상, 신청절차와 방법 등이 상이한 형태로 진행되고 있다. 또 그동안 엄청난 정부자금(세금)을 청년창업에 투여하였지만 목표나 지향점이 불분명하고 회수할 방안도 마련하지 않은데다 부처 간 중복투자가 많다는 비판에 따라 2016년 정부가 국민 누구나 창의적 아이디어를 내면 전문가들이 멘토로 나서 사업화를 돕는 "창조경제타운(http://www.creativekorea.or.kr 2013년 9월 시행)"을 개설했다. 창조경제타운에는 온라인 공간에 자유롭게 아이디어를 제안하면 사업화 노하우와 자금이 없어 사장되는 아이디어가 실제 사업이 될 수 있도록 정부, 기관 등이 아이디어 수렴부터 멘토와 소통하면서 아이디어를 구체화하고 기업과도 연계해 제품과 서비스로 발전시켜 창조경제를 활성화시키겠다는 것이다. 주요 서비스는 ▲아이디어 제안(자신이 구상 중인 아이디어나 사업 아이템을 창조경제타운에 제안), ▲전문가 멘토링(멘토의 아이디어가 구체화되고 서비스가 실현될 수 있도록 조언), ▲아이디어 사업 지원정보(멘토링 과정에서 선발된 아이디어는 지식재산권 출원, 시제품 제작비용 등 지원), ▲창조경제 사례(각종 창업 인큐베이터와 연계해 사업화, 별도의 성공사례로 소개)로 구성된다. 국민(또는 기업)이 아이디어를 내면 이후 멘토링 등의 과정을 거쳐 시제품 제작과 마케팅 등 사업에 필요한 과정을 지원받을 수 있으며, 이런 과정을 거쳐 사업화에 성공했을 때 모든 권한과 이익은 아이디어를 낸 해당 국민에게 돌아간다. 이같이 다양한 지원으로 탄력을 받는 청년창업으로 조성되는 수익(돈)도 중요하지만 도전정신과 아이디어가 열매를 맺는 과정에서 얻는 경험이 더 중요하다. 창업을 통해 청년들이 우리 경제 일원이 되며 사회를 배우며 인생지혜를 얻는 과정에 좀 더 무게를 두어야 성과가 남는다.

정부는 벤처 및 IT 분야 창업을 강조하고 있지만 실제로는 서비스, 부동산 및 임대, 소매, 음식업이 주종을 이루는 상황에서 정부가 나서 창업을 강조하고

창업을 꿈꾸는가? 'K-스타트업'에 물어보라!

'K-스타트업' 성장 단계별 맞춤형 지원

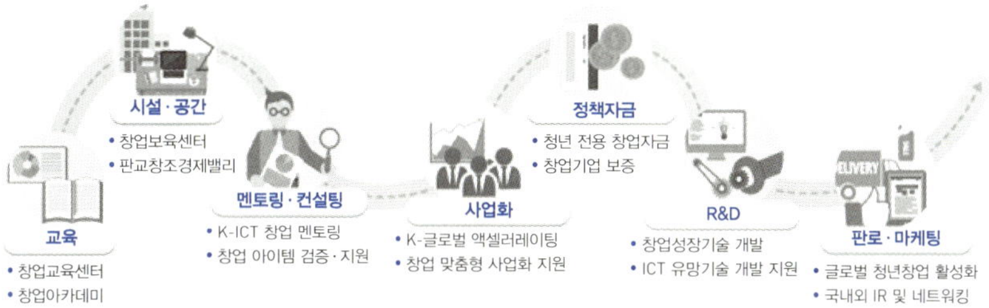

2015년 4분기부터 100여 개의 정부 창업지원프로그램이 'K-스타트업(Startup: 신생 벤처기업)'이라는 브랜드로 통합되고, 청년창업가 등의 수요자가 손쉽게 지원받을 수 있도록 대폭 개편된다. 그간 창업 지원사업은 무수히 많았고, 현재 사업규모를 보면 9개 부처에서 사업화, 판로, 창업교육, 사업공간 제공 등 정부 창업지원 사업을 운영하고 있지만, 사업을 종합적으로 안내하고 연결해주는 창구가 없어 수요자가 자신에게 맞는 지원사업을 찾기가 어려웠다. 이에 정부는 유사한 사업을 통합해 94개에서 72개로 줄이고, 수요자가 자신의 관심분야 지원사업을 쉽게 찾을 수 있도록 창업교육, 시설·공간, 멘토링·컨설팅, 사업화, 정책자금, R&D, 판로·마케팅·해외 진출, 행사·네트워크 등 8개 범주로 분류한 프로그램을 제공한다. 온라인에서도 사업신청·접수를 원스톱으로 진행할 수 있도록 하며, 창조경제혁신센터에서도 금융, 특허, 법률, 정부 사업 등 방문상담을 통해 안내할 예정이다. 창업지원사업을 신청하기 전 창업자에게 부담을 주었던 관련서류 작성문제를 해결하기 위해 사업신청 시 제출해야 하는 사업계획서 양식을 표준화해 K-스타트업 프로그램에 적용할 예정이다. 필수 제출서류는 사업계획서, 법인등기부등본 위주로 간소화하고, 제출서류 양식도 한글 프로그램, PPT, MS워드, PDF 형식도 인정하며, 평가방식도 기술성 위주에서 창의성, 사업성 위주의 방식으로 개선한다.

벤처라는 이름으로 청년들에게 창업을 부추기고 있다. 창업지원 사업의 종류가 자그마치 180개에 달하고 지원조직 또한 75개나 된다. 창업지원에 쓰이는 예산은 중앙, 지방 합쳐 5조~6조원, 보증에 22조원이 쓰인다. 그 지원도 공간, 교육, 멘토링, 네트워킹 등의 창업인프라 구축에는 8% 정도만 쓰이고, 92%는 직접지원이며, 그 대부분이 융자다. 또 정부에서 지원예산이 확대되고 각종 대학 평가지표에서 창업실적의 중요성이 갈수록 커지고 있기 때문에 성급하게 창업을 부추기는 대학들이 창업을 독려하면서, 2017년 대학이 직접 수행하는 창업 지원 사업은 총 15개, 예산은 5,000억원에 이른다. 주관부처별로 보면 중소벤처기업부에서 운영한 창업지원사업이 33개이고 농림축산식품부, 고용노동부, 과학기술정보통신부, 특허청 등이 하는 사업까지 합치면 69개이며, 지방자치단체들도 청년창업 지원프로그램을 운영하고 있다. 이런 가운데 실제로 정부는 혁신성장 대책으로 '혁신창업생태계 조성방안'을 발표하면서 대학평가 때 창업실적 비중을 대폭 확대하여 지원하였으나 현장에서 단기실적 위주로 관리하면서 내실 있는 지원이 이뤄지지 않다 보니 수년째 대학의 창업관련 실적은 초라한 수준이다. 따라서 스타트업 창업생태계 활성화를 위해 정부지원금 방식을 융자 대신 투자형식으로 강화하면서 단기적으로 정부지원을 늘리되 중장기적으로 창업을 권장하는 사회적 분위기를 조성하고 정부의 지원방식도 부채로 남을 수 있는 융자지원보다는 리스크를 분담할 수 있는 투자형태로 전환하는 것이 바람직하다. 또 정부 주도의 하향식 실천방식으로 무리없는 예산집행만을 목적으로 하는 정책에는 창의성이 없으며 현실과의 미세조정 없는 공허한 탁상행정을 만들어내기 십상이다. 한편 뱁슨대학 다니엘 아이젠버그Daniel Isenberg 교수는 자신의 저서 〈하버드 창업가 바이블〉에서 "성공한 기업가는 정부의 지원이나 도움이 아닌 스스로의 '선택과 헌신' '열망과 태도'로 인해 성공한다"라면서, 오히려 "정부의 지원이나 도움이 창업가정신을 저해해 실패로 이끈다"고 주장했다. 정부가 시장에 직접 개입해 지원하기보다는 창업성공을 위한 '생태계 구축'에 심혈을 기울여야 한다는 의미이다. 우리나라의 경우 김대중 정부 이후 모든 정부기 창업을 강조하면서 매년 조 단위가 넘는 예산으로 수많은 지원기관들이 노력하고 있지만 지금까지 수행해 온 창업정책들이 제대로 효과를 얻지 못하는 이유는 창업의 핵심주체인 청년에 대한 진정한 이해가 없었기 때문이다. 세계적으로 기업가치 1위에서 5위를 차지하며 4차 산업혁명을 주도하는 애플, 구글, 마이크로소프트, 아마존, 페이스북은 모두 청년창업이다. 이들은 30년 전 한국의 엔지니어와 마찬가지로 외부 자금지원 때문에 창업한 것이 아니라 자신의 꿈에 도전한 것이었다.

아이디어만 있으면 OK… '온라인 멘토'가 창업까지 돕는다

2013년 9월 '창조경제타운'(www.creativekorea.or.kr)이 생긴 이후 이 사이트를 통해 자신의 실현 중인 아이디어는 총 3,920여 건이다. 정부와 민간 전문가들이 함께 운영하는 이 사이트는 혁신적인 제품이나 서비스에 대한 아이디어는 있지만, 이를 어떻게 실현해야 할지 막막해 어려움을 겪는 사람들을 도와준다. 이 사이트에는 지난 2년 새 7만 7,300여 명이 회원으로 가입했고, 228만여 명이 방문해 누적 페이지뷰가 1,700만 건에 이른다. 이를 통해 총 2만 6,000여 건의 아이디어가 나와 이 중 200여 건이 실제사업화되었고, 1,300여 건이 사업화 과정에 있다. 창조경제타운은 전문적 지식이 없는 일반인도 아이디어만 가지고 오면 바로 그다음 단계부터 꿈을 현실화하기 위한 지원을 해준다. 일단 개인의 아이디어가 올라오면 2,400여 명의 창조경제타운 멘토가 따라붙어 아이디어의 검증부터 사업화를 위한 개선방안까지 다양한 조언을 해준다. 창조경제타운에서는 한 달에 한 번씩 그동안 제안된 아이디어를 평가해 선발하는데 상업적 가치가 있는 아이디어로 판정이 되면 이를 더 구체화하는 과정을 거쳐 특허등록을 시도한다. 또 전국 창조경제혁신센터와 연계해 변리사를 연결해 주고, 그 비용도 지원받도록 주선해 주므로 아이디어만 훌륭하면 거의 공짜로 특허를 낼 수 있다. 아이디어가 구체화되고 권리를 명확히 하는 과정을 거치면 본격적인 창업 및 사업화단계로 들어간다. 시제품을 만들고, 제품을 판매할 유통망을 확보하며, 사업계획서를 만들어 투자를 받고, 법인을 설립해 실제 사업에 뛰어드는 과정이다. 초기단계에서는 시제품 제작 및 인프라 지원, 창업교육과 창업 보육기관 입주 등을 알선해주고, 본격적인 창업(사업화 추진) 단계에 이르면 정부가 운영하는 기술개발 지원사업 및 대기업이 운영하는 민간 창업프로그램과 연계해 주고 창업자금 보증과 유통 판로개척 및 글로벌 진출도 추진한다. 창조경제타운은 학력이나 나이, 인맥을 따지지 않고 누구에게나 열려 있는 창업 플랫폼(기반 서비스)이라고 할 수 있다.

중소벤처기업부 창업선도대학 예산

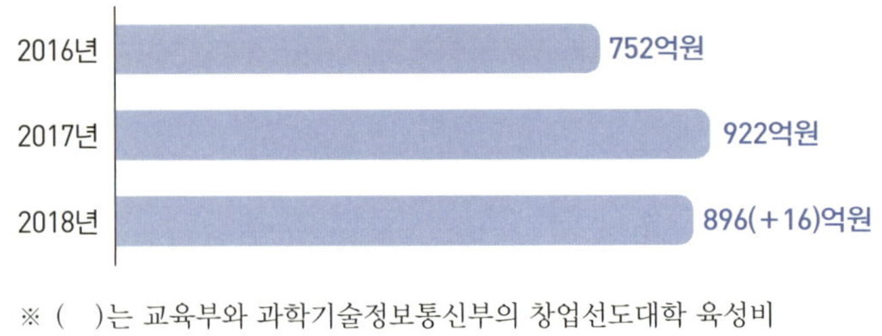

자료: 서울경제, 대학창업 지원금 '타먹기' 급급, 2018.3.18.

혁신창업생태계 조성 추진 방향

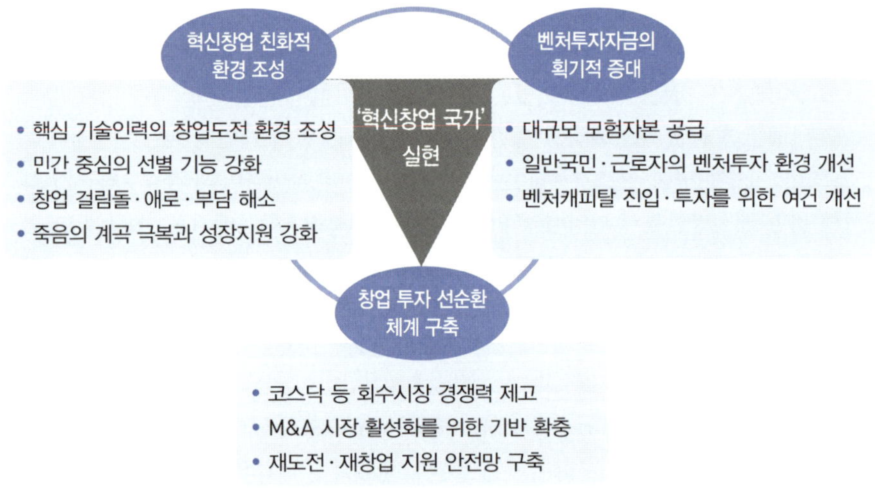

자료: 혁신창업 생태계 조성방안, 관계부처합동, 2017.11.2.

청년창업 자금 지원 프로그램

프로그램명(기관)	절차	대상 기업	지원 한도	지원 내용
청년전용창업자금 (중소기업진흥공단)	중소기업진흥공단이 자금 신청 받은 뒤 교육·멘토링·사업계획서 평가 후 융자 대상 선정해 직접 대출	만 39세 이하 예비 창업자 및 창업 3년 미만 기업	1억원	이자율: 연 2% 대출 기간: 6년 (거치 3년 포함)
청년창업기업 우대프로그램 (기술보증기금)	기술보증기금으로부터 보증서 발급받고, 시중 은행을 통해 자금 지원	창업 후 5년 이내로, 경영주가 만 17~39세 이하인 기술 창업 기업	3억원	보증료율: 연 0.3% 보증 비율: 95~100%
2030스타트업 보증 (신용보증기금)	신용보증기금으로부터 보증서 발급받고, 시중 은행을 통해 자금 지원	- 창업 후 3년 이내로, 경영주가 만 17~39세 이하 - 최근 1년 매출액의 절반 이상이 ① 고급 기술 창업, ② 문화·콘텐츠, ③ 소프트웨어·모바일·인터넷·플랫폼 중에서 나온 기업	15억원	보증료율: 연 0.7% (고급 기술 0.3%) 보증 비율: 95~100%

자료: 조선일보, 이이디어 있는데 돈 없다면… 청년창업자금 대출을, 2018.2.9.

3 청년창업교육startup education

한국경제는 0.05%의 대기업이 수출액 65%을 차지하는 경제구조가 굳어지고 있지만 2011년부터 2015년 사이 신규고용 창출의 97%는 중소, 벤처기업이 담당하고 있으며, 산업성장의 핵심인 혁신은 창업기업에서 나오는 것으로 나타났다. 따라서 일자리가 최고의 화두인 우리 현실에서 벤처창업이 확실한 성장 동력이므로 창업가정신과 창의력을 갖춘 인재가 활발히 양성되고, 벤처창업에 대한 인식전환을 위해서는 주변에 성공한 벤처기업인들의 사례가 많이 생겨나는 것이 효과적이다. 끊임없는 혁신과 아이디어가 창출되는 창업은 우리 경제를 다시 힘차게 뛰게 하는 신新성장 동력으로 경제의 혁신성과 유연성을 제고시키고 많은 일자리를 창출시켜 경제성장에 긍정적으로 작용할 것이기 때문에 국가적으로도 새로운 비즈니스를 창출하는 혁신적 가치와 문화를 추구하는 기업가마인드 고취가 핵심과제로 등장하고 창조성, 사업기회 포착과 문제해결, 네트워크 구축·활용, 혁신과 기업가 마인드 함양 등 창업역량을 강화하는 교육이 강조되고 있다. 또 창업을 하려는 경우 우선 무엇을 할 것인가? 또 하고 싶은 일은 무엇인가? 에 대한 탐색을 하고 기능·현장중심의 창업지식 및 기술교육과 더불어 기업가적 특성과 자질·태도·가치관을 갖춘 혁신적이고 도전적인 창업자를 양성하여야 한다. 실전 창업교육으로는 아이디어 및 사업아이템 개발, 회계 및 세무, 시제품개발, 입주 공간 및 사업장 선정, 마케팅, 특허 등 지적재산권 획득, 사업계획서 작성, 창업지원정책, 투자유치 방법, 실패 시 사업정리절차 및 재활프로그램 등 전반적이고 단계적인 교육과정이 필요하다. 따라서 기존의 주입식 교육방식에서 벗어나 문제해결 과정을 중시하고 해결방안을 도출하는 능력과 창의적 혁신역량을 기르는 창업가정신교육이 시행돼야 한다. 구체적인 창업교육은 크게 창업분위기를 확산시키고 창업에 대한 도전의식과 기본지식을 습득시키는 교양수준의 창업교육, 그리고 실제로 창업을 준비하기 위한 전문적인 실전 창업교육으로 전개하는 것이 바람직하다. 또 스타트업의 성공확률을 높이기 위해선 대학이 체계적인 교육시스템을 갖추고 현장경험을 키워주는 창업사관학교로 거듭나야 하지만 실제 국내대학들의 창업교육 실태를 보면, 1990년대 초부터 창업관련 과목이 개설되면서 창업교육에 관심을 보이기 시작했고, 1999년 대학정규과목에 창업과목이 생겨나면서 본격화하기 시작했다. 하지만 현재 국내대학 스타트업 관련교육은 주로 교양과목이나 경영학, 산업공학 분야 벤처창업, 창업경영, 창업가정신 등 다양한 이름으로 개설되어 있지만 국내대학의 창업교육이 현실에 맞지 않는 단편적 정보만을 나열하는 정도라서 창업마인드를 키워주는 효과는 있으나 스타트업을 체계적으로 양성하는 교육프로그램으로 발전하지 못했다는 평가가 전문가들의 의견이다.

미국 세인트루이스대 제롬 카츠jerome Katz 교수의 "한 나라 경제성장 여부는 청년창업가정신 수준에서 찾을 수 있다"는 말처럼 미래에는 의대생과 법대생 모두 의사·변호사로 창업하게 될 것이므로, 창업가의 마인드나 창업가정신은 우리 국민 누구나 갖춰야 할 기본적이고 필수적인 덕목이 되었다. 그래서 대부분의 선진국들은 미래 성장전략으로 청소년 때부터 위험을 감수하고 도전하는 마인드를 기반으로 혁신적이고 창의적인 인재양성에 주력하고 있으며, 특히 미국은 오래전부터 카우프만재단을 중심으로 초등학교부터 대학에 이르기까지 창업가정신을 교육해왔다. 미국사회 활력의 씨앗은 끊임없는 기술혁신과 창업활동이고, 청소년기에 다양한 프로그램을 통해 창조성과 도전정신을 함양할 수 있는 기회를 제공하고 있으며 대학에서도 정규 교육과정에 기업가로서의 역량을 키우고 있다. 또 유럽에서는 2006년 오슬로 어젠다를 통해 초중고교부터 창업가정신을 의무적으로 교육하고 있으며, 세계경제포럼WEF도 2010년 전 세계에 창업가정신 의무교육을 권고했으며, 우리도 창업가정신을 교육하기 위하여 각 학교에 정규과목으로 지정하였으나 아직 창업가정신에 대한 관심과 인식수준은 선진국에 비해 아직 낮은 편이다.

선진국들은 청소년시기부터 공교육을 통해 체계적인 창업가정신 교육에 집중하는데, 국가의 교육전략 차원에서 체계적인 창업교육과정을 통하여 개인의 다양한 창의성의 발휘뿐 아니라 실패를 두려워하지 않는 도전정신을 고취시킬 수 있도록 초등학교에서 대학 및 일반인에 이르기까지 단계별 창업교육 프로그램을 구축·운영하고 있다. 창업교육에서 도전정신을 고취시키기 위해 현장과

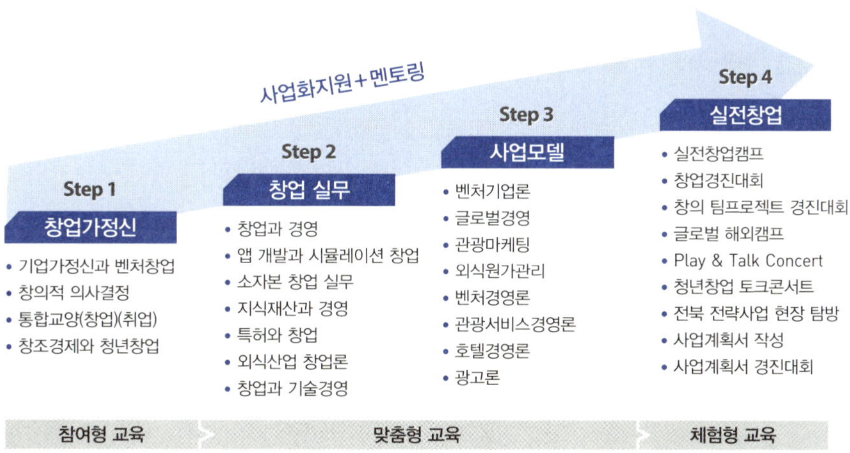

실전 중심적인 창업교육이 진행되며 제도, 자금 활동, 인력, 정책, 문화 등 창업의 기회와 역량, 창업의 동기와 능력을 강화하는 방향으로 진행하고 있다.

또한 스타트업의 국가 미국에서는 과거부터 대학이 창업사관학교였으며, 대학마다 창의력을 키우기 위한 뛰어난 인문학 프로그램으로 각 대학이 공통적으로 진행하는 세 가지는 커뮤니케이션(소통) 능력, 비판적이고 윤리적 사고, 분야에 얽매이지 않는 폭넓은 교양 등을 "리버럴아츠Liberal Arts"라는 이름으로 가르치고 있다. 또 미국의 JA Junior Achievement 또는 카우프만Kauffman재단뿐만 아니라, 영국에서 참여자가 초기자금 5파운드 이내의 사업모델을 찾아야 하는 경진대회 "Fiver Challenge"는 각 학교의 학생들이 실제로 사업을 기획하고 운영해 볼 수 있도록 하는 교육프로그램들이 다양하게 운영되고 있다. 이처럼 주요 선진국들은 학생들의 삶과 일상에 체화될 수 있도록 실제적인 창업교육을 전개하고 있으며 자기주도적 삶에 대한 이해와 사회 및 공동체에 대한 이해를 통해 기업가적 열망과 태도를 형성하도록 하며, 창업에 필요한 구체적 지식과 기술 그리고 네트워크를 형성할 수 있도록 교육하고 있다. 특히 미국, 영국, 유럽EC 공히 국가 최고지도자가 창업교육의 중요성을 인식하고 전면에서 민간의 참여를 적극 유도해 교육의 기초 환경을 다지고, 국제간 협력을 통해 애초부터 글로벌 환경에서 제반 사항들을 주도할 수 있는 기업가적 글로벌 리더entrepreneurial global leaders를 양성한다. 어릴 때부터 문제를 창의적으로 해결하는 문제풀이의 관점에서 공부하고, 문제를 탐구하며, 전국적 창업 이벤트들에도 어릴 때부터 참여를 독려해 창업가의 꿈을 키운다거나 사회적으로 창업을 가장 가치 있고 자랑스러운 커리어로 인식하게 한다.

또 벤처캐피털 경력 20년이 넘는 교수가 다양한 창업사례를 통해 기업의 창업과 투자유치, 투자회수 등 창업 후 전 과정을 구체적으로 가르친다. 학생들이 내놓은 사업아이템도 아이디어 차원이나 시험성적을 위한 것이 아니라 직접 창업으로 이어지도록 지도한다. HP와 구글 등 굴지의 벤처기업을 대거 배출한 것으로 유명한 미국 스탠퍼드대학Stanford University은 학생들이 수준별로 다른 창업프로그램을 선택할 수 있으며, 여기서 공대와 경영대학생이 함께하는 융·통합 프로젝트를 통해 창의적 아이디어를 발산한다. 1980년대부터 스탠퍼드대는 UC버클리 등 벤처창업 전통이 강한 대학 중심으로 창업경진대회를 열면서 신사업 아이디어를 발굴해왔고 뉴욕대는 경영대학원에 버클리창업지원센터를 설립하여 창업진흥을 위한 각종 행사를 열어 학부생은 물론 인근학교 학생들에게

창업교육 핵심은 인문학적 상상력 키우기

일자리는 기존기업보다 창업기업이 더 많이 만들어내기 때문에 미국을 비롯한 주요 선진국들이 창업을 국가성장전략의 핵심과제로 제시하고 대학을 중심으로 창업교육이 활성화되면서 청년들의 창업도전이 늘어나는 것은 바람직한 변화다. 창업가의 아이콘으로 대표되는 스티브 잡스는 젊은 시절 철학을 전공했고, 선불교와 명상에 심취하는 등 인문학적 소양을 쌓아 왔다. 인문학적 상상력을 정보통신기술과 접목해 지금의 애플을 창조했다. 페이스북 창업자인 마크 저커버그를 보고 많은 사람이 정보통신IT 관련 전공을 했을 것으로 추측하지만 그는 심리학을 전공했다. 어려서부터 따돌림을 받았기에 어떻게 하면 주위 사람들과 친해질 수 있을까 고민하다 심리학을 선택했고, 그 결과 사람의 마음을 움직이는 새로운 혁신을 만들어냈다. 그는 "독서는 경영자의 의무"라며 성공한 지금도 2주에 책 한 권을 읽고 페이스북을 통해 팔로어들과 독서토론을 벌인다. 예비창업가에게 독서는 인문학적 아이디어의 보고다. 토마스 콜레이는 그의 저서 〈부자의 습관〉에서 성공한 창업가의 88%는 매일 30분 이상 책을 읽는다고 전했다. 법학을 전공한 빌 게이츠는 "인문학이 없었다면 나도, 컴퓨터도 있을 수 없었다"며 매년 책 50권을 읽고 블로그에 책을 추천해 전 세계적 인문학열풍을 불러왔다. 우리나라 대학의 창업교육도 지식과 기술을 전달하는 것에서 인문학적인 상상력을 키울 수 있는 쪽으로 변해야 한다. 유니콘 클럽에 가입한 기업들의 사업아이템은 대부분 고도의 기술을 요하기보다 상상력에 그 근간을 두고 있다. 우버와 에어비앤비도 "공동으로 사용하자"라는 상상력을 가지고 창업한 지 불과 5~6년 만에 시가총액 70조원과 30조원 이상의 기업으로 성장했다. 독서를 통해 발현된 인문학적인 상상력이 구체화되기 위해서는 다양한 분야의 사람들과 토론하는 것이 필요하다. 토론을 통해 구체화된 상상력 중 창업에 대한 의지가 높은 학생에게는 글로벌 시장에서 검증받을 수 있는 기회를 마련하면 더욱 좋을 것이다.

– 한국산업기술대학교 이재훈 총장

까지 문호를 개방해 활성화시키고 있으며, MIT는 사업계획서 경연대회 총상금이 10만 달러에 달한다. 미국대학의 창업교육 역사는 1945년 하버드대학의 창업과정이 개설되면서 시작되었고, 1958년에는 MIT에도 창업과목이 생겼으며, 1968년에는 뱁슨칼리지Babson College에 최초로 창업가정신에 대한 학부전공이 생겼다. 이후로 1975년에는 104개였던 창업 및 창업가정신 관련 교과목 개설대학 수가 2006년에는 2,337개로 증가했다. 1985년 250개의 창업 관련 수업이 있었는데, 2008년에는 5,000개의 수업이 개설되면서 2013년 창업관련 수업을 듣는 학생은 매년 40만 명에 달하고 있다. 또 대학과 연계한 기술창업의 효과를 보면 미국 스탠포드대는 1940년대부터 창업가정신 과정을 개설하는 등 적극적인 창업정책을 통해 4만여 개 기업, 540만 개 일자리를 창출하여 이 기업들이 벌어들이는 연간 매출액은 세계경제 5위 수준의 프랑스와 비슷한 2조 7,000억 달러에 달하고, 또 MIT 출신 창업기업 역시 세계경제 9위 수준의 이탈리아와 비슷한 연 2조 달러 매출을 거두고 있다. 반면 한국의 KAIST는 지금까지 1,456개(상장사 63개) 창업기업을 배출했고, 매출은 연 13조 6,000억원, 고용창출 인력은 3만 2,400여 명이다.

한편 우리나라 교육부는 미래부 중소기업청과 함께 창업교육을 활성화 시키겠다는 목표로 2013년 창업 친화적 대학교육제도 등을 마련해 맞춤형 창업교육으로 학생의 창업역량을 강화하겠다는 계획에 따라 대학창업교육 5개년 계획을 발표하고 폭넓게 시행해 왔으며, 교육부와 중기부가 4년제 대학 273개교(산업대·기술대·사이버대·각종대학·대학원대학 포함), 전문대학 149개교(기능대학·사이버대 포함)를 대상으로 조사한 '2017 대학창업 통계조사'에 따르면 지난 2016년 창업 강좌를 운영하는 학교는 313개교, 총 강좌 수는 1만 461개(학교당 33.4개)로 2015년 4,262개보다 2배 이상 증가했고 창업동아리 수는 2016년 5,468개로, 2015년 4,380개보다 약 25% 증가했다. 창업을 독려하는 창업휴학제도를 운영하는 대학 수는 2015년 191개에서 2016년 217개교로 증가했다. 창업 대체학점인정제도 시행학교는 2015년 100개에서 105개교로 늘어났다(한국대학신문, 2018.1.16). 2016년 대학생 창업자 수는 1,328명, 학생 창업기업 수는 1,191개로 집계됐고 매출액은 총 143억 5,500만원, 고용인원은 542명으로 나타났다. 이처럼 정부는 교육부 중소기업청 등 각 부처와 자치단체 및 대기업들까지 참여하는 융단폭격 차원의 엄청난 지원을 하고도 그 성과는 기대에 미치지 못하였다. 우선 정부도 강의실에서 해당 교과목의 수강만을 강조하는 커리큘럼보다는 학생들이 창업 교과목을 이수한 후에서 창업할 수 있는 실전 위주의 교과과정을 적극 권장하고 추진하여야 하지만 실제 교육현실과는 거리가 있다. 그래서 창업관련 내용을 가르치는 이들이나 심지어 몇몇 대학의 창업 프로그램은 그저

원광대 치대생들이 아이폰 뜯어본 이유는?

"학생들 주입식 교육에 익숙해… 도전적·창의적 인재로 바꿔야"

원광대 치대 1학년 진공필수 과목인 '칭의 과힉 설계'는 2009년 치과대학장이었던 유형근 교수가 도입했다. 학생들은 조를 이뤄 생활 속 불편함이나 궁금증을 해결하는 발명 아이디어를 찾아내고, 실용화 방안을 연구해야 한다. 기말고사 때는 한 학기 동안 만든 시제품이나 모형을 발표한다. 길을 걷는데 차량이 가까이 다가오면 경고해주는 이어폰, 거미모양의 '휴대용 프린터' 등이 그간의 대표적 창조물이다. 치대생들이 발명수업을 하는 이유에 대하여 유 교수는 "기술이 점점 발달하는 시대에 소위 '돈 잘 버는 치과의사'라는 안일한 인식에 안주해선 안 된다고 생각했다"면서 "치료만 잘하는 의사보다 의술과 학문, 나아가 국가발전에 기여할 수 있는 인재를 양성하려면 치대의 교육 방식부터 바뀌어야 한다"며, 또 "주입식 교육에만 익숙한 학생들을 더 창의적이고 도전적인 인재로 바꿀 필요가 있다"고 말했다. 실제로 수업에서 교수는 큰 틀의 방향만 제시할 뿐, 주제선정과 연구부터 개발까지 모든 과정을 학생들끼리 해결하게 한다. 학교와 학원, 과외수업에 길들여진 학생들에게는 생소한 과제다. 1학년 학생은 "누군가 가르쳐주는 내용을 암기만 해왔는데, 대학에 와서 갑자기 '왜'라는 질문을 하기가 쉽지 않았다"고 말했다. 다른 학생은 "항상 범위와 주제가 정해진 공부만 하다가 이 수업에서 처음으로 스스로 문제를 찾아내고 풀어나가는 모든 과정을 경험한다"고 말했다. 유 교수는 "매 학기 '문제를 찾아내서 해결하라'는 개념을 이해 못해 어려움을 호소하는 학생이 적지 않다"면서 "시행착오 끝에 갈피를 잡아가는 과정 자체가 수업의 목적"이라고 말했다.

실리콘밸리식 "파괴와 혁신"의 사고방식 등을 앵무새처럼 되풀이할 뿐이라는 지적이 나온다. 창업에 필요한 기술, 경험을 제대로 가르치거나 학생들에게 더 복잡하고 어려운 문제에 진취적인 자세로 도전하도록 유도하지는 못하고, 잠재 고객을 어떻게 인터뷰할지 혹은 투자자들에게 어떤 식으로 아이디어를 설명해야 투자를 많이 받을 수 있는지 등 상당히 좁은 의미에서의 기술만 가르친다는 지적도 있다. 그러나 진정한 혁신은 지식과 꾸준한 관심과 호기심을 바탕으로 일어나는 법이므로 실천에 맞춘 실제 프로젝트를 기반으로 학제간 토론회 등을 통하여 사람들의 사고방식과 역량을 넓히면서 학생들이 중요한 문제를 해결할 수 있는 능력을 갖추게 하면서 훌륭한 창업생태계를 만들어야 한다.

대학에서 창업을 가르치는 이유는 모두 '창업자'가 되라는 것이 아니다. 지금까지 우리 부모들은 창업실패에 대한 위험과 두려움 때문에 창업이야기를 기피해 왔지만 요즘은 의학기술의 발달로 100세까지 건강하게 살게 되면서 한 번 이상 창업할 수밖에 없는 시대가 되었다. 언젠가 창업을 해야 한다면 대학에서 좀 더 빨리 창업을 경험하도록 해 작은 실패와 성공을 체험하는 기회를 가져야 한다. 이런 간접 경험은 향후 실제 창업에서 비즈니스 감각을 익히고 성공의 지혜와 두려움, 실패를 줄이는 경험치를 제공할 수 있다. 그래서 창업 분야에서 세계적으로 유명한 미국의 뱁슨칼리지Babson College는 신입생 입학 후 1년 동안은 대학에서 정규교과목의 이수보다는, 학교 밖에서 실제창업을 하도록 유도하고 있다. 이처럼 창업은 특정한 시기, 특정한 정책적 요구의 일부로 시행되는 단순한 교과목이나 교육프로그램으로 이해하는 이론도 중요하지만 이론의 바탕 위에 실제 이를 경험해 보는 것이 매우 중요하다는 사실을 널리 알리고 공유해야 한다. 또 향후 인구감소, 성장정체라는 상황에서 미래 한국 경제의 유일한 희망이 창업이라는 현실 앞에서 창업교육은 우리나라의 명운을 좌우할 것이므로 창의적이고 혁신적인 인재양성의 센터로서 창업에 대한 스킬Skill과 지식교육 그리고 실전 체험활동과 윤리성교육 및 지역사회연계 등 균형 있는 교육을 실시해야 실전형 성공적인 창업에 도움이 될 수 있다. 따라서 현재 창업교육 및 지원이 다양하고 복잡하며 다양한 부처와 기관이 연관돼 있

정부가 운영하는 창업교육 프로그램

① 창업진흥원(www.kised.or.kr) 창업진흥원은 기업가정신을 함양하고 중소·벤처기업의 기술창업을 촉진함으로써 일자리 창출을 통해 국가 경제발전에 기여하는 데 목적이 있다. 중소기업청 산하 기타 공공기관으로 2008년 12월 24일 설립됐다. 이곳 인터넷 홈페이지의 사업 안내 카테고리 중 창업교육에 들어가면 창업아카데미, 창업대학원, 시니어기술창업에 대한 정보를 볼 수 있다.

② 소상공인시장진흥공단(www.semas.or.kr) 소상공인 육성과 전통시장, 상점가 지원 및 상권 활성화를 위해 설립된 중소기업청 산하 위탁집행형 준정부기관이다. 소상공인과 전통시장을 체계적이고 효과적으로 지원하고자 2014년 '소상공인진흥원'과 '시장경영진흥원'을 통합해 출범했다. 이곳 홈페이지 지원사업의 '교육' 카테고리에 들어가면 소상공인사관학교, 신사업사업화교육, 소상공인 재창업패키지, 경영교육, e러닝, 소자본해외창업지원, 참살이창업교육 등 다양한 창업정보와 교육 프로그램을 확인할 수 있다.

③ 소상공인지원센터(www.sbiz.or.kr) 소상공인을 대상으로 한 상담, 정보 제공 등 지원기능을 전담하도록 주요도시에 설치한 기구다. 기능에 따라 직접적인 소상공인 지원 업무를 수행하는 지역센터와 상담사 교육, 상담 소프트웨어sw 개발 등 지역센터 업무를 지원하는 중앙센터로 구분된다.

④ K-스타트업(www.k-startup.go.kr) 미래창조과학부와 중소기업청은 창업넷을 K-스타트업으로 개편, 창업지원사업을 일원화했다. 특히 K-스타트업 홈페이지는 정부의 창업지원사업을 창업교육, 시설·공간, 멘토링·컨설팅, 사업화, 정책자금, R&D, 판로·해외진출, 행사·네트워크 카테고리로 제공한다.

으므로 이를 통합하여 종합적인 컨트롤타워를 중심으로 종합운영관리 시스템이 필요하다. 이는 학생들이 아이디어를 고안하고 실행할 수 있도록 각 정부부처와 기초자치단체 등 공공기관의 긴밀한 협조 및 민간기관의 적극적인 참여를 이끌어낼 수 있는 시스템이어야 한다. 특히 성과중심의 단기적 전시사업이 아닌 장기적 계획에 의한 기초를 튼튼히 하는 종합계획이 필요하며, 민간지원체계의 구축을 촉진하는 지원정책 중심의 인적네트워크의 구성 등 창업이라는 이름으로 정부가 민간의 자발적 참여를 이루어내야 한다. 본래 창업이란 권투보다는 종합격투기에 가깝기 때문에 예측할 수 없는 환경에서 새로운 비즈니스 모델을 개발하여 성공을 실현하는 과정에서 필요한 회복탄력성resilience, 침착성, 끈기tenacity 등의 가치는 창업가정신을 완성하는 가장 중요한 요소임을 바르게 인식하여야 한다.

Chapter 2

창업start-up의 본질과 성패요인

1. 창업의 매력과 창업하려는 이유

우리 주변의 많은 사람들은 기업에 취직해 매일 출근하여 기업이 제시하는 매뉴얼에 따라 자율성 없이 반복적으로 업무를 수행한다. 취업의 장점이란 소속된 조직의 목표나 성과를 위한 이바지에 따른 보상과 안정이고, 단점은 자신이 원하는지 여부와 관계없이 회사의 지시에 따라 의무적으로 일을 해야 한다는 점이다. 반면 창업을 하게 되면 모든 과정은 위험을 감수하는 두렵고 스릴 넘치는 일이고, 순간순간 고민과 혹독한 고통의 연속이지만 자신이 좋아하는 일을 하면서 나의 결정에 따라 모든 시간과 열정을 쏟을 수 있기 때문에 고단함 속에서도 즐겁게 일하고, 행복을 느끼면서 자신의 운명을 스스로 관리할 수 있다. 창업은 새로운 시도와 변화에 대한 욕구에서 시작되므로 세상에 대한 강한 호기심과 열정이 필요하고, 실전 창업에서는 아이디어도 중요하지만 자금조달 같은 현실적인 문제도 마주하게 되고 마케팅에서도 성공하여야 생존을 위한 수익을 얻을 수 있기 때문에 다양한 자질과 올바른 마인드 그리고 복합적인 준비가 필요하다. 창업은 자신의 선택으로 자신만의 꿈을 찾아가는 고단한 여정으로 매 순간이 모험이고 스스로 내리는 결정에 따라 결과의 엄청난 차이를 실감하게 되지만 창업은 없던 길을 가야한다는 불안보다 새로운 길을 만드는 매력에 빠져 과감한 도전을 시도하는 역동적인 모험의 과정이다. 창업자는 권력 이상의 성취감을 찾는 사람으로 창업을 하는 가장 큰 이유는 자신이 선택한 일을 하면서 특별한 성취감과 취업에서 느낄 수 없는 짜릿한 희열이 존재하기 때문이다. 이와 같이 힘겨운 창업과정을 통해서 노력만큼 많은 돈을 벌지 못하더라도 나의 힘, 내 결정, 나의 땀으로 거둬들인 단돈 10,000원의 가치는 너무 소중하고 감격스러운 것이다. 우리의 삶은 바깥 세상에 대한 동경과 하늘의 자유에 관심은 있으나 맛있는 옥수수와 안전한 앞마당의 안정에 익숙해 날아오르는 시도를 하지 않는 양계장 닭과 같은 레드오션을 선택하는 경우가 많다. 하지만 수많은 고통을 감수하고 자유를 갈구하면서 자신만의 삶(일)을 찾으려는 야생닭처럼 조직의 보호와 안정(급여)보다는 다양한 위험이 있더라도 위험을 기회

왜 창업을 하는가?

돈을 벌기 위해서? 회사 생활이 짜증나서? 자아실현을 위해서? 아니면 무슨 이유로 창업을 하는가? 예비 창업자들에게 묻곤 한다. 왜 창업을 합니까? 이 질문에 나름의 정답은 찾을 수 있지 않을까? 아마존의 창업자 제프 베조스는 "1994년에 아마존을 시작하는 결정은 생각보다 쉽게 했다. 이때 나는 '후회 최소화'라는 생각방식을 사용했다. 80살이 되었을 때를 생각하고 인생을 되돌아보면서 어떻게 하면 후회를 최소로 줄일까 생각하면 된다. 내가 80살이 되었을 때 아마존을 만들려고 시도했던 것을 후회하지 않을 것이다"라 말했다. 실리콘밸리의 철학자로도 불리는 랜디코미사가 쓴 〈승려와 수수께끼〉에는 창업이라는 것은 "여정 자체가 보상이지 그 외엔 아무것도 아닙니다. 그 목적지에 도착하려고 하는 것 그게 바로 목적이죠"라고 했다. 또 한게임과 카카오를 만든 김범수 의장은 "성공이란, 행복이란 도전하는 과정"이라 말했다. 이처럼 위대한 창업자들이 창업을 얘기하는데 '돈', '성공', 그리고 '명성' 얘기는 없다. 그들은 한결같이 '후회 없는 인생', '시간의 소중함', 그리고 '도전하는 과정' 얘기를 했다. 그들은 다시 지금 이 순간을 산다고 하더라도 새로운 일을 찾고 다른 아이템으로 창업에 뛰어들었을 것이다. 여기서 예비 창업자들은 '왜 창업을 하는가'에 대한 해답을 찾아야 한다. 창업을 하는 이유에서 돈과 성공이 최우선으로 다가와서는 안 된다. 목적과 결과만 쫓아가기엔 창업은 너무나도 고된 길이다. '돈'이란 결과만을 쫓아가는 것은 모든 조직원들을 이끌 수 있는 강력한 동인이 될 수 없다. 그렇기에 그 기나긴 여정을 가는 데 강력한 내적동인이 있어야 한다. 그 내적동인은 흔히 큰 꿈으로, 비전으로 표현될 수 있다. 그런 강력한 동인에 이끌려 조직원들이 하나로 뭉쳐 열심히 사업에 매진하다 보면 성공에 이를 수 있다. 사이먼 사이넥Simon Sinek의 표현을 빌리면 창업을 하는 이유Why를 명확히 이해하면 어떻게How 해 나가야 할지 알 수 있게 되고, 그렇게 해 나가면 언젠가 성공What의 문턱에 다다를 수 있다. 창업자들로부터 창업을 하게 된, 창업을 이끌어 가는 내적동인을 확인하고 일깨워야 과정을 즐길 수 있고 실패하더라도 과정상에서 얻는 것이 많이 있을 수 있다. 왜냐면, 창업자 본인은 자기가 가장 원하는 일을, 자기가 가장 좋아하는 연령대에, 인생의 후회 없이 하였기 때문일 것이다. 그런데 창업실패에서 오는 반대급부가 너무 큰 것도 사실이다. 그렇기에 창업은 나이가 어릴 때, 타격이 별로 없을 때, 적은 비용으로 린스타트업Lean Startup 정신에 입각하여 하는 것이 좋다.

로 발전시키는 사냥(불안)을 선택하듯 블루오션을 개척하려는 삶을 선택할 수도 있다. 이 두 가지 가운데 어떤 삶을 살 것인지는 각자의 선택이지만 획기적인 아이템으로 창업을 꿈꾸는 예비창업가들이 용기를 내서 개인의 영광뿐 아니라 국가사회 발전에도 크게 기여할 발광체luminous body의 삶을 선택함으로써 지금 대한민국이 처한 고갈된 성장엔진의 불씨를 살리기 위하여 도전한다면 우리나라도 여러 어려움을 딛고 힘찬 비상飛上을 할 수 있을 것이다.

창업을 하고자 하는 사람이면 반드시 사업을 하는 이유를 자문해봐야 한다. 창업을 택한 청년들에게는 직장생활과 비할 수 없이 큰 성취에 대한 기대감이 있지만 어렵게 창업을 시작했더라도 조만간 사업을 중단해야 할 수없이 많은 상황들이 발생하므로 "나는 왜 사업을 하려고 하는가?"에 대해 스스로에게 명백히 답할 수 있어야 하는데, 이때 명확하게 준비된 답변만이 예상치 못했던 수많은 장애물을 이겨낼 에너지가 된다. 창업가에게는 돈을 벌기 위해 창업한다는 이유 말고, 인류의 삶을 풍요롭게 하는 일이나 고객들을 즐겁고 행복하게 하는 일, 또는 사회적 약자를 돕는 일 등 돈버는 일보다 우선할 만한 사회가 공감하는 명확한 이유가 있어야만 과정의 어려움을 이겨나갈 힘을 얻게 되고 수시로 마주할 고난을 이겨나갈 이유가 된다. 만약 창업을 하는 이유 가운데 사업의 최종적인 목표가 돈이라면 오히려 창업을 안 하는 편이 나을 수도 있다. 왜냐하면 창업 이후 수많은 어려운 과정을 거쳐야 하고 대다수는 실패할 것이기 때문이다. 이때 절망적인 상황에서라도 버틸 수 있는 그 무엇과 실패하더라도 얻을 수 있는 숭고한 가치가 필요하다. 평생을 바쳐도 스스로에게 의미 있는 일이어야 비로소 창업의 이유가 될 수 있고, 그것이 본인이 정말로 하고 싶은 일이며 '열정'이다. 그런 '열정'을 가진 창업가만 성공할 수 있다. 창업의 가장 큰 매력은 자신이 좋아하는 일을 하면서 거기에 열정을 쏟을 수 있다는 점이다.

예비창업자들은 창업하기 전에 먼저 창업가로서 자신에 대한 진지한 고민을 해보고 확신이 서면, 그 다음에 왜 창업을 하는지 고민을 해 본 다음 그 답을 얻은 후에 창업전선에 뛰어들어야 바른 길을 찾을 수 있다. 예비창업자들은 창업을 고민할 때 "왜 사업을 하려고 하는가?(사명)" "나는 왜 나만의 비즈

'남들이 하니까'가 아닌 '나니까' 창업하기

① 창업 목적을 명확히 해야 한다. 성급하게 창업에 도전하는 사람들은 대부분 '돈'을 위해 일한다. '돈'이 목적인 사람은 사업을 시작하더라도 오랫동안 수성守成하지 못한다. 사업의 목적은 내가 아닌 고객의 삶에 만족을 주는 것이어야 한다.

② 원천 서비스나 기술을 가져야 한다. 쇼핑몰, 귀농, 외식, 웹 개발 등 자신의 사업에서 고객에게 제공하려는 핵심서비스나 기술을 보유하고 있어야 한다. 사업의 핵심분야에서 원천기술을 확보하지 않으면 급변하는 환경에 쉽게 무너지게 된다.

③ 창업자의 성격에 맞는 사업을 찾아야 한다. 어떤 사업이든 다양한 고객을 만나게 되는데, 창업자의 성격상 외부인과의 접촉이 원만하지 못하다면 창업의 성공을 보장할 수 없다. 반면 고객과의 만남을 즐기는 창업자의 경우에는 외식업이나 온라인 서비스업 등에 잘 적응하고 성공적으로 이끌어갈 가능성이 크다.

④ 창업을 하는 타이밍이 중요하다. 시장에 뛰어들 타이밍을 찾는 적절한 단서로는 제품 수명주기가 요긴하다. 제품 수명주기는 도입기, 성장기, 성숙기, 그리고 쇠퇴기의 과정을 포함하는데, 창업자는 선택한 아이템의 수명주기를 정확히 알고 있어야 한다. 가령, 성숙기에는 기업의 매출을 높여주는 단계지만 경쟁이 매우 치열하다.

⑤ 지식을 함양해야 한다. 자본을 준비하고 좋은 아이템을 선택하면 성공할 것이라 믿는 사람이 의외로 많다. 창업 성공확률은 준비기간에 얼마나 다양한 분야에서 지식을 습득했는가에 좌우된다. 시장조사는 물론이고 마케팅, 회계, 자금조달, 회사법, 특허 등 미리 준비할 지식은 매우 많다.

– 수원대학교 고운창업지원센터장

니스를 하고 싶은가?"에 대한 답은 창업의 출발동력이자 동기부여의 스위치이다. 또 내가 가장 잘할 수 있는 것은 무엇이고, 무엇을 하고 싶은가?에 대한 답변은 사업의 성패를 좌우하는 핵심무기이자, 차별화된 경쟁력이다. 그리고 "나는 창업을 통해 어떠한 삶을 살고 싶은가?" "내가 가야 할 궁극의 목적지는 어디인가?(비전)"에 대한 해답은 모든 비즈니스에서 가장 중요한 기업의 존재 이유와 목적, 즉 기업이 나아갈 방향성과 비전에 대한 가장 큰 그림을 의미한다.

그리고 "회사에서 무엇을 중요시하며 어떤 원칙과 기준을 가지고 어떻게 일해야 하는지?(핵심가치)"와 같은 우리 회사에서 일할 때 중요한 가치가 무엇인지를 명쾌하게 정립하고 사업을 시작하여야 한다. 또한 창업자들 중에는 왜 사업을 하는지보다는 무슨 사업을 하는지를 더 강조하는 경우가 많지만 사실은 '무슨What 사업'보다는 '왜Why 하느냐'가 정말 중요하다. 경영의 대부 피터 드러커Peter Drucker는 "기업이 좌절과 실패를 맛보는 가장 중요한 원인은 사업목적과 임무에 대해 제대로 고민해보는 경우가 드물기 때문이다"라고 말했다. 애플Apple은 자신들의 핵심가치가 언제나 기존 세상에 도전하는 혁신에 있다고 강조

꿈을 품은 기업들이 성공한다

〈크리에이터 코드The Creator's Code〉의 저자인 에이미 윌킨슨Amy Wilkinson은 미국의 성공한 스타트업 200개를 조사한 후 "꿈을 품은 기업들이 성공한다"는 결론을 내렸다. 그저 돈벌이가 아니라 꿈을 좇을 때, 기존에 없던 새로운 가치Value를 시장에 만들어 내는 혁신자가 될 가능성이 높다. 꿈을 좇으려면 우선 자신이 바라는 미래의 모습을 그릴 수 있어야 한다. "이런 것이 있으면 좋겠는데" 같은 소망을 그리기 시작하면서부터 사람의 상상력과 창의적 사고력은 움직이기 시작한다. 꿈을 실현하기 위해서는 우선 자신이 바라는 미래상을 그려 꿈의 방향성부터 정할 수 있어야 하며, 자신의 꿈에 대하여 "이 길이 내가 가야 하는 길이다"와 같이, 자신의 마음 깊은 곳에서부터 느껴지는 사명감과 만족감을 뜻하는 '내적 확신'이 있어야 한다. 고객을 위하는 것도 좋고 회사를 위하는 것도 좋고 나라를 위하는 것도 좋지만, 무엇보다 중요한 것은 "난 진심으로 이 길을 원한다"라는 자신의 확신이고, 그러한 확신이 있어야 내적 동기부여가 가능해진다. 많은 사람이 막연히 창업의 꿈을 꾸지만, 사실 무엇보다 중요한 것은 내가 왜 창업을 해야 하는가를 정확히 설정해야 한다. 위대한 창업자들은 한결같이 돈이나 성공, 명성보다는 후회 없는 인생, 도전하는 과정을 창업의 이유로 생각했다. 메모앱 하나로 세계를 제패한 '에버노트EverNote' 필 리빈Phil Libin CEO는 "돈 버는 게 목표라면 차라리 큰 회사에 취직해 경력을 쌓는 게 낫지만, 10년간 밤낮없이 일할 자신감과 한푼도 못 벌어도 좋다는 배짱이 있으면 도전해보라"고 권했을 정도다.

– LG경제연구원, 새로운 시장을 만들어 내는 힘, 창의적 직관, 2016.2.12.

했는데 그 결과 애플의 제품은 '혁신'이라는 옷을 입게 되었고, 소비자들은 애플의 제품에 담긴 '혁신'이란 가치에 매료되었다. 고객들은 애플이 제품을 만든 이유를 사는 것이다. 커뮤니케이션 전문가 카민 갤로Carmine Gallo가 "스티브 잡스Steve Jobs는 제품이 아니라 제품 속에 담겨있는 꿈(영혼)을 파는 것"이라고 말한 바와 같이 지금 고객은 당신이 하는 일(임무, What)을 사는 것이 아니라 당신이 하는 이유(신념, Why)를 구매한다는 말이다. 이 같은 창업의 핵심인 창업동기를 명확히 하지 않고 '직장에서 밀려나 어쩔 수 없이 창업한다'는 식의 발상은 대단히 위험하다. 이런 생각을 가지면 위기가 닥칠 경우 쉽게 포기할 가능성이 높기 때문에 "남들의 성공이 부러워서", "돈을 많이 벌기 위해서" 등의 창업이유가 아니라 어려움과 마주하더라도 난관을 극복할 수 있는 힘의 원천이라고 할 수 있는 '왜 창업을 하려고 하는가?'에 대한 명쾌한 이유를 명확하게 준비하여야 한다.

2. 창업의 핵심역량과 성패요인

1) 창업자에게 필요한 학습능력과 핵심역량

산속을 자기 집처럼 누비고 다니는 자연인들은 수십 년 동안 약초를 채취하는 과정에서 다양한 방식으로 배우고 수많은 약초들을 직접 캐면서 나름의 안목을 얻게 된다. 그런 약초꾼이 산에 오르면 온갖 보물(약초)을 채취할 수 있어 큰 수익을 얻게 되지만 동일한 상황에서 우리는 잡초와 약초를 구별하지 못하기 때문에 산에 올라 귀한 약초를 보더라도 '그게 그거 같은데', '비슷비슷한 다양한 풀들이 많더라!' 정도로 인지하게 될 테니 귀한 약초들은 그림의 떡일 뿐이다. 마찬가지로 준비 안 된 초보창업자에게는 매 상황마다 처음 접하는 낯선 일들뿐이니 문제의 핵심과 본질을 꿰뚫지 못하여 매번 혼란스러울 수밖에 없고, 이 상황에서도 사업business을 잘하려면 매순간 수많은 의사결정을 해야 하는데 모든 결단은 통찰을 바탕으로 사물이나 현상을 자세히 살펴보는 관찰력observation과, 예리한 관찰력으로 사물을 꿰뚫어 보는 통찰력insight이 필요하다. 기업가는 사안의 본질을 꿰뚫어 볼 줄 알아야 하고, 시·공간 전체 역학구도를 볼 줄 알아야 한다. 이러한 통찰력을 기반으로 판단을 내리는 결단력이 필수적이며, 여럿이 함께 사업목표를 달성하려는 과정인 기업의 창업과 경영은 연습용 목검승부木劍勝負가 아닌 실제 전쟁터의 진검승부眞劍勝負다. 진검승부는 목검이 주지 못하는 살벌하지만 즐거운 긴장감을 주는 동시에 스스로를 겸허하게 돌아보도록 만들어준다. 창업의 주인공 최고경영자CEO는 빠르게 변하는 시대에 적응해 기업을 생존시켜야 할 뿐 아니라 동시에 성장시켜야 한다. 창업가는 새로운 상황에 신속하게 대응하기 위하여 지속적인 학습이 필요하고, 시장에 대한 경험 및 지식을 축적하여야 하며, 정보수집 분야에서도 최고의 전문가가 되어야 한다. CEO가 이런 역할을 하도록 하는 데 중요한 것이 바로 학습이다. 사업business이란 사회에 나가서 온갖 상호작용을 스스로 몸으로 부딪히며, 생명체 같은 기업을 꾸려 나가는 것이니 기업을 꾸려 나가기 위한 경영지식도 배워야 하고 법률과 세금 등에 대해서도 깊이 있게 늘 공부해야 한다. 특히 '누구라도 나의 스승이 될 수 있다'라는 생각으로 철저히 배우고 부지런히 발로 뛰며 현장지식도 익혀야 한다. 많은 지식과 오랜 경험을 가진 CEO라도 자신의 능력을 발전시키고 새로운 것을 배우는 학습이 반드시 필요하며, 이미 가진 능력을 발전시키기 위한 학습과, 빠르게 변하는 상황에 적응하기 위해 새로운 변화를 탐구하고 새로운 능력을 키우는 적응력을 높여야 할 뿐 아니라, 회사의 생존과 성장을 위하여 기회를 포착해야 하는 CEO의 숙명 때문에 끊임없이 학습해야 한다. 인시아드 경영대학원 마이클 자렛Michael Jarrett 교수도 "CEO에게 학습은 매우 중요하다"며 "CEO는 끊임없이 새로운 것을 공부하면서 외부환경이 어떻게 바뀌고 있으며, 어떻게 대응해야 하는지 답을 구할 수 있어야 한다"고 강조한다. 또한 창업초기 약한 인지도와 넉넉지 않은 자금사정도 풀기 힘든 고민도 넘어서야 하고 '한국시장에서 스타트업은 장수하기 힘들다'는 편견도 실력으로 벗어나야 한다. 무서운 포식자(대기업)가 언제든 시장을 삼킬 수 있다는 점도 위험요인이다. 이 모든 난관을 뚫는 것이 관건이다.

성공적인 창업자에게 필요한 5가지 핵심역량

1. 결단력 성공적인 창업자가 되기 위해서는 자기에게 사업기회가 왔을 때 주저하지 않고 결단해야 하고, 한번 결심을 하면 신속하게 행동에 옮겨야 한다. 모든 사람에 똑같은 기회가 오지만 기회를 활용할 줄 아는 사람은 소수이다.

2. 인내심 성공적인 창업자는 원칙에 충실하고 끈기 있게 문제를 해결해나가는 강한 인내력을 가지고 있다. 대부분의 창업자들은 좋아서 하는 일을 하기 때문에 어려운 상황이 닥쳐오더라고 기꺼이 역경을 넘어서는 인내력을 보인다.

3. 리더십 창업가는 사람들을 흥분 속으로 몰아넣는 사람이다. 다른 사람들이 하는 것을 가만히 지켜보고 있지 않고, 자신의 사업에 돈을 투자하게 하거나 자신의 물건을 구매하도록 설득할 줄 알며, 앞장서서 새로운 기회를 창출한다.

4. 집중력 창업자는 24시간에 몰입하는 집중력을 발휘해서 사업기회를 포착하고 그것을 실현해 가는 사람이다. 기회는 모든 사람에게 공평하게 오지만 기회가 왔다는 것을 인식하는 사람은 많지 않다.

5. 학습능력 사업과 시장에 대해 경험과 지식을 축적해서 자기 사업에 관한한 최고의 전문가가 되어야 한다. 사업의 아주 세밀한 부분까지 깊이 이해하고, 새로운 변화에 신속하게 대처해 나가는 것이 성공창업의 지름길이다.

훌륭한 건물을 지으려는 건축가가 한 장 한 장 벽돌을 쌓지 않고 건물을 지을 수 없듯이 예비창업자가 폭넓은 식견(내공)을 갖추지 못한 채 창업에 뛰어드는 것은 수영을 배우기 전에 물속으로 뛰어드는 것과 같은 이치이다. 이처럼 전체적인 안목이 부족한 상태에서 무리하게 사업을 진행하게 되면 자신이 이끌고 가야 할 조직과 그 관련된 많은 사람들을 곤란에 빠트리거나 파도에 휩쓸리게 된다. 또한 기업의 사업성공을 위한 고유하고 독자적이며 궁극적인 능력을 뜻하는 핵심역량Core Competency이란 경쟁기업보다 우월한 능력과 고객에게 만족을 제공할 수 있는 보다 우수한 수준의 힘이다. 기업 내부에 공유된 기업특유의 총체적인 능력·지식·기술을 의미하는 "핵심역량의 조건"으로는 ① 고객에 대한 가치를 높이거나 그 가치가 전달되는 과정을 더 효율적으로 할 수 있는 가치창출력, ② 경쟁사에 비하여 우월한 상대적 능력을 의미하는 차별화 능력, ③ 다른 사업으로 적용이 가능한 확장력, ④ 경쟁사가 쉽게 모방할 수 없는 희소성 등이 제기되고 있다. 또한 핵심역량의 4가지 기준은 다음과 같다. 첫째, 핵심역량은 경쟁사 대비 차별적 우위가 있어야 한다. 둘째, 핵심역량은 가치창조에 기여할 수 있어야 한다. 셋째, 핵심역량은 경쟁사가 쉽게 모방할 수 없는 희소성이 있어야 한다. 넷째, 핵심역량은 다른 사업으로의 적용가능성이 있어야 한다.

2) 창업 성공 요인Success Factor

창업의 길은 불안하고 불확실성이 가득하다. 쉽게 봤다가 좌절과 실패만 맛보겠지만 보통 사람들이 풀고 싶어 하는 문제를 같이 고민하고 사회적으로 의미 있는 가치를 창출할 수만 있다면 그 창업은 돈이 되고 성공할 수 있다. 우리가 창업에 성공한 사람들을 만났을 때 흔히 그들의 현재 모습만 보게 되지만 정작 창업에 성공한 자들을 만나보면 '정말 시련 없는 성공이 없구나!'라는 점을 느끼게 된다. 창업의 성공은 단순히 어느 날 갑자기 찾아오는 행운幸運이 아니라, 철저한 준비와 노력의 결과라는 사실도 알게 된다. 실제 사업수완business

청년창업 성공의 키포인트 10

1. 취업의 대안으로 창업을 검토하지 마라.
2. 안되면 다른 것으로 바꾸면 된다는 안일한 생각을 버려라.
3. 자본의 규모보다 기술·노동 지향적으로 승부하라.
4. 단시간에 지나치게 높은 수익을 기대하지 마라.
5. 장사보다 사업을 목적으로 준비하고 시작하라.
6. 노력한 만큼 성공할 수 있음을 명심하라.
7. 창업을 직장생활처럼 해야 성공한다.
8. 고정적인 사고방식보다는 유동적인 사고방식을 가져라.
9. 정확한 사업계획서는 필수다.
10. 창업하려는 아이템에 대한 자신감을 가지고 시작하라.

창업 성공 주요 요인

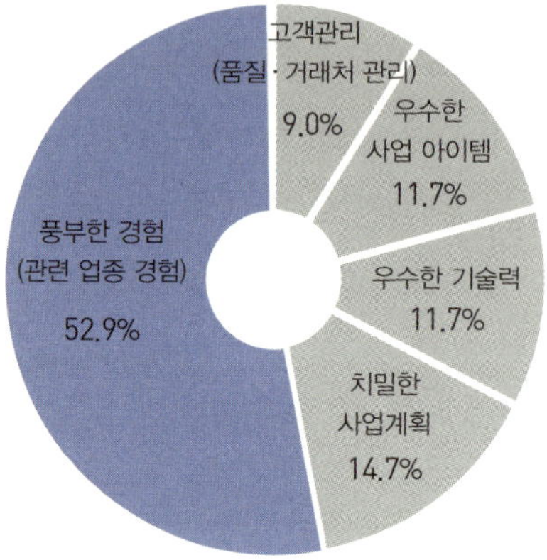

자료: 중소기업청

ability 교육에 집중하는 미국 뱁슨 컬리지Babson College의 2011년 졸업생 중 39%가 창업했고 그중 93%는 3년 후에도 사업을 성공적으로 운영하고 있으며, 같은 기간 메사추세츠 공과대학MIT 슬로언 경영대학원은 졸업생의 36%가 창업했고 3년 생존율은 86%를 기록했다는 자료를 보더라도 준비된 창업은 일반 창업기업 생존율과 비교할 수 없을 정도로 높다. 창업전문가 및 실제 창업자들은 창업을 하는 데 자본뿐 아니라 네트워크, 방향설정, 경험(전문지식), 신념과 끈기 등이 있어야 성공할 수 있다고 강조한다. 전문지식이란 고객에게 신뢰감을 줄 수 있는 중요한 요소이다. 전문성은 그 분야 전반을 아우르는 지식과 오랜 숙달을 통하여 얻은 터득의 결과물(핵심키워드)이다. 창업은 예측할 수 없는 환경에서 새로운 비즈니스 모델을 개발하여 성공을 일구는 과정에서 열정과 불굴의 의지로 도전하되 수많은 시행착오를 극복하고, 끝까지 포기하지 않아야만 성공의 열매를 얻을 수 있다. 대부분의 창업가들은 창업과정이 자기들이 상상했던 것보다 훨씬 힘들고 어려운 과정이었다고 말한다. 성공한 창업가는 시행착오를 반복하며 때로는 심각한 좌절에 빠지고 실망을 느끼더라고 실패의 경험을 학습의 장으로 활용하는 능력을 얻게 되는데, 그 지혜가 훗날 생명력의 기초이자 성장의 에너지가 된다.

창업의 성공을 결정짓는 것은 그 창업자가 어떤 생각을 하고 있느냐에 달려 있다. 걸림돌이 되는 악조건을 디딤돌로 만드는 유연한 사고, 기존제품들과 차별화할 수 있는 미래지향적인 제품개발, 소비자의 구매력을 자극하는 스토리를 갖춘 브랜드화도 성공창업의 중요한 요소이다. 또 뛰어난 기업가 빌 그로스William H. Gross는 자신이 만든 아이디어랩의 125개 창업기업과 그의 주변에 창업한 125개 기업의 포트폴리오를 조사해 얻은 중요한 5가지 핵심 성공요인을 다음과 같이 발표했다. ① 아이디어: 제품 아이디어는 얼마나 새로운가? 기존제품보다 10배 이상 좋아졌는가? 아이디어에 고유한 진리가 있는가? 이미 주변에 비슷한 제품이 나와 있지 않은가? 누구와 경쟁해야 하지 않는가? 치열한 경쟁을 해야 한다면 창업을 안 하는 것이 낫다. ② 팀 및 실행단: 창업 팀이 얼마나 효율적인가? 얼마나 효과적이며 얼마나 유연하게 적응할 수 있는가? ③ 비즈니스 모델: 수익을 만들 비즈니스 모델은 독특한가? 모델이 명확한가? ④ 자금조달: 많은 사람들이 실패하는 이유가 자금조달이 충분치 않아서다. 독창적인 아이디어와 비즈니스 모델이 있어 다른 사람들로부터 자금조달이 가능한가? 펀딩에 성공할 수 있는가? ⑤ 타이밍: 제품출시가 너무 빠르거나, 너무 늦은 것은 아닌가? 출시에 문제점은 없는가? 또한 빌 그로스William H. Gross가 뽑은 250개 회사들 중 이번 조사에서 가장 중요했던 요인은 바로 타이밍Timing이었다. 에어비앤비는 놀라운 비즈니스 모델이지만 에어비엔비 이전 똑같은 비즈니스 모델을 가지고 시작한 모든 사람들이 실패했다. 에어비앤비가 대박성공을 거둔 핵심은 바로 타이밍이었다. 그 당시는 전 세계가 경기침체로 휘청대고 있을 때였기 때문에 사람들이 돈이 필요해 자신이 가지고 있던 여분의 방을 임대하고자 했으며, 돈 없는 여행자의 증가와 경기침체가 에어비앤비를 돕는 결과를 가져왔다. 그 다음으로 창업팀의 능력 32%, 아이디어의 참신성과 진실성 28%, 비즈니스 모델 24%, 자금조달 14%로 답했다. 실제로 시장이 첫 번째 제품에 반응하는 것은 실제로 얼굴에 펀치를 맞는 것과 같은 놀라움을 주게 되고 그 이후에 더 좋은 계획을 생각해 내고 변화를 모색한다.

"학교를 다니지 않고 성공한 사례는 많지만 배움을 게을리 하고도 성공했던 사례는 없다"

3) 안타까운 창업 실패요인failure Factor

창업기업이 실패할 경우 가혹한 결과를 동반하기 때문에 창업자들은 실패하지 않기 위해 최선의 노력을 기울이지만 창업기업들 중에서 매출이 떨어지고 높은 임차료를 견디지 못해 사업을 접어야 하는 안타까운 사태의 원인은 철저한 준비 없이 사업을 시작한 경우가 대부분이다. 2017년 10월에 발표한 국세청자료에 따르면 해마다 106만 8,000명이 창업하고 73만 9,000명이 폐업한다고 하니 매일 2,926명이 창업하고 2,024명이 폐업하는 셈이다. 실패의 주요원인은 업종과 시장에 대한 충분한 정보와 경험 없이 유행을 좇아 '묻지마'식 창업을 하고 있기 때문이다(주간동아 2017.10.19). 실패한 창업자의 특성을 살펴보면 ① 무계획적이고 즉흥적인 사고, ② 자기 우월적이고 남을 무시하는 경향, ③ 단독으로 일을 처리하는 경향, ④ 운명론적 철학관 등이다. 사업의 위험은 시장의 급속한 쇠퇴, 기술의 진부화, 자본조달의 어려움 등 다양한 원인에 의해 발생한다. 사업타당성 검토 시 창업자는 창업기업이 당면하게 될 위험이 어느 정도이며, 이를 어떻게 극복할 것인가에 대한 대응전략을 수립해두어야 한다. 또 미국 벤처캐피털 전문조사기관인 CB insights는 2014년 실패한 스타트업 101개사를 분석한 결과, 스타트업 실패원인 20가지 가운데 제품·서비스 문제, 시장조사 소홀 등 시장을 파악하지 못한 것이 가장 큰 요인으로 나타났다. 스타트업이 실패하는 가장 큰 이유가 소비자에 대한 철저한 분석 없이 창업자 자신이 원하는 제품·서비스를 만든 경우와 고객의 반응이나 요구에 부응하지 못하거나 제품·서비스의 질이 소비자의 눈높이에 미치지 못하는 이유(나쁜 제품) 때문에 스타트업이 실패한 것으로 밝혀졌다.

실전에 뛰어들었던 창업경험자는 "갑판에서 뛰어내렸더니 상어가 우글거리더라"라고 표현했다. 상어뿐만이 아닌 폭풍, 암초, 태양열과 목마름 등 수많은 위험이 도사리고 있는 것이 사업의 세계이다. 생존을 담보할 만한 장비 등을 갖추고 뛰어들어도 위험을 피해가기란 쉽지 않은데 별다른 준비 없이 바다에 뛰어내린다는 것은 자살행위에 가깝다. 창업이 실패하는 원인은 다양한 종류의 위험에 노출되기 때문이고, 특히 창업초기단계에서는 위험에 대처할 만한 역량이 충분하지 못하기 때문에 실패할 가능성이 높다. 따라서 창업자가 사업을 지속적으로 성장시키기 위해서는 내부역량의 개발과 함께 창업 후 성장단계에 따른 사업위험을 적시에 파악하고, 그에 대하여 치밀하게 대비해야 하지만 창업에 실패하는 경영자들에게 공통적으로 나타나는 자질(DNA)은 비합리성과 주먹구구식 일처리였다.

또한 스타트업과 소기업을 위한 온라인 뉴스 매체인 YFS 매거진의 창업자 에리카 니콜Erica Nicole은 "사람들이 잘 언급하지 않지만 스타트업이 망하는 진짜 이유 5가지"를 다음과 같이 설명한다. ① 고된 노력보단 대박환상에 빠져 있다. ② 잘못된 아이디어에 집착, 방향전환을 못한다. ③ 모든 이들을 다 만족시키려 욕심낸다. ④ 실패를 통해 배우려 하지 않는다. ⑤ 너무 서두른다(걷기도 전에 뛰려 한다). 또 사업을 진행하면서 인맥이나 멘토를 적절히 활용하지 못해 실패하는 경우도 있다. 팀원이 아니라 창업자가 열정이 부족하거나 역경을 이기지 못해(탈진) 실패하기도 하고 자신의 아이디어가 굉장히 혁신적이어서 모방할 경쟁자가 없다고 착각하는 스타트업이 결국 경쟁에서 뒤처져 실패하거나 일관성 없는 아이템을 문어발식으로 내놓거나(포커스 상실) 시장변화에 따라 아이템을 적절하게 바꿔야 할 시점에 변화하지 못해 실패한 경우도 많았다. 그리고 창업시장의 큰 흐름(메가트렌드)을 제대로 보지 못했다는 지적과 창업자의 창업 준비가 미흡했다는 지적도 있다. 특히 창업에 도전했다가 실패한 사람들 중에는 세상이 필요로 하는 것보다 자신이 잘하거나 관심 있는 것에 집중한 이들이 절대적으로 많았다는 사실은 각별히 유념해야 할 대목이다.

스타트업이 창업 1년 뒤 살아남을 확률이 10%도 안 될 정도로 실패하는 스타트업이 대다수이다. 스타트업이 실패하는 이유도 여러 가지다. 자금부족에서 시장조사 부족, 팀원구성 문제 등등 딱 한두 가지로 귀결되는 것도 아니다. 현대 경영컨설팅의 창시자인 컨설팅전문회사 맥킨지의 마빈 바우어Marvin

창업 실패 주요 요인

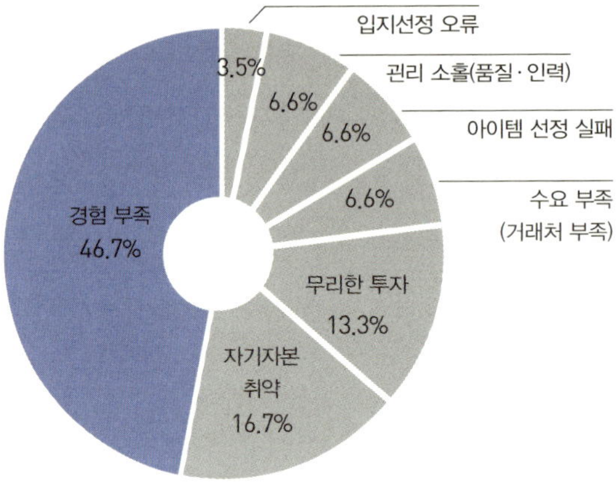

자료: 중소기업청

Bower는 경영실패의 가장 주요한 원인은 문제를 잘못 파악한 채 정답을 내놓는 데 있다고 말했다. 또한 스타트업(새싹기업)이 실패하는 가장 큰 이유는 소비자에 대한 철저한 분석 없이 창업자 자신이 원하는 제품·서비스를 만든 경우와 고객의 반응이나 요구를 무시하거나 제품·서비스의 질이 소비자의 눈높이에 미치지 못하는 이유 등 시장을 제대로 파악하지 못한 요인 때문에 실패한 것으로 나타났다. 또 사이먼 스코론스키Simon Skowronski는 세계 최대 비즈니스 인맥 관리서비스 사이트 링크드인LinkedIn에 기고한 글 "Top 20 Reasons For Startups Failure(스타트업이 실패하는 20가지 이유)"에서 스타트업이 실패하는 20가지 이유를 ① 고객을 무시, ② 시장성 없음, ③ 올바르지 않은 팀, ④ 형편없는 마케팅, ⑤ 자금 탕진, ⑥ 비즈니스 모델 부재, ⑦ 제품 적시성확보 실패, ⑧ 부족한 창업자의 열정(비전), ⑨ 잘못된 피봇(주축, 主軸)으로 인한 실패, ⑩ 질 낮은 제품 및 서비스, ⑪ 가격정책 실패, ⑫ 네트워크를 사용하지 않음, ⑬ 팀의 부조화, ⑭ 집중력 실패, ⑮ 수익창출이 안 됨, ⑯ 예산낭비, ⑰ 자금소요(계획) 실패, ⑱ 나쁜 지리적 조건, ⑲ 책임감 부족, ⑳ 적시성(timing) 부재 등으로 제시하였다. 또한 중소기업 중앙회는 사업 실패요인으로 ① 조급한 마음을 가진다.

사람들이 말 안 하는 스타트업이 망하는 진짜 이유 5가지

① 고된 노력보단 대박 환상에 빠져 있다.

우리는 창업이 가져다주는 대박성공만 추켜세울 뿐 실패는 감추고 쉬쉬한다. 많은 스타트업이 망하는 진짜 이유는 이들이 대박만을 원할 뿐 창업에 대한 본질을 이해하지 못하고 그걸 이룰 만한 노력과 용기도 없다는 것이다.

② 잘못된 아이디어에 집착, 방향 전환을 못한다.

창업가들은 자신의 아이디어가 시장의 요구에 부합하지 않을 때 서둘러 방향전환을 하지 못하고 잘못된 아이디어를 붙들고 질질 끌거나 수익성이 없어도 자신의 아이디어를 너무나 사랑하는 경향이 있으나 회사를 유지할 만한 수익이 나지 않을 때가 아이디어를 수정하거나 새로운 방향전환을 할 때다.

③ 모든 이들을 다 만족시키려 욕심낸다.

모든 이들을 다 만족시키려는 것은 회사를 파산으로 몰고 가는 가장 확실한 길이다. 시장은 가장 뛰어난 제품과 서비스에 가장 비싼 가격을 지불한다. 회사의 자원과 인력을 여러 제품이나 서비스에 분산하며 결국 각각은 최고가 아닌 그저 그런 수준의 제품과 서비스가 될 뿐이다.

④ 실패를 통해 배우려 하지 않는다.

혹시 성공한 창업가 중에 과거에 한 번도 실패하지 않았다고 말하는 사람이 있다면 이는 거짓말이다. 스타트업은 어느 수준이든 성공이라는 걸 얻기 위해선 그 실패가 크든 작든 어느 단계에선 실패를 맛보게 되는 게 필수다.

⑤ 너무 서두른다(걷기도 전에 뛰려 한다).

벤처업계엔 "빨리 움직여 깨 부숴라"란 말도 있지만 사람들은 이 말 뒤에 "실행은 점차적으로 해야 한다"란 전술이 담겨 있음을 간과한다. 시기상조란 이용자 확충에 너무 빨리 너무 많은 돈을 쓰거나, 혹은 너무 많은 직원들을 앞서 고용하거나, 너무 빨리 너무 많은 자본을 투자받는 것 등이 모두 해당된다.

– 머니투데이, 너무 서두르고, 고생보단 대박 환상에 빠져, 2015.1.25.

스타트업 주요 실패 원인

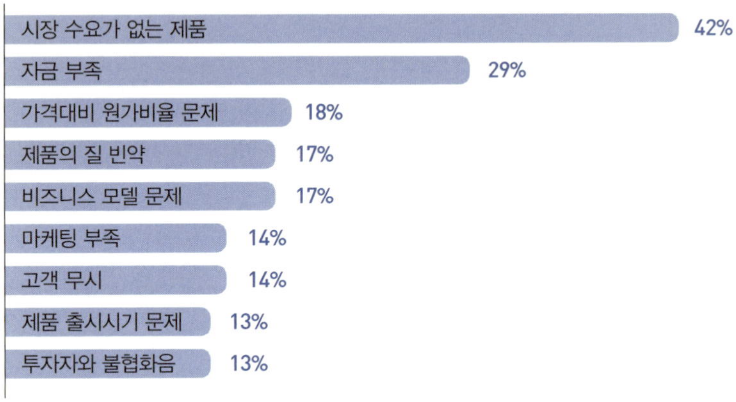

※ 중복 선택

자료: CB인사이트

② 처음부터 무리하게 시작한다. ③ 트렌드를 무시한다. ④ 경영자는 경영만 해야 한다. ⑤ 떠도는 소문을 믿는다. ⑥ 사업계획 없이 잘할 수 있다. ⑦ 자신의 경험과 적성을 무시한다 등 〈이렇게 하면 망한다〉 7가지를 제시하였다.

> "실패는 잊어라. 그러나 그것이 준 교훈은 절대 잊으면 안 된다."
>
> – 허버트 개서(Herbert Spencer Gasser), 미국의 생리학자

> "수많은 실패가 없었다면 지금도 있지 않았을 것이다. 어떤 나무라도 그 밑에는 자양분이 있다. 가장 큰 자양분은 실패에서 나오므로 포기하는 것이 가장 큰 실패이다."
>
> – 세계적인 전자상거래 기업 알리바바 창업자 마윈 회장

3. 실패를 용인하는 사회적 인식

조그만 성공에 자만하면 실패의 씨앗이 되지만 실패를 통하여 교훈을 얻으면 성공의 씨앗이 된다. 실패는 성공으로 가는 과정에 있는 징검다리이고, 그 징검다리를 건너야 성공을 만나게 된다. 성공한 창업가들 대부분이 실패에서

무엇인가를 배워서 실패가 곧 훗날 성공의 디딤돌이었다고 말하는 것을 보더라도 실패 없는 위대한 창업성공은 불가능하니 실패는 꼭 필요한 성공의 한 과정이라고 할 수 있다. 이 세상에 한 번도 실패하지 않은 기업은 있을 수 없다. 모든 기업이 크고 작은 실패를 경험하지만 우리 기업의 실패가 더 큰 실패로 이어지는 악순환의 고리로 만들 것인지, 아니면 기업을 성공으로 이끄는 사다리로 만들 것인지는 해당 기업의 몫이다. 흔히 '실패는 성공의 어머니'라고 하는데 여기에는 단서가 붙는다. 실패를 실패로 끝내지 않고 학습의 기회로 활용했을 때 그렇다는 말이니 실패에서 배우고 이를 활용하여 창조의 초석이 되도록 해야 한다. 알리바바 창업자 마윈 회장은 직관이나 혜안보다는 결핍과 실패에서 성공의 열쇠를 찾는다. 그는 첨단기술을 알지 못했기 때문에 기술자들과 토론하며 편리한 서비스를 만들 수 있었고, 사업계획을 정해놓지 않았기에 끊임없이 변화를 이끌어낼 수 있었다면서 그 과정에서 겪은 실패는 성공의 밑거름이 되었다고 말한다. 또 MS의 빌 게이츠Bill Gates는 PC가 팩스, 음성, 전자우편 같은 보는 정보를 통합하고 누구나 쉽게 사용할 수 있어야 한다는 신념으로 PC시장을 완전히 정복하였다. 하드웨어에 대한 집념을 버리지 않았던 애플의 스티브 잡스Steve Jobs는 아이팟, 아이폰, 아이패드 등 창조적 발상을 통해 애플을 최고의 기업으로 다시 부활한 토대도 발상의 전환과 창조성이었다. 그러나 발상의 전환은 그만큼 실패의 위험도 높기 때문에 벤처(모험)기업의 태동을 장려하기 위해서는 실패를 용인하고 재기의 기회를 주는 사회적 분위기와 장치가 필요하다. 미국의 성공기업은 평균 2.8회의 실패 후에 성공한다고 하고 대부분의 성공한 창업자들은 거듭된 실패를 통하여 점진적으로 성공하였으니 실패가 곧 성공의 견고한 자산임은 틀림없다.

창의적 기업을 육성하기 위해서는 역설적으로 실패를 장려하는 문화의 확산이 우리에게 절실하지만 한국의 학생들은 유치원부터 고등학교 때까지 주입과 암기방식으로 획일화된 교육을 실시하면서 좋은 대학에 진학하는 것을 인생 최고의 목표로 강요받는 데 익숙하다보니 제시된 궤도를 벗어나는 자체에 두려움을 갖고 있는 경우가 일반적이다. 우리 사회는 언제나 독창성보다 정답을

마윈의 성공철학(부제: 가난한 사람)

세상에서 가장 같이 일하기 힘든 사람은 가난한 사람들이다. 자유를 주면 함정이라고 하고, 작은 비즈니스라고 하면 돈을 별로 못 번다고 얘기하고, 큰 비즈니스라고 하면 돈이 없다고 하고, 새로운 걸 시도하고자 하면 경험이 없다 하고, 전통적인 비즈니스라고 하면 다단계라고 하고, 마트를 같이 운영하자고 하면 자유가 없다고 하고, 새로운 사업을 시작하자고 하면 전문가가 없다고 한다. 그들에게는 공통점이 있다. 구글이나 네이버(?)에 물어보기를 좋아하고, 희망이 없는 친구들에게 의견듣기를 좋아하고, 자기들은 대학교 교수보다 더 많은 생각을 하지만, 장님보다 더 적은 일을 한다. 그들에게 물어보라! 무엇을 할 수 있는지? 대답할 수 없다. 당신의 심장이 빨리 뛰는 대신 행동을 더 빨리하고 그것에 대해 생각해보는 대신 무엇인가를 그냥 하라! 가난한 사람들은 공통적인 행동 때문에 실패한다. 그들의 인생은 기다리다가 끝이 난다. 그렇다면 현재 자신에게 물어보라. "당신은 가난한 사람인가?" 가장 큰 실패는 포기하는 것이다.

– 알리바바 창업자 마윈(马云)

우선시 했고, 과정보다 결과나 성공만을 전부로 취급했기 때문에 변화와 도전보다는 안정적인 삶에 익숙해졌고, 실패와 도전을 용인하지 않는 환경에서 창업이 활성화되기 어려웠기 때문에 청년들이 창업을 회피하는 분위기가 자연스레 조성되었다. 한국의 창업자들은 주요 창업 장애요인으로 실패에 대한 부담(38%)을 꼽는 데 비해 중국의 경우 17.8%만 실패를 우려하는 것으로 나타났다. 안정적 직장선호 분위기와 위험에 대한 두려움이 맞물려 창업생태계 구축이 미흡한 점도 이 같은 현상을 부추기는 요인이다. 따라서 창업실패에 대한 두려움을 없애고 불확실한 미래에 대한 도전의지를 권장하며 사업 아이디어를 자유롭게 공유하는 교육환경이 절실하다.

> "위대한 인물은 배움의 기회를 주는 엄청난 실패를 통해 만들어지는 것이지, 순간의 기쁨을 주는 엄청난 성공을 통해 만들어지는 것이 아니다."
>
> – 엘머 클락(Elmer Clark)

"어려움을 어려움으로 생각지 마라. 고비가 없으면 절대로 성장할 수 없다. 더 강해질 수 있는 기회로 간주하라. 원하는 일에 혼을 바쳐라. 죽기 살기로 매달리면 반드시 이뤄진다."

– 티맥스 소프트 창업자 박대연

"슬럼프라는 것은 사실 모든 사람한테 다 오는 거고… 다 겪어야 하는 거지. 야구하는 자체가 슬럼프의 연속인 거예요. 힘들 때 죽겠다 싶어서 안 하면 결국 선수들에게 돌아가는 거는 선수 생명단축이다. 그게 야구다. 이게 제가 야구를 하면서 깨달은 저만의 철학이에요."

– 김용수, LG 트윈스 최초 영구결번 투수

"승리하면 조금 배울 수 있다. 하지만 패배하면 모든 것을 배울 수 있다."

– 크리스티 매튜슨, 샌프란시스코 자이언츠의 전설적 투수

청년창업, 어렵고 험난하구나

국세청, 청년(15~34세)창업 사업자 현황 분석

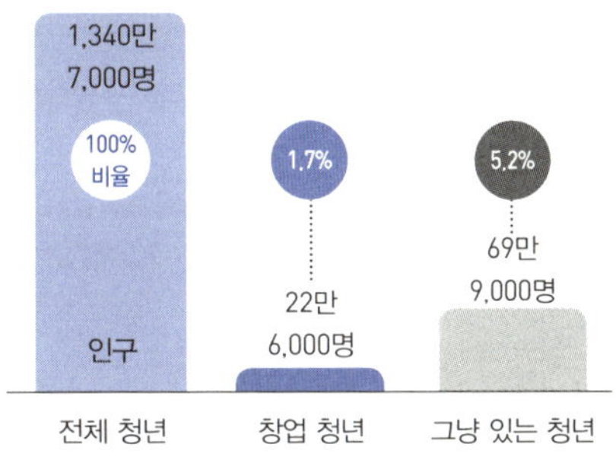

취업난 때문에 창업을 고민하는 젊은이들이 많다. 주위를 보면 너도나도 창업에 뛰어드는 것 같지만 실제로 창업전선에 뛰어든 청년들은 많지 않다. 취업이 워낙 어렵다보니 대안으로 창업을 고민하지만 막상 판을 벌이기는 쉽지 않기 때문이다.

국세청이 사업자등록 실태를 분석한 결과를 보면, 2016년 한 해 동안 창업한 청년(만15세~34세)은 22만 6,000명 정도다. 이는 전체 청년인구 1,340만 7,000명의 1.7%밖에 되지 않다. 나머지는 취업을 해 직장생활을 하거나 공부를 하고 있는 학생들이다. 최근 한 민간 청소년정책연구원이 통계청 자료를 분석한 결과, 일도 공부도 하지 않는 니트족 규모는 2016년 기준 69만 9,000명이니 창업청년의 3배 규모다.

– 비즈니스와치, 2017.9.28.

인구 800만 명 정도인 작은 나라 이스라엘이 세계에서 국민 1인당 창업비율이 가장 높은 '창업국가Startup Nation'로 불리게 된 비결은 내수 시장이 작고, 주변국과 공식관계가 없기 때문에 창업순간부터 글로벌 시장진출을 목표로 세계시장을 공략했다는 점과 실패를 두려워하지 않는다는 점이다. 수많은 국가에서 실패는 흠이 되고 특히 이제 막 도전하는 스타트업에는 씻을 수 없는 주홍글씨로 남지만 이스라엘에서는 실패로 인한 사회평가에 전혀 신경을 쓰지 않는다. 이스라엘에서 성공한 훌륭한 스타트업들은 저마다 몇 번 혹은 수십 번의 실패를 겪었기 때문에 다음 아이디어로 나아갈 수 있었고, 그런 과정을 반복함으로써 결국 성공에 이를 수 있기 때문에 그들에게 실패는 성공을 위한 발판일 뿐이다. 다시 일어설 수 있는 능력이 자연스럽게 문화에 뿌리내리면 산업계 챔피언도 자연스럽게 생기기 마련이라는 인식 때문에 실패에 대한 두려움을 떨쳐버릴 수 있다는 사고다. 이스라엘이 인공지능AI, 사이버 보안 등 첨단기술 분야 스타트업만 6,000여 개에 달하고, 매년 1,500여 개가 새로 생겨나는 '중동의 실리콘밸리'로 불릴 정도로 창업가정신이 활발하고 창조경제로 성공할 수 있었던 이유는 이스라엘 특유의 실패에 대한 관용에 있다. 그들은 세상 어디에도 실패하지 않는 도전은 없다는 사실을 자연스럽게 습득하였다. 이스라엘에서 창업은 국가의 미래가 걸린 문제이므로 이스라엘에서 벤처창업은 국가의 창업지원정책 문제가 아니라 역경과 고난을 이겨내고 새로운 국가, 새로운 비전을 달성하려는 사람들의 정신과 관련된 문제라는 인식이다. 구글 개발매니저 아미르 셰밧Amir Shevat은 "창업에 필요한 조건들 가운데 스타트업 창업을 도와줄 실력 있는 멘토진, 풍부한 창업자금, 확실한 정부지원 등을 갖추고 있지만 가장 중요한 것은 기꺼이 실패하려는 사람들의 모험정신이라고 강조했다. 이런 모험정신은 흔히 "후츠파Chuzpah"와 "로시가돌Roshgadol"이라는 단어로 요약된다. '후츠파'는 두려워하지 않고 도전하는 것을 뜻하고 로시가돌은 '큰 머리'라는 뜻이지만 오늘날 '책임지는 태도'라는 의미로도 쓰이고 있다. 이갈 에를리히Yigal Erlich 요즈마펀드 회장은 이 둘을 합해 "굴하지 않고 도전하되 자신의 결정에 자신이 책임을 지는 것"이라고 요약했다. 새로운 시도를 하는 것, 기꺼이 실패를 감수하는 것은 이스라엘의 문화라고도 한다. 이스라엘 경제성장의 비밀을 풀어낸 베스트셀러 〈창업국가〉의 저자 사울 싱어Saul Singer는 "실패를 하지 않았다는 것은 아무것도 하지 않았다는 것"이라며 "이스라엘에서 실패보다 더 무서운 것은 아무것도 하지 않았거나 중도에 포기하는 것이다"라고 지적했다. 그러나 한국문화는 실패에 대하여 관대하지 못하기에 창업가정신이 마음껏 발휘되기가 어렵다. 당돌하고 뻔뻔한 후츠파 정신을 바탕으로 도전하려 해도, 그 후에 따라올 실패에 대한 책임이 발목을 잡지만, 피고지고 또 피는 무궁화 같은 한국인의 DNA처럼 '실패해도 괜찮다'는 정신이 절실히 필요하다. 실패한 경험이 새로운 동력이 되는 실리콘밸리처럼 한국도 실패한 사람에게 다시 기회를 주는 문화가 정착돼야 한다. 창업가정신의 중심은 본래 혁신이고, 혁신은 불가능에 대한 도전이므로 도전은 실패를 양산할 수밖에 없다. 이스라엘의 젊은 벤처들은 연대보증 없이 투자를 받고 마음껏 자유롭게 해외로 나가고 미국 실리콘밸리에선 실패를 당연하게 받아들고, 실패의 경험을 존중해 주는데, 우리 사회는 실패에 대한 책임을 너무 과하게 묻다보니 청년벤처들은 실패하면 신용불량자가 된다는

레전드는 슬럼프로 만들어진다

레전드가 슬럼프를 헤쳐 나가는 데 있어 가장 중요한 특징은 자아성찰이다. 자신의 생각, 감정, 행동을 세심하게 살피는 과정을 반복하는 것이다. 슬럼프가 어느 날 갑자기 오는 것이 아니라, 스스로에 대한 지속적 관찰을 통해 슬럼프의 원인과 패턴을 파악하려는 노력이 중요한다. 원인을 빠르게 파악하면 회복도 빨라지기 때문이다. 슬럼프를 극복하는 학습경험이 축적될수록, 이는 자신만의 강력한 자산이 된다. 샌프란시스코 자이언츠의 전설적 투수 크리스티 매튜슨의 명언 "승리하면 조금 배울 수 있다. 하지만 패배하면 모든 것을 배울 수 있다"처럼… KBO 통산 200승을 넘긴 유일한 투수이며, 153패로 가장 많이 패배한 투수이기도 한 송진우는 자신감, 그건 홈런 한 번 맞는다고 해서 그렇게 쉽게 없어지는 게 아니라고 말한다.

– 레전드는 슬럼프로 만들어진다, 김수안 지음, 스리체어스, 2017.

걱정이 발목을 잡아 도전의 걸림돌이 되는데 이 분위기를 바꿔 실패에 관대하고 실패를 용인하는 문화를 만드는 노력이 필요하다. 그런 사회적 인식이 확산되고 한번 실패하더라도 재기가 어렵지 않은 환경이 조성되며 창업가정신이 발휘되기 좋은 제도가 뒷받침되어야 창업가정신을 갖춘 인재들이 더 많이 나타나게 될 것이다.

> "실패에 대한 두려움 때문에 무너져서는 안 된다. 우리가 실패하지 않을 것이라고 생각해서 하는 말이 아니다. 누구나 실패할 수 있다. 실패했을 때 이를 빨리 털고 일어나 실패를 통해 배우면서 발전하는 것이 중요하다."
>
> – 필 나이트(Phil Knight), 나이키 창업자

패배로 끝나면 도전의 의미가 없다

> '패배는 끝이 아니라 성공의 씨앗을 얻기 위함이다. 실패하지 않으면 성공도 없다'라며 다시 일어섰다. 그리고 실패 뒤에 더 크게 성공했다. 즉 실패를 두려워하지 않고 항상 생각하면서 일하고 있기 때문에 실패를 하더라도 신속하게 개선하고 수정해서 전략을 수정했다.
>
> – 야나이 다다시, 유니클로(UNIQLO) 창업자

아무리 뛰어난 기업이라고 해도 지속적인 경쟁력을 확보하지 못하면 기업 생태계에서 도태될 수 있으며, 기업의 수명도 과거보다 점점 더 짧아지고 있다. 경제협력개발기구 OECD에 따르면 우리나라 창업기업의 3년 생존율은 41.0%에 불과하다. 실리콘밸리의 모바일분야 스타트업 역시 창업성공률은 1%에 지나지 않고, 가장 모범적인 창업생태계를 구축한 이스라엘의 창업성공률 역시 유사하다. 이와 같이 창업성공률이 낮은 사업 환경은 실패 후 재도전 의욕까지 떨어트리고 국가경제를 위축시켜 장기적인 저성장의 늪에 빠지는 요인이 될 수 있다. 그래서 김동연 부총리는 낮은 창업성공률을 개선하기 위하여 2017년 11월 다양한 인재들이 보다 혁신적이고 모험적인 창업에 도전할 수 있는 환경을

가장 위대한 성공 비결은 '실패의 자유'

13년 전 미국 하버드대학을 중퇴했던 페이스북Facebook 창업자 마크 저커버그가 페이스북 최고경영자CEO로 모교 졸업식연설에서 졸업생들에게 "각자의 목적의식이 세상을 바꾼다"라고 말했다. 그는 "기업가정신은 새로운 것들을 쉽게 시도할 수 있을 때 번창한다"며 "가장 위대한 성공은 실패할 수 있는 자유에 달려 있다"고 강조했다. 그는 이 대학 2학년이던 2004년 2월 기숙사 방에서 친구들과 페이스북을 창업했지만 그전에 게임, 스터디 툴, 음악재생 프로그램 등을 만들었다. 저커버그는 "솔직히 말하면 나는 운 좋게 가족 덕분에 사업에 전념할 수 있었고 수십억 달러를 벌었지만 페이스북이 실패했다면 오늘 이 자리에 서지 못했을 것"이라며 "나와 같은 억만장자들이 모든 사람들이 목적을 찾을 수 있는 안전망을 제공해야 하는 이유"라고 말했다. 그가 던진 또 다른 화제는 '목적의식'이었다. 33세의 저커버그는 "저도 졸업생들과 같은 세대이고, 밀레니얼 세대는 불평등, 환멸, 자동화로 인한 실직을 경험할 것"이라고 말하면서 "여러분이 자신만의 목표를 세우는 것으로는 충분치 않다"며 "우리가 도전하는 이유는 모든 사람이 저마다의 목적의식을 갖는 세상을 만들기 위한 것"이라고 강조했다. 저커버그는 또 하버드대 학창 시절을 회상하며 "최고의 순간은 (지금의 아내) 프리실라를 만난 것"이라고 소개했다. 저커버그는 "나의 메시지는 목적에 관한 것"이라면서 "한 사람 한 사람이 목적의식을 갖는 것은 진정한 행복의 핵심이고 우리 사회를 진전시킬 방법"이라고 밝혔다.

만들고, 실패경험마저 우리 사회의 자산으로 축적되고 투자가 순환되는 생태계를 만들어 나갈 것이라며, 다양한 인재들이 보다 혁신적이고 모험적인 창업에 도전할 수 있는 환경을 만들겠다고 말했다. 그는 사업에 한번 실패하면 다시 재기하기 어려워 젊고 우수한 인재들이 안정적 직장을 구하는 데 매달리고 있다면서 혁신창업 생태계 조성방안 3가지를, 첫째, 누구나 아이디어 하나로 창업에 도전할 수 있도록 그 모험정신이 보상받는 환경을 조성하고, 둘째, 10조원 규모의 혁신모험펀드를 조성하고 투자위주의 자금지원 체계를 강화하며, 셋째, 사업실패 시 덫에서 벗어날 수 있도록 하고 동시에 벤처자금이 회수되고 재투자되는 생태계도 만들겠다고 말했다. 이 같은 정부정책도 중요하지만 문제는 우리 경제사회 전반에 걸쳐 새로운 도전과 창업을 장려하고 북돋아주는 환경조성이 중요하며, 우리 사회가 직업의 안정성을 지나치게 강조하는 사회분위기 특성상 젊은 청년들마저 안정추구 성향이 매우 높은데 우리 청년들을 향한 기성세대들의 새로운 도전과 모험에 대한 더 많은 격려가 필요하다.

한편 한국만큼이나 미래가 불안한 중국청년들은 창업에서 희망의 끈을 찾고 있다. 중국청년들이 과감히 창업에 도전할 수 있는 이유는 고속성장 시대를 지난 중국은 취업난 해소와 경제활성화를 위해 창업을 적극권장하면서 실패마저도 높이 평가하는 사회분위기와 각종 제도정비를 통한 정부의 적극적인 창업지원 때문이다. 혁신성장 가도를 무섭게 질주하는 중국에선 2017년 기준 하루 평균 1만 6,500개, 연간 600만 개(시간당 690곳)의 신생기업이 탄생했다니 한국의 연간 7만 5,000여 개 새싹기업의 80배에 이른다. 덩샤오핑鄧小平이 1978년 12월 개혁·개방을 선언한 뒤 경제특구 1호로 지정한 '개혁·개방 1번지' 광둥성 선전의 수많은 창업기업은 도전과 경쟁을 통해 중국의 혁신기술을 한 발씩 전진시켜 '중국판 실리콘밸리' 혁신메카로 변신하고 있다. 선전에서 유난히 혁신스타트업의 성공이 많은 이유는 창업 팀들이 창업에 실패해도 실패를 관용하는 문화와 새로운 방향으로 다시 혁신을 시도할 수 있도록 용인하는 분위기가 가장 중요한 요인이다. 또 2014년부터 리커창 총리가 신성장동력을 위해 '대중창업 만중창신(모두가 창업하고 혁신한다)'이라는 신경제정책을 제시하며 스타트업 시장의 엔진을 본격 가동한 것이 청년들에게는 꿈의 토양이 됐다. 그 성과자료로, 한국경제연구원이 2018년 3월 현재 기업가치 10억 달러(약 1조 1,500억원) 이상의 가치를 가진 전 세계 236개 유니콘 기업(비상장 벤처기업)을 분석한 결과에 따르면, 유니콘기업 배출 국가 1, 2위는 미국(116개사, 49.2%), 중국(64개사, 27.1%)으로 나타났다. 창업열풍은 혁신을 낳고, 혁신은 중국을 4차 산업혁명의 선두국가로 밀어 올렸고, 지난 3년간 창업기업은 두 배 이상으로 늘었다. 중국의 '스타 창업가'들은 실패해도 계속 재도전할 수 있게 도와주는 환경과 정부의 전폭적인 지원, 소비자 및 시장의 특성파악 등이 창업활성화 요인이자, 선전이 창업천국이 된 비결로 꼽힌다. 중국의 빅데이터 기술은 이미 세계최고라는 평가를 받고, 인공지능AI 기술도 조만간 미국을 따라잡을 것이라는 게 골드만삭스 분석이다.

실패 자체는 좋은 것이 아니지만 "실패는 뼈를 단단하게 단련시킨다"라는 말은 실패에서 배우는 것이 많다는 뜻이고, 성공한 사람들의 공통점은 실패를 두려워하지 않는 실천력이다. 〈실패한 사람의 10가지 습관〉이라는 책에서도 모험을 하지 않는 자세를 가장 큰 실패원인으로 지적하고 있다. 성공이란 우리에게 닥쳐올 문제와 실수들을 없애는 게 아니라 그런 문제와 실수들을 겪으면서, 그 과정과 함께 성장하는 것이다. 그래서 성공한 사람들은 실패를 감추지 않고

'실패에서 배워라'… 개그맨 김학래 씨의 생존 창업기

"아는 사람 믿지 말고, 창업하려면 목숨 걸어라"

친근한 웃음이 매력인 개그맨 김학래 씨는 연예인이라는 직업이 불안정하다면서 부업을 찾았지만 손대는 사업마다 쪽박을 찼다. 그의 첫 사업은 피자집이었는데, 처음엔 잘되는 듯했지만 주변에 프랜차이즈 피자집이 등장하면서 4년 만에 문을 닫았다. 그는 "일단 목 좋은 곳에 가게를 열고 차차 배워나가면 되겠지 생각했던 것이 패착이었다"면서 "전문성 하나 없이 가게를 열었다가 손해를 봤다"고 털어놨다. 그다음엔 강남에 큰 고깃집을 차렸다. 주주 8명이 모인 공동창업으로 주주 수가 많다 보니 어느 누구도 책임감 있게 가게를 운영하려고 하지 않아 결국 3년 만에 문을 닫았다. 그다음엔 서울 인근에 라이브카페를 열었다. 제법 장사가 잘되어 한 해 10억원 넘는 매출도 올렸지만, 경쟁자들이 많아지면서 버텨내지 못했다. 업종을 바꿔 의료용 의자사업도 해봤지만 결국 쓴맛만 봤다. 그가 서울 올림픽공원 근처에 중국 음식점(차이나린찐)을 열면서 사업가로서 본궤도에 올랐다. 잇단 사업 실패에서 얻은 교훈을 토대로 '목숨을 걸고' 가게를 꾸려나갔더니 저절로 성공이 따라왔다고 한다. 우리나라의 외식업 창업 생존율은 15%밖에 되지 않는데, 그는 한 자리에서만 15년 넘게 장사를 하고 있다. 쫄깃한 탕수육을 만들기 위해 아내와 함께 밤낮으로 조리법도 연구했다. 전국 방방곡곡을 다니면서 얻어낸 노하우로 만들어낸 김학래표 '인절미 탕수육'은 크게 히트했고, 식당은 유명맛집으로 자리 잡았다. 또 전국을 대상으로 상품을 팔 수 없을까 고민한 끝에 홈쇼핑 채널에 눈을 돌렸고, 중국 냉동음식으로는 처음으로 100억원대 연 매출도 올렸다.

실패로부터 달아나지도 않는다. 이들은 '살다 보면 이길 때도 있고 배울 때도 있다'라고 생각한다. 올바른 방식으로 실패에 다가간다면 삶에서 배울 수 있는 가장 큰 교훈은 실패에서 나온다는 걸 알게 된다. 실패에서 배우는 사람이 되고자 한다면 실패를 보는 방식을 바꾸고, 실패에 올바르게 대응하는 자질을 키워 거기서 배울 수 있는 능력을 찾고 발전시킬 필요가 있다. 또 인터넷 탄생부터 모바일 플랫폼까지 기술혁신이 대부분 실리콘밸리에서 일어나는 이유는 뛰어난 인재들이 몰리기 때문이고, 그런 인재들이 몰려 드는 이유는 이곳에 꿈과 아이디어를 실현할 기회가 있기 때문이다. 실리콘밸리가 혁신의 대명사가 된 이유는 일반인들의 눈에 엉뚱해 보이는 것을 시도하여 실패해도 좋은 평가를 받을 수 있는 곳이고, 그런 문화에서는 실패도 값진 경험으로 보기 때문이다. 실리콘밸리가 세계최고의 혁신센터로 군림하고 있는 비결은 카오스 몽키(실리콘밸리에 출현한 괴물 원숭이)들의 난동을 용인하고, 기존질서와 체제에 도전하는 새로운 시도가 거의 무제한 허용하며, 파격적인 아이디어와 기술일수록 더 많은 돈과 지원을 받는다. 실패는 새로운 온갖 도전에 필연적으로 겪게 되는 과정이며 핵심을 판단할 수 있다면 실패로부터 새로운 지혜를 배움으로써 더 성장할 수 있게 된다. 대다수 카오스 몽키는 실패하지만 적자생존의 정글에서 살아남은 소수의 원숭이들은 세상을 바꾸고 있다. 따라서 실리콘밸리에는 실패에서 배우고 새롭게 탐색하는 과정이 필수라는 걸 체득했기 때문에 실패에 관대한 문화가 DNA로 내재화되어 있다.

> "실패는 그저 다시 시작할 수 있는 기회일 뿐이다. 이번에는 좀 더 지혜롭게 처신하라는 신호 말이다."
>
> – 헨리 포드(Henry Ford), 포드자동차 창업자

흔히 벤처기업의 성공확률은 10% 미만이고, 성공한 벤처기업인의 경우 보통 3~4번의 사업실패를 경험하게 되는데 미국정부는 그런 실패경험이야말로 매우 소중한 경영자원이라는 판단 때문에 실패한 중소기업인들의 재기에 적극적 지원정책을 펼치는 반면 한국에서는 창업실패의 대가가 너무 혹독하기 때

실리콘밸리 사람들은 어떻게 일할까

〈실패를 공유하고 거기에서 배워라〉 실리콘밸리는 최고의 인재들이 모이는 혁신의 상징이지만, 그들도 무자비한 경쟁에서 살아남기 위해 치열하게 혁신을 위해 노력하고 있다. 실리콘밸리에서는 2009년부터 실패사례와 그 교훈을 나누는 페일 Fail 컨퍼런스가 열리는데 반응이 폭발적이다. 500명이나 되는 실패한 벤처사업가들이 전문가들과 토론을 벌이며, 교훈을 나눈다. 구글은 엄청난 성공을 이루었지만, 실패의 역사도 화려하다. 비디오사업을 벌였다가 완전히 실패했던 경험은 유튜브를 인수해 크게 성공하는 계기가 되었다. 도전과 실패가 워낙 많다보니 온라인상에는 실패한 프로젝트를 야심차게 론칭했다가 역사 속으로 사라진 구글웨이브, 구글버즈, 구글리더 등 40여 개의 구글묘지Google Graveyard가 게시될 정도다.

문에 재도전의 용기보다 추진력이 위축되기 쉽다. 더구나 우리 창업·벤처 생태계의 활력 정도를 살펴보면 신설법인 수, 벤처기업 수 등 지표들은 상승추세이지만 기술혁신형 창업기업은 미흡한 실정이며 '창업실패= 재기불능'이라는 공식이 아직까지 유효하다. 사업이 실패하면 창업자 부담이 너무 높고, 정부정책지원도 창업단계에만 집중할 뿐 재도전 지원은 미미한 상황이었기 때문에 이제 정부는 사업이 실패하더라도 재기할 수 있는 환경을 구축하고, 혁신창업자에 대해 도전이든 재도전이든 세금은 과감히 깎아 주면서 예산은 충분히 지원함으로써 실패해도 다시 일어나 창업에 도전할 수 있는 선순환 체계를 구축하려는 것이다. 중소벤처기업부 자료에 따르면 2017년 폐업기업 대표자의 부담이 3억 5,600만원으로 나타났다. 민간 금융기관의 연대보증제 지속 등 사업실패에 따른 부담은 고스란히 창업자의 몫인 것이다. 그래서 한번 사업에 실패한 창업자가 재기하려면 처음 창업할 때보다 상황이 훨씬 더 어려울 수밖에 없어 개인적인 부담도 크지만 이들을 위한 정부의 정책지원도 미비하다. 2017년 창업·재도전 정책지원 금액을 살펴보면, 창업단계에 5,945억원인 것에 비해 재도전 단계에는 213억원에 불과해 무려 1/27수준이다. 창업기업과 정부지원 재도전 기업의 2년 생존율을 비교해보면, 창업기업 47.5%(2014년)에 비해 정부지원 재도

실패 두려워 않는 조직문화가 혁신 이끈다

한국3M은 실패를 두려워하지 않는 사내문화를 조성하기 위해 '퍼스트 펭귄' 프로그램을 운영한다. 이 회사는 실패한 프로젝트에 대해서도 시상을 한다. 국내통신사 A그룹은 신임 최고경영자CEO 취임 후 전 직원을 대상으로 고강도 쇄신 이메일을 발송했다. 메일에서는 복지부동 조직문화를 경고했다. "보여주기식 업무 추진, 임시방편 및 부서 이기주의로 인해 고객이 뒷전으로 밀려나고 있는 것은 아닌지 살펴보라"며 "태도와 일하는 방식을 근본적으로 바꿔야 한다. 기획만 하고 실행은 나몰라라 하거나, 관행이므로 어영부영 넘어가는 행동은 절대 용납하지 않을 것"이라고 강조했다. 이에 대해 한 직원은 "신임 CEO들이 취임 초마다 얘기하는 쇄신이나 혁신은 익숙한 단어"라고 말했다. 또 다른 직원은 "한동안 신임회장의 말에 일사불란하게 움직이겠지만 3~5년 정도 머물다 나가는 CEO가 조직문화를 바꾸기란 쉽지 않을 것"이라고 고개를 저었다.

전 기업은 83.9%(2016년)였다. 사업에 실패하면 자본금이 없을 때 새로운 사업을 하려면 최소한의 마중물(자금)이 필요한데, 재창업을 준비하려는 사람들은 실패한 흔적이 있고, 대개 신용상태가 좋지 않으며, 신용이 복원된다고 해도 7년간은 금융기록이 남아 있어서 현실적으로 금융기관의 도움으로 재창업을 하는 것이 불가능하다. 그래서 정부는 패자부활을 위해 창업 후 7년이 넘은 기업에 대해서도 연대보증제를 2018년 상반기까지 폐지하고 재기하려는 사업자의 연체·체납 등 부정적 신용정보를 금융회사끼리 공유하는 것도 제한하고, 사업정리·채무조정·재창업 상담 등을 원스톱으로 지원하는 재도전 종합지원센터도 확대·설치할 방침이다. 또 정부는 2016년 7월부터 재기 기업인에 대한 '성실경영 평가제도'를 도입해 재창업자가 실패한 기업을 분식회계·고의부도·부당해고 등 없이 성실하게 경영했는지 평가한 뒤 옥석을 가려 지원하면서, 창업실패에 따른 부담은 낮추고 재도전은 적극 지원하기로 했다.

실패를 포용하는 벤처생태계의 완성

두 차례 대학 입시 낙방, 세 차례 창업실패, 여덟 차례 파산, 실패전문가라는 낙인. 세계 최대 전자상거래 기업 알리바바 마윈 회장의 프로필이다. 마윈은 자신의 '실패사'를 자랑스레 말한다. 1992년 사무실 월세의 반도 내지 못해 문을 닫아야 했던 통번역 서비스기업 '하이보 번역사', 1995년 중국최초의 인터넷기업으로 문을 열었지만 이내 사라진 '하이보 네트워크'. 마윈은 이 실패한 기업들로부터 얻었던 경험 위에서 시가총액 약 4,690억 달러(약 523조원)의 알리바바를 키워냈다. 마윈이 성공할 수 있었던 이유는 실패를 경험했던 마윈 개인과 재도전의 기회를 열어둔 중국의 기업환경 덕분이었다. 창업 생태계의 마지막 조각은 '재도전'이다. '실패해도 다시 도전할 수 있다'는 명제의 사회적 허용과 제도적 포용이 있어야 한다. 한국사회는 실패를 경험한 이들에게 각박하다. 두 번의 기회를 좀처럼 허용하지 않는다. 중소기업청(현 중소벤처기업부)이 2014년 조사한 자료에 따르면 해외 벤처 최고경영자CEO들의 평균 실패경험은 중국 2.8회, 미국 2.8회다. 반면 한국은 1.3회다. 국내 재도전 기업인에게 가장 큰 어려움은 '신용불량자'란 꼬리표다. 재창업을 하고 싶어도 정책자금 신청 시 개인회생, 공공정보기록(세금체납)자 등은 신청자격이 없다. 회생절차를 졸업하더라도 국책 금융기관조차 추가 신용 제공을 하지 않는다. 한국벤처시장은 창업투자가 활성화되지 않아 창업기업인의 경제적 부담이 과도하게 큰 구조라서 기업 파산이 곧바로 개인파산으로 연결되는 실패에 따른 혹독한 대가는 새로운 창업을 가로막는다.

Chapter 3

창업 아이디어 발굴과 아이템 선정

1. 가치의 발견과 창업 아이디어

우리는 흔히 위대한 창업가들의 사업이 새로운 발명이나 엄청난 기술혁신을 통해서만 가능할 것이라거나 히트상품이 꾸준한 연구개발을 통해 엄청난 혁신이 이룬 것이라고 생각하지만, 사실은 기존의 상품(서비스)에서 충족하지 못했던 사소한 불편이나 주변의 문제점 가운데 개선할 점을 찾아 가치를 담은 상품으로 개발하여 훌륭한 혁신을 이룬 경우가 많다. 또 현재의 문제점을 획기적으로 변화시키는 관점이나 호기심과 상상력도 필요하고, 세상에 필요하지만 아직 없는 것이 무엇인지 끊임없이 찾으려는 노력에서 신선한 아이디어가 나온다. 빛나는 아이디어는 자체의 독창성도 중요하지만 아이디어가 시장에 숨겨진 니즈와 연결될 때 세상을 변화시킬 수 있으므로 아이디어의 성패는 연구팀이나 기업가가 아니라 시장Market이 결정한다고 볼 수 있다. 예를 들어 우리의 대표음식 김치사업의 경우, 맞벌이 부부가 늘고 거주방식이 일반주택에서 아파트 위주로 바뀌면서 김장 및 김치 담그기는 번거롭고 힘든 일로 인식되면서 자연스레 김치사업의 환경이 조성되던 김치사업 초창기에 누구나 김치사업화로 사업가가 되려는 생각을 할 수 있었지만 이를 실행한 사람은 소수에 불과했다. 또 히트한 아이디어 중에는 내가 미처 생각하지 못한 허점이나 한계를 지적받거나 비판하는 쓴 소리를 귀담아듣고, 수용하면서 세상에서 빛을 볼 수 있는 창조로 연결된 경우가 많고, 신상품 아이디어의 단초가 고객들의 불만이나 불평에서 비롯되는 경우도 많다. 1849년에 미국에서 설립된 제약회사 파이저Pfizer사가 개발한 발기부전 치료제 비아그라Viagra는 처음에 고혈압 치료목적으로 개발되었고 후에 협심증 치료목적으로 진행된 임상실험에서 실망스런 결과와 함께 일부 임상실험 대상자가 성기능 개선에 효과가 있는 것 같다는 의외의 부작용을 보고한 것을 받아들인 파이저Pfizer의 안목에서 비아그라가 전 세계적인 발기부전 치료제로 탄생되었다. 1998년 3월 27일 미국 식품의약국FDA의 승인으로 모습을 드러낸 비아그라는 20년이 지난 오늘날 전 세계 6,500만 남성에게 처방되는 엄청난 히트상품이 되었다. 이처럼 창업성공도 혁신적 아이템의 개발이 아니라 혁신적인 관점의 변화에서 시작하는 경우가 많고, 새로운 아이디어는 어느 날 갑자기 나오는 게 아니라 평소에 세상 모든 일에 대한 관심을 꾸준히 가지고 남과 다른 관점에서 보는 안목에서 비롯된다. 또 아이디어가 처음부터 완벽해야 한다고 생각하는 사람이 많지만 적당히 괜찮은 단순한 아이디어를 일단 실행에 옮기고 상황에 따라 변화와 개선을 시도하는 것도 좋은 방법이다. 그러니 창업자들은 마케팅전문가 해리 벡위드Harry Beckwith가 강조한 "더 잘하려고만 생각하지 말라. 다르게 생각하라"라거나 애플의 창업자 스티브 잡스Steve Jobs가 강조한 "다르게 생각하라Think different"라는 광고슬로건을 기억할 필요가 있다. 남보다 뛰어나려 하지 말고, 남과 다르게 생각하다보면 오히려 더 많은 가치창출의 기회와 놀라운 결과를 얻을 수 있다.

> "젊은이들을 타락시키는 가장 확실한 방법은 다르게 생각하는 사람보다는 똑같이 생각하는 사람을 존경하라고 가르치는 것이다."
>
> – 프리드리히 빌헬름 니체(Friedrich Wilhelm Nietzsche), 독일철학자

> "우리는 더 많이 사고할 필요는 없지만 새롭게 사고할 필요가 있다
> (We don't need to think More; We need to think Differently)."
>
> – 알버트 아인슈타인(Albert Einstein)

창업start up은 새로운 아이디어로 세상을 바꿔보고 싶다는 열망, 꿈, 의지 등에서 시작되는데, 그 첫걸음은 어떤 아이디어를 가지고 출발할 것인가에 관한 일이다. 사업 아이디어Business ideas란 어떤 사업을 할 것인지에 대한 주제로 새로운 가치를 발견하고 어떤 가치를 담은 상품(서비스)을 생산하여 판매할 것인가를 결정하는 것이므로 정제를 앞둔 원유Crude Oil상태, 또는 시장이 절실히 필요로 하는 상품(서비스)을 생산·제공하려는 창업아이디어는 보석으로 가공되기 전 원석原石차원이므로, 실제 창업을 진행할 창업 아이템으로 발전시키고 상품화로 진행할 첫 단계이다. 창업아이디어 선정에는 현재 문제점을 새로운 기술과 접목해 새 시장을 창출하는 리디자인Redesign 방식이나, 새로운 시장을 펼칠 혁신은 전혀 새로운 제품이나 기술을 만들어 낸 애플·구글·페이스북 같은

곧 일어날 미래의 사건을 예견하라

좋은 의미든, 나쁜 의미든 인류의 식습관을 변화시킨 레이 크록(Raymond Albert Kroc: 1902~1984)은 종이컵 장사를 하다가 후에 쉐이크 믹스기계를 팔아 큰돈을 벌었다. 그는 52세 때(1954년) 캘리포니아 출장 중에 한 햄버거 스낵코너에 들렀고 여기서 크록이 제작한 믹스기계를 여러 대 들여놓고 대량으로 믹스음료를 팔고 있던 운명의 리처드와 모리스 맥도날드 형제와 만났는데, 그들은 모든 음식을 60초 안에 내놓고 있었다. 그는 마치 "포드자동차의 컨베이어 벨트를 보는 느낌이었다" "아! 바로 이거다" 크록은 53세가 되던 1955년, 자신의 연고지인 시카고의 디플레인스에서 맥도날드 1호점을 열었다. 그의 성공은 곧 일어날 미래의 사건을 예견한 것에 있었다.

– 경영, 프랑크 아르놀트(Frank Arnold) 지음, 2011.

혁신기업들과 같이 현재는 없지만 미래에 나타날 시장을 새롭게 발명하는 혁신방식의 아이디어도 있다. 새로운 창업아이디어를 발견하는 창업자의 특성은 에디슨과 베토벤처럼 창의적 사고과정들을 즐기고, 서로 다른 것들 간에서도 연관성을 발견하는 능력과 사물을 뒤집어서 생각하는 능력도 탁월하다. 반면 선도적인 SPA기업인 자라Zara와 유니클로UNIQLO는 바늘 하나 꽂을 곳 없다는 대표적 레드오션으로 알려진 전통 패션산업의 기존 비즈니스 모델에서 역발상의 혁신을 통해 리디자인으로 시장을 선도하였다. 그래서 뱁슨 칼리지Babson College의 다니엘 아이젠버그Daniel Isenberg 교수는 기존의 창업에 대한 선입견을 깨고 완전히 새로운 것만이 창업을 성공하게 하는 것이 아니며, 젊은이에게만 새로운 아이디어가 있다거나 창업가정신을 기대할 수 있는 것도 아니라면서 무조건 새로운 것만이 능사가 아니고, 기존 시장에서의 발견을 통해 더 나은 가치로 성공한 사례가 더 많다고 강조한다. 그는 성공적인 창업을 위해 우리 모두가 스티브 잡스나 모델 T를 개발한 포드처럼 창조적 파괴를 하는 혁신가일 필요는 없다며 그것이 무엇이든, 심지어 매우 사소한 것이거나 이미 잘 알려져 있는 사업인 경우에도 꾸준히 실천한다면 성공할 수 있다고 말한다. 마찬가지로 일상의 패러다임을 바꿔놓은 위대한 발명이 개인의 작은 아이디어에서 시작된 사례는 주변에서 찾을 수 있다. 페이스북의 탄생 비화는 '캠퍼스에서 가장 멋진 여학생과 남학생'이 궁금했던 한 컴퓨터공학도가 재학생의 실제 얼굴사진을 온라인에 게재하는 프로그램을 개발하는 사소한 호기심에서 개발하여 현재 월간 이용자 약 18억 명을 돌파하는 히트작이 되었다. 또 곧은 빨대로 밀크셰이크를 먹기 힘들어하는 딸을 위해 발명된 주름빨대는 1937년 특허출원을 시작으로 지금까지 매년 50억 개 이상 생산되고 있으며, 역시 미국의 평범한 중년남성 프리드먼의 작은 아이디어에서 발명됐다. 또한 스타트업이 성공하는 데는 여러 요인이 있지만, 큰 성공을 이룬 기업의 공통점은 발상의 전환이었다. 다른 사람이 보지 못한 곳에서 가치를 발견하고 누구나 예상하는 기대와 상식을 배반하고, 시류에 저항하며 역행해서 아이디어를 현실로 실현해낸 것이다. 창업을 고민할 때 대부분의 창업자는 어떤 상품을 제공할 것인가에 몰두하게 되지만 사실 더 중요한 것은 소비자의 수요를 읽는 것이고, 수요를 발견하려면 창업자의 관점이 아닌 고객이 입장에 초점을 맞춰 새로운 부가가치를 창출한 혁신적인 아이디어를 내고 그것을 상품화하여야 한다.

사소한 아이디어가 쌓여 거대한 혁신을 낳은 세계적인 스포츠용품 브랜드 나이키의 대표적 혁신기술 플라이니트flyknit 기술은 '고무 밑창을 붙인 양말'을 만들어보자는 한 직원의 엉뚱한 제안에서 탄생한 발명품이다. 가죽보다 가벼운 직물로 신발을 만들겠다는 작은 발상의 전환이 신발제조분야에 거대한 혁신을 불러일으켰으며, 또 나이키는 자동으로 끈을 조여 주는 운동화 "하이퍼어댑트 1.0 Nike HyperAdapt 1.0"로 미국 타임지 선정 '2016년 최고의 발명품' 대열에 합류하는 등 세계에서 가장 혁신적인 기업으로 자리매김하였다. 이는 다소 엉뚱하고 처음엔 무모하게 보이던 아이디어를 존중하고 소통하며 협업으로 발전시켜 이를 제품화하는 것을 두려워하지 않았기 때문에 가능했던 것이다. 창업 아이디어는 그 자체를 별도로 발견하는 것이 아니라, 주변에 존재하는 문제에서 발견하는 것이 가장 쉽기 때문에 세상 모든 것이 사업 아이템이 될 수 있지만 "고객이 원하는 것" "즐겁게 할 수 있는 분야"를 선택하여야 창업에 성공가능성

기존 시장에서 새로운 '가치'를 창출하라

창업을 통해 기업가가 되려면 젊은 전문가여야 한다거나 혁신을 일으켜야 한다는 편견을 과감히 버리고 기존시장에서 발견을 통해 새로운 가치를 만들어야 한다. 기업가정신의 핵심요소로 꼽히는 혁신Innovation은 완전히 새로운 것을 의미하지만 기존시장에서 발견을 통해 사람들에게 기존에 없던 '가치'를 창출하는 경우도 많다. 아이젠버그 교수는 혁신 없는 가치창출이 기업가들에게서 더 많이 발견된다고 했다. 1990년대 초 멀티플렉스 영화관이 드물었던 시절, 금융위기로 허덕이던 멕시코에 '씨네맥스'라는 멀티플렉스 영화관이 들어섰다. 티켓 값은 2배 이상 비쌌고 동시에 다른 영화를 여러 가지 상영한다는 것 외엔 기존 영화관과 차이도 없었다. 사람들은 금융위기에 처한 멕시코 시민들이 이를 받아들이겠냐며 비웃었지만 씨네맥스는 대박을 터뜨렸다. 씨네맥스의 창업자들은 다른 영화관들이 하던 방식을 그대로 모방하였고, 단지 영화관 숫자를 늘리고 조금 더 고급스럽게 꾸민 것뿐이지만 이들은 당시 없던 '다양한 영화를 한꺼번에, 한 곳에서 볼 수 있다'는 가치를 제공했다. 지금은 흔한 멀티플렉스가 1990년대 초엔 '새로운 가치'를 지역사회에 준 셈이다. 또 혁신 없는 가치창출의 대표적 사례인 복제약Generics 이라는 단어는 특허가 만료돼 혁신성을 잃어버리는 지점에서 탄생하기 때문에 어쩌면 혁신적이라는 말의 반대말이다. 세계에서 세 번째로 큰 복제약 업체 아이슬란드의 액타비스Actavis는 임직원을 7년 동안 99명에서 1만 1,000명으로 늘리면서도 그 어떤 새로운 혁신도 하지 않았으나 그들은 '새로운New' 가치는 아니지만 사람들에겐 저렴한 가격에 복제약을 공급함으로써 '더 나은Better' 가치를 창출했다. 저렴한 가격에 비싼 원래 약과 비슷한 효능을 내는 약품을 공급해 수많은 사람들에게 도움을 주고, 가치를 만들어냈으니 이것이야말로 기업가정신의 핵심이다. 무조건 완전히 새로운 것만이 능사라는 편견에서 벗어날 필요가 있다. 미 뱁슨 컬리지 대니얼 아이젠버그Daniel Isenberg 교수는 "일반적인 기업가들에게는 '혁신없는 가치창출'이 오히려 답이 될 수 있다"면서 "한 분야의 전문가로서 세상에 없던 새로운 기술을 가지고 오는 것만이 창업가와 기업가를 만들지는 않는다"고 말했다.

을 높이는 것이 핵심이다. 그래서 윌리엄스Williams는 "천재는 노력하는 사람을 이길 수 없고, 노력하는 사람은 즐기는 사람을 이길 수 없다"라고 말했다. 또한 대부분 창조적 아이디어는 무에서 유를 창조하기보다 기존기술과 기술의 결합,

창조적인 아이디어 도출을 위한 노하우

법칙을 의심하라 모두가 옳다고 알고 있는 것이 사실은 전혀 그렇지 않을 수도 있다. 의문을 던져라. 중요한 건 새롭고 혁신적인 아이디어를 어떻게 내 머릿속에 들어오게 하느냐가 아니라 어떻게 낡은 생각을 밀어 내느냐이다.

질문으로 문제를 뒤집어보라 엘리베이터의 속도가 아무리 빠르다 하더라도 사람들의 기다림을 충족시키진 못한다. 속도의 문제를 뒤집어 엘리베이터 옆에 거울을 설치하면 기다림의 고통은 사라진다. 거울 보며 옷매무새를 고칠 테니까.

정반대로 생각하라 역발상의 원조 톰 소여에게 담장에 페인트칠을 하는 일은 일이 아니라 놀이였다. "이 일을 어떻게 해결하지?"라고 생각하지 않고, "이 즐거운 놀이를 어떻게 혼자 다 해?"라고 정반대로 생각하자, 친구들이 도왔다.

부정적인 의견에 맞서라 아무리 브레인스토밍을 한다 해도 말하는 사람만 말하고, 상사들만 말한다. 눈치 보는 브레인스토밍이란 의미가 없다.

남의 입장이 되어보라 감정이입, 즉 남의 신발을 신고 걸어봐라. 자동차는 잘 달려야 하지만, 대부분의 시간을 서 있기에 외형이 멋져야 한다.

최악의 해법을 최상으로 바꿔라 제일 좋거나 훌륭한 해법을 찾지 말고, 가능한 한 가장 형편없는 해결책을 찾아 그것을 역전시켜라.

부정을 긍정으로 전환하라 부정을 발견되기를 기다리는 긍정이라고 생각하라. 에이비스Avis 렌터카는 '우리는 2등입니다'라고 말해 정직하다고 사랑받는 동시에 업계 상위권이라는 이미지를 심어주었다.

'네'라는 대답은 독이 된다 CD를 사지 않고 온라인에서 냅스터를 위해 불법복제하자 "어떻게 하면 사람들이 곡을 훔쳐가지 못할까?"라고 생각한 대신 "어떻게 하면 사람들이 음반을 사도록 만들 수 있을까?" 고민했다. 그 결과 애플의 아이튠즈 뮤직 스토어iTunes Music Store가 탄생했고, 소비자들은 2년 미만의 기간 동안 3억 개의 곡을 사서 들었다. 문제가 손해가 아니라 도움이 되게 만들어라.

때로는 모방이 성공을 부른다 집락Ziploc은 지퍼Zipper에서 떠올랐고, 스타벅스는 이탈리아 에스프레소 바에서 카페풍경을 빌렸다. 창조할 수 없다면 유심히 관찰하고, 귀 기울이여서 자연이나 이미 있는 것들에게서 빌려라.

그 사람이라면 과연 어떻게 했을까? 때론 낯선 사람이 열쇠를 쥐고 있다. "손님의 말을 들으면 부자가 된다" 최종 수요자가 누구건, 직접 다가가서 물어보라. "당신은 어떻게 생각하세요?"

우아한 해법을 찾아라 솔로몬 왕은 아이를 반쪽으로 가르라는 판결로 진짜 엄마를 찾아냈고, 케이크는 누가 자르던 나중에 먹게 하면 공평하게 먹을 수 있다. 전혀 의외인데도, 매우 경제적이고, 필연적인 해법이자 우아한 해법이다.

메모하라 영국 버진그룹의 리처드 브랜슨은 이렇게 말했다. "나는 항상 주머니에 메모장을 가지고 다니며 사람들의 말을 정말 유심히 듣는다. 좋은 아이디어는 누구에게서라도 얻을 수 있다. 회의실에서만 나오는 것이 아니다" 적어라. 그 다음엔 적어둔 대로 행동으로 옮겨라.

– HRI(현대경제연구원)

기술과 산업의 결합, 산업과 산업의 결합인 융합convergence으로부터 얻게 된다. 비 주간지 뉴스위크Newsweek 선정 '온라인상에서 가장 중요한 인물 50인' 중 한 명인 과학저술 작가 스티브 존슨Steve Johnson도 "인류 역사에 등장한 대부분의 탁월한 혁신은 천재 한 명의 머릿속에서 툭 튀어나온 게 아니라 흩어져 있는 여러 아이디어가 교류하고 충돌하고 융합하는 과정에서 탄생했다"면서 작은 아이디어가 쌓여 만들어내는 협업적 혁신과 이를 가능케 하는 창조적 소통의 역할을 강조했다. 자율주행차, 인공지능AI 로봇 등 4차 산업혁명의 견인차라 불리는 혁신적인 발명품들의 시작도 결국 사소한 아이디어가 쌓인 '집단 창의성'과 이를 혁신의 단계로 전개시키는 '창조적 소통'의 결과물이었다. 이처럼 서로 다른 결합과정에서 사소한 발상과 아이디어에 새로운 가치를 발견할 때 좀 더 나은 사회, 좀 더 발전된 미래가 만들어질 수 있을 것이다.

무슨 사업을 해볼까 하는 단계에서 나오는 초기 아이디어는 사업 초기 아이디어는 실행과 검증단계를 거치면서 수없이 변경되고 180도 달라지는 경우도 흔히 발생하기 때문에 실행과 검증을 거치지 않은 최초의 사업 아이디어는 가치가 없다. 성공하는 사업 아이디어는 열정과 호기심에서 시작하는데, 처음의 아이디어는 사업의 완성을 위한 씨앗일 뿐이지만 그 아이디어가 시장의 안목을 가진 지인들과의 대화를 통해 개발되고 다듬어지거나 오랜 시간 관찰과 경험을 거치면서 가능성이 점차 높아지게 된다. '이 아이디어가 맞을까', '이렇게 해보면 이 아이디어에 대한 상용화 가능성은 어느 정도일까' 등을 끊임없이 연구하고 고민해야 한다. 보통의 사업 아이디어는 일상의 문제점에 대한 가벼운 호기심을 실험해보려는 정신에서 시작된다. 어떤 아이디어인가 보다 중요한 것은 아이디어 실행과 검증에 앞선 관련 역량과 아이디어 실험에 관한 의견교환 등 사전 검증과정의 실험정신이다. 그 아이디어를 검증하는 제품을 만들고, 고객에게 묻고, 양산에 들어가고, 판매하고, 조직을 성장·지속시키는 과정을 거치면서 해당 아이디어의 가치가 생성된다. 다듬어진 아이디어와 잠재고객에 대한 분석이 어느 정도 되었으면, 해당 아이디어 분야의 최신 주요이슈는 무엇인지, 관련 산업에 대한 네트워크를 내가 얼마나 보유하고 있는지, 필요한 재원은 얼마나 되고 내게 가용한 재원이 있는지, 경쟁자는 누구이며, 그들은 어떻게 이 문제를 풀고 있는지, 그리고 무엇보다 나의 목적의식에 얼마나 부합하고 이의 달성에 얼마나 도움이 되는지, 과연 이 사업 아이디어가 얼마나 시장성이 있는지 등을 평가해야 한다.

사업 아이디어가 갖추어야 할 4요소

명확한 고객가치Clear Customer Value

① 누가 당신의 제품/서비스를 사는가?

② 왜 고객은 당신의 제품을 사는가?

③ 당신의 사업 아이디어에서 가장 유니크(독특)한 것은 무엇인가?

적절한 규모의 시장Market of adequate size

① 전체 시장의 규모는 어느 정도인가?

② 이 시장은 성장하고 있는가?

③ 당신이 목표로 하는 시장 및 점유율은?

④ 누가 당신의 경쟁자인가?

⑤ 경쟁자에 비해 당신의 강·약점은 무엇인가?

충분한 혁신Sufficient of innovation

① 당신은 제품·서비스 면에서 혁신한 것이 있는가?

② 당신은 비즈니스 시스템에서 혁신한 것이 있는가?

실행 가능성 및 수익성Feasibility and Profitability

① 당신이 갖고 있는 아이디어를 사업화하는 데 어떤 제약이 있는가?

② 왜 다른 사람들은 이런 아이디어를 실행하지 않고 있나?

③ 당신이 계획하고 있는 사업의 매출총이익률은 어느 정도인가?

④ 당신이 계획하고 있는 투자는? 변동비 비율은 어느 정도인가?

⑤ 개략적인 현금흐름Cash Flow은?

시장기회를 발견하는 방법

① 자신이 잘하는 것을 하라.
② 모르면 시장과 고객에게 직접 물어보라.
③ 네가 원하는 것이 아니라 고객이 원하는 것을 찾아라.
④ 지속적으로 공부하고 연구해라.

– 기업가정신, William Bygrave 지음, 이민화/이현숙 옮김, 동서미디어.

2. 창업 아이템item의 선정

창업에 성공하려면 상권분석과 입지선정도 중요하지만 더 중요한 것은 사용자에게 의미 있는 아이템을 발굴하는 것이다. 창업 아이템 선정은 무엇을 생산·판매할 것인가를 선택하는 것이자 사업자가 고객에게 제공하는 상품 및 서비스의 속성을 의미하는 것이다. 실질적인 사업내용을 결정하는 것은 창업하려는 사람의 전공과 적성, 취미, 자금능력, 성격, 주변 여건 등을 충분히 고려한 후, 업종 및 아이템을 선택해야 한다. 이 과정에서 어떤 업종이 유망하다거나 언론에 나온 유행하는 창업 아이템보다는 내가 가장 잘할 수 있는 아이템에 초점을 맞추어서 생각해야 한다. 시기별 흐름, 상품유행, 시장변화에 따른 트렌드 변화에 관심과 관찰이 좋은 창업 아이템 발굴의 관건이며, 아이템을 조사하는 과정에서 관계자들이나 경쟁업체를 찾아가고 전반적인 상황을 관찰하면서 관련정보도 얻어야 한다. 창업에서 유망아이템이란 유망업종 판단의 중요한 기준이 되는 성장성과 수익률이 높은 업종이고, 시장수요를 의미하는 안정적인 매출실현 가능성과 자금회전율이 높은 업종이므로 잠시 유행하는 아이템이 아니라 지속적인 판매가 가능한 성장성이 높은 아이템을 선정하는 것이 바람직하다. 창업 아이템을 선택할 때 충분히 고려해야 하는 트렌드란 변화와 혁신의 과정에서 많은 사람들이 공감할 수 있는 시대적인 큰 흐름이며, 메가트렌드Mega trends의 좋은 예는 모바일 혁명, 디지털 시대의 도래, 노령화의 가속, 친환경의 중요성 등이다. 메가트렌드를 토대로 창업 아이템을 선정할 때에는 다음 사항들을 고려하는 것이 바람직하다. ① 자신이 경험이 있는 분야, ② 자신이 관심과 흥미가 있는 사업, ③ 가까운 사람이 추천하는 사업, ④ 전망이 매우 좋다고 판단되는 분야, ⑤ 전문가의 지원을 받을 수 있는 분야, ⑥ 창업 강좌에 참석하여 창업지식 습득, ⑦ 신문과 잡지를 읽으면서 사업 및 소비자 동향을 파악, ⑧ 위험이 적은 사업을 선택, ⑨ 해외 동향을 파악, ⑩ 프랜차이즈 사업을 고려, ⑪ 새로운 서비스, 가격인하, 품질 개선, 신속한 서비스 등을 통하여 고도의 창의력을 활용. 이러한 사항을 고려하여 소비자들의 니즈를 충족시키면서 기존시장에는 없었던 창업 아이템을 선택하는 것이 바람직하다. 한편 미국 창업전문잡지Inc에서 500여 개의 창업회사를 선정하여 창업 아이템의 출처에 대하여 조사한 결과 43%가 일해 본 경험이 있는 분야에서 얻는 것으로 나타났고, 그 밖에 각종 정보나 사회적인 만남, 관찰 등을 통해 사업 아이디어 획득 등 창업자 주변 환경으로부터 얻는 경우가 대부분인 것으로 나타났다.

창업 아이템 선정 시 자가 질문

- 내가 그 일을 정말 좋아하는가? (열정)
- 내가 그 일을 정말 잘할 수 있는가? (능력)
- 내가 그 일을 성공할 가능성이 있는가? (성공)
- 내가 그 일을 자신있게 선택할 수 있는가? (변화)

사업 아이템 평가 체크 리스트(list)

구 분	내 용
아이템	① 고객에게 특별한 가치를 제공할 수 있는가?
	② 경쟁상품보다 우수하거나 차별화가 가능한가?
성장성	③ 사업 분야의 성장 가능성이 높은가?
	④ 충분한 고객을 확보할 수 있는가?
	⑤ 탁월한 경쟁력확보나 치열한 경쟁을 피할 수 있는가?
수익성	⑥ 제품과 서비스의 가격이 매력적인가?
	⑦ 사업으로 충분한 수익을 얻을 수 있는가?
리스크	⑧ 대기업에 의한 위험(시장침투)요소는 없는가?
	⑨ 계절의 영향을 받지 않는 아이템인가?
	⑩ 만약 실패할 경우 투자금 회수가 가능한가?
창업자	⑪ 나의 흥미나 적성과 맞는 아이템인가?
	⑫ 관련분야 경험이나 지식을 충분히 가지고 있는가?
	⑬ 전반적으로 경쟁자보다 나은 역량을 가지고 있는가?
	⑭ 준비 중인 사업을 추진할 자금조달이 가능한가?

자료: 소상공인 창업, 이런 아이템에 주목하라(2017 소상공인진흥공단)

사업의 본질은 고객에게 제대로 가치를 주는 좋은 비즈니스 모델을 만드는 것이므로 고객에게 귀를 기울여 그들의 요구사항을 들어주는 것이다. 그 핵심은 "무엇을 팔 것 인가?concept", "어떻게 팔 것인가?"이며, 우리의 비즈니스가 고객에게 주는 가치를 어떻게 정의하느냐에 따라 사업 아이템은 달라질 수 있다. 창업 아이템이 구체화되면 우리의 고객은 누구인지, 우리는 그 고객을 위해 무엇을 할 수 있는지, 그 고객이 우리 제품과 서비스를 획득하는 과정을 어떻게 설계할 것인지, 수익은 어떻게 낼 것인지, 제품기획과 설계는 어떻게 할 것인지 등 그 초점을 고객과 시장에 맞춰야 한다. 우리는 고객이 '무엇'을 사는지 유심히 지켜보고 그걸 찾아내 우리가 제공해주면 매출이 올라가리라 생각하지만 사실은 그보다 고객이 '왜' 사느냐가 더 중요하다. 또 고객에게 옷을 팔기보다 세련된 이미지와 멋진 스타일, 매혹적인 외모를 팔아야 하는 것과 같이 기업의 관점이 아니라 고객의 관점에서 아이템을 찾아야 한다. 패션 안경숍 브랜드 "룩옵티컬Look Optical"의 마케팅 문구는 '안경은 얼굴이다'이고, "현대백화점"은 '상품'이 아니라 '라이프스타일'을, "아모레퍼시픽"은 '화장품'이 아니라 '아름다움'을 팔고, "가구회사 한샘"은 '가구'가 아니라 '공간'을, 크루즈회사 "노르웨이지안 크루즈 라인Norwegian Cruise Line의 에픽"은 '이동수단'이 아니라 '판타지'를 판다. 고객과 커뮤니케이션 방법에서도 기존방식이 우리의 제품과 서비스의 물리적 속성에 초점을 맞췄다면 이제는 우리 상품(혹은 서비스)이 고객에게 제공할 수 있는 정서적 편익과 가치를 논해야 한다. 전 세계에서 월 1억 5,000만 개가 소비되는 "오리온 초코파이"는 '맛'을 파는 것이 아니라 한국의 정서를 대표하는 '정情'을 팔고 있다. 좋은 식품으로서의 이성적 측면이 아니라 정情이라는 감성적 측면에 초점을 맞춰 고객과 소통함으로써 엄청난 성과를 거두었다. "CJ제일제당의 다시다"가 이야기하는 '고향의 맛'도 제품 속성에 머무르지 않고 '고객처지에서 바라본 가치의 관점'에서 접근하였고, "애플 아이팟" 광고도 '기능적 특징'보다는 아이팟으로 고객이 누릴 수 있는 '음악의 즐거움'을 신나게 보여준다. 마케팅은 제품이 아니라 인식의 싸움이므로 '고객이 필요한' 게 무엇인지 살펴보는 것 이상으로 그들이 '원하는' 것이 무엇인지 살펴볼 일이다. 특히, 사업의 아이템은 내가 좋아한다고 해서 무작정 성공을 보장해주지 않으며, 모든 중심을 '나' 아닌 '사람(고객)들'로 바꾸는 것이 성공하기 위한 첫 번째 마인드다. 성공하는 비즈니스 아이템을 찾으려면 다음 중 하나를 선택해서 그들에게 필요한 가치를 만들고 전하는 방법을 구상해 보는 것이 바람직하다. ① 기분을 좋게 해 줄 수 있는 아이템, ② 문제를 해결해 줄 수 있는 아이템, ③ 교육해 줄 수 있는 아이템, ④ 외모를 발전시킬 수 있는 아이템, ⑤ 안전을 제공할 수 있는 아이템, ⑥ 긍정적인 정서를 유발할 수 있는 아이템(사랑, 행복, 웃음, 자신감…), ⑦ 기본적인 욕구부터 외설적인 욕구까지 욕구를 충족시켜줄 수 있는 아이템, ⑧ 삶을 편하게 해 줄 수 있는 아이템, ⑨ 꿈과 희망을 고취시킬 수 있는 아이템.

> "스타트업에게 있어 수익모델도 중요하고 사업 아이디어도 중요하겠지만, 그 무엇보다 중요한 것은 가장 좋아하는 일을 해야 한다는 것이다. 못 견디게 즐겁고 좋아하는 일을 하게 된다면 거기에서 '혁신'이 탄생한다. 더불어 처음부터 그림을 크게 그릴 필요가 없다. 작게 시작해서 가장 쉽게 시장에 진입할 수 있는 방법을 찾아라. 이는 연애와 같다. 그 무엇보다 사랑하는 존재여야 한다."
>
> – 알리바바(Alibaba) 그룹 창업자 마윈(馬雲)

창업 아이디어를 테스트하는 10가지 방법

수많은 창업가들 대부분은 실패한다. 사업실패에는 여러 요인이 있겠지만, 그들 대부분이 시작 전에 사업 아이디어를 테스트하지 않기 때문이다. 사업에 있어서, 시장성공의 가능성을 확인하는 것은 매우 중요하다.

1. 피드백 반복 최소한의 시간으로 사업 아이디어를 테스트하기 위해서는, 한정된 시간 안에 핵심사양을 집중해서 고객피드백을 받는 것이 관건이다. 피드백을 바탕으로 서비스를 단계적으로 발전시키고 핵심콘셉트를 바탕으로 잠재고객들로부터 최대한의 피드백을 얻어 그것을 기반으로 비즈니스를 발전시켜야 한다.

2. 전문가 시장과 고객을 이해하기 위해, 회사가 타깃하는 시장의 전문가로부터 피드백을 받는 것은 항상 중요하다. 기업가들을 위한 여러 이벤트에 참가하여 전문가그룹을 만나 그들의 생각을 들어야 한다.

3. 인터뷰 처음 사업 아이디어는 검증 안 된 가설일 뿐이나 타깃고객에게 아이디어가 흥미로운지 알기 위한 좋은 방법은 직접 인터뷰를 하는 것이다.

4. 사무실에서 벗어나세요! 사무실에 앉아서 비즈니스를 하는 미디어에서 보여주는 기업의 모습은 단지 한 부분일 뿐이고 그들도 회사를 성장시키기 위해 발품팔면서 피드백도 받고 여러 사람들도 만나고 다닌다.

5. 온라인커뮤니티 회사가 타깃으로 하는 고객층이나 그들이 가진 문제점을 공유하는 커뮤니티나 블로그에서 고객들과 자연스런 대화를 할 수 있다. 회사는 잠재고객들과 소통함으로써 그들이 얼마나 문제점을 심각하게 느끼고 해결하려는지, 또는 회사가 내세우는 서비스의 특징에 관한 관심과 피드백을 얻을 수 있다.

6. 설문 회사가 좀 더 명확한 사업 아이디어를 갖고 있다면, 온라인·오프라인의 잠재고객에게 설문을 시도해보아야 한다.

7. 티저페이지(예고 페이지) 만일 피드백을 통해 고객층이 해결하고 싶은 문제점을 확인했다면, 이제 그에 대한 해결책(사업서비스)을 테스트해야 한다. 우선 웹사이트의 메인페이지를 만들고, 웹사이트의 이름을 지어야 한다. 티저페이지(coming soon 페이지)를 통해 회사의 중요한 특징을 한 문장으로 나타내고, 고객들의 행동을 유도하여야 한다

8. 데모 위의 상황을 통해 자신이 가진 서비스·상품이 정말 좋은 아이디어라고 확신이 든다면, 이제 데모버전(써보고 결정할 수 있도록 프로그램 회사가 공짜로 나눠주는 프로그램)을 개발해야 한다. 사람들이 데모버전의 서비스를 사용하는지 살펴보고 그들이 데모의 어떤 기능을 주로 사용하는지 살펴보아야 한다.

9. MVP Minimal Valuable/Viable Product**(최소한 노력과 개발로 완성할 수 있는 핵심가치의 제품)** 처음부터 모든 기능이 들어간 복잡한 서비스를 개발하지 말고, 가장 핵심이 되는 기능으로 이루어진 서비스를 개발하여 그것에 대한 사용자들의 피드백을 먼저 받아야 한다. 만일, 회사의 핵심 서비스가 무엇인지 모른다면 아직 고객들의 문제점이 무엇인지 명확하게 파악하지 못했다는 뜻이다. 이럴 경우, 좀 더 고객인터뷰를 통해 문제점이 무엇인지 알아내야 한다.

10. 수익화 고객들이 회사에 돈을 지불한다면 이것은 사람들이 회사의 서비스를 좋아한다는 가장 명확한 증거다. 이제 회사가 할 일은 사업을 확장하고, 기존의 고객을 단골고객으로 유지하면서 새로운 고객을 늘려야 한다.

3. 창업 아이템 선정 시 고려 사항

1) 소비자 불편해소와 창업기회

비즈니스에서 첫 번째 창업 아이디어의 원천은 생활 속에서 느끼는 불편이며 불편을 해소할 아이디어를 떠올리면 창업 아이템은 자연스럽게 발굴할 수 있다. 슬로언 경영대학원 빌 올렛Bill Aulet MIT 교수도 "창업자 스스로가 느끼는 불편이나 결핍에서 창업의 시작점을 찾는 것은 좋은 방법이지만, 창업을 성공적으로 이끄는 것은 고객과 시장의 고통을 얼마나 잘 해결해주는지에 달렸다"고 강조했다. 인터넷 클라우드 서비스인 "드롭박스Dropbox"는 사용자에게 문서나 동영상 사진 등을 인터넷에 저장할 수 있는 공간을 제공하고, 사용자는 스마트폰이나 PC 등으로 언제 어디서나 저장한 자료를 쉽게 꺼내 쓸 수 있어 편리하다. 2007년 1월 당시 MIT학생이던 드루 휴스턴Drew Houston은 보스턴에서 뉴욕으로 가는 비스정류장에서 버스 출발시간까지 시간이 남아 기다리는 시간 동안 작업을 할 생각으로 컴퓨터를 꺼냈으나 필요한 파일이 들어 있는 USB메모리를 집에 두고 온 것을 알고는 당황했던 경험과 그 불편해결 방법으로 언제 어디서든 파일을 꺼내 쓸 수 있다면 얼마나 좋을까? 하는 생각을 하면서 인터넷 공간에 파일을 올려놓고 필요할 때 꺼내 쓸 수 있는 드롭박스 창업을 생각하게 되었다. 휴스턴의 창업 아이디어는 인터넷과 서버에 대한 지식만 있으면 누구나 생각할 수 있는 것이었으나 USB메모리 분실로 불편을 느끼고 자책했던 수많은 이들과 달리 휴스턴은 자신의 불편을 해결할 방법을 찾고 그 해법으로 창업을 실행에 옮겼다. 드롭박스는 2017년말 기준 가입자 수 5억 명을 넘겼고, 2018년 3월말 미국나스닥에 상장했는데 가업가치가 무료 13조원으로 평가받고 있다. 또 자신의 생활 속 불편을 해결하면서 손쉽게 창업 아이디어를 얻기 위해서는 우리 주변생활에 불편한 일에서 아이디어를 생각해 볼 수 있다. 최근 새롭고 차별화된 아이디어를 상품화하여 인기를 얻고 있는 상품으로는 셀카봉, 음식물 처리기, 에디슨 젓가락, 스마트폰 방수케이스, 침대 노트북 거치대, 초미니

제품, 퀵서비스, 즉석식품, 테이크아웃, TV 홈쇼핑, 24시간 점포 등 셀 수 없이 많은 아이템들이 생활 속 불편을 해소하면서 큰 인기를 끌고 있다. 또한 〈한경희생활과학〉의 경우 공무원이자 주부였던 한경희 대표가 물걸레로 집안청소를 하다 "무릎을 구부리지 않고 걸레질을 할 수는 없을까"라고 생각한 것이 "스팀청소기" 개발로 이어졌고, 2001년 제품을 출시해 2003년부터 본격적으로 판매하면서 2005년 연매출 1,000억원대에 이르는 중견기업으로 키웠으며, 900만 대 이상 판매되며 스팀청소기는 국민청소기로 자리 잡았다. 이와 같이 대부분의 사람은 문제가 무엇인지 찾아내는 데 관심이 없고, 문제 자체가 무엇인지 모르며, 그 문제를 알더라도 바꾸려는 의지를 보이지 않는데 실제로 돈이 되는 사업 아이디어는 늘 일상의 불편함을 해결하려는 데서 나온다. 따라서 성공가능성이 있는 좋은 사업기회는 평소 문제의식을 가지고 불편하면 그냥 넘길 수 없는 저항정신과 호기심이 있어야 하며, 불편을 개선하려는 도전정신도 가져야 한다. "이건 도대체 왜 이럴까?"라는 수많은 의문제기를 통해 얻은 문제의식을 가지고 일상에서 반복적으로 겪는 불편함의 원인을 찾아내는 노력을 기울이는 사람이야말로 멋진 사업 아이디어와 큰 수익의 주인공이 될 수 있다.

2) 웰빙well-being 및 힐링healing과 창업기회

오늘날 우리 사회에는 '잘 먹고 잘 산다'는 의미의 웰빙Well-Being이 대세다. 몇 년 전까지만 해도 외식산업에 '웰빙'은 매장의 특색을 잘 나타내는 하나의 콘셉트이자 나름의 차별화 전략이었으나 건강식에 대한 소비자의 니즈가 꾸준하게 증가하면서, 이제 무농약, 유기농, 웰빙은 단순한 콘셉트가 아닌 반드시 갖춰야 할 기본요소가 됐다. 2017년 기준 우리나라는 세계 7위의 무역규모를 자랑하고, 국내총생산 규모도 세계 11위지만 국민의 삶의 만족도는 경제규모와 달리 매우 낮은 단계이다. 그러나 여론조사기관 갤럽과 보건 컨설팅업체 '헬스웨이즈Healthways'가 2014년에 145개 나라 15살 이상 남녀 14만 6,000명 대상으로 인생목표와 사회관계, 경제상황, 공동체의 안전과 자부심, 건강 등 5개 항목을 설문조사한 "웰빙지수Well-Being Consumer Index"에서 한국인이 느끼는 삶의 질만족도가 117위였다. 한국인들이 소득은 높은 편이지만 심한 과로, 압박감 때문에 힘들어하고 있으니 우리 생활이 웰빙을 빼놓고는 얘기를 할 수 없을 정도로 전체적인 라이프스타일과 가치관이 바뀌었고, 최근 이를 고려한 창업 아이템들이 각광받고 있다. 웰빙 바람이 불면서 비용을 좀 더 부담하더라도 양질의 먹을거리를 찾는 사람들이 늘면서 무공해 자연식품, 농약을 전혀 쓰지 않고 농민의 정성어린 손길을 그대로 담은 곡류와 채소, 과일들이 가족의 건강을 염려하는 주부들에게 인기가 높다. 각종 곡류와 채소, 과일뿐 아니라 설탕농도를 줄인 잼, 콩으로 만든 고기, 성장호르몬이나 기타 화학제품을 전혀 첨가하지 않은 육류 등 다양한 제품을 구비하고 있다. 우리밀로 만든 빵과 감자로 만든 라면, 사과나 감을 생으로 말린 스낵 등이 아이들에게 인기가 높고, 식품 이외에도 쑥

창업 시장, '웰빙' 바람 거세다

최근 소비경향을 살펴보면 소득수준 향상에 따라 웰빙이 우리들의 삶 속에 일부분이 되면서 사람들은 자신의 건강상태에 맞는 몸에 유익한 음식들을 찾기 시작했다. 내추럴한 자연주의 인테리어를 지향하는 오가닉 라운지는 누구나 힐링타임을 즐길 수 있을 뿐 아니라 캔들부터 바디용품 등의 다양한 오가닉 라이프 프리미엄 제품들을 직접 체험해보고 구매할 수 있도록 하는 신개념의 오가닉 멀티콘셉트 카페다. '고구맘'의 메뉴인 고구마빵, 홍삼빵, 쿠키는 현 사회트렌드인 건강, 웰빙, 로하스에 부합한 자연, 웰빙식품으로 설탕과 밀가루량을 최소화해 트랜스지방이 제로이며 칼로리가 낮고 콜레스테롤이 거의 없는 제품으로 노약자나 아이들 영양 간식뿐 아니라 미용 다이어트에도 탁월한 효과가 있는 제품이다. 커피뿐 아니라 전통차와 기능성 음료제품의 메뉴도 다양하고 새로 출시된 특허 받은 무색소·무첨가·무향의 고구마 말랭이는 일본 동경 박람회에서 고구마 빵과 함께 높은 관심과 호응을 얻었다. '건강, 다이어트 음료인 버블티는 최근 전 세계적으로 커피보다 더 많은 사랑을 받고 있는 음료다. 창업전문가는 "경기불황이라고 저가를 표방하기보다는 식재료 하나에도 친환경적이고 고급스러움을 담아내야만 오히려 소비자들의 욕구를 충족시킬 수 있다"며 "웰빙을 넘어 힐링을 담아야만 소비자의 발길을 잡을 수 있다"고 조언했다.

이 함유된 침구류나 숯 치약, 곡물 화장품, 전통옹기, 물에 용해되는 세제 등 다양한 웰빙 생활용품 등도 인가가 좋다.

또 최근 한국사회 최대 화두 중 하나는 몸이나 마음을 치유한다는 의미인 '힐링healing'이다. 힐링은 휴식을 취하며 스트레스를 풀거나 음식을 먹으며 지친 몸을 회복하는 것이고, 보다 나은 삶을 위해 힐링에 관심을 갖는 사람들이 증가하는 추세다. 단순히 상품을 제공하는 데 그치는 것이 아니라 '마음의 치유'를 통해 스트레스를 잠시나마 잊게 해주겠다는 것과 현대인들이 힐링을 자연스럽게 받아들이는 사이 힐링은 새로운 사업영역이 되었고. 힐링투어, 힐링푸드, 힐링카페, 힐링게임 등이 속속 등장했다. 청년창업자에게는 기회의 땅인 힐링이 새로운 산업트렌드로 자리하면서 특허 출원 중이거나 등록된 힐링 브랜드도 크게 늘었다. 힐링투어와 템플스테이 프로그램은 이미 현대인 위로와 치유를 키워드로 자리 잡았고, 명상이나 심리 전문가도 정신치유 측면에서 뜨고 있는 분야다. 명상이 스트레스를 감소시키고 불안 및 우울감정까지도 개선시킨다는 점이 과학적으로 밝혀졌다. 소비자들이 산소캡슐 안에 들어가 고순도 산소 혼합가스를 마실 수 있는 힐링 상품 〈산소캡슐〉에서 30분가량 산소수면하면 뇌에 산소 공급이 늘어나 두통이 완화되고 능률향상에 효과적이라고 한다. 과로와 스트레스에 민감한 현대인들이 갈수록 증가하고 디지털기기가 발달할수록 심신의 안정을 필요로 하는 수요 역시 증가할 것이므로 마음을 가라앉히고 평온함을 가져다주는 고농도 산소를 마실 수 있는 편의시설 산소방Oxygen Bar과 같은 힐링시장은 사회가 빠르게 확장될 것이다. 최근에는 공기를 특정한 공간에 구현해 체험하게 하는 '공기청정 카페'가 문을 열었다고 한다.

3) 실버Silver, 고령친화산업과 창업기회

최근 출산율 저하와 평균수명 증가 등 우리 사회의 고령화가 빠르게 진행되면서 2017년 8월말 기준으로 전체 인구 5,175만 명 중에 65세 이상 인구가 725만 7,000명으로 14%를 넘어 고령사회에 진입하였다. 과거 산업화 시대의 실버세대들은 힘겨운 가정경제와 자녀교육에 집중하다보니 노후에는 소비여력

고령화 시대 '실버 케어' 스타트업이 뜬다

노인인구가 증가하면서 고령화 시대로 접어들고 있다. 2015년 발표된 유엔 인구 통계 자료에 따르면 2015년 전 세계인구 중 65세 이상 비중은 8.2%이며 2060년에는 17.6%로 2배 넘게 늘어날 것으로 예상되고 있다. 그러나 늘어나는 노인인구를 감당할 의료서비스 기관이 절대 부족할 전망이다. 시장조사업체 가트너는 2050년에는 선진국에서 65세 이상 노인이 인구의 3분의 1에 달하지만 의료기관이 이들을 모두 수용하기 어려울 것이라는 전망에 따라 앞으로는 부족한 노인 의료서비스를 채워줄 '실버 케어' 스타트업이 각광받을 것으로 예상된다. 노인을 상대로 한 범죄나 고독사로 외로이 삶을 마감하는 노인이 늘어남에 따라 노인 돌봄서비스도 새로운 시장으로 떠오르고 있다. 노인돌보미 매칭서비스 스타트업 아너Honor는 돌보미의 서비스 경력과 전문기술, 언어 등을 분석해 적합한 노인에게 연결시켜 줌으로써 노인 맞춤형서비스를 제공한다. 위급용 앰뷸런스 호출시계 '라이블리Lively'를 개발한 스타트업 라이블리는 노인이 시계의 버튼을 누르면 자동으로 앰뷸런스가 호출될 뿐 아니라 가족에게도 알림이 간다. 실버케어 시장에는 사람뿐 아니라 인공지능AI 로봇도 뛰어들었다. 휴머노이드 로봇분야 선두업체인 프랑스의 알데바란 로보틱스 업체가 개발한 '로미오Romeo'는 걷기, 계단 오르기, 문 열고 테이블 위 물건 놓기는 물론 간단한 대화나 인터넷 정보수집도 가능하다. 로미오는 거동이 불편한 노인들을 부축하거나 간단한 의사소통으로 활용될 예정이다. 일본 전자업체 NEC도 2013년에 가정용 로봇인 파페로Papero를 내놓았다. 파페로는 기억력이 퇴화하는 노인에게 매일 약복용시간을 큰 소리로 알려주거나 혈압을 체크하는 등 간호서비스를 제공한다. 또 독거노인의 움직임이나 목소리를 인식해 SNS에 자동으로 업로드하고 이를 통해 노인과 멀리 떨어져 있는 가족들은 노인의 안전과 안부를 확인할 수 있다. 통계청에 따르면 2060년에는 노인인구 비율이 40.1%로 급증할 것으로 전망함에 따라 한국은 노인을 위한 복지시스템이 다른 선진국에 비해 미흡하고 사각지대가 많기 때문에 실버케어 산업은 국내에서 더 매력적이며 고령화될수록 노인을 위한 헬스케어와 취미활동을 기반으로 한 창업이 활성화될 것이라고 전망했다.

이 미약하고 소극적이었으나, 1970~80년대 고도성장기를 거치며 부동산과 금융으로 경제력을 축적한 베이비부머들이 높은 경제수준과 소비욕구로 슈퍼소비층으로 급부상하면서 고령친화시장에 주목하고 있다. 특히 사회활동을 하고 있는 60세 이상의 시니어층을 뜻하는 뉴실버 세대 "액티브 시니어active senior"는 경제적 여유와 건강을 바탕으로 적극적으로 소비생활과 여가생활을 즐기며 사회활동에 적극적으로 참여하면서 소비시장의 프리미엄 고객층으로 급부상하였고, 액티브 시니어는 외모나 건강관리 등 자신에 대한 투자에도 적극적이어서 식품·유통업계의 신 소비층으로 떠오르고 있다. 최근 한국방송광고진흥공사 코바코Kobaco에 따르면 지난 1년간 액티브 시니어는 4명 중 1명꼴로 해외여행을 다녀왔고, 외모를 꾸미기 위해 돈 쓰는 것을 당연하다고 느끼는 사람들이 67%이며, 1년 이내 스마트기기 구입·교체 의향이 21%로 전 연령대에서 가장 높은 것으로 나타났다. 또 한국보건산업진흥원의 2017년 고령친화산업 시장동향에 따르면 산업별 시장규모를 모두 합한 고령친화산업(의약품·의료기기·식품·화장품·고령친화용품·요양·주거·여가)시장규모는 2012년 27조 3,809억원에서 2015년 39조 2,839억원, 2020년에는 72조 8,305억원 규모까지 성장할 것으로 전망하였고, 삼성경제연구소는 2020년 액티브 시니어를 중심으로 한 소비시장의 규모가 약 125조원에 달할 것으로 예측했다. 시니어 비즈니스의 5대 키워드는 식품·보건의료·여가·패션·반려동식물로 꼽혔다. 4차 산업혁명에 따른 스마트폰 보급으로 개인 스스로 시간과 공간에 구애받지 않는 헬스케어에 대한 관심이 커지는 추세다. 독일의 소도시에 등장한 은퇴자 슈퍼마켓이나 일본에서 특수를 노리고 있는 게임센터 및 성인용 기저귀 시장, 그리고 노인전용 서비스와 상품을 개발해 다양한 노년세대들의 욕구와 필요를 충족시키며 실버시장을 개척하고 있다.

4) 펫코노미(Pet+Economy)와 창업기회

농림축산식품부에 따르면 개, 고양이 등 반려동물과 함께 사는 가구비율은 2012년 17.9%에서 2017년 28.1%로 10.2% 증가했고, 반려동물의 수가 늘어나면서 반려동물 관련 시장도 매년 30%씩 빠르게 성장하고 있다. 1인 가구와 고령인구는 증가하고, 아이를 키우는 가족은 갈수록 줄어드는 반면 반려동물을 자식처럼 여기며 반려동물을 키우는 인구가 급증하면서 반려동물 시장이 폭발적 성장하였다. 반려동물을 평생 함께하는 가족으로 대하는 반려인의 증가로 '펫팸족Pet+Family'이라는 신조어도 생겨났고, 세계미래학회는 반려동물 관련 시장을 뜻하는 "펫코노미Petconomy"를 미래 10대 전망 중 하나로 선정하기도 했다. KB금융지주 경영연구소가 발표한 '2017 반려동물 양육실태조사'에서도 반려동물에 월평균 20~50만원을 사용한다는 반려인구가 20.1%에 달했다. 2017년 기준 3조원으로 추정되는 국내 반려동물 관련시장은 3년 안에 국내 아웃도어·커피·의료기기 시장과 비슷한 6조원 규모로 성장할 것이란 전망에 백화점을 비롯한 유통업체는 물론 식품, 화장품, 전자, 통신 회사까지 시장에 뛰어들고 있다. 반려동물 관련산업은 기본적으로 애견숍, 펫분양, 펫용품, 사료시장, 펫의료, 펫미용, 펫훈련, 반려동물 의류, 애견유치원·의료보험·장례 등에서 한 단계 발전하여 로봇을 원격조종해 반려동물과 놀아주고 케어하는 사물인터넷IoT 서비스, 반려동물 전용카페와 놀이터, 펫워커(반려동물 산책 담당), 수의사 왕진서비스, 펫푸드 정기배달서비스, 홈파티 방문 케이터링(출장) 서비스, 동물 털 관리 전용 공기청정기, 반려동물 전문 스타일리스트, 애견전문호텔과 고급요양원, 동물전문 한의원과 헬스장, 반려견과 주인이 함께하는 요가, 펫빌라 및 반려견 전원주택까지 등장하는 등 매력적인 시장으로 성장하면서 반려동물의 생산→유통→반려→사후처리 과정까지 한 생명체의 생애주기 전체를 감당할 정도로 발전하고 있다. 이와 같이 매력적인 창업시장으로 주목받거나 일자리창출의 블루오션으로 반려동물 시장이 떠오르면서 다양한 연령층에서 반려동물 관련직업을 희망하는 이들이 늘고 있고, 펫산업에 대한 전문지식을 획득하기 위하여 대학의 애완동물학과, 동물자원학과, 애견미용학과, 애완동물관리학과, 동물복지학과 등 관련학과들도 늘고 있다. 관련 자격증만도 동물간호사, 애견유치원 운영자, 애견미용사, 반려동물 훈련사, 애완동물 시어터theatre, 반려동물 전문 사진사, 도그쇼 기획자, 반려동물 요가Yoga 강사, 반려동물 마사지사, 반려동물 아로마테라피스트, 반려동물 종합관리사, 애견 행동교정전문가, 펫유치원 교사, 펫 호텔 매니저, 펫 푸드 매니저, 펫 가이더, 아질리티(Agility: 애

성장하는 반려동물 시장

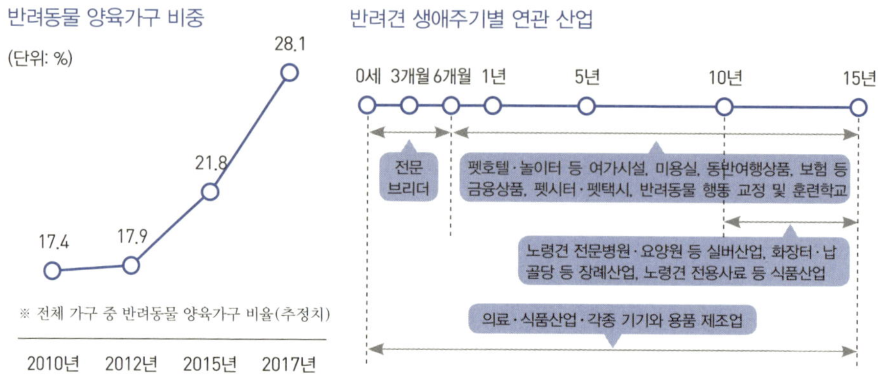

자료: 한국경제, "반려견에 한 달 30만원 쓴다"··· 6조 펫시장에 유통·IT사까지 '눈독', 2018.1.15.

견 장애물 게임) 트레이너 디자이너, 애완동물 전용택시 및 운송매니저, 펫 전문 컨설턴트, 반려동물 장례업체 및 반려동물 장례지도사 등 셀 수 없을 정도이다. 한편 최근 저출산 여파로 출생아의 감소에 따른 아동복 소비인구가 줄면서 키즈kids 의류관련 기업들이 성장하는 반려동물 시장으로 변신을 꾀하고 있다.

5) 렌탈Rental, 임대산업과 창업기회

지속적인 불경기, 고유가, 점점 떨어지는 돈의 가치 때문에 소비자가 새롭게 찾은 대안이 렌탈(대여)방식이다. 경제불황으로 소비심리가 꺾이면서 고전을 면치 못하는 업체와는 다르게 렌탈산업은 호황을 이어가고 있다. 렌탈사업의 주 소비자층은 개인주의 성향과 합리적인 소비패턴을 보여주고 있는 중산층의 2,635세대이다. KT경제경영연구소에 따르면 국내 렌탈시장 규모가 2017년 약 25조원이었고, 2020년에는 그 규모가 약 40조원에 이를 것이라는 전망이 나올 정도로 렌탈을 이용하는 소비자가 급증하고 있다. 현재 국내 렌탈전문업체는 2만 5,000여 개 수준이며, 특히 제품의 수명주기가 점점 짧은 제품군과 사용빈도가 낮은 고가품을 중심으로 렌탈시장이 빠르게 성장하고 있다. 여기에 1~2인 가구가 전체가구 수의 50%를 넘어서는 사회현상 등으로 인해 제품을 구매하기보다 렌탈하려는 수요가 점점 늘고 있다. 우리나라 렌탈 서비스 대중화에 기여한 웅진 코웨이Coway는 IMF외환위기 때 가격부담 때문에 구입에 부담을 느끼는 소비자가 많아지자 '정수기는 상품이 아니라 서비스'라는 발상의 전환을 통해 스스로 "업의 개념"을 서비스로 재再정의하면서 업계최초로 렌탈 서비스rental service라는 새로운 시장을 확장했다. 1997년 당시 판매사원들이 가정과 업소를 대상으로 방문판매하고 있던 정수기판매는 사후관리가 제대로 이루어지지 않아 고객만족도가 50% 이하라는 자체조사결과에 따른 결정이었다. 웅진코웨이는 100만원이 넘는 정수기가 비싸서 안사니 빌려주자는 아이디어에 착안하여 소비자들에게 수질과 가격 간의 고민에 대한 해결책을 제시하면서, 정수기 관리전문가인 코디Coway lady를 통한 정기점검 서비스 및 무료필터교환을 통해 사후관리문제도 개선하였다. 그 결과 1997년 초반 30% 초반에 머물던 웅진코웨이 시장점유율이 2000년에는 50%까지 증가하면서 업계 1위를 확고히 하였다. 이를 계기로 소비의 개념이 '소유have'에서 '사용use'으로 변화되는 계기

올해 국내 렌탈 시장규모 26조… 관련 업체 렌탈 사업 확대

경기침체와 1~2인 가구 증가 등 생활환경이 바뀌면서 가전, 자동차 등을 구매하기보다 임대를 선호하는 소비자가 늘고 있다. 국내 렌탈업체도 이에 맞춰 다양한 상품을 선보이며 사업을 확대하고 있다. 업계에 따르면 코웨이가 2015년 매출의 70% 이상을 렌탈 부분에서 올렸다. 코웨이는 정수기 렌탈 서비스를 도입한 후 비데, 침대 매트리스, 공기청정기 등 다양한 렌탈제품과 서비스를 도입했다. 특히 2011년 도입한 매트리스 렌탈 서비스는 첫해 8,000개로 시작해 2015년 26만 5,000개로 성장할 만큼 인기를 끌고 있다. 코웨이 관계자는 "환경 가전은 제품의 특성상 필터 청소와 교체, 위생점검 등 주기적인 관리가 필수"라며 "이 때문에 렌탈서비스를 이용해 초기 구매비용을 낮춘 후 전문가의 지속적인 점검과 관리가 안전하다는 인식이 확산하면서 렌탈제도가 소비자에게 익숙해지게 됐다"고 말했다. 또 렌탈시장에서 가장 큰 비율을 차지하는 렌터카 시장도 연평균 13%씩 성장해 2013년 3조 2,317억원에서 2015년 4조 2,147억원으로 성장했다.

가 되었고, 렌탈열풍은 자동차나 정수기, 침대 매트리스, 비데, 공기청정기, 세탁기, 타이어, 의류, 스마트기기 등 생활용품을 중심으로 빠르게 확산되었으며, 최근에는 건조기, 의류관리기, 노트북, 헬스기구, 디지털 캠코더, 중고명품, 미술품, 애완견, 인테리어 용품에서 공기청정기 기능이 탑재된 의류청정기, 군대 면회대행서비스, 결혼식 하객서비스까지 확대되고 있다. 특히 한시적인 필요로 인한 유아용 렌탈상품으로 아이들의 장난감, 어린이 교육용품, 어린이 침대, 유모차, 카시트, 보행기, 실내용 미끄럼틀 등이 대중화되었다. 또 기업에서 렌터카를 사용하면 비용의 경비처리가 가능하기 때문에 법인세 감면효과를 얻을 수 있으며, 개인의 경우에도 등록 부대비용, 보험료 등 일부 비용절감 효과 및 편의성이 우수하여 성장가능성이 확대되고 있다.

6) 1코노미(1인+economy)와 창업기회

요즘 우리사회는 미래에 대한 불안으로 결혼을 미루거나 포기하는 젊은 층의 증가로 나만을 위한 투자를 늘리려는 경향이 강해지고 있다. 나홀로 생활하면서 다른 사람들의 눈치에서 자유로워질 수 있는 독립적인 생활문화가 호응을 얻으면서 그 중심에 큰 욕심을 부리지 않고 나름의 방식으로 혼자 살면서 여행하고 자기가 좋아하는 취미활동을 하면서 멋지게 살아보겠다는 욜로YOLO(You Only Live Once)현상은 경험욕구가 강해지고 있음을 의미한다. 1990년 전체가구의 9%에 불과했던 1인 가구singleton 비중이 2015년엔 27.2%로 500만 가구를 넘기며 급속히 증가하였고, 2020년이면 30%를 육박할 것으로 예상되는데, 이 무렵 1인가구 시장규모가 120조원에 이를 전망이다. 저 성장이 지속되면서 국내 경제는 둔화되고 있지만 "나홀로족族"의 급증으로 소비패턴이 개인중심으로 바뀌고 1인가구를 대상으로 한 소규모 소비재시장은 고성장을 이어가면서 1인용 주택·1인 가전·1인 가구에 맞춘 상품의 인기가 높아지고, 식당·카페 등에서 1인 식사가 자연스러운 현상으로 자리 잡으면서 혼자 패밀리레스토랑에 가는 사람, 혼자 회전 초밥집에 가는 사람, 혼자 코스요리 집에 가는 사람, 혼자 노래방에 가는 사람, 혼자 고기 뷔페에서 고기를 구워 먹는 사람까지 생기면서 혼밥족, 혼술족, 혼행족, 혼노족, 혼영족 등 싱글족 전성시대라 할 수 있다. 또한 솔로이코노미의 히트작들로 코웨이Coway가 출시한 초소형 한뼘 정수기, 키친아트의 휴대용 도시락 통처럼 쓸 수 있는 1인용 미니밥솥 미니미니, 전자레인지보다 활용성이 높은 광파오븐, 알아서 청소를 해주는 로봇청소기 등의 최대고객도 싱글족들이다. 또 소형 생활가전 전문업체인 파세코는 싱글들을 겨냥한 71ℓ 소형 김치냉장고를 내놓았고, 2002년 국내 유일의 삶음 기능이 있는 3㎏ 소형 전자동 세탁기로 첫 출시된 삼성전자의 아가사랑 세탁기도 2015년 국내 판매량 60만 대를 넘어서는 등 꾸준한 인기를 얻고 있다. 가구, 인테리어 업계의 한샘은 샘베딩, 샘싱글 등 기존 독신자용 제품에 이어 최근 '플레인'이란 브랜드의 침실가구를 내놓았고 에넥스는 '인디플러스'라는 공간효율을 극대화한 1인용 서재형 인테리어가구를 출시하는 등 '나홀로 문화'의 확산은 젊은 층을 중심으로 소비지출 구조의 대변동에 따라 창업시장 측면에서 보면 화장품·편의점·간편가정식 제조업·식자재·외식·온라인쇼핑·싱글전문여행사 등 관련분야의 성장이 기대된다. 특히 1인 가구로 자신들만의 생활패턴에 따라 소비하는 "싱글슈머singlesumer"들은 실용성과 접근성을 중요시해 대형마트보다는 편의점을 주로 이용하며 소량으로 포장된 제품을 선호한다. 편의점은 편리성과 함께 도시락, 가정식 대체식품Home Meal Replacement 등 식품분야에도 강한 모습을 보이면서 급성장 중이고, 배달서비스와 금융서비스까지 이용할 수 있게 되면서 매출은 지속적으로 고성장하고 있으며, 2018년 2월 기준 CU, GS25, 세븐일레븐, 미니스톱 등 편의점 전국 매장 수는 총 4만여 개에 수준이니 양적으로도 편의점 전성시대라 할 수 있다. 농림축산식품부와 농수산식품유통공사aT에 따르면 국내 간편식 시장규모 매출액(2015년 기준)은 1조 6,720억원으로 2011년 1조 1,067억원에 비해 51%나 늘었다. 또 편의점은 혼밥족들에게 언제 어디서나 간편하게 가성비 높은 식사를 해결할 수 있는 생활 속 쉼터로 자리매김했고, 문화계에서도 혼족들이 부상하면서 1인티켓 비중이 2014년 9.2%, 2015년 10.7%, 2016년 13%, 2017년 상반기 16.9%로 늘었다(CGV리서치센터).

1인 가구를 겨냥한 소량판매

1인 가구의 증가와 시장성은 기업과 창업자들에게 있어 곧 기회가 될 수 있다. 우선, 후카호리 사장이 2000년도에 창업한 '99플러스"는 일본 내에서 소량판매 전문점으로 크게 성공을 거두었다. 실제 '99 플러스'는 창업년도에 51개의 점포에서 61억 엔의 매출을 올렸으며, 4년 뒤인 2004년도에는 537개 점포에서 720억 엔의 매출을 올렸고, 2006년도에는 820개의 점포에서 1,200억 엔의 매출을 올릴 정도로 큰 성공을 이루었다. "세상은 급속도로 저 출산과 고령화가 진행되고 있으며, 소가족, 단신 부임, 싱글족, 노부부 등이 급증하고 있다. 그런 소비자의 니즈는 안전하고 저렴하며 신선한 식품재료를 '소량'만 사고 싶다는 것이다. 기존 슈퍼마켓에서 파는 것들은 1인분 치고는 양이 너무 많이 결국 버리게 되는 경우가 빈번하며 매우 아까울 뿐만 아니라, 환경적인 측면에서도 좋지 않고 쓰레기처리도 번거롭기 때문에 불만을 품었을 것"이라고 후카호리 사장은 말했다. 결국 그는 고기, 채소, 잡화 등 약 1만 2,000여 개의 물품을 거의 모두 99엔에 팔기로 결단을 내리고 그것을 바탕으로 성공할 수 있었다. 또 일본의 식품기업 중에서도 고급반찬으로 인기가 있는 '로크 필드'는 다양한 채소를 먹고 싶어도 다양한 채소들을 모두 구매하기 부담스러운 소비자들을 위해 30여 종류의 채소를 섞은 샐러드를 판매함으로써 성공했다. 로크 필드의 이와타 사장은 "우리 회사가 신뢰를 얻는 이유는 안전하고 신선한 상품을 갖춰 판매하기 때문입니다. 그러니 가격이 비싸도 살 수밖에요. 30여 종류의 채소를 섭취하는 것이 건강에 좋다고는 말하지만, 오늘날처럼 식구가 적거나 독신생활을 하는 집에서는 도저히 그 많은 종류를 살 수 없습니다. 그래서 우리 회사에서는 '샐러드의 혁명'이라는 구호를 내걸고 30여 종류의 채소를 섞은 샐러드를 팔고 있습니다"라고 말한다.

– 돈 버는 감성, Nobuhiko SHIMA 지음, 이왕돈, 송진명 옮김, 2008.

7) 공유경제Sharing Economy와 창업기회

숙박공유서비스인 에어비앤비Airbnb나 모바일 기반의 콜택시 우버Uber로 상징되는 공유경제Sharing Economy는 자산이나 지식, 서비스 등을 다른 사람과 나눠 쓰는 경제로, 물건을 갖고 있는 사람과 이를 필요로 하는 사람이 이용권을 거래할 수 있는 경제활동이다. 공유경제의 시작은 전 세계에 글로벌 금융위기가 불어닥쳐 수많은 이들이 직장을 잃고 거리로 내몰리던 2008년 당시 가처분 소득이 부족한 젊은 층을 중심으로 소유의 개념에서 벗어나 필요한 물건 혹은 서비스를 일정시간 빌려 쓰는 공유경제Sharing Economy에 대한 공감대가 형성되었고, 때마침 스마트폰 보급이 빠르게 진행되면서 모바일 플랫폼을 기반으로 한 공유경제가 국경을 뛰어넘어 급속도로 확산되었다. 에어비앤비Airbnb는 2008년 8월 브라이언 체스키와 공동창업자인 조 게비아가 함께 창업한 숙소공유서비스 회사로, 집을 가진 사람과 숙소를 찾는 여행객들을 연결해 주는 일종의 '온라인 민박정보' 서비스다. 또 다른 대표적 공유경제 기업인 우버Uber는 자가용을 가진 사람과 택시를 찾는 사람을 연결해주는 차량공유 업체로 2010년 6월 미국 샌프란시스코에서 처음 서비스를 시작하였으며, 소비자가 스마트폰 앱을 통해 차량을 예약하면 운전기사가 공유차량을 이용해 소비자를 태우고 목적지까지 데려다주는 개인이 참여하는 택시 승차공유서비스다. 공유경제 산업은 이미 세계적으로 연 80%씩 성장하는 메가트렌드 시장이다. 단 한 대의 차량도 없는 우버의 시가총액은 약 80조원으로 추정되며, 차량공유 시장규모는 2017년 360억 달러(약 39조원)에서 2030년엔 2,850억 달러(약 305조원)로 8배 가까이 커질 전망(골드만삭스)이며, 호텔방 하나 없는 에어비엔비Airbnb의 시가총액은 30

공유경제의 비즈니스 모델

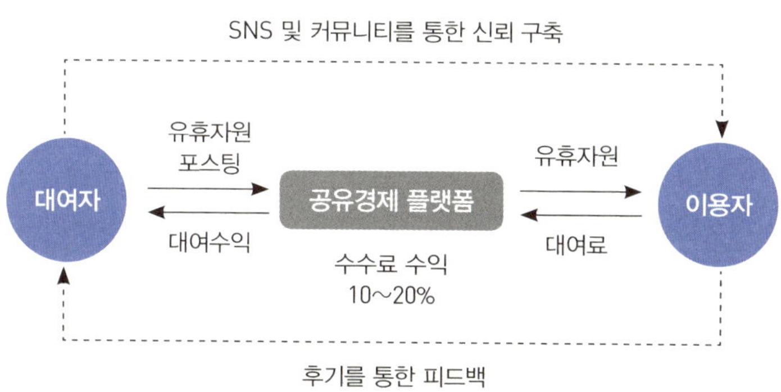

자료: 이코노미조선, ① 상한가를 치고 있는 공유경제, 2015.11.17.

조원을 넘어서면서 세계 1위 호텔기업인 힐튼을 추월하였다. 한편 모바일 기반의 무인 렌트차량 공유서비스인 집카Zipcar와 시티카셰어Citycarsshare, 매장·회의실·주차장 등의 공간을 공동으로 사용하는 리퀴드스페이스LiquidSpace와 저스트파크JustPark, 청소·수리·지식·경험 등의 재능을 공유하는 태스크래빗Taskrabbit 등 다양한 공유경제 서비스가 생겨나고 있다. 세계적으로 차량공유 우버Uber, 숙박공유 에어비앤비Airbnb, 사무실 공유 위워크Wework 등 기존 생태계를 뒤집는 공유경제 모델들이 쏟아져 나오고 있지만 국내에서는 거센 저항 때문에 정착이 쉽지 않다. 2015년 9월 국내법원은 우버Uber와 함께 해외에서 가장 성공한 공유경제모델로 꼽히는 에어비앤비Airbnb에 대하여 기존 숙박서비스를 제공하는 업체로 보고, 관할구청에 신고하지 않고 금전적 대가를 받고 방을 빌려준 행위를 공중위생관리법 위반이라고 판결했다. 승차공유서비스인 우버 역시 국내시장에서는 '무허가 유사 콜택시'로 규제받아, 본연의 서비스를 한국 실정에 맞게 바꿔야 했다. 사회적으로 확산되고 있는 공유경제의 공통점은 가격체계가 아닌 사회관계가 핵심이며 새로운 생산양식의 가치는 자율성과 효율성에 기반을 두고 성장하고 있다는 점이다.

8) 업사이클링Up cycling과 사업기회

2016 세계 산업트렌드로 꼽힌 업사이클링Up cycling은 이제 폐기물의 재활용이란 개념에 그치지 않고 미래 먹거리산업으로 성장하고 있다. 업사이클링은 기존에 버려지는 제품을 단순히 재활용하는 차원을 넘어 새로운 가치를 창출해 새로운 제품으로 재탄생시키는 것을 뜻한다. 그동안 자원으로 인정받지 못하던 트럭방수포, 현수막, 입지 않는 옷, 커피 찌꺼기 등 다양한 재료들이 가방, 드레스, 점토 등 다양한 제품으로 변신하고 있다. 2000년 초반부터 불어온 업사이클링 바람은 특히 환경을 지킬 수 있는 사회공

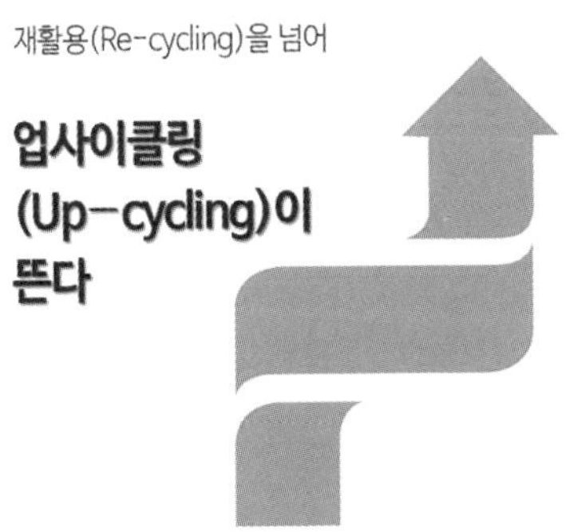

헌적 마인드와 독특한 디자인에 세련미까지 갖춰 하나의 시장으로 성장 중이다. 국제무역연구원에 따르면 2013년 업사이클링 시장규모는 25억원을 기록했고, 2015년에는 100억원에 달하고 있다. 해외는 이미 업사이클링이 안정적으로 시장을 형성하고 있다. 트럭 방수포를 재활용해 가방을 만드는 '프라이탁Frietag'은 전 세계 10개 직영점과 460여 매장에서 유통되고 있고, 빈병과 음료수 파우치를 재활용하는 '테라사이클Terracycle'도 글로벌브랜드로 입지를 구축했다. 국내에서 쌈지는 '슬로우바이쌈지SLOW by ssamzie'라는 이름의 업사이클링 브랜드로 폐신문지, 폐소방호수, 폐타이어, 버려지는 가죽, 폐현수막 등을 활용해 다양한 액세서리 제품을 선보이고 있다. 업사이클링을 기반으로 한 스타트업 창업 성공사례로 '커피큐브'는 3년에 걸친 연구개발 끝에 2011년 '커피점토'를 특허 출원했다. 이 업체는 제휴를 맺은 커피전문점에서 커피찌꺼기를 얻어다 건조한 뒤 특수공정을 거쳐 점토를 만든다. 점토는 인체에 무해할 뿐 아니라 모양이 잘 만들어지고 커피 특유의 방향, 탈취, 제습 등 효과도 탁월해 어린이 교구부터 각종 소품재료까지 다양하게 활용된다. 한국업사이클디자인협회에 따르면 국내 업사이클링 업체는 100여 곳으로 추산되는데 이 창업자들은 환경보호의 필요성에 대한 인식이 강하고, 외국 트렌드에 관한 이해도가 높은 것이 특징이다. 더구나 아이디어와 감각이 있으면 누구나 소자본으로 창업할 수 있다는 점도 업사이클링 스타트업 붐을 일으키는 요인이다. 업사이클링 제품은 공정이 복잡해 가격이 비싸지만 환경적인 측면에서 순기능을 내고 있을 뿐만 아니라 사회적 참여를 위해 자발적으로 구매하는 고객이 늘어나고 있어 신산업 시장으로서도 성장하고 있다.

Chapter 4

성공창업의 뿌리,
창업가의 철학과 자질

1. 기업의 사명mission과 비전vision

1) 기업의 가치관 경영

기업의 철학philosophy을 담은 가치관경영이란 기업이 지속성장과 발전을 위한 필수적인 경영원리로써 구성원들로 하여금 자신이 하는 일이 어떤 의미를 갖는지 깨우치게 하고 그 의미를 기반으로 이끌어 가는 경영방식이다. 경영자가 갖추어야 할 여러 덕목 중 가장 중요한 것은 생각의 프레임(철학)인데 철학이 군건하지 않으면 견고한 기업이라도 언제든 흔들릴 수 있다. 기업의 철학은 기업에게 정당성을 부여하고, 기업 내부적으로는 모든 사원에게 공통의 방향, 공통의 의식, 공통의 목적을 향해 나가게 하는 역할을 한다. 장수기업 연구로 유명한 미국의 윌리엄 오하라William T. O'Hara 교수는 "장수기업들의 공통된 비결을 시간이 지나고 기업이 성장해도 처음 가졌던 이념과 삶의 본질을 잊지 않고, 자신들이 중요하다고 생각하는 가치를 기준으로 원칙을 세우며, 그것을 과업 하나하나에 적용해온 가풍에 있다"고 했다. 기업이 모든 구성원들의 생산성을 함께 높일 수 있는 핵심경영전략으로 가치관을 표현할 때 창업정신, 경영이념, 사훈, 사명, 비전, 경영철학, 핵심가치 등 여러 가지로 설명하지만 그 가운데

가치관

사람의 가치관		조직의 가치관 : Values System
왜 사는가?	사명 (Mission)	왜 존재하는가?
무엇이 될 것인가?	비전 (Vision)	무엇이 될 것인가?
어떻게 살 것인가?	핵심가치 (Core Values)	어떻게 일하는가?

핵심은 기업이 궁극적으로 추구하는 존재이유(사명), 기업이 추구하는 꿈과 미래상(비전), 기업이 중요하게 여기는 우선순위와 같이 구성원이 중시하는 일하는 원칙과 기준(핵심가치)이 기업의 본질이다. 하버드대학교 존 코터John Kotter 교수의 연구결과에 따르면, 가치관경영을 한 기업이 일반 기업보다 수익은 4배나 더 빨리 성장하고, 주가도 12배가 높으며, 이윤도 750%나 더 나왔다며 가치관 경영을 하면 기업성과가 훨씬 더 좋아진다고 강조했다. 또 피터 드러커Peter Drucker는 "기업이념을 정할 때 다음과 같은 질문을 하라"고 권한다. ① 우리 기업은 어떤 기업인가? ② 우리 기업은 장래 어떤 기업이 될 것인가? ③ 우리 기업은 장래 어떤 기업이 되어야 하는가? ④ 고객이란 무엇인가? ⑤ 우리 기업이 고객에 주는 가치는 무엇인가? 즉, 성공적인 기업이 되기 위해서는 이러한 질문을 계속 던지면서 심사숙고하여 기업이념을 정하고 구성원들이 공유하고 실천하여야 한다.

구글Google의 가치관과 비전

"우리의 목표는 삶의 수준을 끌어올릴 서비스를 개발하는 것이다. 물론 우리가 추진하는 프로젝트가 단기수익에 별 도움이 안 될 수도 있다. 그러나 이 프로젝트가 세상에 긍정적인 영향을 준다는 믿음으로 끝까지 실행하겠다."

– 2004년 구글 창업자 래리 페이지와 세르게이 브린

알리바바 기업가치

사명(Mission)	중소기업인들이 편하게 비즈니스할 수 있도록 돕는 것
비전(Vision)	20, 21, 22세기에 걸친 102년의 장수기업으로 우뚝 서는 것
핵심가치(Core Values)	고객 중심, 변화 수용, 협력, 성실&정직, 열정, 헌신

2) 기업의 존재이유 사명mission

기업의 최고경영자가 갖추어야 할 덕목 중 가장 중요한 덕목은 변하지 않는 굳건한 철학이고, 창업자가 "왜 사업을 하는가?"에 대한 근본적인 답변(기업의 존재이유)"을 '사명使命' 또는 '미션mission'이라고 한다. 기업의 사명Mission은 조직이 거시적인 환경 속에서 우리가 무엇을 할 것인가? 성취하고자 하는 조직의 목표를 고객의 욕구시각으로 설명한 것이다. 미션Mission은 조직이 존재하는 이유와 가치, 정체성Identity, 이념으로, 조직의 사명선언은 고객에 대한 책임을 천명하는 것이며, 내부 구성원들에게 조직구성원의 정체성을 공유 및 내재화하고 구성원들에게 자부심을 느끼게 하여 조직의 일에 몰입할 수 있도록 동기를 부여하는 역할과 모든 업무와 활동의 방향을 제시한다. 창업자들 대부분은 창업과정에서 다양한 어려운 일들과 마주하게 되는데 그것을 극복할 수 있게 해주는 힘은 자신이 하는 일의 중요성과 자신이 하는 일이 사람들에게 분명한 가치를 제공하고 있다는 믿음이다. 창업에 나서는 창업자들 대부분은 자원이 부족하고 상황도 열악하다 보니 임직원들에 대한 처우가 미흡할 수밖에 없는데도 구성원들이 함께하는 것은 창업자가 하고자 하는 미션에 공감하고 가능성을 함께하고자 하기 때문이고, 굳건하고 흔들리지 않는 '경영이념'이 존재하기 때문이다. 특히 백제 장인 유중광(곤고 시게미츠·金剛重光)이 578년 일본 오사카大阪에 설립한 건축회사 곤고구미金剛組의 장인정신과 사찰건축 전문기업이 1,440년 역사와 40대를 이어올 수 있었던 기반은 일관된 품질과 신용, 그리고 보이지 않는 곳에 더 충실한 기본과 현장을 중시한 곤고구미金剛組의 철학(혼)과 자존감이 있었기 때문이었다. 그와 같이 잘 정의된 기업의 미션은 회사의 전 구성원들에게 일하는 보람을 불러일으키게 하고 그들의 에너지의 원천이 되며, 구성원 각자가 개별적으로 하는 일이 기업의 전체잠재력을 실현하는 길이 되도록 인도하는 역할을 한다. 따라서 성공적인 기업비즈니스를 위해서 "바람직한 미션"은 ① 우리는 어떤 사업을 하고 있는가? 우리는 왜 존재하는가? (주요 목적) ② 우리의 고객은 누구인가? 우리는 누구를 위해 존재하는가? (우리의 주요 고객) ③ 고객이 원하는 가치는 무엇인가? 우리는 무엇을 제공하기 위해 존재하는가?

(제공되는 핵심서비스) ④ 우리는 어떤 사업을 영위해야 하는가? 등 근본적인 질문에 답할 수 있는 미션Mission으로부터 출발해야 한다.

유니클로의 미션Mission

> 반드시 이념, 사명감을 갖고 있어야 한다. 유니클로의 사명은 "질 좋은 캐주얼 의류를 저렴한 가격에 많은 사람들에게 지속적으로 제공하는 것이다."
>
> – 유니클로(UNIQLO) 창업자 야나이 다다시

사람들은 본래 익숙한 것을 추구하고 새로운 것은 꺼리는 경향이 있기 때문에 새로운 방식과 생소한 기술로 성공을 이끌어 내기는 더욱 힘들지만 익숙한 것을 깨뜨리고 전혀 새로운 것으로 성공을 이끌어낸 사람들의 공통점은 세상에 대한 사명감을 가지고 있었다는 점이다. 페이스북과 구글을 비롯하여 대륙의 실수라고 불리는 중국의 샤오미, 세계 여행객들의 숙박을 책임지는 에어비앤비, 유통공룡이라 불리는 아마존, 최대 전자상거래 업체인 온라인 마켓 알리바바 등 이 시대를 이끌어가는 이들은 각 영역에서 기발하고 놀라운 혁신으로 기존에는 없던 새로움을 만들고 변화를 주도한 스타트업들이다. 이들은 자신만의 신념과 철학을 가지고 새로운 변화에 대한 호기심으로 문제해결에 집중하고, 실패에 무너지거나 비난과 갈등에 흔들리지 않으며 새로운 질서를 정립할 기회를 포착하고 남다른 아이디어로 이끌어낸 혁신을 통하여 사람들을 열광시킨다. 따라서 명확한 사명감은 스타트업의 본질이며, 기댈 곳 없는 스타트업이 생존을 거쳐 성공에 도달할 수 있는 바탕이 된다. 이러한 기업미션의 좋은 사례로는 "사람들의 질병을 치료하고 더 나은 삶을 살 수 있도록 제품과 서비스를 제공하는 것(존슨앤존슨)" "사람들의 돈을 절약시켜 더 나은 삶을 살 수 있게 하는 것(월마트)" 등이 있으며, 이는 고객이 실제로 효익benefit을 느낄 수 있도록 뒷받침할 수 있는 고객과의 약속이었다. 또 일본 경영의 신神으로 불리며 일본인의 존경을 받고 있는 교세라의 창업자 이나모리 가즈오 명예회장이 생애를 걸고 추구해야 하는 이념은 "인류와 사회의 발전에 공헌한다"이며, 그는 기업이 이윤추구에 목표를 두더라도 바른 길을 가겠다는 신념과 철학을 잊어서는 안 된다고 강조하였다. 또한 초연결시대의 페이스북 창업자 저커버그는 대학 기숙사에서 키득거리며 장난스럽게 '학생들을 연결시켜보면 어떨까'라는 생각에서 시작했다. 그러면서 "사람들에게 공유하는 힘을 주고 서로를 개방적으로 연결되게 하는 것(Giving people the power to share and remain open and connected)"이라는 미션(목적의식)을 떠올렸다. 저커버그는 어디를 가나 이를 주창하고 반복해 말했고, 연결하고 공유하고 개방하는 미션에 맞춰 제품과 서비스를 만들어 성장했다. 인터넷 연결이 어려운 지역의 사람들에게 연결의 혜택을 무료로 주기 위해 무인비행기 제작도 추진했다. 사람과 사람을 연결하는 제품과 서비스를 통해 더 좋은 세상을 만들고 있다는 사실에 임직원들은 보람을 느꼈다. 목적의식에 맞는 사업을 하기 위해 중요한 것은 리더의 언행이었다. 이와 같이 명쾌한 미션을 정하고 실현하려면 리더의 생각과 신념이 회사 전반에 고스란히 녹아 들어야 하고, 리더가 일관된 신뢰의 언행을 보여야 한다. 사람들이 성공한 CEO의 한 마디에 감동하고 가슴에 새기는 이유는 이것이 화려한 미사여구가 아니라 수많은 경험과 그로 얻은 통찰력이 응축되고 비즈니스 결과로 증명된 진실이기 때문이다.

경영자가 가져야 할 철학

① 이타심利他心으로 경영을 하고, 높은 판단 기준을 가져야 한다.
② 회사의 윤리관(경영자의 철학)이 없으면 발전하지 못한다.
③ "동기는 선한가? 사심은 없는가?"라는 말을 되뇌며 스스로에게 격하게 묻고 또 물었다. 하나의 물음에 계속해서 답을 구한 결과, 멋진 발전을 이룰 수 있었다.
④ 결과가 나오기까지는 시간이 걸린다. 원인은 반드시 결과를 만든다.
⑤ 감사를 이성理性에 각인시켜라.
⑥ 누구에게도 지지 않을 노력을 하라.

– 성공의 요체, 이나모리 가즈오 지음, 양준호 옮김, 한국경제신문사, 2016.

3) 기업의 미래상 비전Vision

비전Vision(미래상)이란 "내가 무엇what을 할 것인가?" 또는 "우리는 진정 무엇을 원하는가?"에 대한 대답으로, 현실성 있고 진정 열망하는 미래에 마땅히 실현되어야 할 실제모습으로 조직 전체가 합의한 '꿈이 실린 목표Objective'이다. 리더가 갖추어야 할 가장 중요한 역량은 구성원들이 보지 못하는 그 너머를 내다보고 '비전을 제시하고 실현하는 능력'이므로 지혜로운 리더는 분명한 비전vision을 가지고 미래를 계획하고 준비하는 설계자이자 추진자가 되어야 한다. 물론 그 방향이 옳아야 하고, 또 조직을 그리로 이끌고 가기 위해 구성원들을 설득하는 능력도 있어야 한다. '꿈'이 막연한 미래에 대한 바람이라면, '비전'은 구체적 미래이다. 꿈을 반드시 이루려면 다음 3가지가 중요하다. ① 비전을 발견하고, ② 비전을 디자인하며, ③ 비전을 실행하면 된다. 특히 한 공동체의 모든 사람들이 함께 갖는 미래의 그림이나 이미지로써 비전을 공유하는 공유비전shared vision은 사람들의 가슴속에 어떤 연결고리의 힘과 감동을 주며, 응집력과 공동체 의식을 창조할 수 있기 때문에 공동의 열망을 통하여 서로 결속할 수 있다. 공유비전은 전통적인 하향식 비전과는 크게 다르다. 추종을 강요하는 하향식 비전전달은 저하된 사기와 전략적 방향상실 그리고 공동체 결속의 미약함을 초래하므로 이상적인 CEO는 비전이 공동체의 직원 모두에게 공유되면 동기를 유발하고 에너지를 분출시켜 CEO와 직원 간의 상호교류 속에 완성되도록 지도하고 유도해야 한다. 훌륭한 비전vision의 사례로는 1960년대 미항공우주국NASA에서 선언했던 "1960년대가 끝나기 전까지 인간을 달에 보낸다"라거나, 소프트뱅크Softbank의 손정의 회장이 가슴에 품고, 거친 풍파를 헤쳐 나온 비전 "30년 후, 세계 TOP 10으로 시가총액 200조 엔 규모의 회사로 성장하겠다"를 꼽을 수 있다. 또 FedExFederal Express 창업자 프레드 스미스Fred Smith는 "어떤 고객이 물건을 주문하면 그가 미국 어디 살지라도 다음 날 10시까지 그의 책상에 물건을 갖다 놓는 것을 가능하게 하자"며 1973년 회사를 설립했고, 오늘날 전 세계 220여 국에 특급배송을 비롯해 전자상거래, 기업 배송서비스 등을 제공하고 있으며, 미국에서 '페덱스한다'라는 말은 밤사이에 택배로 보낸다는 뜻으로 통용되고 있을 만큼 페덱스는 특급배송 분야에서 확고한 위치를 차지하고 있다. 이와 같이 내가 가야 할 곳을 분명하게 알고 있으면 목적지에 더 쉽게 도달할 수 있는 중요한 시작점이 되고, 기업전략의 우선순위를 정하고 명령체계를 단순화해, 전 조직이 위임받은 권한을 비전과 목표에 부합하는 방향으로 빠르게 움직인다면 모든 기업 활동의 효율성을 높일 수 있다. 그리고 무엇보다도 창업가 본인과 조직 전체가 목적 있는 삶을 살고 있다는 행복감을 갖고 일할 수 있게 된다.

> "만일 당신이 배를 만들고 싶다면, 사람들을 불러 모아 목재를 가져오게 하고 일을 지시하며 일감을 나눠 주는 등의 일을 하지 마십시오. 그 대신 그들에게 저 넓고 끝없는 바다에 대한 동경심을 키워 주십시오."
>
> – 생텍쥐페리의 〈어린왕자〉 중에서

> "활력은 비전의 산물이다. 위대하고 아름답고 중요한 그 어떤 것에 대한 비전이 없다면 활력은 감소되고 인간의 생명력은 약해진다."
>
> – 에리히 프롬(Erich Fromm), 정신분석학자

4) 기업 운영의 신념원칙 핵심가치core values

핵심가치core value(일하는 원칙과 판단기준)는 미션을 바탕으로 비전을 달성해 나가기 위하여 전 직원이 가져야 할 사고습관 및 행동지침이라고 할 수 있다. 핵심가치는 CEO의 철학과 신념이 잘 반영되어 기업의 정체성과 미래방향을 제시할 수 있어야 하고 구성원의 의사결정과 행동의 기준 및 원칙을 제시할 수 있어야 한다. 일본에서 경영의 신으로 불리는 마쓰시타 고노스케松下幸之助는 "경영자가 가장 먼저 해야 할 일은 경영의 기본이념을 갖추는 일이다"라며 경영철학을 명확하게 설정하여야 함을 강조하였다. 또 그는 '우리 회사는 무엇을 위해 존재하는가?' '경영의 목적은 무엇인가?' '어떻게 경영해야 하는가?'라는 물음에 대해 확고한 신념이 있어야 한다고 강조했다. 기업의 핵심가치에 담긴 정신적 유산이야말로 기업을 살아 움직이게 만들고 대를 이어 지속적인 성장을 가

능케 하는 원동력이며, 기업구성원 전체를 유기적으로 연결하는 정신적인 DNA로 회사의 수명을 결정하는 요소이다. 탁월한 성과로 성장을 거듭하며 두각을 나타낸 세계적인 기업들은 모두 창업가정신, 즉 기업의 핵심가치를 중요하게 인식했다. 미국의 혁신기업 애플은 다른 그 무엇보다 창의성creativity을 우선으로 하고, IBM은 이노베이션innovation을 가장 중요한 핵심가치와 역량으로 여기며, P&G는 고객이 왕이라는 가치를 섬김의 리더십으로 발전시켰다. 누군가

자포스Zappos(신발 온라인 쇼핑몰)의 10가지 핵심가치

토니 셰이Tony Hsieh는 1999년, 자신이 투자한 파산 직전의 기업에 CEO로 뛰어들어 현재 19년째 자포스 CEO이며, 매출 0원이던 기업을 2조원이 넘는 규모로 성장시켰다. 토니 셰이는 다른 것들은 경쟁사가 쉽게 따라 할 수 있다며, "당신의 개인적인 핵심가치는 당신이 누구인지를 정의하며 회사의 핵심가치는 궁극적으로 회사의 특성과 브랜드를 정의하게 되는 것"이라고 말한다. 그는 "기업 문화가 시간을 두고 체현되는 것이 브랜드"라면서, 핵심가치에 따라 직원을 채용하고 교육하며 해고하는 원칙과 의지를 강조한다. 자포스는 신발을 가장 많이 판매하는 소매기업이 아니라, 최고의 고객서비스를 제공하는 브랜드라는 비전하에 10가지 핵심가치를 다음과 같이 정의한다.

① 서비스를 통해 '와우' 경험을 선사한다.
② 변화를 적극 수용하고 추진한다.
③ 재미와 약간의 희한함을 창조한다.
④ 모험정신과 독창적이며 열린 마음을 유지한다.
⑤ 성장과 배움을 추구한다.
⑥ 적극적으로 의사소통하며 솔직하고 열린 관계를 구축한다.
⑦ 긍정적인 팀 정신과 가족정신을 조성한다.
⑧ 좀 더 적은 자원으로 좀 더 많은 성과를 낸다.
⑨ 열정적이고 결연한 태도로 임한다.
⑩ 겸손한 자세를 가진다.

– 딜리버링 해피니스, 토니 셰이, 북하우스, 2010.

"당신은 왜 그 일을 하느냐?"고 묻는다면 '왜'라는 질문에 대한 답은 당신이 그 일을 하는 이유의 출발점이자 종착역이다. 그리고 '왜'에 대한 명확한 답은 평범한 다수의 사람들 사이에서 당신을 특별하게 만들어 주는 중요한 경쟁력이 된다. 특히 장수기업들은 수익보다 기업이 중요하게 생각하는 핵심가치core values에 따라 행동한다. 창업자는 의식적이든 무의식적이든 자신의 가치관에 따라 기업을 경영하고 궁극적으로는 창업자의 가치관이 기업의 가치관이 되므로 '리더의 신념'이 우리의 신념으로 확산되면, 조직의 가치가 통합되면서 엄청난 에너지가 솟아나게 된다. 특히 핵심가치를 명확히 하면 기업 내 갈등이 줄어들고 의사결정이 신속하고 일관성 있어 조직 내 신뢰도가 높아진다. 핵심가치는 일방적인 선언보다는 합의의 과정을 거쳐 모든 구성원들과 함께 수렴하여야 조직 공통의 가치관으로 구현되기 수월하다. 한편 미국 경제전문지인 〈포춘Fortune〉이 매년 발표하는 매출액 기준 미국 포춘 500대 기업의 평균수명은 40년을 넘지 못하고, 〈비즈니스위크〉의 세계 1천대 기업 중 100위권에 머무는 기간은 고작 5년에 불과한 사태에 대하여 세계적인 경영그루 짐 콜린스Jim Collins는 "기업 가치관이 일관되게 유지되는가? 그렇지 않은가?"에서 원인을 찾아야 한다고 강조한다. 핵심가치는 말을 할 때도, 글을 쓸 때도, 생각을 할 때도, 고객을 만날 때도 반드시 기억해야 할 기업이 추구하는 가치이다.

2. 창업성공에 필요한 자질talent

사업목표를 달성하려 다른 사람들과 함께 일을 하는 기업경영은 목검승부가 아닌 진검승부다. 진검승부眞劍勝負는 목검이 주지 못하는 '살벌하지만 즐거운' 긴장감을 주는 동시에 스스로를 겸허하게 돌아보도록 만들어준다. 진검승부의 세계로 접어드는 예비창업자가 창업위험을 피하기 위하여 필요한 지식은 다양하다. 먼저 "창업을 위해 필요한 4가지의 지식"은 첫째 전통적인 경영학 교육에서 기초적으로 배울 수 있는 일반적인 사업지식, 둘째, 일반적인 사업지식에서 창업에 관련한 일반 창업지식, 셋째, 창업기회와 관련된 특정지식, 넷째, 창업기회가 실제 창업으로 연결되는 데 필요한 창업관련 지식 등이다. 그러나 창업에 필요한 모든 지식을 다 가지고 있을 수 없기 때문에 수시로 다양한 방법으로 배우는 노력이 필요하며, 늘 배우려는 태도가 배움을 통해 얻는 지식보다 훨씬 가치가 있다. 모방하지 못하는 자는 창조할 수도 없다는 말처럼 모방이란 남의 것(지식)을 배우는 소중한 과정이며, 그 지식과 체험을 통하여 자신만의 지혜(노하우)를 터득함으로써 포괄적인 자질을 얻게 되며, 불확실성을 넘어 새로운 돌파구를 찾을 때, 우리에게 진정으로 필요한 것은 세상을 꿰뚫어 보는 혜안과 통찰력, 상상력과 창조의 지혜, 사람에 대한 이해와 인간적인 향기 등이다. 또 하버드 경영대학원 제이 로쉬와 토마스 티어니는 CEO의 리더십요소로 인격character, 판단력judgement, 직관력intuition을 꼽았다. 첫째, 인격은 리더에 대한 개개인의 신뢰로써 영향력을 발휘할 수 있는 기본 바탕이다. 신뢰와 존경이 없으면 영향력을 발휘할 수 없고, 남을 설득할 수도 없다. 신뢰의 구성요소로서는 겸손, 유연성, 책임감, 칭찬, 공감과 이해 등이다. 두 번째, 판단력이 떨어져 잘못된 의사결정을 내린다면 조직이 위험에 빠질 수 있다. 사람을 보는 능력, 사업에 대한 감각business quotient, 매일 직면하는 여러 이슈에 대한 결정에서의 순발력이 포함된다. 세 번째, 직관력은 복잡한 시스템을 파악하고 운영하는 예리한 능력이다. 조직기능이 무엇이며, 이들이 다른 조직에 어떻게 영향을 주고받으며 어떤 결과를 만드는지 파악할 수 있어야 하는 시스템적 사고라고도 할 수 있다. 이외에도 용기, 진실, 비전, 정열, 확신, 인내, 도덕성 등을 언급하기도 한다.

"급격한 변화의 시대에 새로운 관점을 받아들이고, 과거의 사고방식을 매일 매일 깨뜨리지 못하는 사람은 매순간 퇴보하고 있다고 할 수 있다. 변화무쌍한 세상을 살아가는 우리 모두는 평생 학생이 되어야 한다"

1) 창업 CEO의 리더십

리더Leader란 올바른 방향으로 팀을 이끄는 사람이며, 구성원들에게 꿈을 심어주고, 그들이 가진 잠재력을 100% 발휘할 수 있도록 도우면서 일정한 목표를 향해 움직이도록 하는 영향력을 행사하는 존재다. 우리에게 필요한 리더는 비전을 현실로 바꾸는 사람이고, 개인적 욕망을 넘어 조직과 사회를 위해 기여하려는 욕망이 강한 사람이다. 리더는 지위로서가 아니라 그의 행동과 인품으로 타인에게 영향을 미치는 사람이지만 기업의 리더는 매 순간 결과로 평가받는 긴장 속 '승부의 세계'에 살고 있는 존재다. 아무리 인격적으로 훌륭해도 시장에서 패하면 의미가 없으므로 시대흐름을 읽어 사업을 일으키고, 그 사업이 한 시대를 대변하게 만들어야 한다. 리더십은 조직의 목적을 달성하기 위해 구성원들을 일정한 방향으로 이끌어 그들이 성공할 수 있도록 도와주는 일이자, 목표힌 성과를 창출하는 능력이고, 리더가 다른 사람의 행동과 태도, 비전, 가치관 또는 신념에 영향력을 미치는 관계성이다. 앨런 케이스Alan Keith는 "리더십은 궁극적으로, 목표를 달성하는 데 있어 구성원들이 공헌할 수 있게 하는 방법을 만들어내는 것이다"고 정의하였고, 경영의 달인으로 알려진 GEGeneral Electric의 전CEO 잭 웰치Jack Welch 회장은 리더십의 핵심을 "사람·환경·제품에 대해 있는 그대로의 현실을 파악한 후 그것을 기반으로 신속하고 결연하게 행동하는 것"이라고 말했다. 오늘날 막강한 영향력을 가진 기업의 경영자는 조직의 규모와 관계없이 성취감이 큰 만큼 고민도 많을 수밖에 없게 되는데, 때로는 직원들로 인해 가슴이 새까맣게 타들어가기도 하고, 고객과 시장상황으로 가슴이 먹먹해지기도 한다. 어느 조직이든 조직의 리더는 결정적인 순간에 선택할 줄 알아야 하고, 조직의 비난을 대신 뒤집어쓰되 칭찬을 타인에게 돌릴 줄 알아야 하며, 무엇보다 리더가 인품을 갖춘 사람이어야 아랫사람이든 동료든 그를 따르게 된다. 기업들이 급변하는 시장 환경에서 생존하고 성장하려면 최고경영자는 미래상황을 꿰뚫어 보는 통찰력을 바탕으로, 역경을 극복할 수 있는 회복탄력성과 혁신에 대한 열정이 있어야 하고 외부의 도전을 확인하고 적절히 대응하면서 구성원들의 성장을 도모하여 조직의 변화를 이끌어야 한다. 또한 환경 변화가 극심한 오늘날 불안정하고Volatile, 불확실하고Uncertain, 복잡하고Complex, 애매한Ambiguous 복잡성의 시대를 뜻하는 뷰카VUCA시대 최고경영자CEO의 리더십은 '불확실한 상황에서 빠르게 판단-결정-실행하는 능력'이 강조되는 오케스트라의 지휘자나 전쟁터의 지휘관에 비유된다. 변화가 빠른 시대일수록 수평적이고 유연한 조직문화를 이끌 리더가 필요하다. 그래서 리더들이 꼭 지켜야 할 리더십의 본질을 ▲Clarity(지속 가능한 사업구축), ▲ Courage(옳은 일을 수행하는 용기), ▲ Humanity(최상의 역량을 발휘하도록 지원)라고 정의한다.

> "리더가 탁월하면 서로를 위해 일하는 느낌이 들지만, 리더가 형편없으면 회사를 위해 일하는 느낌이 든다. 좋은 리더에게 중요한 것은 '무엇이 옳은가?'이다. 나쁜 리더에게 중요한 것은 '누가 옳은가?'이다."
>
> – 왜 함께 일하는가, 사이먼 사이넥(Simon Sinek), 살림, 2017.

CEOChief Executive Officer의 의미

① C = Chief: 의사결정을 내리고 책임지는 존재

'Chief'란 우두머리란 뜻이고, 이는 의사결정을 내리고, 이에 대한 무한책임을 지는 존재를 의미한다.

② E = Executive: 앞장서서 실행하는 존재

'Executive'란 실행을 하는 사람을 의미한다. 리더십의 본질은 한번 의사결정을 내리고 이를 외치는 것이 아니라 앞장서서 실행하는 데에 있다.

③ O = Officer: 높은 기준과 가치를 지키는 존재

'Officer'란 의사결정을 내리고 실행하는 과정에서 일정한 기준과 가치를 지켜야 하는 의무가 있는 사람이란 뜻이다.

창업자가 되기 전까지는 누구나 '사장이 되면 잘할 수 있을 거야'라고 생각하지만 막상 CEO가 되면 대부분 내가 하는 생각과 판단이 옳은지 그른지 스스로도 확신이 없을 때가 많아 어려움을 겪는다. 경영자를 선장에 비유한 히토

기업 리더가 갖춰야 할 7대 조건

급변하는 기업 환경에서 리더의 역할은 구름에 가려진 험한 바다를 항해해야 하는 선장의 역할과 같다. 무한경쟁이라는 험난한 바다에서 생존과 발전을 동시에 일궈야 하는 기업 리더가 갖추어야 할 7가지를 소개한다.
① 자신의 미션mission을 정확히 알아야 한다. 기업의 리더는 자신에게 주어진 시대적 소명을 정확히 이해하고 있어야 한다. 기업 리더들이 실패하는 대부분의 이유는 자신의 미션을 정의하게 되는 데 실패하게 되는 경우이다. ② 비전과 목표를 설정할 수 있어야 한다. 미션을 이해하도록 되면, 자연스럽게 조직이 무엇을 해야 되는가에 대해서 답을 찾을 수 있다. 리더는 조직이 가진 모든 역량을 총동원해 목표를 가장 효과적으로 달성해야 한다. 한 방향을 향해 나아가기 위해 조직은 비전, 핵심가치 그리고 나서 목표를 공유할 수 있어야 한다. ③ 적재적소適材適所할 수 있어야 한다. 리더는 경영을 진두지휘해야 하는 사람이다. 경영은 조직이 갖고 있는 최고의 자원인 인재를 가장 효과적으로 배분함으로써 최고의 성과를 만들어 내는 일이다. 리더의 의무인 인재의 적재적소를 통해 최고의 성과 올리기를 위해선 핵심 인재를 정확하게 파악해야 한다. ④ 솔선수범할 수 있어야 한다. 부하들의 마음을 잡을 수 있는 것은 달변이 아니라 몸소 자신이 수고를 아끼지 않을 때이다. 리더가 화려한 미사여구로 한두 번 전체를 속일 수 있지만 오래 그들 모두를 말만으로 속일 수는 없다. 결국 스스로 모범을 보이는 것이 몸에 완전히 붙어 있어야 한다. ⑤ 언행의 일치를 보여야 한다. 리더의 신뢰가 실추되는 많은 종류는 말과 행동이 다를 때 일어난다. 리더는 자리에 맞는 언행을 보여야 한다. '내가 이런 이야기를 한다면, 어떤 파급효과가 있을까?'라는 질문을 스스로에게 던지는 것이 거의 몸에 배어 있어야 한다. ⑥ 리더는 공과 사를 구분(불편부당)할 수 있어야 한다. 특히 사적인 목적을 위한 사소한 금전 문제가 이미지와 권위를 실추시킬 수 있음을 명심해야 한다. ⑦ 리더는 스스로 책임질 수 있어야 한다. 리더가 남의 탓으로 돌리는 언행은 아래 사람들의 신망을 얻는 데는 매우 치명적이다.

– 인사이트, '통찰'하고 '융합'하고 '상상'하고 '창조'하라! 2015.2.13.

쓰바시대학 경영학과 명예교수 이타미 히로유키Itami Hiroyuki는 "경영자가 된다는 것은 망망대해를 항해하는 배의 선장이 되는 것이다"라면서, 선장은 별을 읽어야 하고, 승객과 화물주의 요구사항, 선원들의 분위기, 배의 특성을 파악하고 있어야 한다. 날씨에 순응하는 차원을 넘어 날씨를 이용하는 방법도 생각해야 하고 그저 조류의 흐름을 타는 것이 아니라, 적극적으로 바닷물의 흐름을 이용할 줄도 알아야 하며, 자연의 역학을 이용하여 역풍 속에서도 거친 바람을 이용해 앞으로 나아가는 방법을 찾아내야 한다. 또 선장이 화물주의 기대를 충족시키려면 날씨가 좋건 나쁘건 목적하는 항구에 예정된 날짜에 도착해야 한다. 태풍이 부는 상황에서도 화물주와 선원은 모두 선장만 쳐다보니 선장은 다양한 인간적 역학의 한가운데에서 선박을 주관하는 존재로써 때로는 화물을 바다에 버려야 하는 판단을 해야 하는 것도 선장의 역할이다. 망망대해를 항해하며 자신의 책임 아래 판단을 내려야 하는 선장과 마찬가지로 기업의 최고경영자CEO도 직원들에 행복지수를 높여야 할 때나 허리띠를 졸라 매자며 살을 깎는 아픔의 결단이 필요할 때에도 자신의 책임 아래 수많은 최종결단을 내리는 일도 피할 수 없으며, 특히 리더의 마지막 책임은 조직의 생존을 지키는 일이다. 그래서 유니클로UNIQLO 야나이 다다시 회장은 "경영자로서, 리더로서 나의 가장 큰 임무는 회사를 망하게 하지 않는 것이다. 그러기 위해서는 부단한 노력과 공부를 해야 한다. 물론 조직원들도 마찬가지이다. 꼬리를 움직여 몸통을 움직일 수 있다는 열정이 있어야 한다. 이런 직원과 리더가 있을 때 비로소 조직은 성장할 수 있는 것이다"라고 말한다. 한편 공자孔子는 "리더가 바르면 누가 감히 바르지 않을 수 있겠는가(子帥以正 孰敢不正)"라고 말했다. 이는 좋은 조직문화를 위해서 리더가 먼저 나서야 한다는 의미다. 리더는 궂은 일은 먼저 하고 즐거운 일은 나중에 하는 것(先憂後樂)이 가장 바람직하다. 모두가 어려워하는 것은 리더가 먼저하고 모두가 먼저 즐기려 하는 일은 양보하고 나중에 할 때 존경심이 샘솟아 오른다. 또한 한국 록의 간판 밴드 '산울림'의 리더이자 대한민국에서 보기 드문 '멀티 엔디데이너'인 김창완 씨는 리더를 "윤리적으로 도덕적으로 무장하고 무한책임을 질 수 있는 사람"으로 정의했다. 그는 또 진심을 전하는 인간적인 매력이 있어야 한다는 뜻에서 리더가 갖춰야 할 덕목으로 '삶의 향기'를 꼽았다. 그는 "은은히 퍼지는 삶의 향기는 위대한 설득이며 감동을 담을 수 있는 그릇입니다. 거대한 디지털문명이 지배하는 세계에서 그 향기는 일종의 비상구며 리더는 탈출구의 안내자가 될 수 있다"라고 말했다.

> "위대한 리더는 다른 사람이 하기 싫은 일을 하게 만들고, 나아가 그것을 좋아하게 만드는 능력을 가진 사람이다."
>
> – 해리 트루먼(Harry S. Truman), 미국의 제33대 대통령

> "리더leader에게 가장 필요한 것은 모든 잘못이 자기책임이라고 생각하는 습관을 기르는 것이다. 문제가 자신에게 있다고 판단하는 순간 우리는 자신을 돌아보고 우리가 챙겨야 할 직원들을 돌아보고 내부의 상황을 좀 더 면밀히 관찰해 내공을 다질 수 있다. 책임을 외부로 돌릴 때보다 훨씬 더 주도면밀한 관리가 가능해진다."
>
> – 곤도 노부유키(일본레이저 사장), 〈곤도의 결심〉에서

리더의 역량과 통찰력

리더십에서 제일 중요한 점은 "꿰뚫어 보는 능력(통찰력)"이다. 리더 자신이나 자신이 책임지고 있는 조직의 장, 단기적인 상황과 그 변화의 추이, 그 변화나 상황이 주는 의미 등을 세밀히 이해하고 그에 대한 대응책을 마련하는 것이 통찰력이다. 리더가 통찰력을 키우기 위해서는 첫째, 문제의식을 가져야 한다. 문제의식은 한마디로 말하면 현재 상태에 만족하지 않는 것이다. 그래서 더 나은 방향이나 수준으로 나가기 위해서 현재를 부정하고 더 좋은 방법을 찾는 의식이다. 둘째, 어떤 조직을 만들 것인가? 조직의 미래를 구상해야 한다. '되고 싶은' '만들고 싶은' 조직의 청사진을 구체적으로 작성하고 그것들을 직원들과 공유해야 한다. 셋째, 통찰력을 갖기 위해서는 책 속에 길이 있다. 책은 자신의 한계를 뛰어넘을 수 있는 지식, 정보 그리고 지혜를 준다. 넷째, 깊은 사색의 시간을 갖는 것이다. 숙고하는 시간을 일상화해야 하고 그 속에서 조직의 미래를 구상해 봐야 한다. 다섯째, 많은 전문가나 지식인들과 대화를 많이 해야 한다. 미래를 연구한 사람들의 의견을 들어야 하고 그 말 속에서 조직의 미래를 위한 아이디어들을 선택해야 한다. 여섯째, 자신의 일에 사익을 배제해야 한다. 사사로운 이해관계에 빠지면 전체를 보는 눈이 어두워지지만 탐욕을 버릴 때 통찰의 눈이 발휘된다. 일곱째, 항상 자신을 객관화시켜서 들여다봐야 한다. 지도자는 자신에게 엄격해야 한다. 성직자 같은 절제와 양심과 도덕성을 가지고 자신을 다스려야 한다.

– 미래한국, 리더의 역량과 통찰력, 2017.8.14.

2) 올바른 의사결정 능력Decisions

우리의 삶이란 끝없는 선택 과정이고, 경영과정 또한 지혜로운 의사결정의 연속이며 그 선택에 따라 우리 삶이나 사업의 흥망도 결정되기 때문에 그들에게 우선적으로 요구되는 역량은 전략적 선택능력이다. 조선시대 조정에서 파견되어 백성들의 생활을 살피다가 탐관오리의 횡포를 발견하면 그를 혼내고 정의를 바로 세움으로써 백성들의 억울함을 해소하던 암행어사가 마패와 함께 소지했던 명쾌한 판단기준을 상징하는 유척鍮尺이라 부르던 자(尺, 척도)를 가지고 다니면서 곡식의 양과 무게, 옷감의 길이와 넓이, 토지의 넓이, 제기 등을 재는 눈금을 새겨 치수를 재고 판단의 기준으로 사용했다고 한다. 또 지혜로운 솔로몬왕은 서로 자기의 아이라고 팽팽하게 주장하는 두 여인들의 주장에 "두 여인이 서로 자기 아이라고 하니 아이를 반으로 나누라"는 제안을 통하여 진짜 엄마를 찾는 혜안insight을 발휘하였다. 이처럼 올바른 의사결정은 리더의 핵심역량 중 하나로 무엇보다 리더가 소속된 조직의 성과는 리더의 올바른 의사결정 여부에 따라 성장 또는 쇠퇴를 겪게 된다. 올바른 의사결정의 핵심은 문제에 너무 집착하지 말고 한발 물러나 냉철하고 신중하며 폭넓게 생각하는 것이다. 특히 기업의 생존과 발전을 추구하는 최고경영자CEO는 수시로 수많은 의사결정을 해야 하고, 때로는 짧은 시간 에 힘들고 외로운 결정을 해야 하며, 그 결과에 무한책임을 져야 하는데 이때 명확한 의사결정의 기준과, 적정한 타이밍을 고려함으로서 위기(위험과 기회)상황에서도 기업의 성장을 지향해야 한다. 기업들이 경쟁에서 살아남기 위해서는 좀 더 치밀하고 합리적인 의사결정을 해야 하지만 기업 CEO가 잘못된 결정을 하여 기업을 치명적인 위기로 몰아넣게 되는 사례도 많다. 따라서 창업CEO의 경우 철저한 정보와 균형 있는 시각으로 미래지향적인 관점에서 신중하게 의사결정해야 하며, 그러기 위해서는 다양한 지식과 지혜 그리고 폭넓은 경험과 분명한 판단기준 및 깊은 통찰력이 꼭 필요하다.

> "결정해야 할 땐 리더leader의 결단력decision이 필요하다."
>
> – 마이크 암스트롱(Mike Armstrong), AT&T 전 회장

레이건Ronald Reagan과 구두

손님의 발에 맞추어 구두를 제작해 주던 당시 어린 레이건Ronald Reagan이 신발을 맞추려고 구두 가게에 갔다. 레이건은 여러 구두를 보면서 마음에 드는 것을 골랐는데 마지막까지 남은 두 켤레의 구두가 모두 마음에 들어 결정을 내릴 수 없었다. 시간이 지체되자 구두방 아저씨가 레이건에게 이렇게 말했다. "구두를 고르기가 어렵지? 1주일 후에 다시 오면 내가 너에게 어울리는 구두 디자인을 골라 네 발에 맞게 만들어 주마" 고민에 빠져 있던 레이건은 구두방 주인아저씨의 말을 듣고 매우 기뻤다. 1주일 후에 들뜬 마음으로 구두방에 가니 구두방 주인은 미소를 띤 채 레이건이 예전에 고민했던 두 켤레의 신발을 각각 한 짝씩으로 짝짝이 맞춤구두를 내놓았다, 너무나 당황한 레이건에게 주인아저씨는 예전에 고민하던 두 켤레 가운데 하나로 레이건의 발에 맞춘 구두를 다시 내놓으며 이렇게 말했다. "얘야, 네가 결정해야 할 때 결정을 하지 않으면 다른 사람이 대신 할 수밖에 없단다. 설령 그 결정이 너에게 불리해져도 어쩔 수 없겠지. 네가 결정해야 할 때에는 단호하게 결정해야 하는 거야. 그래야 후회하지 않아" 이 일로 레이건은 결단력의 중요성을 깨달았으며, 배우가 되고 주지사가 되고 대통령이 되는 과정에서 매사 신속한 의사결정을 하려고 노력했다고 한다.

당신이 회사를 창업한 최고경영자라고 생각해보면 당신은 정보가 부족하고, 시간에 쫓기고, 자원도 충분하지 않으며 경쟁은 치열한 환경에서 의사결정을 내려야 할 경우가 많을 것이고 어떤 보장도, 안전망도 없으니 어느 정도의 위험은 감수해야만 한다. 경쟁 환경은 지속적으로 바뀌고 시장 또한 쉴 새 없이 변화하며 소비자의 요구는 쫓아가기도 바쁠 정도다. 세계는 빠르게 변화하고 있고 회사를 창업하고 키우는 기업가들에게 주어진 조건은 당장 내일이 어떻게 될지 모르는 불확실한 상황에서 계속되는데, 어떤 사람들은 단번에 결정을 내리는 것 같은데 매번 좋은 선택만 하고 또 어떤 사람들은 머뭇거리다가 마지못해 선택을 하면서 끊임없이 어리석은 선택을 하고는 후회를 한다. 최고경영자는 객관적인 분석에 의한 자료를 가지고 생각해낼 수 있는 가능한 모든 대안 중 가장 성과가 높을 것으로 예상대로 합리적인 의사결정을 한다고 믿고 싶지만 실제 의사결정에서는 적지 않은 실패를 경험할 수밖에 없다. 의사결정은 기본적인 여러 대안 중 하나의 선택이므로 아무리 뛰어난 경영자라고 하더라도 인간적인 한계에서 기인하는 일련의 편향성을 완전히 극복할 수 없으므로 의사결정의 성공확률을 높이려면 경영자가 자신의 비합리성을 받아들이고 인간의 인지적 편향성을 극복하려는 노력과 경영자가 겸손한 마음으로 신중한 의사결정을 해야 한다. 자신의 독단적인 생각에만 의존하지 말고 여러 구성원들의 의견을 폭넓게 수용하는 팀에 의한 의사결정으로 접근해야 하며, 조직 내에서 다양한 의견이 개진될 수 있는 분위기가 조성돼야 한다. 그래서 우리는 리더의 가장 핵심적인 직무가 '의사결정'이라는데 대부분 동의하지만 세계적인 혁신 전문가로 알려진 미국 브리검영대 대학원의 제프 다이어Jeff Dyer 교수는 "불확실성이 점점 커지는 오늘날 리더의 감感이나 추측에 의한 의사결정에 조직의 운명을 맡겨서는 안 되며, 아이디어가 떠오르면 이를 테스트하고 실험하는 문화를 만드는 것이 리더의 핵심직무"라고 말한다. 지금까지는 경험 많은 경영진이 감感과 통찰력에 의존해 다양한 결정을 했지만 이제 빅데이터Big Data를 수집하고 제대로 분석해 경영상 의미 있는 결과를 도출해내려는 기업들의 관심이 커지면서 명확한 데이터 분석이 의사결정과정에서 핵심적인 역할을 하는 시대가 되었고, 앞서가는 기업은 빅데이터를 분석해 얻은 정보로 상품의 품질을 끊임없이 향상시키는 노력을 한다. 빅데이터의 핵심은 많은 데이터를 쌓는 것이 아니라 분석을 해야 하는 것으로 먼저 관찰하고(특히 사람), 이를 수량화하고, 마지막으로 연역적 추론(판단)하는 것이다.

> "중요한 결정을 내릴 때 돈과 명예만 빼고 생각하면 올바른 답을 낼 수 있다. 내가 올바른 결정을 내리면 돈과 명예가 따라올 수 있지만, 돈과 명예를 보고 내린 결정은 결국에는 올바르지 못한 선택이었다는 것이 드러나게 마련이다."
>
> – 안철수 교수, 서울대학교 융합과학기술대학원 원장

3) 꿰뚫어 보는 힘, 통찰력insight

한 치 앞을 내다보기 힘든 무한경쟁의 경영환경에서 리더는 매 순간 기업의 운명을 좌우하는 경계에 서게 되는데, 이 때 빠르고 즉흥적으로 결정을 내리는 것 같으면서도 언제나 최고의 선택을 하는 "탁월한 리더의 비밀은 바로 '핵심을 꿰뚫어보는 통찰력insight"에 있다. 무엇인가를 본다는 의미를 가진 한자漢字는 여러 글자가 있지만 몇 가지 살펴보면, 단순히 본다는 의미의 견見과, 자세히 관찰한다는 관觀, 그리고 시각적인 눈으로 볼 수 없는 것을 본다는 진診 등이 있다. 바다에 떠있는 엄청난 크기의 얼음덩이(빙산) 가운데 물 밖으로 나온 9.17%를 보는 것은 쉬운 일이지만 눈에 보이지 않는 나머지 90.83%를 보는 것이 바로 통찰력이다. 통찰력insight이란 어떤 상황과 그것이 가져오게 될 결과를 명확히 이해하고 보이지 않는 본질을 간파하여 전체적인 관점에서 사물을 꿰뚫어 보는 힘이다. 특히 창업기업의 경영자가 사업을 일으키고 경영을 잘하려면 사물이나 현상을 자세히 살피는 관찰력observation과, 예리하게 관찰하여 사물을 꿰뚫어 보는 통찰력insight을 갖추고 사안의 본질과, 시·공간 전체 역학구도를 볼 줄 알아야 하고, 글로벌 시장에서 생존하고 성공하기 위해서 미래와 소비자를 읽고 문제의 본질을 재빠르게 파악할 수 있는 통찰력이 더욱 중요하다. 또 오늘날 정보통신기술의 발달로 뉴런이나 빅데이터 같은 경영자의 과학적 의사결정을 돕는 다양한 시스템들이 등장했지만, 분초를 다투는 경쟁세계에서 수많은 선택을 해야 하는 경영자의 본능적 감각과 사물의 핵심을 꿰뚫어 보는 통찰력은 여전히 바른 의사결정의 핵심능력이다. 특히 위기에 봉착했을 때 전체를 전반적으로 파악하고 조직성장을 이끌 통찰력은 더욱 중요하다. 그런 통찰을 얻으려면, 첫째, 현대사회에서 소비자의 눈길을 잡기 위해서는 고객의 충족되지 않은 욕구unmet needs를 발견하는 일이 가장 중요하기 때문에 '부족한 것을 찾아내야 하는 것'은 기업의 가장 큰 화두話頭이다. 둘째 '문제를 재해석하는 훈련'을 쌓는 것이다. 핵심을 정확히 파악하면 문제는 쉽게 풀리지만 주변을 잡으면 고생만 하고 엉뚱한 결과를 초래하게 된다. 셋째, '이전에 만나보지 않은 새

망설이는 사람 vs 결단하는 사람, 차이는 통찰력의 깊이다

주어진 하나의 문제 앞에서 하루, 이틀, 열흘을 망설이는 사람이 될 것인가, 망설임 없이 순간 결단을 내리는 사람이 될 것인가? 이 둘의 차이는 통찰력의 깊이다. 사물의 이면을 알아채는 눈을 기르려면 내면을 깊이 들여다보는 힘이 필요하다. 안으로 고요히 마음을 가라앉히고 관찰하다보면 사물의 현상과 본질을 있는 그대로 이해하는 직관이 길러지고, 저절로 자기 안에 내공이 쌓여 비로소 통찰력이 빛을 발하는 순간이 올 것이다. 남다른 통찰력은 세상을 살아가는 현명한 기준이 되어, 자신이 그려놓은 꿈의 지도를 찾아갈 수 있을 것이다. 스티브 잡스Steve Jobs 는 "나는 대학을 졸업하지 못했다. 그러나 가장 중요한 것은 가슴과 직관이 하는 말을 따를 수 있는 용기를 갖는 것이다"라고 말했다.

– insight korea

로운 개념을 만나게 하는 것'이다. 1992년 인지심리학자인 로버트 와이어Robert Wyer가 통찰의 단서가 될 소비자 정보처리에 대한 과거 70년간의 이론을 종합 분석한 연구humor elicitation에 따르면, 통찰이 발생하는 가장 대표적인 순간은 바로 이전에 만나지 않았던 두 개의 개념이 새롭게 만나는 순간 New Meets of 2 Plane 이라고 설명하였다. 또 통찰이론을 표방한 쾰러Wolfgang Kohler에 따르면 "통찰력은 결코 우연하게 형성되는 것이 아니라 탐색과 논리적인 사색을 통해 이루어진다"고 강조한다.

디지털혁명의 상징적 인물인 구글Google의 CEO 에릭 슈미트Eric E. Schmidt 회장은 경영에 필요한 통찰력이 바로 독서를 통한 사색에서 나온다는 것을 깨달았기 때문에 "컴퓨터를 끄고, 휴대전화를 내려놓으라. 아날로그 시대에 좀 더 머물면서 인생에서 가장 중요한 가치가 무엇인가를 먼저 찾아야 한다"고 말했다. 그는 아날로그적 삶을 살 것을 권유하면서 많이 생각하고 고민해 스스로 인생의 방향을 결정하는 '사색하는 능력'을 기르라고 강조한다. 세계적인 경영자들에게 사고의 깊이는 속도나 효율로만 완성되지 않는다. 단편적인 정보를 얻는 것보다 때로는 여유로운 시간이 사유思惟를 키우는 데 도움이 된다. 특히 창의성과 통찰력은 즉각적, 반복적으로 이뤄지는 디지털 사고에서는 나오기 어렵다. 오히려 모호함과 우연성, 직관, 은유와 같은 아날로그적 사고가 인간의 지적기반을 풍요롭게 한다. 기업의 공통적 고민에 대한 모범 답안을 제시하는 경영학 서적과 다른 통찰력의 바탕인 인문학 서적은 내가 가진 목표에 대한 '답을 찾아가는 과정과 방법'을 알려주기 때문에 인문학을 공부하면 현실적응력이 높아지고 포괄적인 문제해결 역량도 커진다. 한 치 앞을 보기 힘든 급변하는 시대일수록 여전히 세상을 읽고 분석하는 능력의 핵심은 인문학과 독서를 통해 키울 수 있으며, 이런 능력이 쌓이면서 경영자는 기업의 생사를 좌우하는 의사결정을 하면서 미래를 창조할 수 있는 통찰력도 익어가게 된다. CEO들은 독서를 통해 저자의 서술과 자신의 생각을 비교하면서 얽혀버린 고민을 간추리고 체계화한다. CEO들이 사색하는 방식은 각양각색이지만 사색하는 능력을 최대한 키워주기 위해 필요한 독서와 인문학에 대한 강조는 한결같다. 빌 게이츠Bill Gates도 독서의 중요성에 대해 "오늘의 나를 있게 한 것은 우리 마을의 도서관이었다"며 "하버드대 졸업장보다 소중한 것이 독서하는 습관"이라고 말했다. 이 같은 통찰의 힘을 기르는데도 인문학의 자양분이 필요하고 이것이 지금 우리가 문文·사史·철哲에 주목해야 하고, 하버드 비즈니스 스쿨의 최고경영자 과정 AMPAdvanced Management Program에서 가르치는 것 중에 가장 중요한 파트도 통찰력이다. 또 깊은 사고, 끊임없는 독서, 오랜 연구, 활발한 토론과 같은 활동을 통해서 통찰력을 끊임없이 길러 마침내 생각하는 힘을 가진 통찰력 있는 인재들만이 과거와 현재 그리고 미래의 변화와 변하지 않는 진리에 대해서도 깊게 사고할 수 있게 된다. 특히 세계적인 인물들이 미래의 핵심인재가 되기 위한 비결로 신문읽기를 권하는 이유는 신문에는 살아가는 데 필요한 지혜나 지식, 정보들이 두루 들어 있기 때문이다. 신문읽기는 논리적인 사고력뿐 아니라 생각을 조리 있게 표현하는 능력과 토론의 기반을 향상시키고, 비판적인 시각으로 세상을 볼 수 있는 능력을 향상시키는 훌륭한 공부 자료이다.

항상 배우는 사람이 되어라

"스스로 자신이 최고라고 확신하는 사람은 절대 발전할 수 없다. 만일 지금 당신이 배우고 있지 않다면 당신은 이미 죽어가고 있는 중이다. 당신에게 패배한 사람에게서, 당신이 싫어하는 사람에게서, 그리고 심지어 당신이 적으로 생각하는 사람들에게서도 배워야 한다."

– 라이언 홀리데이, 〈에고라는 적〉에서

통찰력Insight을 키우는 6가지 습관

① 통찰력을 얻기 위해서는 선입견prejudice을 조심하라.
② 통찰력을 얻기 위해서는 떠오르는 생각을 반드시 기록하라.
③ 통찰력을 얻기 위해서는 근원적인 이유가 무엇일지 곰곰이 살펴보라.
④ 통찰력을 얻기 위해서는 모방도 통찰력을 기르기 위해 꼭 필요하다.
⑤ 통찰력을 얻기 위하여 낯선 것을 친숙한 관점으로 보거나, 친숙한 것을 낯선 관점으로 바라보라.
⑥ 통찰력을 얻기 위해서는 판단을 천천히 하라.

– 동아비즈니스리뷰, 6호(2008년 4월)

3. 청년창업가에게 꼭 필요한 마인드mind

1) 돈과 수익에 대한 마인드Mind

아담 스미스Adam Smith가 남긴 책 〈국부론*The Wealth of Nations*〉에 등장하는 인간의 이기심과, 시장의 보이지 않는 손에 대한 내용이 경제학에 미친 영향력 때문에 사람들은 스미스가 본래 윤리학자였다는 사실을 잘 모르지만 스미스는 이미 〈도덕감정론*The Theory of Moral Sentiments*〉에서 시장이 제공하는 혜택을 극대화하려면 인간의 이기심과 합리성뿐 아니라 인내·사랑·믿음·희망 등과 같은 미덕이 필요하다고 주장했다. 시장시스템이 잘 작동하기 위해서는 거래자간 신뢰trust가 중요하고, 운運이 없어 가난해진 이웃을 돌보는 것 같은 연민sympathy이 있어야 한다는 것이다. 현대경영학이 기업의 목적은 이윤의 극대화라고 주장하듯이 과거부터 오랫동안 기업의 목표는 단기이윤의 극대화로 인식되었고, 기업들은 가격Price에서 비용Cost을 공제한 이윤Profit을 극대화하는 것을 목표로 삼아 왔다. 가격을 높이면 기업 이익은 증가하지만 소비자 가치는 감소해 결과적으로 각자의 이익을 추구하면 기업과 사회는 갈등구조가 되지만 기업의 목적이 기업의 활동을 통해 경제의 본래 목적을 달성하되 이윤의 획득이 우리 삶을 풍요롭게 하므로 기업이 지향하는 이윤추구의 궁극적 목적은 인간의 삶을 위한 것이다. 따라서 기업인은 맹목적인 이윤추구에 앞서 기업인으로서의 올바른 인성을 갖추어야 하며 적극적인 사회적 책임에 대한 인식을 높여 기업이윤의 일정부분을 사회에 환원하려는 마인드가 필요하다. 역사적으로 존경받는 장수기업의 CEO들이 지향해 온 우선적 가치는 이윤극대화가 아니라 관련된 사람들의 행복추구였고, 그들은 남을 이롭게 함으로써 내가 이롭게 된다는 자리이타自利利他 정신에 투철한 기업들이었다. 그들은 눈앞에 놓인 이익을 목표삼아 기업 활동을 전개하는 것이 아니라 "고객이 필요한 것을 먼저 찾아 그들을 행복하게 해주고, 세상을 살기 좋은 곳으로 만들겠다"는 대의大義를 우선 추구하는 기업들이었다. HP 공동창업자 데이비드 패커드David Packard, 포드자동차 설립자 헨리 포드Henry Ford, 월마트WAL-MART 창업자 샘 월튼Samuel M. Walton, 일본의 가전업체인 마쓰시타전기산업(주) 창업자 마쓰시타 고노스케松下幸之助 등 역사상 가장 존경받아온 경영인들도 한결같이 고객과 직원 그리고 기업 모두가 행복한 경영에 초점을 맞추어 왔다. 한편 자유주의 시장경제를 주장한 밀턴 프리드먼Milton Friedman은 "자본주의 사회에서 기업에 맡겨진 책임을 주주 이익의 극대화"라고 주장했지만, 미국최고의 유기농 체인인 홀푸드 마켓을 창업한 매키John

Mackey는 "사람이 먹기 위해서만 사는 것이 아니듯 기업도 이익만 내려고 존재해서는 안 된다"고 반박하였다. 매키는 기업이 고객이나 직원의 만족과 행복을 무시하거나 지역사회의 지지를 받지 못하고 이윤만을 극대화하려고 할 때 그 기업은 결코 지속적인 성장을 이뤄낼 수 없다고 하였다. 또 2차 대전 중 페니실린을 대량생산해 엄청난 이익을 창출했던 제약회사 머크Merck를 창립한 머크 역시 "의약품은 환자를 위한 것이지 결코 이윤을 위한 것이 아니다"라고 강조했듯이 기업이 분명한 기업철학을 바탕으로 단기적 이윤추구를 넘어 사람과 사회에 유익함을 제공할 때 번성하고 지속가능한 성장을 지속될 수 있으나, 단기이윤만을 추구할 때 지속성장을 유지하지 못하고 소멸하게 될 것이다.

> "훌륭한 비즈니스를 하는 사람은 상대방에게 이익이 돌아가게 하는 사람이다. 상대에게 먼저 이익을 주면 결국 그 이익이 한 바퀴 돌아와 나에게 기회라는 모습을 하고 찾아오며, 더 나아가서는 나 자신의 이익이 창출된다."
>
> – 이나모리 가즈오(Inamori Kazuo), 일본 경영의 신, 교세라그룹 회장

사업을 통하여 이익을 얻으려면 투자된 자재, 인력, 자금 등 자원들을 잘 합성하여 투입된 가치보다 더 큰 가치로 탄생한 상품이나 서비스가 소비자들로부터 인정받고 그들이 구매를 결정함으로써 매출이 발생하게 되므로 기업이 이익利益을 추구하려면 새로운 가치를 창출하고 그 가치를 고객이 수용할 수 있도록 고객을 설득(고객창조)하여야 한다. 소비자는 언제나 상품을 구입할 때 자신이 지불한 가격Price보다 더 큰 가치Value를 기대하므로 수익창출과 사업성공의 핵심은 항상 고객들이 기대하는 것보다 많은 혜택을 줄 수 있는지 여부에 따라 결정된다. 그럼에도 새로이 사업을 시작하는 창업자에게 "왜 사업을 하려고 합니까?"라고 물으면, "돈을 많이 벌기 위하여 사업을 한다"라며 돈을 벌겠다는 목표를 앞세우지만 올바른 방법이나 마인드를 갖추지 못한 채 많은 돈을 벌려고 하는 것은 허공에서 무지개를 잡으려는 것처럼 허망한 것이다. 또 메리케이애쉬 화장품의 메리케이 애쉬Mary Kay Ash 회장은 "거래를 할 때 돈만 바라보는 것은 절대 금물이다. 나의 모든 관심이 돈 버는 것에 집중되어 있다는 것을 눈치 채는 순간, 상대는 거래의 진정성을 의심한다. 일단 의심이 생기면 서로 간

에 적대적인 분위기가 생긴다. 적대적인 분위기에서는 그 어떤 거래도 성사되기 어렵다. 상대가 고객이든 직원이든 마찬가지이다"라고 강조했다. 물질에 대한 탐심의 노예가 되지 않는 비결은 희생적으로 나누고, 후덕하게 베푸는 것이다. 또 골드만삭스 회장이었던 짐 오닐Jim O'Neill도 "지금까지 수없이 많은 억만장자를 만나보았지만, 오로지 부자가 되고 싶은 욕망으로 시작한 사람은 한 명도 없었다"고 말한다. 돈 벌겠다는 욕심이 아닌 사람들을 돕기 위한 이타적 마음으로 시작할 때 성공가능성이 더 커진다는 것이다. 결국 나누고 베풀며 도덕지수를 높이는 것은 돈의 노예가 아니라 돈의 주인이 되는 길이다. 한편 유기농식품체인 홀푸드마켓 CEO 존 맥키John Mackey 회장도 "장기적 관점에서 수익을 극대화하는 최선의 방법은 이익추구를 목표로 하지 않는 것"이라고 강조하였다. 마찬가지로 Money(부의 거인들이 밝히는 7단계 비밀)의 저자 토니 로빈스Tony Robbins는 "부富, Wealth 에 이르는 비밀은 간단하다. 타인에게 그 누구보다도 더 많이 도움을 줄 방법을 찾고, 더 가치 있는 사람이 되면 된다. 더 많이 행동하고 더 많이 베풀고 더 큰 존재가 되고 더 많이 봉사하면 더 많이 벌 기회가 생긴다"라고 설파했다. 심지어 비르투스Virtus CEO 마이크 드자르뎅은 "이윤과 목적은 충돌관계에 있지 않다. 목적에 더 가깝게 다가가고 더 집중하면 할수록 수익은 커진다. 하지만 수익에 집중하면 할수록 수익은 멀어진다"고 말했다. 결국 창업자가 고객이 느끼는 가치(고객의 편익 or 기쁨)에는 관심이 없고 자신의 수익추구에 집중하게 되면 마치 자석의 N극과 N극이 마주하듯이 고객과 기업이 서로 밀쳐내 상호공생이 깨지면서 사업을 접게 되겠지만, 창업자가 고객가치에 집중하고 고객을 행복하게 한다면 자석의 N극이 S극을 만나 서로 끌어당기듯이 창업자는 비즈니스를 통해 수익과 성장이라는 목표를 얻게 되고, 고객은 만족과 행복을 얻음으로써 윈윈winwin의 관계를 지속하면서 서로가 추구하던 목표를 자연스럽게 달성하게 된다.

더 많이 줄수록 더 많이 얻게 된다

"당신은 인생에서 원하는 것을 무엇이든 얻을 수 있다. 다른 사람들이 원하는 것을 얻도록 돕기만 한다면 말이다."

– 지그 지글러(Zig Ziglar), 자기계발전문가

기업의 목적과 이윤의 극대화profit maximization

이윤의 극대화라는 자본주의의 탐욕은 모든 가치의 중심이 돈이며 오히려 인간의 목숨은 부차적이라는 결론에 도달하였다. '기업의 이윤창출은 기업의 지속가능성을 위해 반드시 확보돼야 하는 필수요건이니 경영목표가 될 수는 있지만, 이윤극대화profit maximization가 기업의 존재이유가 될 수는 없다. 과거에는 기업의 존재목적이 '이윤창출'이었지만 이제는 '이윤창출을 통한 사회환원(모든 이해관계자와 사회에 유익함)'으로 바뀌었다. 기업은 과거 분리된 시장에서 경쟁우위를 확보하기 위한 노력을 해 왔다면 이제는 융합형 시장에서 과거와는 다른 새로운 차원의 경쟁력(예: 창의성, 혁신성 등)을 확보해야 한다. 과거에는 이해관계자들(공급업체, 경로구성원, 미디어, 정부, 고객 등)과 분리된 객체라는 인식하에 이윤창출을 위한 가치사슬 구조를 설계해 왔으나 신기술의 등장으로 이들 구성원이 상호의존적인 공동체로 연결되면서 이제 구성원들은 모두 참여하고 협력할 수 있는 새로운 수평적 구조에서 시너지를 모색하여야 한다. 이러한 패러다임의 변화 속에서 기업의 목적과 사회적 책임은 이윤의 극대화에서 사회문화적 변혁의 주체로 승화 발전되고 있다. 기업의 목적은 단순한 이윤창출에서 사회적 가치를 창출하는 것으로, 또 기업의 역할도 고객을 만족시키는 것에서 사회문화적 변혁의 주체로 조정되어야 한다. 클라우스 슈바브 교수는 주주가치를 넘어 모든 이해 당사자의 가치를 높여야 하는 책임이 기업에 있다고 주장했다. 그가 말하는 이해 당사자에는 주주뿐만 아니라 직원, 소비자, 협력업체, 정부, 환경 등 기업 활동이 영향을 미치는 모든 대상이 포함된다. 이해 당사자들은 '마음'이 있는 기업과 관계를 맺고자 한다. 공동체에 기여하는 것은 올바른 일인 동시에 이익이 되는 일이다.

– Compassionate Capitalism(온정적 자본주의), 마크 베니오프(Marc Benioff), 2004.

기업이 추구하는 이익 중에는 회사의 성장에 도움이 되는 '좋은 이익'이 있는가 하면, 반대로 장기적으로 독毒이 되는 '나쁜 이익'도 있다. 컨설팅사 베인앤컴퍼니Bain & Company의 〈1등 기업의 법칙〉이라는 책에서는 고객가치에 반하는 나쁜 이익Bad Profit을 지양해야 한다고 주장한다. 나쁜 이익은 기업의 가치나 이미지 및 신뢰를 훼손하거나 고객과의 관계를 해치면서 창출된 이익이다. 즉, 부진한 판매를 살리기 위하여 세일판매를 하거나, 단골고객보다 신규고객을 우대하는 이동통신요금제도, 어쩔 수 없이 내야 하는 높은 은행수수료 등이 고객을 화나게 하는 나쁜 이익들이다. 고객의 신뢰나 가치를 훼손해서 얻은 일시적인 이익은 오래갈 수 없으며, 이러한 나쁜 이익 비중이 높은 기업은 결국 고객들의 외면을 받게 된다. 따라서 창업가는 돈을 벌더라도 사회와 직원들에게 제대로 가치를 창출해 주는 대가로 벌겠다는 당당함이 있어야 한다.

상대에게 줄 것부터 생각하라

"일할 때의 마음가짐에서 기본은 '상대방을 기쁘게 할 것', '상대방에게 도움이 될 것'이다. 일할 때는 항상 내가 받을 것보다 상대에게 줄 것부터 생각하라. 먼저 상대방을 기쁘게 하면 내 성과는 덩달아 올라간다."

– 야마다 아키오, 〈생각 좀 하고 살아라〉에서

2) 창업가에게 절대적인 자산 신뢰trust

신뢰는 어떤 분야에 종사하든 누구에게나 매우 중요하지만 상대방의 신뢰를 얻는다는 것은 쉬운 일이 아니다. 신뢰trust란 타인이 나에게 도움이 되는 의도와 행동을 나타낼 것이라는 긍정적 기대와 더불어 그를 돕기 위해 나의 위험을 감수하려는 심리적 상태로, 신뢰는 우리 사회의 가장 핵심적이고 중요한 자본이다. 동서양을 불문하고 지도자에게 최고의 덕목은 '신뢰'였고, 지도자의 신뢰는 얼마나 언행이 일치하는가, 얼마나 정직하며 도덕적인가, 대중을 얼마나 알뜰하게 사랑하고 있는가, 인내와 절제로 자신의 인격을 얼마나 잘 닦았는가?에 따라 점진적으로 형성된다. 신뢰가 무너진 조직은 변화와 혁신은커녕 현상유지조차도 어렵다. 기술이 발달하고 경영환경변화가 심할수록 신뢰의 중요성은 더 커진다. 조직 내 신뢰를 쌓기 위해서는 우선 조직에 대한 신뢰와 밀접한 공정성의 문제부터 살펴봐야 한다. 사회적 자본으로도 불리는 신뢰란 사람들 사이의 협력을 가능하게 하는 구성원들의 공유된 규범, 네트워크, 자발성, 신뢰, 도덕, 협동, 준법 등 일체의 사회적 자산을 대표하는 것으로 미국 스탠퍼드대 프랜시스 후쿠야마Francis Fukuyama 교수는 1995년 펴낸 저서 〈트러스트*Trust*: 사회도덕과 번영의 창조〉에서 '신뢰'가 국가경쟁력의 가장 중요한 원천이라면서 사회적 자본인 신뢰는 시장경제가 발전하는 데도 매우 중요하며, 특히 시장참여자들의 신뢰는 시장경제의 원활한 작동에 매우 중요한 역할을 한다고 강조했다. 또 1972년 노벨경제학상을 받은 경제학자 케네스 애로Kenneth J. Arrow가 "모든 상거래는 신뢰라는 요소를 지니고 있으며, 경제적 후진성의 대부분은 상호신뢰 결핍으로 설명할 수 있다"고 주장했다. 또 데이비드 뱃스톤David Batstone은 "기업들이 단기적인 이익만을 추구해 주변의 이해관계자들로부터 신뢰를 얻지 못한다면 지속적인 성장은 기대할 수 없다"고 강조하였다. 신뢰로부터 생명력을 얻는 비즈니스 세계에서 기업이 시장이 원하는 제품을 준비하였더라도 고객과의 신뢰가 깨지게 되면 회사가 무너질 수 있으며, 창업자들에게 더욱 중요한 요소인 신뢰는 한순간에 쌓이는 것이 아니라 나 자신과의 약속, 함께 일하는 사람들과의 약속, 고객과의 약속을 지키는 것 등 사소한 약속을 지키고 지극한 진정성을 바탕으로 천천히 형성되는 귀중한 보물이다. 〈성공하는 사람들의 7가지 습관〉의 저자 스티븐 코비Stephen M. R. Covey가 "신뢰야말로 기업의 성과에 직접적으로 영향을 미치는 요소"라고 말했듯이, 최고경영자CEO는 정직해야 하고, 고객들로부터 견고한 신뢰를 얻기 위해서는 장기적으로는 언행일치의 철학과 투명한 프로세스 구축이 필요하다. 특히 세계 다이아몬드 시장의 절대 권력자인 유대인 다이아몬드상인들은 거금의 계약도 '마잘Majālis'이라는 말 한마디로 거래를 성사시키는데 히브리어 '마잘'은 행운 또는 운명의 의미로 유대인들의 계약서가 없는 철저한 신뢰거래방식에서 "마잘 토브(Mazel tov, 행운을 빈다)"로 사용하는데 신뢰에 기반한 거래는 신속하게 이루어질 뿐 아니라 정보도 빨리 퍼질 수 있어서 효율적이라고 한다. 이와 같이 서로의 신뢰를 키우는 것은 결국 모두가 나누어 가질 파이의 크기를 키우는 것이기 때문에 타인을 신뢰하면 양측 모두 더 큰 이익을 얻을 수 있다.

신뢰Trust "고객의 신용을 잃느니 차라리 돈을 잃겠다."

– 로버트 보쉬(Robert Bosch), 보쉬(Bosch) 창업자

신뢰를 얻기 위해 리더가 지켜야 할 7가지

리더로서의 진정한 권위와 힘은 직위가 아니라 평소에 쌓아둔 신뢰에서 나온다. 매일매일 자신이 리더로서 신뢰를 얻기 위해 긍정적으로 행동할 때 리더십이라는 저금통에 동전이 하나둘 쌓인다. 신뢰를 얻기 위해 리더는 어떻게 행동해야 할까? ① **일관된 행동**: '무엇을 할 것인가'보다 '얼마나 일관되게 행동할 것인가'에 더 큰 노력을 기울이고 있는가? ② **솔선수범**: 명령과 지시가 아닌 솔선수범을 통해 함께 하는 리더라는 확신을 주고 있는가? ③ **자기희생**: 종종 팀, 부서, 조직의 성공을 위해 개인적인 이익을 희생하고 기꺼이 불편함을 감수하는 모습을 보여주고 있는가? ④ **공정함**: 의사결정이나 인사 관련 평가, 보상을 할 때 항상 공정함을 유지하려 하는가? ⑤ **도덕성**: 개인적으로나 업무적으로 최소한의 기본적인 도덕과 윤리 기준을 지키기 위해 노력하는가? ⑥ **명확한 기대치 공유**: 리더로서 구성원들에게 기대치를 명확하게 전달하고 있는가? ⑦ **인간미**: 구성원들이 자발적으로 업무 외의 시간을 함께하고 싶어 할 만큼의 인간적인 매력을 갖추고 있는가?

– 사람을 남겨라, 정동일, 북스톤, 2015.

"사업의 세계에서도 신의信義는 상품 이상의 가치가 있다. 그 가치를 워낙 신뢰하기 때문에 그 밖의 다른 일에 대해서는 아주 관대하게 넘어가는 경우가 많다."

–발타자르 그라시안(Balthasar Gracian)

신뢰에 대한 3가지 진실

1. 신뢰는 경제적 이득을 안겨준다.

신뢰는 비즈니스에 관련된 모든 요소들의 속도와 비용에 영향을 미치는 경제적 동인이다. 쉽게 말해 높은 신뢰는 배당금이며, 낮은 신뢰는 세금이다. 특히 타인에 대한 믿음이 점점 사라져가는 오늘날의 세계에서 신뢰는 문자 그대로 글로벌 경제의 새로운 화폐와도 같다.

2. 신뢰는 모든 것을 변화시킨다.

신뢰는 다른 모든 역량에 영향을 미치기 때문에 리더에게 요구되는 가장 기본적인 역량이다. 리더가 수행해야 할 일들, 즉 혁신과 협업, 파트너 결속, 조직 구성, 인력 수급 및 유지, 직원 참여, 실행, 가치 전달, 변화 주도 같은 모든 업무는 신뢰가 바탕이 될 경우에 더욱 효과적으로 해낼 수 있다. 신뢰는 리더의 역량을 증폭시키는 역할을 하며, 조직의 내부뿐만 아니라 사회 전체에까지 긍정적인 영향을 미치는 파급효과를 창출한다.

3. 신뢰는 학습 가능한 역량이다.

신뢰는 특정한 마음 자세와 기술을 바탕으로 한 역량이다. 신뢰는 그 가치를 인정하고 기꺼이 가격을 지불하고자 하는 사람만이 획득하고 유지할 수 있다. 지속력이 강한 조직은 이런 역량이 탁월한 리더와 직원들, 즉 남에게 신뢰를 받도록 행동하는 일의 가치를 이해하고 이것을 실천하는 사람들에 의해 만들어진다.

– 조엘 피터슨(Joel Peterson)과 데이비드 캐플런(David A. Kaplan) 공저,
The 10 Laws of Trust, 스티븐 코비(Stephen M. R. Covey)의 추천사

신뢰의 필요성

"사람의 동기를 의심하는 순간 그의 모든 행동이 순수하게 보이지 않는다. 조직원을 의심하면 어떤 일도 위임하지 못한다. 모든 일을 내가 떠안아야 한다. 팀워크는 와해된다. 그렇다면 아무 일도 진행되지 못할 것이다."

– 마하트마 간디(Mahatma Gandhi), 인도 건국의 아버지

Chapter 5

사업business과 시장market 그리고 업의 개념

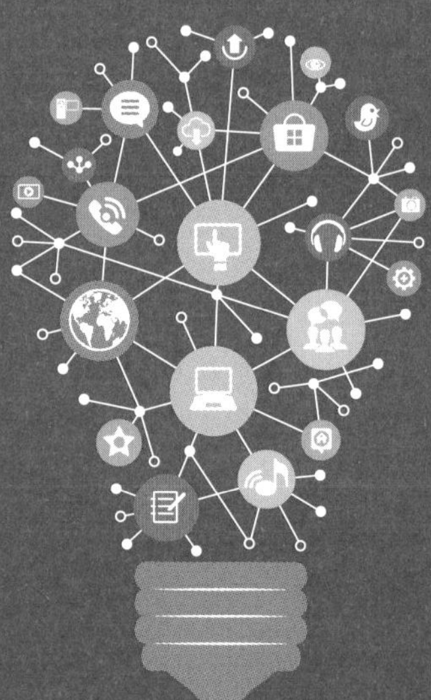

1. 사업business의 본질과 그 매력

1) 사업business의 본질essence

사업business이란 각종 자원과 인력 및 자금을 투여하여 가치가 담긴 상품 및 서비스를 생산하고, 소비자로부터 선택받음으로써 수익을 창출하는 활동이다. "비즈니스의 본질은 혁신적인 가치(제품 & 서비스)를 창출하고 고객에게 지불하는 가격price보다 높은 가치value, 즉 가성비價性比, Price-performance ratio가 높은 상품을 제공하는 좋은 비즈니스 모델을 만드는 것이다" 사업이란 기업에게는 부富, wealth를 창출하게 하고, 소비자에게는 그들의 삶을 편리하고 풍요롭게 하는 상품(서비스)을 제공하는 역할을 하며, 시장경제에서는 소비자가 원하는 가치를 제공하는 기업만이 이익도 얻을 수 있고 살아남을 수 있다. 따라서 비즈니스에서 가장 중요한 활동은 고객이 무엇을 원하는지 발견Marketing하고, 혁신Innovation을 통해 고객들의 욕구를 충족시킬 가치를 생산하여 시장을 창출하는 과정이다. 성공한 스타트업들의 공통점은 기존의 비즈니스 모델이 외면했던 고객가치를 혁신하여 자기만의 아이디어나 기술을 새로운 시장 니즈needs와 연결했다는 점이고, 성공한 스타트업들의 창의성은 고객가치를 포착하거나 창조하고, 널리 전파하는 비즈니스 모델에서 빛을 발했다. 또 사업의 관건key은 교환되는 가격보다 적은 원가를 투입하여 현저하게 큰 가치를 생산하여야 하고, 소비자가 지불하는 가격보다 더 큰 가치를 고객에게 제공함으로써 지속적인 구매가 이루어질 수 있어야 하는데 이는 비용Cost < 지불한 가격Price < 상품 or 서비스의 가치Value 등식으로 표현할 수 있다. 따라서 고객이 원하는 구매방식은 지불한 돈에 비하여 높은 가치의 상품이나 서비스를 구입하는 것이므로, 고객이 느끼는 가치와 지불하는 가격의 차이를 의미하는 "가치value"를 키우는 것이 소비자 선택의 핵심이며, 고객가치를 키울수록 기업의 생존 및 성장가능성은 높아지게 된다. 이 과정에서 기업 환경도 변하고 고객의 취향도 변하며 시장의 경쟁수준도 변화하게 되므로 위험을 감수하면서 수익을 추구하는 것 자체가

사업의 운명이라고 할 수 있다. 또한 사업을 잘 하려면 고객은 물건을 사는 것이 아니라 그 상품의 기능, 의미, 상징 등 문제를 해결하는 도구(기능)라는 사실도 인식하여야 하고, 상품의 컨셉에 고객에게 제공하는 가치, 즉 고객이 사야 할 이유를 담아야 한다. 스타트업의 성공요인은 여러 가지이지만, 큰 성공을 이룬 기업의 공통점은 발상의 전환에 있다. 다른 사람이 보지 못한 곳에서 가치를 발견하고 누구나 예상하는 기대와 상식에 맞서고, 시류에 저항하면서 아이디어를 현실로 실현해 내는 것이다.

> "사람들은 최고의 상품을 사는 것도 아니고 최저의 상품을 사는 것도 아니다. 자신에게 가장 가치가 크다고 생각되는 상품을 사는 것이다"

스타벅스Starbucks는 커피 만드는 직원을 전문가로 대우하고, 한 잔의 커피를 단순한 음료가 아니라 '인간의 정신에 영감을 불어넣고 더욱 풍요롭게 하는' 매개체로 끌어올리는 상품철학으로 성공했다. 폴 플랫Fall Flat은 "사업business은 돈을 벌기 위해 반복되는 과정이다. 다른 모든 것은 취미에 불과하다"라면서 다음 5단계를 반복한다고 말했다. ① 가치 있는 것을 만들어 내고 이를 제공한다. ② 다른 사람들이 원하거나 필요로 하는 것을 제공한다. ③ 이를 사람들이 합당하다고 생각하는 가격에 판다. ④ 고객의 필요한 기대를 충족시키는 방식으로 제공한다. ⑤ 사업이 계속 유지될 수 있도록 충분한 수익을 창출한다. 그래서 경영구루 피터 드러커Peter Drucker는 기업의 목적은 고객에게 가치를 제공하여 고객을 창조하는 데 있고, 그 결과로서 이익이 나는 것이므로 이익은 기업이 목적을 제대로 수행했는가에 대한 피드백 정보라고 하였다. 또 그는 "사업이 무엇인가를 결정하는 것은 고객이며, 사업의 목표는 오직 만족한 고객을 창조하는 것"이라고 강조하였다. 한편 벤처기업 투자가 폴 그레이엄Paul Graham은 사업을 위하여 다음과 같이 조언한다. ① 사람들이 원하는 것을 만들어라. ② 해결 가능한데 아직 충족되지 않은 사람들의 욕구보다 더 가치 있는 사업은 없다. ③ 많은 사람들을 위해 해결할 수 있는 문제점을 발견한다면 그것은 금괴나 다름없다. ④ 사업가의 임무는 사람들에게 부족한 것이 무엇인지를 빨리 알아내고

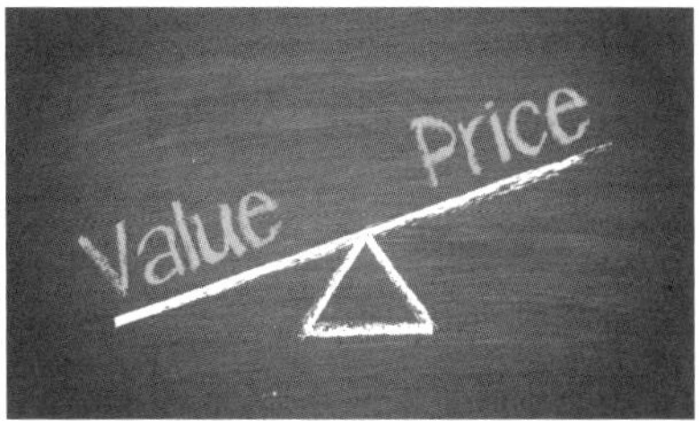

이를 제공하는 방법을 찾아내는 것이다. ⑤ 우리가 만들어 내는 가치는 여러 형태지만 목적은 항상 다른 사람의 삶을 좀 더 좋게 해주는 것이다. ⑥ 가치창조 없이 사업을 유지할 수 없고 가치 있는 것을 제공하지 않으면서 다른 사람들과 거래할 수 없다

$$가치(VALUE) = \frac{구매한\ 상품이나\ 서비스를\ 통해\ 누리는\ 만족}{상품이나\ 서비스의\ 가격}$$

인류의 삶에는 창조가 있었기에 발전했으며 창조적 가치를 만드는 요소는 다양하다. 인터넷처럼 없던 가치를 새로 창조하려면 없던 것을 새로 만드는 창의력, 전기차처럼 환경문제를 내다보고 대비하는 통찰력, 구글처럼 검색엔진 가동으로 세상의 지혜를 응집시킨 순발력, 기존의 것을 새롭게 발전시키는 응용력이 필요하다. 창조는 인류를 진보시키고 풍요를 가져다 준 주인공이지만, 대다수 생산인구는 창조보다 부가가치 창출에 익숙하다. 인간의 활동은 모두 지금보다 나은 부가가치를 위한 노력이라고 해도 과언이 아니다. 부가가치는 현재 주어진 가치를 더 높이고, 덧붙이고, 가치를 확대, 팽창, 재생, 부활시키는 일련의 절차다. 가치는 사용자의 의지와 지혜에 따라 변한다. 99도의 물은 끓지 않지만 100도에서 끓는 것처럼 1도의 온도 차이가 본질적인 큰 변화를 준다. 다들 안 된다고 할 때 한 번 더 용기를 내 새로운 것을 찾는 억척스런 마음 1g만으로도 불편을 개선하여 부가가치를 생산하고, 결정적 순간에 신념과 열정으로 1도 더 뜨거워지면 세상을 바꾸는 가치를 창조한다. 또 곡식의 씨앗이 썩지 않으면 번식하지 못하고, 배추와 양념이 자기 본 모습을 버리고 하나로 섞이지 않으면 김치로 새로이 탄생하지 못하는 것과 같이 모든 일에는 그 일이 사람들에게 주는 가치가 담겨 있고, 가치창조는 시장경제에서 기업이 담당하는 핵심역할이다. 가치를 창조해내지 못하는 기업은 인간의 삶을 윤택하게 하기는 고사하고

오히려 큰 피해를 주기까지 한다. 한 기업이 우수한 상품을 생산해내지 못한다면 그것은 단순한 자원낭비일 뿐만 아니라 다른 상품을 만들기 위한 자원까지 낭비하는 것이므로 이로 인해 많은 사람들이 불이익을 겪게 되고 사회적인 낭비를 초래하게 되므로 부실한 기업들은 결국 사라지게 된다. 우리 주변에는 많은 식당이 있지만 어떤 식당은 몇십 년의 자부심을 가지고 영업을 하는 반면 어떤 식당은 몇 개월도 못 버티고 폐업하는 사례를 볼 수 있다. 식당이 번창하고 문을 닫는 이유가 '돈을 못 벌어서'라고 생각하기 쉽지만 본질은 식당이 사람들에게 어떠한 가치를 주느냐 여부에 따라 결정된다. 예를 들면 가격이 싸다, 음식이 맛있다, 고급 스럽다, 서비스가 좋다, 깔끔하고 위생적이다 등과 같이 사람들이 그 식당을 찾아가야 할 가치가 있어야 하는데 그런 가치를 주지 못하면 장사가 안 되고 문을 닫게 되는 것이다. 이처럼 사람들이 기대하는 가치를 주지 못하면 식당도 기업도 도태될 수밖에 없는데, 문제는 기업이 고객들에게 주어야 하는 가치를 망각하고, 개인이 돈을 버는 것만을 목표로 할 경우 그 기업이 사회에 가치를 주지 못함으로써 고객들로부터 외면당하고 그 상황이 지속되면 기업은 사라지게 되는 것이다. 결국 성공경영을 이끄는 훌륭한 경영자는 가치를 주는 사람이고 가장 위대한 경영자는 가장 많은 가치를 주는 사람이다.

> 사업business에 대한 정의: "우리가 하는 사업이 무엇인지를 알기 원한다면 우선 사업의 목적부터 다루어야 한다. 사업의 목적이 무엇인가에 대한 단 하나의 타당한 정의는, 고객을 창조하는 것이다."
>
> – 피터 드러커(Peter F. Drucker), 〈경영의 실제〉

> "비즈니스는 사람을 빠져들게 하고, 재미있어야 하며, 인간의 창조적 본능을 자극해야 한다."
>
> – 리처드 브랜슨(Richard Branson), 영국 버진그룹회장

통계청의 2015년 조사에 따르면 신생기업의 1년 평균생존율은 62.4%, 2년 평균생존율은 47.5%에 불과했다. 이는 스타트업의 절반이 2년을 채 버티지 못하고 사라진다는 의미다. 국내 많은 창업가들은 실패원인으로 정부규제, 열악한 투자시장 등 외부환경적인 요인을 꼽아왔지만 시장에서는 스타트업들의 비

비즈니스의 운명을 좌우할 최대 쟁점 5가지

1. 가치value 지금은 그 어느 때보다 더욱더 높은 가치를 창출해야 한다는 것이다.

2. 혁신innovation 대다수의 기업들은 여전히 '시스템' 때문이 아니라 '시스템과 상관없이' 혁신을 달성하지만 혁신innovation이야말로 장기 가치를 창출하는 유일한 '지속가능 전략'이라는 점에서 문제를 풀어야 한다.

3. 적응성adaptability 비즈니스 세계에 변화가 가속화되고 있으므로 전략을 갱신하는 속도를 높이는 적응성adaptability이 필요하다. 업계의 선도자들이 하룻밤 사이에 꼴찌로 전락하는 지금은 오로지 성공을 재창출해야만 성공을 지속할 수 있다.

4. 열정passion 비즈니스에서 '무미건조하게' 살아가거나 '영감'을 발휘하며 살아가는 문제는 열정passion을 느끼는지 여부에 따라 그 결과가 달라지므로 지금 그 어느 때보다도 변화에 대한 적응성을 더욱 높여야 한다.

5. 이념ideology 우리 기업들이 새로운 환경에 적응하거나, 혁신을 제대로 이뤄내지도 못하고, 직원들에게 영감을 잘 불러일으키지 못하는 이유는 경영이념management ideology 때문이다. 오늘날 비즈니스 세계에서 경제적 가치를 창출하려면, 상상도 못할 법한 멋진 상품을 출시하거나 굉장히 색다른 캠페인을 펼치거나, 혹은 고객에게 영원히 기억될 체험을 선사해야 한다.

– 지금 중요한 것은 무엇인가, 게리 해멀(Gary Hamel), 2012.

즈니스 모델 완성도가 떨어진다고 보고 있다. 아이디어의 사업성분석이 미흡한 상황에서 창업해 불완전한 제품이나 서비스를 출시해 실패한 경우가 많다는 뜻이다. 수많은 악전고투를 겪은 스타트업들의 교훈은 결국 아이디어의 성공은 내가 아닌 시장Market이 결정한다는 사실이었다. 물론 독창적인 아이디어는 산업에 혁신을 일으키는 중요한 불씨 역할을 하지만 아이디어만으로 산업의 혁신은 불가능하며, 새로운 아이디어는 시장의 새로운 니즈와 연결돼야 한다. 글로벌 시장조사기관 CB인사이트가 미국의 몰락한 101개 스타트업이 실패원인을 분석한 결과 42%가 '시장니즈 없음'이라고 응답했다. 실패한 창업가들은 자기 입장에서 흥미로운 문제해결에만 집착한 나머지 시장니즈를 외면했고, 반면 성공한 스타트업들은 새로운 아이디어나 기술을 시장의 새로운 니즈와 연결하는 과정에서 차별화된 비즈니스 모델을 내놓았다는 공통점이 있었다.

2) 견고한 사업business의 뿌리, 정도경영

자본주의Capitalism는 모든 것이 자본(돈)을 중심으로 움직이는 사회이고 그 핵심에 기업이 있다. 그래서 자본을 투입한 투자자의 이익을 극대화하는 돈(이익)을 버는 것이 기업의 목적이라는 점을 당연시하지만 그렇게 해서는 결코 이익을 극대화할 수 없다. 기업이 이익에만 매달리다 보니 글로벌 금융위기가 왔고, 대중들이 기업의 경제활동을 비난하게 되었다. 존 매키John Mackey와 라젠드라 시소디어Rajendra Sisodia 공저 〈돈 착하게 벌 수는 없는가(원제: *Conscious Capitalism*)〉에 따르면, 우선 "깨어 있지 않은 기업은 투자자를 위해 가능한 많은 부를 창출하는 데 사업을 집중하며 그 이외 다른 요소들이나 사람들은 이를 달성하기 위한 수단으로 이해한다. 깨어 있지 않은 기업은 투자자의 이익과 이해관계자를 대립적인 관계로 상정하기 때문에 자신들의 이익을 위해 가능한 한 직원들의 급여를 줄이고, 고객을 속이고, 공급단가를 낮추고, 공동체에 해를 끼친다. 그 결과 비즈니스 시스템 전반에 자기 이익만 생각하는 이기적인 충동이 만연하고, 기업의 수익목표를 달성하는 능력이 점차 약해지고 파괴되기에 이르러 결국 서로를 위해 가치를 창출하는 모두의 능력이 훼손됨으로써 각 주체들의 가치와 성취감도 사라진다. 반면 깨어 있는 기업은 모든 주요 이해관계자(직원, 고객, 투자자, 공급자, 공동체)를 위해 재무적, 지적, 사회적, 문화적, 정서적, 영적, 신체적, 생태적 부를 창출하려는 열망이 있다. 사람들은 기업과 관련한 일에 열정적으로 기꺼이 동참하며, 자신들의 배려, 충실함, 근면함이 여러 면에서 충분히 보상받을 것을 신뢰한다. 깨어 있는 기업은 기업의 이익과 이해관계자를 보완적인 관계로 내놓기 때문에 당장은 이익이 줄어들지 모르지만 서로가 상승작용을 일으켜 궁극적으로 더 많은 이윤과 지속가능성을 확보하게 되므로 착한 기업이 더 좋은 성과를 내게 된다. 실제로 존 매키John Mackey가 CEO로 있는 홀푸드마켓Whole Foods Market처럼 '깨어 있는 기업이 그렇지 않은 기업보다 더 좋은 경영성과를 나타내고 있음을 여러 자료를 통해 설명하고 있다. 지금은 좋은 상품과 서비스만으로 충분한 경쟁력을 확보할 수 없으며, 사회적 책임을 다하는 기업만이 생존할 수 있는 시대이기 때문에 무엇보다 중요한 것이 올바른 경영철학을 세우고 이를 공유하며 실천하는 일이다.

옳은 일Right things

"기업가가 실패했다면 그 이유는 무엇일까. 옳은 방향으로 가기보다는 눈앞의 문제만을 해결하려 했기 때문이다."

– 피터 드러커(Peter Drucker)

고객을 손해 보게 하지 마라

경영회의 때 사장단에게 설파한 두 가지 룰, '첫째, 당신의 고객으로 하여금 절대 손해보게 하지 마라. 둘째, 첫 번째 룰을 잊지 마라.'

– '투자의 귀재' 워런 버핏

사업을 하다 보면 합법과 불법의 경계선상에서 유혹을 받는 경우가 많은데 이때 정도를 걸으면 창업에 실패하더라도 재창업으로 새로운 기회를 얻을 수 있지만 불법적인 행위와 연관되면 다시 기회가 주어지지 않게 된다. 또 돈을 벌어야 하겠다는 욕심보다는 끊임없이 도전하고 추진한 일이 성공했을 때의 짜릿한 성취감이 사업에너지가 되어야 한다. 알리바바 마윈马云 회장도 기업의 도덕성을 강조했다. "재산이 30억~50억원 정도 되면 그 재산은 사회가 당신에게 맡긴 돈이라고 봐야 한다. 돈에 대한 책임이 있다는 의미다. 그는 "회

사에서 내가 내리는 결정 중 중요한 것은 대부분 도덕과 가치관, 사회적 책임과 관련된 사안이다"라고 말했다. 또한 일본인들로부터 가장 존경받는 경영인으로, 치밀한 전략가인 교세라그룹 이나모리 가즈오いなもり かずお 회장은 "회사란 무엇일까? 사장의 역할과 도리는 무엇일까?"에 대해 곰곰이 생각하였고 사장의 도리는 결국 올바른 철학이라고 판단했다. 경영은 판단이 축적된 결과이고 제대로 된 판단이 모인 결과가 경영성과로 나타나는 것이다. 그런 판단이 제대로 되기 위해선 판단의 기준이 되는 철학이 있어야 한다. 그는 "회사는 사장 개인의 꿈을 추구하는 곳이 아니다. 현재는 물론이고 미래까지도 직원들의 생활을 지켜주기 위한 곳이라는 사실을 깨닫고 앞으로 사장으로서 어떻게든 직원을 물심양면으로 행복하게 하기 위해 최대한의 노력을 쏟아부을 것"이라는 결론에 도달했다. 그는 '기본에 충실한 회사는 결코 무너지지 않는다'면서, "경영을 배운 적이 없어 인생도 사업도 제로(O)상황에서 시작했기 때문에 '사람의 마음'을 가장 중요한 가치로 삼았고, 가장 인간적인 기준, 도덕과 양심에 따라 행동하고 판단해 온 것"이 바로 그의 성공비결이었다고 말한다. 또 레이먼드 챈들러도 소설 〈플레이 백*play back*〉에서 "강하지 않으면 살아갈 수 없고, 마음이 따뜻하지 않으면 살아갈 자격이 없다" 강함과 따뜻함은 선택이 아닌, 둘 다 갖춰야 하는 필수덕목이라고 말한다. 강함과 따뜻함 두 마리 토끼를 모두 잡기란 쉽지 않으나 이것이 바로 사장의 책무다. 왜냐하면 강하면서 따뜻한 회사가 직원들의 사기와 의욕을 끌어올릴 수 있기 때문이다(곤도 노부유키 일본레이저 사장, 곤도의 결심). 또 일을 대하는 태도에서도 소명으로 자신의 일을 생각하는 사람은 언제나 일터로 소풍을 가는 것과 같아 그들에게 일터는 언제나 즐거움과 재미가 있고, 자신이 되고 싶은 꿈이 살아 숨 쉬는 곳이기 때문에 이들은 일에서 보람과 가치, 의미와 재미를 동시에 발견하게 된다. 돈이 목표면 생업이요, 인정받는 것이 목표면 직업이 되지만, 의미 찾기가 목표가 되면 일은 천직이요, 소명이 된다.

돈에 맞춰 일할 것인가? 소명으로 일할 것인가?

"돈에 맞춰 일하면 직업이고, 돈을 넘어 일하면 소명이다. 직업으로 일하면 월급을 받고, 소명으로 일하면 선물을 받는다."

– 백범(白凡) 김구(金九)

유니클로 창업자 야나이 다다시やないただし 회장의 신념과 정신

1. 팔리지 않는다고 불평하지 말고 팔리는 물건을 만들어라.
2. 구태의연한 과거의 관행에서 과감하게 벗어나라.
3. 같은 업종끼리 경쟁하지 말고 다른 업종의 상품들과 경쟁하라.
4. 고객의 요구를 가장 먼저 생각하고 파악하여 재빨리 대처하라.
5. 실패하지 않는 경영자는 경영자가 아니디. 실패하고 또 실패하라.
6. 경영자는 반드시 이상이나 이념, 사명감을 갖고 있어야 한다.
7. 경영에서 가장 중요한 것은 '신용'이다.

2. 시장market의 이해와 마케팅 마인드mind

1) 시장Market의 특성과 기능

고대 유럽에서 전리품이나 도둑질한 장물이 거래되면서 시작된 Market(시장)'의 어원은 라틴어 merce(약탈한 물건)에서 유래했다고 한다. 시장市場의 본질은 생산과 소비를 연결하며 부가가치(이익)를 창출하는 공간이고 거래의 장소이며 거래의 본질은 고객만족을 위한 가치의 교환이다. 시장의 경쟁은 생산자가 다른 경쟁자보다 좋은 품질의 값싼 제품을 개발하는 데 힘쓰도록 함으로써 효율적 자원배분을 가능하게 한다. 오늘날 시장Market이란 자유경쟁과 가격

시스템을 통해 자원을 효율적으로 배분하는 원칙에 의해 공급자(상인)와 수요자(소비자)가 자유의사에 의해 가격을 조정하며 거래를 형성하는 사회적 제도적 교환의 공간으로 고객의 선택과 평가에 기업의 운명이 결정된다고 할 수 있다. 오늘날 시장은 생활의 편리에서 정신적 만족까지 충족시키는 공간, 새로운 가치와 품격을 생산한 자에게 우월감과 승리의 월계관을 씌워주는 기회의 광장

창업자가 응답해야 할 시장에 대한 질문

스타트업은 창업자의 비전으로 시작된다. 처음 시작할 때 세상을 바꿀 열정과 자신감, 혁신, 믿음, 창조, 사랑, 희생 등 수많은 아름다운 꿈들로 가득하지만 흔히 창업 초기에는 상품과 서비스의 시장유형에 대해서 올바른 인지하지 못하는 경우가 많다. 창업자는 시장에 대해서 다음 질문에 답을 할 수 있어야 한다.

① 뛰어들 시장의 특성에 대하여 충분히 인지하고 있으며, 또 고객에 대하여 깊고 세밀하게 전체적으로 이해하고 있는가?
② 당신의 바라보는 비즈니스 유형은 소매업? 광고업? B2C or B2B? 등 어떤 것인가?
③ 당신의 비즈니스는 레드오션? 블루오션? 틈새시장? 복제시장? 등 어떤 시장을 목표로 하는가?
④ 목표 시장의 경쟁자들은 누구인가? 또 직접적인 경쟁자와 잠재적 경쟁자들은 누구인가?
⑤ 인접시장은 어떤가? 인접된 시장에 대기업이 존재하는가?
⑥ 1년~3년 후 목표시장에서 포지션을 확보한 후에 확장전략은 존재하는가?
⑦ 경쟁사의 상품과 비교, 제품의 특성과 속성, 가격 등 경쟁력이 있는가?
⑧ 고객의 욕구변화를 이해하고 즉각적으로 대응할 준비가 되어 있는가?
⑨ 창업의 이유 중 수익추구 외의 보다 근본적인 이유를 설명할 수 있는가?
⑩ 시장과 기술, 경쟁자에 대한 정보를 신속하게 획득하고, 의사결정과 그 집행을 최대한 빠르게 할 수 있는가?
⑪ 고객과 시장의 관점에서 보기 위해서는 '무엇'을 파는가가 아닌 '왜' 사는가에 집중해야 함을 명확히 인식하고 있는가?
⑫ 시장에서의 경쟁이 치열해질수록 기업입장에서 더 필요한 것은 '새롭고 차별화된 아이디어'를 준비하고 있는가?

으로 발전하였다. 또 시장은 이익에 의해 움직이는 인간활동의 최전방으로, 소비자와 생산자가 상호이익을 추구하면 만족과 수익을 통하여 공생 발전하지만 시장에서 생산자와 판매자가 자신의 이익만을 앞세우면 횡포가 생기고, 방대하게 성장한 시장도 탐욕으로 변질되면 약육강식의 전쟁터로 변하게 된다. 움직이는 시장에서 영원한 강자도 영원한 약자도 없지만 시장에서 꾸준하게 성과를 내는 기업들을 분석해 보면 고객의 눈으로 시장을 정의하고 이해한다는 공통적인 특징이 있다. 다양한 수요와 공급이 만나 가격을 매개로 시장에서 모든 참여자가 치열하게 경쟁하게 되는데, 경쟁이 차열할수록 기업의 경쟁구조에서 소비자의 시각으로 시장을 바라봄으로써 시장에 대한 오판을 줄이고, 지속적인 성장을 할 수 있다. 항상 고객의 눈높이에서 고객이 무엇을 원하는지에 대한 열린 마음으로 수용해야 시장에서 영원한 승자가 될 수 있을 것이며, 소비자의 입장에서 시장을 재정의함으로써 시장에서 새로운 사업기회를 모색하고 지속적인 성장을 할 수 있다. 반면 기업들이 시장에서 큰 어려움을 겪는 이유는 경쟁구조를 잘못 이해함으로써 고객의 시각에서 시장을 바라보지 못하고, 현재의 사업영역에만 초점을 맞추고 있기 때문인 경우가 많다. 한편 고전파 경제학자 아담 스미스Adam Smith는 시장기능과 관련, 개인의 이기심에 입각한 경제적 행위가 결과적으로 사회적 생산력의 발전에 기여하며, 이러한 사적 이기심과 사회적 번영을 매개하는 것은 '보이지 않는 손'이라면서 부의 창출과정에서 개인의 이기심과 사회적 이익이 반드시 상반되지는 않을 수 있다고 말했다.

상대에게 줄 것부터 생각하라

"일할 때의 마음가짐에서 기본은 '상대방을 기쁘게 할 것', '상대방에게 도움이 될 것'이다. 일할 때는 항상 내가 받을 것보다 상대에게 줄 것부터 생각하라. 먼저 상대방을 기쁘게 하면 내 성과는 덩달아 올라간다."

– 야마다 아키오, 〈생각 좀 하고 살아라〉에서

오늘날 경제상황이 저성장의 시기이지만 온라인 쇼핑몰e-commerce 시장은 호황기를 맞아 폭주하고 있다. 1990년대 난징南京 지역 대학생들이 독신을 상징하는 '1'자가 4개 겹치는 이 날을 '광군제光棍節(독신자의 날)'라고 이름 붙인 데서 유래한 알리바바의 광군제는 2009년 알리바바가 독신자를 위한 세일을 시작하고 대부분의 인터넷 쇼핑몰이 동참하면서 오늘날 중국 최대의 쇼핑 이벤트로 발전했다. 알리바바가 빈방에 혼자 있지 말고 물건을 사고 외로움을 달래자며 할인행사를 벌였고 외로움에 찌든 중국 젊은이들은 광군제에 열광하면서 중국판 블랙 프라이데이Black Friday로 시작된 기념일이 세계최대 소비축제가 됨으

MOT: Moment of Truth

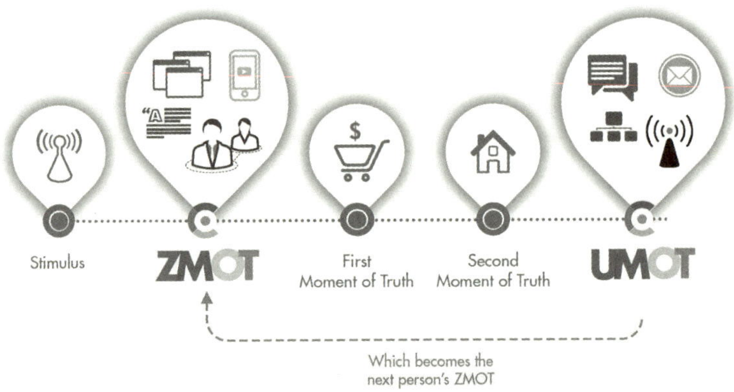

- ZMOT(Zero): 니즈를 느끼고 온라인 속으로
- FMOT(First): 점포 내 또는 현실제품 대면
- SMOT(Second): 제품구매 후 기대와 제품부합 희망
- UMOT(Ultimate): 사용 후 다른 사람과 경험공유

"경험디자인이 그 어느 때보다 중요하다."(X: The Experience When Business Meets Design, Brian Solis, Altimeter Group의 수석분석가)

– 블루오션 시프트(경쟁 없는 새로운 시장으로 이동하는 법)

로써 오히려 블랙 프라이데이Black Friday가 미국판 광군제로 변경될 처지가 된 것은 3억 중국 중산층의 구매력과 알리바바의 저력이 만든 대사건이다. 2017년 광군제 당일 총거래액GMV, Gross Merchandise Volume은 전년보다 39% 늘어난 1,682억 위안(28조 3,000억원)이었고, 이날 알리페이(支付宝, 즈푸바오)에서는 총 14억 8,000만 건의 결제가 이뤄졌으며, 그중 모바일결제 비중이 90%를 기록했다. 이제 광군제光棍節는 세계최대 쇼핑축제로 전 세계 유통업계 '혁명의 날'이 되었고, 오프라인과 모바일, 인공지능AI을 결합한 신유통 혁신을 과감하게 실행하면서 전혀 다른 세상을 펼치고 있다. 또 광군제와 함께 중국에선 이미 가전제품과 함께 주택, 식품, 레저 등의 분야에서 새로운 시장이 형성되면서 '솔로 이코노미(Solo+Economy)'가 경제의 어엿한 한 축으로 자리를 잡았다는 분석이다.

2) 마케팅Marketing의 중요성

기업이 건강하게 지속적으로 성장할 수 있는 최고의 방법은 고객에게 약속한 가치를 제공하고, 고객을 기쁘게 하며, 고객이 적극적으로 추천하게 만들어 좋은 이익을 추구하는 것이다. 스타트업을 생존의 갈림길에 서게 하는 어려움 가운데 하나가 수익창출을 위한 매출인데, 판매의 의미가 단순히 물건을 고객에게 파는 것에 한정된 것이라면, 마케팅은 고객의 고통, 고충, 고민을 찾아 그것을 해결함으로써 궁극적으로 고객을 행복하게 해주는 것이라고 할 수 있다. 마케팅Marketing은 소비자의 충족되지 못한 욕구를 발견하고 그것을 충족시킬 방법을 마련하기 위하여 생산자가 상품 또는 서비스를 소비자에게 유통시키는데 관련된 모든 체계적 경영활동으로 매출을 늘리려는 행동인 세일즈(판매)보다 훨씬 넓은 의미를 포함한다. 또 "마케팅의 핵심은 고객의 기쁨, 고객의 이익, 고객의 즐거움, 고객의 행복이므로 우리 기업 덕분에 행복해진 고객이 다시 나를 찾게 하는 것이 바로 마케팅의 본질이다" 고객은 단지 제품을 구매하는 것이 아니라 유쾌한 경험을 얻고 싶어 하므로 고객이 구매와 관련해 겪을 수 있는 총체적인 경험을 잘 관리해야 한다. 또 성공적인 마케팅을 위해서는 고객이 원하는 가치는 무엇인가, 그 가치를 어떻게 줄 수 있을까를 고민해야 한다. 나만의 고유한 사유와 시선으로 만들어내는 차별적 가치가 고객행복의 핵심이므로 마케팅은 전략이 아니라 전략을 넘어 철학이라고 할 수 있다. 마케팅에서 가장 중요한 문제는 매출이나 점유율이 아니라 소비자의 니즈needs이므로 기존상품이 충족시키지 못한 소비자의 니즈를 해결하는 새로운 솔루션을 개발하고, 이를 상품(서비스)으로 제공함으로써 고객의 선택choice을 받는 것이 중요하다. 경영구루 피터 드러커Peter Drucker가 "마케팅이 지향하는 것은 고객을 이해하고 제품과 서비스를 고객에 맞춰 저절로 팔리도록 하는 것이다"라고 강조한 것은 마케팅이 지속적으로 잘 팔릴 수 있는 구조를 만들어 판매가 필요 없게끔 만드는 것이라는 의미다. 지금처럼 기술이 발달한 사회에서는 품질만으로 다른 제품과 차별화를 꾀하기 어렵게 되었으며, 고객의 필요(결핍)를 충족시킬 기본적 기능을 의미하는 본질적(중심) 요소 니즈needs보다, 없어도 큰 불편이 없을 감성적 욕구를 담아 고객의 심리를 만족시키는 비본질적(주변)요소 원츠wants를 자극하고 충족시키는 것이 오늘날 마케팅의 중심이 되었다. 따라서 창업기업도 기

마케팅은 고객행복이다

마케팅은 고객의 어려움을 찾아내 해결해주는 것이다. 고객의 문제를 해결해줌으로써 고객을 행복하게 만들어주는 게 마케팅이다. 그래서 고객의 고통, 고충, 고민이 무엇인지 그들의 삶에 돋보기를 들이대야 한다. 고객에 대한 애정과 관심, 더 나아가 사람에 대한 사랑과 호기심은 그래서 마케터에겐 필수 덕목이다. 사람이란 존재에 대한 존중은 기본이고, 고객의 목소리를 경청하면서 그들을 배려해야 한다. 마케팅은 '고객행복'이다. 고객의 문제를 해결해줌으로써 고객을 행복하게 만드는 것이 바로 마케팅의 본질이다. 많은 사람들이 즐겨 찾는 상품이나 서비스, 이른바 히트 상품들을 잘 살펴보면 예외 없이 우리의 고통과 고민, 고충을 해결해주는 요소들을 갖고 있기 때문에 마케팅을 하는 마케터가 고객의 친구이자 도우미가 되어야 한다. 고객을 사랑해야만 그들의 고통과 어려움이 보인다. 그들의 삶을 애정과 관심을 갖고 들여다볼 때 그들의 고충이 눈에 들어온다. 마케팅은 고객의 지갑을 열게 만드는 얄팍한 테크닉이 아니라 고객을 행복하게 해주는 것이고 진정성을 바탕으로 고객의 영혼을 감동시켜야 하는 것이다.

본적 욕구인 니즈needs보다 원츠wants를 충족할 수 있는 마케팅에 초점을 맞추어 고객이 원하는 실질적 혜택을 제공하는 경쟁력을 갖춘 기업으로 성장하여야 한다. 특히 창업기업의 경우 충분치 않은 자원과 부족한 정보 속에서 신속하고 정확한 의사결정을 하려면 창업자가 마케팅에 대한 전문성을 갖추는 것보다는 마케팅 마인드를 갖는 것이 더욱 중요하다.

마케팅은 기업과 고객 사이에서 고객의 가치를 창출하기 위한 기획과 전략을 바탕으로 제품과 서비스를 통해 고객이 얻고 싶어 하는 편익을 제공함으로써 가치를 창출하는 과정으로 가격이 생산자가 받고 싶은 것이라면 가치는 고객이 얻고 싶은 것을 말한다. 고객이 지불한 금액에 대비하여 만족한다면 대체로 재再구매를 할 것이고 주변 사람들에게 추천을 하거나 좋은 메시지(이미지) 전달을 할 것이다. 이런 고객들이 많아지면 기업은 자연스럽게 추가적인 마케팅 비용부담 없이 지속적인 판매가 가능하게 되고 이익도 증가하게 된다. 그러면 종업원들도 더 많은 성과급으로 더 큰 만족을 얻게 되고 결과적으로 기업의 가치도 높아지면서 궁극적으로 브랜드 가치도 높아진다. 즉 마케팅은 고객의 가치를 창출함으로써 강력한 브랜드를 만들어 지속가능 경영을 가능하게 하는 활동이다.

또 미국 노스웨스턴대 필립 코틀러Philip Kotler 석좌교수도 마케팅의 핵심은 "새로운 가치를 창조하는 일이다. 가치를 만들어 소통하고 이를 적합한 시점과 장소에서 사용하도록 이끌어주는 과정이다"라고 설명했다. 그는 많은 기업이 성장전략의 핵심 툴인 마케팅의 중요성을 간과하고 있다면서 "마케팅은 탁월한 가치를 고객에게 전달함으로써 새로운 시장기회를 찾는 전략"이라며 "상품개발과 영업팀뿐만 아니라 정보기술IT, 엔지니어 등 전 직원이 신경써야 한다"고 말했다. 휴렛팩커드의 공동 설립자인 데이비드 팩커드도 "마케팅은 매우매우 중요해서 마케팅 부서에만 맡겨 둘 수 없다. 기업이 세계에서 가장 훌륭한 마케팅 부서를 보유하고 있다 해도 다른 부서들이 고객이익에 부합하는 데 실패하면 마케팅은 실패다"라고 말했다. 고객의 입장에선 마케팅담당 직원이냐 아니냐는 중요하지 않으며 해당기업의 직원이니 직접적이건 간접적이건 이제 고객과의

마음의 문을 두드리다, 참여형 마케팅

마케팅으로 고객과 소통하자. 오가는 지하철 역 광고판에 이상한 문구가 쓰여 있다. 명절맞이 마케팅을 기획하라고 한 회사를 원망하는 직원의 푸념이다. 더불어 글귀는 사람들에게 뒤에 있는 사물함을 열어보라고 지시한다. 열어보니 웬걸, 시중에서 판매하는 약들이 가득 들어 있다. 제품마다 회사가 고객에게 전달하고자 한 명절 메시지가 쓰여 있다. 손으로 쓴 것 같은 투박한 글씨지만 그래서 정감이 간다. 무료로 제공된 약을 들고 가며 사람들은 함박웃음을 짓는다. 위 광고는 병원, 약국 검색 어플인 Good Doc에서 이번 명절을 맞이해 진행한 마케팅이다. 과거 회사의 메시지를 일방적으로 전달하던 마케팅은 끝났다. 소비자들이 직접 참여하며 소소한 재미를 느낄 수 있는 쌍방향 마케팅이 인기를 누리고 있다. Good Doc의 캠페인은 명절 귀성객들이 자사 어플의 편리함을 간접 체험하게 함으로써 '병원, 약이 필요할 땐 Good Doc'이라는 메시지를 심는 데 성공했다. 온라인상에서도 해당광고를 '이색 마케팅'의 사례로 심심찮게 소개하고 있으니 주목을 받는 데 성공한 셈이다. 지금까지도 네티즌의 입에서 오르내리고 있는 레모나의 이색 마케팅도 참여형의 대표적 사례이다. 롯데 시네마와의 제휴를 통해 이루어진 레모나 이벤트는 극장 내 벽면에 레모나를 낱개로 부착, 고객들이 무료로 가져갈 수 있게 한 프로모션이었다. 사람들이 레모나를 떼어가면 가려져 있던 본사의 광고가 드러나는 방식으로 소비자들의 자발적인 참여를 유도했다. 이벤트는 성공적이었다. 참여자들은 UCC, 사진 등 다양한 콘텐츠를 만들어 레모나의 마케팅을 알렸다. 입소문을 통한 바이럴 마케팅 효과까지 톡톡히 누린 것이다. 수많은 기업들이 까다로운 고객의 관심을 끌기 위해 다양한 마케팅을 펼쳐왔다. 참여형 마케팅이 성공할 수 있었던 것은 소비자와 소통하고자 한 기업의 노력이 있었기 때문이다. 성공적인 마케팅의 시작엔 '고객'이 있음을 기억해야 할 것이다.

모든 접점에 있는 사람은 모두가 마케터이므로 마케팅은 특정부서의 업무가 아닌 전사적인 활동으로 실천되어야 한다.

오늘날 대부분의 시장은 레드오션으로 변했고, 소비자들은 똑똑하고 까다로워졌으며, 기업은 마케팅 전략 없이는 더 이상 성장할 수, 아니 생존할 수 없게 되었다. 이러한 시대적인 흐름 속에서 기업의 모든 경영 활동의 시작과 끝인 마케팅의 중요성이 나날이 커져가고 있다. 요즘 마케팅의 대세가 유행fashion과 이벤트event, 또는 재미fun와 오락entertainment이라고 하지만 이것은 재미가 떨어지고 소비자가 실증을 느끼면 사라지는 일시적인 것들이므로 공급자와 소비자가 서로 공감할 수 있는 본질적 커뮤니케이션으로 승부해야 한다. 실제 현장에서 소비자들은 솔직함을 좋아하고 거짓을 싫어하기 때문에 투명마케팅이나 누드마케팅이 성공적인 전략으로 통했다. 소비자들이 진정성을 좋아하는 이유는 정직하지 못한 제품, 가식적 서비스, 인위적 마케팅, 허위적인 경영, 가짜와 거짓이 많아졌기 때문이다. 하지만 마케팅의 기본은 자기가 팔려는 제품에 충실히 하는 진정성이므로 아무리 마케팅수단이 뛰어나더라도 핵심인 상품의 질이 뛰어나지 못하면 소비자 마음을 울림을 줄 수 없다. 나의 핵심과 내 진심을 보여줄 수 있는 콘셉트가 무엇인가를 잘 판단하고 그것을 중심으로 꾸준하게 커뮤니케이션하여야 한다. 특히 초연결시대에서는 자신의 소비를 공유하려는 성격이 높아지는데 신뢰가 떨어지는 제품과 브랜드에 대해서는 긍정적 태도를 가질 수 없기 때문에 가장 중요한 것이 진정성이다. "진정성眞正性"을 소비자에게 전달할 수 있는 방법은 첫째, 브랜드가 보유한 '진정성' 요소를 찾아야 한다. 로레알이 키엘을 2000년에 인수하면서 가장 먼저 한 것이 키엘의 진정성 요소를 찾는 일이었고 이러한 진정성을 소비자에게 과장하지 않고 전달하는 데 초점을 두었다. 진정성 마케팅에 힘입어 키엘은 인수 10년 만에 매출이 5배 이상 성장하게 되었다. 둘째, 체험을 통해 진정정을 전달하는 것이다. 영국의 화장품 업체 러시는 2002년부터 2011년까지 10년간 매출이 10배 이상 늘고 글로벌 브랜드로 자리잡는 데 성공하였다. 러시는 소비자들에게 사용된 원료들을 제품 사용 과정에서 재미있게 체험할 수 있도록 했다. 셋째, 고객서비스를 통한 진정성 전달이다. 자포스의 신규고객 절반은 소셜 미디어를 통한 기존고객들의 입소문을 통해서 온다. 소셜 네트워크에서는 자포스 브랜드가 14초마다 하나씩 등장하고 75%가 재구매할 정도로 충성도가 높다. 소셜 미디어서 긍정적 언급과 부정적 언급 사이의 비율이 8:1이다. 자포스는 소비자들에게 '진정성'있는 서비스가 무엇인지를 보여줬다. 결국 초연결시대에서는 진정성 있는 제품을 만들고 거짓과 가식으로 보여주기 식으로 커뮤니케이션하지 말고 솔직한 마케팅을 해야 한다. 진정성이 먹힌다면 사람들이 알아서 공유하고 입소문을 낼 것이기 때문이다.

한편 창업기업이 새로운 시장에 진입할 경우 전체시장 중에서 나의 상품이 가장 경쟁력이 있을 것으로 판단되는 세분시장을 찾아서 집중적으로 공략해야 성공 할 수 있다. 자신의 강점이 가장 효과적으로 표출될 수 있는 최적의 시장을 찾고 공략하는 일련의 활동을 해야 한다. 그리고 이런 일련의 과정을 '표적 마케팅' 또는 'STP전략'이라고 한다. 고객들은 전부 각양각색의 다른 구매습관을 가지고 있으나 이들을 전부 개개인의 하나로 봐서 마케팅을 실행한다는 것은 현실적으로 불가능하다. 따라서 이들을 성별, 종교, 나이, 구매습관, 소득, 심리적 특징 등의 주요 기준으로 나눠서 관찰할 수밖에 없다. 그렇다고 이렇게 나눠진 모든 소규모 그룹별로 모두에 다 맞출 수는 없다. 그중에서 다른 것들에 비해 좀 더 매력적이고, 자사가 가진 자원을 제대로 활용할 수 있는 특정 타깃 그룹을 찾아서 해당 그룹에 포커싱할 수밖에 없다. 이것이 바로 타깃팅의 기본이 된다. STP 마케팅의 출발점인 세분화Segmentation를 통해서 시장을 나누고 틈새시장을 찾아 목표를 정해야 한다. 그 과정에서 음식배달과 같이 포화상태라고 생각하는 시장이나 공항 탑승게이트처럼 욕구를 충족시켜 주지 못하는 곳을 발견할 수 있다. 이런 아이디어는 개인의 경험이나 관찰에서 시작되는 경우가 대부분이다. '충족되지 못한 욕구Unmet needs'를 발견하고 해결책을 모색해 타당성을 검증할 때 비로소 마케팅의 기본전략인 'STP(Segmentation, Targeting, Positioning, 시장 세분화-목표 시장 설정-포지셔닝)'전략의 유용성이 높아질 것이다.

또 필립 코틀러는 〈마켓 4.0〉에서 '즐기고, 경험하고, 참여하라'는 의미의 '와우(WOW, 즐거움을 경험할 때 나오는 감탄사)' 마케팅론을 펼친다. 그가 말하는 와우의 세 가지 특성은 예상을 뛰어넘는 일을 경험하면 자연스럽게 나오는 감탄, 개인마다 와우에 대한 기준이 다르고 장소와 시간도 천차만별이므로 차별성, 빠르게 퍼지고 전염성이 강하며 누군가 감탄을 하면 이를 다른 사람과 공유하기 원하므로 공감성이다. 그는 사물에 지능을 부여하는 4차 산업혁명 시대에

STP전략

기업들의 경쟁이 점차 심화되고 소비자집단에 따라 독특하게 가지고 있는 고유한 욕구는 만족되지 못하고 있으나 기업은 생존과 성장을 추구하는 과정에서 차별적 경쟁우위를 위하여 ① 시장세분화Market Segmentation, ② 표적시장 선택Market Targeting, ③ 포지셔닝Positioning 등 단계별 전략을 추진한다.

1. 시장세분화Market Segmentation

모든 소비자들이 만족할 수 있는 제품이나 서비스를 제공한다는 것이 사실상 불가능하므로 기업들은 전체시장을 공략하는 대신 자사가 성공적으로 공략할 수 있는 세분시장을 선택한다. 시장세분화는 하나의 시장을 구매자의 니즈·특성·행동양식 등에 기초하여 특성 있는 구매자 그룹으로 나누는 것이다. ▲세분화된 시장은 ① 측정 가능해야 함, ② 접근 가능해야 함, ③ 충분한 수익창출이 가능해야 함, ④ 차별성을 갖고 있어야 함, ⑤ 실행할 만큼 매력이 있어야 함. ▲실용적인 세분화의 기순변수로는 ① 지리적 변수Geographics, ② 인구통계학적 변수Demographics, ③ 심리분석적 변수Psychographics, ④ 구매행동: 사용량Usage Rate or 상표 애호도Brand Loyalty, ⑤ 사용상황, ⑥ 추구하는 효익Benefit, ⑦ 구매준비단계Readiness State 등으로 구분할 수 있다.

2. 표적시장 선택Market Targeting

시장을 세분화한 후 각 세분시장을 평가하고 어떤 시장을 표적시장으로 선택하고 몇 개의 세분시장을 공략할지 결정해야 한다. 세부적으로 세분시장의 크기, 세분시장의 성장률, 경쟁의 정도, 세분시장 수익성, 순환성과 계절성, 가능한 기술적인 변화, 가격 민감도, 진입 장벽, 구매자나 공급업자의 구매력, 사회 정치적 고려, 순환성과 계절성, 수명주기의 위치 등을 고려하여 표적시장을 결정한다. 세 가지 시장공략 전략은 다음과 같다.

① 비차별적 마케팅: 세분시장 간의 차이를 무시하고 하나의 제품으로 전체 시장을 공략하는 전략. 소비자들 간의 차이보다는 공통점에 중점을 두며, 대량유통과 대량광고 방식을 채택하는 것

② 차별적 마케팅: 여러 개의 표적시장을 선정하고 각각의 표적시장에 적합한 마케팅 전략개발. 제품과 마케팅 믹스의 다양성을 통해 각 세분시장 안에서 높은 판매고와 강력한 위치를 구축 가능함

③ 집중 마케팅: 기업의 자원이 제한된 경우, 큰 시장에서 작은 점유율을 누리기 보다는 하나 혹은 작은 시장에서 높은 시장점유율을 누리기 위한 전략

3. 포지셔닝 Positioning

소비자들의 인식 속에 자사의 제품이 경쟁제품에 대비하여 차지하고 있는 상대적 위치로 소비자들이 구매의사결정을 할 때마다 제품을 재평가할 수 없기 때문에 구매 의사결정을 단순화하기 위해 제품, 서비스와 제조회사들을 그들의 마음속의 특정위치에 저장한다.

▲ 포지셔닝 접근방법은 ① 제품의 속성이나 효익을 이용한 포지셔닝, ② 사용상황에 의한 포지셔닝, ③ 제품사용자에 의한 포지셔닝, ④ 가격품질관계에 의한 포지셔닝, ⑤ 제품군Product Class에 의한 포지셔닝, ⑥ Symbol에 의한 포지셔닝, ⑦ 경쟁자를 이용한 포지셔닝이다.

유효한 마케팅은 기술의 발달로 외로워진 소비자들이 친구같은 브랜드를 원한다며 "첨단기술 '하이테크'는 역설적으로 가장 인간적인 감성인 '하이터치'를 필요로 한다"고 말한다. 젊은이·여성·네티즌 등 4차 산업혁명 시대의 새로운 고객유형으로 떠오른 이들은 자신이 흠뻑 빠진 브랜드를 주변 사람들에게 적극 추천하고 옹호하므로 이젠 온라인이건 오프라인이건 입소문이 무척 중요해졌다고 강조한다. 또 코틀러 교수는 마케팅의 근본적인 패러다임 전환을 요구하는 시장의 변화를 크게 두 가지로 압축한다. 하나는 '수직적·배타적·개별적'에서 '수평적·포용적·사회적'으로 변화가 일어나고 있다는 것이다. 소비자는 이제 제품과 서비스를 구입할 때 혼자서만 생각하는 것이 아니라 현실에서의 친구와 온라인 지인들에게 적극적으로 의견을 구하기 때문에 기업은 과거의 수직적인 마케팅이 아니라 수평적인 마케팅을 해야 한다는 것이다. 또 하나는 연결성connectivity이다. 모바일과 인터넷 기술은 뚜렷한 영향력을 발휘한다. 이제 소비자들은 어디를 가든 강력하고 인터넷이 가능한 기계를 들고 다닐 수 있기 때문에 그들은 언제나 연결되어 있다. 세상은 급격하게 변화하고, 소비자는 시간이 갈수록 개인주의적 성향은 약화된 반면 사회적 성향이 높아지고 있기 때문

사람의 마음을 움직이는 힘 The Power of Words

어느 맹인이 팻말을 목에 걸고 지하철 입구에서 구걸하고 있었다. 그 팻말에는 이런 글귀가 씌어져 있었다. '저는 맹인입니다. 제발 도와주세요(I'm blind. Please, help).' 지나가는 사람들은 많았으나 그 맹인에게 동전을 주는 사람은 많지 않았다. 어느 날 맹인이 쪼그려 앉아 빵을 먹는 것을 보고 불쌍히 여긴 한 여성이 맹인에게로 다가와 팻말의 글귀를 바꿔 주기로 하고는 팻말에 있던 글귀를 지우고 다시 쓰기 시작했다. 그 후로 지나가는 사람들의 태도가 변했다. 행인들은 맹인을 바라보며 고개를 끄덕이면서 맹인 앞에 놓인 깡통에 동전을 아낌없이 넣었다. 그 팻말에는 다음과 같이 쓰여 있었다. '아름다운 날입니다. 그런데 저는 그것을 볼 수 없네요(It's a beautiful day. And I can't see it).'

비슷한 내용이라도 어떤 '관점'으로 '표현'하느냐에 따라서 '결과'는 완전히 달라진다. 마케팅의 본질은 고객들의 불편을 해소하거나, 그들을 즐겁고 행복하게 해줌으로써 그들의 마음을 열고 그렇게 행동하도록 하는 가치 있고 멋진 일이다.

– youtube.com/watch?v=9u8JmmW7ZCI

에 기업에서 제작하는 광고에 더 이상 좌우되지 않고 경험을 통해 생성되는 입소문에 열광한다. 오늘날 우리 사회의 가장 중요한 특징은 디지털기술의 혁명과 발전으로 세상은 더 연결되고 수평적이 되면서 마케팅이라는 개념이 근본적인 변화를 겪고 있다.

3. 황금어장의 개척과 업業의 개념 concept

1) 업業의 개념 concept

"업業의 개념"은 기업이 존재하는 이유이자, "우리의 사업은 무엇인가?"라는 질문에 대한 고객시각에서의 답이다. 업의 개념을 제대로 이해하려면 그 뿌리가 무엇인지 대한 업의 기본부터 알아야 하고, 변화하는 업의 개념을 제대로 파악하기 위해서는 업의 하드적 속성과 소프트적 속성을 잘 이해해야 한다. 먼저 '업의 개념'= 업의 본질essence+업의 특성特性으로 설명할 수 있는데, 업의 본질은 시대가 변하고 환경이 변해도 변하지 않는 존재 이유이고, 업의 특성은 시대나 환경 등의 조건에 따라 달라지는 업의 속성을 의미한다. 경영의 대가 피터 드러커Peter F. Drucker는 사업의 본질과 특성을 제대로 알고, 핵심성공요인을 찾아 관리역량을 집중하는 것이 경영의 근본이기 때문에 경영자가 자기 업의 개념을 제대로 모르면 올바른 전략과 전술을 생각할 수 없어 기업을 제대로 경영할 수도 없으므로 "우리의 사업은 무엇인가?"라는 질문은 기업이 성공하기 위해서 해야 할 가장 중요한 질문이라고 했다. 업의 개념이란 그 산업에서 성공하고 1등이 되기 위해 가장 중요한 요건이자 효율적으로 돈을 버는 키워드이므로 업의 개념을 제대로 이해하면 명확한 목적의식을 가지게 되고 가치창조의 이정표가 된다. 기업이 궁극적으로 추구하는 철학을 멋있게 포장한 것이 경영이념이라면, 철학을 실현하려는 구체적인 핵심 성공요인을 찾아 집중하는 것이 업의 개념이다. 창업자가 기업의 핵심역량을 파악하기 위하여 우선해야 할 일은 업業의 개념을 파악하는 것이고, 업의 개념을 규정하기 위해서는 일반적 시장상황과 경쟁사의 전략, 자사의 핵심역량을 동시에 고려해야 하며, 특히 유의할 점은 모든 관점을 기업입장이 아니라 고객의 관점에서 보는 것이다. 월트 디즈니Walt Disney는 손님이 오면 미키마우스 인형 옷을 입고 재롱을 피우고, 사진을 찍어 주는 등 다양한 이벤트를 준비해 고객을 감동시킨다. 직원들의 업을 '손님에게 월트 디즈니에 대한 좋은 첫인상을 주는 업'으로 정의해 놓았기 때문에 직원들 스스로 자신의 역할에 대하여 고민하고 즐겁게 일하는 것이다. 또 오토바이 마니아들이 숭배하는 미국의 모터사이클 제조업체 할리데이비슨Harley-Davidson은 다른 모터사이클업체들의 등장과 자동차의 보편화로 사업이 위기에 처하자 자기들의 사업을 '운송수단을 판매하는 것'이 아니라 '라이프스타일을 제공하는 것'과 '엔터테인먼트'로 새롭게 정의하며 차별화에 성공했다.

끊임없이 변화하는 경영환경에서 업의 개념을 제대로 파악하기 위해서는 입체적 사고와 발상의 전환이 중요하며, 시대나 환경의 변화에 따라 달라지는

경영자는 목장 주인처럼 일해야

경영자들은 농부가 농사지을 한 마지기 땅을 얻어 농사를 짓 듯, 사업영역이나 마켓 세그먼트를 확보하고 최대로 가능한 수익을 창출하겠다는 목표를 세운다. 그러나 시간이 갈수록 염분이 많아져(시장 포화상태) 필수 영양소들이 고갈되고(차별성이 감소한다) 농사가 잘되지 않는다. 그럼에도 마케팅 담당 부사장들은 그 땅 없이는 못사는 사람이라 비료를 더 많이 뿌리고(마케팅을 강화한다), 비용을 더 들여서 우물을 더욱 깊이 판다(투자자본 수익률이 떨어지는데도 자본투자를 늘린다). 경영자여! 목장주인처럼 하라! 목장주인은 작은 땅 덩어리에 공을 들이거나 특정한 가축 한 마리만 애지중지 키우지 말고, 풀밭에 뜯어먹을 풀이 없으면 곧바로 가축무리를 다른 곳으로 이동시켜야 한다. 무리에서 뒤처지는 가축은 도살된다. 시간이 흘러서 노쇠한 가축도 도살되고 새로운 새끼가 태어나 무리 전체가 대체된다. 성공을 지속하기 위해 더 이상 성공가능성이 없는 것은 기꺼이 버리라는 얘기다.

– 지금 중요한 것은 무엇인가(*WHAT MATTERS NOW*), 게리 해멀, 2012.

업의 속성을 검토할 때 다음 요소들을 고려하는 것이 필요하다. ① 무엇이 핵심기술이며 그 기술이 어디로 가고 있는가? ② 우리의 고객은 누구이고 고객의 기호가 어떻게 바뀌고 있는가? ③ 내가 속해 있는 업의 경쟁의 룰rule이 어떻게 변화하고 있는가? 또한 고객 중심적 관점에서 사업business을 보면 게임업의 본질은 재미, 놀이, 즐거움이고, 사람들이 술을 마시는 아유(주류업의 본질)는 스트레스를 풀고 사람들과 즐거운 시간을 갖기 위함이다. 따라서 술을 만드는 업은 제조의 관점으로 보면 주류제조업이라고 할 수 있겠지만 고객의 관점으로 보면 '스트레스 해소업'이라고 볼 수 있다. 또 보험을 가입하는 사람들은 불안한 미래에 대비하기 위해 어딘가 의지할 곳을 찾으려는 사람들이므로 보험업의 본질은 '불안 제거 업'이라고 볼 수 있다. 그래서 삼성화재가 고객의 입장에서 새롭게 정의한 업의 개념은 고객에게 안심을 주는 '리스크 솔루션' 사업이다. 또한 동일한 성격의 검색엔진으로 출발한 구글과 야후의 성패차이를 보면, 우선 두 회사에게 우선적인 수익창출원은 사용자가 아니라 광고주였으므로, 야후는 광고주에 대한 관심과 배려에 집중한 반면, 구글은 사용자가 원하는 것이 무엇인지에 집중했다. 그러다 보니 사용자의 입장에서 편리하게 이용할 수 있는 방법을 고민한 구글은 메일, 서치기능 등을 확장하면서 더 많은 사용자의 선택을 받게 되었고 결과적으로 사용자가 많아 광고비도 더 많이 받을 수 있었기 때문에 장기적 안목과 전략이 맞아떨어진 구글이 최후의 승자가 되었고 브랜드 가치도 세계 최고수준이 되었다.

한편 하버드대학의 테오도로 레빗Theodore Levitt 교수는 "업의 개념을 기업의 관점에서만 규정하면, 제품에 대한 고정관념에서 벗어나지 못한다며 마케팅에

신규 사업 수행 선결과제 '업의 개념'

신규 사업을 기획할 경우, 업의 개념을 제대로 세우지 못한다면 그 사업의 결과는 불을 보듯 뻔하다. 기존 경쟁 회사들이 만들어 놓은 '업'의 개념을 뛰어넘으면 그 곳에 새로운 비즈니스의 기회, 즉 황금어장이 기다리고 있다.

〈사례〉 속옷사업은 속옷을 파는 사업인가?

1991년 직원 3명으로 "속옷도 패션이다"라는 캐치프레이즈로 속옷시장에 뛰어들어 크게 성공한 속옷업체 좋은사람들. 개그맨이었던 사장이 속옷사업에서 성공을 거둔 비결은 레드오션에서 승리하는 방법이었다. 기존 속옷시장은 쌍방울, 백양, 태창 등 빅3 업체가 시장을 장악하고 있는 치열한 레드오션이었다. 가장 늦게 시장에 발을 들여 놓은 중소 영세업체가 1,200억원 매출의 회사로 성장할 수 있었던 핵심은 새로 진입하는 속옷시장에서 기존 속옷기업들과 다른 업業의 개념으로 접근했던 것이다. 속옷을 남에게 보이고 싶지 않는 치부성격의 상품이 아니라 남에게 드러내 보이고 싶을 정도의 '패션상품'으로 위치이동을 시켰고, '선물용품'시장으로도 시장을 바꾼 것이다. 기존의 피 튀기는 속옷시장에서 '패션사업+선물용품 사업'의 시장으로 싸움터를 이동시킨 것이 결정적인 승리의 원인이었다. 또 경영자만이 갖고 있는 재치 넘치는 아이디어를 초기시장의 광고 카피와 홍보방법에 집중투입을 했다. 위생 때문에 면 소재와 흰색 일색이던 속옷 시장에 컬러와 패션개념을 도입했다는 점이 기존 속옷시장과 싸우지도 않고 창업과 수성에 성공할 수 있었던 핵심 포인트였다.

서 근시안적 관점을 버리라"고 강조했다. 이는 기업이 '무엇을 파느냐what'에만 초점을 둘 것이 아니라, 고객들이 '왜 사느냐why'의 관점에서 보라는 것이다. 업의 특성은 시대상황과 환경에 따라 변하므로 업에 종사하는 사람들이 과거부터 현재까지 자신이 속해 있는 업이 어떻게 변화해 왔으며 앞으로 어떻게 변해갈 것인지를 제대로 알면, 실패를 반복하지 않을 것이다. 레빗 교수는 업의 개념을 활용한 신사업 발굴은 다음과 같은 세 가지 관점에서 이루어진다고 강조하였다. 첫째, 기술진화의 추이를 파악하여 보유하고 있는 핵심기술의 새로운 용도를 개발하거나 타 기술과 융합하여 새로운 사업영역을 개척하는 것이다. 둘째, 미개척 소비니즈를 발견하거나 새로운 소비니즈를 촉발할 수 있도록 업의 특성을 선제적으로 변화하는 것이다. 셋째, 현재의 비즈니스 모델을 정확하게 진단하고 분석하여 사업 도메인확장을 통해 기존 업의 개념을 재창조하는 것이다. 그리고 이를 효과적으로 활용하기 위해서 각 발상법에 근거하여 도출한 사업기회들을 상호 결합하여 다면적으로 생각해보는 입체적 사업발상을 해야 한다.

2) 업業의 개념의 재再정의와 사업 기회

업의 개념은 고정불변이 아니라 시대와 상황과 업의 특성의 변화에 따라 달라진다. 업業이란 본래 언제나 변함없는 업의 본질을 뜻하지만 진정한 "업業의 개념"은 업業을 둘러싸고 있는 다양한 환경요인들의 변화와 고객들의 욕구가 변하기 때문에 시대와 환경변화에 따라서 달라져야 한다. 업의 개념을 바꾸려면 먼저 사람들의 삶을 바로 보아야 한다. 끊임없이 변화하는 업의 개념을 제대로 파악하기 위해서는 입체적 사고와 발상의 전환이 필요하다. 이 시대를 살아가는 이들의 아픔과 결핍과 갈증이 무엇인지 곰곰이 살펴보고 경험을 편집하고 취향을 존중하면 새로운 가치를 찾을 수 있다. 업의 개념을 변화시키는 일반적인 요인은 기술·소비·니즈·산업구조·정부정책 등 다양하지만 오늘날은 이러한 환경요인들이 복합적으로 영향을 미쳐 변화하게 된다. 따라서 누가 먼저 변화하는 업의 특성을 정확하게 인지하고 서로 다른 업의 특성들을 조화롭게 결합시킬 수 있느냐가 신사업 기회선점의 관건이 된다. 또한 사업기회를 잘 포착하려면 가장 먼저 자사의 제품과 서비스를 구매하는 고객이 진정으로 원하는 것이 무엇인가를 파악해야 하고 그러려면 기술과 소비니즈needs가 어떻게 변화하여 산업 내 경쟁의 룰을 바꿀 것인가를 정확하게 예측하며 업의 개념을 재창조(새로운 황금어장 발견)하는 능력이 필요하다. 1959년 사무용 복사기를 개발한 제록스Xerox는 회사의 업을 단순히 '좋은 복사기를 만드는 것'이 아니라 '사무실의 효율을 올리는 것'으로 정의한 덕분에 세계제일의 종합사무기기·사무자동화 전문업체로 성장할 수 있었다. 또 미국의 카셰어링 서비스 업체 집카Zipcar는 태생부터 고객 재re정의를 통해 사업을 개시했다. 구매·운영·유지 등에 소요되는 자동차 총 소유비용TCO·Total Cost of Ownership이 날로 상승하고 있는 요즘 대다수 기업들은 렌터카와 리스 서비스를 활용하지만 개인들이 필요할 때마다 최적 렌탈 기회를 찾기란 어렵고 번거로운 일이다. 집카는 이 부분에 주목하고, 도심 내 근거리 이동을 지원하기 위한 시간제 카셰어링 개념을 도입했다. 고객은 희망 사용시간대에 인터넷으로 예약하고, 집카 차고지에 가서 배정된 차를 사용하면 된다. 대여한 주차장으로 돌아갈 필요도 없다. 이후 집카는 다시 한 번 개인을 넘어서서 기관으로 타깃고객군을 확대하는 고객 재정의에 나섰다. 대학, 대규모 기업단지 등이 우선순위 공략대상이다. 사업모델의 큰 변화 없이 고객 재정의만으로 수요를 지속적으로 창출해내고 있다.

산업의 본질과 특성에 대한 기존의 개념에서 벗어나 업의 개념을 새롭게 정의하는 것은 사업을 효과적으로 확장할 수 있는 경쟁 없는 엄청난 황금어장을 발견하려는 것이다. 다른 기업과 동일한 전략을 추진할수록 경쟁은 더 심화되지만 자기사업을 남과 다르게 정의하고, 업의 개념을 제대로 정의하게 되면 기존시장, 기존의 룰rule로 싸우는 다른 기업엔 보이지 않는 새로운 매력적인 시장이 열리게 된다. 이처럼 과열경쟁을 탈피하고 고성장으로 진입하기 위해서는 업의 개념을 다음과 같이 정의하는 것이 바람직하다. 첫째, 시장을 넓게 재정의해 보자. 코카콜라의 전 회장인 로베르토 고이쥬에타Roberto Goizueta는 "코카콜라의 경쟁상대는 다른 탄산음료들이 아니라 모든 음료수이다. 모든 음료수와 경쟁했을 때, 우리의 시장점유율은 40퍼센트가 아니라 3퍼센트밖에 되지 않는

업의 개념과 블루오션 전략

업業의 개념을 재정의하는 첫 번째 원칙은 시장의 경계를 재구축하라Reconstruct market boundaries이다. 업의 개념을 다르게 정의한다는 것은 업계에서 수용되고 있는 산업의 정의를 받아들이지 않겠다는 뜻이다. 기업들은 이처럼 업의 개념을 새로 정의함으로써 레드오션에서 벗어날 수 있다. 블루오션전략에서 말하는 위기에 빠졌던 기업이 업의 개념을 제대로 규정하면서 되살아나는 경우가 많은데 그 배경에는 비非고객이 있다. 사업의 초점이 바뀌면서 그동안 우리 고객이 아니었던 사람(비고객)들이 대거 몰려와 경쟁 없는 새로운 시장(황금어장)이 열린 것이니 업의 개념이 달라지면서 고객기반에 소용돌이가 생긴다. 비고객이란 우리상품을 쓰지 않고 다른 회사 상품을 쓰는 사람이나 우리 업종에는 관심 없고 다른 업종에서 자신의 욕구를 채우고 있는 사람들이다. 비고객연구를 통하여 고객이 원하는 가치를 찾는 방법은 우리가 제공할 수 없는 그 무엇 때문인데, 그 무엇이 바로 그들이 원하는 가치이다. 영화산업의 경우 영화관에 가지 않는 사람들이 비고객인데, 그 비고객들이 주말저녁에 어디에 가는지 봤더니 안락한 의자와 무료주차장을 갖춘 레스토랑이나 커피숍을 찾는 것으로 나타났다면 이제 영화만 틀어주는 난순한 영화관을 만드는 게 아니라 비고객들이 원하는 '안락한 의자' '무료 주차장' '레스토랑이나 커피숍'을 가미한 새로운 영화관을 설립하면 되는 것이다. 그렇게 만들어진 것이 바로 CGV나 메가박스 같은 멀티플렉스다. 이런 영화관이 설립되면서 그동안 영화관에 가지 않던 비고객들이 대거 몰려오면 '대박'이 터진 것이다. 비고객에 집중해 현재 고객들도 잘 모르는 가치를 찾은 결과이다. 오늘날 업의 개념을 제대로 알고 그것을 토대로 이루어진 발상의 전환은 산업 자체의 경계마저 무너뜨리고 있다. 21세기에 우리 기업들이 세계적인 경쟁력을 갖추기 위해서는 많은 기업구성원들이 이 같은 환경요인에 의해 변화하는 업의 개념을 잘 이해하고 서로 다른 업의 특성을 조화롭게 결합시킬 수 있어야 한다. 새로운 변화를 주도하는 기업은 살아남겠지만, 기존의 업에 안주한 기업들은 대부분 시장에서 사라지는 것이 현실이니 업의 개념 변화를 파악하는 것이 새로운 사업기회를 얻는 것이다.

– 참고: 시대, 고객에 따라 바뀌는 '業의 개념' 읽어라

다"라고 말했다. 코카콜라는 자신들의 가장 큰 경쟁자는 펩시콜라가 아니라 물이라고 생각했고, 코카콜라 섭취량은 사람의 총 수분 섭취량의 3%에 불과하니 경쟁자는 물이라며 시장의 경계를 키운 덕에 지속가능한 사업으로 다시 의욕을 불어넣어 세계최고의 종합음료기업이 되었다. 둘째, 사업의 기존정의에 도전하자. 인문학적 상상력, 입체적 사고, 발상의 전환을 통해 기존과 전혀 다른 업의 개념을 설정, 고객에게 새로운 가치를 줄 수 있다. 스위스의 시계산업이 정체되어 있을 때 스와치Swatch는 1970년 후반, 쿼츠(Quartz: 전지로 작동하는 시계) 방식의 저렴하고 새로운 전자시계의 등장으로 곤경에 처하자 '정확한 시계를 만든다'는 기존시계사업의 개념을 '시계는 패션제품'으로 재정의함으로써 새로운 시장을 열었다. 또 한 제약회사가 '질병치료'에서 '건강증진'으로 업을 재정의함으로써 연구방향까지 바꾼 이유는 질병을 치료하는 것은 해당 환자를 대상으로 한 것이지만, 건강증진은 전 국민을 대상으로 하기 때문이다. 셋째, 고객을 재정의하자. 중국 송나라에는 엄동설한에도 손이 얼지 않게 하는 약을 비방으로 전해오던 집이 있었다. 사람들은 이 약을 사서 겨울에 비단을 찬물에 헹굴 때 사용했고, 대대로 내려오는 이 동상방지 약 덕분에 동네부자가 됐다. 한 나그네가 은전 백 냥을 주고 그 약의 비방을 샀고 그 약의 용도를 전쟁에 나선 군사들의 동상 방지제로 확장했다. 당시에 월越왕이 군사를 일으켜 오吳나라를 공격하였는데 오나라 군사들은 손이 시려 싸움을 잘할 수가 없었을 때 나그네는 동상방지 약을 오왕吳王에게 바쳤고 덕분에 오나라 군사는 겨울전투에서 월나라에 대승을 거두었다. 상품은 똑같은 '동상방지 약'이었지만 그 나그네는 '고객'을 바꿔 한 나라의 제후가 되었다. 넷째, 경쟁자를 재정의해 보자. 경영학의 구루 피터 드러커는 일찍이 고급 자동차의 경쟁자는 동종의 자동차가 아니라 보석과 밍크코트라고 말한 바 있다. 고급 자동차 고객은 같은 돈으로 '운송수단'을 사려는 것이 아니라 '위신과 품위'를 원했기 때문이다. 요즘 대형병원들이 서비스를 혁신할 수 있었던 것은 경쟁자를 같은 병원이 아니라 '호텔'로 정했기 때문이다. 진짜 경쟁자의 본질을 정확히 알면 경쟁은 훨씬 쉬워진다. 다섯째, 비非고객의 입장에서도 생각하자. 비고객은 왜 제품을 이용하지 않는지를 생각해 보면 새로운 아이디어를 얻을 수 있다. 과거 크루즈는 해양운송 수단이었지만, 지금은 추억을 만들기 위한 여행으로 변화했다. 고객의 입장에서 '왜 크루즈를 타느냐?'는 질문과 동시에 비非고객 입장에서 '왜 크루즈를 타지 않는가?'를 질문해 보면 크루즈가 지향해야 할 새로운 가치를 찾아낼 수 있다.

3) 레드오션red ocean과 블루오션blue ocean

레드오션red ocean은 프랑스 인시아드 경영대학원 김위찬, 르네 마보안Renée Mauborgne 교수가 저서 〈블루오션전략*Blue Ocean Strategy*〉에서 제시한 개념이다. 레드오션red ocean은 성장이 둔화되고 수익률이 하락하는 피 튀기는 치열한 경쟁시장을 뜻하며, 현재 대부분의 산업이 여기에 해당된다. 레드오션 시장은 산업의 경계가 이미 정의되어 있고 경쟁자 수도 많기 때문에 치열한 경쟁 속에서 최고가 되기 위해 경쟁사를 서로 벤치마킹하며 같은 목표와 같은 고객, 비슷한 전략과 상품으로 시장점유율을 빼앗으려는 치열한 경쟁은 점차 더 심화된다. 레드오션선략은 시장의 경계 및 경쟁의 룰rule이 명확하고, 검증된 수요만을 타깃으로 하며, 전략의 핵심이 'Value-cost 트레이드오프(두 개의 정책목표 가운데 하나를 달성하려면 다른 목표의 달성이 늦어지거나 희생되는 경우)'로써 차별화 또는 저가전략에 맞춰 전사적 역량을 집중하여 경쟁에 이기는 것을 목표로 한다. 반면 변화하는 산업환경에서 기업의 존속과 지속적인 고성장을 위해서 새롭고 강력한 추진력을 위하여 새로운 성장 동력으로 등장한 개념이 블루오션blue ocean이다. "블루오션Blue Ocean"이란 창조에 의해서 얻어지거나 기존산업을 확장하여 만들어지며, 게임의 규칙이나 경쟁자도 없는 매력적인 황금시장으로 높은 수익과 빠른 성장이 기대되는 매력적인 기회가 숨어있는 시장으로 현재로서는 존재하지 않지만 무궁무진한 잠재력을 가진 매력적인 산업을 말한다. "블루오션 전략blue ocean strategy"이란 치열한 경쟁의 시장을 벗어나 아무도 못 찾았거나 기존에 존재하지 않았던 시장을 새롭게 발견, 또는 만들어 경쟁이 없는 새로운 시장을 스스로 창출하는 전략이다. 블루오션전략은 기존에 없던 시장을 창조함으로써 새로운 수요를 흡수하는 것을 목표로 하고, 'Value-cost 트레이드오프'의 틀

레드오션과 블루오션의 비교

구 분	레드오션(red ocean)	블루오션(blue ocean)
시 장	• 기존의 시장영역	• 경쟁이 없는 신규시장 창출
게임의 법칙	• 치열한 경쟁	• 경쟁에서의 자유로움
특 징	• 기존의 수요시장 공략 • 가치창출이나 비용절감 중 택일 • 기업의 전체적인 활동체계가 차별화나 제 비용 중 하나를 통하여 이루어짐	• 새로운 수요시장 창출 • 가치창출과 비용절감 동시추구 • 기업의 전체적인 활동체계가 차별화와 저비용 동시추구

자료: kim & Mauborgne, 2004.

을 꽤 차별화와 저가를 동시에 달성하도록 전사적 역량을 최적화하는 것이 핵심이며, 경쟁이 없는 새로운 시장을 창출함으로써 경쟁으로부터 자유를 얻는 것이 전략의 목표이다. 블루오션 전략은 경쟁사들이 비슷한 방식으로 시장 빼앗기에 집중할 때 경쟁자를 벤치마킹하는 경쟁의 틀(보편화된 Value Curve)에서 과감히 벗어나, 새로운 시장과 고객창출을 추구하는 구매자 효용중심으로 가치곡선Value Curve을 재설정하는 과정으로, 불확실성과, 무한경쟁의 시대에 가장 확실한 전략이라고 할 수 있다. 블루오션 전략의 주창자들은 기업경쟁력의 두 원천인 비용절감과 차별화를 동시에 추구할 것을 강조하고 있다. 이처럼 서로 다른 시장과 전략을 추구하는 시장을 레드오션과 블루오션으로 구분하는데 두 시장의 본질적인 차이는 다음과 같다.

블루오션 전략 창시자인 佛 인시아드 경영대학원 김위찬 교수는 최근 "블루오션 창출이 꼭 파괴적일 필요는 없다"고 강조한다. '블루오션 시프트blue-ocean shift'는 경쟁과 파괴적 혁신을 강조하는 기존 경영학이론과 달리 창조와 비파괴적 혁신을 강조한다. 스마트폰이 등장한 후 피처폰이 사라졌고, 디지털카메라가 등장하고 나서 필름카메라가 사라졌듯이 신기술 때문에 기존시장이 파괴되는 현상을 종종 목격할 수 있지만 기존시장을 파괴하지 않고도 얼마든지 블루오션을 만들 수 있다는 뜻이다. 기존산업의 중심이나 경계를 무너트리지 않으면서 새로운 시장을 만드는 비파괴적 성장은 다른 산업을 파괴하지 않으면서 수익, 매출, 일자리를 확대한다. '블루오션 시프트'의 핵심방법론으로 거대한 시장을 찾는 첫걸음은 비非고객 탐색이다. 우리 업종 너머에 있는 비고객은 세 가지가 있다. 1단계 비非고객은 우리 제품을 썼다가 안 썼다가 하는 사람이다. 2단계는 우리 제품을 거부하는 그룹이다. 규모가 가장 큰 3단계는 우리 업종에서는 한 번도 개척하지 않은 집단이다. 비고객들은 우리 업종이나 우리 회사가 그들이 원하는 '무엇인가'를 제공하지 않기 때문에 다른 곳으로 가는 비고객을 설득함으로써 고객으로 만드는 것이다. 유명주방기기 브랜드 테팔Tefal을 보유한 다국적기업 세브SEB는 감자튀김을 한 번 조리하는 데 평균 2.5L의 식용유가 들어간다는 사실을 알게 됐다. 다 쓴 식용유는 환경에 악영향을 끼쳤으며 더 큰 문제는 식용유를 많이 써서 만든 감자튀김이 건강에도 좋지 않다는 점이었다. 세브는 2006년 튀기지 않고도 좋은 맛을 내는 감자튀김기 '액티프라이'를 개발했다. 이 기계로 만든 감자튀김은 칼로리가 40%, 지방은 80%나 감소했으며, 식감도 훌륭했다. 액티프라이는 기존시장을 파괴하지 않았지만 오히려 감자튀김요리를 하지 않았던 비고객을 새로운 고객으로 확보했으니 블루오션 창출이 꼭 파괴적일 필요가 없음을 입증한 셈이다.

Chapter 6

디자인design의 중요성과 브랜드brand

1. 디자인의 가치와 디자인 혁신 시대

2,500년 전 공자孔子는 "호랑이의 화려한 가죽털인들 그 밑바탕이야 개의 가죽과 다를 게 뭘꼬!(논어, 12:8)"라는 말로 디자인(무늬)에 대한 가치를 설파하였다. 이는 털을 깎아버린 호피虎皮(호랑이 가죽)는 털을 벗겨낸 개가죽과 다를 바가 없음에도 호랑이 가죽이 비싼 까닭은 오로지 호랑이 털의 무늬文의 가치라는 뜻이다. 본래 디자인Design이란 'de(부여하다)'와 'sign(기호)'의 합성어로, '생각'이나 '의미'를 표현하는 수단이 '기호'이니 디자인Design이란 "새로운 생각을 나타내다"는 의미로 볼 수 있다. 흔히 사람들이 디자인이라고 하면 뭔가 예쁘게 만드는 것을 생각하지만 제품을 예쁘게 만드는 작업은 디자인과정의 극히 일부일 뿐이며, "디자인design의 본질"은 사용자 관점에서 문제를 원천적으로 해결하고 삶의 질을 창의적으로 개선하는 문제해결(혁신의 도구) 행위이다. 디자인design 기능이 과거에는 새로운 상품을 만드는 데 부수적 역할을 했지만 오늘날 일류 브랜드상품으로 인정받으려면 기능뿐만 아니라 디자인도 최고가 되어야 하니 디자인design경영이 사업의 성패를 좌우하는 비즈니스의 핵심이자 기업혁신의 중심으로 인식되고 있다. 사회혁신 디자인의 석학 에치오 만치니 Ezio Manzini 교수가 "기존관습과 고리를 끊고 더 나은 현실을 상상하고, 이를 어떻게 실현시킬지 생각하는 것이 디자인 행위다"라는 정의처럼 디자인의 지향점은 바로 문제해결을 통한 목적달성이다. 또 세계최고 디자인컨설팅 회사 아이데오IDEO에서 정의하는 "'디자인'이란 사람들이 무엇을 필요로 하는지 공감하고 이를 해결해 나가는 과정 전체를 의미한다." 또 한국인 최초로 미국 실리콘밸리에 디자인 회사 이노디자인을 설립한 산업디자이너 김영세 대표는 "디자인이란 변화를 만드는 것이고, 생각을 눈에 보이는 것으로 만드는 것"이라고 설명한다. 그는 우리가 무엇인가를 창조하려고 할 때 필요한 기술은 이미 존재하는 경우가 많다면서 "기존기술과 사용자의 경험·요구를 결합해 새로운 비즈니스 모델을 만드는 것이 빅 디자인의 핵심"이라고 말했다. 디자인은 차가운 과학기술

지식과의 결합을 통해 꿈의 제품을 창출하고 사람에게 감동을 주면서 시너지를 창출하는 역할을 한다. 좋은 디자인이란 우선 우수한 기능function과 유용성utility을 지녀야 하고 보기도 좋아야 한다. 이제 "좋은 디자인은 좋은 사업이다(Good Design is Good Business)"라는 슬로건처럼 훌륭한 디자인은 백 마디 말보다 강력한 생존과 성장의 기반이 될 수 있다. 상품의 첫인상을 좌우하는 시각적 디자인design은 소비자의 구매와 만족도 형성에 결정적인 영향을 미치며, 좋은 디자인은 사람의 마음을 움직이고 인간과 교감하면서 세상에 긍정적 반향을 불러일으킨다. 또 이탈리아 밀라노 폴리테크니코 로베르토 베르간티Roberto Verganti 교수도 "디자인 혁신이 성공을 부른다"면서 "미래의 기업들은 디자인을 통해 전격적인 혁신을 가하는 방식으로 서로 경쟁하게 될 것"이라고 강조하였듯이 디자인의 힘으로 창업의 새로운 길을 여는 스타트업의 경쟁력은 그렇지 않은 스타트업보다 탁월한 것으로 입증되고 있다. 이탈리아 밀라노 폴리테크니코대 로베르토 베르간티Roberto Verganti 교수는 "혁신이란 반짝이는 아이디어가 아니라 고객에게 전달하는 의미의 차이를 만들어내는 것"이라면서, 비즈니스 세계에서 디자인은 완전히 새로운 의미를 창조해 소비자들에게 '의미 있는 혁신'으로 작용해야 한다"고 강조하면서, 이제 혁신은 기술적으로 훌륭한 제품을 생산하는 것이 아니라 고객에게 더 많은 의미와 감동을 주는 제품을 생산하는 것이라고 했다. 예를 들면 디지털카메라는 '사진을 잘 찍는 도구'가 아니라 '추억을 간직하고 타인과의 소통을 도와주는 도구'라는 개념으로 접근해야 한다는 것이다.

> "기존의 상황을 더 바람직한 상황으로 바꾸기 위한 일련의 행동을 고안해 내는 사람이라면 누구든지 '디자인을 한다'고 말할 수 있다."
>
> – 허버트 사이먼(Herbert Simon), 경제학자이자 심리학자

오늘날 창업기업에게 "디자인을 잘 한다고 100% 성공을 보장할 순 없지만 디자인을 모르면 100% 실패한다"라고 할 정도로 디자인을 중시하는 스타트업은 성공확률을 높일 수 있다. 또 〈욕망을 디자인하라〉의 저자 카이스트 정경원 교수는 혁신적인 것을 개발하려면 독창적인 기술과 아이디어만으로는 한계가

로베르토 베르간티 교수 "디자인 혁신이 성공 부른다"

"애플과 닌텐도의 성공키워드는 바로 '디자인'이다. 이들은 기술중심이 아닌 디자인 중심의 '급진적 혁신'을 통해 성공했다" 로베르토 베르간티 교수는 '디자인이 이끄는 혁신Design-Driven Innovation' 강의에서 "비즈니스 세계에서 디자인은 완전히 새로운 의미를 창조해 소비자들에게 '의미 있는 혁신'으로 작용해야 한다"고 강조했다. 그는 닌텐도가 경쟁사 대비 2배 이상의 매출을 거두게 된 것은 기술과 성능 때문만은 아니며, 소비자들이 사랑하게 되는 상품이나 서비스의 경우 디자인이 큰 비중을 차지한다고 강조했다. 그는 "마이크로소프트나 소니 등 경쟁업체들은 게임콘솔을 사용하는 10대들을 연구해 그들이 열광하는 '가상현실'을 세련되게 표현할 수 있는 시스템을 만드는 데 초점을 맞췄으나, 닌텐도 위는 오히려 '실제상황'을 통해 사용자들이 완전히 다른 경험을 하게끔 만들었다"고 설명했다.

있으며 디자인적 상상력이 뒷받침돼야 한다고 강조하였다. IBM을 세계적 기업으로 성장시킨 토머스 왓슨 2세 회장은 "굿 디자인은 굿 비즈니스"라는 경영철학을 가지고, 제품과 서비스가 성공하려면 진정으로 사람을 위해 봉사하도록 잘 디자인해야만 한다는 확신으로 관리자급 전全 직원이 디자인 사고思考를 학습토록하며, 디자인으로 사용자의 필요를 발견하고 해결책을 찾아 제품화하려고 노력하고 있다.

20세기까지 우리가 기술개발을 통해 기술수준을 높이는 데 애써 왔다면 이제는 기술에 경제와 예술, 인간적인 감성을 더해야 세계최고 수준의 상품을 만들 수 있으며, 지금 세계는 디지털능력을 요구하는 정보화시대에서 창조와 공감능력이 더 중시되는 콘셉트와 감성의 시대로 전환하고 있다. 경제의 패러다임이 사용자와 감성중심으로 변화하면서 기술과 자원의 평준화에 직면한 기업들은 경쟁우위를 담보할 수 있는 지속가능한 부가가치 창출의 원동력이 디자인이라는 사실을 깨달았기 때문에 디자인분야가 기업 및 국가경쟁력의 핵심가치로 등장하고 있다. 디자인산업이 기존산업과의 융합을 통해 창조역량을 강화하기 위해서는 디자인계의 3C 전략이 필요하다. 즉, 디자인산업이 Creativity(창의성)를 바탕으로 기존산업의 창조산업화를 지원하고, 기술, 제품, 산업 차원에서의 차별화된 Convergence(융합) 전략을 통해 Core Value(핵심가치)를 창출하는 데 주도적인 역할을 수행해야 한다. '창의성creativity'이 새로운 아이디어를 창출하는 것이고 '혁신innovation'이 아이디어를 성공적으로 이용하게 하는 것이라면 '디자인design'은 창의성과 혁신을 연결해주는 가교다.

디자인을 통해 비로소 아이디어가 구체화되고 고객들을 위한 매력적인 제품으로 변하기 때문이다. 이처럼 기술에 감성을 입히는 디자인에 투자하는 것이 우리 기업의 경쟁력을 강화하고 국제무대에 살아남는 첩경이 될 것이다. 또 디자인은 투입대비 산출효과가 매우 큰 특징을 보이고 있다. 디자인은 기술개발에 비해 상대적으로 개발기간이 짧고 투자액이 적으나, 매우 높은 매출증대 효과와 수익확보 기간이 긴 특징을 나타내고 있다. 국내 디자인개발지원 사업의 경우 개발소요기간이 기술개발의 1/4 정도이며, 매출증대 효과는 기술개발의 4배 이상인 것으로 나타났다. 기업들이 이미 개발된 기술에다 디자인을 접목하게 되는 순간 국제시장에서 경쟁력을 갖춘 작지만 강한 기업이 될 수 있다.

"디자인 투자는 생산제조과정의 기술투자에 비해 약 30배 효과 창출"

– 영국 Design Council, 2002.

"디자인 투자 대비 매출증대 효과는 투자액의 19배"

– 산업정책연구원, 2002.

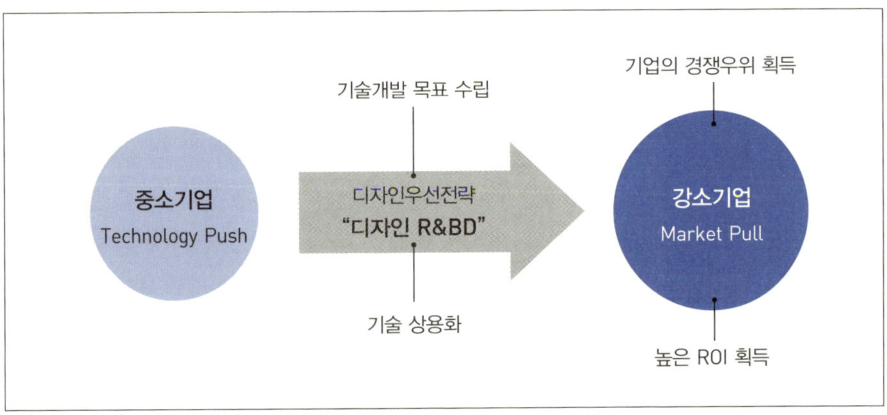

과거 디자인은 새로운 상품을 만드는 데 보조적인 역할을 했다면 지금은 사업의 성패를 좌우하는 비즈니스 모델의 핵심으로 발전하였다. 디자인이 기업경영에 미치는 영향은 애플과 다이슨 그리고 발뮤다 사례를 통해 배울 수 있다. 1990년대 누적된 적자로 부도위기에 몰렸던 애플은 종전의 딱딱한 컴퓨터 디자인에서 탈피해 부드러운 형태와 화려한 색상의 'i-Mac(일명 누드컴퓨터)'을 출시하면서 위기에서 벗어날 수 있었다. 애플은 그 후 세련된 디자인을 채택한 MP3 플레이어 제품이 잇따라 성공을 거두면서 제2의 전성기를 누리게 되었다. 평소 "단순한 것이 아름답다"는 제품철학을 고집한 애플의 창업자 스티브 잡스Steve Jobs는 생전에 "디자인은 보이는 것과 느껴지는 것이 전부가 아니며, 디자인은 그 자체로 기능"이라고 강조했다. 디자인을 예술로 녹여낸 애플Apple에서는 모든 직원이 디자인을 생각하고, 디자이너처럼 사고한다는 의미로 "모두가 디자이너"라고 말했을 정도로 애플의 조직 전체에 배어 있는 디지인 문화가 새로운 아이디어를 제품으로 구현해내는 인문디자인 경영을 실천하여 지금의 애플을 만들었다. 또 사용자로부터 디자인 영감을 얻는 애플에서 디자인이 차지하는 독특한 위상은 애플이 사용하는 문구 "Designed by Apple"에서 확인할 수 있고, 애플은 새로운 아이디어idea, 즉 창조성creativity 그 자체를 추구하고 있으며, 그것이 바로 그들이 말하는 디자인이다. 그들은 단순히 외형적인 아름다움이나 기능적인 단순함을 디자인하는 데 만족하지 않고 '새로움' 그 자체를 디자인하는 것을 궁극적인 목표로 삼고 있다. 그래서 스티브 잡스Steve Jobs는 기술과 인문학의 융합을 강조하면서, 애플은 기술과 인문학의 교차점에 있다며 "제품을 디자인하는 것은 사용자의 요구를 이해하고 그에 따른 기능을 설계하며 사용자 인터페이스를 만들고 외관을 만들어내는 일련의 과정"이라고 정의하였다. 애플이 자신의 핵심적 제품철학으로 내세운 디자인 경영으로 매출의 수직상승과 더불어 기업 브랜드가치를 극적으로 높인 대표적인 사례로 알려졌으나 애플의 가장 큰 특징인 디자인 사고를 통해 인류의 새로운 라이프스타일을 창조해낸 것이야말로 디자인의 가치를 제대로 입증한 것이라고 할 수 있다. 한편 영국의 가전 기술기업 디자이너로서 다이슨Dyson의 성공비결은 디자인의 주안점을 형태·색깔 등 단순한 외양꾸미기가 아니라 사용자의 불편함을 해결하는 것으로 정의하고, 실용성에 초점을 맞추기 위해 3,500명의 디자인 엔지니어를 투입해 수많은 시제품을 개발하고 보완하는 과정을 거친 결과 먼지봉투 없는 청소기, 날개 없는 선풍기와 같은 혁신적인 상품을 출시할 수 있었다. 또한 선풍기, 토스터, 가습기 같은 전통분야에서 혁신상품을 잇달아 내놓았고, 죽은 빵도 살려낸다며 빵을 굽는 토스터로 유명한 발뮤다Balmuda도 디자인은 고객에게 좋은 경험을 제공하는 것이라는 경영철학을 가지고 있다. 자연에 가까운 바람을 내는 14날 이중날개 선풍기 '그린팬'을 샀던 고객이 토스터기, 가습기를 연속 구매한 고객들을 대상으로 고객분석을 해보면 집안분위기를 세련되게 살려주는 디자인 때문이라는 응답이 가장 많다. 발뮤다는 일찌감치 제품본연의 기능이 뛰어나 사용자 만족도가 높은 제품은 비싼 가격에도 잘 팔린다는 프리미엄시장을 인식하고 제품본연의 기능은 물론 고급스러운 디자인으로 가치를 극대화했듯이 디자인은 제품경쟁력을 높이고 새로운 시장을 창출하는 핵심요인이다. 이와 같이 비즈니스와 디자인을 성공적으로 결합한 미국의 애플Apple, 디자인에 기술을 입힌 영국의 가전업체 다이슨Dyson, 일본 생활가전기업 발뮤다BALMUDA의 공통점은 모두 디자인design을 단순히 스타일링 수단이 아닌 사용자 중심의 제품혁신 방법론으로 활용해 비즈니스 성과를 창출하고 있다는 점이다.

과거 디자인은 어떤 물체를 만드는 데 적용되는 하나의 공정이었던 시절이 있었다. 미국이 세계적인 강대국으로 발돋움하던 20세기 전반기 미국의 성장과 궤를 같이 했던 디자이너 레이먼드 로위Raymond Loewy는 기관차를 디자인했고, 미국의 위대한 건축가 프랭크 로이드 라이트Frank Lloyd Wright는 집을 디자인했다. 또 미국의 건축가이자 가구 디자이너 찰스 임스Charles Eames는 가구를 디자인했으며, 20세기 여성패션의 혁신을 선도한 프랑스의 패션 디자이너 코코 샤넬Gabrielle Chanel은 오트 쿠튀르 컬렉션을 디자인했다. 미국 그래픽디자인의 역사를 대변하는 폴 랜드Paul Rand는 기업로고를 디자인하고, 데이비드 켈리David Kelly는 애플 컴퓨터용 마우스를 비롯해 여러 제품을 디자인했다. 또 1975년 설립된 세계적 디자인 경영연구소인 미국 디자인경영연구소DMI의 얼 파월

세계 최고의 창조학교 스탠퍼드 디스쿨d-school

스탠퍼드 디스쿨d-school은 세계적인 소프트웨어 회사 SAP 공동창업자 하쏘 프래터너Hasso Plattner가 지난 2005년 350만 달러를 기부한 것을 모태로 만들어졌다. 디자인스쿨design school의 약자 디스쿨d-school에서는 전통적 의미의 디자인을 가르치지는 않고 혁신하고 창조하는 과정을 체험을 통해 가르친다. 생각(혁신과 창조하는 방법)을 디자인하는 방법, 혁신적이고 창조적으로 사고하는 방법을 가르치기 때문에 혁신 자체를 가르치기보다는 혁신가를 기르는 곳이다. 디스쿨에 참여하는 학생들은 강렬한 호기심과 다른 사람에 대한 깊은 친화력 그리고 무엇보다도 자신의 개인경험을 벗어나는 폭넓은 이해를 얻기를 원한다. 교수팀과 산업계 리더 그리고 각 분야 전문가나 기업CEO 등과 파트너가 되는 강력한 혼합팀을 구성하여 역동적이고 때로는 대조적인 관점의 학습을 통해 학생들은 혁신의 개방적 본질을 깨닫게 되고 학생 스스로 자신의 방법을 찾을 수 있다는 자신감을 얻게 된다. 디스쿨은 다양한 전공을 가진 학생들이 모이며 학위와 학점은 주지 않는다. 수업에서 만들어지는 팀도 서로 다른 관점과 경험을 가진 이들을 섞어놓는다. 디스쿨의 수업은 '혁신은 사회과학(인간적 가치)과 비즈니스, 기술의 교집합에서 나온다'는 디자인 싱킹의 원리를 바탕으로 이루어진다. 창조적 아이디어는 다양함과 다름에서 나오기 때문이라고 믿는다. 혁신하고 싶다면 세 가지를 갖춰야 한다. 혁신은 인간이 가치를 느낄 수 있어야 하며, 이를 가시적으로 만들기 위해 기술이 필요하고, 항상적 혁신을 위해 비즈니스 모델을 갖춰야 한다는 이론이다. 디스쿨의 또 다른 원칙은 '실행하면서 배운다Learn by Doing'는 것이다. 디스쿨에서는 교수가 학생들에게 문제를 내지도 않고 풀라고 하지도 않는다. 학생들에게 "문제는 무엇인가?"라고 묻는다. 학생들이 스스로 문제를 내고 해결할 수 있도록 한다. 그래서 디자인 싱킹을 '문제해결 방식'이라고도 부른다.

Earl Powell 소장은 "최근 미국기업들의 가장 큰 관심사는 매출증대보다 소비자의 충성도를 높이는 일"이라며 "소비자에게 제품에 대한 기대감을 주고 만족감을 높이는 데는 디자인의 힘이 크다"고 설명했다. 갈수록 업체 간 기술격차가 줄어들고 제품차이를 구별할 수 있는 핵심요소로 디자인이 강조되면서, 디자인이 좋은 제품만이 초일류 제품의 기준이고, 디자인이 기업생존을 판가름하는 핵심가치로 인식되고 있다. 소비자들이 기능보다는 의미를 구매하는 경향이 두드러지면서 기업은 지금까지의 기술주도 혁신에서 디자인주도 혁신Design Driven Innovation으로 변하고 있을 뿐만 아니라, 모든 산업과 산업 간의 융합에서 디자인은 촉매로서의 역할을 수행하고 있다. 한편 세계적인 디자인기업 IDEO의 지휘자 데이비드 켈리와 톰 켈리 형제는 공저 〈유쾌한 크리에이티브〉에서 "본질적으로 창조적 자신감이란, 자신에게 세상을 변화시킬 능력이 있음을 믿는다. 우리는 이 자기 확신, 창조적 능력에 대한 믿음이 혁신의 핵심이라고 생각한다"며 오늘날 비즈니스에서 성장과 생존의 관건은 혁신인데 현대교육이 우리 창조성을 막고 있다고 말한다. 데이비드는 2005년 혁신하고 창조하는 과정을 체험을 통해 가르치는 디스쿨d.school을 설립하여 미국 스탠포드대 대학원생에게 디자인적 사고를 가르치고 있다. 또 창조력을 갖기 위한 방법으로 '끊임없는 배움

탄생 130년 만의 '진화'··· 선풍기, 날개를 버렸다

전력소비가 에어컨의 30분의 1로 경제적이기 때문에 무더위가 기승을 부리면 선풍기가 애용된다. 1882년 토머스 에디슨은 전기모터로 날개를 돌려 바람을 불어내는 선풍기를 발명했다. 더위를 식혀주지만 날개가 노출되어 위험했는데 1909년 독일 가전회사 AEG의 디자인 책임자 피터 베렌스는 날개에 철사보호망을 씌워 안전성을 높였다. 100여 년 후 2005년 영국 가전회사 다이슨Dyson의 회장인 제임스 다이슨 경은 '날개 없는 선풍기'라는 기발한 착상을 했다. 산업디자이너 출신인 다이슨 경은 1990년대에 이미 먼지봉투가 필요 없는 진공청소기를 발명하여 억만장자가 된 경험을 살려 새로운 선풍기 개발에 몰두했다. 2009년 10월, 다이슨은 '에어 멀티 플라이어'를 출시했다. 이 제품은 모터가 돌면서 빨아들인 공기를 제트기류로 만들어 일반선풍기보다 15배나 많은 1초당 405L의 바람을 일정한 속도로 배출한다. 일반선풍기에 비해 체감온도가 훨씬 낮고, 40W 모터를 사용하여 소비전력이 낮아 경제적이다. 특히 구조가 단순하여 안전하고 청소하기 편하고, 바람의 세기·방향·각도 등을 쉽게 조절할 수 있다. 2009년 타임지가 '올해의 발명품'으로 선정했고, 2010년 일본 '굿 디자인 대상大賞'을 탄 이 제품은 329달러라는 높은 가격에도 날개 돋친 듯 팔렸다.

의 자세'와 '삶의 디자인'이라는 2가지 메시지가 필요하다. 끊임없는 배움의 자세는 자신이 참여할 수 있는 것들을 찾아내고 그곳에 뛰어드는 것을 의미한다. 새로 배운 창조적 행위는 자신의 삶에 녹일 방법이 뒤따라야 한다. 디자인이 제품의 모양 다듬기나 색깔 입히기에 그치지 않고 제품콘셉트 개발, 생산, 마케팅까지 확대되고 있다.

2. 디자인적 사고Design Thinking와 가치 업Up

21세기의 소비자는 '똑똑한 소비자', '참여군중', '집단지성'으로 진화하고 있기 때문에 이러한 소비자들의 요구에 부응하기 위해서는 인간에 대해 더욱 깊이 이해해야 하는 것이 시대적 요구이므로, 우리는 인간의 욕구를 처음으로 이해하고 공감하려 했던 디자이너들의 사고를 배우는 것이 디자인 싱킹의 첫걸음이다. 애플은 기존기업들이 하드웨어 개발과 신기능 경쟁에 전력을 기울이고 있을 때 iTunes(소프트웨어), iPod(하드웨어), iTunes Music Store(서비스)이 조화를 이룬 창조적인 디자인으로 세계를 열광케 만들었다. 애플의 전 CEO 고故 스티브 잡스Steve Jobs는 디자인보다 중요한 것은 없다고 생각했다. 물론 그가 말하는 "디자인은 그저 피상적인 디자인이 아니라 '인간 창조물의 근본적인 혼Soul'이며, 그것(디자인)이 결국 제품, 서비스의 외양에까지 나타난다"고 주장했다. 또 그는 단순하면서도 직관적인 디자인으로 전 세계적인 열풍을 이끌어냈던 아이폰의 창조자로서 "디자인은 제품이나 서비스의 연속적인 외층에 표현되는 인간창조물의 영혼"이라고 말했다. 이 말은 이제 인간은 단순한 신체적, 물질적인 만족만을 요구하는 게 아니라 영혼의 만족까지도 요구하며, 디자인이 그러한 욕구를 충족시킬 수 있다는 것이다. 이처럼 디자인의 중요성이 점차 커지면서 많은 기업들이 처음엔 단순히 제품의 외양에만 적용되던 디자인이 이제는 '고객을 만족시킬 수 있는 모든 것'에 적용하고 있다. 즉 제품개발 단계뿐만이 아니라 제품의 기획, 마케팅, 관련 서비스 등 전 과정에 걸쳐 디자이너들의 감수성과 사고방식을 적용하고 있고, 이것이 바로 디자인 싱킹이다. "디자인 싱킹design thinking"은 독일의 소프트웨어 기업인 SAP 하소 플레트너 회장이 처음 주장한 교육프로그램으로, 스탠포드 대학이 D스쿨The Hasso Platter Institute of Design을 운영하고 학생들로부터 인기를 끌면서 부각됐다. 디자인 싱킹은 세계적인 디자인 회사인 IDEO가 활용해 개발한 수많은 혁신제품과 서비스를 통해 알려진 창조방법론으로, 고객중심의 사고방식을 통해 경영혁신을 이루는 것을 말한다. 디자인 싱킹은 이성적 분석과 논리 문제가 아닌 감성과 직관과 창의적 접근으로 답을 찾는다. 기업을 살릴 새로운 무엇인가를 찾고 크리에이티브를 만들기 위해서는 접근방식이 기존의 논리적 사고(로지컬 싱킹)와 전혀 달라야 한다는 공감에 근거한다. 디자인 싱킹의 핵심은 바로 인간, 즉 고객에 대한 관찰과 직관이므로 디자이너들은 새로운 디자인을 의뢰 받으면 가장 먼저 그것을 사용할 사람을 관찰한다. 사람들이 어떤 상황에서, 어떤 감정으로, 어떤 쓰임새로 그 물건을 쓰게 되는지를 들여다보고, 다른 기업의 것과 전혀 다른 요소를 가미한다면 사람들이 어떻게 받아들일지 연구한다. 수십 년 전부터 이미 미국, 유럽 등지에서 디자인 싱킹의 개념은 인간중심적인 접근방식을 기반으로 고객의 요구를 이해하고 새로운 기회의 영역을 만들어가는 혁신프로세스로서 활용돼 왔다. 또 디자인사고는 분석과 직관, 이성과 감성을 균형 있게 활용하고 제품과 서비스 개발, 신사업 개발, 브랜드 관리, 교육, 조직개발, 사회문제해결에 이르기까지 광범위한 문제해결도구로 쓰이고 있다.

디자인적 사고를 위한 특성

① 공감Empathy: 다양한 사람들의 관점으로 바라보라. '사람 중심 접근 방식'

② 통합적 사고Integrative Thinking: 분석 내용을 활용할 뿐 아니라 복잡한 문제와 관련된 모든 측면, 심지어 서로 상충하는 측면까지 이해하는 능력

③ 낙천주의Optimism: 어떠한 제약이 있든 기존 대안보다 나은 해결책이 최소한 하나 이상은 될 것이라고 생각

④ 실험주의Experimentalism: 새로운 방향으로 진행될 수 있는 창의적인 방식

⑤ 협업Collaboration: 여러 분야에 두루 지식을 갖춘 열정적인 협력가

– 참고: 디자인 싱킹, 디자인에 집중하라

디자인 싱킹이란 우리 모두가 인지하고 있지만, 틀에 박힌 사고에 묻혀 간과하기 쉬운 영역을 일깨우기 위한 과정, 감성적인 의미를 전달할 뿐 아니라 직관적인 능력, 문제를 인지할 수 있는 능력 등을 배양해 혁신적인 아이디어를 생각해낼 수 있는 능력이다. 디자인 싱킹design thinking은 제품외형을 디자인하는 미적esthetic 접근이 아니라 대중의 잠재적 욕구를 파악하고 이를 제품 및 서비스에 적용하는 혁신을 위한 방법론이다. 디자인 싱킹은 제품의 고부가가치화, 비즈니스 모델의 혁신과 난제해결을 위한 수단으로 각광받고 있으며, 이미 선진국 기업들은 기존경영전략에서 탈피해 디자인 싱킹Thinking과 디자인경영을 강화하면서 리더십, 마케팅, 생산관리와 기획부문에서 디자인기법을 적극 활용하여 디자인적 혁신을 모색하고 있다. 미래의 사용자가 무엇을 원하는지, 그들의 생활에 무엇이 필요한지, 또 디자인 싱킹이란 인간중심 디자인human-centered design 방법론으로 그들이 어떤 점을 좋아하고 싫어하는지 등을 듣고, 느끼고, 이해한 바를 원동력으로 삼아 행하는 혁신을 뜻한다. 이를 위해서는 공감하고 문제의 맥락에 접근하려는 능력, 예술과 기술을 결합하여 통찰을 만들어 내는 창조력, 그리고 복잡성을 조화롭게 하는 문제해결 능력이 필요하다. 아이디오IDEO의 CEO 팀 브라운Tim Brown은 "디자인적 사고란 소비자들이 가치 있게 평가하고 시장의 기회를 이용할 수 있으며 기술적으로 가능한 비즈니스전략에 대한 요구를 충족시키기 위하여 디자이너의 감수성과 작업방식을 이용하는 사고방식이다"라고 설명한다. 그는 자신을 스스로 디노베이터D-innovator라고 말했다. 'D'는 '디자인'으로, 디노베이터는 디자인을 통하여 혁신을 이룬다는 의미가 된다. 그가 말하는 디자인 싱킹이란 사람이 느끼는 필요를 충족시키는 호감도Desirability for human와 기술적 가능성Feasibility for technology, 그리고 경제적 생존능력Viability for business을 조화시키는 일을 의미한다.

디자인 싱킹Design thinking의 강점은 사회적으로 공감되는 최상의 문제해결의 방법이다. 현재 세계 일류 디자인스쿨들과 파괴적 혁신을 일으키는 글로벌기업들은 디자인 싱킹을 좋은 디자이너의 핵심역량으로 꼽고 있고, 인간과 조직, 즉 기업의 혁신을 위한 실천적 사고라 할 수 있다. 세계적 베스트셀러 〈디자인

정답만 찾는 '비즈니스 싱킹'…혁신하려면 '디자이너처럼 생각하라'

디자인 싱킹은 한마디로 "디자이너처럼 생각하라"는 것이다. 디자인 싱킹은 세계적 디자인 컨설팅 회사인 IDEO의 창업자이자 최고경영자CEO인 팀 브라운 등이 주창하면서 관심을 끌기 시작했다. 브라운은 디자인을 제품 위주의 전문분야 활동으로 국한하지 말고 고객, 나아가 사회에 가치를 더하는 창의적인 사고방식으로 확장해서 봐야 한다고 역설한다. 디자인 싱킹의 내용을 구체적으로 풀어서 보면 다음과 같이 요약할 수 있다. 첫째, 철저히 고객 중심, 나아가 인간 중심의 사고방식이다. 겉으로 아무리 멋있게 디자인됐다고 하더라도 실제 사용하는 사람이 불편을 느낀다면 좋은 디자인이 아니다. 성공적인 디자인의 공통점은 출발부터 끝까지 사용자가 중심이 되고 작은 부분까지도 고객입장에서 만들어졌다는 것이다. 둘째, 디자인 싱킹은 완벽한 계획이 아니라 유연한 계획을 추구하는 사고방식이다. 철저한 분석을 통해 처음부터 오차 없는 계획을 수립하고 그대로 실행하는 것이 아니라, 지향해야 하는 큰 방향을 설정하고 계획이 있긴 하지만 상황의 변화에 따라 언제든 계획을 수정하고 보완한다는 유연성이 핵심이다. 셋째, 디자인 싱킹은 혁신과 창의를 유발하는 사고방식이다. 많은 사람의 감탄을 자아내는 성공적인 디자인의 탄생과정을 보면 기존의 편견과 선입관에서 벗어난 사고가 기본이 되고 있음을 알 수 있다. 전문적인 디자이너 훈련과정에서는 세심한 관찰이 강조된다. 넷째, 디자인 싱킹은 폐쇄적이지 않고 개방적인 사고방식이다. 성공적인 디자인의 또 하나의 공통점은 외부와의 소통이다. 최근에 두드러지는 디자인 프로세스상의 변화는 사용자 역할에 관한 것이다. 점차 사용자의 경험이 디자인 생성과정에 포함돼야 한다는 측면이 강조되면서 디자인 완성 이전에 사용자를 개입시키는 단계로 진입했다. 다섯째, 디자인 싱킹은 치우치지 않고 적절한 균형을 추구하는 사고방식이다. 낮은 가격과 높은 품질이라는 일견 상충되거나 모순적으로 보이는 대안들을 어느 하나만을 선택해야 한다는 단편적 생각으로는 훌륭한 디자인을 만들어낼 수 없다. 고객가치라는 본질적인 내용에 뿌리를 두고 양자의 적절한 균형점을 추구해야 한다. 다양한 방법의 장단점을 균형감 있게 고려해 문제를 풀어가는 지혜를 부각하는 것이 디자인 싱킹이다.

"디자인의 심장은 타인과의 공감이다. 다른 사람들이 보고 느끼고 경험하는 것에 대한 이해가 없이는, 어떤 디자인도 의미 없는 작업에 불과하다."

– 팀 브라운(Tim Brown), IDEO CEO

싱킹〉의 저자이자 '디자인적 사고'의 주창자인 로저 마틴Roger Martin 교수는 "디자인사고는 경영자적 마인드와 디자이너의 본능이 공존하는 생각의 최고지점"이라고 정의하며, "디자인 싱킹이 직관적 사고나 분석적 사고의 한쪽이 아니라 이에 대해 통합적으로 접근하는 사고법"이라고 하였다. 또 그는 저서 〈생각이 차이를 만든다〉에서 "통합적 사고란 상반되는 두 아이디어 중 하나를 선택하느라 다른 하나를 버리는 양자택일 방식 대신, 두 아이디어의 요소를 모두 포함하면서도 각 아이디어보다 뛰어난 새로운 아이디어를 만들기 위하여 서로 상충되는 아이디어와 상충되는 조건을 모두 이용하는 '통합적 사고'능력이다"라고 정의했다. 로저 마틴은 '디자인 싱킹'은 혁신과 효율성 두 측면 모두에서 경쟁우위를 확보하기 위한 최고의 도구이자 21세기에 경쟁력 우위를 확보하는 가장 강력한 처방이 될 것이라고 강조한다. 디자인 싱킹은 기업에만 필요한 전략이 아니라 비즈니스에서 가치를 창조하는 다양한 방식뿐만 아니라 개인의 혁신 또한 가능케 하는 것이다. 디자인 싱킹이란 상품개발 과정에 비즈니스와 기술적 요구를 통합 적용해 사용자가 요구하는 바를 전달하는 것으로 디자인 싱킹의 핵심은 인간경험에 대한 고려이며, 새로운 상품이나 서비스를 기획하며 관련기술개발 활동에 고객의 시각을 반영하는 것도 디자인 싱킹으로 볼 수 있기 때문에 일부에서는 디자인 싱킹을 "인간중심 디자인human-centered design"이라는 용어를 사용하기도 한다. 따라서 기업서비스를 개발할 때는 기술적 구현가능성이나 기능의 타당성에 앞서 기본적인 유용성과 사용자의 욕구에 대한 고민이 선행돼야 한다. 또 오늘날 기업들이 당면한 시급한 도전들을 해결하기 위해서는 경영자적 마인드와 디자이너의 본능이 공존하는 '혼합형 지도자'가 필요하다. 아이팟을 창조할 만한 능력을 지닌 기업은 2000년대 초부터 셀 수 없이 많았지만 이들은 리스크가 크다는 분석결과 때문에 실행에 옮기지 않았으나 직관력이 뛰어난 스티브 잡스가 이끄는 애플이 그 기회를 움켜쥐었고 시장을 주도할 수 있었다. 분석적인 관점에서 사업성을 타진하지 못했기 때문에 애플TV와 파워맥 G4 큐브, 그리고 그가 운영하던 기업 넥스트까지 모두 실패했다. 이와 같은 실패를 통해, 잡스는 애플 내부에 통합적 사고법인 디자인 싱킹을 촉진하는 역할을 수행했고,

그 후 아이폰과 아이패드와 같은 시장을 주도하는 아이콘 제품을 출시하였다.

점점 더 높은 삶의 질을 추구하는 현대의 소비자들에게는 제품의 품질이나 기술수준보다 디자인과 브랜드가 더욱 중요해지면서 사람들이 물건을 선택할 때 가장 먼저 고려하는 요소가 가격price에서 품질quality을 거쳐 디자인design으로 빠르게 바뀌면서 특별함이 담긴 베스트디자인 제품만이 살아남을 수 있는 디자인 중심의 시대가 되었다. 20세기 기업경쟁력의 바탕이 품질이었다면, 21세기에는 디자인이 핵심이기 때문에 고객의 욕망을 읽어내고 그것을 채워주는 혁신의 수단인 디자인 수준을 높일 경우 기업의 경쟁력을 높여주는 것은 물론 새로운 분야를 개척하는 데도 기여할 수 있다. 또한 변화무쌍하고 불확실한 세계에서 어느 한쪽에 치우친 경영전략으로는 성공하기 어렵기 때문에 지속가능한 혁신을 달성하기 위해선 분석과 직관 중 하나를 제거하는 '선택과 집중'보다 두 가지 사고방식이 조화를 이루는 '균형'이 더 필요하며, 그 사고의 균형을 유지하는 데 필수적인 수단이 바로 통합적 사고방법인 '디자인 싱킹'이다. 세계에서 가장 혁신적이면서도 지속적인 성장을 이끌어내는 선진기업들은 끊임없이 사업을 새롭게 디자인하는 과업에 착수한다는 점에서 다른 기업들과 차이를 보인다. 대표적으로 애플의 스티브 잡스Steve Jobs, IDEO의 팀 브라운Tim Brown, P&G의 래플리Lafley, 구글의 에릭 슈미트Eric E. Schmidt 등 세계 최고의 혁신가들은 디자인 싱킹을 통해 탄생했다. 디자인 싱킹은 제품과 서비스개발의 전 과정을 직접 실행하고 개선하는 '행동을 통한 학습'을 중요시하고 시각적 도구를 반드시 활용한다. 한편 디자인적 사고의 3가지의 핵심가치는 첫 번째는 기술적으로 구현 가능한 아이디어, 두 번째는 지속가능한 사업적 가치를 만들어 낼 수 있는 아이디어, 세 번째는 바람직한desirable 것을 만들어 낼 수 있는 아이디어여야 한다. 즉 기술, 사업, 인간에 관한 세 가지 가치를 동시에 충족해 줄 수 있어야 한다. 또 디자인적 사고가 필요한 이유는 문제를 다른 방법으로 풀기 때문이다. 디자인은 기존에 존재하지 않았던 새로운 가능성을 찾아내는 것이고, 디자인적 사고는 확산을 통해 혁신을 촉진하는데 이를 통해 경쟁자들이 갖지 못한 경쟁력을 갖게 한다. 예를 들어 한 장의 그림처럼 아이디어를 시각화하는 디자

디자인 싱킹design thinking 5단계

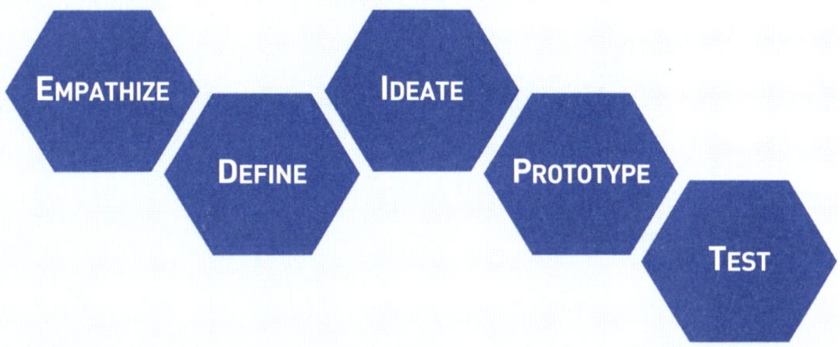

▲ 디자인 싱킹 과정(그림 = 스탠포드대학교)

① 공감하기 – ② 정의하기 – ③ 아이디어내기 – ④ 시제품 만들기 – ⑤ 시험

디자인 싱킹design thinking 5단계는 사용자 이해, 문제점 발견, 솔루션 도출, 시제품 만들기, 시장의견 반영 등 총 5단계에 걸쳐 이뤄지고 있다.

《사례》 문대통령은 "정부가 해결해야 할 교육문제는 과도한 입시경쟁, 심화되는 교육격차를 해소하는 것"이라고 힘주어 말했다. 아울러 "교육은 가장 정의롭고 공정해야 한다. 입시제도는 단순하고 공정하다고 국민들이 느낄 수 있어야 한다"는 점도 강조했다. 이같이 중요한 대입전형 개혁목표를 달성하기 위하여 아래와 같은 질문으로 전환하고 이 질문에 대한 답을 열린 방식으로 찾아나가야 할 것이다.

- "과도한 입시경쟁을 완화하려면 어떤 대입전형 제도를 만들어야 하는가?"
- "교육격차를 완화하려면 어떻게 해야 하는가?"
- "정의롭고 공정한 교육과 대입전형은 어떤 것인가?"

위 질문들의 답을 찾기 위해 문제해결의 대표적 방식인 디자인 싱킹design thinking 5단계를 다음과 같이 적용해 볼 수 있다. ① 이해당사자들의 요구분석 및 정보수집, ② 학습자의 요구조사와 시사점을 바탕으로 핵심질문을 도출, ③ 브레인스토밍을 통한 창의적인 해결책 도출, ④ 현장적용을 위한 시안 만들기, ⑤ 현장적용을 통해 작동여부를 확인하고 피드백 받기

– 허프포스트코리아, 수능 개편 1년 유예, 그동안 해야 할 일, 2017.8.31.

디자인 싱킹design thinking에 뛰어난 사람들의 4가지 특성

오늘날 디자인은 '기존의 상황을 원하는 상황으로 바꾸기 위한 목적으로 사람들의 행동양식을 고안하는 활동by Herbert A. Simon'으로 정의된다. 필요한 변화를 이끌어 내는 모든 행위가 디자인이고 디자인적 사고design thinking가 강조되고 있다. 디자인적 사고에 뛰어난 사람들은 다음과 같은 특성을 가지고 있다.

① 공감을 잘한다Empathetic

공감은 사업을 할 때 고객, 동료, 파트너, 공급 업체의 동기를 이해하고, 사람들과 정서적인 유대를 더 강력하게 맺는 데 이용될 수 있다. 이러한 특성은 지금처럼 고객 중심적인 시장에서는 큰 도움이 된다.

② 직관적이다Intuitive

직관은 상황을 이해하는 지름길이다. 논리적 사고를 하는 경우 A-B-C-D처럼 직선적으로 문제를 해결하고, 직관적 사고를 하는 경우에는 C-B-D-A 방식으로 건너뛰고 한 술 더 떠서 R-K-Z-P 방식까지 끼워 넣는다. 논리적인 사고는 아이디어의 기초를 세우고 증명하기에 좋고, 직관적인 사고는 그림 전체를 보기에 좋다.

③ 상상력이 풍부하다Imaginative

소수의 산만한 직원들이 없다면 혁신은 결코 일어나지 않을 것이다. 새로운 아이디어는 집중적인 사고가 아니라 확산적인 사고에서 나온다. R&D 엔지니어는 파괴적 제품 플랫폼을 디자인하기 위해, 대리점 점장은 고객충성도를 형성할 확실한 방식을 디자인하기 위해, 웹 디자이너는 아이디어와 활동 그리고 자원 사이의 관계를 놀랍도록 만족스럽게 디자인하기 위해 상상력을 이용한다.

④ 이상주의적이다Idealistic

창조적인 성격은 극적이고, 고집 세고, 환상에 젖어 사는 것으로 묘사되어 왔다. 창조적인 사람들은 잘못된 것, 빠진 것, 또는 바뀌어야 한다고 믿는 것에 집착하는 것으로 악명이 높지만 회사의 목표가 기존상황을 원하는 상황으로 바꾸는 것이라면, 어느 정도까지는 이들이 회사에 필요할 것이다.

– 디자인풀 컴퍼니(The Designful Company),
마티 뉴마이어(Marty Neumeier) 지음, 박선영 옮김, 시그마북스, 2009.

인적 사고의 기술은 직관과 통찰을 통해 숫자와 글자에 갇혀 있는 머릿속의 생각을 밖으로 끌어내는 것이어서 애플, IDEO, GE 등 앞선 기업들은 그림으로 회의를 한다. 흔히 아이디어를 시각화하는 4단계는 ① 공간하기 고객은 어디에 존재하는가? ② 정의하기 고객은 어떤 가치를 원하는가? ③ 창조하기 아이디어를 그려라, ④ 경험하기 대안을 오감으로 느껴라이다. GE와 P&G 등 디자인 싱킹 교육훈련 기업의 매출은 비非교육기업에 비해 평균 40% 이상 높은 증가율을 시현한 것으로 나타났다.

3. 브랜드brand와 기업경쟁력

1) 브랜드Brand의 중요성

브랜드는 비슷한 상품이나 서비스들 중에서 고유의 특징, 속성 등을 차별화해 주는 역할을 하며, 소비자는 브랜드를 통해 제품이나 기업을 식별하는 기능, 해당 제품의 품질을 보증하는 기능, 나아가 소비자의 심리적 만족감을 결정하는 요소로 작용한다. "브랜드Brand"는 기업의 총체적 역량이 집약된 기업의 얼굴이자 상징으로, 이미지와 가치를 지닌 회사의 가장 가치 있는 무형의 자산이자 고객과의 신뢰와 일관성을 포함한 소비자들의 기대를 모아놓은 것이므로, 브랜드는 '이름, 용어, 심벌 디자인'을 넘어서 소비자가 향유하고 느끼는 다양한 혜택과 이미지까지 포함하는 포괄적 개념이다. 브랜드brand란 누군가와의 경쟁이 아니라, '나다움'을 발견하고 그것을 꾸준하게 키워가는 과정이다. 브랜드brand의 기원은, 고대 노르웨이의 농장주들이 가축의 소유자를 확인하기 위해 자신 소유의 가축엉덩이에 낙인을 찍었다는 'brandr(불로 지지다)'에서 유래했다고 한다. 우리 상표법에서는 "상품을 생산, 가공, 증명 또는 판매한 것을 업業으로 영위하는 자가 자기의 상품을 타인의 상품과 식별하기 위하여 사용하는 기호, 문자, 도형 또는 이들을 결합한 것"이라고 정의하고 있다. 또 미국 버클리 대학 브랜드자산 전문가 데이비드 아커David Aaker 교수는 "브랜드는 경쟁사로부터 오는 위협에서 제품이나 기업에 대한 고객충성도를 지켜준다"라고 주장하였다. 80년대 후반 브랜드연구를 통해 브랜드를 단순한 상표에서 '자산'의 개념으로 전환시킨 데이비드 아커David A. Aaker는 "이전까지만 해도 브랜드는 적당히 광고예산을 투입해 이미지를 좋게 만드는 대상으로만 여겼다며, 브랜드를 자산으로 인정하면서 기업은 브랜드 구축의 필요성을 절감했다"고 설명했다. 또 브랜드의 철학과 나만의 스토리는 물론 소비자의 취향과 개성을 돋보이게 하는 브랜드만이 고객들에게 기억되고 사랑받을 수 있다. 최근 브랜드의 중요성에 대한 인식이 커지고 소비자들이 논리적으로 제품을 사지 않고 자신의 감정에 의해 구매하는 성향이 더욱 높아지면서 제품이 아닌 브랜드를 구매하는 트렌드가 확산되고 있다. 그런 현상 때문에 신생기업의 경우 때로는 남들보다 더 나은 제품과 서비스를 갖추었음에도 시장에서 제대로 승부해보지 못한 채 사라져버리는 경우가 적지 않은 반면 자신만의 색깔을 내는 브랜드brand가 있는 기업들은 시장에서 보다 긍정적인 평가를 받게 된다. 따라서 제품이나 서비스의 품질은 비슷비슷하니 이를 알리는 브랜딩 활동이 더 중요해졌고, 자신의 제품이나 서비스를 개발한 후에 브랜딩을 시작하는 것이 아니라, 제품 및 서비스를 제시하는 과정 자체가 고객의 공감을 얻는 브랜딩 활동이 되어야 한다. 최근 디지털로 개개인의 모든 접점이 연결되면서 시장의 규모는 나날이 확장하거나 급작스럽게 무한한 기회가 생겨나면서 성공을 향한 길이 더 넓어지기도 하지만 지속가능한 성공이 더 어려워진 시대에 브랜드의 이미지와 느낌, 아이덴티티를 수용자의 마음속에 심어주는 과정을 뜻하는 브랜딩은 사업을 운영하거나 시작하는 이들 모두에게 성장을 위해 필수불가결한 과정이 되었다. 특히 스타트업들 중에도 반짝이는 아이디어로 승부하는 회사들이 많은데 일부 초기기업의 경우 눈에 띄는 기술이나 디자인으로 잠깐의 성공은 가능하겠지만 지속과정에서 고비를 맞게 될 경우 이 고비를 넘어 지속가능한 성공을 원한다면 독특한 브랜드를 만들어야 한다. 따라서 신생기업의 경우 색다른 가치를 담은 신상품을 개발한 경우 사람들의 마음에 우리 브랜드가, 우리 회사가, 우리의 일이 어떤 모습으로 이미지가 각인될지를 고민하고 브랜드 인지를 실현해야만 성장하는 창업이 될 가능성이 높아질 수 있다.

"가장 좋은 브랜드 콘셉트는 그 콘셉트로 하여금 사용자가 인간으로서 자신의 삶에 의미와 희망을 부여하게 할 수 있는 콘셉트이다."

– 마크 고베(Marc Gobe), 세계적인 브랜드 디자이너

브랜드 절대가치 제공하고 정체성을 팔아야

시장 환경이 변하면서 브랜드의 전략적 위상도 바뀌고 있다. 브랜드의 중요성은 아무리 강조해도 지나치지 않지만, 그만큼 브랜드를 관리하고 키우는 일도 힘들어졌다. 제품 간에 품질 차이는 줄어들고, 원가절감 경쟁이 더해지면서 브랜드를 차별화하기 어려운 실정이다. 소비자의 계속된 사랑을 받기 위해서는 지속적인 브랜드관리 전략이 필요하다. '한번 1등은 영원한 1등'이라는 단순한 논리는 더 이상 적용하기 힘들다. 기업들은 자사 브랜드 가치를 높일 수 있는 '절대가치'를 제공함으로써 소비자에게 실질적 혜택을 줘야 한다. 소비자의 행동 변화와 욕구충족을 해줄 수 있는 브랜드만이 진정한 브랜드가치를 확보하는 시대가 됐다. 기업들은 시장지향적 관점에서 소비자의 가치를 창출하고 이를 반영할 수 있는 브랜드를 가꿔나가야 한다. 소비자에게 사랑 받으려면 단순히 제품이나 서비스가 아닌 '정체성'(아이덴티티)을 팔아야 한다. 소비자가 가치와 이상을 구매하게끔 해야 한다. 이 과정이 지속적인 재구매로 이어지며 고객과 브랜드의 신뢰가 형성된다. 요즘은 모든 것이 너무 빨리 변하고 속성으로 등장하는 제품들이 많다 보니 기업들도 고객과의 관계형성보다는 단기이익에 집중한다. 그러나 정체성이 불분명한 제품·서비스는 소비자의 머릿속에서도 빨리 잊힌다는 사실을 깨달아야 한다. 잠깐 뜨고 지는 브랜드는 많다. 사회 전체의 이익을 염두에 두고 제품과 서비스를 만들어 간다면 소비자들의 브랜드에 대한 사랑은 지속적인 관심과 애착으로 발전할 것이다.

– 이코노미스트, 사랑받는 브랜드는 혁신의 결과물, 1390호(2017.7.3).

2) 성공적인 브랜드전략brand strategy

오늘날에는 브랜드의 힘이 해당 상품의 판매 여부를 좌우하고 나아가 회사의 사활을 결정하므로 상품에 대한 브랜드 관리는 마케팅전략에서 가장 핵심적인 부분이므로, 기업의 경쟁력을 창조하고 유지·발전시키려면 강력한 브랜드 이미지를 소비자의 머릿속에 심어놓아야 한다. 브랜드전략은 브랜드를 널리 알림으로써 경쟁자의 동일제품과 자기제품과의 브랜드이미지를 차별화differentiation해서 경쟁상 유리한 입장을 구축하려는 것이다. 브랜드brand가 많은 소비자들로부터 꾸준히 선택받고 있는 이유는 논리를 넘어선 소비자의 사랑이 뒷받침되었기 때문이며, 브랜드 관리의 궁극적 목표도 소비자가 브랜드에 대하여 느끼는 최상의 감정인 소비자의 사랑을 받는 것이다. 이렇게 형성된 브랜드에 기반한 가격프리미엄은 더 많은 이익을 약속하며, 고객의 구매욕구를 자극하고, 고객충성도를 높이는 역할을 한다. 고객은 시장에서 물건을 사서 쓰지만 기업은 고객의 마음을 얻어야 하므로 기대를 넘어선 자부심과 감동으로 고객이 열광하는 매력적인 브랜드를 만들 수 있는 적절한 전략이 필요하다. 브랜드 마케팅의 목표는 물건을 파는 것이 아니라 고객의 마음을 얻기 위한 노력이고, 그 결과로 고객의 마음속에 호의적이고 강열한 인상을 심어주는 것이다. 브랜드전략가 데이비드 아커David A. Aaker는 브랜드 파워brand power야말로 가격경쟁의 대안이라면서 "마음을 사로잡은 상품은 고객을 움직이도록 하지만 영혼을 사로잡은 브랜드는 고객의 헌신을 가져온다"고 강조했다. 이는 브랜드를 자산화하면 회사의 성장목표를 더욱 빠르고 효율적으로 달성할 수 있음을 뜻한다. 최근 세계경제의 양극화가 급속히 진행되면서 시장의 지각변동이 극심해짐에 따라 이 파고를 극복하고 지속적으로 성장하려는 기업에 강력한 무기는 고객충성도가 높은 브랜드이다. 따라서 강한 브랜드를 보유한 기업만이 고객의 굳건한 지지를 발판으로 새로운 도약의 기회를 발견할 수 있다. 또 경영구루 톰 피터스Tom Peters도 "점점 더 복잡해져 가는 시장에서 바보들이나 가격으로 경쟁하려 든다. 승리자는 고객의 마음속에 브랜드의 가치를 지속적으로 인식시킬 방법을 찾는다"며 강력한 브랜드형성에 기업이 총력을 기울여야 한다고 강조한다. 이는 무한경쟁으로 요약되는 오늘날 시장상황에서 살아남기 위해서는 소비자 마음을 파고드는 강력한 브랜드를 만들어야 한다는 점을 지적한 명언이다.

> "브랜드전략은 단순 경쟁과는 다른 개념이다. 하지 말아야 할 것을 하지 않는 용기, 해야 할 것만 해내는 지혜, 처음 생각과 뜻을 일관성 있게 유지하는 인내, 그리고 비전을 중심으로 모두가 협력해 브랜드를 구축하는 것이 브랜드전략이다."
>
> – 〈브랜드전략은 브랜드다〉 중에서

브랜드와 브랜드 연상의 중요성

브랜드(Brand, 상표)란 특정 기업이 시장에서 자신의 제품이나 서비스를 소비자에게 식별시키고 경쟁자의 것으로부터 차별화하기 위해 사용하는 이름과 상징물의 결합체로서 제품의 명칭, 기호, 디자인 등을 포괄적으로 일컫는다. 구체적으로 삼성', '현내', '롯네리아'와 같이 숫사나 글자와 같이 언어적으로 표현되는 부분을 브랜드명(brand name, 상표명)이라 한다. 동화약품의 '부채표'나 '쌍방울'과 같은 언어적으로는 표현할 수 없으나 시각적으로 표현되는 요소인 기호, 디자인, 글자체와 같은 비언어적인 부분을 브랜드 마크Brand mark라 한다. 그리고 브랜드나 브랜드 마크 가운데에서 법적으로 등록되어 배타적으로 권리를 행사할 수 있는 부분을 등록상표Trade mark라고 한다. 소비자의 마음을 얻고 경쟁자를 이기는 핵심적 요소는 자사상품에 대한 브랜드 이미지라 할 수 있다. 다수의 상품이 경쟁하는 시장에서 상표란 기업과 고객을 연결시키는 의사소통 매체이다. 기업은 소비자가 원하는 바를 찾아 충족시켜 줌으로써 시장에서 번성하게 되는데, 기업의 번영이란 결국 자사 제품을 소비해주는 고객과 시장에서의 경쟁자의 함수라 할 수 있다. 브랜드에 대한 이미지는 결국 호의적인 상표에 대한 연상으로부터 나타난다. 예를 들면 차별적 이미지, 기술력, 사회적 기여와 같이 브랜드가 가지고 있기 때문에 발생된 바람직한 마케팅효과를 브랜드 자산이라 하는데 브랜드 자산이란 결국 브랜드에 대한 인지도와 브랜드에 대한 긍정적 인상을 통해 발생한다.

$$\text{브랜드 자산} = \text{브랜드 인지도} + \text{브랜드 연상(이미지)}$$

전통적인 마케팅이론은 고객을 이성적인 존재로 보고 고객은 합리적으로 소비자 효용을 판단하며, 정교한 분석 아래 소비자 효용을 극대화하는 최적의 의사결정을 내린다고 가정하지만, 최근 관련 연구결과들을 보면 고객들은 이성보다는 오히려 매우 다양한 감정에 크게 영향을 받는다는 사실을 알 수 있다. 따라서 직접 구매행동을 유발하는 것은 어떤 상품을 좋아해야 할 이유를 찾아주는 생각think보다는 정작 구매할 이유를 찾아주는 것은 감정feeling이므로 구매설득의 초점을 소비자 머리에서 마음으로 옮기는 것이 매우 중요하다. 실제 제품을 구매할 때 처음에는 제품의 기능은 뭔지, 왜 이 제품을 선택해야 하는지 합리적인 이유를 찾지만 결국 결론을 내리는 것은 감성이라는 것이다. 이는 이미 수천 년 전, 아리스토텔레스Aristoteles가 플라톤Platōn에게 "마음에 호소하는 것은 머리에 호소하는 것보다 강하다. 머리에 호소하면 사람들의 고개를 끄덕이게 할 수 있지만, 마음에 호소하면 사람들을 지금 당장 움직이게 만든다"라는 말에도 나타난다. 이처럼 감성적으로 마음을 얻게 되면 경쟁에서의 승리가 보다 쉬워질 수 있다. 또한 컬럼비아 대학의 홀브룩Morris Holbrook 교수의 연구는 고객들이 브랜드를 사용하고 얻는 가치를 이성적 가치와 감성적 가치로 나누고 이러한 가치들이 어떻게 충성도로 연결되는지를 보여준다. 이성적 가치는 브랜드의 신뢰도brand Trust를 형성시키고, 형성된 신뢰도는 제품의 직접적인 구매나 제품에 대한 주변에 긍정적인 구전을 유발한다. 반면 감성적 가치는 브랜드에 대한 애착brand Affect을 형성시키며, 형성된 애착은 브랜드에 대한 호의로 연결되며, 이러한 호의는 소비자들의 가격민감성을 낮춰서 결국 제품에 대한 프리미엄을 받게 해준다. 기업들에게 단순히 고객만족도를 제고시키는 활동을 넘어서 고객만족도를 통해 고객들에게 분명한 가치를 전달하고, 이러한 가치가 브랜드에 대한 신뢰나 애착이 형성될 수 있는 단계로 발전되어야 기업들이 원하는 고객충성도와 수익성제고로 나타날 수 있다.

"시장에 나와 오랜 기간 시장에서 중요한 점유율을 확보하며 오랜 기간 시장에서 생존해 있는 제품으로써 강력한 브랜드 파워를 가지고 소비자의 의식 속에서 신뢰의 이미지로 자리 잡고 있으며 단기적인 성과와 그 성과를 지속적으로 유지할 수 있는 브랜드"가 롱런 브랜드, 즉 장수 브랜드이다.

– 〈롱런 브랜드의 제고를 위한 패키지 디자인 전략 연구〉

장수 브랜드의 성공비결 핵심 3요소

- 일관 Consistency: 일관된 브랜드 아이덴티티 유지
- 신뢰 Confidence: 철저한 소비자 신뢰관리
- 소통 Contemporary: 적극적인 시대 소통

스타트업도 브랜드전략이 필요하다

브랜드 중심의 시대였던 20세기 마케팅은 자신의 상품과 서비스를 경쟁자로부터 차별화하고자 하는 활동이었으나 스타트업시대에서 브랜드를 구상하고 구체화하는 커뮤니케이션 전략을 세우는 데 많은 인력과 시간이 소요된다. 그러나 스타트업은 제품 및 서비스 기획, 개발, 영업과 같은 비즈니스 필수 활동들을 수행하는 것만으로도 벅차기 때문에 항상 부족한 시간과 인력에 쫓기는 스타트업에 브랜딩은 매우 어려운 일이므로 많은 스타트업이 전통의 브랜드전략을 따라가는 대신 고객반응을 측정해서 효율성이 가장 좋은 커뮤니케이션 채널과 방식에 자원을 집중 투입하는 다양한 콘셉트의 프로모션 활동을 벌인다. 그 과정에서 자연스럽게 제품과 서비스에 대한 고객들의 인식이 생겨나고, 이를 바탕으로 브랜드를 서서히 다듬어 간다. 브랜드전략은 당장 눈에 띄는 성과를 가져다주지 못할 수도 있으나 확고한 브랜드는 기업 내부로는 임직원을 일관된 기준에 따라 생각하고 움직이게 하는 강력한 지표가 될 수 있으며, 고객에게는 경쟁자의 제품과 서비스 대신 우리를 선택해야 하는 명확한 이유를 제시한다. 스타트업에서 위대한 기업으로 성장하는 거칠고 먼 길에 브랜드는 든든한 조력자가 될 것이므로 데이터가 넘쳐나는 마케팅 환경 속에서도 브랜드전략은 중요하다.

하루에도 새로운 제품과 브랜드가 셀 수 없이 쏟아지는 가운데 브랜드 정체성을 직관적으로 표현하는 네이밍 마케팅은 대단히 중요하며 브랜드의 명확한 콘셉트를 보여주고, 마케팅 상황에서 가장 유리한 언어를 찾는 것이 바람직한 브랜드 네이밍brand naming이다. 업계에선 소비자들의 뇌리에 한 번에 각인돼 다른 브랜드와 차별화할 수 있는 브랜드명을 내세우고 있다. H&B(헬스&뷰티) 전문 기업 '텐마인즈tenminds'는 기업명에 "열 사람의 마음을 얻으면 모든 사람들의 마음을 얻을 수 있다"는 철학을 담았다. SPA 브랜드 '유니클로Uniqlo'는 '히트텍'이나 '에어리즘' 등 제품특성을 명확하고 직관적으로 나타내는 상품명으로 공전의 히트를 쳤다. 땀을 빠르게 말려주는 신소재 이너웨어 '에어리즘' 역시 쾌적한 착용감으로 호응을 얻고 있다. 브랜드개발 전문기업 브랜딩컴 대표는 브랜드명은 '마케팅전략의 언어적 전환 작업'이 돼야 소비자를 사로잡을 수 있다며 "유혹하지 못하는 브래드명은 소비자들의 기억에 남을 수 없다"고 말했다. 브랜드 전략을 실행하기 위해서는 브랜드의 이름을 짓고, 브랜드의 콘셉트와 개념을 정립한 후, 이를 고객의 마음속에 차별화된 것으로 자리 잡게 하고, 이에 대한 고객의 지속적인 애정과 충성도를 이끌어 내어 궁극적으로는 그 브랜드 이름에 파워가 생겨 소비자의 마음속에 굳혀진 브랜드 이미지가 다른 제품으로까지 확장될 수 있도록 발전하게 된다.

1. 브랜드 네이밍Naming 단계

브랜드 네이밍은 상품의 이미지를 소비자들에게 가장 잘 어필할 수 있도록 짓는 것이 좋고 다음 사항을 고려해야 한다.

- 단순·일반적 단어보다 고유성, 특유성을 강조하는 단어를 택해야 한다.
- 해당 제품을 적절히 암시하고, 안 좋은 의미를 내포하지 말아야 한다.
- 간결하고, 기억하기 쉬워야 하며, 상표법상 등록이 가능해야 한다.
- 단어의 길이가 적절해야 하며, 발음하기 쉬워야 한다.

2. 브랜드 아이덴티티Identity 수립 단계

브랜드 정체성Identity은 상품 이름이 내재하고 있는 개념 또는 추구하는 성격으로, 기업이 목표고객의 마음속에 심어주기를 원하는 바람직한 브랜드의 모습이자 비전이고 목표이다.

3. 브랜드 포지셔닝positioning 단계

앞서 수립한 브랜드 아이덴티티를 실현하기 위한 실천전략으로 경쟁제품과 비교하여 소비자의 마음속에 차별화되도록 전략 수립하는 것이 핵심이다.

4. 브랜드 로열티Loyalty 확립 단계

브랜드 로열티**Loyalty**는 브랜드에 대한 소비자의 충성도, 즉 특정 브랜드의 구매와 사용만을 고집하는 소비자들의 독특한 성향을 말한다. 이러한 브랜드 로열티는 해당 브랜드의 성장과 수명을 연장시킬 수 있는 가장 중요한 요소이며, 고객의 재구매 요인이 되기도 한다.

5. 브랜드 확장Extension 전략 단계

브랜드 확장이란 성공한 기존상품의 브랜드를 다른 상품에 도입하여 사용하는 것으로, 브랜드 로열티를 십분 활용하여 브랜드전략을 전개하는 방법 중의 하나이다.

3) 기업의 슬로건과 심벌로고, Logo

"슬로건**Slogan**"은 어떤 단체의 주의나 주장을 간결하게 나타낸 짧은 구호다. 슬로건은 스코틀랜드 지방의 군인들이 위급한 상황에 닥쳤을 때 외친 함성에서 시작되었으며, 그 어원은 Slaugh(군인)와 Gaimm(함성)이니, '군인들이 한꺼번에 소리치는 함성'이 곧 Slogan이었음을 알 수 있다. 새로운 비즈니스를 시작하는 창업과정은 잡을 만한 가드라인도 없는 외나무다리를 건너야 하는 과정이므로 세련된 슬로건보다는 '창업상황'과 어울리는 직설적인 방법으로 회사의 특성이나 브랜드 내용이 금방 이해되고 의미가 명확하게 표현되는 것이 좋다. 슬로건을 개발할 때 오랜 시간 생각해야 그 슬로건의 의미를 이해할 수 있는 슬로건보다는 슬로건을 통해서 이야기하고 싶은 내용이 브랜드 이름**Name**과 일치할 때 생기는 효과 및 슬로건의 적당한 길이 등을 고려하여 창업브랜드에 어울리는 스타일을 검토해야 한다. 그 기준으로는 다음과 같다. ① 금방 이해될 만큼 쉬워야 한다. ② 목적이 명확하게 강해야 한다. ③ 'α'를 이야기하기 어려우면 슬로건을 사용하지 말라. 대부분 무관심한 고객들에게 온갖 이야기를 쏟아부으면 오히려 귀찮아한다. ④ 의미 이해가 어려운 슬로건은 슬로건으로서의 정상적인 역할이 어려우니 간결성을 위해서 너무 압축하지 마라.

깔끔한 슬로건 사례

- I'm your Energy ' 〈GS칼텍스〉
- 사람, 사랑 그리고 삼성생명 〈삼성생명〉
- 600그램 주문하면 600그램 더 주는 〈그램그램〉
- 약이 되는 음식을 만드는 집 〈약선당〉
- 생각하는 힘을 기르자! 〈씽크매직〉

기업의 '로고Logo'는 기업의 철학, 문화, 목적, 비전, 전문분야, 이미지 등을 시각적으로 체계화한 간결한 형태로써 대중의 이목을 집중시키고 브랜드 정체성Brand Identity을 확실하게 인식시키기 위해서 활용한다. 로고는 브랜드만의 특징이 쉽게 기억될 수 있도록 글자와 기호, 색 등의 다양한 시각적 요소들을 사용하여 디자인함으로써 기업이나 브랜드를 표현할 수 있는 가장 압축적인 효용을 가진 은유와 비유다. 로고는 기업의 정신과 철학을 담은 얼굴이고 로고의 가치는 남과 다르기 위한 자기다움(차별화)에 있다. 또 로고Logo는 제품이나 기업을 떠올리게 하는 가장 강렬한 표징이고 시각적 요소를 가장 잘 결집한 이미지를 담은 한 조직체의 '얼굴'이므로 로고는 기업이 스스로 바라는 이미지와 목표가 핵심적으로 반영되고 조직의 특성과 분야를 쉽게 알아볼 수 있게 디자인되어야 한다. 좋은 로고는 독창적이고, 적합하고, 단순한 반면, 나쁜 로고는 복잡하고, 유행에 민감하고, 쉽게 기억되기 어렵다. 특히 로고 디자인은 시각으로 기억에 남기 때문에 기업 및 브랜드를 더 오래도록 기억시키기 위하여 시각 이미지를 사용하게 되는데 우리가 기억하는 세계적인 브랜드들도 브랜드를 상징하는 개성 있는 로고가 있다는 공통점이 있다. 아무리 보기에 좋아도 담긴 의미를 이해하기 어렵거나, 뜻이 잘 통해도 아름답지 못하다면 훌륭한 로고가 될 수 없다. 잘 관리된 로고는 설명서 없이 제품과 기업의 특징을 드러내므로 로고를 보면 기업의 창업정신과 철학, 흥망성쇠를 알 수 있다. 특히 자동차의 아이덴티

단돈 35달러 '나이키' 로고

나이키 로고의 진화
위쪽부터 1971년 캐럴라인 데이비슨이 디자인한 로고, 1978년 개선된 로고, 1995년 도입된 현행 로고.

회사로고를 어떻게 디자인해야 하나? 스타트업 창업자의 한결 같은 고민이다. 나이키도 스타트업 시절 같은 문제에 봉착했다. 1971년 오리건주립대학교 육상코치 빌 보어먼과 회계학을 전공하던 육상선수 필 나이트는 공동으로 나이키를 설립했다. 그들은 로고디자인을 고심하던 끝에 같은 대학 그래픽디자인전공 학생인 캐럴라인 데이비슨에게 맡겼다. 데이비슨은 나이키의 어원인 '승리의 여신'을 상징하는 'V'를 날렵한 외곽선으로 다듬고 그 위에 필기체로 쓴 'Nike'를 겹친 디자인을 완성했다. 부메랑같이 스피디한 형태 덕분에 '휙' 소리를 의미하는 스우시swoosh라는 별명을 얻은 로고는 미국특허청에 등록됐다. 데이비슨이 나이키에 청구한 디자인료는 단돈 35달러였고, 나이트 사장은 "맘에 꼭 들지는 않지만, 점점 좋아질 것 같다"며 청구된 금액을 지불했다. 1983년 9월 나이트 회장은 고위 임원들과 함께 데이비슨을 오찬에 초대했다. 다이아몬드로 치장한 스우시 형태의 금반지와 나이키 주식 500주를 깜짝 선물로 데이비슨에게 줬다. 당시 주당가치가 150달러였으니 총액이 7만 5,000달러에 달했다. 요즘 가치로 환산하면 64만 달러(약 7억 6,000만원)라는 거액이다. 성공을 도운 사람과 성과를 나눌 줄 아는 사업가정신이 돋보인다. 처음에는 다소 어설펐지만 몇 차례 진화 끝에 오늘날 가장 세련되고 널리 알려진 로고 중 하나가 되었다.

– 정경원 세종대 석좌교수·산업디자인

티를 대변해 주는 자동차의 엠블럼emblem은 엠블럼 이상의 가치와 의미가 있을 뿐만 아니라 소비자의 뇌리에 쉽게 각인되는 디자인으로 엠블럼의 숨겨진 뜻과 아이덴티티는 오묘한 상징성을 담고 있다. 메르세데스 벤츠Mercedes-Benz의 엠블럼은 어디서든 최고가 되자는 의미로 둥근 원안의 세 점은 육지, 바다, 하늘을 뜻하고, BMW는 항공기 엔진으로 시작된 회사답게 그 기원을 담아 푸른 하늘에 항공기의 하얀 프로펠러가 도는 모습에서 비롯되었다고 한다. 또 재규어Jaguar는 정글에서 먹이를 발견하면 엄청난 속도로 달리는 재규어의 아름답고 멋진 모습을 닮은 차량의 외관으로 도로 위해서 빠른 주행성능을 발휘하라는 의미로, 날렵하고 역동적인 차를 형상화해 엠블럼에 살려냈다. 현대기아자동차의 경우, 현대자동차의 엠블럼은 머리글자인 H를 타원형의 원에서 약간 기울여 만들었는데, 원은 차를 상징하며, 안쪽의 H는 두 사람이 손을 잡은 모습, 혹은 악수를 하고 있는 모습을 의미하고, 이는 고객과 기업 간의 신뢰, 노사의 화합 등을 의미하며, 기아자동차의 엠블럼도 타원형인데, 이는 지구를 상징함으로써 세계무대에 쉽고 친근하게 다가가겠다는 의미를 지녔다고 한다.

Chapter 7

사업성분석과 사업계획서 business plan

1. 사업타당성분석project feasibility analysis

1) 사업타당성분석의 개념

사업타당성project feasibility 분석이란 계획하고 있는 신규사업New Project에 대한 시장성을 분석하고 소요자금을 추정하며, 제조원가와 일반관리비 등을 분석하여 계획하고 있는 사업의 경제성, 수익성, 차입원리금 상환가능성 등을 종합 검토하여 사업을 추진할 경우 이윤실현 여부를 분석하는 것이다. 이와 같은 목표를 달성하기 위한 세부적인 사업성분석은 제품의 마케팅 및 판매와 관련된 시장분석market analysis, 생산과 관련된 기술분석technical analysis, 그리고 이들 2가지 자료를 토대로 하여 수익성을 평가하는 재무분석financial analysis 등 3가지로 분석한다. 이때 창업자는 자신이 하는 사업에 대한 목표를 정확히 정하고, 손익계산 등 사업의 타당성을 검토하며 사업계획을 점검해 보아야 한다. 사업성분석의 결과가 사업의 성패를 정확히 예측할 수는 없더라도 가장 과학적인 사업성분석을 통하여 사업의 성공가능성과 성공에 필요한 보완점을 검토하려는 노력은 매우 중요하다. 또 사업타당성분석을 위해 사업아이템은 다음의 사항들을 만족시킬 수 있어야 한다. 첫째, 나의 아이템은 현재시장 또는 고객들에게 만족되지 않은 욕구를 충족시켜 줄 수 있는 제품(서비스)인가? 둘째, 나의 아이템은 현재공급이 부족하여 해당부분을 채워줄 수 있는 제품(서비스)인가? 셋째, 나의 제품(서비스)이 기존상품에 비해 유리한 조건 또는 차별화가 있어 성공적인 경쟁을 할 수 있는 것인가? 이러한 질문에 대한 답이 긍정적이라면 본격적으로 사업타당성분석에 들어가야 한다. 타당성분석의 중요한 과제는 우선 이 아이템 관련 상품이 시장에서 얼마나 팔릴 것인가를 분석하는 시장성분석이다. 아무리 아이디어가 참신하고, 품질이 우수하며, 고도의 첨단기술 관련 상품이더라도 제품이 팔리지 않으면 아무런 소용이 없으며, 사업의 성패는 제품의 판매에 있고 판매는 시장에 의해서 좌우되므로 다양한 시각에서 시장분석을 통해 현재의 시장과 미래의 시장에 대한 정확한 인식을 가져야 한다. 시장성분석에

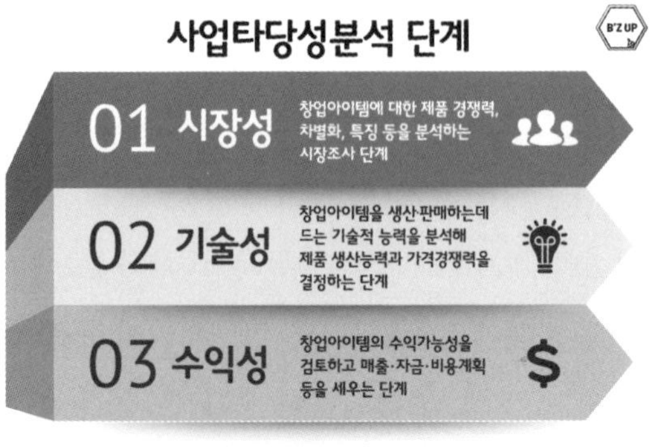

비즈업. 내 사업 분석해 보기
2016.5.25. https://brunch.co.kr/@bzup/51

포함되어야 할 내용은 전반적인 시장동향분석, 제품성 분석, 경쟁적 지위분석, 수요예측, 판매전략 등이다. 다음으로 기술성분석이란 계획하고 있는 제품이나 용역의 생산과 판매에 관련된 기술적 측면에 대한 전반적인 검토와 분석을 말한다. 경제성분석이란 사업과 관련된 모든 수익과 비용을 추정하고 분석·검토하는 모든 과정으로 경제성분석에는 판매하고자 하는 상품에 대한 매출액 대비 수익의 실현 정도를 측정하는 수익성 분석, 수익과 비용이 일치되는 매출액과 실현가능한 시점은 어디인지 분석하는 손익분기점분석, 투자안의 가치를 분석·평가하여 경제적 타당성을 검토하는 투자경제성분석으로 구분할 수 있다.

사업타당성분석은 창업을 실패로부터 지켜주고 성공확률을 높여 줄 수 있기 때문에 중소기업 창업은 물론 아무리 작은 소규모 창업일지라도 필수적으로 작성해야 한다. 사업타당성분석의 필요성은 다음과 같다.

① 사업의 타당성분석은 기업의 장래를 정확하게 파악하고 그를 통해 기업의 체계적 설계를 구성하고 적용하는 데 기여한다.

② 사업타당성분석을 통해 사업의 위험요소를 사전에 적출하여 그에 상응하는 대비책을 마련함으로써 사업의 성공가능성을 증대시키고 또한 타당성이 없는 사업에의 투자를 회피함으로써 자원의 효율성을 높이는 데 기여힌다.

③ 사업의 주체로 하여금 능력과 환경에 알맞은 사업의 적정한 목표를 설정하고 나아가 범위와 규모 등을 제시하는 데 기여한다.

④ 기업의 각종 투입변수를 조정하고 정확한 분석을 통하여 위험을 감안한 최적의 사업대안을 통하여 전략적 목표를 더욱 명확히 한다.

⑤ 사업의 기술성, 시장성, 수익성, 자금의 수지계획 등 각종 세부 항목을 사전에 분석하여 사업상의 중요도를 도출하여 경영의 효율성을 높이는 데 기여한다.

⑥ 사업상의 균형요소, 즉 환경의 기회와 위협, 자사의 강점 및 약점 등을 사전에 정확하게 파악하고 거시적 관점에서 전략적 경영능력을 제고시킨다.

⑦ 정확한 사업타당성분석을 통한 생산 및 판매의 가능성을 파악하고 계수에 근거한 협상능력을 향상시킨다.

⑧ 창업자 자신의 주관적인 사업구상이 아닌, 객관적이고 체계적인 사업타당성분석은 계획사업 자체의 성공률을 높일 수 있다.

⑧ 기업의 구성요소를 정확하게 파악함으로써 보완해야 할 사항을 미리 확인하여 조치를 취할 수 있게 된다.

사업기회opportunity와 사업화 적정성 분석

기회opportunity란 시장수용가능성market acceptance과 기술적 실행가능성technical feasibility이 포함된 개념으로 다음 질문에 답할 수 있어야 한다.

① 평가기준(시장규모, 성장성, 수익기간)은 어떠한가?
② 잠재이익이 적절한 투자수익을 보장하는가?
③ 확장, 다각화, 통합/발전가능성이 있는가?
④ 위험요인이 있더라도 이익이 지속적인가?
⑤ 새로운 제품/서비스가 진정한 욕구를 반영하는가?
⑥ 창업 후 진입장벽은 없는가?
⑦ 고객은 파악가능하고, 접근이 용이하고, 변화의 의지가 있는가?
⑧ 공급자의 핵심자원의 통제로 인한 종속, 손실은 있는가?
⑨ 수요자의 지나친 욕구충족으로 채산성 악화우려가 있는가?

2) 사업타당성 평가요소

사업 아이디어는 다른 기업이 "충족시키지 못하는 소비자들의 필요"가 무엇인지를 탐구하는 과정에서 창출된다. 사업타당성분석은 시장의 요구를 감지하고 그 요구(제품 또는 서비스)의 공급이 기술적으로 가능한지를 검토하거나(시장 선도형 아이디어), 또는 이미 개발된 기술을 응용하여 제품 또는 서비스를 개발할 경우(기술선도형 아이디어)에 시장성이 존재하는지를 검토하는 과정이다. 사업성분석은 크게 예비사업성분석과 본 사업성분석으로 나눌 수 있다. 예비사업성분석이란 사업 아이디어를 탐색하고 몇 개의 사업 가능한 아이디어를 발견하는 과정이고, 본 사업성분석은 예비적 분석과정에서 압축된 몇 개의 사업 아이디어를 심층적으로 비교하여 각 대안별 시장성, 기술성, 수익성, 공공성 등의 분석을 통하여 사업 성공가능성을 확인하는 과정이다. 본격적인 사업진행 전

사업타당성 분석절차 및 평가요소

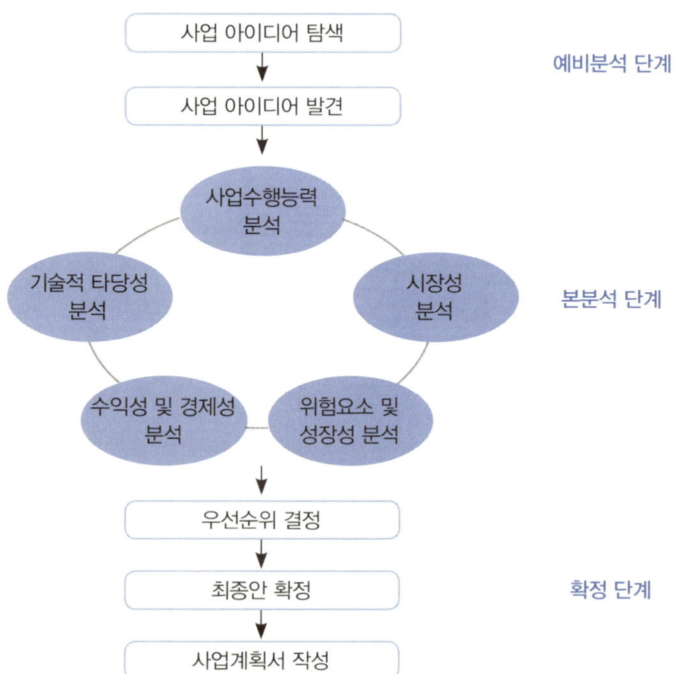

에 특정사업의 성공가능성에 대한 정보를 파악하기 위해 ① 새로운 사업에 대한 창업자의 사업 수행능력 평가, ② 계획된 제품의 생산에 필요한 기술의 해결 가능성을 검토하는 기술적 타당성분석, ③ 판매시장의 환경, 경쟁상태, 시장진입 가능성 및 중장기 수급전망 등을 검토하는 시장성분석, ④ 적정수익률 확보 가능성을 검토하는 수익성 및 경제성분석, ⑤ 위험요소 및 성장가능성분석 등은 필수적으로 검토하여야 할 평가요소들이다.

사업 수행능력 분석: 창업자가 갖추어야 할 수행능력 및 적합성 평가

평가 요소	세부 평가 항목
적성 및 자질	① 모험심 ② 신념 및 의지 ③ 스케일 ④ 리더십 ⑤ 체력
경험 및 지식	① 창업관련 분야에서의 경험 ② 지식 ③ 사회적 지위 및 신용 ④ 인간관계
업무수행능력	① 창업멤버의 구성 및 통제능력 ② 서비스 및 기술혁신 능력 ③ 환경적응능력 ④ 경영분석 및 판단능력

기술적 타당성분석

① 제품의 물리적·기계적·화학적 특성에 관련된 사항

② 제조공정에 대한 사항

③ 수요량을 생산할 수 있는 생산일정 및 공장규모의 결정

④ 구입할 기계의 규격 및 공급가격, 구매일정, 대금지불방식, 설비의 성능, 예비부속품의 조달가능성 등을 고려하여 구입할 기계를 선정

⑤ 기계의 장·단점을 충분히 비교·검토한 자료 및 기계의 배치 layout

⑥ 이용되는 기술로부터 예상되는 폐기품의 종류, 양, 처리방식 및 비용

시장성 분석

① 수요분석: 주요고객, 예상소비량, 소비총액 등

② 공급분석: 기존기업의 공급능력, 기존제품의 가격, 품질, 판매전략 등

③ 거래수요의 분석: 생산품에 대한 미래수요를 추정

④ 시장점유율 추정: 수요·공급·경쟁자의 위치와 구상하고 있는 사업의 판매계획 등을 고려하여 계획한 상품의 시장점유율을 추정한다.

수익성 및 경제성 분석

① 총사업비의 명세, 초기 자본소요액 및 사업에 관련된 현금수지 분석
② 손익계산서, 대차대조표, 현금수지분석표에 기초를 둔 재무예측
③ 재무예측을 뒷받침하는 보조자료(판매대금의 회수기간, 재고수준, 구매제품 및 제 경비 지불기간, 생산원가의 항목 및 비용, 판매 및 관리비 등)
④ 수익에 관한 분석을 위한 투자수익률, 손익분기점, 적정생산량 및 가격분석 등
⑤ 차입계획뿐만 아니라, 차입금 상환 재원 및 차입금 상환 능력에 대해서도 분석해야 한다.

위험요소와 성장가능성 분석

계획 중인 사업의 장기적 성장가능성이 어느 정도인지를 분석하여야 하며, 분석 시 기업성패에 중대한 영향을 미치는 기업 환경요소 중 기업경영에 치명적 영향을 미칠 가능성이 있는 위험요소와, 이들 위험요소에 대한 정확한 대응전략의 수립이 가능한지의 여부를 살펴야 한다.

2. 사업계획서business plan의 이해

1) 사업계획서Business Plan의 핵심내용

사업계획서는 경영자가 기업을 설립하여 자신의 사업을 지속적으로 성장시키기 위한 아이디어와 계획을 구체화, 체계화시킨 설계도로서 기업경영과 관련된 모든 외적 요소(산업, 경쟁자, 시장전망, 소비자욕구, 관련정책 및 법규, 문화 등)와 기업 내적 요소(제품, 마케팅, R&D, 생산, 인적자원 등)의 현황과 전망 및 활용계획을 체계적으로 정리하여 실행 가능한 구체적인 계획detailed plan으로 발전시켜야 한다. 제대로 된 설계도 없는 건축물은 과정상의 어려움뿐 아니라 부실건축이 될 위험이 높아지는 것처럼 사업계획서가 없는 사업추진은 수많은 시

행착오를 범하게 될 것이며, 소중한 초기자금의 낭비원인이 될 뿐 아니라 사업을 중단할 수도 있다. 예비창업자에게 사업계획서는 그 작성과정을 통해 계획사업의 전반적인 사항들에 대한 구체적인 점검과 검토가 가능해지고, 작성된 사업계획서는 이해관계자(동업자, 투자자, 사업제휴사의 경영자, 정부기관 담당자 등)에게 자신이 하려는 사업을 이해시키기 위한 자료로 쓰일 뿐 아니라 투자자금 유치의 기초자료로 활용되기 때문에 사업계획서 작성은 매우 중요한 과정이다. 사업계획서의 핵심사항은 우수한 경영진, 매력적인 시장, 자사의 경쟁력, 합리적인 재무계획 등 자세한 내용이 포함되어야 하며, 특히 창업과정에서 가장 큰 어려움인 자금조달 해법으로 엔젤(투자자) 또는 금융기관 등 다양한 이

좋은 사업계획서good business plan

미국의 경영학자 피터 드러커는 '어떤 현상을 숫자로 표현하지 못하는 것은 문제를 정확히 알지 못한다는 것이고, 정확히 모른다는 것은 관리할 수 없다는 것이고, 관리할 수 없다는 것은 현재의 상태를 개선할 수 없다'는 의미라고 말했다.

좋은 사업계획서의 조건은?

하나의 문서로 기준을 담고 공감을 한 뒤 설득할 수 있어야 좋은 사업계획서이지만 기준, 공감, 설득 세 가지를 하나의 문서에 담는 것은 어렵다. 좋은 사업계획서의 '기준'이 되려면 사실적인 서술이어야 하고 '공감'을 얻기 위한 구체적이고 명시적인 실행방안을 제시하되 구체적으로 써야 많은 이들이 공감하게 된다. '설득'을 위해서는 납득 가능한 미래의 결과를 합리적으로 예측할 수 있어야 한다.

분량과 목차: 15장 정도가 적절

일반적으로 제작되는 사업계획서의 분량이 30~50장짜리라면 아마추어라고 생각하기 때문에 투자자가 잘 읽지 않는 반면, 고수들은 10페이지로 압축해서 만드는데, 예리한 투자자들은 간략한 사업계획서를 보면 궁금해 하고 만나려 한다. 사업계획서는 평균 15장 정도면 되고 주요 내용으로 우선 설립목적은 한 문장으로 쓰고, 문제, 해결방안, 타이밍, 마켓사이즈, 비즈니스 모델, 생산품, 경쟁업체, 마케팅 계획, 회사만의 강점, 팀, 재정 문제 등 각각 한 페이지면 된다.

해관계자들의 설득을 위하여 구체적이고 충실한 계획이 필요하다. 사업계획서 Business Plan는 계획한 사업시행 시 발생 가능한 시행착오를 줄이는 가이드 역할과 사업추진 세부계획 작성의 기본 판단의 기준이 되기 때문에 더욱 중요하다.

"사업계획서business plan"의 기본적인 구성을 살펴보면, 우선 사업개요서(요약 사업계획서, Summary Plan)는 기업의 핵심내용만을 담아 3~5페이지 내외로 요약하는 사업계획서로 주로 금융기관에 대출신청 시 또는 투자자들에게 초기설명 자료로 사용되는 사업계획이다. 그리고 본 사업계획서Full Business Plan는 30~40페이지 정도로 작성하고, 주로 사업설명회나 IR자료 등으로 사용되며, 주요 내용들의 증빙자료를 첨부한다. 또 운영사업계획서Operational Business Plan는 보통 40~100페이지 내외로 작성되며, 회사 운영과 관련하여 목표설정과 평가, 효율적 자원배분 등의 목적으로 작성한다. 사업계획서의 핵심사항은 우수한 경영진, 매력적인 시장, 자사의 경쟁력, 합리적인 재무계획 등이 자세하게 포함이 되어야 하며, 이해관계자들을 설득 여부 또한 창업자의 몫이다. 일반적인 스타트업의 사업계획서는 먼저 기업소개, 이 사업을 왜 하는지, 어떻게 시작하게 되었는지가 주를 이룬다. 기업 소개와 사업의 목적, 시작동기, 회사위치, 연혁 및 성과, 수상내역, 자본상황 및 투자유치 상황, 멤버구성, 앞으로의 성장 가능성과 최종목표 순으로 작성된다. 그러나 이러한 내용은 회사소개서일 뿐 사업계획서로는 부족하다. 특히 VC(venture capital. 장래성 있는 벤처기업에 투자하는 투자전문회사)들은 스타트업의 사업계획서를 볼 때 자신의 파트너를 고르는 입장에서 보기 때문에 기업을 평가하는 이들이 사업계획서에 주로 보는 것은 기업의 핵심제공가치, 수익공식, 핵심자원, 그리고 핵심 프로세스다.

또 사업의 핵심내용이 담겨 있는 사업계획서Business Plan에는 아래 8가지에 대한 구체적인 계획을 포함하고 있어야 한다.

① 제품/서비스Product/Service 추진하고자 하는 아이템, 즉 제품 또는 서비스에 대한 업종, 생산품목, 제조공정, 제조설비 등

② 시장 및 경쟁Market and Competition 시장현황/수요전망/경쟁업체 현황 및 동향

③ 마케팅 계획Marketing Plan

④ 사업 운영 시스템Business System

⑤ 조직 및 인력Organization and HR 회사조직도와 연차별 채용계획

⑥ 기회와 위험Opportunities and Risks 기회요소와 위험요소 적출

⑦ 실행 일정Implementation Schedule 추진 일정계획

⑧ 재무계획Financial Planning 추정재무제표 등

이러한 내용을 조금 더 구체적으로 정리하면 다음과 같다.

사업계획서에 포함해야 할 내용

목 차	내 용
사업계획서 요약	사업기회 및 강점, 상품 및 기술, 자금조달계획, 약식 수익추정
회사현황	일반개요, 주요연혁, 사업장 입지조건, 자본금 변동 및 주요 주주 현황, 관계회사 현황, 주요외부기관 수상 및 인증현황, 경영진 및 주요기술진, 제품연구 개발현황, 주요기술 및 특허상황, 조직 구성도
사업개요	제품, 시장분석, 경쟁업체분석, 마케팅계획, 매출추정, 계획사업 추진일정 및 소요 자금 조달계획, 인재영입 등 인력 계획
산업분석 및 시장분석	산업현황 및 전망, 경쟁분석, 경쟁우위, SWOT분석, 시장특성분석, 수요공급분석, 시장점유율분석, 미래수요추정, 매출액추정
기업의 철학	사명과 비전 그리고 핵심가치, 마케팅 전략, 운영전략
생산기술 및 시설계획	제품의 특성, 공정과 기술, 인력계획수립, 생산계획수립, 원가추정, 주요공정도, 원부자재 소요 및 조달, 생산 및 시설투자계획
영업 및 사업전략	판매계획, 예상 시장점유율, 총 자본이익률, 상품, 가격, 유통, 촉진, 등 4P's(Product, Price, Promotion, Place)전략
재무계획	경제성평가, 수익모델, 추정 손익계산서, 추정 대차대조표, 현금흐름표
기 타	차입금 현황 및 계획, 담보제공현황, 주요 경영활동과 관련된 계약 내용, 우발채무, 진행 중인 소송, 손해배상 우려가 있는 사항 등
제출자료	경영/기술진 이력서, 정관, 법인등기부등본, 사업자등록증사본, 최근 2년간 결산 서류, 주주명부, 특허관련서류, 인증서, 계약서 등

2) 사업계획서 작성원칙과 유의점

(1) 사업계획서 작성 필요성

① 창업의 전체적인 그림이나 구체적인 윤곽을 보여준다. 머릿속에 흩어져 있던 생각들을 한 곳에 모아서 구체적으로 사업의 형태와 모양을 결정할 수

있게 해준다. 또 강점과 약점을 분석하고 미흡하거나 약한 부분을 분석하는 중요한 자료가 된다.

② 신규 사업의 타당성을 다양한 각도에서 체계적으로 점검해 볼 수 있다.

③ 건축의 설계도처럼 운영의 지침서가 된다. 창업 후에 운영을 하다 보면 사업방향이 자신도 모르는 사이에 자주 바뀌거나 자신의 처음에 생각했던 방향을 잊어버릴 수 있는데, 이런 때마다 사업계획서는 중요한 참고자료 및 지침서가 된다. 또 실제 프로젝트 진행시 추진상황을 관리하고 평가할 수 있는 핵심자료로 활용할 수 있다.

④ 자본투자를 받기 위한 제출서류가 된다. 자본이 부족하여 투자를 받으려고 할 때 자본투자가에게 제출하는 가장 기본적인 서류가 된다.

⑤ 현상을 명확히 분석함으로써, 장애요인을 제거할 수 있는 도구를 제공하고 신규 사업의 효율성을 높일 수 있게 한다.

⑥ 사업계획서는 성공을 위한 수단이다.

⑦ 머릿속에서 나오는 생각을 체계화한 것이 바로 사업계획서다.

⑧ 사업계획서는 명함과 같아서 자기의 외부적인 신용을 부여한다.

(2) 사업계획서 작성 원칙

사업계획서 작성원칙은 충분성과 자신감, 명확성, 단순성, 일관성, 객관성과 신뢰성, 독창성, 실현 가능성 등을 고려하여야 한다.

① 창업계획서는 충분성과 자신감을 바탕으로 작성되어야 한다. 창업자 자신이 가지고 있는 목표 아이템을 제3자에게 설득력 있게 납득시키는 것이 사업계획서의 제1의 목표이다.

② 창업계획서는 명확성Clarity이 중요하다. Business Plan의 핵심(장점)을 명확히 제시하여야 한다.

③ 창업계획서는 단순성Simplicity이 중요하다. 전문가가 아닌 일반인 누구나 알 수 있도록 서술하여야 한다.

④ 창업계획서는 일관성Consistency이 중요하다. 지각적 통일성, 문체의 일

관성을 유지하면서 작성하여야 한다.

⑤ **창업계획서는 객관성Objectivity이 중요하다.** 자신감이 넘쳐 제3자가 느끼기에 허황되고 실현가능성이 없다고 판단될 때는 신뢰성에 큰 타격을 입을 수 있으므로 객관적 데이터Data를 근거로 하여 작성하여야 한다.

⑥ **계획사업의 핵심내용을 강조하여 부각시켜야 한다.** 창업계획이 평범하여 독특한 가치를 보여주지 못하면 제3자의 호감을 사지 못한다.

⑦ **자금조달 운용계획은 정확하고 실현 가능성이 있어야 한다.** 창업자 자신이 조달 가능한 자기 자본은 구체적으로 현금과 예금이 얼마이며, 부동산 담보 등에 의한 조달액이 어느 정도 되는지를 표시함으로써 제3자로부터 창업자의 자금조달 능력을 신뢰하도록 해야 한다. 또한 동업자, 금융기관 등으로부터의 조달계획을 구체적으로 표시하여야 한다.

사업계획서 작성 시 창업자가 고려해야 할 사항

사업기회를 명확히 하고 간결하면서도 효과적인 사업계획서를 작성하기 위해서는 다음의 7가지 질문에 각각 한 문장으로 답할 수 있어야 한다.

① 당신의 상품은 무엇인가?
② 누가 당신의 고객인가?
③ 누가 이 상품을 팔 것인가?(유통채널)
④ 얼마나 많은 사람들이 이 상품을 살 것인가?
⑤ 상품을 설계·생산하는 데 필요한 자본은 얼마이고, 또 그 돈은 어떻게 확보할 것인가?
⑥ 이 상품의 가격은 얼마로 하여야 하는가?
⑦ 언제 손익분기점BEP에 도달할 수 있을 것인가?

당신의 상품 및 서비스가 누구를 목표시장Target으로 어떻게 나아갈 것인가를 명확히 규명해야 한다.

– *The Silicon Valley Way*, Sherwin Jr, Elton B., Energy House Publishing, 2010.

(3) 사업계획서를 작성 시 주의할 점

① 창업의 목적이 개인적인 이익추구보다 공공의 이익추구이어야 한다.

② 사업 내용이 차별화되도록 노력한다. 특징이 없으면 성공할 수 없다.

③ 틈새시장을 집중적으로 공격할 전략을 제시한다.

④ 구체적인 숫자의 예측으로부터 사업이 성공할 것이라는 객관적인 자료를 보인다.

⑤ 제품의 가격, 이윤, 판매량, 시장점유율 등을 예측할 때는 지나치게 낙관적인 자세로 임하지 않는다.

⑥ 유능한 사람들이 모여 균형 잡힌 경영진이 되도록 인력을 구성한다.

⑦ 회사의 소요자본이나 운영비를 너무 적게 예측하지 않는다.

⑧ 예상되는 경쟁관계를 과소평가하지 않는다.

⑨ 일회용 히트기술로는 회사가 지속될 수 없다. 지속적인 기술진보와 제품 향상이 이루어질 수 있는 것이어야 한다.

⑩ 투자자를 찾을 때는 어떤 형태(경영에 관여할 파트너 또는 단순히 투자에만 관심이 있는 전문투자자)의 투자자를 원하는지 명확히 정의해야 한다.

3) 시장조사market research의 절차와 주의사항

"시장성분석"이란 판매하고자 하는 상품을 어느 정도 팔 수 있겠는가를 조사·분석하는 것으로 이는 아이템선정 및 평가 시에도 활용할 수 있다. 시장분석의 목표는 미래에 발생할 마케팅 문제해결에 필요한 정보를 제공하는 것이므로 철저한 시장조사는 성공적인 기업경영을 위해서 필수사항이다. 판매량을 추정하기 위한 활동은 ① 시장의 특성, ② 수요 및 공급분석, ③ 미래 수요분석, ④ 매출액 추정 등으로 이루어진다. 시장분석을 통하여 고객의 특성, 경쟁자, 시장의 변화 동향 등에 대한 정보를 수집·분석하여 변화에 대응할 능력을 갖추게 되며, 이러한 정보는 창업자에게는 사업타당성분석의 기초자료가 되고, 기존의 사업자에게는 시장변화를 감지 또는 예측하여 지속적인 성장능력을 준비하는 정조가 된다. 따라서 적절한 시장정보 없이 기업의 창업을 준비하거나 경영하는 것은 어둠 속에서 운전을 하는 것처럼 무모한 일이다.

(1) 시장조사market research의 절차

① 해결하고자 하는 문제를 결정한다.

② 문제를 해결하기 위하여 조사가 필요한가?

③ 시장조사를 통하여 달성하고자 하는 목표와 목적을 모두 파악한다.

④ 목표를 달성하기 위하여 필요한 자료를 파악한다.

⑤ 필요한 정보를 수집하는 계획을 수립한다.

⑥ 필요한 정보를 제공할 수 있는 사람이 누구인가를 파악한다.

⑦ 시장조사를 실시하고 필요한 정보를 수집한다.

⑧ 자료를 분석한다. 시장정보는 상황에 따라 세부적인 분석한다.

⑨ 얻어진 정보에 의거하여 결론을 개발하고, 행동 계획을 세운다.

(2) 시장규모와 시장분석 시 검토사항

① 전체 시장의 규모는 어느 정도인가?

② 이 시장은 성장하고 있는가?

③ 당신이 목표로 하는 시장 및 점유율은 어느 수준인가?

④ 누가 당신의 경쟁자인가?

⑤ 경쟁자에 비해 당신의 강·약점은 무엇인가?

⑥ 목표시장의 전반적인 트렌드를 서술하고 있는가?

⑦ 목표시장에서 성공하기 위한 결정적 요소를 설명하고 있는가?

⑧ 현재 시장규모에 대한 객관적인 근거를 제시하고 있는가?

⑨ 향후시장의 성장률에 대한 객관적인 근거를 제시하고 있는가?

(3) 시장규모 예측 시 주의사항

① 확실한 근거를 가지고 작성하라 알 수 없는 많은 요소가 있더라도, 가능한 한 입증 가능한 숫자에 근거하여야 한다.

② 논리적으로 생각하라 추정치는 논리적 결론이어야 하며, 논리적 비약이나 명시되지 않은 가정assumption에 의존해서는 안 된다.

③ **자료를 비교하라** 여러 가지 다양한 자료원(인터뷰, 통계, 전문가 의견 등)을 비교하여 객관성을 확보하여야 한다.

④ **창조적이 되라** 알 수 없는 변수가 있을 경우에는 대체적인 변수가 있는지를 찾아보아야 한다.

⑤ **그럴듯한지를 점검하라** 각 추정치가 적절한 규모인지 스스로 점검하여야 한다.

3. 비즈니스 모델business model의 이해

1) 비즈니스 모델Business Model

글로벌 시장에서의 경쟁패러다임이 1960~70년대에는 더 싸게cheaper였고, 1980~90년대에는 더 좋게better였으며, 2000년대 이후에는 경쟁패러다임이 남과 다르게different로 바뀌었다. 이는 관점이 원가에서 품질로, 품질에서 비즈니스 모델로 변화하였음을 뜻한다. 비즈니스 모델business model은 기업이 지속적으로 이윤을 창출하기 위해 특정사업이 어떻게 가치를 창출하고, 고객에게 상품 및 서비스를 제공하며, 수익을 창출할지에 대한 방안으로, 고객의 욕구needs에 대한 깊은 통찰을 바탕으로 경쟁사와 차별적인 새로운 가치를 창조, 제공하고 이를 통해 이윤을 획득하는 구조와 방법을 나타낸 사업모형이다. 비즈니스 모델에 대한 베스트셀러 중의 하나인 〈비즈니스 모델 창출*Business Model Generation*〉에서는 "비즈니스 모델을 조직이 고객에게 제공할 가치를 창출·가치를 전달·수익을 획득하는 원리(통합시스템)"라고 정의하였다. 하버드 경영대학원의 클레이 크리스텐슨Clay Christensen 교수는 "비즈니스 모델이 고객가치 제안, 이윤공식, 핵심자원, 핵심프로세스의 4개의 요소로 구성되어야 한다"고 주장하였다. 또한 체소보로Chesborough와 로젠블룸Rosenbloom은 조직이 고객을 위한 가치를 어떻게 창조해 전달하고 어떤 방법으로 수익을 획득하는가를 설명하는 스토리를 상품과 서비스, 그리고 기업이 그 모델을 활용하여 벌어들이는 경제적

이윤간의 연결고리라고 말했다. 즉, 비즈니스 모델은 수익을 창출하기 위한 일련의 계획으로, 수익을 창출하기 위해 가장 먼저 고려해야 할 요인은 고객과 고객가치이다. 특히 성공한 스타트업들은 기존의 비즈니스 모델이 외면했던 고객가치를 혁신했다는 공통점을 지닌다. 그들은 자기만의 아이디어나 기술을 새로운 시장 니즈와 연결하는 데 성공했고 그 방법도 창의적이었다. 퀵서비스와 지하철 택배를 결합해 요금 5,000원에 서울 전 지역을 3시간 내 배달하는 스타트업 원더스WONDERS는 퀵서비스에 택배 물류배송시스템을 도입했고, 개인맞춤형 교육 서비스를 내놓고 있는 뤼이드Riiid!는 토익 수강생을 위한 머신러닝 기술을 개발했다. 머신러닝 기술기반 교육 스타트업 교육 어플리케이션 개발 회사 매스프레소Mathpresso는 독서실과 고객가치를 공유했고, 증강현실/가상현실 기술을 바탕으로 디지털 콘텐츠 및 마케팅 플랫폼을 제작. 디지털 플랫폼 제작회사 브리즘VRISM은 2D 사진들로 온라인상에서 입체적인 쇼핑경험을 구현했다. 이들의 창의성은 고객 가치를 포착하거나 창조하고, 널리 전파하는 방식, 즉 비즈니스 모델에서 빛을 발했다.

콜럼버스에게서 배우는 투자유치의 4대 노하우

신대륙 발견은 당시로서는 막대한 자본을 쏟아부어야 하지만 성공가능성이 높지는 않은 제법 규모가 큰 벤처투자와 같았다. 사실 콜럼버스도 쉽게 투자를 끌어낸 것은 아니었다. 벤처 캐피털리스트를 설득하는 방법과 콜럼버스의 사례를 연결해 보았다. 크나큰 부를 꿈꾸었던 벤처 사업가 콜럼버스의 투자유치와 사업실행 과정은 다음과 같았다.

1. 무엇을 하는지 명쾌하게 설명한다.

벤처사업가들이 막히는 첫 질문은 왜 고객에게 이 서비스가 중요한지 설명을 못할 경우가 많다. 자기만의 논리에 빠져 있을 경우 신랄한 지적을 받곤 한다. 정확하고 간결하게 무슨 아이템인지 설명하는 것만으로 족하다. 콜럼버스 역시 1480년대 초반부터 지구는 둥근 모양이어서 대서양 서쪽으로 항해를 하면 인도에 도달할 수 있고 그것이 큰 부를 가져가 줄 것이라 주장했다. 이 이야기는 명쾌했고, 포르투갈, 스페인 등 여러 나라 왕의 마음을 움직였다.

2. 최종적인 큰 그림을 보여준다.

벤처기업에 투자하는 투자자들이 벤처의 첫 번째 제품으로만 그 결정을 하지 않는다. 미래에 어떤 모습을 지향하는지, 플랫폼으로 나아갈 수 있는지 등을 확인하고 싶어 한다. 목표가 대담할수록 오히려 끌릴 수 있다. 특히 1차 원정을 마친 후 다시 원정을 떠나길 희망하면서 콜럼버스는 신대륙에서 많은 황금을 가져올 수 있다고 주장했다. 이제는 많은 이들이 콜럼버스와 함께하고 싶어 했다. 일정 정도 성공을 거둔 후 보여준 큰 그림이 주위 사람들의 마음을 움직인 것이다.

3. 시장이 충분히 큰지를 확인시켜 준다.

벤처캐피털은 아무리 수익이 확실해도 시장규모가 작으면 투자처로서 별 재미를 못 느끼므로 투자를 하지 않는다. 또한 상상에 의한 거대한 시장규모 제시는 오히려 벤처사업가를 사기꾼처럼 보이게 할 수도 있다. 콜럼버스는 엄청난 양의 황금을 가져올 수 있다고 큰 소리를 쳤다. 콜럼버스가 스페인 부부 왕에게 제시한 조건은 첫째 해군제독의 지위를 주고 새로 발견한 땅에서는 부왕副王으로 임명할 것과 둘째 새로 발견한 땅에서 나오는 10% 수익을 줄 것이었다. 꽤나 센 조건이어서 부부 왕은 고민했으나 왕실재무를 담당한 귀족 루이스 데 산탄헬이 부부 왕을 설득한다. 투자자금 중 일부를 자기가 빌려주겠다고 제안까지 했다.

4. 누가 함께하는지가 중요하다.

벤처 투자자들은 종종 사업 아이템이 아닌 사람을 보고 투자를 한다는 말을 한다. 그래서 첫 번째 혹은 두 번째 사업에 실패했더라도 그 사업가를 믿고 또 투자를 해 주는 경우를 종종 본다. 그리고 사람을 보고 한 투자가 결국에는 성공을 거두는데 그만큼 벤처사업을 하는 사람, 특히 창업가들이 중요하다. 기업가정신이 충만해야 하고, 역할분담이 확실히 이루어져 있어야 노력대비 큰 효과를 거둘 수 있다. 예나 지금이나 벤처 사업가는 고달프지만 큰 꿈이 있고 그것을 믿어주는 투자자가 있기에 새로운 사업을 일으켜 밀어붙일 수 있는 힘이 생긴다.

벤처 투자자는 위의 4가지 조건을 다 갖춘 사업가를 찾는다. 무엇보다 함께 사업을 하는 사람들의 역량이 중요함을 알 수 있다. 벤처기업이 한꺼번에 다 갖출 수는 없지만 반드시 갖추어야 하는 조건이 무엇인지는 확실히 알아야 투자유치가 가능하다.

일반적인 투자자의 관심은 무엇을 만들어 낼지What to invent가 아니라 가지고 있는 사업아이템으로 어떻게 돈을 벌 것인가How to make money에 있다. 투자자는 엔지니어가 아니라 사업가인데도 많은 스타트업 대표들은 마치 오디션 참가자처럼 벤처캐피탈(VC, 모험자본)에게 자신의 아이디어와 기술력을 자랑하는 데 주력하지만 투자자들은 "우리는 이렇게 돈을 벌 수 있습니다. 그 이유는 이렇습니다"라는 말을 듣고 싶어 한다. 투자자는 사업아이템을 팔 수 있는 시장이 존재하고, 그 시장을 공략하기 위한 전략(비즈니스 모델)을 가진 사업가에게 자본을 제공한다. 이 회사는 자신이 생각하는 시장에 대해 철저한 리서치를 실시했고, 비즈니스 모델도 논리적으로 잘 설명했으며, 이런 비즈니스 모델을 구현하기 위해 VC 투자가 필요하다고 호소하는 방식으로 투자를 이끌어내야 한다. 피칭(pitching, 일종의 투자설명회)을 할 때는 우리가 왜 투자를 받아야 하는지에 대한 논리적인 당위성을 설명해야 하며, 그 근거는 비즈니스 모델이어야 한다. 피칭은 크게 6 단계로 볼 수 있다. ① 우리가 어떤 사업을 하는 사람들인지에 대해 소개부터 시작, ② 우리가 목표로 하는 시장, ③ 현재 시장의 문제점, ④ 우리가 가진 해결책, ⑤ 이 해결책을 구체화한 비즈니스 모델, ⑥ 비즈니스

새로운 비즈니스 모델 캔버스(9가지 블록, Nine blocks)

① CS: Customer Segment - 고객은 누구인가?
② VP: Value Proposition - 핵심 가치는 무엇인가?
③ CH: Channels - 어떻게 이 가치를 제안하고 전달할 것인가?
④ CR: Customer Relation - 각각의 고객들과 어떤 관계를 맺을 것인가?
⑤ R $: Revenue Streams - 수익원은 무엇인가? 어떻게 이윤을 창출할 것인가?
⑥ KR: Key Resource - 가지고 있는 핵심 자원은 무엇인가?
⑦ KA: Key Activity - 기업은 어떤 핵심활동을 수행해야 하는가?
⑧ KP: Key Partnership - 아웃소싱 포함, 기업은 어떤 파트너십을 가져야 하는가?
⑨ C $: Cost Structure - 이 모든 활동을 유지하기 위한 비용구조는 어떠한가?

– 비즈니스 모델의 탄생, 알렉산더 오스터왈더, 예스 피그누어 지음, 타임비즈, 2011.

모델을 구현하기 위해서 투자가 필요하다는 흐름이 논리적으로 잘 이어져야 한다. 여기서 중요한 점은 현재 시장의 문제점이 비즈니스 모델로 연결돼야 하고 비즈니스 모델과 투자자금 사용의 목적이 맞아 떨어져야 한다. 비즈니스 모델과 투자자금 사용목적이 일치하지 않는 사례도 있으나 대부분 스타트업 펀드레이징(fund raising. 자금조달 모금)에서는 회사가 투자를 받아야 하는 이유와 회사의 수익변화를 체계적으로 어필해야 좋은 결과를 얻을 수 있다.

피터 드러커Peter Drucker는 비즈니스 모델이 "고객이 누구인가, 고객은 무엇에 가치를 두는가, 적절한 가격에 가치를 전달하려면 어떻게 해야 하는가?' 라는 질문에 대한 답"이라고 설명하였다. 예를 들어, 생수회사는 생수를 팔아서 수익을 얻기 때문에 고객에게 가치를 제공하는 서비스 모델과 돈을 버는 수익모델이 일치한다. 생수회사 입장에서는 어떻게 소비자들이 원하는(가치 있는) 생수를 만들 것인가? 즉, 어떻게 가치를 창출할 것인지가 가장 중요한 문제다. 하지만 생수를 무료로 제공하고 병에 광고를 붙여 광고수익을 창출하려고 구상

비즈니스 모델의 구성요소

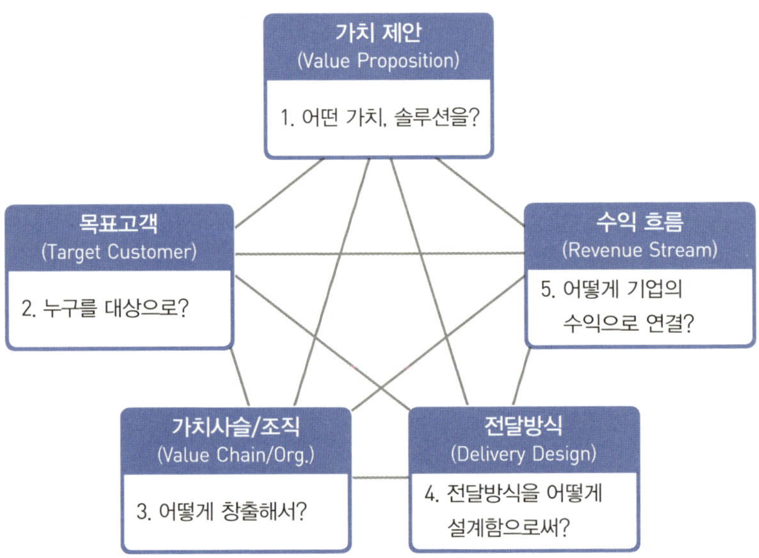

한다면 서비스 모델과 돈을 버는 수익모델이 달라지므로 사업모델 문제도 달라진다. 마찬가지로 구글의 서비스 모델은 검색이지만 수익모델은 광고이고, 카카오톡의 서비스 모델은 모바일 메신저이지만 수익모델은 중개(예를 들면 게임과 게이머)다. 구글, 페이스북, 스포티파이, 김기사 등 수많은 서비스와 앱들의 서비스 무료화가 가속화되고 있기 때문에 수익모델에 대한 고민은 더욱 가중될 수밖에 없다. 위의 관점에서 보면 앞으로의 비즈니스 모델은 〈비즈니스 모델=서비스 모델+수익모델〉과 같이 정의할 수 있다. 서비스 모델은 고객에게 어떤 가치를 창출하고 어떻게 전달할 것인지에 대한 것인 반면, 수익모델은 돈을 누구에게서, 서비스의 어떤 부분을, 얼마에, 어떤 방법으로 받을 것인가에 대한 것이다. 비즈니스 모델은 수익창출을 포함해 시장과 경영의 더 폭넓은 관점에서 비즈니스를 보아야 한다. "비즈니스 모델의 핵심"은 ▲고객을 위한 가치 창조customer value creation, ▲이를, 통해 발생한 이익을 획득하게 해 주는 수익모델profit model, ▲앞의 두 가지를 실천하기 위한 조직구조organizational arrangement 등 세 요소로 구성된다. 새로운 비즈니스 모델은 이들 세 요소 간 상호작용을 통해 형성되고 완성된다. 비즈니스 모델은 제품 및 서비스가 왜 필요한지에 대한 배경과 이유가 논리적으로 명확해야 한다. 비즈니스 모델을 구체화하기 위해 고려해야 할 요인들은 고객과 고객가치를 중심으로 비용과 수익원천, 핵심자원, 핵심 프로세스 등 다양한 요인들이 결합하여 경쟁사와는 차별적인 제품 및 서비스로 탄생되는 것이다. 많은 사람들은 비즈니스 모델이 어떻게 수익을 창출하는가에 관한 수익모델이라고 생각하지만 비즈니스에 대한 모든 생각이 수익의 창출에만 국한되어 버리면, 혁신과 창조를 위한 폭넓은 사고가 제약을 받게 된다.

비즈니스 모델을 혁신하려면 고객이 진정으로 원하는 게 무엇인지도 파악해야 한다. 구매의사 결정의 잣대인 성능performance은 기술발전 등에 따라 다양한 속성을 지니면서 진화한다. PC산업의 경우 초반에는 연산을 빠르게 제대로 수행하는지와 관련한 기능성functionality이 중요했지만, 기술발전으로 대부분의 PC가 일정수준의 기능성을 갖추게 되면서 PC가 다운되지 않고 얼마나 안정적으로 운용되는지를 보여주는 신뢰성reliability에 대한 관심이 커졌다. 이후 고

비즈니스 모델 혁신으로 성공한 코웨이

우리나라에서는 1989년과 2000년에 중소기업으로 출발해 현재 중견기업으로 성장한 코웨이는 바로 사업을 비즈니스 모델의 관점에서 접근한 대표적인 기업이다. 코웨이의 초기 비즈니스 모델은 방문판매였다. 1997년 IMF(국제통화기금) 외환위기를 맞아 매출이 급감하자 코웨이는 '판매에서 렌털로' 비즈니스 모델을 전환시켰다. 대당 100만원이 넘는 정수기를 파는 것보다 10만원의 보증금과 월 26,000원의 렌털 요금을 부담토록 하는 것이 소비자에게 환영받을 것이라는 판단에 따른 것이었다. 새로운 비즈니스 모델로 10만 대의 정수기가 소비자에게 제공됐고, 1997년 11억원의 적자는 1998년 30억원의 흑자로 반전됐다. 또 2009년에는 외환카드와 공동으로 페이프리pay free 카드를 선보였다. 카드를 사용하면 포인트가 쌓이는데, 사용처를 찾기가 쉽지 않다. 외환카드는 코웨이 제품의 렌털비용을 대신 납부해 주는 카드를 신규로 만들었다. 코웨이 입장에서는 '렌털에서 무료로' 비즈니스 모델이 다시 전환된 셈이다. 이 카드는 발급한 지 4개월 만에 6만 장 이상이 발매됐다. 신규카드를 발급할 경우에 통상 모집인에게 5만원 정도의 수수료가 지급된다고 하니, 외환카드 입장에서는 약 30억원의 비용을 절감한 셈이다. 아울러 코웨이도 그만큼 신규수요를 창출한 것이다. 이처럼 코웨이는 판매에서 렌털로, 렌털에서 무료로 계속해서 비즈니스 모델을 업그레이드시켜 나갔다.

– 이코노미조선, 현재의 성공을 무너뜨려야 혁신할 수 있다, 2015.6.2.

객이 제품의 기능이나 성능을 쉽게 변경할 수 있는지, 제품이 시장에 얼마나 빨리 나오는지, 제품을 얼마나 편리하게 사용할 수 있는지 등의 편의성convenience이 중요한 요소로 부각됐다. 이처럼 경쟁의 근간이 되는 성능의 속성을 파악하고 진화과정을 정확히 잡아내야만 고객이 원하는 가치를 창조할 수 있다.

비즈니스 모델 혁신은 언제 필요한가?

하버드대학 크리스텐센 교수 등이 제시한 비즈니스 모델 혁신이 필요한 5가지

① 잠재고객의 욕구를 충족시킬 수 있는 기회가 존재

② 신기술을 활용한 신규 비즈니스 모델 구축 기회가 존재

③ 문제 해결 방법에 대한 니즈는 있으나 제공하는 기업이 없는 경우

④ 파괴적 혁신으로 시장에 진입한 경쟁자에 대응

⑤ (낮은 가격, 디자인, 브랜드 등) 경쟁기반 변화에 대응

서비스 모델과 수익모델은 왜 분리될 수밖에 없는가?

비즈니스 모델 개념의 진화

비즈니스 모델은 기업이 어떻게 가치를 창출, 전달하여 이익을 회수할지에 대한 이야기다. 일반 상품을 제공하는 회사는 고객에게 가치를 제공하는 서비스 모델과 비용을 버는 수익모델이 일치하지만 향후에는 '비즈니스 모델=서비스 모델+수익모델'로 정의될 수밖에 없을 것이다. 수익모델을 만들기 위해서는 구체적으로 다음과 같은 고민이 필요하다.

① 누구에게서 비용을 받을 것인가? Payer 누가 비용을 낼 가능성이 제일 높은지, 누구에게서 비용을 받는 것이 가장 비즈니스를 잘 성장시킬 것인가에 관한 것이다. 구글의 경우 기존의 대형 광고주가 아닌 중소규모의 광고주로부터 비용을 받는다.

② 서비스의 어떤 부분을 팔 것인가? Packaging 가치가 있는 모든 것은 판매대상이 될 수 있지만 가치가 있다고 모든 고객이 비용을 지불하지 않는다. 구글 검색이 가치는 있지만 고객으로부터 비용을 받는 것은 불가능하다고 봐야 하므로 어떤 부분이 고객 또는 제3자가 비용을 기꺼이 낼 의향이 있는 부분인지 파악해야 한다.

③ 얼마만큼 어떠한 방법으로 받을 것인가? Pricing 과거에는 가격을 정하는 것이 간단했지만 이제는 다양한 패키징이 가능하고, 비용을 받는 방법도 다양하다. 인터넷 서비스에서는 비용을 내는 사람이 언제든지 떠날 수 있기 때문에 단기적인 수익의 극대화보다는 장기적인 수익의 극대화를 목적으로 가격을 정해야 한다. 또한 '구글' 하면 대부분의 사람은 검색 서비스를 제공하는 회사로 생각하지만 구글을 이용하여 검색할 때 비용을 내지 않는다. 즉 구글은 검색 서비스를 팔지 않는다. 실제로 구글이 파는 것은 검색광고다.

3) 비즈니스 수익모델revenue model

(1) 수익모델revenue model의 본질

"수익모델revenue model"이란 기업이 비즈니스를 통해 수입을 발생시키고, 이윤을 내며, 또 투자자금에 대해 높은 수익을 낼 수 있는 방법을 뜻한다. 수익모델은 기본적으로 스타트업이 가진 비즈니스를 수행할 수 있어야 하고, 재정적인 목표를 달성할 수 있는 핵심이므로 수익모델은 반드시 스타트업이 속해 있는 시장market과 고객customer들, 경쟁업체rival company, 미래에 만들어 낼 제품과 기업방향 등과 함께 갈 수 있는 운영전략operation strategy 등을 바탕으로 만들어져야 한다. 수익모델이 정확하지 않다는 것은 수익의 대상이 될 고객이 정확하지 않다는 뜻이기 때문에 마케팅전략도 제대로 수립될 수 없으므로 지속적으로 고민과 실험을 통해 수익모델을 찾아가야 한다. 수익모델을 만들기 위해서는 구체적으로 누가Payer, 무엇에 대해Packaging, 얼마나/어떻게Pricing 지불할 것인가에 대한 3가지Pricing, Payer, Package 질문은 연계하여 고려하여야 한다. ① 누구에게서 돈을 받을 것인가? Payer. 기존의 비즈니스에서는 (당연히 모든 고객이 돈을 내기 때문에) 누구에게서 돈을 받을 것인가에 대한 고민을 하지 않았지만 최근 새로운 네트워크 비즈니스의 수익모델에서 가장 중요하고 근본적인 질문이다. 누가 돈을 낼 가능성이 제일 높은가, 누구에게서 돈을 받는 것이 가장 비즈니스를 잘 성장시킬 것인가에 관한 질문이다. 서비스를 이용하는 고객으로부터 받는다면 구체적으로 어떤 고객들로부터 받을 것인지, 제3자에게서 받는다면, 누가 될 것인지에 대해 결정해야 한다. ② 서비스의 어떤 부분을 팔 것인가? Packaging. 고객에게 가치가 있는 모든 것은 판매의 대상이 될 수 있다. 그러나 가치가 있다고 모든 고객이 돈을 내지는 않는다. 사람들은 넘쳐나는 상품에 돈을 지불할 의사가 없을 것이니 최소한 돈을 낼 사람들에게 중요하고 희소한scarce 부분을 찾아야 한다. 예를 들면 구글은 광고할 공간을 파는 것이 아니라 광고주들이 관심 있는 키워드를 팔고 있다. 인터넷 세상에서 광고할 공간은 넘쳐나지만 광고주들이 관심을 가진 키워드를 입력하는 소비자들은 희소하다. ③

얼마를, 어떤 방법으로 받을 것인가? Pricing. 과거에는 가격을 정하는 것이 간단했지만 이제는 다양한 패키징이 가능하고 받는 방법(예를 들어, 월정액, 건별, 고정가격, 변동가격 등)도 다양하다. 서비스를 선택하고 돈을 내는 사람은 언제든지 떠날 수 있기 때문에 단기적인 수익의 극대화보다는 장기적인 수익의 극대화를 목적으로 가격 등을 정해야 한다. 아마존Amazon의 창업자인 제프 베조스Jeff Bezos는 "세상에는 두 종류의 기업이 있다. 하나는 고객에게서 어떻게든 더 많이 받으려 하는 기업이고, 다른 하나는 고객에게 어떻게든 적게 받으려는 기업이다. 아마존은 후자다"라면서 장기적인 수익극대화의 중요성을 강조했다.

실리콘밸리 혁신기업들의 수익모델

주식시장에 상장되지 않았지만 기업 가치가 10억 달러(약 1.1조원) 이상 평가받는 벤처기업들을 유니콘 기업이라 부른다. 이러한 IT/인터넷 기업들이 어떤 수익모델로 이익을 창출하고 있는지 살펴본다.

1. 구글Google　대부분의 사람들이 예상하듯이 광고로 95% 이상의 수익을 창출하고 있다(구글 검색이나 유튜브를 볼 때 나오는 광고 등). 안드로이드와 같은 플랫폼이나 Gmail, 구글맵과 같은 다양한 서비스의 개발도 결국은 정보 검색에 활용하기 위함이다.

2. 애플Apple　92~95% 정도의 매출이 아이폰, 아이패드와 같은 하드웨어 판매에서 발생하고 있으며, 앱스토어/아이튠즈에서 발생하는 수익은 5~8%에 불과하다.

3. 마이크로소프트MS OS, MS 오피스 소프트웨어 판매로 55%, 서버솔루션/소프트웨어 개발 툴 판매로 25%, X-box과 같은 엔터테인먼트로 15%의 정도의 매출이 발생하고 있다.

4. 페이스북Facebook 사용자들의 개인정보 및 취향을 파악하고 이에 맞는 맞춤형 광고 서비스를 통해 85%의 수익을 얻고 있다.

5. 우버uber 차량 중계 플랫폼 서비스를 제공하고 있는 기업으로 차량 기사와 승객을 연결시켜주고 얻는 수수료가 수익원이다. 플랫폼을 보유해 사용자가 많을수록 수익이 느는 구조이다.

6. 에어비엔비Airbnb 세계 최대의 숙박 공유 서비스로, 방이나 집, 별장 등의 공간을 임대할 수 있는 플랫폼을 제공하고, 임대인-여행객 사이에 거래가 성사되면 양측으로부터 수수료를 받아 수익을 얻는다.

7. 트위터Twitter 일부 광고로부터 수익을 내고 있으나 이렇다 할 수익모델이 없다. 최근 성장 둔화와 수익모델 부재 등으로 인력 구조조정, CEO 교체 및 주가 폭락 상황이다.

8. 링크드인LinkeIn 글로벌 비즈니스 인맥 사이트로, 유료 멤버십, 광고, 채용 솔루션 제공을 통해 수익을 창출 중이다. 유료 회원제 25%, 광고수익 33%, 채용 솔루션 42% 정도이다.

9. 아마존Amazon 세계 최대 전자상거래업체로 판매자로부터 중계수수료를 받아 수익을 창출하지만 낮은 중계수수료율 때문에 매출액이 커져도 수익은 크지 않기 때문에, 최근에는 클라우드서비스인 “아마존 웹 서비스AWS”를 시작해 신규 수익원으로 키우고 있다.

– http://www.gtonline.or.kr/data/download.do?data_sid=217342&attach_seq=31336

(2) 수익모델의 종류

수익모델revenue model은 일반적으로는 비즈니스가 서비스를 화폐화하는 방식으로 수익모델은 기업이 어떻게 수익을 내고 이익을 발생시키고 투자에 대한 최고의 수익률을 내는지 설명한 것이다. 수익모델의 종류를 살펴보면 다음과 같다.

① 판매형 수익모델Sales Revenue Model

고객에게 상품, 서비스, 정보를 팔아서 수익을 얻는 모델이다.

② 거래 수수료형 수익모델Transaction Fee Revenue Model

거래를 할 때마다 수수료를 받아 수익을 얻는 모델이다.

③ 광고형 수익모델Advertising Revenue Model

소비자(방문자)에게 광고를 실시하고, 광고주로부터 광고비를 받아 수익을 얻는 모델로 방문자 유인을 위한 상품, 서비스, 정보가 무료(사실상 광고주가 지불)로 제공되는 경우가 많다.

④ 구독형 수익모델Subscription Revenue Model

콘텐츠(신문, 잡지, 고객의 리뷰, 리포트 등)를 정기적으로 판매해 수익을 얻는 모델. 콘텐츠뿐만 아니라 상품을 정기적으로 판매하는 방식도 포함

⑤ 세휴형 수익모델Affiliate Revenue Model

제휴를 통해 다른 기업이나 기관의 수익창출에 도움을 주고 수수료를 얻는 모델로서 방문자에게 제휴상품 또는 서비스를 소개하거나 방문자를 제휴 웹사이트에 보내주고, 회원가입이나 구매 등의 활동을 일으키는 경우가 대표적이다. 블로거들이 판매채널로 링크 또는 제품을 높이 평가하는 글을 올림으로써, 수수료를 받거나 무료로 제품을 제공받는 경우도 해당된다.

⑥ 기타 수익모델

위에서 정의되지 않은 방법으로 수익을 얻는 모델이다.

음악 서비스 수익모델의 진화

음악 서비스의 수익모델은 지난 10여 년간 엄청난 변화를 겪었다. CD시절에는 10개 내외의 음악이 패키지로 판매되었으므로 고객이 1~2만원의 돈을 내고 CD를 구매했다. 애플의 아이튠즈는 CD로 묶여 있던 것을 풀어 한 곡씩 천원에 판매하였다. 물론 이때도 고객이 돈을 지불하였고 이 당시는 냅스터 등 파일공유 서비스를 통해 음악의 불법복제가 한창이었다. 스티브 잡스는 $1짜리 곡을 불법복제하기 위해 시간을 쓰는 것은 스스로를 최저임금 수준의 노동자로 낮추는 것이라고 하였다. 이런 관점에서 보면 소비자는 더 이상 음악을 사는 것이 아니라 자신의 시간을 사는 것이라고도 할 수 있다. 특히 당시 애플입장에서는 음악에서 돈을 벌기보다는 아이팟을 팔아서 돈을 벌었기 때문에 이런 관점의 전환이 가능했고 음반사의 입장에서도 불법복제에서 벗어날 수 있는 계기가 되었다. 멜론 등의 유료 음악 서비스에서는 이제 곡을 소유하는 것이 아니라 한 달 동안 음악을 제한없이 들을 수 있는 권리가 판매의 대상이 되었고 고객이 매월 구독료로 5천원 정도를 지불한다. 멜론 등의 유료 음악서비스는 우리나라에서 음악 불법복제를 종식시키는 결과를 가져왔는데 이는 소비자들이 음악을 사는 것이 아니라 편리함의 대가로 돈을 지불한 것이라 할 수 있다. 유료로 제공되던 음악은 스포티파이(http://spotify.com)를 통해 본격적으로 무료화되었다. 스포티파이는 2015년 현재 3천만 곡 이상을 보유하고 있고, 전 세계 58개 국가, 약 7천 5백만 명의 실 사용자를 가지고 있는 서비스다. 스포티파이와 같은 무료음악 서비스는 광고와 프리미엄 서비스 두 가지를 판다. 프리미엄 서비스는 광고가 없고 오프라인 상태에서도 들을 수 있는 등 무료 서비스와는 차별화된 서비스다(freemium 모델). 현재 7천 5백만 명의 사용자 중 유료회원의 수는 2천만 명이다. 다양한 포맷(Sponsored Session, Branded Playlist 등)의 광고매출도 지속적으로 늘고 있다. 유료회원과 무료회원은 완전히 다른 고객이다. 최대한 많은 무료회원을 유료로 전환시키려는 것도 중요하겠지만 무료회원의 활동이 유료회원에게 더 좋은 경험을 할 수 있도록 만드는 것이 더 중요하고 광고주들도 더 이상 노출만을 바라기보다 효과적이고 결과를 파악할 수 있는 광고를 원한다. 여기에 맞는 광고포맷, 프로세스, 가격 등을 정하는 것은 과거에 단순한 노출광고만이 존재할 때와는 문제의 차원이 다르다. 이렇듯 수익모델은 갈수록 다양하고 복잡해지고 소비자들이 돈을 지불하는 이유도 달라지고 있다.

– 비즈니스 모델의 진화, 노상규, 오가닉 미디어랩, 2015.

최근에 나타난 새로운 방식의 수익모델

무제한 커피·월정액·게임 부분유료화

통신사 무제한 데이터처럼 커피도 한 달에 일정금액을 내면 무제한 마실 수 있다. 국내에서 그런 서비스를 하는 곳이 바로 W카페다. 소셜커머스 위메프가 직접 운영하는 W카페에서는 한 달에 2만 9,900원을 내면 계속 아메리카노를 무료로 마실 수 있다. 통신사 데이터 요금제나 음원사이트 정기결제 서비스처럼 카페에서도 매달 일정금액을 내면 커피를 자유롭게 주문할 수 있는 서비스다. 단, 3시간 동안 1잔만 주문할 수 있다. W카페는 전국 6개 지점(대치점, 신사옥점, 역삼점, 역삼3호점, 송파점, 판교점)을 운영 중이다. 전 매장에서 무제한 요금제를 시행하고 있다. 요금제 정식명칭은 '무제한 패스'. 커피를 하루 평균 한 잔씩만 마셔도 커피가격 등을 감안하면 오히려 절반 이상 비용을 아낄 수 있다. 카페 측에서도 고정매출을 확보할 수 있다는 점에서 나쁘지 않다. 커피는 원가부담이 적기 때문이다.

– 매경이코노미, 수익모델 전략, 과금 방식을 바꿔라, 제1944호(2018.1.31).

Chapter 8

기업가와 창업가정신entrepreneurship

1. 기업企業과 기업가entrepreneur의 이해

1) 국가경제의 기둥 기업의 이해

원시시대 이래 협력과 혁신은 인류 진화의 핵심이었고, 이 두 DNA를 가진 인류최고의 발명품이라는 기업이 등장하면서 변화(발전)에도 놀랄 만한 속도가 붙었다. 회사會社라는 영어 단어 컴퍼니company는 com(With, 함께)과 pany(빵)로 이는 '함께 빵을 먹는 동료들'이라는 라틴어 콤파니오companio에서 유래했다. 우리나라 한 전직 대통령은 "기업이 곧 나라다"라는 말을 강조했는데, 현대사회에서 국력의 핵심이자 경제활동의 주체인 기업은 여러 자원을 투입하여 고객이 원하는 가치 있는 상품(서비스)을 생산하고 이윤을 추구하는 생산주체로 경쟁과 협력을 토대로 생명력을 유지하며 성장할 수 있었다. 또 기업은 우리에게 필요한 상품과 서비스를 생산하는 조직으로 노동, 자본, 물자, 기술, 에너지 등이 투입물input을 물리적, 화학적 변화를 통하여 투입물과는 모습이나 성질, 가치가 다른 상품이나 서비스output로 변환하는 역할을 한다. 오늘날 이 세상에 나온 무형과 유형의 다양한 제품들은 기업의 도전으로 만들어진 결과물이지만 기업이 투입물보다 커다란 가치를 지닌 산출물을 생산하더라도 이 상품 및 서비스를 이용하려는 고객(소비자)이 상품 또는 서비스를 구입하지 않는다면 기업은 생존하지 못하게 된다. 따라서 고객을 창출하고 유지하며 고객을 만족시키는 활동은 기업의 생존에 절대적 과제이자 기업의 마케팅목표가 된다. 과거 자유방임주의 경제학자 밀턴 프리드먼Milton Friedman은 "이윤의 극대화야말로 기업이 사회적 책임을 다하는 길이라며 기업은 이윤을 극대화하는 과정에서 생산과 고용을 창출하고, 사회와 국가의 번영을 가져올 수 있다"고 주장하였으나 이제 기업은 이윤을 추구하는 수익성 외에도, 발전을 추구하는 성장성, 목적 간의 균형을 추구하는 탄력성, 그리고 기업의 사회적 책임이라는 비경제적 목적까지를 포함하는 다차원적 목적을 추구하는 방향으로 확대되었다. 특히 기업은 그 기업이 속한 사회로부터 창출되기 때문에 이윤추구라는 목적을 추구하되 그에 합당한 사회적 책임CSR도 인식하고 사회문제를 직접 해결하는 공유가치창출CSV로 발전하는 등 사회와 함께 공생하는 하나의 사회적 조직이며 제도이자 문화가 되었고, 기업企業, enterprise은 단순히 이익을 추구하는 집단이 아니라 사회에 공헌하고 인간성을 향상시키는 집단이다. 기업이란 개개인이 가지고 있는 능력을 최대한 발휘해 자기책임하에 상호협력하면서 비전을 추구하는 장이므로 단순히 규모의 확대나 매출 및 직원 수의 증가가 성장이 아니라 고객과 직원을 행복하게 해주며 사회에 보다 큰 가치와 감동을 제공함으로써 기업의 사회적인 존재가치(사회공헌도)를 높이는 것이 진정한 기업의 성장이다.

기업의 힘(power)

① 2009년 기준, 기업enterprise, 企業은 세계 인구의 81%에 일자리를 제공하고, 글로벌 경제력의 90%를 차지하며, 전 세계 GDP의 94%를 창출한다.

② 기업은 기업과 개인 간 질서 그리고 국가 경쟁규칙을 새로 썼다. 오늘날 우리가 사용하는 제품들은 기업 도전의 결과다.

③ 아담 스미스Adam Smith는 "거래는 인간의 본성 중 하나라며, 언어처럼 오래 역사가 있다"고 했다. 은행역할을 했던 그리스 산전, 이집트의 노예공장, 실크로드를 거친 아라비아 상단, 북유럽 길드, 중국 명나라와 청나라의 상조, 근대유럽의 각종 상업동맹. 수천 년 동안 세계 각양각색의 상업조직이 발달했다.

④ 16세기 후반과 17세기 초 사이에 영국과 네덜란드에 현대적 의미의 주식회사가 설립됐지만 주식회사의 원형은 고대 로마에서부터 유래됐다. 고대 로마의 상업 조직은 주로 동업자가 공동출자한 뒤 실무자에게 경영을 맡기는 합자형태였다.

⑤ 로마시대 법률원칙은 기업발전에 심오한 영향을 끼쳤다. 로마법에서 사람은 권리를 갖고 있었는데 그 권리는 재산소유권과 소송의 권리도 있었다. 상업활동을 하거나 사회활동을 할 때 소유권은 아주 중요한 의미를 지닌다.

⑥ 재산권이 분명하게 규정되지 않으면 계약은 불가능하고 기업도 생길 수 없다. 개인은 새로운 아이디어를 만들 수 있었지만 그 아이디어를 상업화하고 사회에서 인정받으려면 기업의 힘이 절대적으로 필요했다.

⑦ 15세기 콜럼버스의 신대륙 발견으로 촉발된 대항해시대에서는 급격한 시장변화가 이뤄졌다.

⑧ 기업의 3대 특징은 유한책임제, 투자권익의 자유로운 양도, 법인의 지위이다. 법인은 독립적 생명을 가진 개체로 간주한다. 기업에는 가족들이 모여 만든 가족기업이 있으며 오늘날에도 각자의 장점을 발휘한다.

⑨ 기업은 세계 역사상 가장 혁신적인 조직이고, 현대사회를 결정한 창조자는 주식회사다. 19세기 유럽을 방문한 중국 외교관 설곡성은 "기업은 산을 옮기고, 바다를 메우며, 바람과 전기를 부리고, 물과 불을 만들 수 있다"고 했다.

⑩ 경제학자 조셉 슘페터는 만족스러운 비누를 만드는 것으론 부족하며, 다들 씻고 싶은 마음이 들게 해야 한다고 말했고, 기업의 본질은 사람들에게 시장을 개척할 기회를 주는 것이다.

⑪ 1882년 에디슨이 미국 최초의 발전소를 세운 것은 인류가 어둠에서 극복한 순간이지만 위대한 발명만으로는 사회에 필요한 제품을 만들 수 없다. 기술과 자본이 결합한 전기회사가 전기를 생산한다.

⑫ 오늘날 재무제표는 아주 중요한 단어다. 대차대조표, 손익계산서, 현금흐름표로 기업의 비밀을 알 수 있다. 기업은 규칙을 제정해 그것을 전파하는 데 앞장섰고, 현대사회 질서 정립에 영향을 줬다.

⑬ 기업이 만들어낸 중요한 결과는 평등실현이다. 귀족, 부자들처럼 일부계층만 태어날 때부터 특권을 누리던 시대가 끝난 것이다.

⑭ 기업이 미국을 창조했다. 550만 개가 넘는 기업의 힘으로 미국은 세계 파워 대국이 됐다. 200년 넘게 모험, 혁신을 주도한 프런티어 정신이 자리한다. 유럽의 수많은 이민자들의 그 정신이 미국 대륙의 운명을 바꿔놓았다.

⑮ 기업의 힘이 국가를 강하게 만든다. 근대 이후 강력한 핵심 기업, 우수기업을 배출하지 못한 국가는 점차 쇠퇴했고, 시장경제를 발전시키는 기업 생산력과 개인 창조력이 있는 국가만이 세계무대의 중심에 섰다.

⑯ 미국 경제학자 브래드포드 드롱은 구석기부터 서기 2000년까지 인류의 GDP를 분석했다. 기원전 15000년까지(전체 역사의 99.4%): 세계인 평균 GDP 90 달러, 그 후 1750년까지(전체의 0.59%): 세계인 평균 GDP 180달러. 1750~2000년까지(전체 0.01%): 세계인 평균GDP 6,600달러(37배 증가). 인류재화의 97%가 0.01% 기간인 250년 동안 급속 성장한 재화로 인해 시장경제(핵심: 기업)가 탄생했다.

⑰ 기업에게는 당장의 이윤보다 지속적인 수입을 내고 발전하는 것이 더 중요하며, 기업은 오랜 세월이 흘러도 변하지 않을 영원불멸의 가치관을 확립해야 한다.

– EBS 다큐10+ 기업의 힘(원제: The Power of Corporations), 2012.5.24.

> "내가 보기에 세상에는 세 종류의 비즈니스맨이 있다. '장사꾼'은 돈만 번다. '상인'은 해도 괜찮은 사업과 하지 말아야 할 사업을 구별한다. '기업가'는 사회에 책임을 진다. 기업가는 사회를 위해 환경을 조성해야 한다. 기업가는 창조적인 정신이 있어야 한다."
>
> – 마윈(马云), 전자상거래업체 알리바바 그룹 창업자

기업의 본질적 사명은 기업 활동을 통해 상품과 서비스 등 새로운 가치를 만들어내는 창조적인 역할을 하고, 그 과정에서 기업은 이윤을 얻고 일자리를 제공하며, 납세를 통하여 사회에 기여한다. 따라서 기업의 목적이 우리 사회와 공동체의 존립으로 확장되면서 단순한 돈벌이나 이윤추구보다는 기업의 활동과 기능을 통해 우리 삶을 풍족하고 풍요롭게 하는 데 있다. 미국의 경제학자 조셉 슘페터Joseph Schumpeter는 "기업에게 새로운 것을 창조하고 변혁을 일으키는 창조적 파괴creative destruction는 기업경제의 원동력이며, 기업이윤이란 기업이 창조적 파괴행위를 성공적으로 이끈 노력의 대가이자 기업가에게 가장 중요한 동기부여 요인"이라고 하였다. 또 피터 드러커Peter. Drucker는 기업은 고객과 소비자에게 만족과 가치를 제공하는 조직이며, "기업의 역할은 고객을 창출하는 것"이라고 강조하면서 "기업은 유일하게 혁신을 실행할 수 있는 집단"이라고 말했다. 또 피터 드러커는 "모든 기업의 활동은 가치Value · 가격Price · 원가Cost의 3요소로 구성되고, 기업 활동은 가치창출과 분배Innovation and Marketing만으로 존재한다"고 하였다. 그는 "기업의 본질적인 정의를 "이윤을 창출하는 기관"이라고 하는 것은 옳은 정의가 아니며, 기업은 고객에게 가치를 창출하고 제공하는 조직이라고 설명하였다. 삼성전자는 고객에게 '전자제품'이라는 가치를 제공하는 조직이고, 파리바게트는 '빵'이라는 가치를 제공하는 조직이다. 이들은 본래 이윤을 창출하는 조직이라기보다 이러한 가치창출에 대한 결과Outcome가 이윤profit인 것이다. 그렇다고 기업에게 이윤이 중요하지 않다는 뜻은 아니다. 사람이 먹지 않으면 생존할 수 없는 것처럼 기업도 1차적으로 지속가능한 이윤이 전제되지 않은 상태에서 어떤 일도 할 수 없기 때문에 기업에게 1차적인 목표는 '유지하고 성장가능한 수준의 이윤'이지만 기업의 본질적 목적은 생

존과 성장이다. 그러므로 피터 드러커Peter Drucker의 주장은 이윤추구가 1차적으로 중요하지만, 이윤은 '기업이 무엇인가?'라는 질문과는 관련 지을 수 없다는 점이다. 사실 과거 오랫동안 기업의 목표는 단기이윤의 극대화로 인식되어 왔고, 기업들은 가격Price에서 비용Cost을 제한 이윤Profit을 극대화하는 것을 목표로 삼아 왔고, 가격을 높이면 기업이익은 증가하나, 소비자 가치는 감소하게 된다. 결과적으로 각자의 이익을 추구하면 기업과 사회는 갈등구조가 되는데 그 해법으로 가치창출과 지속가능한 분배를 위해 소비자 가치와 기업가치의 선순환이 필요하다. 한편 영국의 시사주간지 이코노미스트는 2018년 1월 18일자 커버스토리에서 구글과 페이스북, 아마존을 '타이탄(titan·그리스 신화에 나오는 거인)'으로 칭했다. 유통산업에 최저가로 세상에 존재하는 거의 모든 물건을

기업에 대한 이해

① 선진국은 기업의 경쟁력을 키우는 나라다. 노벨경제학상 수상자인 로버트 포겔Robert Fogel 시카고대 교수는 국력을 키우는 길을 군조직과, 기업조직을 통해 국가경쟁력을 키운다고 강조했다. 그런데 오늘날의 무력전쟁은 첨단 고성능무기가 결정적이고 국방력은 경제력(기업)에 따라서 결정된다.

② 기업이 있어야 발명이 빛을 본다. 피터 드러커는 19세기의 그렇게 많은 발명품들이 빛을 보지 못한 이유는 기업과 경영의 부재였다고 말했다. 서양이 동양을 크게 앞설 수 있었던 중요한 이유 중의 하나가 바로 기업이라는 조직과 경영개념을 먼저 발견했다는 것이다.

③ 사람, 기술, 자연, 자본시설 등의 힘을 뭉치는 곳이 기업이다. 기업은 이들의 힘을 한 방향으로 모을 수 있도록 한다. 기업은 개인 또는 소수의 사람들이 할 수 없는 큰 규모의 일을 가능하게 한다.

④ 기업은 산업사회의 농토다. 농경사회에서 인간을 먹여 살린 것은 농토農土였으나 산업사회나 지식사회의 농토는 기업企業이다. 인간에게 필요한 각종 제품을 만드는 것도, 일자리를 창출하는 것도 기업이다.

⑤ 기업이 발전해야 문화도 발전한다. 일본의 기업들은 세계인상파 그림의 1/3 정도는 사서 모았다고 하고, 스포츠분야도 기업들에 의하여 발전한다.

팔면서 시장독점을 강화하고 있는 아마존이 있다면, 온라인 세상엔 구글과 페이스북의 플랫폼 사업에서 두 맘모스의 시장독점은 가속화되고 있다. 웹 브라우저 시장에서 구글이 차지하는 비중은 56%, 디지털 광고시장 점유율도 52%에 달한다. 소셜미디어에서 페이스북은 전체 모바일 트래픽의 77%를 차지한다. 2018년 1월 15일 영국 파이낸셜 타임스FT가 내놓은 '슈퍼스타 기업의 부상'보고서는 "미국의 경제성장이 가장 활발했던 1950년대에 GDP의 20%를 차지했던 기업은 상위 60곳이었으나, 현재는 20개사가 20%를 차지하고 있다"고 밝혔다.

2) 기업가entrepreneur의 특성

일반적으로 기업가entrepreneur는 기회를 인지하고 기회를 추구할 조직을 구성하는 사람으로 업業을 일으키는起 사람家을 뜻한다. 기업가Entrepreneur는 시장에서 소외된 영역이나 다른 사람이 발견하지 못한 새로운 황금어장의 가치를 발견하려는 사람, 즉 세상에 없던 새로운 가치나 더 나은 가치를 만들어내는 사람을 뜻한다. 그들은 혁신을 통하여 창조적 파괴를 이끌면서 새로운 가치를 만들고 의미 있는 변화를 통하여 인류의 삶을 바꾸는 주인공이다. 기업가의 핵심 역할인 혁신은 새로운 상품, 새로운 제조방법, 새로운 원자재 개발을 통하여 기존의 산업구조를 파괴하고 새로운 시장을 개척함으로써 인류의 삶의 질을 향상시키는 변화(혁신)를 이끄는 주체를 "entrepreneur"라고 하였으니 〈entrepreneur〉의 우리말 표현은 기업가起業家보다 창업가創業家라는 의미가 더 적합하다고 볼 수 있다. 기업가는 창업가정신entrepreneurship을 발휘하여 기업을 창업하여 운영하는 혁신적이고 모험적인 개척자정신을 수행하는 사람으로, 사업을 조직하고 운영하며 이익을 위해서 위험을 감수하는 사람이다. 기업가는 기업경영의 주인공으로 생산·판매·서비스·기술개발 등 경제활동 전반을 책임을 지고 그 역할을 주도한다. 진정한 기업가는 땅속에 묻혀 있는 각종 자원을 발굴할 수 있는 지혜로운 눈을 가지고, 미래를 예측할 수 있는 통찰력과 새로운 것에 과감히 도전하는 혁신적이고 창의적인 정신에 고객제일, 산업보국, 인재 양성, 공정한 경쟁, 근로자 후생복지, 사회적 책임의식까지 가져야 한다. 또 미세스Mises

는 "기업가는 불확실한 상업세계에서 미지의 이윤기회를 찾아나서는 능동적인 행동인acting man"이라고 말했다. 새로운 사업에 투자를 하거나 신상품을 시장에 내놓을 때 기업과 기업가의 활동은 본질적으로 위험을 동반하므로 기업가는 일반인과는 달리 사업의 성공확률을 높게 보는 낙관적, 경쟁적, 창의적, 진취적인 사람이므로, 역동적인 시장의 움직임을 주도하는 주인공이 바로 창업가다. 창업가는 사람들이 갖고 있는 문제를 해결해 사회적으로 의미 있는 가치를 창출하겠다는 분명한 목적의식과 사명감이 있어야 성공할 수 있고, 돈을 벌더라도 그냥 버는 것이 아니라 사회와 직원들에게 제대로 가치를 창출해 주는 대가로 벌겠다는 생각이 있어야 한다. 더욱이 스타트업 기업가에게는 세상의 어려운 문제를 해결해 더 나은 가치를 만들려는 큰 뜻과 철학이 있어야 한다. 결국 더 나은 가치를 만들어 내려는 철학이 아름다운 꽃을 피우고 튼튼한 열매가 여물 수 있도록 하는 튼튼한 뿌리가 된다.

"창업가entrepreneur"란 변화를 탐구하고 대응하며 변화를 기회로 이용하는 사람으로, 위험을 감수하며 사업기회를 발굴하고 새로운 가치를 창출하는 혁신을 촉진하는 사람을 의미한다. 기업가는 경험, 시장과 고객의 관

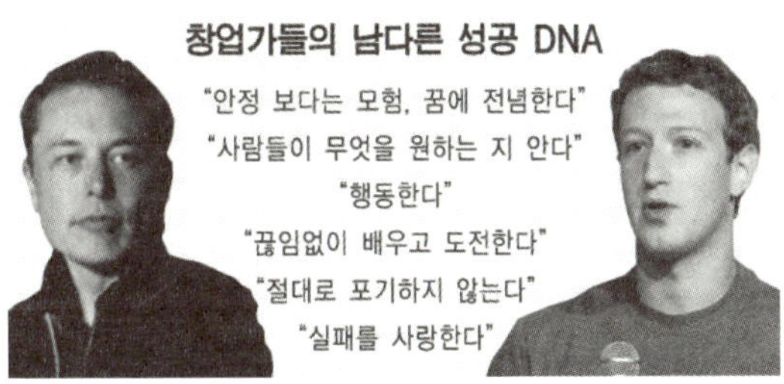

나도 혁신(창업)가가 될 수 있다. 발견 스킬 5가지

① 질문하기 황당해도 좋다. 올바른 질문을 찾을 때까지 묻고 또 물어라.

② 관찰하기 고객·제품·기술·조직을 세밀하게 관찰하면 아이디어가 보인다.

③ 네트워킹 정반대의 시각을 가진 사람들과 대화·논쟁을 즐겨라.

④ 실험하기 실패에도 배울 게 있다. 끊임없이 새 아이디어를 실험하라.

⑤ 연결하기 전혀 상관없어 보이는 아이디어를 묶어 방향을 찾아라.

찰을 통해 사업을 시작하기 위해 뛰어난 아이디어를 창출하고, 이러한 아이디어를 구체적인 사업으로 전환한다. 창업가entrepreneur란 지속적인 혁신을 통하여 사업을 주도하는 변화촉진자로서, 그들에게는 조직과 시간관리 능력, 인내력, 풍부한 창의성, 도덕성, 목표설정 능력, 적절한 모험심, 유머감각, 정보를 다루는 능력, 문제해결을 위한 대안구상 능력, 새로운 아이디어를 내는 창조성, 의사결정 능력, 도전정신 등 다양한 능력이 요구된다. 또 기업가는 다른 사람들이 미처 알아차리지 못하는 기회를 포착·판단·실천하는 사람으로 그들은 높은 수준의 호기심과 문제해결 지향성을 가지고 있다가 문제점을 발견하면, 솔루션을 찾아내 이를 사업화하는 사람이다. 미국 뉴욕대 이즈리얼 커즈너Israel Kirzner 교수는 "기업가는 다른 사람들이 하지 않는 것에 대해 고정관념의 틀에서 벗어난 아이디어를 시도해 보는 사람이며, 기업가적 시도를 보장할 때 사회적 자원이 효율적으로 활용되고, 끊임없는 혁신과 파괴가 가능하다"고 말했다. 존경받는 참된 기업가의 길은 남들이 발견하지 못한 새로운 기회를 발견하고, 위험에 맞서 새로운 가치창출과 고객행복을 추구함으로써 수익을 창출하고 그 수익을 사회와 나누는 역할이다.

미국의 경제학자 조셉 슘페터Joseph A Schumpeter는 1934년에 자본주의는 새로운 재화의 생산, 기존 재화의 품질향상, 새로운 생산방법의 도입, 신시장의

창업가(entrepreneur)의 정의

학 자	정 의
조셉 슘페터 (Joseph A. Schumpeter)	새로운 제품과 서비스를 창출, 새로운 생산방법의 도입, 새로운 조직형태의 창조, 새로운 원재료의 활용으로 기존 경제 질서를 파괴하며 혁신을 좇는 사람
피터 드러커 (Peter F. Drucker)	변화를 탐구하고, 변화에 대응하며, 변화를 기회로 이용하는 사람
칼 베스퍼 (Karl Vesper)	다른 사람이 발견하지 못한 기회를 찾아 상식이나 권위에 사로잡히지 않고 새로운 사업을 추진할 수 있는 사람
하워드 스티븐슨 (Howard Stevenson)	현재 통제가능(소유)한 한정된 자원 이상의 기회를 추구하는 사람
쿠라코와 호제츠 (Kuratko & Hodgetts)	시장에서 기회포착으로 보상을 추구하는 혁신자

개척, 원료와 부품의 새로운 공급원 획득, 새로운 산업조직형성 등과 같은 생산요소의 새로운 결합combination에 의해 발전하며, 창업가는 이러한 창조적 파괴creative destruction를 유발하는 혁신innovation 활동을 하는 사람으로 정의하면서 기업가는 창조적 파괴, 새로운 결합, 남다른 발상으로 혁신을 일으킬 수 있어야 한다고 주장하였다. 또 슘페터Schumpeter는 "기업가의 성실성이 투자의 필요조건이라면, 상품의 시장성과 경쟁력은 충분조건, 창업가정신에 충만한 경영능력은 필요충분조건이라면서 자본주의에서 생산자는 이윤극대화만을 위해서가 아니라 창조적 기쁨, 정복의지, 사적 왕국을 세우려는 꿈 등 다양한 동기에 의해 움직이는 존재이며, 그 동기가 혁신을 낳고, 창조적 파괴로 이어지면서 경기가 순환하고 자본주의는 발전한다"고 주장한다. 한편, 미국 뱁슨칼리지 대니얼 아이젠버그Daniel Isenberg 교수는 "〈entrepreneur〉란 새로운 가치를 창출해내고, 이를 장기적인 성장으로 이끌어 나가며, 리스크risk를 감내하려고 한다는 점에서 단순 사업가와 구분해야 한다"고 말한다. 또 하버드대 경영대학원의 하워드 스티븐슨Howard Stevenson 교수는 "관리사administrator는 이미 가진 것을 활용해 무언가 해보려 하지만, 기업가entrepreneur는 내가 가진 것 이상의 기회를 추구한다"며 "기업가란 빠르게 기회를 잡으며, 계속 새로운 실험을 하고, 또 돈이나 인력이 없는 경우 빌려 쓰는 것을 주저하지 않으며, 이익을 공유하는 특성을 가지므로 창업의 목적이 돈이 돼선 안 된다"고 강조한다. 또 워렌 베니스Warren Bennis는 관리자와 기업가에 대하여 ① 관리자는 관리를 하지만 기업가는 혁신을 한다. ② 관리자는 짧은 시각을 갖지만 기업가는 긴 전망을 갖는다. ③ 관리자는 '언제', '어떻게'를 묻지만 기업가는 '무엇', '왜'를 묻는다. ④ 관리자는 과업이 적절하도록 하지만 기업가는 적절한 과업을 한다. ⑤ 관리자는 모방하지만 기업가는 창조한다라고 구분하였다.

기업가는 여러 측면에서 경영자와 다르다. 첫째 기업가는 단순히 산출량을 늘리는 사람이 아니라 산출물의 질적 변화를 일으키는 사람이다. 타자기와 계산기를 능가하는 컴퓨터를 만들어낸 사람, 고층 건물에 꼭 필요한 엘리베이터를 고안해낸 사람, 유저 인터페이스를 채택해 스마트폰 시대를 연 사람, 무인

기업가와 창업가의 차이점

기업가(起業家, entrepreneur) (혁명적 파괴)	경영자(manager, administrator) (점진적 변화)
• 기회를 찾는다. • 어떻게 하면 돈으로 전환할까 고민한다. • 어떤 자원이 필요할까 고민한다. • 어떻게 조직을 통제할까 고민한다. • 어떤 조직구조가 최상일까 고민한다. • Risk(위험)를 찾아다닌다. • 부정적 요소(위기)를 기회로 삼는다. • 직관적, 창의적, 감성적이다. • 수치를 중시하나 직관에 의존한다. • 의사결정이 1인에 의해 결정(seed)된다.	• 우리 회사에 가장 잘 맞는 기회는? • 자원을 어떻게 효율적으로 관리할까? • 어떤 조직이 우리 시장과 잘 맞을까? • 어떻게 하면 다른 사람이 나의 업무성과에 영향을 덜 미칠까 • Risk(위험)를 피하려 한다. • 부정적인 요소(위기)를 회피한다. • 이성적, 논리적이다. • 수치에 의존하여 의사결정한다. • 합의(Consensus)를 중시(slowness)한다.

기업가의 신조(The Entrepreneurs' Creed)

1. 나는 평범한 사람이 되는 것을 거부한다.
2. 만약 내가 할 수 있다면, 나의 능력에 따라 평범하지 않은 사람이 되는 것은 나의 권리이다.
3. 나는 안정보다는 기회를 택한다.
4. 나는 내게 주어진 상황에 순응하고 이를 겸손이라 생각하며 체념된 삶을 살아가는 것을 거부한다.
5. 나는 계산된 위험을 감수할 것이며, 꿈을 꿀 것이고 이를 이루어 갈 것이며, 또한 이 과정에서 실패를 경험하고 마침내 성공하기를 원한다.
6. 나는 보장된 삶보다는 삶에 대한 도전을 선택한다.
7. 나는 유토피아의 생기 없는 고요함이 아니라 성취의 전율을 원한다.
8. 나는 어떠한 권력자 앞에서도 굴복하지 않을 것이며, 어떠한 위협 앞에서도 굽히지 않을 것이다.
9. 자랑스럽고, 두려움 없이 꿋꿋하게 몸을 세우고 서는 것, 스스로 생각하고 행동하는 것, 내가 창조한 것의 결과를 만끽하는 것, 그리고 세상을 향해 "신의 도움으로 내가 이 일을 달성한다. 이것이 기업가가 된다는 의미이다"라고 힘차게 말할 수 있는 것이 바로 신께서 내게 주신 자랑스런 유산이다.

항공기 드론의 미래를 본 사람이 바로 기업가다. 최고경영자CEO를 함수관계로 설명하자면 $Q=f(K, L)$이므로 경영자는 산출물 Q를 최적량으로 생산하기 위해 K(자본)와 L(노동)을 선택하기 위해 고용된 사람이다. 훌륭한 경영자는 Q의 생산량이 극대화되도록 하면 된다. 반면 창업가entrepreneur는 효율과 최적량보다 새로운 무엇을 추구하기 위하여 모험risk을 선택한다는 점에서 경영자와 기업가와 분명하게 다르다. 마차가 주요 운송수단이던 시절 마차 수(산출량)를 늘리는 사람이 아니라, 마차와 완전히 다른 질적인 변화를 가져온 자동차를 개발한 사람이 바로 기업가이다. 마차가 미국 뉴욕거리를 가득 메운 19세기 이상한 기계 한 대가 도심에 등장했고, 괴물 같은 자동차로의 창조적 파괴 분위기가 조성될 무렵, 당시 자동차를 생산하기로 결심했던 헨리 포드Henry Ford가 경영자였더라면 마차를 더 많이, 더 효율적으로 생산하는 데만 관심을 쏟았겠지만 창업

성공하는 창업가를 위한 7가지 지침

"창업이 신비의 영역이라고? 천만의 말씀이다. 그것은 마술이 아니고, 신비로운 것도 아니며 천재들의 전유물은 더욱더 아니다. 창업이란 어떤 원칙이다. 다른 원칙들과 같이 배울 수 있는 것이다"

– 피터 드러커(Peter Drucker)

창업가Entrepreneur는 타고나는가 아니면 만들어지는가에 대하여 미국의 저명한 창업교육 전문가인 로이드 세프스키는 저서 〈사업가는 타고나지 않고 만들어진다 *Entrpreneurs are made, not born*〉에서 마이클 델(델컴퓨터), 벤 코헨(벤&제리즈 아이스크림), 프레드릭 스미스(페더럴 익스프레스), 데비 필즈(미세스 필즈 쿠키) 등 200여 명의 창업가들이 겪은 창업에서 성공까지의 과정을 추적하여 성공한 창업가들이 가지고 있는 공통점으로 원대한 꿈, 독특한 사고방식, 난관을 이겨내는 지혜 등을 제시하면서, 이들 창업가들의 성공사례와 창업이론을 결합해서 창업에 나서고자 하는 사람들이 명심해야 할 사항들을 다음과 같이 소개했다. ▲첫째, 꿈을 키워라. 꿈의 설계자가 되라. 사업가란 꿈을 현실로 바꾸는 사람이다. ▲둘째, 리스크를 감수하라. 모든 창업가가 감수하는 사업에서는 리스크에 대한 보상이 리스크를 능가하는 것이 일반적이다. ▲셋째, 성공의 열정으로 실패에 대한 공포를 극복하라. 성공한 창업가들은 어제의 실패를 성공을 위한 밑거름으로 활용한 사람들이다. ▲넷째, 좋아하는 일을 하라. 창업가에게 사업은 자신의 꿈을 실현하는 수단이다. 창업가로 성공하기 위해서는 일을 하는 것이 휴식을 취하는 것보다 더 재미가 있어야 한다. ▲다섯째, 원칙을 깨는 이단자가 되라. 그 원칙이 유일한 것이라고 하더라고 원칙 파괴자가 되는 것을 두려워해서는 안 된다. ▲여섯째, 항상 기회를 대비해야 한다. 많은 사람들에게 많은 기회가 오지만, 실제로 기회란 준비하고 있는 사람이 차지한다. ▲일곱째, 당신의 행동을 멈추게 하는 고루한 사고방식에서 벗어나라.

– 창업가는 타고나지 않고 만들어진다(Entrepreneurs Are Made Not Born), 로이드 세프스키(Lloyd Shefsky).

가 헨리 포드는 자동차라는 새로운 것이 훗날 많이 팔릴 것이라고 확신했고 전 재산을 거는 모험(위험)을 선택했다. 또한 위대한 창업가entrepreneur는 결코 자신이 이루어 놓은 결과물이나 달콤한 열매에 만족하지 않고 마치 정거장 없이 달리는 기차와 같이 지속적으로 창조행위를 해나가는 사람이다. 세계최대 쇼핑 축제 광군제光棍節, single's day를 만들어 유통의 쓰나미를 선도하는 알리바바Alib-

노동자를 자처하지 마라. 모든 인간은 기업가다!

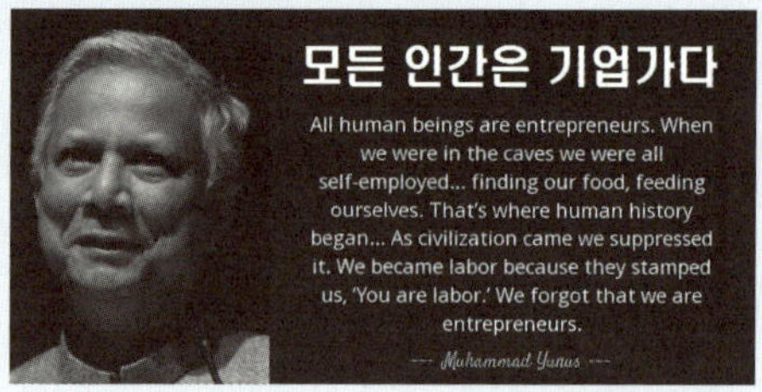

모든 인간은 기업가다. 우리는 동굴에서 살던 시절부터 스스로를 고용했다. 일용할 양식을 직접 찾아서 스스로에게 공급했으니 인류의 역사도 여기에서 시작되었다. 하지만 문명시대에 접어들면서 우리는 우리 안의 기업가 기질을 억눌렀다. 통치자들이 '너는 노동자다'라고 낙인을 찍자마자 스스로 '노동자'를 자처했다. 그 결과 우리는 기업가라는 사실을 망각했다. (무함마드 유누스 노벨평화상 수상자)

모든 인간은 기업가entrepreneur다. 모든 인간이 기업가entrepreneur인 이유는 인간 유전자에 무엇인가를 '창조'하려는 의지가 새겨져 있고, 창조야말로 기업가정신entrepreneurship의 핵심이기 때문이다. 유누스의 말대로 동굴에서 살던 원시시대 조상들은 자신이 먹을 것을 스스로 찾아냈다. 즉 삶의 방식을 직접 고안해내야 했던 것이다. 그들은 자신의 삶을 직접 창조해낸 '기업가'들이었다. 하지만 이후 수세기 동안 우리는 자신이 기업가라는 점을 망각하고 노동자처럼 행동해왔다. 오늘날 직업세계에서 직면하는 수많은 도전에 적절하게 대응하려면, 우리는 이 기업가 본성을 재발견하고 이를 활용하여 새로운 형태의 진로를 만들어내야 한다. 당신이 변호사나 의사이건, 또는 교사나 기술자이건, 기업주이건 간에, 자신이 하나의 성장하는 스타트업Start-up을 경영하는 기업가처럼 생각하고 행동해야 한다. 그 스타트업이 바로 당신의 진로다.

– 연결하는 인간(*The Start-up of You*),
리드 호프만(Reid Hoffman) 벤 카스노카(Ben Casnocha) 공저, 차백만 옮김, RHK, 2015.

aba는 창업 15년 만에 뉴욕증시에 상장했고, 2018년 초 기준 시가총액은 4,407억 달러로 평가받고 있다. 알리바바의 마윈馬雲 회장은 "성공한 기업들만 보면서 이미 그들이 시도했기 때문에 기회가 없다고 불평하지 마십시오. 기회는 누구에게나 열려 있고, 특히 사람들이 불평하는 곳에 있습니다. 그 불평을 기회로 여기고 적극 해결하려고 노력하는 사람이 성공할 수 있습니다"라고 말했다. 한편 성공한 창업가의 특성을 살펴보면 다음과 같다. ① 비전: 남들이 보지 못하는 것을 보는 능력, ② 용기: 엄청난 의심에도 불구하고 행동하는 능력, ③ 창의성: 상자 밖에서 생각하는 능력, ④ 비난을 견디는 능력: 비난을 받지 않고 성공한 사람은 한 사람도 없다, ⑤ 만족을 연기시키는 능력: 단기적이고 즉각적인 자기만족을 부정하고 더 큰 장기적 보상을 추구하는 것은 아주 힘든 일이다.

> "시장을 창조하는 것은 신神도 아니고 경제력도 아니고 기업가다."
>
> – 피터 드러커(Peter Drucker)

2. 경제성장의 씨앗, 창업가정신entrepreneurship

새로운 일에 도전하여 문제를 해결함을 뜻하는 창업가정신의 어원 프랑스어 앙트러프러너십(entrepreneuship; 기업가적 사고와 행동)은 프랑스 경제학자 장 바티스트 세이Jean-Baptiste Say가 1800년경 어떤 것을 시작하다to begin something, 착수하다, 수행하다undertake라는 의미의 앙트르프르뇌르(entrepreneur·도모하는 자)에 접미사 십(-ship)을 접목해 사용하기 시작한 용어이다. 창업가정신entrepreneurship이란 기회를 포착하고 새로운 가치를 창출하기 위해 혁신적인 사고와 열정적 행동을 통하여 시장에 새로운 가치를 창조하는 활동과정이다. 창업가정신에 관한 상징적 인물 미국의 경제학자 조셉 슘페터Joseph Alois Schumpeter는 1930년대 대공황을 극복하기 위한 해법으로 도입되었던 창업가정신에 대하여 불확실성 속에서도 미래를 예측하고 변화를 모색하는 것이 기업가의 임무고 정신이라면서 사회에 균형이 깨지고 불균형이 초래될 때 사회가 발전하고 "새로운 방식으로 새로운 상품을 개발하는 지속적 기술혁신을 통해 창조적 파괴 creative destruction를 실행하는 기업가의 노력이나 의지를 창업가정신이라면서 기업 내부로부터 낡은 것을 파괴하고 새로운 것을 끊임없이 창조하는 혁신이 경제발전의 원동력"이라고 설명했다. 또한 그는 자본주의에서 생산자는 이윤극대화만을 위해서가 아니라 창조적 기쁨이나 성취욕구, 정복의지, 명예 등 다양한 동기에 의해 움직이며, 그들은 현존하는 것에 만족하지 않고 새로운 가치를 창출, 인류사회에 공헌하려는 동기가 혁신을 낳고, 부단한 창조적 파괴로 이어져 경기가 순환되고 자본주의가 발전한다며 창업가정신만이 경제를 지속 발전시킬 수 있는 핵심요소임을 강조했다. 한편 현대 경영의 아버지라 불리는 피터 드러커Peter Drucker는 "창업가정신은 위험을 무릅쓰고 포착한 기회를 사업화하려는 모험과 도전의 정신이라며, 창업가정신만이 경제를 지속적으로 발전시킬 수 있는 핵심요소"라고 설명했다. 창업가정신에는 '실현하려는 의식적인 노력'이 필요하고, 학습을 통해 습득할 수도 있는 것이라고 하였다. 그가 강조한 창업가정신의 핵심요소인 '3C'는 끊임없이 변화change를 추구하고, 도전challenge하고, 기회chance로 만들어가는 것이다. 특히 여기서 강조되는 변화, 도전, 기회창출 등 3C의 주체는 모두 사람이므로 조직구성원들이 꿈을 가지고 흥이 나는 조직

창업가정신(entrepreneurship)의 정의

학 자	정 의
조셉 슘페터 (Joseph Alois Schumpeter)	• 기업가의 혁신행위. 기존질서를 파괴하고, 위험을 감수하면서 혁신(창조적 파괴, creative destruction)을 이루려는 기업가의 노력이나 의지
피터 드러커 (Peter F. Drucker)	• 변화를 탐구하고 대응하며 변화를 기회로 이용하는 것 • 위험을 무릅쓰고 기회를 사업화하려는 모험과 도전정신
칼 베스퍼 (Karl Vesper)	• 다른 사람이 발견하지 못한 기회를 찾아 사회의 상식이나 권위에 사로잡히지 않고 새로운 사업을 추진할 수 있는 것
로버트 론스타드 (Robert Ronstadt)	• 때로 빨간 신호등을 무시한 채 돌진하는 것과 같다.
위키피디아 (Wikipedia)	• 외부환경변화에 민감하게 대응하면서 항상 기회를 추구하고 그 기회를 잡기 위해 혁신적 사고와 행동을 하고 그로 인해 시장에 새로운 가치를 창조하는 행동과정이다.

이 되어야 창의성이 살아나고 몰입하는 조직이 될 수 있다. 따라서 창업가정신은 혁신하는 마음이고, 이는 곧 새로운 가치와 고객만족을 창조하려는 부단한 노력이라고 할 수 있다. 20세기를 대표하는 양대 경제학자 슘페터와 그의 친구 아들인 피터 드러커가 말하는 창업가정신의 표현은 다르지만 그들이 지향하는 창업가정신의 본질은 "새로운 사업에서 야기될 수 있는 위험을 부담하고 어려움을 헤쳐 나가면서 기업을 키우려는 뚜렷한 의지"로 같은 것으로 볼 수 있다. 미래의 불확실성 속에서도 장래를 정확하게 예측하고 변화를 모색하는 것이 기업가에게 주어진 사명이라는 얘기다.

'창업가정신entrepreneurship'이란 "미래의 불확실성과 높은 위험에도 불구하고 주도적으로 기회를 포착하고 도전하며, 혁신활동을 통해 개인적, 사회적으로 새로운 가치를 창조하는 실천적 역량"이라고 할 수 있다. 또 글로벌 창업가정신 모니터GEM: Global Entrepreneurship Monitor 연구는 창업가정신을 개인 혹은 개

펭귄 무리에서 볼 수 있는 리더십 '첫 번째 펭귄'

무리를 지어 생활하는 펭귄에게서 사람이 배울 만한 기업가정신과 리더십을 엿볼 수 있다. '원라이프One Life'라는 영화에서 동물들이 보여주는 순간순간은 그대로의 드라마이다. 무리 지어 사는 남극의 펭귄은 먹잇감을 구하려면 바다에 뛰어들어야 하지만 섣불리 바다에 들어갔다가는 바다표범이나 물개 등 천적의 먹이가 되기 십상이기 때문에 배가 고파도 서로 눈치를 보면서 한참을 머뭇거릴 뿐 쉽게 뛰어들지 못한다. 안전이 확인되기 전까지 치열한 눈치 보기가 이어지는 순간 어느 한 마리가 과감하게 바다에 뛰어든다. 이른바 '첫 번째 펭귄'이다. 첫 번째 펭귄의 입수를 기다렸다는 듯이 그 뒤를 이어 수백, 수천 마리가 물속으로 다이빙하는 장관을 이룬다. '첫 번째 펭귄'이라는 말은 이처럼 불확실하고 위험한 상황에서 용기를 내 앞장서 도전하는 사람을 가리키는 표현이다. "나만 아니면 돼" 하며 다들 뒤로 물러나 있으면 함께 죽게 된다. 그래서 '첫 번째 펭귄'은 도전과 용기로 무장한 리더십과 기업가정신의 아이콘이다.

– 주간동아, 펭귄 무리에서 볼 수 있는 리더십 '첫 번째와 허들링', 1082호.

인으로 구성된 팀이 주도하여 신규기업을 창업하고 이를 통해 일자리를 창출하며, 기존기업들은 기업을 확장시킴으로써 경제적 가치를 향상시키는 것으로 정의하고 있다Reynolds. 또 미국 뱁슨칼리지 대니얼 아이젠버그Daniel Isenberg 교수는 "창업가정신이란 '돈'을 좇는 게 아니라 '가치'를 추구하고 창출해 내기 위해 기회를 찾아내는 것"이라고 말했다. 즉 고객들에게 단순히 상품을 파는 게 아니라 뛰어난 가치를 선사할 때 큰 수익이 남게 되고 결국 회사의 성장으로 이어져 스케일업Scale-up이 된다는 것이다. 또 뱁슨칼리지Babson College의 제프리 티몬스Jeffry Timmons 교수는 "창업가정신은 모든 영역에서 아무것도 아닌 것에서 가치 있는 것을 이루어 내는 인간의 창조적인 행동"이라고 정의했다. 그리고 한양대학교 한정화 교수는 그의 책 〈기업가정신의 힘〉(21세기북스, 2011)에서 "인류역사를 통해 볼 때 창업가정신entrepreneurship은 부의 창출과 일자리 제공을 통해 개인의 삶을 향상시키고 지역사회를 발전시켜 왔다"라면서, 창업가정신이란 "불확실성에 대한 도전을 통해 새로운 가치를 창조하는 활동이고 인간의 성취욕이 시장을 통해 발현되는 현상"이라고 강조했다. 또한 KAIST 경영대학 배종태 교수는 "창업가정신은 단순히 도전과 창조, 진취적 기상만을 말하는 것이 아니라 새로운 '기회'를 찾는 절실함과 '혁신'으로 차별화된 대안을 제시하는 것이고, 이를 위해 여러 파트너와 '협력'하는 것이며, 그래서 이 사회를 위해 의미 있는 가치를 창출하는 과정"이라고 강조했다. 본래 창업가정신이란 위험을 감수하고 기존질서를 바꿔보겠다며 자신이 가진 모든 것을 걸 수 있는 정신이므로 창업가정신 자체가 새로운 성장의 원동력이다. 한편 2017 포브스선정 세계에서 가장 주목할 만한 30대 이하 CEO 중 한 명인 스타트업 〈카자〉 창업자 크리스 켈시(20세 고교 중퇴) 최고경영자CEO에게 창업가정신에 대하여 질문하니, 스무 살 청년CEO는 "단지 사업을 하거나 이득을 보는 것이 아니다. 자신의 꿈을 좇고 원하는 일을 하는 것, 그리고 그것이 누군가에게 의미 있는 일이 되는 것, 이게 바로 창업가정신이다"라고 답했다. 또한 창업가정신을 구성하는 요소들을 살펴보면 '불확실성과 높은 위험에도 불구하고'와 '기회를 포착하고 도전하며'는 도전정신에 해당하고, '주도적으로'는 리더십을 의미

기업가정신의 핵심은 가치를 창조하는 것

세계 최초로 USB메모리를 발명한 이스라엘 벤처 영웅의 성공스타트업 전략을 담은 책 〈100개의 문과 미친 아이디어〉의 저자 도브 모란Dov Moran이 말하는 '기업가정신'은 단지 창업을 통해 돈을 버는 것이 아니라 실패와 불안, 역경을 헤쳐 나가며 기업가정신을 발휘하는 것이다. 그는 "내가 그렇게 할 수 있었던 이유는 이스라엘에서 실패를 용인하는 사회적 분위기가 조성돼 있기 때문"이라며 "이것이 바로 기업가정신의 근간"이라고 말한다. 또 "우리는 모두 실제 삶에서 기업가가 되기를 원하고, 또 그래야만 한다"고 주장한다. 스타트업을 하는 데 나이는 상관없고 선천적으로 타고나지 않아도 되며, 천재일 필요도 없다. 수없이 실패하고 경험을 쌓다보면 자연스럽게 성공에 다가가게 된다. 도브 모란은 "스타트업의 성공확률은 약 4%에 불과하다"라면서, 자신의 노하우를 바탕으로 한 스타트업 성공요인으로, 동업자나 충성심 강한 팀원 등 함께할 조력자들을 잘 찾는 방법, 기발한 아이디어를 사업화시키는 방법, 투자자들에게 자금을 모으는 방법, 미래시장에 접근하는 전략과 전술방법 등을 제시한다.

– 100개의 문과 미친 아이디어, 도브 모란(Dov Moran), 2017.

한다. '혁신활동을 통해'는 혁신성에 해당하고, '개인적, 사회적으로 새로운 가치'는 가치지향성을 의미하며, '새로운 가치를 창조하는 실천적 역량'은 창조성에 해당한다. 따라서 창업가정신은 도전정신, 혁신성, 리더십, 가치지향성, 창조성으로 설명할 수 있다.

창업가정신 정의의 분해와 구성요소

▲(Where) 불확실하고 위험한 상황 ⇒ 도전정신
▲(Who) 자신이 주도적으로 ⇒ 리더십
▲(When) 기회를 포착, 도전하며 ⇒ 도전정신
▲(How) 혁신활동을 통해 ⇒ 혁신성
▲(Why) 개인적, 사회적 편익을 위해 ⇒ 가치지향
▲(What) 새로운 가치를 창조 ⇒ 창조성

– 과학기술정책 통권 196호, 24권.

진정한 기업가정신만이 성공기업을 만들 수 있다

우리는 기업가정신이 중요하다고 강조하면서도 예비 창업자에게 기술, 제도, 기업가 역량, 스킬만 전달하고 있다. 우리나라 대부분의 창업지원센터 또는 창업전문가는 "이렇게 하면 창업할 수 있다"라고 가르친다. 그러니 스타트업의 경우 자금(돈)만 있으면 누구나 쉽게 창업할 수 있고, 아이템만 좋으면 새로운 사업을 성공시킬 수 있다고 믿고 투자자 확보하는 것, 외국의 아이템을 수입하는 것에만 자신의 역량을 쏟는 현상이 발생한다. 하지만 창업이 활성화된 미국, 폴란드, 이스라엘, 일본 등에서는 성공을 위해서 먼저 실패하고도 좌절하지 않고 다시 도전하는 것을 가르친다고 한다. 예비창업자에게 "실패해도 받아들일 수 있는가? 그러한 비판을 받고도 참아낼 수 있는가?", "어떠한 어려움이라도 끝까지 견뎌낼 자신이 있는가?"를 물어보는 것이 바로 기업가정신이다. 아이디어, 정책, 지원제도는 창업과 신사업의 기본조건일 뿐 필수조건이 아니기 때문에 창업을 시작하기 위해서 필수적인 사업화가능성 분석과 전략수립은 누구나 할 수 있지만 누구나 창업에 성공할 수는 없다. 따라서 창업을 활성화시키고 싶다면 다음과 같은 진정한 기업가정신을 가르쳐줘야 한다. 첫째, '성취욕구'와 '목표 지향성'이란 기업가정신, 둘째, 위험을 감수하겠다는 의지와 도전이라는 기업가정신, 셋째, 타인의 비판에도 중심을 잃지 않는 긍정적 자신감이라는 기업가정신, 넷째, 사업추진을 위한 소통 및 관계중시라는 기업가정신, 다섯째, 돈벌이 위주의 단기적 목표가 아닌 창업자의 미래지향성이라는 기업가정신. 그리고 창업 선배세대가 먼저 경험했던 실패, 도전, 실천의 경험을 전달할 수 있는 체계를 만들어줘야 한다. 이렇게 된다면 진정한 기업가정신이 체계적으로 전달되어 도전하는 기업가는 존중받게 되고, 실패했을 때 비난보다 격려를 줄 수 있는 사회분위기가 만들어지며, 어려운 역경을 극복한 기업가에게는 커다란 성공보상이 주어지게 됨으로써 더 많은 예비 기업가가 창업에 도전하고 새로운 사업을 시작하려 하게 되는 것이다.

창업의 요람 실리콘밸리는 창업가정신이 가장 멋지게 실천되는 곳이다. 실리콘밸리에서 성공하는 창업자들의 공통점은, 그들은 세상에 없는 솔루션을 찾되 그 답을 사용자 입장에서 찾는다. 그들은 '디자이너 정신'으로 무장된 '기업가'들이다. 무無에서 유有를 창조하고 유有로부터 부富를 만들어 나눈다. 실리콘밸리의 창업자들 중에는 실제로 디자인스쿨 졸업생이 많다. 공유경제의 상징

에어비앤비Airbnb의 공동설립자인 브라이언 체스키Brian Chesky와 조 게비아Joe Gebbia도 미국 로드 아일랜드 디자인학교 졸업생이다. 이들은 여행자를 위한 호텔을 디자인하는 대신 비어있는 집들을 찾아 사용할 수 있는 플랫폼을 디자인했다. 에어비앤비Airbnb가 객실투자도 없이 숙박업계 세계 1위가 된 것은 여행지에서 숙소가 필요한 여행자 처지에서 답을 찾으려고 한 발상 때문이었다. 이런 일들이 실리콘밸리에서 시작된 이유는 실리콘밸리에는 세계 시가총액 1, 2위 기업인 애플, 구글 그리고 페이스북이 있으며, 인텔, HP휴렛패커드, 시스코 등 전통적 거대기업들뿐 아니라 구글이 투자한 스타트업 수백 개와 페이스북이 인수한 인스타그램, 트위터, Airbnb, 우버, 유튜브, 아마존, 야후 등 인터넷 기반 SNS 기업은 물론 전기자동차 선두인 테슬라 등 세계 최고기업이 즐비하다. 한편 팔로알토의 샌즈힐로드라는 거리는 벤처캐피털 같은 투자자들로 가득하며 미국 전체 투자액의 3분의 1 이상이 이곳에서 투자된다. 이렇게 많은 세계적 기업에는 미국인뿐만 아니라 인도, 중국, 이스라엘 등 기술기반 선진국들의 인재들이 모여 있다. 이렇게 많은 인재를 끌어 모을 수 있는 힘은 세상을 앞서가고 미래를 꿈꿔왔으며 지금도 꿈꾸고 있는 리더들과 차세대를 이어가려는 꿈을 갖고 몰려오는 미래형 리더들의 관계에서 나온다. 창업해서 성공한 기업인들은 또 다른 창업을 준비하는 차세대를 발굴하고 지도하면서 투자도 아끼지 않는다. 성공기업들은 성공을 유지하기 위해 다른 기업들과 협업하거나 신생기업에 투자하거나 그들을 합병하면서 지속적·유기적인 성장과정에서 실리콘밸리의 인맥이 자연스럽게 확장된다. 중요한 점은 실리콘밸리의 성공모델을 미국정부나 지자체들이 만들어가는 것이 아니라 성공한 기업인들이 스스로 만들어간다는 사실이다.

> "창업가정신의 핵심은 가치를 창조하는 것이다."
>
> – 도브 모란(Dov Moran), 최초 USB 메모리 디스크 온키(Disk On Key) 개발자

3. 창업국가 이스라엘의 창업가정신entrepreneurship

"이스라엘의 성공은 정부와 산업간 협력과 위험을 감수하는 창업가정신을 존중하고 창의력을 장려하는 문화의 산물이다"

창업가정신을 가진 CEO들은 남다른 생각을 할 수 있어야 한다. 과학자와 엔지니어가 많아 벤처생태계를 잘 이룬 세계적 창업의 요람 미국의 실리콘밸리와 뻔뻔함, 당돌함, 도전, 놀라운 용기, 창의를 가지는 "이스라엘의 후츠파chutzpah와 디카브 정신", 그리고 세계적인 기술명장을 양성하는 독일 특유의 기능인력 제도의 뿌리 "독일의 마이스터meister정신", 또 악조건마저 기회로 삼는 저력, 고통을 버티는 강인함, 실패에 굴하지 않는 회복탄력성, 극기심, 용기 등의 의미가 혼합된 "핀란드의 시수sisu"까지 다른 사람의 의견을 듣고 자신의 생각과의 차이를 계속해서 찾아 새로운 관점, 방향, 목표설정, 실행방법을 찾아가는 모든 과정을 창업가정신이라고 할 수 있다. 미국과 스웨덴, 이스라엘은 국제학력평가표에서는 중하위권이지만 창업이 가장 활발한 나라들인 이유는 한마디로 창업가정신 고취에 교육의 초점이 맞춰져 있기 때문이다. 특히 이스라엘은 한국과 여러 측면에서 유사하지만 분야별로 보면 훨씬 더 열악한 조건을 극복하고 세계최강의 창업국가로 우뚝 선 고난의 과정이 있었다. 우수한 두뇌, 근면성, 자원 빈곤, 좁은 국토, 안보위협 등 우리나라와 이스라엘은 비슷한 환경을 가지고 있으며 더구나 이스라엘은 우리나라 충청도 수준의 면적과 인구 800만 명 정도인데다 비非산유국이고, 국토의 70%가 사막인 척박한 나라다. 우리와 마찬가지로 1948년 건국해 수많은 크고 작은 전쟁을 겪었지만 수많은 약점을 극복하고 2017년 기준 7,600개의 스타트업(신생기업)이 있고, 1인당 국내총생산GDP 4만 달러를 넘어섰다. 스타트업 7,600개는 인구 1,050명당 1개꼴로 1인당 창업비율이 세계에서 가장 높고, 이스라엘 정부는 창업투자 손실 가운데 최대 80%까지 보전해 주며, 체계적인 지원을 함으로써 국가적 창업열풍은 청년뿐 아니라 70대 노년층까지 이어지고, 부모들은 자식들에게 창업을 적극 권장하는 분위기다. 이스라엘의 창조경제는 태생적 한계를 극복해야만 생존할 수 있다는 절박함에서 비롯되었다. 중동에서 유일하게 석유가 나지 않으며, 물도 부족하기 때문에 식수와 농업용수를 대부분 바닷물을 담수화해 사용하면서 해수담수화, 신재생 에너지, 세류관개 기술에 투자했고, 그 덕분에 세계최고의 담수화 기술을 갖게 되었다. 그런 부족함과 절박함을 딛고 창의성을 육성하면서 이스라엘의 도전은 성공으로 이어졌다. 세계 5대 창업도시 수도 텔아비브를 중심으로 이스라엘이 창업강국으로 거듭날 수 있었던 이유는 크게 두 가지로 정리된다. 하나는 기업인들의 투철한 창업가정신 그리고 또 하나는 이들 기업인들을 물심양면으로 지원한 정부와 투자가들의 노력 때문이었다. 로니 A. 에이나브 에이나브하이테크애셋 회장이 기업인들의 투철한 창업가정신을 상징한다면 이갈 에를리히 요즈마그룹 회장은 기업인들을 물심양면으로 지원한 정부와 투자가들의 노력을 대표하는 상징인물이다.

> "아무리 작은 사업을 시작하더라도 항상 '세계시장'을 염두에 두고 일을 추진해야 합니다. 애초에 작은 목표에 머물러 있다면 큰 성공은 당연히 오지 않습니다."
>
> – 에이나브, 에이나브하이테크애셋 회장

> "일자리를 창출하기 위해서는 이스라엘의 작은 내수시장에서 벗어나 '글로벌 네트워크'를 만들고 '창업가정신교육'을 강화해야 한다."
>
> – 이갈 에를리히, 요즈마그룹 회장

이스라엘에는 '실패를 두려워하지 않는 '도전적인 생각,' '뻔뻔하고 당돌하다'로 해석되는 히브리어 "후츠파Chutzpah"라는 특유의 문화가 있다. 자신의 견해를 굽히지 않고 소신있게 의사를 표현하는 태도라고 알려진 '후츠파'정신이 이스라엘의 창조경제가 정착하는 밑바탕이었다. 후츠파는 '형식타파Informality', '질문존중Questioning Authority' '팀워크Teamwork' '융합강조Mashing-Up' '위험감수Risk Taking' '끈질김Tenacity' '실패존중Learning from Failure' 등 7개 단어로 설명할 수 있는 이스라엘이 가지고 있는 '기업가정신'의 뿌리이다. '후츠파'에서 비롯된 '실패를 두려워하지 않는 마음'과 도전정신이야말로 이스라엘의 창조경제를 가능하

이스라엘 실리콘밸리의 기적

'스타트업 국가'로 불리는 이스라엘의 성공비결은 기업가정신에서 찾을 수 있고, 핵심 성장요인을 다음 네 가지로 파악해 볼 수 있다. ▲첫째는 오랜 시간 축적된 양질의 과학·기술분야 인적자원이다. 최고의 대학들인 테크니온대학은 건국도 되기 전인 1912년, 히브리대학은 1918년, 석·박사 인력만을 배출하는 와이즈만연구원은 1934년에 설립됐다. 이 대학들의 설립은 아인슈타인, 와이즈만, 프로이트 같은 세계 최고의 학자들이 주도했는데, 3개 대학에서 11명의 노벨상 수상자를 배출했다. ▲둘째, 대학의 혁신기술 개발과 기술이전 풍토다. 이스라엘의 모든 대학은 기술이전 회사를 가지고 있다. 대학의 연구결과를 세계에서 처음 상품화한 것도 이스라엘이다. 와이즈만연구원은 1959년 기술이전을 위한 '예다(Yeda·히브리어로 지식)'라는 자회사를 설립해 특허 등의 지식재산권을 통해 지금까지 수십억 달러 이상을 벌었다. 2017년 3월에는 히브리대학의 조그만 실험실에서 시작된 신생벤처기업 모빌아이가 자율주행차의 핵심기술을 147억 달러를 받고 인텔에 이전한 사례도 있다. ▲셋째, 위험을 감수하는 기업가정신이다. 이스라엘에서는 중학교 3학년 때부터 남녀를 불문하고 기술취득을 위한 군 입대계획서를 준비하며 이스라엘의 모든 국민은 고교 졸업 후 남자는 3년, 여자는 2년간 의무 군 복무를 한다. 이 기간에 창업의 핵심자질인 리더십, 팀워크, 위기상황 돌파 능력 등에 대한 집중교육을 받는다. 군 복무를 마치면 1년 이상 해외 경험과 진로탐구를 한 뒤 대학에 진학하고 창업을 시도한다. 이스라엘 군대는 젊은 전문인력을 키워 내는 '국가적 인큐베이터'이고, 그 비용은 '소비적 비용'이 아니라 '투자'인 셈이다. ▲넷째, 풍부한 국내외 벤처 캐피탈과 정부의 과감한 창업지원 정책이다. 2016년 이스라엘 벤처 캐피탈은 458건, 48억 달러고 60%가 외국 자본이다. 2013년의 24억 달러에 비해 3년 사이 2배나 늘었다. 다양한 창업지원 프로그램을 통한 성숙한 스타트업 생태계 구축과 실패를 용인하고 그로부터 배울 기회를 부여하는 정부의 정책이 있었기 때문이고, 대학이 국가 경쟁력의 가장 강력한 축을 형성하고 있는 것이다.

– 서울신문, 2017.12.22.

게 한 원동력이었고, 가진 게 하나도 없던 이스라엘 사람들은 이 '후츠파정신'을 기반으로 세계에 도전하여 놀라운 성공을 일궜다. 2017년 10월 기준(IMF자료) 이스라엘의 1인당 국민소득은 39,974달러, 한국의 1인당 국민소득은 29,730달러 수준이니 우리보다 1만 달러나 높지만 경제성장률도 꾸준하다. 이스라엘 회사에서는 신입사원이 공개적인 회의석상에서 서슴없이 사장의견에 반대하고 자기 생각을 내세우는 일이 비일비재하다. 한국이었다면 상상하기 힘들겠지만 이스라엘의 상사는 열린 마음으로 부하직원의 의견을 경청하거나 자신의 의견에 어떤 잘못이 있었는지를 다른 직원들에게도 자주 묻고, 이런 문화는 계급을 중시하는 군대에도 뿌리내려, 다르게 생각하는 수평적인 문화가 정착되면서 이스라엘에서는 많은 젊은이들이 취업보다는 창업을 선호하는 분위기가 조성되었다. 특히 이스라엘에서는 과학기술을 우대하기 때문에 창업자들이 기술창업을 선호하는데, 기술창업은 성공할 때는 천문학적인 수익이 실현되지만, 성공 확률이 낮아 대부분이 실패하는 고단한 극한도전이다. 그럼에도 이스라엘인들은 실패를 두려워하지 않으며 오히려 사업실패자에게 성공으로 가는 지름길을 발견했다고 격려하고 박수를 쳐준다. 반면 창업하지 않는 사람은 도전하지 않는 낙오자라는 인식으로 평가절하한다.

> "창업을 안 하는 사람이 낙오자가 되는 사회 분위기를 만들어야 한다."
>
> – 로니 에이나브 에이나브(Roni A. Einav), 하이테크에셋 회장

하브루타Havruta 교육법

하브루타Havruta는 '우정 또는 유대감, 동지'라는 뜻으로 나이, 계급, 성별에 관계없이 두 명이 짝을 지어 서로 논쟁을 통해 진리를 찾는 독특한 교육방식이다. '상위 1%의 비법'이라 불리는 하브루타는 학생이 궁금증을 느낄 때 부담 없이 질문할 수 있는 환경을 조성하고 함께 토론을 이어간다. 답을 도출해가는 과정에서 다양한 시각과 견해를 알게 되고, 하나의 주제에 대해 찬성과 반대의견을 동시에 경험하는 것이 하브루타 교육의 최대 장점이라고 말할 수 있다. "세계인구의 0.2%에 불과한 유대인이 노벨상 수상자의 22%, 아이비리그 입학생의 30%를 배출하는 이유가 여기 있다"고 전문가들은 말한다. 탈무드 교육전문가인 헤츠키 아리엘리 Hezki Arieli 요즈마 글로벌캠퍼스 코리아 총장은 "토론의 승패는 중요하지 않다"며 "논쟁하고 경청하는 것이 중요한 과정"이라고 강조했다.

이스라엘인들은 서로 다른 학문과 상반된 의견 속에서 창의적인 아이디어가 떠오르고 신선한 해결책이 나온다고 믿기 때문에 질문과 논쟁은 항상 끝이 없고, 이스라엘의 교육은 이질적인 분야를 융합하는 것을 선호하며 이러한 문화가 정착되면서 이스라엘 학생들은 자연스럽게 통섭형 인재, 창업형 인재로 성장할 수 있었다. 특히 이스라엘의 "하브루타Havruta"라는 유대인학습법이은 히브리어 하베르(친구 의미)에서 유래한 용어로 학생들끼리 짝을 이루어 서로 질문을 주고받으며 논쟁하는 유대인의 전통적인 교육방법이다. 토론에서는 나이와 성별, 계급에 차이를 두지 않고 두 명씩 짝을 지어 공부하며 논쟁을 통해 진리를 찾아간다. 하브루타는 소통을 하며 답을 찾아가는 과정 속에서 다층적으로 지식을 이해하고 문제를 해결할 수 있다는 장점과 함께 상대의 관점을 인정하는 경험을 통해 새로운 아이디어와 해결법을 찾는다. 부모와 교사는 학생이 마음껏 질문할 수 있는 환경을 만들어 주고 학생이 스스로 답을 찾을 수 있도록 유도하는 역할을 한다. 이스라엘은 이러한 교육방법으로 전 세계인구의 0.2% 비중임에도 노벨 수상자 22%를 배출했고, 더 나아가 세계 최악의 상황을 극복하고 세계적인 스타트업 국가를 이룩하여 창업국가라는 명성을 얻을 수 있었다. 이처럼 세계적인 창업국가에는 자신의 목표를 실천하기 위해 상대방에게서 배우고 함께 새로운 것에 도전하는 데에 찬사를 보내는 사회적 문화가 있어서 옛 것을 익힐 때 그냥 순응하면서 받아들이는 것이 아니라 자기 것으로 만들기 위하여 끊임없이 탐구·도전하고, 타인과 소통하는 과정을 반드시 거치며 새로운 것을 추구하는데 그것이 바로 오늘날의 '기업가정신'이다. 이런 방식을 선호하는 이유는 현재의 관습과 제도에 얽매이지 않고 계속해서 도전할 때 새로운 방향, 소통, 협력을 통해 가정, 기업, 회사, 사회, 국가를 변화시킬 수 있기 때문이다. 이스라엘 고유의 후츠파 정신과 탈무드 교육으로부터 생겨난 창의적인 정신이 위기와 부족함이라는 이스라엘의 환경과 만나면서 이스라엘 고유의 기업가정신이 생겨났으며, 바로 이것이 지금 글로벌 창조국가로 거듭난 이스라엘 성장의 원동력이다. 하지만 기업가정신 그 자체만으로는 창조국가로 발전하기가 불가능하다. 훌륭한 기업가정신이 꽃을 피울 수 있도록 도와주는 금전적,

요즈마 펀드

Mission : 이스라엘 내 벤처 캐피탈 시장 생성

40 : 60

- 자본 $1억으로 설립됨
- 파트너 대상으로 선성된 조건 하에 5년에 걸쳐 정부 지분 매입을 허용함
- 정부 (40) : 민간 (60)
- 전략적 파트너들과 함께 10개의 모태펀드 기금 설립 (요즈마기금:$800만)
- 15개 직접투자

자료: 요즈마그룹 기업 소개서

제도적 지원체계가 필요했고, 위험하지만 도전하고 성취하는 과정의 짜릿함에 공감하는 분위기가 두려움을 이길 수 있는 용기를 줄 수 있었다.

> "이스라엘에서도 요즈마 펀드 이전에 정부지원이나 투자가 있었지만 모두 실패했습니다. 고민하던 끝에 벤처 캐피털의 노하우와 네트워크를 배워야겠다고 생각했고 끌어들였습니다. 돈 다음으로 중요한 것은 기업을 육성할 수 있는 인큐베이팅 시스템입니다. 오늘날 이스라엘을 창업국가로 만든 건 바로 이겁니다."
>
> – 이갈 에를리히, 요즈마그룹 회장

이스라엘에는 정부와 민간이 함께 출자하여 합동으로 첨단기술 기업을 지원하는 요즈마 펀드(1993년 조성) 덕분에 세계최초 USB메모리가 탄생하였고, 2006년에는 M-시스템즈를 세계적인 플래시 메모리 업체인 샌디스크에 약 16억 달러(1조 8,000억원)에 매각함으로써 글로벌 벤처계의 신화가 되었다. 최초로 USB메모리 디스크 온 키Disk On Key를 발명한 이스라엘 벤처영웅 도브 모란Dov Moran은 군 전역 후인 1980년대 후반, 이스라엘의 수도 텔아비브 외곽의 라마트 하차얄에서 'M-시스템즈M-Systems'를 설립하였다. 그가 회사를 설립하고 키워나갈 수 있었던 것은 이스라엘 정부의 전폭적인 창업지원 덕분이었다. 1990년대에 걸프전쟁 이후 소련이 무너지면서 소련에 거주했던 100만 명의 유대인들이 이스라엘로 이주하는 혼란기에 어려운 상황을 타개하고자 당시 이스라엘 총리는 각 부처 장관을 소집해 청년·중년층들의 일자리 창출 방안을 요구했다. 그때 이스라엘 수석 과학관(경제수석)이었던 이갈 에를리히(현 요즈마 펀드 회장)

가 "이스라엘이 벤처로 성공하고 일자리를 창출할 오직 한 가지 방법은 이스라엘의 작은 내수시장에서 벗어나 '글로벌 네트워크'를 만들고 '기업가정신 교육'을 강화해야 한다"고 주장했다. 하지만 매일 미사일이 떨어지고 낙후한 땅에 글로벌 네트워크를 조성한다는 것에 모두들 회의적이었고 우여곡절 끝에 이스라엘의 벤처캐피탈 생태계를 조성하여 이스라엘을 글로벌 창업국가로 만들기 위해 탄생한 것이 바로 이스라엘 정부와 민간이 합동으로 첨단기술 기업을 지원하기 위해 1993년 조성한 창의적인 시작이라는 뜻의 요즈마 펀드였다. "요즈마 펀드"를 구성할 때 정부가 출자한 1억 달러가 40%의 지분이 되었고, 나머지 60%는 민간 해외투자자로부터 조달하도록 설계하여 해외 투자자의 참여를 유도하였다. 수석과학관은 전 세계를 돌아다니며 풍부한 경험이 있는 대형 글로벌 벤처캐피탈에게 "펀드가 성공하면 이스라엘 정부의 지분 40%를 원가에 살 수 있는 Upside 인센티브를 주겠다"라고 제안하였다. Upside 인센티브는 요즈마 펀드에 참여한 민간 벤처캐피탈에게 5년 안에 정부지분을 매입할 수 있는 콜옵션Call Option을 주는 제도로, 펀드가 성공해서 수익률이 높아질 때 정부지분 40%의 옵션을 원가에 살 수 있게 해주는 일종의 스톡옵션 같은 것이었다. 해외투자자들이 투자성공 시 이스라엘 정부지분까지 싼값에 살 수 있어 더 큰 이득을 누릴 수 있었던 매력적인 상황에서 요즈마 펀드는 대성공을 거두면서 이스라엘의 창업생태계를 송두리째 바꾸었다. 또 요즈마 펀드의 결성만큼이나 이스라엘의 기업가정신 육성의 핵심이 된 인큐베이션 시스템은 과학자, 기술자, 기업인들뿐만 아니라 창조적인 아이디어를 가진 국민이라면 누구라도 창업을 할 수 있도록 이스라엘 26개 지역에 설립한 기술 인큐베이터를 지원하는 시스템이다. "인큐베이션 센터"에서 창업벤처들에게 초기부터 기술개발, 특허등록, 경영전반 등에 대해 활발한 조언과 지원을 해주고, 그 후 수석 과학관실에서 인큐베이션을 받은 창업벤처들의 기술가치를 직접 평가하여 뛰어난 벤처들의 목록을 정리했다. 성공적으로 성장한 벤처는 요즈마 펀드가 유치한 해외투자자와 IR(기업설명회)를 연결시켜 지속적으로 성장할 수 있는 발판을 만들어주었다. 이런 인큐베이션 시스템은 초기 아이디어 단계부터 도움을 줌으로써 기업가정신을 가진 창업자가 초기에 사장되는 것을 막는 지지대 역할을 했다. 이스라엘이 창업국가로 발돋움할 수 있었던 또 다른 축이었던 "와이즈먼 기술연구소Weizmann Institute of Science"는 1934년 설립되었고 처음에 기초과학으로 시작했으며, 세계최초로 기술이전 연구센터를 만들어 교수들은 연구에만 몰두하게 하면서, 비즈니스 등 나머지는 기술이전센터에서 하도록 역할을 나누면서 성공할 수 있었는데, 연구기술개발의 특허에 대해 로열티royalty로 벌어들이는 수입이 매년 1조원(세계 1위) 수준이다. 이처럼 이스라엘 정부는 요즈마 펀드, 인큐베이션 시스템, 와이즈먼 기술연구소 등 체계적인 계획과 육성지원을 통하여 이

유치원부터 군대·대학까지 끊임없는 '창업 교육'

이스라엘의 교육시스템은 유치원부터 철저히 '기술창업'에 맞춰져 있다. 이는 개개인이 과학과 기술에 능통하다면 고등교육 과정에서 창업에 대한 실무교육만 받고 바로 창업해 사회에 진출할 수 있다는 논리다. 이스라엘에서는 유치원생을 대상으로 과학과 공학에 흥미를 유발하는 교육을 시작한다. 교육내용은 매우 구체적이다. 초등학교에선 본격적으로 기업가정신을 가르친다. 일부 초등학교에서는 시범사업으로 '기업가 센터'를 설치했고 모든 초등학생들은 매주 2시간 동안 기업가정신교육을 받는다. 기업가센터에서는 여러 가지 회사운영 방법을 배운다. 고등학교에 진학하면 수많은 창업경진대회에 도전한다. 그들은 가상 회사 또는 실제법인을 설립해 여러 팀과 경쟁하면서 사업화한다. 군대에서도 기업가정신교육이 이어진다. 이스라엘에서는 모든 국민이 만 18세가 되면 병역의무를 진다. 보통 고등학교를 졸업하는 시점과 겹치므로 이스라엘의 고등학생은 졸업 때 대학선택보다 복무 부대선택에 더 많은 고민을 한다. 이스라엘 군대는 군사 교육뿐만 아니라 IT·화학·보안 등 첨단 기술을 배우고 실전에 적용하는 제2의 학교로, 경력개발에 무엇보다 중요한 곳이다. 실제로 이 시기에 유명한 특수부대에 입대하게 되면 사회의 엘리트로 거듭나게 된다. 수많은 이스라엘의 지도자들이 특수부대 출신들이다. 우디 아하로니 텔아비브대 경영대학장은 "이 같은 기업가정신 교육과정은 이스라엘의 또 다른 수출품"이라며 "미국은 물론 한국·중국에서도 기업가정신을 배우기 위해 수많은 학생들이 이스라엘로 오고 있다"고 말했다.

– 한경비즈니스, 기업가정신으로 황무지에 오아시스 일구다, 제963호(2014.5.12).

스라엘의 기업가정신이 국가경제의 실질적인 발전으로 이어질 수 있도록 제도적 및 금전적 지원을 아끼지 않고 있다. 이스라엘 정부는 창업기업을 수평적인 파트너로 생각하고 그들을 지원했으며, 적극적으로 소통해 사업을 올바른 방향으로 이끌면서 일정기간이 지나면 사업에서 손을 떼 시장질서가 왜곡되는 것을 미연에 방지하는 시스템을 구축했다.

> "이스라엘은 지금도 기술혁신에 투자를 아끼지 않습니다. 이스라엘은 세계에서 국내총생산GDP 대비 연구·개발R&D 투자를 가장 많이 하는 국가입니다. 또 세계에서 유일하게 10년이 넘도록 GDP의 4% 이상을 연구·개발에 투자하고 있는 나라이기도 합니다."
>
> – 우디 아하로니, 텔아비브대 경영대학장

Chapter 9

가치창출의 핵심, 혁신 Innovation

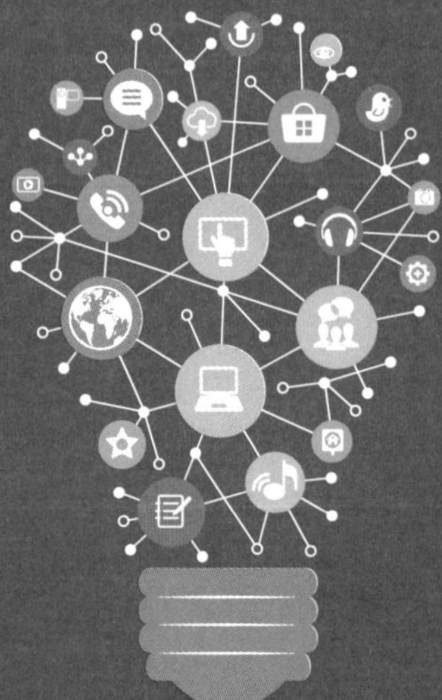

1. 가치창출의 불씨, 혁신innovation의 이해

삶이란 본래 꿀처럼 달콤하거나 풍요로운 것이 아니라 고단한 것이며, 모든 생명체는 그 고난과 아픔을 겪는 과정에서 성장이라는 열매를 얻게 된다. 변화하는 환경에서 생존과 성장을 위해서는 능동적인 변화가 필요하고 비즈니스에서도 불확실성을 극복하기 위하여 창의적으로 혁신하고 도전하면서 성장동력을 충전하여야 한다. 페이스북Facebook 창업자 마크 저커버그Mark Zuckerberg가 "세상에서 가장 큰 위험은 어떤 위험도 감수하지 않는 것이다. 정말 빠르게 변하고 있는 세상에서 실패를 보장하는 유일한 전략은 위험을 감수하지 않는 것"이라고 한 말처럼, 모든 비즈니스 활동에서도 위험이 동반하지만 혁신을 하지 않는 쪽이 내일을 만드는 것보다도 훨씬 더 큰 위험하다는 생각에는 이견이 없다. 스타트업을 포함한 모든 기업의 운명이란 현실에 안주하여 변하기를 거부하거나 고객에게 새로운 가치를 제공하지 못하는 기업은 생존할 수 없기 때문에 오늘날 경영의 최대화두는 혁신Innovation이다. 생존의 기반으로써 혁신이란 기존의 지식, 제품, 고객의 요구, 시장 등에서 부족한 점을 발견하여 새롭고 훨씬 더 가치 있게 변화시키는 일이다. 혁신과정에서는 익숙한 것과 기존의 것을 흔들어 놓는 위험부담이 따르지만 혁신의 중심축이 유기적 성장Organic Growth이기 때문에 혁신이 없이는 기업이 경쟁이나 성장에서 불리할 수밖에 없다. 혁신革新, Innovation의 사전적 정의는 묵은 풍속, 관습, 조직, 방법 따위를 완전히 바꾸어서 새롭게 하는 것이며, "혁신革新"의 어원은 동물의 껍질皮, skin을 벗겨 무두질을 통하여 쓸모 있는 가죽革, leather으로 새롭게new 가공하는 일, 즉 '고쳐서 새롭게 한다'는 뜻을 가지고 있으므로 혁신은 기존의 것을 새로 바꾸는 것을 의미한다. 지금 자본주의의 경제발전을 주도하는 것은 기업가의 혁신innovation이고, 혁신이란 창조적 파괴의 과정이다. 미국의 경제학자 조셉 슘페터Joseph A. Schumpeter는 "새로운new 생산방법과 새로운new 상품개발을 기술혁신으로 규정하고, 기술혁신을 통하여 낡은 것을 버리고 새로운 것을 창조하여 변혁을 일으키는 과정을 창조적 파괴creative destruction"라고 하였다. 과거 슘페터 시대의 혁신은 기술분야에 집중된 의미로 사용되었지만, 오늘날에는 산업 간의 융·복합, 신시장의 개척이나 신제품의 개발, 생산조직의 개선 또는 신제도의 도입, 신자원의 획득 등을 포함하는 보다 넓은 개념으로 확장되고 있다. '창조적 파괴'를 주장한 슘페터는 "신제품과 신new공정을 개발하고 신new시장을 개척하는 기업가의 벤처정신이 자본주의 경제를 움직이는 근본적인 엔진"이라고 말했다. 특히 벤처정신에는 ① 위험감수 및 모험심, ② 자신감, ③ 결단력, ④ 사업에 대한 집념과 사업 몰두, ⑤ 책임감과 리더십, ⑥ 혁신주도와 승부근성, ⑦ 창조성 등이 강조된다.

> "경영자가 긴박한 상황에 내몰리지 않고, 매년 쉬운 결정만 내린다면 저주 받은 것이나 다름없다. 항상 평화로운 세상이라면 혁신이 일어나지 않는다."
>
> – 이나모리 가즈오, 교세라 창업회장

> "모든 경제적 활동에는 위험이 동반한다. 그러나 어제를 지키는 것(혁신을 하지 않는 쪽)이 내일을 만드는 것보다도 더 큰 위험을 동반한다."
>
> – 피터 드러커(Peter F. Drucker), 〈혁신과 창업가정신〉 중에서

현대 경영학의 아버지로 불리는 피터 드러커Peter F. Drucker는 "혁신을 기존의 현상 또는 자원에 새로운 가치를 불어넣는 활동"이라고 정의하면서 "혁신Innovation이란 과학이나 기술이 아니라, 가치Value에 관련된 것이고, 조직 내부가 아니라 조직의 외부에서 비롯되는 변화이며, 기존의 지식, 제품, 고객의 요구, 시장 등에서 부족한 점을 발견하여 새롭고 더 생산적인 것으로 변화시키는 일"이라고 하였다. 혁신이란 삶을 보다 가치 있는 것으로 만드는 동력이자, 시장이 원하는 상품 및 서비스를 제공함으로써 새로운 가치와 고객만족을 창조하는 것이기 때문에 혁신기업들이 추진하는 혁신은 고객과 소비자가 원하는 방향이어야 한다. 드러커는 혁신이란 빛나는 아이디어에서 출발하는 것이 아니라 '조직화된·체계적인·합리적인 작업'이라면서 미래를 창조하려는 경영자라면 반드시 "창밖을 보라"고 말했다. 창밖이란 회사 내부가 아니라 큰 변화가 물결치는 세상이자 시장인데, 지금은 고객이 아닌 비非고객의 움직임까지 살펴야 하고 우

현대 경제의 혁신을 이끈 50가지 발명품

확성기, 여권 등은 이미 흔한 물건이 됐지만 이들의 발명은 놀라운 경제적 혁신을 가져왔다. 〈사진: 리버헤드북스〉.

'혁신'이라고 하면 사람들은 분자생물학, 우주항공기술 등 첨단기술을 생각하기 쉽지만 흔히 볼 수 있는 확성기나 바코드 등이 놀라운 경제적 파급효과를 냈다. 경제학자이자 베스트셀러 〈경제학 콘서트〉 저자로 유명한 팀 하포드Tim Harford는 영국 BBC에서 '현대경제를 만든 50가지'를 주제로 팟캐스트Podcast, Ipod & Boradcasting를 진행하기도 했다. 방송내용을 구체화한 이 책은 50개 발명품이 각각 어떻게 경제생산성을 높였고 삶을 변화시켰는지 분석한다. 1876년 발명된 철조망은 미국 서부시역에서 침입자의 약탈을 막기 위해 발명됐으나 점차 미국사회에 사유지 개념을 정립시키는 결정적 계기가 됐다고 소개한다. 엘리베이터는 도시에서 사람과 물건을 대량운송하는 혁신을 낳았다고 전한다. 세계 각 도시는 매일 수천만 명을 빌딩고층으로 운송하고 있으며, 중국에서는 한 해에 70만 대의 엘리베이터를 생산할 만큼 고층빌딩이 작동하는 핵심이다. 바코드, 선적 컨테이너, 냉장배송 시스템Cold Chain은 유통혁명을 일으키는 데 결정적 역할을 했다고 한다. 바코드가 발명되면서 품목을 체계적으로 신속하게 분류할 수 있게 됐고, 배에 실은 컨테이너는 수많은 물건을 한 번에 먼 곳으로 배송할 수 있게 했다. 냉장배송 시스템은 보관성을 높여 각 지역의 다양한 물품이 거래되도록 해 유통경제의 규모를 키웠다고 전한다. 유아용 분유가 발명되기 전인 1800년대 초반에는 모유수유를 받지 못한 신생아 3명 중 1명은 돌을 넘기지 못하고 사망했고, 피임약은 사회적으로나 성적으로 여성해방의 시발점이라고 설명한다. 1965년 미국여성의 하루 평균 가사노동 시간은 4시간이었으나, 오늘날엔 45분까지 단축되면서 여성의 사회진출을 촉진했다는 것이다.

리 업종의 움직임을 지켜보는 건 당연한 일이고 우리와는 상관없는 업종의 최신기술까지 살펴야 하는 상황이다. 혁신이란 근본적으로 소비자가 해결하지 못하고 있는 문제에 대한 욕구를 찾아 그 해답을 제공해주는 것이고 궁극적으로 소비자의 결핍을 채워주는 것이므로 혁신을 할 때 '고객경험'을 기반으로 그 혁신에 대한 사회의 수용 정도와 고객이 느낄 가치를 미리 파악할 수 있어야 한다. 혁신이란 새로운 가치와 고객만족을 창조하는 것을 의미하므로 혁신에 뛰어난 기업은 그에 대한 평가를 과학적, 기술적인 중요도가 기준이 아니라, 시장과 고객에 대한 공헌도에 의해 평가해야 한다. 또 글로벌 경쟁력을 갖춘 '강소强小기업'이 되기 위해서는 변화에 적응하는 것이 중요하며, 변화와 혁신의 속도는 우리의 예상보다 훨씬 빠르게 진행되고 있다. 오늘날 시장원리는 번뜩이는 아이디어로, 경쟁 없는 블루오션을 찾거나 만드는 창의성과 도전정신이 없으면 지식정보사회에서 후퇴할 수밖에 없다. 이와 같이 오늘날 기업들마다 이구동성으로 외쳐대는 혁신innovation이 생존을 위한 필수 불가결한 요소로 인식되는 이유는 기업은 가치를 창출할 때에만 존속할 수 있으며, 혁신은 가치를 창출하는 활동이기 때문이다. 기업에게 필수규칙Rule인 혁신의 핵심은 부富를 창출하는 것이지만 혁신은 무조건 새로운 것이 아니라 새로움이 고객가치와 연결될 때 비로소 인정받게 되며, 아직 없던 것이나 아주 형편없던 것에서 가치를 창출하는 것, 또는 기존자원이 가진 잠재력을 더 높여 더 많은 가치를 창출하는 것도 혁신이다.

"궁즉변窮則變 → 변즉통變則通 → 통즉구通則久"

"힘들고 어려우면 변하게 하면 되고, 변하게 되면 통하게 되어, 통하게 되면 혁신을 이룰 수 있게 되어 지속경영이 가능해진다."

– 주역(周易)의 계사하전(繫辭下傳)

'먼지봉투 없는 청소기' 개발, 시제품만 5,127개… 혁신은 이런 것

기업의 숙명은 지속가능한 성장을 이뤄내는 것이다. 불투명한 미래, 급변하는 환경 속에서 기업들은 '잘하는 것'에 집중하면서 성장했다. 그런데 이제 성공을 위한 패러다임이 바뀌었다. '잘하는 것'에서 벗어나 '해야 할 것'에 집중해야 한다. 문제는 이를 어떻게 찾느냐는 것이다. 이 때문에 '탐색'exploration이 기존 사업의 활용exploitation만큼 중요해졌다. 조직전체의 실행력도 이에 연계, 재정의돼야 할 때가 된 것이다. 날개 없는 선풍기, 먼지봉투 없는 청소기를 세상에 처음 선보인 기업. 바로 영국 생활가전업체 다이슨은 기존에 없던 '새로운' 가전제품을 만들어 시장에 충격을 줬다. 더 많은 먼지를 흡입할 수 있도록 '사이클론' 기술을 활용한 청소기가 다이슨의 작품이다. 영국 맘스버리에 위치한 다이슨에는 현재 2,000명의 엔지니어가 함께 일하고 있다. 다이슨은 가능하지 않을 것 같은 목표를 세우고 그것을 실현해 내면서 최고급 가전제품 업체 시장을 선도하고 있다. 이미 '포화상태'나 다름없는 가전제품 시장에서 혁신으로 시장의 틈새를 공략하는 다이슨은 사이클론 청소기를 개발하기까지 시제품을 5,127개를 만들었다. 새로운 기술을 만드는 것은 그만큼 많은 돈이 들고, 개발에 대한 반대급부도 불확실하다. 사실 기존에 남들이 했던 대로 하는 것은 훨씬 쉽지만 실패를 두려워하면 새로운 생각을 시험해 볼 수 없다. 다이슨이 먼지없는 청소기를 만든다고 했을 때 주변에서는 '불가능'하다고 말했지만 사람들이 청소기 안에 들어있는 먼지를 보기 싫어하며 다이슨은 이것을 개발하는 것이 다른 회사의 그 어떤 제품보다 경쟁력 있다고 생각해서 부정적인 주변의 시선에 흔들리지 않고 개발에만 몰두했다. 또 그는 유능하고 숙련된 엔지니어가 필요한 것이 아니라 여러 가지를 시도해 볼 수 있는 젊은 DNA를 선호하기 때문에 회사 엔지니어의 평균 나이가 26세다. 서로 다른 부서에서 일하는 사람들이 자신들의 아이디어를 공유하고 그것을 발전시킬 수 있도록 환경을 만드는 것이 매우 중요하다. 그는 거의 대부분의 시간을 연구개발실에서 직원들과 함께 보내며 새로운 제품을 디자인하고 이것을 만들어서 테스트한다.

1902년 미국 미네소타에서 탄생해 '조용한' 혁신을 통해 100년 넘게 인간의 삶을 진화시키고 있는 3MMinnesota Mining and Manufacturing Company은 우리에겐 투명테이프, 포스트잇, 황사마스크 등으로 우리생활 곳곳에 존재하고 있다. 3M의 부직포는 자동차문 속에 들어가 소음을 줄이고, 3M의 필름은 TV모니터로 들어가 색을 더욱 또렷하게 하는 등 3M은 '성공은 실패 없이 이루어질 수 없다'는 철학을 가지고 있기 때문에 구성원들이 실패를 두려워하지 않고 창조적인 실험정신을 발휘하도록 격려하고, 이를 통해 창업가정신이 왕성한 조직을 구축해 나가는 기업문화가 성장의 원동력이다. 혁신이 없으면 기업은 존재할 이유가 없다는 혁신의 대명사 3M의 대표적인 상품인 포스트잇Post It은 사실 그 제품이 나오기 전엔 아무도 필요성을 느끼지 않았다. AP통신이 선정한 '20세기 10대 히트상품'에 포함된 포스트잇Post It은 3M의 연구원인 스펜서 실버Spencer Silver의 실수에서 비롯되었다. 1970년 3M사 연구원 스펜서 실버는 강력접착제를 개발하려다 원료를 잘못 배합해 잘 붙지만, 쉽게 떨어지고 끈적임이 없는 접착제를 만들게 되었다. 당시 교회 성가대로 활동 중이던 동료직원 아트 프라이Art Fry는 찬송을 부를 곡에 북마크(bookmark)를 끼워놓곤 했는데, 1974년 어느 날, 실버의 접착제를 사용해 붙였다 뗐다 할 수 있는 북마크를 만들자는 아이디어를 냈다. 문제는 접착제를 바른 종이 면을 얇게 만드는 기술과 뗌과 동시에 책을 훼손시키지 않는 일정강도를 찾아 적용하는 것이었다. 직장동료인 아트 프라이에 의해 1981년 메모지에 떨어지는 접착제가 접목된 상품으로 개발된 포스트잇(Post-it)은 사무용품의 베스트셀러 스카치테이프의 판매량을 뛰어넘으며 대성공을 거두었고, AP통신이 선정한 '20세기 10대 히트상품'으로도 선정되었다. 이처럼 포스트잇Post-it의 성공은 고객들도 잘 모르는 니즈를 찾아냈기 때문에 경쟁도 없었고, 한번 시장이 형성되자 경쟁자들이 따라오는 데 시간이 걸리는 매력적인 혁신사례로 실패를 실패로만 보지 않고 발상의 전환을 통하여 새로운 아이디어 제품으로 변화시킨 것이니 연구개발 분야의 창업가정신이다. 또 혁신과 연구정신을 중요시하는 3M의 창의적인 기업문화는 1949년 회장으로 취임한 윌리엄 맥나이트William L. McKnight에 의해 시작되고 완성되었다. 3M이 혁신기업이 되는 토대가 된 맥나이트 정신McKnight Management Philosophy의 핵심은 매니저가 직원들의 아이디어를 죽이면 안 된다는 것이다. 3M에는 "아이디어가 없는 것이 나쁜 아이디어No Idea is Bad Idea"란 말처럼 어떤 아이디어든 나쁜 아이디어는 없다는 문화가 시간이 흐르면서 기업의 혁신

혁신이 주업인 회사 3M

1902년, '미네소타 광공업 회사Minnesota Mining and Manufacturing Co.'라는 이름으로 시작한 3M은 초기에 주로 샌드페이퍼(사포)와 연마제를 취급했으나 이후 깜짝 놀랄 만큼 줄줄이 제품의 범주를 확장하여 현재 55,000종 이상의 제품을 취급하고 있다. 종업원 수가 약 80,000명이니 제품 대 직원의 비율이 거의 1:1인 셈이다. 되는 대로 나열해도 3M 제품으로는 컴퓨터 터치스크린, 주방용 스펀지, 정수 필터, 가로등, 얼룩방지 직물, 리튬 이온전지, 주택 단열재, 치과용 충전재, 의료용 마스크, 파스 등이 있다. 이 제품들에는 3M이 개척했다는 점만 빼면 어떤 공통점도 없다. 공동연구 책임자 래리 웬들링Larry Wendling 부사장은 "저희는 특이한 회사입니다. 어떤 틈새시장도, 특정한 초점도 없어요. 기본적으로 저희가 하는 일은 새로운 것을 생각해내는 게 전부입니다. 그게 무엇이냐 하는 건 그다지 중요하지 않지요"라고 말한다. 이를 위해 3M은 총수익의 6% 이상을 기초연구에 쓰는데 이는 〈포춘〉 500대 기업 가운데 최대 규모다. 최근 구글, 애플, 아마존, 테슬라 등의 기업이 창조적인 기업으로 부각되고 있지만, 무려 100년이 넘는 기간 동안 계속해서 신제품을 개발해오고 있는 3M이야말로 세계에서 가장 창조적인 기업이라고 해도 과언이 아니다. 3M에는 그 유명한 '15%룰Rule'과 더불어 '40%룰Rule'이라는 게 있는데, 5년 내 개발된 신제품으로 매출의 40%를 달성한다는 것이다. 실제로 현재 3M의 5년 내 신제품 매출비중은 약 35%에 이른다.

내공이 쌓인 것이다. 혁신이 일상화된 3M에는 최근 5년 내 출시된 신제품이 전체 매출에서 차지하는 비중을 뜻하는 NPVINew Product Vitality Index라는 개념을 실천하여, 늘 40%를 유지하기 위하여 노력하고 있으며, 지금까지 아무리 경제가 어렵고 기업이 힘들어도 그 수치가 34% 이하로 떨어진 적이 없다.

혁신innovation의 공식을=identify(정의하기)×insight(통찰)×idea(아이디어)×implement(실현하기)로 표현하는 것은 4개의 i 가운데 하나만 0이어도 전체가 0이 됨을 의미한다.

기업은 고객을 위한 가치창출을 해야 하므로, 기술뿐만이 아니고 기존에 없던 방식으로 고객들 삶의 질을 높여주기 위해선 늘 혁신이 필요하고, 기업은 가치를 창출할 때에만 존속할 수 있으며, 혁신은 가치를 창출하는 활동이기 때문에 기업 활동에서 필수 불가결하다. 모든 기업은 급변시대에 적응하고 살아남아야 할 뿐 아니라 지속가능한 성장을 추구해야 하고 그 성장은 기존의 틀이 아니라 새로운 방식으로 성과를 창출하는 혁신을 통해서만 가능하다. 1892년 내연기관을 완성하여 자동차를 만든 헨리 포드Henry Ford는 1903년 자동차의 대중화를 위해 세계최초로 대량생산한 포드모델 T의 제작을 시작하였다. 당시 자동차는 부유한 사람들의 사치품이라고 인식이 보편적이었는데 보통의 봉급생활자라면 누구나 구입할 만큼 저렴한 자동차를 만들겠다는 꿈과 "5%가 아닌 95%를 위한 자동차를 만들겠다"는 신념으로 1908년 포드모델 T를 완성하였다. 헨리 포드의 제품은 타 브랜드의 가격보다 무려 80%나 낮았으므로 사람들은 "포드가 망하려고 작정을 했다!"라며 시기와 질투를 하였다. 그러나 마침내 헨리 포드Henry Ford는 공장임금을 두 배로 높이고, 자동차 가격을 1/3로 낮추었으며, 일일 근무시간은 8시간으로 줄여 직원을 고객으로 탈바꿈시키는 혁신innovation을 실현하면서 당시 세계자동차시장 전체의 68%가 T형 자동차였다고 할 대大이변을 만들었다. 훗날 그의 증손자인 포드자동차Ford Motor CEO 윌리엄 클레이 포드William Clay Ford는 "혁신은 기업의 미래를 가리키는 나침반과도 같다. 이제 포드의 핵심전략은 혁신이다"라고 말했다. 한편 마이크로소프트Microsoft의 CEO, 스티브 발머Steve Ballmer 역시 "고객을 만족시키고 경쟁사를 이기는 유일한 해법은 혁신밖에 없다"며 혁신의 중요성을 강조했다. 또한 딜로이트컨설팅 김경준 대표는 혁신의 중요성을 "혁신은 조직의 숙명宿命이고, 리더의 사명使命, Mission"이라고 말한다. 올바른 방향으로 빠르게 혁신하는 기업만이 살아남고 번영할 수 있으며, 이런 점에서 기업경영이란 시장에서 전속력으로 달리면서 조직이 변화에 적응하도록 지속적인 혁신을 이끌어가는 과정이라는 것이다. 그러므로 성공하는 창업가형 리더가 되기 위해서는 미래 지향적인 관점에서 새로운 기회를 탐색하는 역할과 포착한 기회를 과감하게 실행하여 최종성과를 이끌어 내는 역할을 동시에 수행할 수 있어야 한다.

기억해야 할 12가지 혁신 통찰

① 실체가 있는 새로운 것만이 혁신은 아니다.
② 게임의 룰Rules을 달리해 경쟁자에게 도전하라.
③ 불확실성uncertainty을 확인하고 해결하는 데 집중하라.
④ 시장개척만으로 성공이 보장되지 않는다.
⑤ 고객이 제품을 개발development하게 하라.
⑥ 혁신은 관련요소들을 새롭게 결합combination하는 프로세스다.
⑦ 외부 혁신가와 협력할 때 택할 수 있는 옵션을 이해하라.
⑧ 지속적 혁신을 가능케 하는 시스템과 구조를 확립하라.
⑨ 아이디어를 발굴하는 사람과 이를 사업화하는 사람들을 서로 연결하라.
⑩ 신제품을 더 빨리, 더 저렴하게 개발하는 것도 혁신이다.
⑪ 고객 커뮤니티community와 동행하라.
⑫ 창의적인 사람들의 반감을 사지 마라.

경영대가 게리 헤멀Gary Hamel은 〈경영의 미래〉에서 "경영혁신이란 관리업무를 수행하는 방법을 대대적으로 변화시키거나 기존의 조직형태를 수정해 조직이 목적하는 방향으로 나아가는 것"이라고 강조했다. 초우량 기업들은 한결같이 도전적인 목표를 설정하고, 이를 반드시 달성해내고야 말겠다는 강한 목표의식을 가지고 있다. 혁신이란 달리 생각하고 새로운 아이디어를 삶으로 가져오는 것이므로, 기업이 혁신을 성공적으로 추진하려면 명확한 비전과 도전적인 목표를 설정해야 한다. 기업이 적절한 혁신을 이루고 탁월한 경영성과를 창출하기 위해서는 공장이나 설비 혹은 상표와 같은 유형적인 자산이 아니라 조직구성원들이 가지고 있는 무한한 잠재능력을 활용해야 하며, 그것도 모든 조직구성원의 능력을 모두 활용해야 한다. 열정 없이 탁월한 성과를 꿈꾸거나 혁신의 성공을 이룰 수는 없고, 혁신의 성공을 위해서는 체계화된 피드백 시스템feedback system을 갖추어야 하고 바른 피드백feedback이 있어야 한다. 또 캐나다의 유전학자 오스왈드 에이버리Oswald Avery는 "한번 실패했다고 포기해선 안 된다.

넘어지는 것은 수치가 아니다. 하지만 그 자리에 누워 불평하는 것은 수치다" 라고 말했다. 실패는 시행착오라는 교훈을 통해 혁신으로 비약할 수 있는 자산이므로 넘어질 때마다 무엇인가 교훈을 얻는다면 지금은 아니더라도 누구나 혁신의 주인공이 될 수 있다. 특히 혁신Innovation은 새로운 것을 생각해내는 상상과 창조Creation 그리고 실행Execution이 결합된 것이다. 기업이 살아남기 위해서는 시장과 고객이 뭘 원하는지 파악해야 하고 기업 내의 좋은 생각, 새로운 생각, 엉뚱한 생각을 제대로 실행할 수 있어야 혁신에 성공할 수 있으며, 이때 혁신 여부는 고객이 그것을 원하는가, 그리고 그것에 기꺼이 돈을 지불하는가에 따라 결정된다고 볼 수 있다. 이와 같이 고객이 느끼는 가치를 창출하는 혁신은 스타트업의 중요한 성장동력으로 서로 다름을 인정할 때에만 생기는 다양성을 바탕으로 나올 수 있다.

2. 혁신innovation의 종류와 혁신전략

일반적으로 혁신Innovation이라고 하면 보통 기술혁신을 떠올리지만 경제학자 슘페터Joseph A Schumpeter는 혁신을 "창조적 파괴" "발명과 시장의 새로운 결합"이라고 했고, 피터 드러커Peter F. Drucker는 "많은 부를 만들 수 있도록 자원에 새로운 능력을 부여하는 활동"이라고 했다. 이처럼 기존의 혁신에 대한 관점은 혁신을 새로운 무언가를 창조하는 행위로 보았으나 하버드대학 클레이튼 크리스텐슨Clayton M. Christensen 교수는 이러한 혁신의 개념에서 한발 더 나아가 혁신을 파괴적 혁신disruptive innovation과 존속적 혁신Sustainable Innovation으로 세분화하였다. 그는 저서 《혁신 기업의 딜레마(1997)》를 통해 정상의 기업들이 계속 그 지위를 지킬 수 있는 이유는 고객의 소리에 귀 기울이고, 고객이 원하는 제품을 더 잘 만들 수 있는 기술을 개발하고, 시장트렌드를 주의깊게 관찰하여 가장 큰 이익을 보장하는 분야에 투자한다며 새로운 시장을 창조한다는 의미로 〈파괴적 혁신〉이라는 용어를 처음 소개하였다. "파괴적 혁신disruptive innovation"

은 단순하고 저렴한 상품이나 서비스로 시장의 밑바닥을 공략한 후 빠르게 시장 전체를 장악하는 혁신을 통하여 기존시장을 파괴하고 새로운 시장을 창출하면서 관련 산업의 패러다임을 바꾸고 기존산업의 경쟁질서를 뒤집어 완전히 새로운 제품이나 서비스, 비즈니스 모델을 통하여 새로운 시장 또는 사업을 창출하면서 경쟁자 및 후발주자들을 공포로 몰아넣기도 한다. 대표적인 사례로 소니SONY는 진공관라디오가 주류일 때 트랜지스터라디오 소형화에 성공했고, 고정된 장소에서만 들을 수 있던 오디오제품의 상식을 깨고 작은 크기의 휴대용 카세트 워크맨walkman을 출시했다. 또 애플은 모두가 사랑할 수밖에 없는 이상적인 휴대전화의 꿈을 실현하기 위하여 휴대전화 안에 정교한 운영체제를 넣은 아이폰iPhone을 통하여 인류의 삶을 통째로 바꾸었고, 스마트폰에 탑재할 수 있는 다양한 애플리케이션(응용프로그램)을 판매하는 온라인상의 콘텐츠 장터 앱스토어App store를 정착시켰다. 반면 "존속적 혁신Sustainable Innovation"은 기존시장을 파괴하기보다는 기존의 시장질서 속에서 기존 상품의 품질을 업그레이드up-grade하거나 성능을 향상시켜 고기술(하이엔드·High-end)을 만족시키는 기술을 개발하는 것을 의미한다. 이는 과거보다 더 나은 성능의 고급품을 선호하는 고객들을 대상으로 기존제품이나 서비스에 새로운 기능과 특성을 더해 더 좋거나 더 빠르거나 더 싸게 만들어 가치를 업up시키는 혁신을 의미한다. 기업들이 최고의 성능을 자랑하는 최첨단제품을 내놓아도 시장에서 고객의 선택을 받지 못하고 선두자리를 빼앗기는 경우가 있기 때문에 기업은 기존고객의 니즈needs에 맞춰 그들을 만족시키고 감동시키는 점진적 진화형태의 존속적 혁신Sustainable Innovation 전략을 활용한다. 존속적 혁신의 사례는, 스마트폰과 같은 특정제품의 성능이 점점 고도화되는 현상이나, 토요타자동차의 기존시장에 더 나은 제품을 끊임없이 공급하려는 전략을 볼 수 있다. 또 애플Apple이 컴퓨터전문 제조업체로서 아이맥iMac을 만들고 맥북에어Macbook Air를 개발한 것은 기존 및 잠재고객에게 만족감을 주는 존속적 혁신에 해당하며, 새로운 노트북개발에 성공했기 때문에 애플은 기존상품보다 더 높은 가격을 책정해 수익창출을 꾀할 수 있었다. 한편, "효율적 혁신efficient innovation"의 사례 토요타자동차가 선보인 JIT(just in time, 적기공급생산)의 경우는 재고를 쌓아 두지 않고서도 필요한 때 적기에 제품을 공급하는 생산방식으로 그 과정에서 생산 및 인건비를 절감하여 효율성을 높이는 방식을 효율적 혁신efficient innovation이라고 설명하였다. 그러려면 자동차를 생산하는 조립라인에 실시간으로 2만여 개의 부품이 착오 없이 대기할 수 있어야 한다.

대부분의 창업가들이 알고 싶은 것은 내가 어떻게 하면 살아남을까 하는

혁신의 유형별 특성과 사례

① 파괴적 혁신disruptive innovation

- 기존의 시장질서를 파괴하며 새로운 시장 지배적 표준이 출현
- 한 측면의 기능을 양보하는 대신 단순함·편리함·저렴함 같은 이점을 제공
- 기업은 고객들이 결코 구매할 수 없었던 전혀 새로운 신제품을 소개
- 당시 주류이던 진공관 라디오를 대체한 소니Sony의 트랜지스터라디오
- 정보의 바다 인터넷의 등장은 방대한 자료를 실생활에서 쉽게 이용함
- 애플 아이폰은 완전히 새로운 제품으로 새로운 시장을 만들어 냄
- 공유경제의 개척자로 꼽히는 에어비앤비Airbnb와 우버Uber
- 교육을 다시 정의한 개방형 온라인 강좌MOOCs
- 사우스웨스트Southwest항공으로 대표되는 저가 항공사 모델

② 존속적 혁신sustainable innovation

- 기존상품의 품질을 업그레이드upgrade하거나 생산성을 높여 혁신
- 스마트폰과 같은 특정제품의 성능이 점점 고도화시키는 방식의 혁신
- 애플Apple이 컴퓨터전문 제조업체로서 아이맥iMac을 만들어 혁신
- 델컴퓨터나 자라ZARA처럼 기존 비즈니스 모델에 대한 역발상(업의 개념)혁신

③ 효율적 혁신efficient innovation

- 생산비·인건비 등 cost 절감을 통하여 효율성을 제고하는 혁신
- 토요타Toyota의 JIT(just in time, 적기공급생산) 시스템

– 클레이턴 크리스텐슨(Clayton M. Christensen), 하버드대학 경영대학원교수

점일 것이다. 지금의 기업경영 시대정신은 스타트업 정신이다. 스타트업 정신은 가치·혁신·규모를 추구하는 '파괴적 혁신'으로 표현된다. 구체적으로 ① 회사경영에서 절대 고수해야 하고 동시에 사회가 본받고 공유하고 싶어하는 '가치', ② 새로운 것에 도전하고 실험하며 세상을 바꾸는 '혁신', ③ 이렇게 만들어진 결과물을 고객에게 전달함과 동시에 빠른 성장을 추구해 이루는 '규모'다. 이 세 가지가 모여 파괴적 혁신, 즉 스타트업 정신을 이룬다. 빠르고 효율적인 조직을 만들어 개선을 거듭해 나온 결과물을 고객에게 전달하고 이를 바탕으로 성장해가는 것이다. 파괴적 혁신을 이루기 위해서는 개방형 마인드와 자세를 가지고 수많은 사람과 협업·소통을 해야 하고, 개방형 마인드를 갖추기 위해서는 '공정·수평·투명·협력·공유·자율'의 가치를 지향해야 하고, 이 가치를 지속적으로 창업가와 회사가 내재화하고 체득하도록 해야 한다. 세상을 바꿔놓은 모든 파괴적 혁신의 공통점은 그 혁신을 주도한 사람이 자기 내부의 가치사슬을 분석해서 자신만이 가진 재주와 능력을 정확하게 집어낸 다음, 업계의 가치사슬을 분석해 파괴적 혁신의 기회를 찾아냈다는 점이다. 완전히 새로운 나 자신을 그려보기 위해 기존의 가정들을 기꺼이 내다버릴 수 있는 사람이어야 한다. 또 혁신강도는 얼마나 활발하게 조직이 살아 있냐를 나타내는 조직의 생동감을 나타내는 바로미터Barometer이다. 살아 있는 조직은 끊임없는 불확실성에 노출되어 많은 문제가 나타난다. 기업은 이 불확실성을 극복하기 위하여 혁신하여야 한다. 경영의 세계는 진화하는 생물과 같아서 기존 틀만으로는 결코 지속적 성장을 꾀할 수 없다. 현재의 혁신이론이 개념화되기 전, 조셉 슘페터는 혁신을 창조적 파괴라고 말했고, 피터 드러커는 많은 부를 만들 수 있도록 자원에 새로운 능력을 부여하는 활동이라고 했듯이 기존의 혁신에 대한 관점은 혁신을 새로운 무언가를 창조하는 행위로 보았으나, 크리스텐슨은 이러한 혁신의 개념에서 한 발 더 나아가 혁신의 개념을 더 정교하게 구분하여 지속적 혁신과 파괴적 혁신으로 구분하면서 우위에 있는 것 자체가 위험성을 내포하고 있다고 말한다. 그의 파괴적 혁신이론에 의하면, 아무리 업계 1위를 달리며 잘나가는 기업이라도 한순간에 바닥으로 떨어질 수 있다는 것을 경계해야 한다는 것이다. 주로 일반적인 업계 1위 기업들은 선도하는 기술을 기초로 신제품 개발에 대규모 투자를 해 프리미엄 제품을 고가에 파는 전략을 구사하지만 현실적으로는 경쟁이 치열한 시장에서 과거 단순한 제품만을 취급해왔던 기업들이 성장을 거듭하며 조금씩 1위 업체의 시장점유율을 빼앗고, 이런 현상이 누적돼 결국 1위 기업들도 왕좌에서 밀려나게 된다. 이런 문제는 고기술(하이엔드·High-end) 시장을 점령한 모든 기업들이 겪는 것으로, 업계 최고자리에 오르면 과거와 같은 기업성장률을 유지하기 어렵게 된다는 것이다.

하버드 비즈니스 스쿨 클레이튼 크리스텐슨Clayton M. Christensen 교수가 기존 파괴적 혁신disruptive innovation을 넘어 새로운 시장을 만드는 동시에 기존시장

파괴적 혁신을 위한 5단계 프로세스

파괴적 혁신을 목표로 둔 기업은 다음 5단계 프로세스를 따라야 한다.

1단계는 변화가 사업에 미치는 영향을 여러 방면에서 분석하는 것이다. 대부분의 기업은 안정적이고 예측 가능하며, 규모가 장점이 되는 전통적 환경에 있었다. 하지만 점차 새로운 기술이 도입됨에 따라 예측 불가능성이 높아졌다. 또 규제 기준, 기술, 고객 선호도까지 사업에 영향을 미치며 변화 가능성malleability을 증대시켰다. 즉 이전과 완전히 달라진 환경임을 인지해야 한다.

2단계는 전략과 그 실행에 적합한 접근법을 택하는 것이다. 기업들이 활동하고 있는 환경에 대한 이해를 토대

파괴적 혁신을 위한 5단계 프로세스

로 그에 맞는 적절한 전략과 접근법을 선택해야 한다. 철저한 분석과 계획에 근거한 전통적 접근법은 예측가능성이 높은 안정적 환경에서는 훌륭하게 기능하지만 예측이 어렵고 변화무쌍한 지금과 같은 상황에서는 달라야 한다.

3단계는 다양한 상황에 적응할 수 있는 역량을 키우는 것이다. 방향 설정이 어려울 때 기업들이 자주 하는 실수가 신뢰하기 어려운 '예측'에 따라 전략을 세우는 것이다. 향후 가늠이 어려운 현재 상황에서 미래를 위해 효과적으로 투자하고 관리하려면 예측보다 실험이 필요하다. 실험 포트폴리오를 이용하면 신속하게 신제품과 새로운 비즈니스 모델을 테스트하고 정교화할 수 있다. 상황 변화에 따라 빠르게 바꿀 수 있으므로 적응도 쉽다.

4단계는 개척형 역량을 키우는 것이다. 개척형 역량은' 변화에 휩쓸리는 게 아니라 변화를 주도할 수 있는 능력을 말한다. 시장에서 역량을 공유하고, 리스크를 분배하며, 시장 개발을 촉진해 조화로운 시장 경쟁을 유도하는 능력이다. 기존 기업은 확보하고 있는 고객층과 영향력을 통해 개척형 역량을 발휘할 수 있다. 이를 위해서는 배타성이 아닌 개방성, 통제가 아닌 탄력성을 갖춰야 한다. 시장 참여자 모두에게 이익이 되는 기회를 만들어 내고, 전체 네트워크 성장과 수익성을 통해 이익을 도모하는 개척형 역량으로 시장을 주도해야 한다.

5단계는 양손잡이 역량에 대한 조직적 토양을 만드는 것이다. 현재 사업 분야를 유지하면서 유망한 분야에 대해 실험하는 능력은 조직의 역량에 달렸다. 새로움과 전통을 오갈 수 있어야 한다. 기업은 핵심 사업 부문과 실험적인 사업 부문을 분리하고 맞춤형 목표와 기준, 인센티브를 포함하는 차별화된 성과 체계를 마련해야 한다. 특히 불확실성이 큰 상황에서 틀에 박힌 구조적 해결책으로는 안 된다. 직원들이 직원·고객, 경쟁 업체와 자유롭게 정보를 주고받을 수 있도록 장려해야 한다.

한 치 앞도 내다보기 어려운 시대다. '불확실성'은 기업에 엄청난 기회가 될 수도 있지만, 치명적인 위협요소가 되기 쉽다. 창의적이고 민첩한 새로운 기업들이 파괴적 혁신전략을 추진하는 가운데 자신의 생존을 위해 양손을 자유롭게 쓸 줄 아는 양손잡이 기업만이 경쟁사들의 거센 도전과 압박을 이겨내고, 지속적인 성공을 위한 전략수립과 능동적인 변화를 만들어갈 수 있을 것이다.

– 이코노미조선, 파괴적 혁신 시대의 기업 생존 전략, 2017년 3월호.

을 신속하게 대체할 새로운 혁신이론으로 소개한 "빅뱅파괴Big Bang Disruption"는 어느 날 갑자기 새로운 기술이나 신제품이 등장해 기존기업들이 제대로 대응할 수 있는 기회조차 없을 정도로 매우 빠른 시간 내에 급속도로 성장, 확산되어 기존시장을 완전히 파괴시키는 전략으로 스마트폰, 태블릿 PC, 전기자동차, 소셜네트워크서비스 등 불과 수년 만에 기존시장을 대체하는 무서운 파괴력을 보여주는 쓰나미와 같은 현상을 만든다. 최근에는 기존기업들이 미처 대응할 시간적 여유도 없이 불과 몇 주 사이에 기존시장이 대체되는 현상이 빈번하게 나타나고 있다. 빅뱅파괴 혁신으로 설명되는 상품(서비스)은 기존의 제품·서비스에 비해 가격이 저렴하면서도 성능과 기능이 좋고, 사용자의 접근성도 높은 세 마리 토끼를 다 잡는 생각도 못한 놀라운 상품을 무기로 한다. 빅뱅파괴Big bang disruption는 제품이 즉각적으로 나타나 빠른 시간 내에 새로운 시장을 생성하고, 파괴의도와 계획 없이 빠른 속도로 기존시장을 대체한다. 페이스북Facebook, 트위터Twitter, 텀블러Tumblr의 시대에는 인터넷상의 유행이 단 며칠 만에 전 세계에 영향을 미칠 수도 있으며, 안드로이드가 탑재된 기기에서 광고배너가 뜨는 앵그리버드Angry Birds 게임을 무료로 다운로드받을 수 있게 되자 단 24시간 만에 다운로드 횟수가 100만 건을 넘어섰고 이후 7개월 동안 누적 다운로드 횟수가 2억 건을 넘어섰다. 빅뱅 파괴자는 고객이 요구하는 바를 충족시키기 위해 기성업체와 같은 방법을 활용하지 않는다. 빅뱅 파괴자가 기성업체를 아예 경쟁상대로 여기지 않을 수도 있고 대개 기성업체의 비즈니스와 완전히 다른 비즈니스로 고객을 끌어들이겠다면서 고객에게 새로운 무언가를 선보인다. 빅뱅파괴는 낮은 가격과 높은 수준의 품질, 그리고 소비자 친화성을 동시에 만족시킴으로써 기존의 지배적 사업자를 패배시키고 급진적인 시장의 지배를 꿈꾸는 혁신자들에게 유용한 전략으로 상당한 경제적 부가가치를 창출하는 신 시장형성에 효과적이지만 기존의 제품, 기업, 산업의 수명을 빠르게 단축시키고 있다. 파괴적 혁신Disruptive Innovation 기술들보다 개인의 삶과 경제, 사회에 미치는 영향이 훨씬 더 커다란 빅뱅파괴Big Bang Disruption 기술들은 미국 하이테크 기업들이 주도하는 로봇과 인공지능, 역시 미국 공유경제 기업들이 주도하는 차량과

파괴적 혁신전략의 핵심

왜 훌륭한 경영자의 건전한 의사결정이 기업을 실패로 몰고 가는가?에 대한 딜레마를 해결하기 위하여 단기적으로는 기업을 강하게 만들고 궁극적으로는 기업의 몰락을 가져오는 파괴적 기술에 대해 적정한 자원을 집중하는 파괴적 혁신전략의 핵심은 다음과 같다.

1. 고객과 투자자에게 의존하지 마라 기업은 생존을 위해 고객과 투자자의 의견을 듣고, 그들이 원하는 제품과 서비스를 제공하지만 기업의 기술개발 속도는 시장수요의 속도와는 질적으로 다르다. 오늘날 고객들에게 파괴적 기술을 사용하여 만든 제품, 언뜻 보기에 유용하지 않아 보이는 제품들이 내일 소비자들의 욕구를 충분히 해결해줄지 모른다. 따라서 고객이 혁신을 리드할 수 없다는 사실을 기업들이 인지해야 한다.

2. 소규모 시장에 주목하라 파괴적 기술을 위한 조직은 큰 시장이 아닌, 작은 계약으로도 큰 흥분을 일으키는 소규모 시장에 집중해야 한다. 작고 독립적인 조직에서는 실패할 확률도 높지만 다시 시도할 수 있고 흑자를 낼 핵심고객을 찾는 데 더 주력하게 된다.

3. 너무 많이 계획하지 마라 처음 가졌던 생각에 목숨을 걸기보다 새로운 것을 시도했다가 실패해도 빨리 배우고 다시 시도할 수 있는 융통성을 가진 경영자들이 파괴적 혁신을 상용화하는 데 필요한 고객, 시장과 기술에 대한 이해를 바탕으로 성공할 수 있다.

4. 개인의 능력과 조직의 능력은 다르다 조직은 개인보다 유연한 사고를 할 수 없기 때문에 조직의 능력을 창조하기 위해서는 다른 조직을 인수하거나, 타 조직의 인수, 팀 경계선을 그려 새로운 팀을 만드는 것 등이 필요하다.

5. 기술 공급은 시장의 수요와 일치하지 않을 수도 있다 파괴적 기술은 보통 작은 시장에서 시작하지만, 궁극적으로는 주류시장에 진입하게 된다. 이제 제품선택의 기준은 신뢰성과 편리성을 거쳐 궁극적으로는 가격에 따라 움직이게 된다. 따라서 주류 고객들의 제품 이용 동향을 면밀하게 파악하고 있는 기업만이 자신이 활동하고 있는 시장에서 경쟁 기반이 바뀌는 지점을 제대로 포착할 수 있을 것이다.

– 혁신기업의 딜레마, 클레이튼 M. 크리스텐슨 지음, 이진원 옮김, 세종서적, 2009.

공간공유 등 비즈니스와 자율주행차, 독일이 주도하는 스마트팩토리, 거의 모든 분야의 다크호스로 등장한 중국이 주도하고 있는 기술들과 사물인터넷, 드론, 가상현실, 디지털 헬스케어, O2O와 공유경제, 핀테크 등 전 방위적이다. 또한 래리 다운즈 & 폴 누네즈(2013)는 빅뱅파괴자들이 "혁신자들의 딜레마Innovator's Dilemma"를 넘어서는 재앙을 유발한다고 주장하고 있다. 기존의 혁신이 하위시장으로의 진입을 통해 점진적으로 성능과 품질을 향상시키면서 자사의 소비자를 확대시키는 반면, 빅뱅파괴자들은 낮은 가격에도 불구하고 높은 수준의 품질과 소비자 친화성을 동시에 만족시킴으로써 기존의 지배적 사업자를 패배시키는 파괴력을 가진다고 설명한다.

3. 혁신으로 세상을 바꾸는 혁신가들innovators

피터 드러커Peter F. Drucker는 "성공적인 기업가의 공통점이 한 가지 있다면 혁신에 대한 헌신commitment to innovation"이라고 말했고, 미국의 경제학자 조셉 슘페터Joseph A. Schumpeter는 "기술혁신을 통해 창조적 파괴creative destruction에 앞장서는 기업가를 혁신자"로 보았다. 그는 '시장에서 변화를 추구하는 개척의지가 혁신자정신'이라면서 혁신자가 갖추어야 할 요소로 ① 신제품 개발, ② 새로운 생산방법의 도입, ③ 신시장 개척, ④ 새로운 원료나 부품의 공급, ⑤ 새로운 조직의 형성, ⑥ 노동생산성 향상 등을 꼽았다. 또 그는 새로운 제품과 프로세스를 개발하는 도전형 기업이 자본주의 경제를 움직이는 근본적인 엔진이라고 주장했다. 따라서 기업가의 창조적 파괴를 통한 혁신이 투자를 활성화하고 고용창출을 늘려 성장을 이끌 수 있다고 주장한다. 기업가의 성실성을 투자의 필요조건이라고 한다면, 상품의 시장성과 경쟁력은 충분조건, 창업가정신에 충만한 경영능력은 필요충분조건인 셈이다. 또한 린다 힐Linda Hill 외 3인 공저 〈혁신의 설계자〉란 책에서 설명한 혁신리더의 4가지 특성은 다음과 같이 설명하였다. 첫째, 이상주의자이면서 실용주의자다. '도전적 야망'을 빼놓고는 혁신 리더를 논하기 어렵다. 혁신 리더들은 어렵고 복잡한 문제에 열정적으로 달려든다. 이들은 가능성을 쫓아 미지의 영역으로 나아가는 것도 불사한다. 그러면서도 거리낌 없는 상상력과 분별력 사이에서 균형점을 찾아야 한다는 것도 잘 알고 있다. 도전과제를 해결하려면 인내도 필요하고 실행도 필요하다는 사실을 충분히 알고 있다. 둘째, 이론가이자 행동가다. 혁신리더는 통합적 이론가로서 아무리 복잡하고 혼란스러워도 다양한 대안 속에서 최상의 해법을 찾아내는 것을 즐긴다. 그리고 조직의 역동성을 이해하고 궁극적 혁신에 이르는 다양한 충돌상황에서 균형을 잃지 않으면서도 필요할 때 행동에 나서기를 주저하지 않는다. 셋째, 관대하면서 까다롭다. 혁신을 이끌어내는 일은 끝이 보이지 않는 어렵고 고된 작업이다. 혁신리더들은 힘, 통제권, 성과를 구성원들과 기꺼이 공유한다는 점에서 관대하면서도 사람들에게 책임감을 부여하고 적절한 성과가 나오기를 기대하지만 효과가 없으면 과감하게 바꿔버리고 일을 제대로 수행하지 못하는 사람은 가차 없이 잘라낸다. 넷째, 인간적인 동시에 회복력이 강하다. 혁신리더도 완벽하지는 않기 때문에 불안해하고 후회도 하며 두려움도 느끼고 실수도 한다. 상황이 좋지 않을 때는 방어적인 태도를 취하기도 하고, 가끔은 방향을 잃고 헤매기도 하지만 결국 실수와 후퇴를 딛고 다시 일어선다. 실망과 좌절 속에서도 시도와 도전을 멈추지 않는다. 그리고 불확실성, 복잡성, 충돌상황에 대처하는 능력이 있다. 그래서 다른 사람들이 실망과 경악 속에 무너져 있을 때 이들은 혼란 속에서도 평온을 찾을 수 있다.

또 "혁신은 선도자와 추종자를 가르게 된다"는 스티브 잡스Steve Jobs의 말처럼, 가능성이 높지 않지만 미래를 위한 혁신을 선택할 것인가, 고통스러운 추종자로 머무를 것인가는 스스로 선택할 일이다. 보통사람들은 변화보다 통념이나 안정을 원하지만 관습과 안정 속에서 혁신이 성장할 수 없고, 혁신과 멀어지는 것은 곧 쇠퇴와 소멸의 씨앗이 된다는 것을 경험으로 터득하였다. 그래서 번영을 원하는 혁신적 CEO는 고요와 안정을 두려워하고 스스로 역경과 고난, 불안을 선택하면서 점차 굳어(죽어)가는 조직을 살리기 위해서는 의도적으로 조직을 흔들어 유연하게 만들려는 노력을 한다. 혁신은 낡은 생각을 떨쳐내는 것

혁신가innovator라면 갖추어야 할 5가지 특성

(The Five Characteristics of Successful Innovators)

창의적인 사람들은 문제를 푸는 것보다 문제를 식별하는 데 더 탁월한 능력을 보이는데 그들은 열정적이고, 세심하며, 무엇보다 헝그리정신이 가득하다. 새로운 경험들에 열린 마음을 지니고, 주어진 환경에 순응하지 않으며, 늘 호기심으로 충만한데, 이런 성향들은 창의성을 발휘하는 핵심요소이지만 창의성creativity만으로 혁신innovation을 이룰 수 없다. 창의성과 혁신을 구분 짓는 실행execution 능력은 아이디어에서 그치지 않고, 성공적인 상품(서비스) 또는 사업으로 전환시키는 역량을 뜻한다. 사실 기업가정신entrepreneurship이란 창조적인 아이디어를 실제 쓰임새 있는 혁신으로 전환시키는 것인데, 아래 5가지 특성을 보유했더라도, 지속적인 혁신을 이루려면 의미 있는 미션과 장기적인 비전이 뒷받침되어야 한다. 혁신가에게는 다음과 같은 성향들을 보인다. **① 시장에 있는 틈새를 발견해내는 기회도출 마인드** 기업가정신과 혁신의 핵심에는 기회가 자리 잡고 있다. 어떤 이들은 이러한 기회들에 다른 사람들보다 더 민감하다. 혁신가들은 본능적으로 새로운 것에 열광한다. 남들이 해보지 않은 경험들을 갈망하고 삶의 전반에서 다양성을 추구한다. **② 새로운 기회를 감지하는 데 필요한 교육과 트레이닝** 일반적인 인식과 달리, 대부분의 성공적인 혁신가들은 중퇴한 천재들이 아니다. 그들은 자신의 분야에서 잘 훈련된 전문가들이다. 경험이 충분치 않다면, 정보의 유용성을 파악하는 것과 잡음(노이즈)과 의미 있는 신호를 구분하기도 어렵다. **③ 식별한 기회를 활용할 수 있는 선제적인 행동과 집요함** 혁신가들은 의욕이 넘치며, 실패에도 금새 회복하며, 에너지가 용솟음친다. **④ 적당한 신중함** 많은 이들이 생각하는 것과 달리, 성공적인 혁신가들은 일반인보다 더 조직적으로 행동하고, 조심성을 지니며, 위험회피 성향을 지닌다. 위험을 무릅쓰는 것은 사업을 형성하는 데 기여하지만, 사업을 성공시키는 것과는 연관성이 높지 않다. **⑤ 사업을 운영하는 내내 의지할 사회적 자본** 기업가정신을 언급할 때, 독립성과 개인의 천재성을 한껏 미화하는 경우가 있으나 혁신은 언제나 팀team의 산출물이다. 자연히 기업가정신을 지닌 사람들은 높은 감성지수IQ를 지니며, 그들의 아이디어를 다른 이들에게 설득시키고 팀멤버들과 커뮤니케이션하는 데 능하다.

이고, 상상력은 그런 혁신의 재료이며, 상상력은 상상을 혁신으로 구현하는 교육, 융합과 개방의 혁신, 수평적 공감과 존중의 문화, 상상력과 창의력에 대한 투자 등이 함께 어우러져야 발전할 수 있다. 특히 괴짜들은 대부분의 사람들이 당연시 받아들이는 통념이나 질서에 반기를 들고, 잘못된 통념을 깨면서 새로운 가능성을 여는 존재들이다. 그런 사례로는 진공청소기에서 먼지봉투를 없애거나 선풍기에서 날개를 없앤 다이슨Dyson, 찬바람 때문에 불편한 고객들을 위하여 바람 없는 에어컨을 만든 삼성전자, 조직문화를 위해 상하관계를 없앤 자포스Zappos도 기존통념을 깼기에 혁신을 실현할 수 있었다. 미국에서는 공유경제sharing economy라는 새로운 키워드가 등장하여 모든 차 소유주를 수익을 낼 수 있는 운전기사로, 집 소유주를 숙박업자로 겸업할 수 있는 플랫폼 비즈니스 모델을 통해서 우버Uber와 에어비앤비airbnb를 탄생시켰다. 공유경제 시대의 개척자로 손꼽히는 에어비앤비Airbnb와 우버Uber는 바퀴벌레 같은 생존력과 규제의 틀에 갇히지 않은 상상력으로 수많은 난관을 정면 돌파했다. 두 기업은 인터넷과 스마트폰이 만들어낸 새로운 사업기회에 대한 숙박, 교통분야 기존사업자들의 압력과 규제를 열정적인 이용자들의 지지를 기반으로 극복하고 공유경제의 글로벌 유니콘(기업가치 10억 달러 이상·설립 10년 미만 비상장 스타트업)이 되었다. 이전 패러다임들이 무너지고, 새로운 지도자들이 등장하고, 낯선 사람들 사이에서 새로운 사회계약이 체결되고, 도시지형이 바뀌고, 내성적인 혁신가들과는 전혀 다른 새로운 기술 스타트업 CEO들이 지구를 배회하는 시대를 펼친 것처럼 괴짜의 시각으로 세상을 본다면 세상을 바꿀 아이디어를 발견할 수 있다. 지금 세계인구의 0.7%에 미치지 못하고 지구면적의 0.07%에 불과한 약소국가 한국이 살길은 혁신뿐이고, 지금 저성장이나 일자리 창출 등 여러 난관을 극복하려면 이런 혁신가들의 등장이 더 절실하기 때문에 창업가정신을 갖춘 중소·벤처기업이 혁신기술을 활발히 만들어내고 이를 유통하고 보호받을 수 있는 시스템을 갖춰야 대한민국에 미래가 희망적일 수 있다. 향후 3~4만 달러 성장동력을 만들려면 기존산업의 장점을 살리면서 상위기술이 모여 융합을 이루는 인공지능AI, 사물인터넷IOT, 클라우드 서버, 빅데이터, 모바일 자율주행 등 가장 앞선 기술을 융합하며 산업에 미치는 영향을 묶어 4차 산업혁명 시대에 생존을 위해 혁신이 필요하지만 혁신은 매우 힘들고 시간도 오래 걸리며 실패할 위험도 크다. 하지만 1등을 뛰어넘을 더 새로운 상품(서비스)을 더 빠르고 더 효율적으로 만드는 게 혁신의 가치이고 핵심이므로 국가의 미래를 개척할

혁신가들이 세상을 바꾸는 방법

앤드류 카네기, 워렌 버핏, 빌 게이츠, 제프 베조스, 마크 저커버그….

이들은 과거에 없던 산업과 제품 카테고리를 만들어 산업지형도와 인류의 삶을 바꿔놓은 혁신기업가라는 점 외에 또 하나의 공통점은 자신이 가진 모든 것을 내놓아 세상을 변화시키는 시도를 하고 있다는 점이다. '철강왕' 앤드류 카네기는 1900년 펴낸 〈부의 복음〉이란 책에서 "통장에 많은 돈을 남기고 죽는 것처럼 치욕적인 인생은 없다"고 썼을 정도로 기부를 생활 속에서 실천했다. 그는 공공도서관 3,000개를 기부했고 과학발전을 위해 카네기멜런대학의 전신인 카네기과학연구원과 기술원을 세웠다. 시카고대학 등 12개 종합대학과 12개 단과대학도 지어 사회에 기증했다. '오마하의 현인' 워렌 버핏과 빌 게이츠 마이크로소프트 설립자, 그의 아내 멀린다 게이츠가 설립한 기부약속단체 '더기빙플레지The Giving Pledge'에는 록펠러 가문의 데이비드 록펠러, 오라클 설립자인 래리 앨리슨, 페이스북 창업자 마크 주커버그, 테슬라 CEO인 엘런 머스크 등 150명이 넘는 억만장자가 기부를 약속했다. 이들은 자수성가해 번 조 단위 자산을 50~99%까지 기부하겠다는 약속을 밝혔다. 이 중 저커버그는 모든 질병을 치료·예방할 수 있는 세상을 만들고 싶다는 꿈을 이루기 위해 보다 적극적인 기부를 실천하고 있다. 부인과 함께 '챈 저커버그 바이오허브'라는 재단을 설립, 연구자 47명에게 5년간 총 573억원을 지원해 자유롭게 질병연구를 하도록 하였다. 이미 저커버그는 금세기 말까지 인류의 모든 질병을 예방·치료·통제하는 것을 목표로 10년간 30억 달러를 기부하겠다고 밝힌 바 있다. 최근 빌 게이츠와 제프 베조스 아마존 최고경영자, 마윈 알리바바 회장, 손정의 소프트뱅크 사장 등은 1조 2,000억원에 이르는 청정에너지 펀드를 조성, 클린에너지 신기술을 연구하는 스타트업에 투자하겠다는 계획을 밝혔다. 미래세대에 온실가스를 배출하지 않는 저렴하고 신뢰할 수 있는 에너지를 물려주기 위해 기업투자와 기초연구지원을 병행하는 한편 세계 20여 개국과 협력한다는 게 이들의 계획이다.

기업인들이 이런 고난을 무릅쓰고 도전하며 경쟁력을 확보하는 것이 4차 산업혁명의 목표가 돼야 한다.

오늘날 기업경영의 시대정신은 스타트업 정신이고, 창업생태계의 화두인 파괴적 혁신Disruptive Innovation은 최근 스타트업들에게 유행처럼 번지면서 스타트업의 새로운 서비스가 시장 질서를 뒤바꿀 정도의 파장을 만들고 있다. 특히 우리의 삶을 놀라울 만큼 바꿔버린 스마트폰이 등장한 이래 수많은 스타트업들이 등장했고 이들이 공통적 슬로건으로 내세운 키워드 역시 '파괴적 혁신'이다. 또 중국에서는 포장打包 문화는 있지만, 배달代送 문화가 없던 기존상점들에 배달이라는 새로운 수익구조를 열어준 어러머나 메이퇀饿了么美团 같은 서비스들이 시장을 뒤바꿔 놓았다. 또 우리나라의 인터넷방송을 위한 기획사 MCNMulti Channel Network과 유사한 느낌의 왕홍들은 e-commerce를 통해 수익을 내며 자생할 수 있는 환경을 만들었다. 공통점은 새로운 비즈니스 모델을 통해, 혹은 이를 둘러싼 이해당사자(파트너사)들에게 새로운 수익을 주면서 시장생태계 자체를 바꿨다는 것이다. 또 파괴적 혁신은 성숙기·정체기에 갑자기 나타나는 경향이 있다. 조립식 컴퓨터를 생산한 델컴퓨터, 원목가구 같은 컬러와 실용 디자인으로 승부한 이케아IKEA, 저가 마트를 개척한 월마트Wal-mart와 알디Aldi, 화장품 가격거품을 뺀 미샤MISSHA와 페이스샵Face Shop, 저가 휴대폰업체인 중국의 샤오미Xiaomi, 제조직매형 의류SPA라는 카테고리를 만든 일본의 유니클로UNIQLO 등이 그런 파괴자들이다. 배경을 살펴보면, 대개의 기업들은 기존시장을 유지하기 위해 개선에 몰두하며 부가기능과 서비스를 계속 늘리고 가격은 자꾸 올린다. 소비자들은 불만이 있어도 할 수 없이 추가가격을 지급할 수밖에 없을 시점에 파괴적 혁신 기업이 나타나 기존제품과 품질이 비슷한데도 엄청나게 싼 가격을 제시한다. 불만 많던 소비자들이 일시에 몰려들고 기존시장은 파괴된다. 파괴적 혁신에 성공하기 위해서 가장 중요한 것은 혁신적인 경영자의 통찰이지만, 소비자들의 활동이나 경험을 세심하게 '관찰'해야 한다. 고객만족이라는 평범한 목표는 버리고, 고객 스스로도 모르는, '인지되지 않은 니즈unrecognized needs'를 찾아내야 한다. 스티브 잡스 말대로 "만족시키려 하지 말고,

놀라게 해야 한다" 유니클로가 수많은 사람들에게 사랑받는 이유는 "이렇게 싼데도, 내게 꼭 맞는 옷이 있다니!"이다. 또한 오프라인 업계로 공격자 아마존이나 넷플릭스는 엄청난 파괴적 혁신disruptive innovation을 단행한 기업들이다. 이미 아마존으로 망한 기업이 수백 개에 이르며 넷플릭스로 인해 도산한 케이블방송국과 DVD 대여업체도 부지기수다. ABC방송이 300명 이상을 해고하고 ESPN도 100명 이상을 해고하기로 했다고 한다. 넷플릭스는 스트리밍 서비스를 시작한 지 10년차밖에 안 된 기업이고 아마존 또한 의류나 식품, 의약 등 다른 생태계에까지 영향을 끼친다. 우버나 에어비앤비도 시장파괴자이고 이런 파괴기업만 수백 개에 이르며 기존기업들은 이런 침략자에 공포를 느낀다. 한 조사에 따르면 앞으로 3년간 자기업계에 큰 파괴적 혁신이 일어날 것이라고 예상하는 경영자가 세계 전체 50%에 이른다고 한다.

또한 클레이튼 크리스텐슨Clayton M. Chris-tensen 교수는 저명한 이노베이터 100여 명을 인터뷰한 뒤 여기서 발견한 공통의 행동패턴을 바탕으로 다시 세계 75개국 500여 명의 이노베이터를 조사했다. 그러자 기존상식을 깨는 이노베이터들의 명확한 특징이 도출됐다. 이들은 5가지 기본적인 '발견력finding ability'이 뛰어나며, 그 개발에 다른 사람들보다 많은 시간을 들인다. 그 발견력은 ① 관련 짓는 힘, ② 질문하는 힘, ③ 관찰력, ④ 네트워크력, ⑤ 실험하는 힘 등이다. ① 관련 짓는 힘은 인지적 기술인 반면, ②~⑤는 행동이다. 즉 행동을 바꾸면 창조성을 높일 수 있다는 것이다. 이와 같은 이노베이터의 특성이 더 많이 필요한 창업을 준비 중인 학생들은 위 특성을 보완하면서 다른 사람과 비교하지 말고 자신의 꿈을 추구하여야 한다. 자신만의 고유한 꿈을 좇을 때 기존에 없던 새로운 가치를 시장에 내놓는 혁신자disruptor가 될 가능성이 높다. 대표적인 혁신가 엘론 머스크Elon Musk는 "테슬라, 솔라시티, 스페이스X 등 대담하고 혁신적인 프로젝트들을 어떻게 추진할 수 있었느냐"는 질문을 받았다. 머스크는 "순간적인 아이디어를 모두 의심하고 제로베이스에서 다시 생각하는 습관 때문"이라고 대답했다. 본래 혁신자innovator란 의문을 품음으로써 현상유지에서 탈피해 새로운 가능성을 발견하고 섬세한 관찰을 통해 새로운 행동방

스티브 잡스 무한 혁신의 비밀
(The Innovation Secrets of Steve Jobs)

스티브 잡스는 PC를 개발하지도 않았고 MP3 플레이어 역시 그가 만든 것이 아니었지만 그는 맥과 아이팟으로 PC와 MP3 시장에 혁신을 일으켰다. 또한 잡스는 스마트폰과 태블릿 PC를 개발하지도 않았음에도 아이폰과 아이패드로 이 시장에 혁신을 일궈냈다. 또 그는 컴퓨터 애니메이션 기술을 개발하지도, 직접 컴퓨터를 판매하지도 않았지만 픽사와 애플스토어를 통해 혁신을 창조했다. 스티브 잡스는 '혁신이야말로 리더와 추종자를 구분하는 잣대'라고 말하였다. 주목해야 할 것은 애플의 공동 설립자인 스티브 잡스의 '남다른 사고방식'이다. 스티브 잡스는 '기업 혁신을 위한 컨설턴트' 같은 상투적인 접근 방식을 극히 싫어했다고 한다. 스티브 잡스가 성공에 이른 '혁신을 이루는 7가지 원칙'을 정리하였다. '첫째, 좋아하는 일을 하라. 둘째, 세상을 바꿔라. 셋째, 창의성을 일깨워라. 넷째, 제품이 아닌 꿈을 팔아라. 다섯째, 'NO'라고 1,000번 외쳐라. 여섯째, 최고의 경험을 선사하라. 나머지는 스토리텔링의 대가가 되라' 등이다. 〈스티브 잡스 무한 혁신의 비밀〉은 이 일곱 가지 원칙을 중심으로 스티브 잡스를 세밀하게 분석하고 다양한 외부사례를 들어 이 원칙들이 실제 어떻게 적용되었는지를 설명하고 있다. 2005년 스탠퍼드 대학 졸업식 축사에서 잡스는 졸업생들에게 '자신이 좋아하는 일을 끝까지 찾아 행하라'는 명연설을 남겼다. 자신이 좋아하는 일에는 누구든 열정을 다하게 되며 끝없는 혁신을 이루게 되고 결국 성공에 이르게 된다는 것이었다. 자신이 좋아하는 일이나 분야에서 혁신을 이루는 원동력은 비전이라고 말한다. 스티브 잡스는 끝없는 제품혁신 과정에 인재들을 끌어들이는 강력한 비전을 갖춘 인물이라는 것이다. 비전은 주위 사람을 움직이게 하는 에너지이자 세상을 바꾸는 힘이라고 평가한다. 스티브 잡스는 평소 '창의성이란 서로 다른 사물을 조합하는 능력'이라고 말하였다. 스티브 잡스 같은 혁신가들의 가장 큰 특징은 '자유로운 상상을 통해 외형상 서로 관련이 없어 보이는 사물을 연관 짓는 능력'이라고 한다. 레오나르도 다빈치 같은 르네상스 천재들은 공통적으로 세 가지 특징을 가지고 있다. '끝없는 호기심'과 '변화에 대한 갈망', '새로운 도전에 대한 용기'가 있었다는 것이다. 이러한 특징들이 스티브 잡스의 성공비결이라고 평가한다.

식을 읽으며, 실험을 통해 경험을 시도하고 세상을 탐구하는 존재이다. 이들은 여러 분야 사람들과의 관계형성을 통해 다양한 관점을 얻는다. 혁신가로 만들어 주는 "이노베이터innovator DNA의 5가지 조건"은 ▲연결: 현상이나 사물을 연결시키는 것, ▲질문–끊임없는 질문으로 문제점 파악, ▲관찰: 꾸준한 관찰을 통해 씁감을 얻음, ▲네트워킹–다양한 사람과 새로운 경험, ▲실험: 아이디어를 실제로 적용하는 것 등이다. 또 최근에는 이노베이터innovator(혁신자)에 이어 "이매지너imaginer(상상하는 자)"가 새로운 세대의 주역이 된다는 이야기가 화제다. '이매지너'라는 단어는 디즈니랜드 창업자 월트 디즈니가 세계 최초 테마파크 디즈니랜드를 직접 만들면서 떠올린 단어라고 한다. 이매지너란 단련된 감성과 상상의 힘을 통해 미래의 가치를 현실의 성공으로 이끌어내는 인물을 지칭한다. 이들은 20세기의 정보화시대를 넘어 21세기의 감성시대를 주도하는 크리에이터들로써 상상력을 통해 무에서 유를 창조하고 최고의 부가가치를 만들어 낸다. 최근 아이폰과 아이패드로 또 한 번 세계의 주목을 끌고 있는 창조적 CEO 스티브 잡스와 추종불허의 상상력을 바탕으로 영화 아바타를 제작한 제임스 캐머런James Cameron 감독은 이 시대의 대표적인 이매지너로 볼 수 있으며, 역사 속 최고의 이매지너는 화가이자 건축가이고 디자이너였던 레오나르도 다빈치Leonardo da Vinci와 동그라미, 세모 네모 등을 통해 한글을 만들어 낸 세종대왕이다.

amazon

진정한 개척자란 남들이 가보지 못한 새로운 세계를 탐구하는 개척자라는 뜻이고, 혁신성은 놀랍고, 새롭고, 효과적인 동시에 성공적인 것을 뜻한다. 대부분의 사람들이 혁신가를 떠올릴 때 애플의 스티브 잡스나 아마존의 제프 베조스Jeffrey P. Bezos와 같은 창업자들은 우리와 다른 특별한 능력을 갖고 태어났을 것으로 생각하기 쉽지만, 최고의 혁신가로 불리는 아마존 최고경영자CEO 베조스가 아마존을 2017년 연매출 1,779억 달러(190조원)에 달하는 세계최대 전자상거래 기업의 반열에 올려놓은 비결은 빅데이터 활용과 발상의 전환이었다. 아마존은 유통업계 최초로 2억 명에 달하는 고객데이터를 분석해 과거 구매이력이나 자주 찾아본 페이지

이노베이터 DNA

시대를 앞서 나갈 수 있는 창조적이고 혁신적인 아이디어는 타고난 혁신가에게만 부여된 재능일까. 제프 다이어 브리검영대 교수, 할 그레거슨 인시아드INSEAD 교수, 클레이튼 크리스텐슨 하버드 비즈니스 스쿨 교수 세 사람은 혁신가 DNA가 따로 있다는 생각은 크게 잘못된 것이라며 후천적으로 배워서 키울 수 있는 게 혁신력이요 창조적 아이디어라는 것이 8년여 동안 파괴적 혁신가와 혁신적 기업의 특성을 연구한 결론이고 《이노베이터 DNA》는 그 최종 보고서다. 저자들은 피에르 오미디야르 이베이 창업자, 제프 베조스 아마존 최고경영자CEO, 마크 베니오프 세일즈포스닷컴 CEO 등 100명이 넘는 미국 혁명적 제품과 서비스를 창조한 혁신기업가들 외에도 혁신적 비즈니스 아이디어를 토대로 기업을 일으킨 창업주와 CEO들까지 포함하여 인터뷰와 설문을 하였다. 그들에게 공통적으로 나타나는 특징적 '발견 행동패턴'은 모두 다섯 가지다. ① 혁신가들은 '다르게 생각한다'. 모두들 '연결하기'에 뛰어나다. 겉으로는 연관성이 별로 없어 보이는 아이디어들도 하나로 묶어내는 사고능력이 탁월하다. 잡스가 "창조력이란 현상이나 사물을 연결시키는 것"이라고 한 말과 같은 맥락이다. 잡스는 이어 "(창조적인 사람들도)실세 자신이 한 것은 별로 없고, 그저 뭔가를 보고 자신이 했던 경험들을 연결시키고 종합해 새로운 것이 나오도록 했을 뿐"이라고 했다. ② 혁신가들은 '질문하는 사람'이다. 아인슈타인이 "올바른 질문만 할 수 있다면"하고 주문을 외듯 말한 것처럼 혁신가들에게는 '질문하기'가 삶의 방식 그 자체란 것이다. ③ 질문에 그치지 않고 '관찰'하는 것도 혁신가들의 행동특성이다. 인도 타타자동차가 2009년 세계 최저가 자동차 '타타 나노'를 내놓게 된 것도 한 가족이 고생스럽게도 빗속에 스쿠터를 타고 가는 모습을 본 라탄 타타 회장의 관찰에서 비롯됐다. ④ 혁신가들은 질문하고 관찰하면서 도출한 아이디어를 다른 사람들과 공유하면서 검증하는 데에도 힘쓴다. 이를 위해 다양한 배경과 사고를 가진 사람들과 교류하며 '네트워킹'에 주력한다. ⑤ 그래서 추려진 아이디어를 프로토타입으로 만들어보는 실험에 몰두하며 아이디어에 살을 입힌다. 저자들은 이들 혁신가의 발견행동 패턴은 타고나는 것이 아니라 학습을 통해 습관화함으로써 습득할 수 있고 개량할 수 있는 '행동유전자'라는 것이다. 성공적 혁신가들의 발견행동 패턴이 조직을 통해 성공적으로 발휘되기 위해서는 3P, 즉 사람People, 프로세스Processes, 경영철학Philosophies이란 요소가 뒷받침돼야 한다고 설명한다. 혁신능력이 뛰어난 사람을 채용하고, 직원들의 혁신능력을 키워주는 시스템을 정립시키며, 혁신이 전 조직의 일이라는 철학을 심는 일이 중요하다는 것이다.

등을 참고해 좋아할 만한 최적의 상품을 추천하는 방식으로 마케팅 패러다임을 바꾸었다. 베조스는 수백만 가지 상품을 가지런히 진열하는 것보다 사용자가 구매할 확률이 가장 높은 제품 한 가지를 큼지막하게 보여주는 편이 구매로 이어지는 비율을 높인다고 판단했고, 실제로 아마존 회원들이 저마다 다른 초기화면을 보도록 한 베조스 생각은 적중했다. 소비자는 자신만을 위한 상품추천과 한 번의 클릭으로 구매까지 이어지도록 설계된 편의성에 지갑을 열었고 오픈마켓 비즈니스 모델로 전자상거래 업계를 지배했던 이베이의 아성을 무너뜨리면서 전자상거래 업계를 넘어 인류의 소비스타일을 뿌리부터 바꾸었다고 평가받는다. 제프 베조스가 1994년 아마존닷컴을 설립하고 오프라인 도서를 인터넷에서 팔겠다고 했을 때 대부분의 사람들의 반응은 책을 어떻게 몇 장 읽어보지도 않고 사겠느냐는 것이었으나 당시 책은 디지털 기술의 영향을 가정적게 받는 분야였고, 먼저 진입한 기업이 독식할 수 있는 시장이었기 때문에 책을 선택한 것은 신神의 한 수였다. 아마존 '파괴적 혁신'의 핵심은 고객만족을 넘어선 고객집착, 도전, 장기적 비전을 중시하는 베조스의 창업가정신이다. 베조스는 자신의 성공과 혁신의 비결로 "모든 가치판단 기준을 고객에 뒀다"면서 "이익은 중요하지 않다"며 "고객이 원하는 것은 무엇이든지 다 판매한다는 방침 아래 끊임없이 비즈니스 모델을 창조할 때 혁신이 따라온다"고 강조했다. 그는 '이익보다 시장을 지배하라' '손해 봐도 싸게 팔아라' '제품 아닌 경험을 팔아라' '사업을 무한 확장하라' 등 상식을 깨는 아마존의 '성공경영 4원칙'으로 성공을 일구었고, "고객의 이윤이 나에게는 기회"라며, 고객지상주의의 최고를 보여주었다. 최근 미국인 55%가 첫 상품검색을 아마존에서 시작하며, 미국가정 58%가 아마존 온라인 거래를 통해 물건을 구매하는 것으로 발표되었고, 아마존은 모든 것을 빨아들이는 '블랙홀'로 알려지면서 세계최대 전자상거래업체 아마존은 기존 오프라인시장까지 집어삼키는 '포식자'로 등극했다. 이제 '아마존 되다(To be Amazoned·아마존에 의해 파괴된다는 뜻)'는 신조어가 될 정도로, 아마존의 지배력은 책, 전자제품, 컴퓨터 네트워크에서 소포배달, 슈퍼마켓, 식품, 의류, 트럭 영업, 자동차 부품, 의약품, 부동산 중개, 화장품, 콘서트 티켓발권업, 은행업 등 모든 산업으로 확장되었고, 2013년 워싱턴포스트를 인수하는 끊임없는 혁신으로 부를 쌓았으며, 아마존은 매년 200%가 넘는 성장을 이루며 베조스를 인터넷 최고의 거상business magnate으로 만들

혁신 위해선 실패가 필수

끊임없는 혁신을 위해서는 실패를 용인하는 조직문화를 구축할 필요가 있다. 세계 최고 혁신기업이자 가장 빠르게 성장 중인 아마존의 성공이면에는 수많은 실패가 있었다. 아마존이 스마트폰 확산 전인 2007년 시작한 모바일결제 서비스 '웹페이'는 수억 달러의 적자를 기록하면서 결국 2014년 서비스가 중단됐다. 아마존은 또한 2년간 공들인 자체 스마트폰 '파이어폰'을 출시했지만 소비자의 외면으로 1억 7,000만 달러의 손실을 남긴 채 관련 사업을 접었다. 아마존은 2015년 '아마존 데스티네이션'이라는 지역호텔 예약서비스를 출시하기도 했지만 에어비앤비 등에 밀려 6개월 만에 손을 뗐다. 이 밖에 '아마존 월렛(결제)', '아마존 뮤직 임포터(음악 재생 플랫폼)', '아마존로컬(부동산 정보)' 등 실패한 사업이 상당하다. 아마존의 이런 다양한 실패는 '실패에서 많은 것을 배운다'는 제프 베조스 아마존 회장의 철학이 있었기에 가능했다. 베조스 회장은 "큰 성공은 수십 번의 실패가 쌓인 뒤에야 온다"며 "CEO로서 내 일 중 하나는 직원에게 실패할 수 있는 용기를 주는 것"이라고 강조한다. 아마존의 파이어폰 개발팀은 처절한 실패를 바탕으로 인공지능 음성인식스피커인 '에코'를 출시해 '알렉사'란 서비스로 대박을 터뜨렸다. 영미권에선 알렉사의 편리한 서비스로 운영체제OS가 텍스트 기반에서 음성 기반으로 그 패러다임이 전환되고 있다. 아마존은 여기에서 한 걸음 더 나아가 고객의 니즈를 음성뿐만 아니라 카메라를 통해 대응하고 있다. 비전인식이 가능한 '에코룩'이 그것이다. 에코룩은 고객의 스타일링까지 조언해 주면서 패션산업을 넘보고 있다. 베조스 회장은 "성공을 목표로 하면 거기서 멈춰 버리지만 실패를 목표로 하면 실패할 때까지 끊임없는 혁신과 변혁이 일어난다"고 강조하곤 한다. 지금의 아마존은 끊임없는 도전과 실패를 통해 무언가를 얻겠다는 편집광적 조직문화가 있기에 가능한 것이다. 아마존은 2017년 주주들에게 보낸 연례 서한에 "실패와 혁신은 쌍둥이입니다. 그래서 나는 아마존을 가장 성공한 회사라기보다 가장 편하게 실패하는 회사로 만들고자 합니다"라고 적었다.

– 한경비즈니스, 제프 베조스가 아마존을 '혁신 기업'으로 키운 방법, 제1154호.

어 베조스의 재산은 1,120억 달러(약 120조원)를 넘어서며 2018년 세계 1위 부자에 등극하였다. 또 2018년 3월 15일 아마존이 마이크로소프트를 제치고 시가총액 3위에 올랐고, 매출은 1천 780억 달러에 달하며, 2018년 3월 12일 현재 시가총액은 7천 700억 달러(756조원)로, 애플, 구글의 모기업 알파벳에 이어 시가총액 3위 기업이 되었다.

Chapter 10

새롭고 독창적인 창의성creativity

1. 가치창출의 씨앗 창의성creativity의 이해

스티브 잡스Steve Jobs의 아이폰iPhone으로 모든 비즈니스의 패러다임과 역사가 바뀌면서 세상의 비즈니스를 아이폰이 나온 후와 나오기 전으로 구분하기도 한다. 아이폰 등장으로 촉발된 스마트폰 생태계에 부응하는 수많은 새로운 회사와 일자리가 창출됐고, 동시에 새로운 세계와 고객요구에 대처하지 못한 수많은 회사는 사라졌으며, 많은 사람이 일자리를 잃었다. 모든 사람이 PC보다 강력한 컴퓨터를 휴대하여 실시간으로 모든 정보에 접속할 수 있게 되었고, 모든 것이 실시간으로 공유되면서 정보를 찾기 위해 시간과 노력을 들일 필요가 줄면서 사람들이 사고하는 방식도 바뀌었다. 모든 정보가 개방되고 복사되는 세상에서 다른 사람과 확실히 차별화되는 것, 유일한 것을 생각하고 만들어내지 않으면 뒤처지는 상황이 됐다. 지금과 같은 무한경쟁과 레드오션의 경영환경에서는 어떻게든 경쟁사보다 차별화되고 새로운 것을 찾아내고 선점해야 고객의 선택을 받을 수 있다. 나와 유사한 사업을 하는 기업의 베스트 프랙티스(Best Practice, 특정 경영활동 분야에서 세계최고의 성과를 창출해 낸 운영방식)보다는 전혀 다른 분야의 기업을 분석하고, 다양한 사례와 상품, 서비스를 통합하고 융합하는 사고가 절실하며, 논리보다는 창의적 사고가 훨씬 절실한 시대가 되었다. 이런 상황에서 더욱 절실히 요구되는 "창의성creativity"이란 독창적unique으로 새롭고 유용한 것useful을 만들어 내는 능력 또는 비일상적인 아이디어로 가치를 창출하는 능력이나 새로운 유형의 사고능력을 의미한다. 창조성은 없었던 무엇인가를 새롭게 만드는 능력일 뿐만 아니라, 사물 간에 새로운 연관관계를 맺고 가치를 발견하는 능력이며, 똑같은 일을 하더라도 그 일 속에 새로움을 불어넣는 능력이다. 비즈니스에서 독창적인 아이디어가 창의성으로 발현되기 위해서는 새로운 가치를 창출해야 하며, 현실적으로 실현가능해야 하는데, 당면한 문제를 해결problem solving하는 혁신적인 방법을 찾아야 할 때 필요한 비즈니스 창의성이란 다양한 생각들을 시장경쟁력이 있는 아이디어로 재조합하고 혁신상품을 만들어내는 능력이다. 또 창의적 사고력의 대가 파울 토런스Paul Torrance는 "창의성이란 어떤 해답이 없는 문제를 해결하고자 하는 자연스러운 정신적 과정으로서 기존의 지식들을 조합시켜 가능한 해답들을 만들어 내며 이를 실제로 적용해 나가는 정신과정"이라고 설명했다. 또 시카고대학 미하이 칙센미하이Mihaly Csikszentmihalyi 교수가 "창의성은 새롭고, 유용한 산출물을 만들어낼 수 있는 개인적인 능력이다"라고 정의했듯이 창의성이란 존재하지 않는 사물의 필요성을 남보다 먼저 찾아내는 자질이라고 할 수 있다. 그는 창조성은 다양한 문화가 교차하고, 여러 가지 생활방식과 지식이 융합하는 곳, 사람들에게 새로운 사고를 수용할 수 있을 만한 여건이 조성되는 곳에서 생산된다고 말했다. 창의성에 대하여 많은 사람들이 예전에 없던 것, 무언가 독창적인 전혀 새로운 것을 연상하기 때문에 흔히 창조creation는 극적인 통찰력으로, 희귀한 소수의 사람이 만들어내는 것이라고 생각하기 쉽지만, 사실 창의적 사고의 본질은 전혀 새로운 것이라기보다 재발명reinvention에 가까운 자유로운 사고의 흐름에서 비롯된다. 특히 새로운 문제해결 아이디어는 문제를 해결하려는 노력의 과정에서 나오고 아이디어는 사회에서 가치를 인정받고, 시장에서 실현가능할 때 창의성으로 실체화된다. 창의적이려면 다양한 관심과 호기심을 가져야 하고, 다양한 노력과 경험을 해야 하며, 몰입하여 즐기며 일해야 한다.

돈이 없고 배가 고파야 창의력이 생긴다

> "창업가정신의 본질인 창의력은 흔히 궁핍의 자극을 받는다. 돈이 없고 배가 고프면 창의력이 생긴다. 돈이 많거나 중류층이거나 노력하지 않아도 모든 것을 가질 수 있는 사람은 기업가에게 추진력을 주는 궁핍을 모른다. 아이디어를 내고 뭔가를 발생시키고, 자신의 비전을 실현하려면 배가 고파야 한다. 우리 성공의 모든 요인은 내게 돈이 없었다는 사실에 기인했다."
>
> – 아니타 로딕(Anita Roddick), 더 바디샵 창업자

창조는 모방에서 시작된다

창조는 모방에서 시작되며, 창조와 모방은 그 경계가 불분명하다. 일찍이 아리스토텔레스는 '모방은 창조의 어머니'라며, 인간문명이란 자연을 흉내 낸 것에 불과하고 했다. 피카소도 "훌륭한 예술가는 모방하고 위대한 예술가는 훔친다"며 창조적 모방을 강조했다. 10대 시절 피카소는 미술기법을 터득하기 위해 대가의 그림들을 따라 그렸다. 시간이 흐른 후 그는 모방했던 그림들을 자기 식으로 재창조했다. 애플의 창업자 스티브 잡스는 1996년 다큐멘터리 〈괴짜들의 승리〉에서 피카소의 말을 인용하고는 "애플은 위대한 아이디어를 훔치는 것에는 수치심을 느끼지 않는다"라고 말하였다. 스티브 잡스는 뭔가를 훔치되 자신의 창조성을 더해 새로운 제품으로 만들어 내는 능력이 탁월했다. 잡스가 주목받지 못한 신기술을 창조적으로 이용한 사례는 매우 많다. 어떤 것이든 아이디어란 다른 사람들의 아이디어를 재료로 해서 만들어진 것이며, 진정으로 누구 한 사람만의 독창적인 아이디어는 이 세상에 존재하지 않는다. 인간은 결코 무無에서 유有를 만들어 낼 수 없다. 무언가가 있어야 그것을 재료로 삼아 다른 어떤 것을 만들 수 있다. 미적분 계산법을 만들면서 다른 사람의 아이디어를 훔쳤다는 비판을 받은 천재 물리학자 뉴턴Isaac Newton은 "더 멀리 바라보기 위해 거인들의 어깨에 올라서야 했습니다"라고 말했다. "위험을 무릅쓰고 새로운 것을 발견해내는 선도자나 개척자가 되라"는 말은 매우 멋있게 들리지만 이러한 매혹적인 말은 성공확률이 매우 낮고 비용이 많이 드는 아주 위험한 전략이다. 기존의 것을 무시하면서 새로운 것만을 추구하면 낭패를 볼 수 있다. 모방을 부끄러워하지 말고 적극적으로 모방하라. 모방은 창조를 위한 실행의 첫 단추다. 모방은 학습이고 경험이며 배우는 과정이기 때문에 모방이 쌓이면 어느 순간 창조라는 질적 변화를 맞는다. 모방을 거치지 않은 새것은 없다. 모방은 창조의 필수 과정이자 가장 탁월한 창조전략이다. 물론 단순히 훔치라는 말이 아니다. 모방하되 창조적으로 모방하라는 말이다.

"창조적인 사람은 스스로 창조적이라 생각하고 그렇지 못한 사람들은 자신이 창조적이라고 생각하지 않는다."

– 로저 폰 외흐(Roger von Oech), 〈생각의 혁명〉에서

작고 마른 고바야시가 핫도그 먹기 대회 세계 챔피언이 될 수 있었던 까닭

괴짜 생각법의 주인공 고바야시는 전 세계 핫도그 먹기대회 기록을 매번 갈아치운 일본인 대학생이다. 몇 달치 집세가 밀린 고바야시는 울며 겨자 먹기로 핫도그 먹기 대회에 도전한다. 반드시 우승을 해야 했던 그는 전 대회 영상을 보며 참가자들이 별다른 전략 없이 무작정 핫도그를 먹는다는 것을 확인하였다. 고바야시가 볼 때 다른 참가자들이 가지고 있는 질문 "어떻게 하면 더 많은 핫도그를 먹을까?"는 잘못된 질문이다. 그는 잘못된 질문을 "어떻게 하면 핫도그를 더 쉽게 먹을 수 있을까?"로 바로잡는다. 질문이 달라지니 문제의 해결법도 달라졌다. 그는 실험을 거듭하여 핫도그를 쉽게 먹을 수 있는 방법을 찾았다. 그는 우선 핫도그와 빵을 분리했고, 한 손으로 먹기 쉬운 소시지를 먼저 먹으면서, 다른 손으로 빵을 물에 적셨다. 물에 식물성 기름을 타기도 하고, 먹으면서 뛰고 꿈틀거리기도 해봤다. 온갖 실험을 통해 핫도그를 먹는 가장 쉬운 방법을 찾아낸 그는 기존 기록의 두 배가 넘는 세계신기록을 세우며 세계 챔피언이 되었다. 12분에 무려 50개의 핫도그를 먹은 것이다.

– 괴짜처럼 생각하라, 스티븐 레빗·스티븐 더브너, 웅진지식하우스, 2015.

상대성 이론 개발자 알버트 아인슈타인Albert Einstein, 공산주의 창시자 칼 마르크스Karl Marx, 미래학자 앨빈 토플러Alvin Toffler, 발명왕 토머스 에디슨Thomas Edison 등 인류발전에 공헌한 사람에게 주어지는 세계최고 권위의 노벨상 수상자 중 22%가 유대인(세계인구의 0.2%)이라는 사실은 그들의 탁월한 창의성을 보이는 수치다. 또 유대인 기업가의 성공사례를 살펴보면 월스트리트를 위시한 세계 금융산업이 유대인의 손아귀에 있고, 정보기술IT산업에서도 페이스북 창업자 마크 주커버그, 구글 CEO 래리 페이지, 델컴퓨터 마이크 델 등 선두기업 창업가와 영화산업 할리우드 제작자 대부분이 유대인이다. 또 백화점을 키우거나 관광산업을 주도하고 있는 사람들도 유대인들이고, 언론계, 의료계, 법률분야, 컨설팅업계, 패션계, 보석산업, 미용산업 등 서비스산업 대부분을 유대인이 주도하고 있다. 유대인의 이러한 힘은 유대인 특유의 사고방식에서 비롯된다.

유대인의 창의성creativity

유대인은 전 세계 경제와 핵심산업을 쥐락펴락하는 슈퍼파워로 부상했지만, 사실 인구비율로 보면 세계 0.2%에 불과함에도 역대 노벨상 수상자 가운데 유대인 비율이 22%가 넘는다. 그들은 유대인 성공의 원천을 〈창의성creativity〉이라며 어려서부터 자식을 최고best가 아닌 개성unique 있는 사람으로 키우려는 자녀교육이 창의성의 밑거름이라고 한다. 창의성교육을 받은 우수한 인재들의 집합소인 와이즈만연구소의 다니엘 자즈프만Daniel Zajfman 소장은 우리에게 창의성은 생존의 문제survival issue라고 말했다. 이스라엘 교육에서 창의성은 문화적인 배경과 직결된다. 유대민족은 땅도 없이 세계를 떠돌다보니 항상 극한상황에서 문제를 해결해야 했고, 창의성creativity이 없으면 생존할 수 없었던 역사 속에서 살아왔기 때문에 그들은 교육에서는 독창적으로 문제를 풀어 나가는 자세를 가르친다. 그들은 830만(이스라엘 인구) 사이의 경쟁이 아니라 76억과의 경쟁을 생각한다. 그냥 앉아 있으면 뒤질 수밖에 없기 때문에 현재에 만족하지 않고 항상 다음 단계를 생각한다. 또 아이들에게 '독창적이 돼라'고 해서 되는 것도 아니다. 어떻게, 어디서 교육시키느냐가 중요하므로 어느 특정한 분야에 국한될 것이 아니라 사회 전체가 움식여야 한다.

유대인들은 자신만의 재능을 찾아내 독특하게 살아가는 것을 거룩하고 고귀한 것으로 여기기 때문에 유대인들의 자녀교육 목표는 아이가 어떤 집단에 단 한 명뿐인 베스트best가 아니라 모든 학생이 각자 존재감을 찾을 수 있는 유니크unique한 존재가 되는 걸 도와주는 것이다. 유대인 부모들은 자기자녀가 하느님이 주신 독특한 재능을 살려 창의적인 사람이 되기를 바라며 통찰력의 근원인 폭넓은 독서를 평생생활화한다. 특히 그들의 독특한 학습법으로 히브리어 하베르chaver에서 유래한 "하브루타Chavruta"는 나이, 계급, 성별에 관계없이 두 명이 짝을 지어 서로 논쟁을 통해 진리를 찾는 그들 특유의 질문과 토론문화로 창의성과 상상력을 키우는 전통적 학습방식이다. 하브루타는 유대인 아이들이 수없이 많은 질문과 토론과정을 통해 먼저 주제에 대한 본질과 핵심을 파악하는 능력을 키우는 학습법으로 이스라엘의 모든 교육과정에 적용되는데, 학생들 각자가 스스로 분석하고 자신의 생각을 조직화하여 상대방에게 설명하며, 상대방의 이야기를 듣고 질문함으로써, 때로는 전혀 새로운 관점을 발견하기도 한다. 부모나 교사는 학생이 궁금증을 느낄 때 편하게 질문할 수 있는 환경을 조성하고, 함께 토론을 이어가되 답을 찾는 과정을 통해 스스로 지식을 체득할 수 있고 새로운 해결법을 찾아내도록 유도한다. 이러한 유대인들의 교육방식이 기업문화에도 연결되어 번뜩이는 창의력이 발현되게 되고, 창의성을 중시하는 유대인들의 이러한 사고방식이 IT, 금융, 법률 등 모든 분야에서 이스라엘의 두각을 드러나게 한 저력이라고 할 수 있다.

창의는 궁리에서 나온 결과

궁리는 사물의 이치를 따지거나 마음속으로 깊이 생각하는 행동이다. 즉 뭔가를 쉽게 판단할 수 없을 때 이리저리 따져보고 짚어보고 비교해 보고 생각하는 것이다. 궁리하다 보면 창의가 나올 때가 있다. 완전히 새로운 생각뿐만 아니라 이미 누구나 다 알고 있는 내용이라도 새롭게 해석하거나 새로운 연결고리를 찾아낸다면 이 또한 창의다. 창의는 궁리에서 얻는 결과다. 하지만 궁리한다고 해서 누구나 새롭게 해석하거나 새로운 발견을 하지는 못한다. 한 가지 창의를 얻기 위해서는 수백, 수천 가지를 궁리해야 한다. 어떻게 창의를 얻는가 하는 문제는 어떻게 궁리해야 하는가의 문제와 같다. 궁리를 제대로 해야만 창의가 나온다. 창의를 쉽게 얻기는 어렵지만 제대로 궁리하는 방법은 어렵지 않다. 창의를 구한다면 먼저 궁리해야 하고 궁리하려면 제대로 해야 한다. 무언가를 생각한다고 해서 다 궁리한다고 말하지는 않는다. 음식을 주문하거나 건널목에서 길을 건널 때 우리는 생각을 하지만 궁리한다고 하지는 않는다. 생각이 깊지도 않을 뿐만 아니라 깊이 생각할 필요도 없기 때문이다. 궁리한 결과는 말이나 글과 같은 구체적인 형태로 표현할 수 있어야 한다. 궁리한다고 말하기 위해서는 3가지 조건을 충족시켜야 한다. 첫째, 자신의 머리로 생각해야 한다. 스스로 생각하지 않고 다른 사람의 생각을 맹목적으로 모방하는 행동은 궁리가 아니다. 둘째, 정답보다 방향을 중시한다. 셋째, 질보다 양을 우선해 끈기 있게 생각해야 한다.

– 답을 찾는 생각법, 윤태성, 한국경제신문, 2017.

"교육은 기계적인 인간을 만드는 데 있지 않다. 인간적인 사람을 만드는 데 있다. 교육의 비결은 상호존중의 묘미를 알게 하는 데 있다. 일정한 틀에 짜여진 교육은 유익하지 못하다. 창조적인 표현과 지식에 대한 기쁨을 깨우쳐주는 것이 교육자 최고의 기술이다."

– 알버트 아인슈타인(Albert Einstein), 천재물리학자

'창조 씨앗' 상상력의 가치

지식과잉 시대에서 가장 가치 있는 것에 대하여 지식으로 얻을 수 없는 지혜나 맞춤형 정보를 꼽는 사람이 많을 것이다. 경제에 관심 있는 사람들은 빅데이터나 AI(인공지능) 같은 미래형 지식에 우선순위를 두겠지만 인종·국가·산업·학문 등 모든 영역, 심지어 역사조차 초월하는 가치는 바로 상상력이다. 상상력은 인간이 가진 능력 중 최고의 가치를 지닌다. 인류가 수천 년에 걸쳐 이뤄낸 대부분의 역사가 상상력과 여기에서 파생된 아이디어에서 시작됐음을 누구나 알고 있다. 인류의 '죽음'에 대한 상상력은 원시종교를 낳았고 '인간의 본질'에 대한 상상력은 철학을 낳았다. 그리고 '지상으로의 낙하'에 대한 집요한 상상력에서 뉴튼의 만유인력의 법칙이 탄생했다. 한마디로 인간이 가진 상상력은 현재의 문명을 일궈낸 뿌리이며 '창조 씨앗'이다. 만일 누군가가 상상력이라는 이 씨앗을 만들어낼 수 있고 씨앗의 비밀을 알 수 있다면 좋겠지만 진정한 상상력은 '무지無知'에서 시작되고 무지에서 탄생한 상상력만이 '창조'라는 단어와 부합된다. 아인슈타인은 학생들에게 이런 말을 했다고 한다. "외웠느냐, 그러면 따라할 수 있다. 잊었느냐, 그러면 창조할 수 있다." 외우고 많이 아는 걸 지식으로 부르는 현대사회의 눈으로 보면 상상력의 반대말은 절대적으로 '유식有識함'이다. 뭘 안다는 건 사고의 크기를 제한하기 때문이다. "바다 한복판에 호랑이가 산다"고 한다면 대부분 말이 안 되는 문장이라고 단정한다. 그러나 상상력을 발휘하면 얼마든지 가능하다. 물속에 살 수 있게 진화된 호랑이가 존재할 수도 있고 현실적으로 접근하면 바다 중간에 있는 큰 섬에 호랑이가 살 수도 있기 때문이다. 현실 속에서 상상력은 예술의 영역이다. 모든 것의 시작인 상상력은 '비워야만 다시 시작되는 존재'이기 때문에 어떤 단어나 학문으로 규정될 수 있는 게 아니다. 현실 속에 살지만 가끔은 극단의 극단도 떠올려 보자. 상상이라는 극단의 세계를 본 뒤 현실로 눈을 돌려 보면 없던 것과 있던 것, 내 것과 네 것이 함께 보이는 독특한 경험을 하게 될 것이다. 단연코 이 경험은 '삶의 풍요로움'과 닿아 있다.

"상상은 창조의 시작이다. 소원하는 것을 상상한 후 그 상상을 소원하자. 마침내는 상상한 것이 창조하게 된다."

– 조지 버나드 쇼(George Bernard Shaw), 극작가

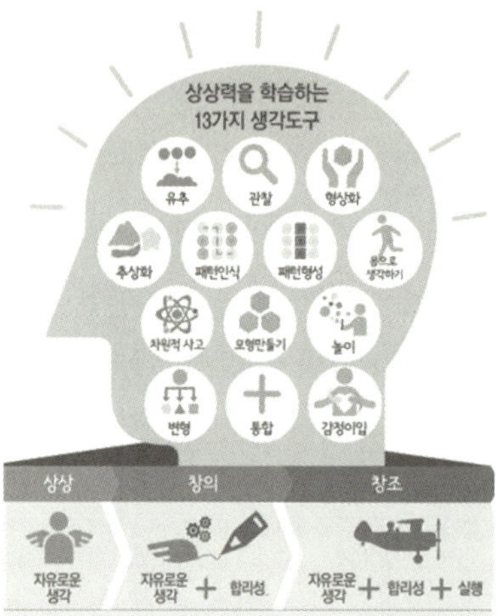

창의성과 관련된 다수의 연구에 따르면, 어떤 문제에 대한 해결방법에 조건을 달 경우, 그렇지 않았을 때보다 더 좋은 아이디어가 나왔음이 입증되었다. '주역周易'에는 어려운 상황에서 더 좋은 해결책이 나온다는 것을 뜻하는 "궁하면 통한다(窮則通, 궁즉통)"는 말처럼 실제로 혁신의 범위를 틀 안으로 제한하면 집중력이 높아져 오히려 좋은 아이디어가 나올 수 있다고 한다. 창의성은 배울 수 있고 창의성은 사물을 잇는 연결이므로 이를 위해서는 연결할 경험과 지식, 정보가 많아야 한다. 1901년부터 2005년까지 노벨상을 받은 과학자의 취미를 조사해보니, 노벨상 수상자들과 상을 받지 못한 과학자들과는 전문성 측면에선 차이가 없었지만 예술을 즐겼다는 사실은 명백하게 달랐다. 악기 연주, 작곡, 지휘 등 취미를 가질 확률은 2배, 미술은 7배, 공예는 7.5배, 글쓰기는 12배, 공연은 무려 22배나 높았으니 최고의 과학자는 예술가인 것이다. 그래서 구글은 "Talk at Google(Google에서 대화)"을 운영한다. 작가, 과학자, 기업가, 배우, 정치인 등 다양한 분야의 인물을 초빙해 그 사람의 얘기를 듣는데 이미 2,000명이 다녀갔고, 여기서 다른 분야 사람의 얘기를 들음으로써 낯선 경험을 축적한다. 창의적이고 싶으면 낯선 경험을 해야 하며, 이를 위해 네 가지를 권장한다. 첫째, 전문분야와 다른 분야의 취미를 가지라. 특히 다양한 예술 활동이 좋다. 둘째, 해외여행을 하라. 이질적인 문화를 몸소 체험하는 것이 중요하다. 완전히 다른 관점으로 세상을 바라보고 낯선 느낌을 경험하라. 셋째, 다양한 분야의 사람을 만나라. 넷째, 다양한 책을 읽어라.

다양성은 창의력의 원천

미국의 조사업체인 다이버스티사는 매년 다양성 우수기업 50개 업체를 선정해 발표하고 있다. 인력구성의 다양성과 최고경영자의 의지 등을 고려해 다양성이 우수한 업체를 뽑는다. 기업의 다양성은 기업의 이미지를 좋게 하는 것은 물론이고 고객이나 시장접근에 도움이 된다는 측면에서 권장되고 있지만 다양성을 중시하는 가장 큰 이유는 창의성과 관련이 있기 때문이다. 서로 관련이 없는 것들이 결합해 뛰어난 작품을 만들거나 아이디어를 창출해 내는 것을 일컫는 〈메디치효과〉의 저자 프란스 요한손은 "각기 다른 영역, 배경, 전문성을 지닌 사람들이 각자의 생각을 공유할 때 창조적 혁신이 나올 가능성이 높다"고 강조했다. 다양성이 높은 조직은 동질적인 집단에 비해 창의적인 아이디어를 많이 제공하는 등 조직의 창의력 제고에 큰 도움이 된다. 다국적 제약회사인 존슨앤드존슨은 '다양성 대학'이라는 사이버대학을 설치해 운영하고 있다. 직원들에게 다문화 관련이슈를 교육시켜 직원 상호간 이해를 촉진시키고 다양성을 포용하며 협력으로 얻을 수 있는 이득 등을 교육하는 것이 목적이다. IBM은 다양한 인력을 효과적으로 활용하기 위한 전담조직으로 '다양성 위원회'까지 설치해 운용하고 있다. 최고경영자는 물론 전담조직 관리자 등 다양성 관리 주체별로 역할과 책임을 설정해 다양성 관리를 체계적으로 운영하고 있다. 최고기업 중 하나인 GE 역시 인력 다양성은 끝없는 아이디어와 기회를 창조한다면서 다양성증진 전담 고위임원을 두고 있다. 모두가 다양성을 통해 창의성을 제고하기 위한 노력들이다. 다른 기업과 다르게 생각해야 시장을 선도할 수 있는 좋은 제품과 서비스가 나올 수 있다고 생각 때문에 기업에 창의성은 생존의 필수조건이 된 지 오래다. 다르게 생각하려면 경험한 지식이나 배경, 출신 등이 달라야 성과를 기대할 수 있다. 순혈주의와 끼리끼리 문화에 익숙한 국내기업과 조직들이 생각해볼 대목이다. 이제 우리 기업들도 글로벌화된 기업들이 많아 해외시장을 무대로 글로벌 기업들과 뜨거운 생존경쟁을 펼치고 있다. 글로벌 시장에서 통하고 지속적인 경쟁력을 확보하기 위해서는 창의력을 제고하는 것이 급선무지만 하루아침에 창의력을 높일 수는 없다. 창의력을 높이기 위한 첫걸음으로 조직 구성을 다양하게 바꿔보는 것부터 시작해 볼 수 있다.

"다양성은 창의력을 향한 강력한 힘이다."

– 마이클 아이즈너(Michael Eisner), 전) 월트디즈니 CEO

2. 창의성 및 창업국가의 경쟁력

1) 창의성과 국가경쟁력

최근 부상하는 4차 산업혁명의 원동력은 빅데이터, 사물인터넷IoT, 인공지능AI, 증강현실AR, 3D프린팅 등 첨단기술의 융·복합이고 그 기반은 연결connectivity이며, 컴퓨터나 정보산업, 생물공학, 우주 정거장 등 21세기 시장의 흐름을 좌우할 분야가 바로 창의력이다. 영국을 넘어선 1872년 이래 146년 동안 세계경제 1위를 지켜온 진정한 미국의 힘power이자 부富, wealth의 뿌리도 창의력이다. 창의력이란 남들이 생각하지 못한 분야를 개척함으로써 인류사회에 새로운 변화와 새로운 방향을 제시하고, 실용적인 차원에서는 새로움에 도전하고 새로운 시장을 만들어 낼 수 있는 힘이고, 결국 이와 같은 다양한 분야의 발전이 미국경제에 활기를 가져왔으며, 21세기 시장경제의 주도권을 쥐게 된 것이다. 미국인들에게 창의력이란 "삶의 중점 또는 행동이나 사고의 기준을 사회나 국가에 두는 것이 아니라 개인에 두는 "개인주의individualism"에서 출발한 역사의 소산이며, 이는 개인의 개성을 존중하고 다양성을 수용하는 사고방식이다. 개인주의가 토착화되어야 인간에 대한 개성이 육성되고, 개성이 육성되어야 개인의 창의력개발이 가능하며, 창의력이 개발된 사회는 결국 21세기 시장경제에서 높은 경쟁력을 얻게 된다. 개인주의의 토착화와 개성의 육성이 곧 창의력의 원천이라고 볼 때 미국의 힘(창의력)의 근원은 각자의 개성에 적합한 분야를 선택해서, 그 분야에 긍지를 갖고 자기의 재능을 살려 최선을 다하는 개인주의에서 찾을 수 있다. 미국이 1980년대의 불황을 극복하고 21세기 글로벌 시장경제의 최상지위를 되찾은 것도 개개인의 창의력이 발휘되었기 때문이다. 미국을 빛낸 스티브 잡스Steve Jobs, 빌 게이츠Bill Gates, 제프 베조스Jeffrey P. Bezos, 스티븐 스필버그Steven Spielberg, 마크 저커버그Mark E. Zuckerberg 등도 각자의 개성육성에 충실함으로써 창의력을 발휘할 수 있었기 때문에 미국의 경쟁력을 향상시킬 수 있었던 셈이다. 한편 네덜란드의 사회심리학자 홉스테드G. Hofsted가 전 세계 56

개 국가별 개인주의와 집단주의 성향의 국가문화를 분석한 결과(100: 개인주의 성향, 1: 집단주의 성향이 강함), 개인주의 성향이 가장 강한 나라는 미국(91)이었고, 한국은 중국(20)이나 일본(46) 그리고 아시아 평균인 24점보다도 집단주의 성향이 강한 18점으로 나타났다. 홉스테드의 지표에서 가장 높은 수준의 창의문화를 확립한 것으로 알려진 미국의 경우처럼 창의문화를 확립한 사회란 누구든지 자유롭게 남들과 다른 생각을 피력할 수 있고, 또 그런 생각을 바탕으로 남들과 다른 방향으로 나아갈 수 있는 사회를 뜻한다. 반면 집단주의 문화(공동체에 대한 의무, 헌신, 충성, 질서, 협동 등의 강조)가 강한 한국사회는 국가경제의 발전에 긍정적 영향도 있었지만, 획일적인 교육, 군대문화 등은 선진국으로의 발전에 발목이 되기도 하였다. 국가경제의 밝은 미래와 개인의 성취를 위하여 집단의 목표달성을 위해 복종하고 희생하기보다 자기 자신의 자아를 확장하려는 욕구를 기반으로 자신만의 창의성을 발현할 수 있는 개인주의 문화(인권, 창의성, 자발성, 개인편익 등의 강조)로의 전환이 필요하다.

> "한 나라의 진정한 부의 원천은 그 나라 국민의 창의적 상상력에 있다."
>
> – 데카르트(Descartes, René), 프랑스 철학자 수학자

현대경제연구소에 따르면, 한국의 IMF사태는 개성을 존중하지 않는 교육제도와 이로 인한 창의력의 빈곤이 근본적인 원인이라고 주장했고, 다른 보고서들도 한국의 IMF사태의 원인으로 창의력의 빈곤을 지적하고 있다. 21세기 우리 사회는 급변하고 있고, 지식과 정보의 홍수시대를 넘어 초연결hyperconnectivity과 초지능superintelligence을 특징으로 하는 4차 산업혁명의 시대의 창의력은 개인만이 아니라 사회 나아가서는 국가적 차원에서도 지금 우리에게 당면한 문제라 할 수 있다. 따라서 지금은 지식을 머릿속에 암기하고 저장하는 시대가 아니라 오히려 손쉽게 정보의 바다인 인터넷에서 지식을 찾을 수 있으며, 선택할 수 있는 능력, 또 이를 재료로 새롭고 뜻 있는 것을 창출하는 창의력이 개인적으로 국가적으로 경쟁력의 핵심인 시대이다. 과거의 교육이 결과중심의 획일화된 교육이었다면 앞으로의 교육은 결과보다는 과정중심으로, 개인의 창의성을 최대

창의적 사고는 어디서 나오나

미국 플로리다 주는 해마다 20억 달러에 이르는 흰개미 피해를 독창적 수학모델을 사용해 해결했다. 최대 100m 깊이에서 생활하는 흰개미의 행동을 예측하기 위해 동물학과 화학, 지질학, 사회과학 등 기존지식을 총동원해서 문제해결 방안을 찾은 것이다. 한국 농촌진흥청도 수학모델을 사용해 천적과 해충 간의 관계를 살핀 연구로 연간 수백억원으로 추정되는 벼멸구 피해를 줄이고 있다. 비록 현재의 금융위기로 다소 빛이 바래긴 했지만 한때 세계 금융산업을 이끈 파생상품 역시 고도의 수학적 창의성이 만든 작품이다. 미국의 경제중심 뉴욕의 월가에서 활동하는 수학자와 과학자는 한때 1,000명을 넘기도 했다. 이처럼 기존연구를 긁어모은 듯한 창의적 연구는 경제와 국가안보에 필수이다. 하지만 꼭 수학 과학수준이 높다고 창의성이 잘 발현되는 것은 아니다. 스위스 국제경영개발원IMD이 지난해 발표한 국제조사에 따르면 한국은 과학경쟁력 5위, 수학 과학 성취도는 최상위권에 올라있지만 정작 창의성에 기반을 둔 '혁신성' '과학자와 엔지니어 경쟁력'은 30위권을 맴돌고 있다. 반면에 수학 과학 성적이 떨어지는 미국은 '혁신성'과 '연구자 경쟁력' '과학·수학의 흥미도' 등에서 한국을 훨씬 앞서 있다. 창의교육 전문가들은 "이제는 수학·과학 지식을 많이 가르쳐야 한다는 강박에서 벗어나 어떻게 가르쳐야 하는가'에 관심을 모아야 한다"고 입을 모은다. 수학·과학 수업의 비중을 늘리는 것도 의미 있지만 흥미를 잃지 않고 해당지식이 왜 필요한지를 가르쳐야 한다. 특히 다양한 지식을 융통성 있게 결합해 현안을 해결하기 위한 독창적인 아이디어를 생각하게 만드는 교육이 이뤄져야 한다고 주장한다. 세계에서 인정받는 대표적 창의력 경진대회인 미국 조지아대의 '미래문제 해결 프로그램FPSP'도 올해 '뇌물수수와 약물복용, 부패로 얼룩진 올림픽의 미래상' '사이버 전쟁에 맞서는 방법' '날로 늘고 있는 우주쓰레기 해결 방안' '서로 다른 의료체계를 갖춘 나라들이 함께 전염병을 막는 법' 등 다양한 상상력이 필요한 질문들을 대거 출제했다.

한 발휘하여 적성에 맞는 일, 잘할 수 있는 일, 또 부가가치가 높은 일을 스스로 선택해서 궁극적으로 사회와 나라에 기여하고, 나아가서 인류의 행복에 기여하는 창의적인 인재를 양성하는 방식이 될 것이다. 결국 21세기를 살아갈 경쟁력 있는 인재를 양성하는 교육에 있어서 창의력은 교육의 화두이므로, 교육의 초점은 창의력을 키우는 방향으로 주력해야 할 것이다. 창의성 교육의 대가로 불

국가경쟁력 3위 싱가포르

2017년도 세계경제포럼WEF 국가경쟁력 평가에서 싱가포르는 137개 평가 대상국 중 금년엔 3위를 차지했다. WEF 평가에서 싱가포르는 노동 2위, 금융 3위, 혁신 9위로 아시아 최정상이다. 반면 우리나라는 4년째 26위에 머무르고 있고, 2008년 10위권을 정점으로 떨어지는 추세인데, 특히 노동·금융의 만성적 취약성이 문제다. 한국의 노동시장 효율성은 73위고 금융시장 성숙도는 74위로 싱가포르와 극명하게 대조된다. 주요 OECD 국가 중 예외적으로 순위가 지속적으로 하락한 우리나라의 세부항목 중 정치인에 대한 공공 신뢰(90위), 공무원 의사결정 편파성(81위), 정부규제 부담(95위)은 더욱 나쁜 수준이다.

싱가포르의 국가경쟁력은 어디에서 나올까?

① 청렴하고 강력한 리더십이다. 자유시장경제와 아시아적 가치를 접목시킨 '리콴유 신화'가 핵심 배경이다. '영웅인가, 독재자인가'라는 그에 대한 엇갈리는 시각도 있지만, 리콴유 비전과 철학 없이 오늘날 싱가포르는 없다. 그는 국익 우선의 실용주의적 국가전략은 싱가포르 정책기조의 근간이 되었다. ② 혁신을 통한 산업경쟁력 강화와 지속적 개혁노력이다. 변화와 혁신의 아이콘은 2010년 오픈한 복합리조트 마리나베이샌즈다. 높이 200m 3개 빌딩 위에 배 모양 건축으로 유명한 쇼핑몰, 카지노, 컨벤션센터를 품고 있는 건물은 삼성동 코엑스의 3.4배에 달하는 면적인데 마이스(MICE·기업회의, 관광, 컨벤션, 전시회) 산업의 메카로 부상하면서 과거 물류중심의 싱가포르는 세계 1위 국제회의 도시가 되었고 관광수지도 최고치를 경신하고 있다. ③ 세계최고 수준의 금융경쟁력 확보다. 금융은 경제시스템 전반의 심장과 혈맥 역할을 한다. 실물경제 활동을 지원하는 윤활유이자 금융은 자체 산업으로서 고부가가치 양질의 일자리를 만들고 연관 서비스산업 발전을 촉진한다. 파격적 규제 완화, 과감한 해외 투자 유치, 유연한 노동시장과 전문인력 육성을 통한 금융허브 전략은 싱가포르 성공 모델의 핵심 요인이 되었다.

WEF 평가나 도시국가와의 직접비교에 무리가 있더라도 경제역동성과 국가경쟁력 강화를 위해서는 인적자본 투자확대, 혁신성장 가속화, 노동·금융 효율성 제고 등 경제체질 개선이 필수라는 교훈만큼은 분명하다. 기업의 혁신과 도전을 가로막는 구시대적 규제혁파도 과제다. "지도자는 비전을 가져야 한다. 그러나 더 중요한 것은 현실적인 비전이라야 한다. 현실성 없는 비전은 자칫 우리 모두를 파괴할 수 있다" 리콴유 자서전에 나오는 얘기다. 당면한 안보·경제 복합위기에 대처하는 우리 정부 정책기조의 현실성 점검이 시급하다는 경고로 들린다.

– 매일경제, 국가경쟁력 3위 싱가포르 그곳에서 생각난 것들, 2017.10.10.

리는 클라우스 우어반Klaus K. Urban 교수는 창의성교육의 가장 중요한 과제는 창의적인 사고와 행동을 촉진하는 긍정적인 분위기를 만드는 것이며, 학교와 교사, 부모의 열린 태도가 무엇보다 중요하다고 설명한다. 전문가들은 한국에 역동성이 떨어진 학생이 부쩍 늘어난 이유로 부모의 과잉보호를 들었고, 획일적인 교육방식과 좋은 대학에 가기 위한 교육환경이 초식학생을 만들었다고 주장한다. 자신이 무엇을 하고 싶은지, 어떤 사람이 되고 싶은지 생각할 수 있는 기회를 제공하는 것이 교육의 목적이 되어야 하는데 지금 우리 사회는 학생들을 획일적인 틀 안에 가둬 성적에 따라 대학과 학과를 정해야 하는 교육이 되어버린 것이다. 가장 창조적인 생각을 많이 할 수 있는 시기에 주입식 교육과 획일적인 교육환경의 틀 안에 갇힌 학생들이 부모의 일방적인 통제에 따라 생각하고 행동하는 상황이 지속된다면 결국 대한민국은 글로벌 경쟁에서 도태될 수밖에 없다. 이제 생존차원에서 세계 속 대한민국이 되고, 세상을 이끌어가는 리더가 되기 위해 우리의 아이들이 창조적인 생각을 할 수 있는 길을 열어줘야 하고, 열린 사고를 할 수 있도록 교육환경을 개선해나가는 것에 관심을 가져야 한다. 특히 산업사회의 창의성을 죽이는 학교의 분과별 커리큘럼과 낡은 중앙통제 교육시스템을 개선하여 향후 통합적 교육방식과 개방적이고 자율적인 교육환경으로 변해야만 미래교육이 희망을 가질 수 있다는 인식이 필요하다.

2) 창의력과 기업경쟁력

예술가와 기업인의 공통점은 무無에서 유를 만들어내는 창조가creator라는 점이다. 급속한 소용돌이를 몰고 올 4차 산업혁명 시대에 새로운 가치창출을 통해 점차 다양화되고 빠르게 변화하는 고객요구를 충족시키는 것이 기업경쟁력의 핵심이자 성장 동력의 원천이기 때문에 기업들에게 창의력은 기업의 성패를 좌우하게 될 핵심요소이다. 과거에는 창의성을 주로 R&D와 같은 기업의 특정한 영역에서만 필요한 것으로 여겼으나 오늘날 급변하는 시장상황, 빠른 기술변화, 신상품과 서비스의 등장, 글로벌 경쟁의 심화 등과 같은 상황에서 기업들은 끊임없이 새로운 것을 추구하게 되면서 기업 내의 전 영역에서 구성원의 창의성이 필요하게 되었다. 기업구성원들의 수많은 과제들에 대해 참신하고 적절한 해결책을 고안해 낼 수 있도록 여건을 조성하는 것이 창의적인 아이디어를 요구하는 핵심이다. 기업은 새로운 상품과 서비스를 개발하고, 고객의 잠재된 욕구를 파악하며, 기존의 업무처리 방식을 더욱 효율적으로 개선하기 위하여 구성원들의 창의력이 더 절실해졌다. 창의력을 기르는 데 가장 중요한 것은 사물의 본질을 이해하는 호기심이고, 자기가 좋아하는 다양한 방법을 총동원하여 무언가를 새롭게 바꾸려는 노력이 필요하므로 미래사회에서 두루 필요한 창의력을 이루고 있는 개방성, 독창성, 민감성, 유창성, 융통성, 정교성 등을 정확히 이해하고 자신의 능력을 발전시킬 수 있어야 한다. 또 기존제품을 개선하기 위해서 항상 "왜 그럴까?"라는 의문을 가지면서 일을 해야 한다. 엉뚱한 생각을 하는 것에서 출발하여 이미 알고 있던 것에서 조금 다른 것을 찾는 능력이 창의력이므로 다양한 경험을 바탕으로 보고 느끼고 배워야 다르게 생각할 수 있게 된다. 창의력개발은 모든 기업에게 중요하지만 특히 우리나라 전체 기업 수의 99%를 차지하고 근로자의 88%가 근무하는 중소기업의 창의력 개발은 기업차원의 생존과 성장뿐 아니라 국가경쟁력 제고 차원에서도 중요한 과제다. 또 창의력을 발휘할 수 있도록 구성원들에게 권한을 부여하고 창의적 아이디어를 마음껏 내놓을 수 있는 문화를 조성하며, 창의력을 지닌 직원들을 적극적으로 발굴하고 그들이 마음껏 창의력을 발휘할 수 있도록 환경을 제공해주어야 한다. 구성원의 창의력을 증대시키기 위해서는 구성원이 제시한 아이디어가 성공적인 결과를 가져왔을 때 그에 따른 보상과 인정을 통하여 일 자체에 대한 흥미를 가지게 하고 새로운 시도에 대해 일정한 범위 내에서 실패를 용인하는 태도가 필요하다.

> "창의력은 경쟁하는 개개인의 역량이 아니라 함께 협력하여 더 나은 결과물을 만들어갈 때 발현되는 것이다."

놀랍고 창의적인 비즈니스로 성공한 CEO들 가운데 윈도우 시스템으로 세계 최고의 갑부가 된 마이크로소프트의 빌 게이츠 회장, 아이디어 하나로 인터

조깅화에 '칩' 부착해 3배 가치 만든 나이키

미국 스포츠용품업체인 나이키NIKE에서 만든 '나이키 플러스'는 조깅화에 간단한 칩을 부착해 자신의 운동기록을 스마트폰과 PC 등에 자동으로 저장되게 하는 스포츠에 정보통신기술ICT을 융합한 시스템의 성공사례다. 단순한 칩 하나로 자신의 운동량을 자동으로 측정할 수 있고 어느 곳을 달렸는지도 실시간으로 친구와 공유할 수 있기 때문에 사람들은 $50이면 살 수 있는 운동화를 $100 넘게 지불하면서도 아디다스와 리복 대신 나이키 제품만을 고집한다. 또 나이키는 칩 판매를 시작하면서 기존의 신발 판매량을 30%가량 늘렸다. 지난해 신제품 센서를 내놓은 나이키는 $50~100 수준인 조깅화보다 비싼 $149짜리 칩을 판매하며 부가수입을 높이고 있다.

– 매일경제, 2013.4.18.

넷 공화국을 만든 소프트뱅크의 손정의 회장, 영화감독인 스티븐 스필버그, 페이스북 창업자 마크 저커버그 등 셀 수 없는 창업자들이 존재한다. 마이크로소프트MS: Microsoft의 빌 게이츠Bill Gates 회장은 세계최고 부자에 올라 오랫동안 지키면서 가장 큰 기부단체 빌 & 멜린다 게이츠 재단Bill & Melinda Gates Foundation을 통하여 1994년부터 약 350억 달러(약 40조원)를 지속적으로 기부하여(블룸버그) 세상을 훈훈하게 만들고 있고, 소프트뱅크Soft bank의 손정의Son Masayoshi회장은 일본 역사상 가장 빠른 속도로 성장한 일본최대 IT회사 소프트뱅크 CEO이자 세계적인 전자상거래기업 알리바바의 최대주주이면서 인공지능 감정인식 휴머노이드 로봇 '페퍼pepper'를 선보였다. 또 세계적인 영화감독 스티븐 스필버그Steven Spielberg는 영화 '쥬라기 공원'을 만들면서 세계적인 자동차 회사 GM이 자동차 150만 대를 판매한 수익을 얻었고, 페이스북Facebook 창업자 마크 저커버그Mark E. Zuckerberg는 톡톡 튀는 아이디어를 통해 전 세계적으로 가장 많은 사용자를 보유하고 있는 소셜 네트워크 서비스SNS인 페이스북Facebook을 만들어 천문학적인 돈을 벌어들이는 것처럼 이제 우리는 전문지식보다는 창의력이 글로벌 경쟁력이 되는 시대를 살고 있다. 이러한 사실들은 창의력이 개인뿐만이 아니라 기업, 나아가서는 사회나 국가경쟁력에 중요한 한 요소가 된다는 사실을 증명하고 있다. 중요한 것은 한 사람 한 사람에게 창의적인 역량을 가지라고 요구할 일이 아니라 함께 창의를 만들어야 하는 다양성과 협업의 시대이므로, 위키피디아Wikipedia가 모든 사람들이 함께 자신의 지식을 공유하여 시너지를 만들었던 것처럼 창의성교육 안에서도 그런 협력이 이루어져야 한다. 세계는 지금 상상력과 창의력에서 시작된 기술에 따라 변하고 있으므로 변화의 흐름을 정확히 파악하고 그 변화를 주도하는 국가가 세계의 중심에서 막대한 영향을 끼치게 될 것이므로 창의적인 두뇌확보가 국가경쟁력을 좌우하고 국가의 생존을 가름하는 절대과제인 시대가 되었다. 따라서 국가의 창의력에 따라 국민들이 느낄 삶의 질이 달라지고, 창의성 격차Creative Divide가 국가와 개인의 행복을 결정짓는 중요한 요인으로 인식되고 있다.

3. 잃어버린 창의성creativity을 키우는 방법들

"창의력creativity"은 창의적으로 살도록 가르치기보다 호기심과 탐구하는 자세, 실패를 용인하고 스스로 할 수 있는 권한과 책임을 주는 자율성, 남과 다른 독창성, 더 넓은 융통성, 종합하고 다듬는 정교성, 많은 아이디어를 활용하는 유창성, 핵심을 알고자 하는 질문능력, 생각을 확장하는 상상력 등 다양한 요인으로 구성된다는 데는 이견이 없다. 혁신의 아이콘이 된 세계적인 디자인 기업 아이디오IDEO의 창업자 데이비드 켈리와 톰 켈리의 공저 〈유쾌한 크리에이티브〉에서는 "창조적 자신감은 근육과 같아서 쓰면 쓸수록 더 강해진다"면서 창의성이란 타고난 천재들만의 전유물이 아님을 강조했다. 또 2006년 노벨화학상 수상자 스탠퍼드대학 로저콘버그Roger Kornberg 교수는 창의력을 키우는 가장 중요한 키워드는 자율Freedom과 독립심Independence이라면서 스스로 뭔가 찾고자 하는 의욕이 생길 때 폭발적인 추진력을 얻게 된다고 강조하였다. 또 〈롱테일경제학〉으로 유명한 혁신전도사 크리스 앤더슨Chris Andersen은 "창의력은 놀이Play에서 나온다. 3D 프린터를 가지고 놀다 보면 창의적인 제품이 나온다"고 말했고, 천재 물리학자 아인슈타인Albert Einstein은 "창의력에서 지식knowledge보다 중요한 것은 상상력imagination"이라면서 "창의성은 내부동기가 작용하는 결합놀이이며, 외부동기가 작용하면 일이 된다고 했다. 자유롭고 즐거운 감정

창의성은 어떻게 길러지는가?

인공지능기술로 대변되는 4차 산업혁명 시대의 화두는 단연 창의성이다. 다중지능이론의 창시자인 하워드 가드너 하버드대 교수는 창의성을 발휘한 20세기 세계적 거장 7인을 비교분석한 책을 냈다(1993, '열정과 기질'로 번역 출간). 7명은 정신분석학자 프로이트, 물리학자 아인슈타인, 화가 피카소, 작곡가 스트라빈스키, 시인 엘리엇, 무용가 그레이엄, 정치가 간디다. 가드너는 같은 시대에 살면서 각자 다른 분야에서 창조적 도약을 이룬 7명의 삶과 업적을 비교분석한 결과, 창의성이란 '타고난 재능이 적절한 사회문화적 조건 속에서 연습되고 다듬어진 훈련된 능력'이라고 하였다. 그 창의성이 길러지고 구현되는 중요한 요인은 '아이처럼 세상을 바라보는 힘'이라고 했다. 그에 따르면 개인은 누구나 크든 작든 어느 분야에 창의적 소질을 가지고 태어나지만 창의성이 발휘되는 성인으로 성장하려면 그러한 소질을 심화하고 강화시킬 수 있는 적절한 일의 체험기회인 교육·훈련을 필수적으로 가져야 한다. 또 이러한 체험의 과정에서 가족·친구·후원자 혹은 경쟁자 같은 타인으로부터 격려와 지원을 받는 의미 있는 인간관계가 형성되어야 하고, 그 분야에 우호적인 문화나 풍부한 사회적 지원도 필수적이다. 거장 7인이 보여준 지적인 강점이 서로 다른 것처럼, 재능을 발견하는 시기와 양상 역시 달랐다. 7인의 공통점은 청년시절에 자신의 관심분야의 활동이 활발한 중심도시로 이주하여 동료를 만나 경쟁하면서 원숙한 어른으로 성장한 점이다. 모든 사람이 거장이 될 수도 없고 그럴 필요도 없으나 각자의 분야에서 인정받고 역할을 할 수 있는 창의적인 사람이 될 수는 있다. 창의적인 사람은 태어나는 것이 아니라 훈련과 환경에 의해 만늘어지기 때문이다. '아이처럼 세상을 바라보는 힘'은 획일적인 주입식 교육이나 정답을 강요하는 권위주의 교육으로 길러질 수는 없다. 성인이 되었을 때 활용할 수 있는 귀중한 '창의성 자본'은 유년기부터 하고 싶은 분야를 마음 편히 탐구하면서 주변세계를 많이 관찰하는 성장과정에서 축적되는 것이다.

– 전호환 부산대 총장, 2017.2.20.

이 있어야 한다"는 것이다. 인류가 수천 년에 걸쳐 이뤄낸 대부분의 역사가 상상력과 여기에서 파생된 아이디어에서 시작됐기 때문에 상상력은 인간이 가진 능력 중 최고의 가치를 지닌다. 인간의 본질에 대한 상상력은 철학을 낳았고, '지상으로의 낙하'에 대한 집요한 상상력에서 뉴턴Isaac Newton의 만유인력의 법칙이 탄생했던 것처럼 인간이 가진 상상력은 현재의 문명을 일궈낸 뿌리이며 창조의 씨앗이다. 에디슨Thomas A. Edison은 깜깜한 어두움을 대낮처럼 밝게 할 수 없을까를 상상한데서 전기를 발명했고, 그레이엄 벨Alexander Graham Bell은 멀리 떨어진 곳에 있는 사람과 대화할 수 없을까를 상상한데서 전화를 발명하였다. 한편 삶이 편안하고 아무런 문제가 없을 때, 창조성은 잠자게 되는데, 잠자는 창조성을 깨우는 것은 순풍이 아닌 역경adversity으로 인간은 대부분 가장 큰 제약 속에서 가장 훌륭한 업적을 남길 수 있었다. 내과의사 폴 투르니에Paul Tournie도 "역경adversity이 없으면 이를 극복하는 창조력, 문제 해결능력은 배양될 수가 없다"고 하였고, 제네바대 의대 앙드레 헤이널 교수도 역경이나 부족, 박탈의 경험 등이 있어야 창조력이 길러질 수 있다고 주장한다. 한편 〈다빈치의 천재가 되는 7가지 원칙〉(마이클 J. 겔브. 강이북스. 2016)에 따르면, 창의력은 ① 끊임없는 호기심 갖기, ② 경험을 통한 실험정신 키우기, ③ 경험의 문을 여는 감각의 날 세우기, ④ 불확실성에 대한 포용력 갖기, ⑤ 뇌 전체로 사고하기, ⑥ 육체적인 성질 이해하기, ⑦ 항상 연관지어 사고하기 등으로 향상시킬 수 있다고 강조한다. 또 그는 새로운 것을 생각해 내는 창의력이 뛰어난 학생의 부모와 교사, 카운슬러, 교장 등이 제출한 창의적 학생의 행동특성을 분석하였는데 연구결과 나타난 창의적인 학생의 특성은 다음과 같다. ① 성가실 정도로 호기심이 강함, ② 기억한 것을 쉽게 잊어버리거나 얼빠진 행동을 보임, ③ 수업시간에 참여도가 저조함, ④ 상상력이 풍부함, ⑤ 생각이나 아이디어가 융통성이 있음, ⑥ 민감함, ⑦ 독서열이 매우 높음, ⑧ 마음속을 터놓지 않음, ⑨ '만약… 라면' 하는 생각을 잘함, ⑩ 백일몽을 꾸기도 함, ⑪ 때로는 완고함, ⑫ 지각력이 뛰어남 등이다.

결핍이 창의성을 가져온다. "결핍이 나를 열정적으로 일하게 만들었다. 너무 가난해 제약이 너무 많았고, 기회가 충분히 채워지지 않았다. 그러다 보니 내 몸에서 '해보고 싶다', '이루고 싶다'라는 간절함이 넘쳐났다. 결핍이야말로 성장을 가져다 주는 가장 센 동력이다."

– 할리우드 콘셉트 디자이너, 스티브 정, 〈최고가 되려면 최고를 만나게 하라〉에서

"묻는 사람은 5분만 바보가 되지만 묻지 않는 사람은 영원히 바보가 된다. 질문하지 않으면 호기심이 죽고 호기심이 죽으면 창의력이 실종된다."

– 유영만, 〈생각지도 못한 생각지도〉에서 인용

"상상력이 독창적인 사고능력이라면 창의성은 적용 가능한 상상력이다."

– 켄 로빈슨(Ken Robinson), 교육학자, 베스트셀러 〈학교혁명〉의 저자

본래 사람은 누구나 호기심과 창의력을 가지고 태어났으므로 창조적 잠재력이 살아있어 새로운 것에 대한 지적호기심을 갖고 셀 수 없이 많은 질문을 쏟아내지만 성장하면서 부모님의 꾸중, 선생님의 질타, 주변의 시선 등에 의해 창의력이 퇴화하면서 점차 질문도 줄어들고, 더 이상 신기한 것이 없으며, 자연의 변화를 의심하는 사람을 바보로 생각하는 방식으로 고정된다. 아이들이 성장하면서 가장 많이 쓰고, 듣는 말이 "하지 마", "안 돼" 또는 "무슨 그런 엉뚱한 대답이 다 있어~!" "이상한 소리 하지 말고 공부나 해!"와 같은 어른들의 부정적인 말들이 아이의 창의력과 유연하고 다양한 사고를 멈추게 한다. 또 사람중심 상담의 창시자인 칼 로저스Carl Rogers도 상대가 무조건적으로 자신을 이해해주고 감정에 공조해 줄 때 말하는 사람은 안심하고 자신의 이야기를 한다며, 야단맞지 않을까, 거절당하지 않을까, 나를 모자라게 보지 않을까 하는 위협적인 감정을 떨치고 방어적인 자세를 풀면서, 허심탄회하게 자기의 잠재력과 아이디어를 표현하게 된다고 강조했다. 그런 부정적 영향으로 창조성이 사라지게 되면 엔진이 꺼진 배를 타고 바다 한가운데 떠 있는 것과 마찬가지로 스스로 퇴보하거나 존재의미를 잃게 되는데 교육현장의 우리 아이들은 온종일 교실에 앉아 시험에 대비하기 위하여 일방적인 주입식 수업을 들으면서 암기하도록 요구받고 있다. 질문이 많은 아이는 선생님도 반기지 않고, 주변 친구들의 눈초리

도 곱지 않으니 그저 조용히 정리된 지식을 수용하고 받아 적는 데 익숙하고 궁금한 것이 있어도 질문하지 않는 분위기에 익숙해지면서 아이들의 생각의 문이 닫혀 버리게 된다. 한편 창의성 연구로 알려진 하버드 대학의 에이머빌Amabile 교수는 "창의성을 죽이는 6가지"를 다음과 같이 설명하였다.

① **평가될 것이라는 생각** 작업 내용이 평가될 것이라는 것에 대해 지나치게 신경을 쓰는 사람이 그렇지 않은 사람에 비해 창의성이 떨어진다.

② **감시 감독의 눈** 작업을 할 때 누군가 감시한다는 생각을 하는 사람이 감시에 별로 신경을 쓰지 않는 사람에 비해 창의성이 저조하다.

③ **보상만을 추구하는 사람** 눈에 보이는 보상만을 생각하며 일하는 사람들이 보상에 별로 신경을 쓰지 않는 사람에 비해 창의성이 저조하다.

④ **경쟁** 경쟁을 해야 한다는 위협적인 분위기 속에서 일하는 사람이 경쟁을 강조하지 않는 사람들보다 창의성이 떨어진다.

⑤ **선택이 제한되어 있는 경우** 과제를 수행할 때 선택이 제한되어 있는 사람보다 자유롭게 선택할 수 있는 사람이 더 창의성이 떨어진다.

⑥ **외적인 동기유발** 일을 할 때 외적인 이유에 집착하는 사람이 내적인 요소에 대해 생각하는 사람에 비해 창의성이 떨어질 것이다.

> "아이들은 누구나 예술가이다. 문제는 성인이 되어도, 예술가로 있을 수 있는지 여부이다."
>
> – 천재화가 파블로 피카소(Pablo Picasso)

> "모범생보다 모험생이 더 창의적인 인재가 될 확률이 높다. 모범생이 되려면 선생님의 말씀을 잘 들어야 하지만 모험생이 되려면 자신의 호기심을 채워야 하기 때문이다."
>
> – 김영세 이노디자인 대표, 새로운 인재상을 제시한 저서 〈퍼플피플〉에서

> "1960년대, 창의역량 연구가인 조지 랜드 박사가 1,660명의 다섯 살짜리 아이들을 대상으로 실험을 한 적이 있다. 아이들 중 98%는 '매우 창의적'을 기록했다. 랜드 박사는 같은 아이들을 대상으로 5년 간격으로 같은 실험을 진행하였다. 이들이 10살이 됐을 때, '매우 창의적'을 기록한 아이들은 30%에 불과했다. 이 수치는 15살

시기에 12%로 떨어졌고, 25살 시기에는 불과 2%만을 기록했다. 아이들은 성인으로 자라날수록 자신의 창의성을 잃어갔다. 랜드 박사의 말처럼 '비창의적 행동양식을 학습'한 것이었다."

– 작가 제임스 클리어(James Clear)

위와 같은 창의성 죽이기의 대안으로 잃어버린 어린 시절의 호기심과 꿈을 다시 찾아 되살려 낼 수 있는 문화적, 사회적 환경을 만드는 것이 절실하다. 특히 하버드대학 하워드 가드너Howard Gardner 교수는 "창의성은 사람의 능력보다는 성격이나 기질과 관련이 더 많다"고 한다. 실수를 두려워하는 우리 사회가 창의성을 방해하는 요인이므로 늘 새로운 실수를 되풀이 할 수 있도록 장려해야만 우리 사회 전반의 창의성을 높아질 수 있다. 한편 창의성 대가 에드워드

상자 밖에서 생각하라

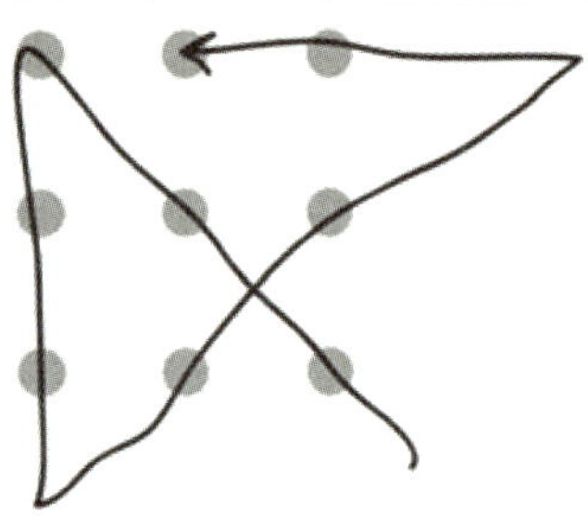

아홉 개의 점을 연필을 떼지 않고 네 개의 선을 그어 모두 연결하기 위해선 하나 이상이 선이 격자무늬 밖으로 나가야 한다. '파격'이란 이렇듯 정해진 틀(상자)을 벗어나는 것이다.(청림출판 제공)

'상자 밖에서 생각하라'는 말은 아홉 개의 점 퍼즐에서 비롯된 것으로 추정된다. 격자모양으로 배열된 아홉 개의 점을 연필을 떼지 않고 네 개의 선을 그어 모두 연결해야 하는 퍼즐이다. 유일한 해법은 네 개의 선 중 적어도 하나를 격자모양 밖으로 나가게 해 점들을 연결하는 것이다. 여기서 '선이 네모난 격자 밖으로 나가야 한다'는 의미로 '상자 밖으로 나가야 한다(outside the box)'는 말이 나왔다. 상자 밖으로 나가기 힘든 가장 큰 이유 중 하나는 그것이 두려움을 수반하기 때문이다. 상자 밖으로 나가는 첫 번째 단계는 자신이 상자에 갇혀 있다는 것을 인정하는 일이다. 이를 위해서는 사람들이 흔히 빠지기 쉬운 인지의 오류들을 이해하는 것이 도움된다. 최선의 상자를 선택하기 위해서는 일단 지금 우리를 둘러싼 상자의 기능과 가치에 대해 의심해 봐야 한다.

보노Edward de Bono는 창의력은 신비한 능력이나 선천적으로 주어지는 재능이 아니라 훈련에 의해 개발될 수 있는 능력이라고 말한다. 창의성Creativity이라는 산출물Output을 만들기 위한 투입요소Input는 첫째는 해당영역에 대한 전문지식expertise이고, 둘째는 뛰어난 사고기법thinking technique이며, 셋째는 창의적인 결과물을 만들려는 열정passion이다. 또 〈유쾌한 크리에이티브(톰 켈리, 데이비드 켈리 공저)〉에 소개된 "어린 시절 가지고 있었던 창의성을 다시 살리는 방법"을 살펴보면 다음과 같다. ① 창조성을 선택하라. 일단 당신이 창조적으로 되길 원하고 있다고 마음먹는 것이다. ② 여행자처럼 생각하라. 주변을 새로운 눈으로 돌아보는 것에서 시작하자. ③ 느슨하게 주의하는 능력을 키워라. 마음을 적당히 풀고 겉보기엔 별 상관없어 보이는 아이디어들을 이리저리 연결시켜 보라. ④ 최종 사용자와 교감하라. 당신이 해법을 제공하고 싶은 대상자의 욕구와 상황을 더 잘 이해할 수 있어야 한다. ⑤ 현장에서 관찰하라. 현장의 표면 아래 잠재한 새로운 기회를 발견할 수 있을 것이다. ⑥ '왜'라고 질문하라. '왜?'라는 질문은 잡다한 것들을 쓸어내고 곧바로 문제의 핵심을 볼 수 있게 해줄 것이다. ⑦ 과제의 틀을 다시 짜라. 다른 관점에서 출발한다면 당신이 문제의 본질에 도달하는 데 도움이 될 것이다. ⑧ 창조적 지원 네트워크를 만들어라. 사람들을 끌어들여 협조관계에서 그들의 반응을 보면 창조는 보다 쉽게 진행될 것이다.

창의성을 막는 단 한마디, '다른 사람과 똑같이 하라'

"누군가를 창의적으로 만드는 것보다 창조적인 것을 막는 게 훨씬 쉽다. 뭔가 새롭고 다른 일을 할 때마다 벌을 주면 된다. 즉, '다른 사람과 똑같이 하라'고 하면 그만이다. 창의성이란 도전하고 실수하고 스스로를 한번 바보로 만들어보고 다시 추슬러 도전하는 것이다."

– 하워드 가드너(Howard Gardner), 하버드대 교수

창의력을 깨우는 10가지 확실한 방법

(10 surefire ways to wake up your creativity)

① 두뇌는 피곤할 때 더 창의적으로 움직인다. 뇌는 피곤할수록 산만함을 걸러내어 한 가지에 더 집중하도록 노력한다. 연구결과최적이 아닌 시간대에 보다 '틀에 갇히지 않은 사고'를 하는 것으로 밝혀졌다.

② 운동이 창의력을 향상시킨다. 〈Psychology Today〉 논문. "땀은 여러분 마음에 작용하는 윤활유(WD-40)와 같아 사고를 보다 유연하게 한다. 운동은 여러분의 의식을 잠재의식 속에 묻힌 신선한 이이디어에 접속하게 만든다"

③ 적절한 주위 소음이 창의력에 최고다. 정적silence은 우리를 어떤 문제에 집중케 함으로써 강렬하고 디테일한 문제해결에 도움을 주는 반면 폭넓고 신선한 아이디어를 촉진하는 창의적 사고는 카페와 같은 적절한 주위소음을 필요로 한다.

④ 오리지널은 없다. 창의성은 연결하는 것이다. 창의성은 새로운 것을 생각해내는 것이 아니라 기존에 존재하는 아이디어를 새롭게 연결하는 것이다. 스티브 잡스Steve Jobs는 "창의성은 여러 가지 것들을 연결하는 것일 뿐입니다. 그들은 그저 뭔가를 보았을 뿐입니다"

⑤ 해외여행이 창의적 사고를 향상시킨다. 한 연구결과에 의하면 메인캠퍼스 안에만 머문 학생들보다 해외여행을 한 학생들이 창의적 사고의 면에서 보다 높은 점수를 얻었다.

⑥ 어둑한 조명이 우리를 보다 자유롭게 느끼게 한다. 각기 다른 조명상태를 통한 연구에서 실험 참가자들은 조명을 어둡게 했을 때 더 창의적인 결과를 보였다.

⑦ 청색과 녹색이 창의적 과제해결 역량을 높인다. 연구결과 적색은 우리가 집중해야 할 디테일한 과제해결에, 녹색은 창의적 역량을 필요로 하는 일에 도움이 되는 것으로 나타났다.

⑧ 제약이 창의적인 일에 도움이 된다. 자유보다는 오히려 제약이 창의적 성과를 높인다는 결과는 곧 제약이 우리가 처한 과다한 선택지에 대한 압박을 제거하기 때문이다.

⑨ 지저분한 책상이 창의성을 높인다. 연구결과 라벨이 붙은 정돈된 환경보다 지저분한 환경이 창의적 사고를 증대시켜 잠재의식으로 하여금 새로운 것을 끌어내는 데 효과적으로 작용한다.

⑩ 잠꾸러기가 더 창의적이다. 막 잠에서 깨어난 반각성 상태라고 부른다. 우리는 REM 수면상태에서 깨어날 때 대개 꿈속에 나타난 강력한 비주얼 이미지를 의식하며 깬다.

– 시카고 트리뷴지 온라인 사이트, '혁신과 기업가정신'

우리는 보통 지식knowledge이라는 말을 창의성이나 지혜와는 좀 동떨어진 개념으로 사용하는 경향이 있지만 창의성은 기존지식이 없으면 꽃피우기 어렵기 때문에 스티븐 핑커Steven Pinker 교수도 "천재는 공부벌레다"라고 말했다. 머릿속에 무언가가 많이 있을 때야 비로소 천재적인 새로운 것이 나온다는 말이다. 틀을 벗어나는 것을 뜻하는 창의성은 기존의 체제를 의심하고 그것에 도전하여 자신만의 룰rule을 만드는 것을 의미하는데, 교사들은 순응하는 학생을 좋아하며 부모들도 아이가 자신이 만든 규칙에 순응하기를 바라지만 창의성은 순응conformity이 아니라 파괴destructio에서 나오는 결실이다. 이어령 전 문화부장관은 그의 저서 '우물을 파는 사람(2012)'에서 "창조적 발상은 고정관념에서 벗어나 이미 알고 있는 것을 낯설게 만드는 것"이라면서 "늘 해오던 방식을 고수할 필요가 전혀 없다는 깨달음이 바로 창의력"이라고 말했다. 또 심리학자 어니 젤린스키Ernie J. Zelinski가 "창의성은 낯선 것에 대한 즐거움이다"라고 말했듯이 우리는 익숙지 않은 낯선 것들과 마주칠 때, 우리 안에 잠자던 창의성을 깨우고 발휘하게 된다. 한 사람의 정신 안에 낯선 생각과 낯선 경험들이 들끓는 사람일수록 창의적인 인간이 될 수 있다니 아이의 창의성을 위해서 아이가 낯설음을 자주 느끼게 해주는 것이 좋은데, 우선 부모가 해외여행을 통해 이질적인 문화를 접하게 해 줄 수 있다면 다양한 낯설음을 경험할 수 있을 것이다. 또 아이들에게 독서의 즐거움을 갖게 해주는 것으로 아이가 독서를 사랑하고 나아가 다양한 독서를 하게 되면, 아이의 마음속에는 많은 낯설음이 가득찰 것이다. 그리고 다양한 사람을 만나게 해주는 것인데, 나와 다른 사람을 만나 대화를 하고, 함께 무언가를 하면서 낯설음을 느낄 수 있다. 한편 창의적인 생각은 누군가의 지식을 그대로 전달받아 생기는 게 아니므로 변화를 원한다면 다르게 생각해야 하고, 다르게 생각하기 위해서는 남들과는 다른 질문을 해야 하며, 남다른 질문이 남다른 생각을 이끌어 내게 된다. 창조를 이끄는 힘은 다르게 질문함으로써 얻을 수 있으며 다르게 질문하는 능력을 키우려면 관점을 바꾸고 생각의 프레임을 바꾸어 가치 있는 질문들에 대하여 답을 써보아야 한다. 때로는 성장하고 발전할 수 있는 길을 보여주는 질문들에 간단하게 답을 내리지 못할 수도 있으나 중요한 것은 답을 구하는 것이 아니라 그 답을 얻기 위해 생각하고 성찰하는 과정이다.

또 1996년 노벨화학상 수상자인 미국 플로리다주립대 해럴드 크로토Harold W. Kroto 교수도 어떤 문제를 해결하는 과정에서 끊임없이 질문을 던지고 대화를 유도해야 자녀가 지식을 일방적으로 받아들이는 방식을 넘어 스스로 생각하는 힘을 기를 수 있기 때문에 질문과 대화에서 비롯된 '생각의 힘'이 융합적 사고력을 키우는 가장 효과적인 방법이라고 주장한다. 또 크로토 교수는 "요즘 아이들은 스마트폰 하나로 모든 걸 해결하지만 정작 그 안에 무엇이 있는지는 잘 모른다. 스스로 지식을 이해하고 받아들일 수 있도록 질문하며 대화를 해야 한다"면서 "고민 끝에 도출한 자기만의 생각과 지식을 다른 이들과 공유하다 보면 과학적 지식은 물론 다른 학문과의 융합도 자연스레 가능해진다"고 말했다.

> "학생들은 생각을 발전시키는 과정에서 예기치 못한 행동을 하곤 합니다. 모형을 머리에 뒤집어쓰거나 질문과 상관없는 엉뚱하고도 기발한 대답을 하죠. 아이들이 스스로 생각하고 지식을 융합하는 과정에서 틀에 박히지 않는 발상이 나옵니다. 이게 바로 창의력을 키우는 비결입니다."
>
> – 해럴드 크로토 교수(Harold W. Kroto), 플로리다주립대

어떤 문제를 해결하기 위하여 창조력이 필요할 때 과거와 단절된 채 최초만을 고집한다면 창조하기가 대단히 어렵거나 불가능하겠지만 기존의 것을 비틀어 모방을 하면 비용도 적게 들고 해결이 한결 쉬워진다. 하지만 중요한 것은 베끼되 차별적이고 창조적인 모방의 방식으로 재창조해야 한다. 그런 시각으로 보면 창의성은 "이미 존재하고 있는 지식, 경험, 기술, 개념들을 전혀 다른 시각에서 의미를 재(re-)규명하고, 그들 상호간의 결합방법을 종전과 다르게 처방해내는 능력"이라고 볼 수 있다. 레오나르도 다빈치Leonardo da Vinci도 콘넷씨오네connessione(사물과 여러 현상을 체계적으로 묶듯, 구분된 학문들을 연계해 종합적으로 파악한다)를 창의성 원칙의 하나로 꼽았고, T.S. 엘리엇Thomas Stearns Eliot은 "어설픈 시인은 흉내만 내지만원숙한 시인은 훔친다"라는 표현을 남겼다. 21세기 세상을 바꾼 애플의 창업자 스티브 잡스Steve Jobs도 20세기 가장 훌륭한

베끼고 훔치고 창조하라

전 세계를 3D 돌풍으로 휩쓸었던 영화 〈아바타〉는 모방과 창조의 대표작이다. 판도라 행성의 토착민과 지구인 사이의 갈등과 사랑을 그린 이야기의 줄거리는 영화 〈늑대와 춤을〉과 크게 다르지 않고, 주인공이 자신의 분신인 아바타에 접속하는 모습은 영화 〈매트릭스〉를 떠올리게 하며, 미야자키 하야오의 애니메이션 〈천공의 섬 라퓨타〉나 〈미래소년 코난〉의 흔적도 곳곳에 드러난다. 그럼에도 불구하고 그 누구도 〈아바타〉를 모방의 아류라고 비난하지 않는다. 〈아바타〉는 모방을 통해 모방을 넘어선 창작물로 꼽을 뿐 아니라 오히려 3D 영화의 신기원을 열었다고 찬사를 보낸다. 위대한 창조는 '모방'에서 시작되니 모방할 줄 안다면 창조도 할 수 있다. 최초만을 고집해서는 창조하기가 어렵지만 모방하면 비용도 적게 들고 불확실성도 적지만 단순복제는 곤란하니 차별적이고 창조적인 모방이어야 한다. 성공도 전혀 새로운 성공만이 성공은 아니라 기존의 성공을 베껴서 차별화하는 것도 성공이다. 하늘 아래 모방을 거치지 않은 새 것은 없으며 모방은 더 나은 하이브리드를 생산하는 창조의 필수과정이다. 모방은 가장 탁월한 창조전략이므로 모방을 하다보면 창조적인 무언가가 나올 수 있다. 하수下手는 자기의 것을 그냥 쥐어짜다가 제자리걸음을 반복하지만 MS의 빌 게이츠나 애플의 스티브 잡스처럼 진정한 고수高手는 남의 것을 베끼고 모방을 축적하다 한 순간 창조의 한 방을 만든다. 그러나 그런 대박을 얻으려면 모방에만 머물러서는 안 되며 모방이 모방으로 끝나지 않으려면 어떠한 연결이 있어야 한다. 모방과 연결과 창조를 한통속으로 섞어야 멋진 작품이 된다. 이전 것들의 모방, 내 문제와의 연결, 그리고 이런 모방과 연결의 반복적인 심화작업이 새로운 창조를 낳는다. 기존의 상품에 뭔가를 더하든, 빼든, 섞든 어떤 변화를 통해 새로운 가치가 발생하면 그것이 창조다.

화가로 칭송받는 피카소Pablo Ruiz y Picasso의 "훔쳐라! 유능한 예술가는 모방하고 위대한 예술가는 훔친다"라는 말을 인용하면서, "저급한 자는 베끼고, 위대한 자는 훔친다"라고 했다. 독창성에서 한계를 몰랐던 20세기 최고의 거장 파블로 피카소가 '훔치다'라고 표현에서 단순히 베끼고 모방하는 것은 복제에 지나지 않지만 대상을 보고 새로운 것을 만들어 내는 것이니 창조적 모방이냐, 단순 모방이냐에 따라 창조물과 복제본의 차이가 될 것이다. 또 스티브 잡스는 창조를 위해서는 기본적으로 "다르게 생각하라Think Different"라면서 "위대한 창의력이란 그저 사물들을 서로 연결하는 것"이라고 했다. 미국 컬럼비아대 경영대학 윌리엄 더간William R. Duggan 교수도 그의 저서 〈전략적 직관*Strategic Intuition*〉에서 "애플 스티브 잡스Steve Jobs와 마이크로소프트 빌 게이츠Bill Gates는 결코 새로운 뭔가를 발명한 것이 없다. 그들은 밖으로 나가 끊임없이 뭔가를 찾고search 최선의 것이 발견되면 가져와서 조합combine했을 뿐이고 그것이 그들이 한 창조다"라면서 "창조는 찾고 조합하는 것"이므로 문제에 부딪치면 밖에 나가 정보사냥 내지 아이디어 도둑질을 하고 그것을 결합하면 이전에 생각하지 못했던 아이디어가 섬광처럼 번득이게 된다고 강조했다. 그의 주장대로 결코 새로운 뭔가를 발명한 적이 없는 애플 창업자 "스티브 잡스의 창조공식은 새로운 것을 계속 찾고 최선의 것이 발견search되면 취해서 조합combine하는 것"이었다. 따라서 스티브 잡스Steve Jobs는 발명가가 아니라 돈이 될 만한 아이디어를 두루 활용하여 재탄생시킨 전략가strategist라고 할 수 있다. 아이팟iPod의 원천기술은 싱가포르에서 수백만 달러에 매입했고, 아이패드iPad도 부문별로는 새로운 것을 조합했을 뿐이며, 마우스로 움직이는 매킨토시Macintosh 방식도 스티브 잡스가 제록스에 갔을 때 그래픽 유저 인터페이스GUI를 적용한 큰 스크린을 마우스로 작업하는 것을 보고는 작고 저렴하게 재탄생시킨 것처럼 창조는 백지에서 출발하는 것이 아니라 기존의 무엇인가에서 출발한 새로운 조합이므로 새로운 것을 발명하는 과정이란 분석analysis하여 찾고search 조합combine하는 과정이라고 볼 수 있다. 따라서 창의성에 가장 필요한 능력인 관련 짓기Associational Thinking는 겉보기엔 전혀 관계없어 보이는 것들을 서로 연결해서 관계를 찾고 유사점을 파악하는 활동이다. 대다수 사람들은 〈창조성〉을 화가, 소설가, 디자이너, 카피라이터, 영화감독 등 문화예술에 종사하는 이들의 전유물로 인식하지만 정작 창조의 달인이 되고 싶으면 먼저 베끼고 훔치는 모방에 익숙해져야 한다.

Chapter 11

두려움을 극복한 개척자의 도전정신 challenge spirit

1. 도전정신challenge spirit의 위대함

1) 실패의 아픔과 위대한 도전

영국의 역사학자 아널드 토인비Arnold J. Toynbee는 그의 저서 〈역사의 연구〉에서 "인류문명의 역사는 도전Challenge과 응전Response의 역사"라고 말한 바 있다. 인류역사는 모든 문명사에서 끊임없이 반복되는데 쉼 없는 변화 속에서 도전하는 자만이 성장하였고, 도전 없이 꿈을 이룬 사람은 아무도 없다는 것은 증명하고 있다. 대부분의 인간은 익숙한 안전지대comfort zone에 오랫동안 머물며 안주하고 싶은 욕구를 가진 반면 다른 한편으로는 새로움을 찾아 나서는 도전과 모험의 욕구가 자리하고 있다. 미국 교육자 존 세드John A. Shedd는 "항구에 정박해 있는 배는 안전하다. 그러나 배는 항구에 묶어 두려고 만든 것이 아니다"라며 편안함에 안주하는 태도를 경계했고, 영국의 수상을 지낸 윈스턴 처칠Winston Churchill은 "비관주의자들은 기회 속에서도 어려움만 보려 하고, 낙관주의자들은 어려움 속에서도 기회를 잡으려 한다"며 적극적인 도전을 격려했다. 사실 "'도전정신이 있다'는 말은 원래 두려움이 없어서 아무렇지도 않게 모험에 뛰어든다는 의미가 아니라 다른 사람들과 똑같이 두려움을 느끼지만, 그럼에도 불구하고 시도한다"는 뜻이 담겨 있다. 우리나라 현대건설이 중동건설 사업에 진출 때에나 현대중공업의 조선사업 진출사례에서도 현대그룹을 창업한 정주영 회장은 "해보기나 했어?"라는 말로 조직원들의 도전정신에 불을 붙였다는 일화로 유명하다. 또 페이스북Facebook의 마크 저커버그나 소프트뱅크SoftBank의 손정의 회장은 "도전에는 큰 위험이 따른다. 하지만 도전하지 않는 것은 더 위험하다"고 강조하였다. "할 수 있다고 생각하면 할 수 있다"는 불굴의 도전의지로 어떠한 고난과 역경을 무릅쓰고서라도 이루어 내고야 말겠다는 추진력의 뿌리가 바로 창업가정신의 핵심인 도전정신이다. 실제 도전이 도전으로 끝나지 않으려면 인내와 끈기를 기반으로, 목표를 달성할 때까지 포기하지 않아야 하며, 실패를 성공의 발판으로 삼을 수 있어야 한다. 2014년 7월에 개봉되어 사상 최고의 관객 수 1,760만을 기록한 영화 〈명량〉의 마지막 장면에 충무공 이순신 장군이 큰아들 회와 판옥선으로 걸어가면서 나누는 대화 가운데, "두려움을 용기로 바꿀 수 있다면 두려움에 맞서는 자는 역사를 바꿀 수 있다"는 말은 관객들에게 큰 공감을 불러일으켰다. 도전의 여정에는 반드시 장애물이 존재하며, 장애를 극복하기 위해서는 자기 자신에 대한 강한 믿음과 긍정적 태도, 열정이 필요하다. 남이 하지 않은 일, 가지 않는 길을 나 홀로 간다는 것은 참으로 힘들지만 보람 있고, 가슴 뛰는 일이며, 실패를 두려워하지 않는 과감한 창조적 도전정신을 바탕으로 인내와 끈기가 더해질 때 7전8기의 도전정신이 성공창업의 원동력이 되는 것이다. 도전이란 특별한 사람들의 전유물이 아니라 목표만 있다면 상황에 상관없이 타오를 수 있는 불씨다. 에디슨은 전구를 개발하기 위하여 천 번 이상의 시도를 했고, KFC로 유명한 커넬 샌더스는 자신의 요리솜씨로 함께 사업을 하겠다는 첫 번째 사업파트너(계약자)를 만났을 때가 1,008번 거절당한 뒤 1,009번째 시도였으며, 영국의 가전기업 다이슨이 먼지봉투 없는 진공청소기를 만들기 위하여 5,127개의 프로토 타입(시제품)을 만들었고, 숙취해소 음료 〈여명 808〉은 807번의 시도 후 808번째 시도에서 성공한 사례로 유명하다. 스스로 무엇인가를 하고자 하면 우리의 뇌는 어려움도 즐거움으로 바꿔서 인식한다. 웃으면서 스스로 도전하는 사람들은 일부러 악조건을 만들어서 즐기기도 한다.

도전할 것인가? 안주할 것인가?

"도전은 모든 인간행위의 핵심이며 주된 동기이다. 우리는 바다가 있으면 이를 건너고, 질병이 생기면 이를 치료하고, 잘못된 것이 있으면 이를 바로잡으며, 기록이 있으면 이를 깬다. 그리고 산이 있으면 이를 오른다."

– 제임스 램지 울먼(James Ramsey Ullman)

KFC를 창업한 커넬 샌더스의 1009번째 도전

KFC를 창업한 커넬 샌더스(Colonel Sanders, 1890~1980)의 삶은 매우 감동적이다. 의붓아버지의 가정폭력으로 어린 시절을 불우하게 보낸 샌더스는 젊은 시절에는 보험판매원, 타이어영업, 주유소 직원 등을 하였고, 39세에 주유소를 차렸다가 대공황으로 파산하였으나 좌절하지 않고 다시 주유소 경영에 나섰다가 우연한 기회에 주유소에 딸린 식당을 차리게 되어 비로소 작지 않은 성공을 거두게 된다. 그의 식당은 맛있는 음식점으로 소문이 나면서 상당히 번창했으나 인근에 고속도로가 생기면서 급속도로 경영이 악화되기 시작하였다. 결국 그의 식당은 경매에 넘겨졌고, 그의 수중에는 사회보장프로그램이 지급하는 105달러가 전부인 처지가 되었을 때 그의 나이 65세였다. 평생의 사업이 망한데다가 아들마저 잃은 샌더스는 정신병까지 앓게 되었고, 사랑하는 아내마저 그를 떠나는 비참한 신세가 되었으나 그는 절망에 빠져서 남은 삶을 포기하지 않았다. 60대 중반의 샌더스는 켄터키주 남부 외곽마을에서 새 도로 건설 현장을 내려다보며 굶주렸던 어린 날을 회상하면서 결심했다. "이대로 내 남은 인생을 대충 보낼 수는 없다. 일어나자" 샌더스는 자신의 특기요리 중에서 닭고기를 압력솥에서 튀기는 새로운 방식과 특별한 양념을 개발하고 투자자를 찾아 나섰으나 낡은 트럭에 압력솥과 양념통을 들고 다니는 60대 후반의 낯선 할아버지에게 투자할 사업가가 있을 리 없음에도 불구하고 그는 자신의 비법을 누군가는 알아줄 것이라며 결코 포기하지 않았다. 샌더스는 무려 3년 동안 1,008개의 식당에서 제안을 거절당했지만, 결국 1009번째 식당에서 Yes라는 대답을 듣게 되었고, 이것이 전 세계에 걸쳐 수만 개의 프랜차이즈를 성공적으로 운영하고 있는 KFC의 시작이었다. 샌더스는 68세에 새로운 인생을 개척하였고, 꿈을 이루었으며 이후 사업이익의 대부분을 가난하고 소외된 사람들을 돕는 데 사용하였다. 샌더스의 KFC 프랜차이즈 사업성공에는 과거 그가 전전했던 직업경험이 운영에 큰 도움이 되었다. 세일즈맨 때 얻은 마케팅 노하우, 변호사 때 얻은 법률 지식, 페리보트 공동경영 때 얻은 회계상식 등이 모두 유용했던 것이다. 그런 샌더스에게 미국인들은 '패스트푸드의 아버지'라는 이름을 주고 오늘날까지 사랑과 존경을 보인다. 그것은 전 세계에 미국의 음식을 전파한 사업가라는 이유에서뿐만 아니라 66세라는 늦은 나이에 새로운 사업을 시작해 기어이 성공시킨 불굴의 의지(도전정신)를 높이 사기 때문이다.

어떤 사람이 목표를 향해 나아가다가 바위를 만나면 한 사람은 걸림돌(장애물)이라고 생각하고, 다른 사람은 디딤돌이라고 느낀다는 말처럼 긍정적인 마인드로 도전하는 창업경험은 인생에 매우 소중한 자산이다. 일본에서 '경영의 신神'으로 추앙받는 파나소닉의 창업자 마쓰시타 고노스케는 "나는 실패한 적이 없다. 어떤 어려움을 만났을 때 거기서 멈추면 실패가 되지만 끝까지 밀고 나가 성공을 하면 실패가 아니기 때문이다"라고 말했다. 또 배우 덴젤 워싱턴Denzel Washington의 "만일 실패한 적이 없다면 그건 한 번도 도전한 적이 없는 것"이라는 말처럼 보이지 않는 목표를 위해 무모하게(?) 돌진할 수 있는 의지가 바로 창업의 원동력인 도전의식이다. 돈, 인맥, 아이템이 없더라도 창업을 하면서 보완할 수 있겠지만 실패라는 시련을 건너뛰고 꽃길만을 걸으면서 성공하기란 불가능하다. 그래서 유니클로UNIQLO 사장 야나이 다다시는 "누구나 꿈꾸고 희망하는 것은 천국이지만 꿈꾸고 희망하는 것을 현실화시키기 위해서는 지옥과 같은 현실의 가시밭길을 통과해야 한다. 올라야 할 산이 높으면 높을수록 산은 험하고 지나가야 할 계곡도 깊은 것이니 그런 깊고 험난한 계곡과 산길을 걷지 않고서는 결코 높은 산을 오를 수 없다. 성공한 사람들 대부분은 실패나 난국을 안내자 삼아 정상에 올랐듯이 성공하고 싶다면 새롭고 힘들어 남들이 하지 않는 것에 도전해야 정상에 도달할 수 한다. 청년창업 열기 속에서 도전하는 창업자는 도전하고 부딪치며 깨지는 가운데 내공이 깊어진다. 청년들이 성공하기를 바란다면 실패는 필수과정임을 잊지 말고 성공과정에서 만나는 시련들을 정면돌파正面突破해야 할 것이다. 사실 우리는 이미 걸음마를 배우던 아기시절 수많은 엉덩방아를 찧고도 주저앉지 않고 도전하고 또 도전하여 아슬아슬하게 걷다가 잘 걷고 잘 뛰는 훈련을 익혔던 과정을 체험하였다. 만일 그때 엉덩방아 찧는 아픔 때문에 계속해서 걸음마에 도전하지 않았더라면 성장 후에도 자유롭게 걷지 못했을 것이다. 이와 같이 우리는 일찍이 도전하고 도전하여 익혀 온 경험을 했음에도 이제 와서 도전이 어렵다거나 두려움을 떨쳐버리지 못하는 것은 자신의 성공체험을 잊었기 때문이 아닐까? 그러나 자전거타기를 배운 사람이 시간이 조금 지났다고 잊어버리는 것이 아니듯이 이미 익혔던 도전의지를 깨우면 될 것이다. 그리고 지금 젊은이들이 창업에 도전하기 어려워하는 이유는 우리 사회를 도전을 통한 성공확률이 낮고 성공적 결과에 대한 확신도 약하며, 실패하면 재도전 기회조차 주지 않는 상황으로 이해하기 때문인데, 그런 인식이라면 그들에게 창업은 겜블링(도박)이나 다름없으니 창업메카 실리콘밸리처럼 '창업 → 성장 → 매각 → 재투자' 과정이 순

글로벌 브랜드 성공비결은 창의력과 도전정신

"세계적 명품 브랜드나 글로벌 브랜드의 성공신화를 만든 비결은 창업자의 창의력과 도전정신 그리고 위기를 극복하는 계기를 만들어낸 인재였습니다" 대구지역을 대표하는 패션디자이너 장현미 씨(프리밸런스·메지스 수석디자이너)가 세계적 명품을 만들어낸 글로벌회사의 '브랜드 성공기'를 소개한 책 〈패션Passion-장현미의 브랜드 스토리〉를 펴냈다. "창업에서부터 성장, 좌절, 위기, 기회 등의 스토리를 통해 도대체 무엇이 이들 브랜드를 명품으로 만들었나에 주목했다"는 장 씨는 "창의성과 도전정신으로 브랜드를 만들고 훌륭한 인재와 끊임없는 변신을 통해 위기를 극복해 온 역사가 이들을 명품으로 불리게 만든 원동력이었다"고 설명했다. 이슈가 되는 명품 패션브랜드와 글로벌 브랜드를 중심으로 창업에서부터 성장과정 및 위기와 기회 등을 꼼꼼하게 기록·분석한 이 책은 샤넬, 에르메스와 같은 패션 브랜드에서부터 애플, 페이스북, 유튜브, 나이키, 스타벅스, 스와치, 몽블랑, 에비앙, 아메리칸스탠다드, 펭귄북스 등 생활용품 전반에 이르는 150개의 다양한 브랜드를 섭렵하고 있다. 전 세계인들이 이름만 들으면 알 수 있는 유명 브랜드들이지만, 오늘의 명성을 얻기까지는 어려움과 역경을 이겨낸 쉽지 않은 시간들이 있었으며, 처음부터 유명한 브랜드가 있을 수 없듯, 쉽게 명성을 얻은 브랜드도 없었다. 그는 "위기는 예외 없이 닥친다. 이 위기를 어떻게 이겨내는지가 브랜드의 흥망성쇠를 좌우한다"고 설명했다. 그는 "창업을 계획하고 있는 예비 창업자들과 창업의 꿈을 가지고 있는 청년들이 이 책을 읽으면서 글로벌 브랜드의 꿈을 키웠으면 좋겠다"고 말했다. 장현미 씨는 계명대 대학원 섬유패션학과를 나와 1991년 프리밸런스를 론칭하고 2005년엔 메지스를 론칭했다. 파리 프레타포르테, 베이징의류전시회, 독일 베를린 프리미엄 전시회 등에 참가했으며, 대구시장상 우수디자인부문, 산업자원부 장관 황금골무상을 수상했고, 세계패션그룹 한국지부 회원으로 활동하고 있다.

환되는 스타트업 생태계 시스템을 구축하여야 한다. 또 대한민국이 진정한 창업국가가 되기 위해서는 창조경제 활성화 정책이나 스타트업 정책, 그리고 도전정신을 푸시push하는 것보다 더욱 중요한 것은 바로 제대로 된 창업가를 많이 양성하는 것이다. 현실적인 성공확률과 성공했을 때 얻을 수 있는 매력적인 트로피 그리고 자신감을 높이기가 선행되어야 높은 가능성에 대한 기대감으로 도전하게 될 것이므로 정부나 각 지원기관들도 그저 창업을 권할 것이 아니라 전략과 방법을 제시하면서 창업성취의 매력을 높여야 한다. 비전과 열정을 가지고 새로운 모험에 끊임없이 도전하는 창업가들은 그 자체로 '창업국가'의 근원이며 창조경제와 혁신의 원동력이다.

2) 도전하는 인재 양성training

지금 역동성이 부족한 한국사회에 활력을 불어넣는 계기를 마련하고 변화를 두려워하지 않으며 새로움을 향해 거침없이 도전하는 인재를 육성하려는 정부나 기업뿐만 아니라 각 학교들도 앞다투어 도전하는 창의인재를 양성하겠다고 야단이다. 우리 사회가 바라는 청년세대가 본인의 열정과 잠재력을 믿고 취업, 창업, 해외진출 등 어떤 분야에서건 도전정신을 바탕으로 무엇이든 시도하는 이유는 한국은 별다른 자원이 없기 때문에 창의력과 도전정신으로 무장하지 않으면 경쟁국들과 경쟁할 수 없기 때문이다. 창업의 시대라 하더라도 모두가 창업할 수도 없고 또 그럴 필요도 없다. 하지만 미래세대가 살아가는 동안 창업과 유사한 형태의 경험이 꼭 필요하므로 주입식 교육이 아닌 참여하는 교육, 남과 다르게 생각하기, 실행과 소통 등이 꼭 필요하다. 생산활동의 중심인 기업에서 요구하는 인재상(채용기준)은 시대적 상황에 맞게 지속적으로 변해왔으며, 최근 기업들은 경쟁력향상을 위하여 도전정신과 창의성을 가진 인재를 중시하는 것으로 나타났다. 2013년 대한상공회의소가 100대 기업의 인재상을 분석한 결과, '도전정신'을 꼽은 기업이 88개사로 가장 많았으나 최근 우리나라 100대 기업이 원하는 인재상이 도전정신으로 바뀐 것은 글로벌 저성장과 내수침체 장기화를 겪으면서 강한 도전정신으로 신 시장개척에 적극 나설 수 있는 인재를 선호하기 때문이다. 한국고용정보원이 2015년 12월에 발표한 자료에도 기업들은 팀워크와 도덕성 등 조직에 순응하는 사람보다는 새로운 가치를 창출하고 신선한 변화를 일으키는 도전정신과 창의성을 갖춘 인재에 대한 선호도가 높은 것으로 나타났다. 다행스러운 것은 최근 혁신형 성장의 중요성을 인식한 정부 정책에 따라 회사와 함께 성장하기 위하여 스타트업이나 벤처기업에 취업하려는 청년들이 늘면서, 2016년 벤처기업에 종사하는 직원 수는 76만 4,000명으로 이미 삼성 등 6대 그룹의 종사자 수 총합(76만 9,395명)에 육박한 것으로 나타났다(중소벤처기업부). 또 스타트업이나 벤처기업이 원하는 인재상은 처음에 어떤 부문으로 입사하더라도 필요에 따라 언제든지 영업·제휴·서비스 기획 등 다른 분야에서도 일할 자세가 된 유틸리티 플레이어utility player(만능선수)다. 빠른 속도로 성장하는 스타트업의 특성상 실수와 실패를 두려워하지 않는 인재가 필요하고 여러 국가의 인재들과 함께 일할 경우가 많기 때문에 팀워크가 중요하며, 정보기술IT에 대한 기본적인 이해도 필요하다. 특히 기술형 벤처창업을 권하는 사회분위기에서 창업과정에서 설령 실패했다 하더라도 다시 도전할 수 있도록 격려해주는 분위기와 실패는 더 큰 성공을 위한 좋은 경험이라는 사회적 인식, 그리고 창의적이고 문제해결 능력을 가진 창업가형 인재가 활약할 수 있는 사회적 분위기가 필요하다. 우리 사회 전반에서 역경에 도전하고, 새로움을 추구하는 창조적 역량을 키울 수 있는 교육환경 조성과 그런 정신을 칭찬해주는 문화를 정착시켜야 변화의 시대에 대응할 수 있는 인재강국으로 발돋움 할 수 있을 것이다. 또한 사회적으로 기업들이 실패한 창업경험을 인센티브로 인정해준다면 많은 청년들이 보다 적극적으로 창업에 도전할 것이고, 창업경험자들은 오너의 입장에서 생각하는 습관이 몸에 배어 있고 도전정신과 창의적 아이디어로 무장되어 있기 때문에 어려운 문제를 해결하고 스스로 세상의 길을 만드는 능력은 기업 인재상과 창업인재상 또는 시대적 요청에도 부합하는 도전과 혁신의 동력이 될 것이다.

'내일부터'라는 말은 '절대 안 할 거야'라는 말과 같다

'내일부터 시작할거야.' 이 말이 목표를 실패하게 만든다. 지금까지 당신은 수도 없이 '내일부터'라고 말해 왔지만, 사실 그 말은 '절대 안 할 거야'라는 말과 다를 바 없다. 일을 미루는 습관은 매우 흔하지만 동시에 큰 손해를 불러일으킨다. 무언가를 진정으로 하고 싶으면 목표가 무엇이든 지금 당장 시작하라.

– 마크 머피(Mark Howe Murphy), 가수, 〈하드골〉에서

"감히 도전해 보지 못한 사람들은 아무것도 하지 못한다."

– 지그 지글러(Zig Ziglar), 〈정상에서 만납시다〉 저자

우리는 새로운 일을 시작하면서 종종 두려움을 만나게 되는데 두려움은 피한다고 해도 절대 사라지지 않으며, 피할 경우 오히려 두려움은 당신 뒤를 따라다닐 것이니 두려움에는 용기를 가지고 그것에 맞서는 것이 최고의 전략이다. 세계 휴대폰시장의 40%를 차지하며 왕좌를 차지했던 핀란드의 상징 노키아 Nokia가 혁신에 실패하여 시장에서 퇴출되면서 핀란드 경제가 침체된 난감한 상

기업 선호 인재상

자료: 기업, 실무에 바로 투입가능한 수시채용 늘린다…, 헤럴드경제, 2015.12.12.

청년들이여 '안주의 둥지'를 벗어나라

움츠러든 사회, 주눅 든 젊은이들, 창업을 남의 일처럼 생각하거나 정년이 보장된 공기업, 안정적 대기업을 선호하는 세태를 적나라하게 보여주는 수치는 해마다 높아진다. 전문가들은 "한 사회에서 도전정신이 사라진다는 것은 제도와 조직, 기업이 모두 노쇠해진다는 의미"라며 안타까워했다. 도전 DNA를 되살릴 수 있는 환경을 만들어주는 것은 국가와 사회의 책임이다. 공평한 기회를 제공하고 성공사례와 전략을 공유해야 한다. 도전을 장려할 뿐 아니라 실패해도 재기할 수 있는 사회안전망을 갖춰야 한다. 전문가들은 도전 DNA가 발현되지 못하는 1차적 이유로 사회구조적 병폐를 꼽았다. 도전을 '무모함'으로 여기며 '튀지 말라'고 권하는 보수적 문화, 실패하면 다시 일어서기 어려운 무한경쟁이 한국사회에 뿌리 깊게 자리잡고 있다. 기업들도 창업 1세가 물러난 후 2세, 3세가 경영을 맡으면서 공성攻城보다 수성守城에 주력했다. 청년들은 어떻게 해야 도전을 성공으로 이끌 수 있을지 배울 기회조차 없었다. 청년창업 교육기관인 대구스마트벤처창업캠퍼스의 총괄책임자 경북대 전자공학부 김현덕 교수는 "중국이 자본주의를 도입하면서 사업성공세대가 나타났던 것과 달리 우리 사회는 도전이 성공할 수 있다는 경험을 공유하지 못했다"면서 "항상 주어진 문제만 풀어 왔을 뿐 도전정신을 함양하는 방식은 체득하지 못했다"며 "스스로 문제를 설정한 뒤 풀어가는 방식을 청년들이 배워야 한다"고 말했다. 도전에 실패하면 포용하는 게 아니라 낙오자로 여기는 사회의 시선도 젊은이의 발목을 잡는다. 이병훈 중앙대 사회학과 교수는 "어릴 때부터 경쟁을 계속해오면서 열등한 존재가 되는 것에 대한 두려움이 크다"며 "도전에 실패해도 학습의 기회로 삼아 좌절 없이 다음을 도모할 수 있는 여건이 마련돼야 한다"고 제안했다. 마케팅전략·창업 컨설팅업체인 엠아이전략연구소 김용한 소장은 "2000년대 초반 벤처붐이 일어났을 때는 도전과 실패를 통한 학습효과가 있었다"며 "도전을 통해 성공할 수 있다는 선례를 만들어줘야 도전에 대한 확신도 늘어날 것"이라고 말했다. 전문가들은 우리 청년들의 역량이 선진국에 비해 뒤처지지 않으며, 글로벌 마인드와 도전정신만 갖추면 얼마든지 시대를 앞서 나갈 수 있다고 했다. 장 교수는 "여러 나라에서 강의한 경험으로 볼 때 한국학생들은 여러모로 우수하고 똑똑하지만 한 가지 이슈에 대해 다양한 국가의 관점에서 생각하는 훈련이 안 돼 있다"며 "도전을 위해서는 글로벌 마인드를 갖추는 게 필요하다"고 조언했다. 이동형 스타트업 멘토링 협동조합 피플스노우 대표는 "현실의 어려움은 도전하는 사람에게 기회일 수도 있다"며 "청년시절은 도전을 위한 지력과 에너지가 충만한 시절인 만큼 지나친 망설임이나 비관은 시간 낭비일 수 있다"고 말했다.

황에서도 창업열풍이 일어날 수 있었던 것은 핀란드 학생들은 평소 스스로 기획하고, 자기주도적으로 활동을 펼치는 혁신적인 교육을 받았기 때문에 미래의 경제를 책임지는 인재로 육성해 온 국가차원의 교육 덕분이었다. 우리나라에서도 유튜브 30억 뷰를 달성한 가수 싸이, 요리사 직종 위상을 높인 이연복 셰프, 카카오톡을 만든 김범수 카카오 의장 등 창의적 아이디어와 도전정신의 사례들이 많이 있으나 더 많은 사례들이 지속적으로 탄생하려면 혁신성장의 주체인 인재를 양성하는 분위기와 시스템이 필요하다. 국민 모두를 창의적인 사람, 과감하게 도전하며 실패를 자산으로 생각하는 사람, 새로운 시대가 요구하는 지식과 기술을 갖춘 사람, 협업과 공유의 가치를 존중할 줄 아는 사람으로 성장하는 환경을 만들어야 한다. 창의성과 도전정신을 갖춘 미래인재를 양성하기 위해 창의·융합교육이 강화하되 생각하는 힘을 키울 수 있도록 토론·발표수업이 활성화되며 논리적 사고력 함양을 위한 교육과 도전정신을 함양할 수 있도록 창업가정신 교육을 강화하고, 대학생들이 창업에 도전할 수 있도록 지원을 확대하여 스스로 기회를 만들고 과감히 도전하는 청년인재로 키워야 한다. 한편

실패를 두려워하지 마라

다이슨이 처음 창업했던 회사에서 먼지 봉투 없는 진공청소기 개발을 제안했을 때 동업자들은 "그렇게 좋은 진공청소기가 있다면 후버(미국 진공청소기 회사)에서 진작 내놓지 않았겠어?"라며 거부했다. 결국 동업자들과 불화로 자신이 만든 회사에서 쫓겨난 그는 집에 딸린 낡은 창고로 들어가 독자적으로 개발에 착수했고, 실패가 계속됐지만 끈질기게 물고 늘어졌다. 아내가 경제적인 지원을 해주었기에 가능했지만, 그는 무려 5년 동안 5,126번의 실패 끝에 먼지봉투가 없는 진공청소기 개발에 성공했다. 하지만 역경은 계속됐다. 대기업들은 생산을 거절하는 한편, 싼값에 특허를 가져가기 위한 방해공작을 벌였다. 이후 한 일본 회사에 특허를 팔아 자금을 확보한 그는 다시 7년간 개발에 매달려 업그레이드된 제품을 개발했고 지금의 '다이슨'사를 세웠다. 거듭된 실패에도 불구하고 계속 도전했기에 가능했던 일이다. 실패를 두려워하지 마라. 에디슨이 그랬고 다이슨이 그랬던 것처럼 실패를 하나의 '실험'으로 받아들이고 계속 전진해야 혁신이 가능하다.

도전정신의 진수를 보여준 전북 완주에 사는 차사순 할머니는 2005년 4월부터 950차례의 필기시험과 10차례의 기능시험에서 도전하고 또 도전한 결과 2010년 5월 운전면허증을 손에 넣으며 화제가 됐다. 미국 유력일간 시카고 트리뷴Chicago Tribune은 2010년 11월 25일 한국사회에 감동을 줬던 차사순 할머니를 소개하며 도전의 귀감이라고 극찬했다. 트리뷴은 도전정신을 강조하는 '960번'이라는 제목의 사설에 차 할머니의 사진을 함께 싣고 "차 할머니는 현대 부모들이 자녀에게 기억시켜야 할 '집념과 끈기의 귀감'"이라고 설명했다. 특히 시카고 트리뷴은 실패를 딛고 수없는 도전으로 성공한 유명인들의 사례를 거론하며 최후의 승자 또는 돌아온 영웅인 컴백 키드Comeback kid가 되려면 실패가 밑거름이 돼야 한다고 강조했다. 하지만 요즘 우리 사회에서 도전정신은 찾아보기 어려운 요소가 되었다. 단 한 번만 실패해도 끝이란 생각이 새로운 것에 대한 도전보다 현실에 안주하게 만드는 것이 현실이지만 경제의 불확실성이 고조되고 기업 환경이 하루가 다르게 변하는 때 현실안주는 곧 퇴보 또는 위기로 이어질 수 있다. 따라서 실패를 두려워하지 않는 풍토조성과 도전정신의 회복은 일자리 창출에 집중한 경제정책과 혁신을 요구하는 기업경영 모두의 핵심과제다. 우리 사회 전반에서 도전이 빛나고 실패해도 이를 용인하며 재기를 북돋는 정책과 사회적인 분위기 정착이 절실하다.

2. 위험과 기대를 품은 도전의지

성공적인 창업을 위해서 창의적인 아이디어와 철저한 준비가 필요하며, 위험을 감수하면서 실패를 두려워하지 않는 불굴의 도전정신이 바로 창업가정신의 핵심이다. 2015년 기업인을 대상으로 창업가정신을 가장 잘 느끼게 하는 말로 사람들의 입에 자주 거론되는 도전정신의 상징어 고故 정주영 현대그룹 창업회장의 "이봐 해봤어?"가 선정된 바 있다. 그러나 우리의 최근 경제성장률은 2~3%, 가계부채는 1,450조원, 청년 실업률은 9.8%를 각각 기록하면서 역동성이 낮아졌고 저출산·고령화 사회에 진입했다. 경제성장률 감소추세를 반전시키고 양질의 일자리를 창출할 새로운 산업은 나타나지 않는 답답한 수렁에 빠져 있다. 통계청에 따르면 2017년 2월 기준 청년실업률이 56만 명에 이르고, 15~29세 기준 미취업자가 12%에 달하면서 '헬조선'이라는 오명의 늪에서 헤어 나오지 못하고 있다. 이런 난국의 해결책으로 지금 우리에게는 지위에 상관없이 당돌하게 질문하고, 고난苦難, Suffering과 실패에서 배우며, 실패를 두려워하지 않고 끊임없이 학습하고 끝까지 포기하지 않으며 과감하게 도전하는 청년의 도전정신이 절실하므로 글로벌 도전정신의 모델로 꼽히는 이스라엘의 "후츠파chutzpah" 정신을 벤치마킹할 필요가 있다. 유대인은 기존의 관습이나 형식에 도전해 적극적으로 새로운 것을 만드는 당돌함을 가졌다. 그들은 나이와 지위에 대한 예의보다는 주저하지 않고 다양한 질문을 던져 창의적인 아이디어를 만들어 도전하고 참여하며 섞이는 자세와, 나라도 없고 개인재산도 인정받지 못하는 유배생활 속에서 열악함과 위험에 둘러싸여 있어도 결코 실패를 두려워하지 않았다. 절망이나 포기를 모르고 도전하며 끈질기게 실행해 무언가 새로운 것을 만들어냈고, 혹여나 실패하더라도 거기서 얻은 교훈과 경험을 바탕으로 다시 도전하는 핵심이 바로 후츠파 정신이었다. 이스라엘에서는 누구든지 자유롭게 질문하고 토론하는 과정에서 생각의 융합이 일어나고 과감하게 도전할 수 있는 환경이 만들어질 수 있었으며, 청년 개개인이 꿈꾸는 것들을 현실로 이루기 위한 모든 자유와 도전이 허용되었기 때문에 창업국가가 될 수 있었다. 이스라엘은 남과 차별되는 각자의 독특한 아이디어에 힘과 가능성을 실어주며, 그 과정에 넘어지더라도 낙오자로 낙인찍지 않고 끝없는 도전의 훈장으로 생각해 계속해서 달릴 수 있다. 그 같은 꾸준한 노력은 꿀을 얻는 과정에서도 알 수 있는데, 우리가 좋아하는 꿀 한 수저는 꿀벌이 4천 2백 번이나 꽃과 벌통을 왕복하며 얻은 것임을 알고 나면, 성공이라는 과실은 몇 번의 시도로 얻어지는 것이 아니라는 사실을 깨닫게 된다. 또 고철이 용광로의 뜨거운 열기를 겪어야 높은 가치를 지닌 강철로 거듭날 수 있는 것과 마찬가지로 확신을 가지고 꾸준히 도전하는 자가 반드시 성공할 수 있으니 위기는 더 큰 성장을 위한 성장통으로 이

실패를 허용하고 장려하는 구글Google

실수나 실패에 관용적이지 못한 조직일수록 구성원들은 자신의 잘못을 숨기려 한다. 지극히 당연한 일이다. 그런데 더 큰 문제는 숨기는 데 그치는 것이 아니라 실수나 실패가 두려워 도전을 회피하게 된다는 점이다. 그래서 창조적인 기업들은 실패를 허용할 뿐만 아니라 장려하기까지 한다. 그 대표적인 회사가 구글이다. 구글에는 구글 직원들조차 뭘 하고 있는지 잘 모르는 조직이 있다. 바로 '구글X'라는 이름의 비밀 연구소다. 2016년부터 '알파벳'의 자회사로 독립한 이 조직은 구글 글래스, 무인 자동차를 비롯하여 풍선을 성층권에 띄워 전 세계에 무료 와이파이를 제공하는 룬 프로젝트Loon Project, 드론을 이용해 쇼핑물품이나 구호물자를 전달하는 윙 프로젝트Wing Project, 의료 분야의 혁신을 꿈꾸는 생명연장 프로젝트, 양자컴퓨터 등 획기적인 아이디어들을 현실로 만드는 곳이다. 이들이 무모하다고 할 만큼 도전적인 아이디어 실현을 위해 뛰어드는 이유는 실패와 성공을 똑같이 대접하기 때문이다. 구글X에서는 모두가 동의할 만한 이유로 실패한 팀에는 보너스가 주어지고, 공개석상에서 리더의 포옹과 동료들의 박수갈채를 받을 뿐 아니라 연봉인상과 더불어 새로운 프로젝트를 구상하기 위한 몇 개월의 휴가가 주어진다. 그러니 어찌 실패를 무릅쓰고 도전하지 않겠는가?

해하는 사고가 필요하다. 그러므로 도전은 그 자체로 박수받고 실패와 시행착오는 훈장처럼 빛날 수 있어야 한다.

도전의 전문가로 불리는 이스라엘이 창업국가로 자리매김한 것은 1990년대 초반 세계 최초로 USB(휴대용 저장장치)메모리를 개발, '이스라엘 벤처의 영웅'으로 불리는 그로브벤처의 도브 모란Dov Moran 회장의 역할이 기반이 되었다. 25년 전 이스라엘 정부가 기술분야 창업가정신을 키우기 위해 손실을 최대 80%까지 보전해주는 벤처캐피털 프로그램을 만든 것이 벤처창업가들이 무모할 정도로 도전할 수 있는 계기가 되었고, 실패해도 (투자업체는) 20%만 책임지면 되니까 투자금이 계속 모이게 되었으며, 젊은이들도 마음먹고 창업에 적극 나서게 됐다고 설명했다. 또 다른 이스라엘의 혁신기업인이자 이스라엘의 세계적 벤처투자업체 요즈마 펀드yozma fund(혁신을 뜻하는 히브리어) 설립인 자이갈 에를리히 요즈마그룹 회장은 "지난 1999년부터 2014년까지 이스라엘에서 1만 개 이상의 회사가 창업됐고, 불과 5%" 정도만 성공했는데도 창의적으로 새로운 시도를 하려면 실패를 두려워해선 안 되기 때문에 이스라엘에서는 리스크(위험)를 선택한다고 말했다. 또 전 세계 창업의 바이블로 평가 받는 이스라엘에 투자하는 투자유치 설명회에서 가장 많이 듣는 단어 다브카Davca는 히브리어로 '그럼에도 불구하고'이다. '그럼에도 불구하고' 한계를 극복하고 성공하리란 뜻으로 이스라엘 사람들은 이 단어의 뜻을 빌려 '다브카' 문화를 정착시킨다. 이스라엘은 사실 땅과 자원이 없는 나라여서 자체 생산력을 키울 여건이 아니었기 때문에 '아이디어'를 팔기 시작한 것이 이스라엘을 지금의 창업국가로 만든 첫 번째 밑거름이었고, 이스라엘 창업선배들이 말하는 성공의 조건은 "성공보다는 실패할 준비를 하라"였다고 한다. 청년들은 도전하고, 책임은 사회가 진다고 말할 정도로 실패와 시행착오를 해도 상관없다고 하는 이유는 이스라엘에서는 창업을 개인의 영리추구보다는 공공발전의 성격이 강하다는 시각 때문에 결코 남의 실패를 비난하거나 책임을 묻지 않는데다 다양한 문화와 생활습관에 대해 존중하는 분위기가 깊게 박혀 있기 때문이다. 이스라엘 정부는 실패한 창업자에게 한 번 실패했기 때문에, 오히려 성공 가능성이 높다는 판단으로 첫 창업 때보다 더 많은 인큐베이팅 프로그램과 자금을 지원하기 때문에 이스라엘에서는 매년 1,000개의 스타트업이 등장하고, 이 중 2%밖에 성공하지 못하지만 실패한 98%의 창업자를 지원하기 위한 재원을 이스라엘 정부와 요즈마 펀드 등이 이미 따로 관리하고 있다. 통상적으로 실패 이전보다 20% 이상 많은 추가 지원을 제공하기 때문에 젊은 창업자들이 도전해볼 법한 환경과 제도를 갖추었으며, 기업들은 글로벌화를 독려했기에 자연히 창업자들은 전 세계 소비자들이 만족할 만한 아이템을 고민하게 되고, 글로벌 시장에 도전하게 된 것이다.

"'세상은 절대 변하지 않을 테니 넌 너의 삶이나 잘 살거라.' '계란으로 바위치기다.' '예쁜 가정을 꾸리고 돈도 좀 모으고 그렇게 재미나게 살면 되는 거다.' 이런 말들은 사실 인생을 제약하는 말들입니다. 인생을 넓게 바라보고 싶다면 제 말을 기억하세요. 당신이 인생이라 부르는 그것은 당신보다 똑똑하지 않은 사람들이 지어낸 말입니다. 당신은 당신의 인생을 바꿀 수도, 영향을 미칠 수도, 당신만의 창조물을 만들어낼 수도 있습니다. 이 사실을 알게 되는 순간, 당신은 결코 이전의 당신이 아니게 될 겁니다."

– 스티브 잡스(Steve Jobs), 애플의 창업자

무모한 도전이라고? 실패도 우리에겐 특권이죠

"청년들이 쉽게 도전하지 못하는 이유는 '실패가 두려워서'예요. 그 인식을 바꾸기 위해 뭉쳤습니다" '실패를 즐기는 사람들(이하 실사)'은 지난해 젊은 청춘들이 다양한 도전을 하기 위해 만든 모임이다. 불안한 미래를 공유하지만 일단 무엇이든 도전하고 즐기자는 마음을 담았다. 김성빈(26) 씨는 지방대 출신에 특별히 내세울만한 스펙도 없는 학생이다. 남들과 출발선이 다르다고 느낀 김 씨는 현실을 받아들였다. 자신만의 스토리를 만들기로 하고 비슷한 처지의 친구와 함께 실사를 만들었다. 2명으로 시작한 실사는 입소문이 퍼지면서 지금은 18명의 어엿한 단체가 됐다. 20~26세의 젊은 나이에 직업도 대학생, 무직, 요리사 등 다양하고, 열정만 있으면 누구나 팀원으로 합류할 수 있다. 김씨는 "각기 다른 꿈을 품었을 대한민국 청년들이 '취업' 때문에 똑같이 토익공부를 하는 현실에 허탈감을 느꼈다"며 "그래서 꿈을 찾을 수 있는 장을 마련해 보고 싶었다"고 취지를 설명했다. 인재플랫폼은 창업, 시, 여행, 사진 등 각 분야 청년인재 10명의 강연과 일대다一對多 소통의 시간으로 구성했다. 청년들이 진짜 하고 싶은 꿈을 좇는 촉매제 역할을 하고, 우리나라 청년들 간의 네트워크를 형성하는 두 가지에 목적을 뒀다. "온·오프라인으로 성공한 많은 분들의 강연을 청강했지만 와닿지는 않았습니다. 오히려 또래 친구들과 고민을 나눴을 때 더 큰 위안을 받은 적이 많아 청년들에게는 청년들의 스토리가 도움이 되겠다는 생각을 했죠" 김 씨가 연사로 청년인재를 고집한 이유다. 일방향적인 지식전달이나 모범답안은 지양하고 쌍방향적 소통에 초점을 맞췄다. 인지도도 없고 경력도 부족한 이들에게 준비과정은 쉽지 않았다. 연사들에게 실사가 지향하는 가치와 취지를 전하고 승낙을 끌어내는 일이 가장 어려웠다. 무모한 도전의 반복과 기다림 끝에 10명의 연사초빙이 완료됐고 선착순으로 신청 받은 100명의 자리도 빠르게 마감됐다. 다양한 도전을 위해 분야는 가리지 않을 계획이다. "가진 게 없다는 건 잃을 것도 없다는 뜻이잖아요. 그러니 실패를 두려워할 이유가 없는 거죠. 조금 무모해 보여도 젊다는 특권을 값지게 쓰고 싶어요."

고도성장기를 끝낸 중국은 중속성장(7% 전후)을 의미하는 신창타이新常態 시대에 진입하면서 정부가 대중창업, 만중혁신大衆創業, 萬衆創新을 새로운 국정지표로 내세우고 창업을 적극 독려하면서 창업과 혁신을 통한 경제활성화에 적극 나서고 있다. 이는 사회적으로 창업에 유리한 생태계를 조성해 기업 수를 늘리고 새로운 기술과 제품, 시장을 적극 창출해 진정한 경제대국이 되겠다는 의지의 표현이다. 한국은행이 최근 발표한 '해외경제포커스: 중국의 창업활성화 배경과 시사점' 보고서에 따르면 2017년 1~9월중 중국의 신설기업수(법인)는 451만 개로 하루 평균 16,500개의 기업이 새로 생겨난 것으로 나타났다. 중국 전자상거래의 빠른 성장, 탄탄한 창업생태계 구축, 정부의 적극적 지원을 바탕으로 창업이 활발하게 이뤄지고 있다. 중국은 회사법 개정을 통해 최저자본금 제도와 현금출자비율을 폐지하는 등 각종 제도정비를 통한 창업지원에 적극적이다. 창업을 위한 제출서류도 기존의 절반 정도인 13가지로 줄이면서 창업 소요기간을 1개월에서 3일로 단축했고 창업허가에 필요한 행정절차, 비용 등을 경감하거나 폐지해 초기 창업자의 진입장벽을 낮췄던 중국정부는 2017년 10월 제19차 당대회에서도 창업지원 확대를 강조하며 창업활성화에 적극적이다. 중국의 창업 붐boom과 급격한 성장을 이끌어낸 원동력은 첫째 젊은 청년들이 새로운 혁신을 목표로 창업에 몰두하는 창업사회 활성화이다. 청년층의 창업선호도가 높은 이유 중 하나는 알리바바의 마윈, 샤오미의 레이쥔과 같은 창업계의 스타가 있기 때문으로, 북경시 소재 대학졸업자의 80%가 창업을 가장 먼저 고려할 정도로 창업은 대학생의 대표적인 사회진출방식으로 인식되고 있다. 중국 TV와 언론에서도 이러한 창업계의 스타들을 적극적으로 홍보했고, 이들을 중요한 국제회의 등에서 주요한 인물로 부각시킨 덕택에 취업을 고려하는 청년들에게 선망의 대상이 되었다. 둘째 원동력은 혁신적 창업아이디어를 지원하는 탄탄한 인프라다. 중국정부는 '중국의 실리콘밸리'로 불리는 북경의 혁신·창업 메카 중관촌을 중심으로 한 창업거리를 센터로 무상에 가까운 창업지원을 전개하고 있다. 중국의 실리콘밸리로 불리는 중관촌은 2017년 현재 2만 개 회사가 입주하였으며, 40개 대학의 캠퍼스와 200개의 연구소, 각종 산학연 협력센터 등에서 180만 명이 일하고 있다. 중국의 창업투자자금의 약 50%가 중관촌에 집중되어 있으며, 2만 개 입주기업의 매출액은 3,500억 달러(396조원)를 돌파하였다. 이곳에서는 인터넷, 인공위성, 신에너지, 인공지능, 로봇 등 11개 첨단산업 관련 기업과 연구소로 등록이 한정되며, 각 산업별로 29개의 대학과 기업의 산학협력 테크파크가 활동 중이다. Google, Microsoft, SAS 등 외국회사 및 관련 연구소가 263개, 국제 마케팅 관련 기관이 40개가 입주하였으며, 외국인 2만 4,000명이 근무하고 있을 정도로 꿈과 도전의 메카가 되었다.

가능성이란 처음부터 있는 게 아니라 만들어나가는 것이다

화성에 사람을 보내는 프로젝트를 추진하고 있는 미국 실리콘밸리의 최대 괴짜로 꼽히는 앨런 머스크의 철학이다. 그는 이런 생각으로 세상을 바꿔내고 싶어 한다. 이를 위해 무모하다고 보이는 여러 사업을 펼친다. 머스크는 화성에 인류를 보내겠다는 생각으로 스페이스X를 창업했다. 기후변화에 대처하기 위해 전기자동차 제조회사인 테슬라모터스를 차렸다. 머스크는 2013년 8월 뉴욕에서 서울까지 2시간 안에 도달할 수 있는 초음속 진공열차인 하이퍼루프 개념을 공개하기도 했다. 이런 앨런 머스크의 행보는 실리콘 밸리에서 자신을 '괴짜'로 불리게 만들었다. 하지만 머스크는 하는 사업마다 성공해 주목을 받고 있다. 그는 28세의 젊은 나이에 평생 먹고 살 수 있는 돈을 벌었지만 현실에 안주하지 않고 계속 새로운 사업에 도전하고 있다. 그가 단지 돈을 위해, 혹은 성공을 위해 사업을 펼쳤다면 이렇게까지 주목받지 못했을 것이다. 그가 추구하는 사업은 개인의 욕심을 챙기는 데 있지 않고 인류의 발전을 위한 플랫폼 구축을 방향으로 삼는다. 이 때문에 경제전문지 포춘은 2013 '올해의 기업인' 50인 중 1위에 머스크의 이름을 올렸다. 머스크는 어떤 세상을 꿈꾸는 것일까? 전기차 제조기업 '테슬라모터스'와 태양광기업 '솔라시티', 우주선 개발기업 '스페이스X'에 머스크가 꿈꾸는 세상이 담겨져 있다.

– 비즈니스포스트, '실리콘밸리 괴짜' 머스크의 무모한 도전, 2014.8.31.

3. 무모한 도전을 선택한 창업가들 사례

우리 한민족의 조상은 원래 기마민족으로 도전적이고 변화에 굴하지 않는 강인한 기마정신으로 만주벌판을 지배했던 역사의 주인공이었다. 이러한 도전정신을 이어받아 실패를 성공으로 극복하는 역동적인 청년상을 구현하여야 하는데 지금 우리청년들은 위험이 두렵고 용기와 자신감에서 나오는 역동성이 부족하다는 평가가 많다. 그러나 대한민국의 경제성장을 이끈 인물 가운데 대표적 창업가로 알려진 현대그룹 창업자 정주영 회장의 아이콘은 도전정신과 저돌적인 추진력이었고, 그의 대표적인 경영철학은 '시련은 있어도 실패는 없다'이다. 정주영은 평생에 걸쳐 숱한 시련을 겪었고, 그의 일생을 살펴보면 성공의 역사라기보다 시련과 극복의 역사라고 할 수 있다. 그는 1915년 강원도 통천군 송전면 아산리에서 태어나 송전소학교를 졸업하고 상급학교에 진학하지 못하자 가난에서 벗어나려 3차례 가출 끝에 새로운 사업기회를 향해 언제나 도전적이고 창조적으로 임했고, 꿈을 이루기 위한 무한긍정의 사명감으로 강하게 밀어붙여 현대자동차공업사, 현대토건사, 시멘트공장, 조선소, 간척사업 등을 성공작으로 추진하여 대기업으로 성장시켰고 산업화 시절 무無에서 유를 창조해낸 창업자들의 정신의 상징이 되었다. 아산峨山 정주영은 한국 현대 경제사에서 삼성을 일군 호암湖巖 이병철과 함께 창업 1세대의 '성공신화'를 대표하는 창업가로 꼽힌다. 정주영 회장은 1950년대 '국내 최초의 벤처기업인'이라고 할 수 있다. 정미소부터 자동차수리, 트럭 운송, 건설사업까지 그가 하는 모든 사업은 순탄한 시기가 없었다. 시대도 그렇지만 그에게는 동시대에 등장한 다른 기업인과 달리 아무 밑천이 없었기 때문에 모든 걸 맨손으로 혼자 해내야 했다. 그에게는 UN군 묘지정비 때 겨울에 나지 않는 잔디 대신 푸른보리를 옮겨 심은 일, 콘크리트로 해야 한다는 화천댐을 사력댐으로 조성한 일 등 셀 수 없이 많은 그의 일화들 속에는 매번 번뜩이는 아이디어가 넘친다. 정주영이 손을 댄 자동차·조선·중공업·석유화학·건설·전자 등 이른바 '중후장대형' 전통산업은 한국경제의 중추로 성장했다. 그에게 뿌리를 두고 뻗어나간 범凡현대 가문은 현대차·현대중공업·현대·현대백화점·케이씨씨KCC·한라·현대산업개발 등 8개 그룹 190여 개 계열사에 이를 정도로 한국경제에서 큰 비중을 차지하고 있다. 특히 정주영에게는 보통사람들이 상상도 하기 어려운 기발한 불굴의 도전정신을 보여주는 신화들이 줄을 잇는다. 그는 국토의 대동맥인 경부고속도로를 건설할 당시 대부분의 전문가들마저 '미친 짓'이라고 비난하였지만, 변변한 장비도 없이 횃불을 들고 강행하여 29개월 만에 완공하는 기적을 만들었고, 1971년 조선소 건립 사업계획서와 예정부지인 울산 미포만의 백사장 사진(1:5만 축적)을 들고 영국으로 건너가 거북선이 그려진 500원짜리 지폐를 보여주며 "우리는 400년 전에 이미 철갑선을 만들었다"고 당당히 말하면서 차관도입과 선박수주를 성사시킨 신화를 보여주었다. 또 1984년 천수만 방조제 공사 때는 큰 바윗덩이도 순식간에 쓸려갈 정도로 유속이 빠른 곳에 길이 322m의 고철 유조선을 가라앉혀 물막이를 완수한 이른바 '정주영 공법'을 선보였다. 한국 최초의 고유모델 자동차인 포니로 마이카 시대를 열고, 세계굴지의 건설사들을 제치고 사우디아라비아의 주베일 항만공사를 따내 '오일쇼크' 극복에 일조했다. 이런 신화들이 그의 이름 앞에 '위기의 승부사' '세기의 도전자' '불굴의 개척자' 같은 수식어를 붙여주었다. 지금은 전자·자동차·철강·조선·유화 등 한국의 주력산업들이 모두 경쟁력을 잃어가고 있다는 우려가 커지는 시점에서 정주영식 도전정신이 주목받는 것이다. 또한 현대 경영학의 대부로 불리는 피터 드러커는 생전에 "세계적으로 뛰어난 기업가들이 많지만, 열악한 환경에서 뛰어난 업적을 남긴 정주영은 그 누구보다 빛난다"고 평가했다. 정주영은 성공한 기업인의 면모만 있는 게 아니었다. 1977년 현대건설 주식절반을 내놓아 아산재단을 세우고 의료사업, 연구지원, 장학금 지급, 어린이집 무료건립 등 사회공헌사업도 적극적으로 펼쳤으며, 1998년 소떼를 끌고 두 차례 방북하고, 금강산 관광사업도 시작했다. 대북사업은 기업에 큰 위험이 따르는 일이었지만 그에게는 단순한 돈벌이 수단이나 향수달래기 차원이 아니었기 때문에 정주영은 당시 기자회견에서 "남북간 화해와 평화를 이루는 초석이 되길 진심으로 바란다"고 밝혔다. 아산 정주영 회장의 개척정신은 과감한 결단과 일단 결정을 내리면 목표를 향해

정주영의 도전정신을 생각한다

강원도의 가난한 농촌에서 태어난 정주영을 세계적인 기업인으로 키운 것은 거듭된 시련과 역경이었다. 4차례의 가출 끝에 인천 부두에서 지게를 졌으며 물엿공장 견습공으로 일했고 신축 공사장에서 돌짐을 지어 나르기도 했다. 소학교를 마친 처지에서 세상 물정을 배우기 위한 스스로의 선택이었다. 어느 정도 자리를 잡아가면서도 시련은 그치지 않았다. 열심히 일한 덕분에 물려받은 쌀가게가 배급령으로 문을 닫을 수밖에 없었고, 빚을 내서 겨우 일으켜 세운 자동차 수리공장도 태평양전쟁의 와중에서 끝내 간판을 내리게 된다. 해방 이후 한강 인도교 복구공사를 계기로 본격 도약하면서도 역시 마찬가지였다. 태국 고속도로 공사를 맡아 국내 건설업체로는 처음으로 해외에 진출한 것까지는 좋았으나 경험이 부족한 탓에 막대한 손해를 무릅써야 했다. 그 이후 진행된 경부고속도로와 소양강댐 공사도 그냥 이뤄진 것은 아니었다. 〈시련은 있어도 실패는 없다〉는 그의 자서전 제목이 그것을 말해준다. 그는 그때마다 특유의 도전정신으로 헤쳐 나갔다. 산을 만나면 터널을 뚫고, 물을 만나면 다리를 놓았다. 그야말로 없는 길을 만들면서 사업을 개척한 주인공이었다. 한국수준으로는 어림없다는 일본 통산성의 눈총에도 불구하고 조선소를 세웠으며, 미국 포드와의 계약을 뿌리치고 국산 포니자동차를 개발해냈다. 지금 세계적으로 위치를 굳힌 현대중공업과 현대자동차가 그 결과물이다. 보통 사람들은 평생 하나도 이루기 어려운 사업들을 동시 다발적으로 이뤄나간 추진력은 평가받아 마땅하다. 투철한 신념덕분이었다. 물론 그가 성공을 이룬 배경에는 당시 박정희 대통령의 지원이 있었음을 부인할 수는 없지만 반대로 정권에 밉보인 적도 한두 번이 아니었다는 점을 함께 기억해야 한다. 그가 생전에 이룬 업적도 업적이지만 그 과정에서의 창조적 순발력에 주목할 필요가 있다. 사우디 주베일 해상 공사를 맡아 태풍의 경로를 뚫고 아파트만한 구조물들을 바닷길로 실어 날랐다거나 서해안 간척사업에서 보여준 유조선 물막이 공사는 다른 무엇으로도 설명하기 어렵다. 국제올림픽위원회IOC의 바덴바덴 총회를 기껏 5개월 앞두고 뛰어들어 역전극으로 서울올림픽 유치를 성사시킨 집념도 마찬가지다. 그의 도전정신은 83세 나이에 소떼를 몰고 북한을 방문했던 데서도 확인된다. 그런 점에서, 그는 '기업 환상가'였다. 꿈과 희망이 없었다면 스스로 용기를 내기 어려웠을 것이라는 얘기다. 맨주먹으로 노동판에서 시작해 불과 30여 년 만에 세계적인 기업인으로 우뚝 선 비결이기도 하다. 만약 그가 집안 살림에 여유가 있어 다른 친구들처럼 중학교에 진학했다면 과연 오늘날의 정주영이 있었을까. 그가 공사판 십장이나 쌀가게 정도에 만족했더라도 지금의 현대는 결코 없었을 것이다. 그가 소학교를 2등으로 마쳤는데, 1등으로 나온 동급생이 간수직 시험에 합격해 교도소 교도관으로 취직했다는 뒷얘기에 유념할 필요가 있다.

정주영 전 회장 어록

"이봐 해봤어?" 정 전 회장이 평소 어려운 일을 앞에 놓고 주저하는 회사 간부들을 질책할 때 자주 썼던 말

"나는 생명이 있는 한 실패는 없다고 생각한다. 내가 살아 있고 건강한 한, 나한테 시련은 있을지언정 실패는 없다" 자서전 〈시련은 있어도 실패는 없다〉 중에서

"신용은 곧 자본이다. 중소기업이 대기업으로 커가거나 대기업이 세계적인 큰 기업으로 성장하는 열쇠는 바로 이 신용에 있다" 1983년 7월 29일 신입사원 하계수련대회 특강에서

"기업이란 자유경쟁체제에서 경쟁을 해야 생명력을 가지고 성장할 수가 있다. 국내에서 독점적인 위치에서 보호받고 성장한 기업은 국제경쟁사회에서는 아무 힘도 발휘하지 못한다" 1981년 현대 간부사원 부인 특강에서

"어릴 적 가난이 싫어 소 판 돈을 갖고 무작정 상경한 적이 있다. 이제 그 한 마리가 천 마리의 소가 되어 그 빚을 갚으러 꿈에 그리던 고향산천을 찾아간다. 한 개인의 고향방문을 넘어 남북 간의 화해와 평화를 이루는 초석이 되길 진심으로 바란다" 1998년 6월 '통일소'와 함께 판문점을 통한 방북 기자회견에서

달려가는 창업가정신이었고 그에게는 자신감과 신념, 불굴의 노력을 통해 어떠한 난관도 돌파한다는 특유의 철학이 숨어 있었다. 지금 이 시대가 요구하는 올바른 시대정신은 아무리 어려운 상황이라도 불굴의 투지와 열정, 무한도전정신으로 강력 추진했던 그의 정신을 되살려야 할 것이다.

> "무슨 일을 시작하든 된다는 확신 90%와, 반드시 되게 할 수 있다는 자신감 10% 외에, 안 될 수도 있다는 불안은 단 1%도 갖지 않는다."
>
> – 고(故) 정주영, 현대그룹 창업회장

영국의 에디슨이라 불리는 발명가이자 가전기업 다이슨Dyson의 창업자 제임스 다이슨James Dyson은 먼지봉투 없는 진공청소기, 날개 없는 선풍기, 헤어드라이 슈퍼소닉Supersonic 등을 개발한 혁신기업 다이슨의 창업자이다. 제임스 다이슨은 기존의 진공청소기가 필터 때문에 먼지에 자주 막혀 효율이 떨어지는 것을 깨닫고 필터 없는 청소기개발을 위하여 끝없이 도전하였다. 그는 "먼지봉투 없는 진공청소기를 개발하는 과정에서 사이클론 기술(먼지봉투 없는 청소기를

가능하게 한 핵심기술)로 제품을 출시할 때까지 프로토타입(시제품)만 5,127개를 만들었다"고 말했다. 새로운 청소기에 대한 영감이 떠오른 유레카 모멘트Eureka moment(직관적으로 아이디어가 떠오른 순간을 뜻함)에서 시작해 실제제품이 나오기까지는 몇 년이 걸렸고 결국 사이클론 원리를 적용해 먼지봉투 없는 청소기를 만들어내는 데 성공했다. 다이슨Dyson의 성공은 실패를 두려워하지 않는 끝없는 도전과 RDDResearch, Design, Development센터로 대표되는 융합문화 때문에 가능했는데, 이는 시제품을 만들고 버리는 데 전혀 주저하지 않았고, 오직 제품 개발을 위해 6~7년 이상의 기간을 투자하는 도전을 강행했기 때문이다. 또한 1882년 에디슨에 의해 최초의 전기를 이용한 선풍기가 개발되면서 선풍기의 날개를 당연한 것으로 생각하였지만, 날개 때문에 바람이 끊기거나, 청소를 위하여 날개를 분리하는 것이 어렵고, 아이들이 손가락을 넣는 경우 위험하다는 점 등 많은 단점이 있었다. 다이슨 기술자들은 만들어진 지 125년 동안 큰 변화가 없었던 날개 달린 선풍기를 보면서 "왜 선풍기는 꼭 날개를 써야 하지?"란 질문(과제)을 가지고 핸드드라이어 노즐에서 빠르게 흘러나오는 공기가 주변공기를 끌어당겨 바람을 만들어 낸다는 사실을 관찰한 결과 사이클론 기술이 적용된 날개 없는 선풍기Dyson air multiplier를 개발했다. 누구나 선풍기를 사용하고 있고, 선풍기 프로펠러가 위험하다는 것을 알고 있었지만 오직 다이슨만이 방치된 특허에서 창의적인 해결법을 찾아내는 데 도전했다. 다이슨은 지금까지 불편함을

다이슨(Dyson)이 발명한 상품들

당연하게 여기고 개선할 생각조차 못했던 것을 대하는 시각이 달랐기 때문에 실패에 대한 두려움으로 인한 부정적 사고에 빠지기보다 창의적으로 혁신할 수 있는 아이디어에 집중하여 새로운 도전을 통하여 역량을 향상시키고 성장 동력으로 활용하면서 지속적으로 성장할 수 있었다.

일본 최대 IT 회사 소프트뱅크Soft Bank의 회장 손정의孫正義·そんまさよし가 고등학교 1학년을 자퇴하고 홀로 미국으로 건너갔던 당시 열아홉 청년 재일교포 3세 손정의는 다음과 같이 다짐한다. “20대에 내가 선택한 분야에서 이름을 알리고 30대에 1,000억 엔의 사업 자금을 마련하며, 40대엔 승부수를 던지고 50대에 사업을 완성시킨다. 그리고 60대에 다음 세대에게 사업을 물려주겠다” 또 캘리포니아대학을 졸업한 1981년 ‘유니손 월드’를 설립했을 당시 머리에 떠오르는 것은 무엇이든 정리했고 업종을 선택하기 위해 갖가지 조건들을 나열했다. “벌지 못하면 사업을 하는 의미가 없다” “선택한 업계가 앞으로 꾸준히 성장할 것으로 판단되는가” “아무도 생각하지 못한 독특한 사업을 하자” “10년 이내에 적어도 일본에서 정상의 자리에 오른다” “사업성공의 열쇠는 바로 많은 사람을 행복하게 하는 데 있다” 등 25가지에 달했다. 손정의의 인생은 끝없는 도전의 연속이란 말로 요약할 수 있다. 그는 도전정신을 상실한 일본재계에 “보수적인 일본재계는 나를 이상한 사람으로 보기도 하지만 나의 도전정신은 혼다, 소니 등이 가졌던 것이고, 그들은 광기와 같은 열정과 야망으로 미국을 포함한 세계 시장으로 영토를 넓혔다”는 쓴 소리를 던지며 창업가정신을 강조했다. 또 손정의 소프트뱅크 사장은 30년 내에 인공지능AI이 인류의 지능을 초월하는 싱귤래리티singularity(특이점) 시대가 올 것으로 확신하고, 싱귤래리티 시대가 오면 자동차, 의료, 농업을 포함한 다양한 산업이 재再정의될 것이라며, 이 시장을 선점하기 위하여 공격적으로 투자하고 있다. 손정의 사장은 AI와 로봇산업도 플랫폼을 선점한 업체가 생태계를 이끌 것으로 보고 AI와 로봇비즈니스 생태계를 선점한다는 목표를 세웠고, 로봇플랫폼을 구축하기 위하여 자회사인 소프트뱅크로보틱스를 통하여 2014년 말 세계최초로 감정로봇 페퍼Pepper를 출시하였다. 또 소프트뱅크는 2016년 당시 일본기업의 해외인수합병 사례 중 가장 큰 금

액인 320억 달러(약 36조원)를 들여 영국 반도체설계회사 ARM을 인수했다. 모바일 기기 90%에 쓰이는 ARM의 저전력 회로설계 및 사이버 공격에 대비한 보안 소프트웨어 기술이 사물인터넷IoT 시대를 지탱하는 양대축이 될 것이다. 손 회장은 인수에 회의적인 시각을 보이거나 의문을 제기하는 기자, 투자자들에게 "이해가 되지 않을 수도 있겠지요, 바둑으로 치자면 난 50수 앞을 내다보고 있습니다"며 "인생 최대의 베팅을 했습니다"라고 말했다. 모든 사물이 인터넷으로 연결되는 시대에는 전원과 연결될 필요가 없는 초저소비 전력 반도체칩을 대량으로 이용하게 될 것이고, 20년 안에 암ARM이 설계한 반도체가 지구상에 1조 개 이상 뿌려지게 될 것이라 예견한다. 소프트뱅크가 손에 넣은 ARM의 반도체 설계기술은 스마트폰, 태블릿PC 등 모바일 기기는 물론 TV, 자동차, 서버에도 탑재된다. 손 사장은 연결성이 강조되는 싱귤래리티 사회에서 ARM의 가치를 보았고, 소프트뱅크는 직접 로봇·반도체 관련 업체를 인수합병할 뿐 아니라 펀드를 조성해 AI와 로봇, 클라우드 등 정보통신IT 분야 벤처에 투자하며 꿈을 실현해가고 있다. 2016년 7월 소프트뱅크가 ARM 인수를 발표하자 손 사장이 무리수를 던졌다고 생각했기에 소프트뱅크 주가는 10% 넘게 폭락했으나 2017년 7월 15일 기준 소프트뱅크 주가는 인수 이전보다 약 70% 올라 손 사장의 투자저력이 입증되었다.

인간은 도전을 좋아하게 되어있다

> "인간은 도전을 좋아하게 되어 있다. 우리가 안전지대를 벗어나 한계를 밀어붙이고 능력을 최대치로 발휘할 때에만 몰입이 나타나기 때문이다."
>
> – 피터 디아만디스(Peter Diamandis), 〈볼드〉에서

세계 전기자동차 업계 1위 테슬라모터스의 CEO 앨론 머스크Elon Musk는 기후변화와 화석연료 고갈로 현대문명이 붕괴하고 있다고 판단하여, 2003년 세

아마존, 매일 '첫날' 같은 '에브리싱 스토어'

창립자 베조스의 철학 '고객을 기쁘게'…실패 두려워 않고 빠른 결정 '혁신'으로

아마존은 1994년 미국 시애틀 벨뷰 차고에서 전자책 사업으로 출발했다. 1997년 나스닥에 상장할 당시 주가는 18달러(약 2만원)였으나 20년 만에 주가는 1,000달러를 돌파했다. 동시에 제프 베조스 최고경영자CEO는 빌 게이츠 마이크로소프트MS 전 설립자를 제치고 세계 1위 부자에 등극했다. 현재 아마존은 '에브리싱 스토어'로 불릴 만큼 경쟁사가 없는 업계의 공룡이다. 전자상거래 업계 전체를 대표하는 대명사가 될 정도로 성장한 아마존의 철학은 의외로 단순하다. 창립자 베조스는 나스닥에 상장한 1997년부터 매해 주주들에게 서신을 보냈는데 여기에 그의 철학이 고스란히 담겨 있다. 미 IT 전문매체 쿼츠는 이를 중심으로 오늘날 아마존을 만든 성공 전략을 분석했다. 아마존의 저력은 고객중심에서 나오며, 아마존의 로고도 이를 상징한다. 'A부터 Z까지 모든 것을 갖추고 있다'는 뜻과 더불어 '만족한 고객의 미소'를 담고 있다. 1997년 상장한 해 주주들에게 썼던 편지에서 베조스는 "고객을 기쁘게 하는 것은 곧 수익으로 연결된다"며 "장기적으로 고객과 주주의 이익은 일치한다"고 설명했다. '첫날DAY ONE' 정신도 20년간 꾸준한 성장을 가능케 한 동력이다. 첫 연례 서신에서 베조스 CEO는 "우리는 아직도 첫날"이라며 "매일 새로운 마음가짐으로 도전하고 있다"고 밝혔다. 현실에 안주하면 쇠퇴와 죽음이 뒤따른다는 위기의식을 항상 품고 있다는 의미다. 첫날 정신을 뒷받침하는 특징은 빠른 의사결정이다. 마치 스타트업처럼 베조스는 회사가 일정 부분 성장했을 때도 의사결정에 속도를 냈다. 아마존은 모든 것을 장기적으로 계획했다. 첫 주주 서신에서 베조스는 "여기 담긴 모든 내용은 장기적인 전망을 기반으로 한다"고 전제했다. 그가 장기적이라는 점을 강조한 이유는 실패를 수용케 하기 위해서였다. 베조스는 "실패는 혁신으로 이어진다"며 "혁신은 선택사항이 아니다"라고 단언했다. 아마존은 클라우드 서비스인 아마존웹서비스AWS, 아마존의 유료서비스인 아마존프라임 등을 통해 급성장했는데 그때마다 무모한 도전이라는 회의론자들의 지적이 적지 않았다. 베조스는 이를 무시하고 실패를 감수했다. 도전하지 않으면 혁신도 없다는 믿음을 갖고 고개를 숙인 채 자신의 비전을 고수했다. 아마존이 장기적인 관점을 강조한 두 번째 이유는 주가 때문이다. 아마존은 회사주가가 요동칠 때도 일희일비하지 않았다. 2000년 한 해 동안 아마존의 주가가 80% 떨어졌을 때도 베조스는 소매업 15%가 온라인으로 이동할 것이라는 비전을 고수하며 감원을 포함한 비용절감에 나서지 않았고 오히려 세를 확장하며 더 무거운 회사를 만들었다.

계 기후변화에 대한 우려와 함께 환경운동가를 자처하며 전기차 제조회사 테슬라모터스Tesla Motors를 설립하며 전기차 사업에 뛰어들었다. 이를 해결하기 위해서 지속가능한 에너지의 생산과 소비가 필요하다고 생각했고, 그 결과 휘발유나 디젤이 아닌 전기로 구동하는 자동차를 만들어야 한다고 생각하였다. 테슬라모터스는 2006년 출시한 첫 번째 전기차인 2인승 스포츠카 '테슬라 로드스터'는 한번 충전으로 약 400km를 달릴 수 있으며, 그 가속력도 스포츠자동차인 페라리에 버금가는 것으로 평가받았다. 미국자동차 전문지의 알렉스 구티에레스 애널리스트는 "테슬라는 환경을 생각하면서도 사람들이 즐길 수 있는 자동차를 만들 수 있다는 약속을 지켜냈다"고 평가했다. 특히 테슬라모터스가 2012년 6월 출시한 7인승 고급세단 모델S는 미국의 소비자 잡지 '컨슈머 리포트'에서 100점 만점에 99점이라는 사상 최고점수를 받는 등 호평을 받았고, 2017년 말까지 모두 10만 대가 팔리는 성장성에 투자자들은 주목하고 있다. 시장에서는 혁신의 상징인 테슬라의 주가가 한때 제너럴모터스GM를 제치고 미국 자동차업계 시가총액 1위에 오르는 등 자동차 업계의 패러다임이 변화했고, 테슬라의 주가는 2017년초 폭발적으로 상승하며 시가총액이 미국 1위 자동차업체인 제너럴모터스와 동등한 수준까지 증가했다. 머스크는 최근 "세계 배터리공장을 모두 합친 것보다도 더 큰 배터리 공장을 짓겠다"고 선언하며 '기가팩토리' 건립에 열을 올리고 있다. 머스크는 최근 전기차시장 확대를 위해 특허공개라는 승부수를 띄우기도 했다. 전기차가 전체 자동차시장의 1%를 차지하는 데 그쳐 성장의 한계에 직면했다는 지적을 받아왔기 때문에 그 돌파구로 특허공개를 선택한 것이다. 머스크는 "전체 자동차시장에서 1%를 차지하는 전기차분야에서 눈앞의 이익만 생각해 차량개발을 주저한다면 가솔린 차량을 대량으로 만들어내는 업체들에 뒤질 수밖에 없다"며 "특허공개는 전기차산업 발전을 촉진할 획기적 진전이 될 것"이라고 말했다.

"모두가 원하지만 아무도 하지 않은 일에 도전하라."

– 마윈(馬雲), 알리바바(Alibaba)그룹 창업 회장

阿里巴巴 Alibaba.com

세계적인 전자상거래업체 알리바바의 창업가 마윈은 거듭된 수많은 실패를 딛고 1999년 알리바바를 창업했고, 많은 시행착오를 딛고 2014년 알리바바를 뉴욕증시에 상장시켰다. 1999년 창업 당시 18명이었던 임직원이 지금은 4만 명을 넘어섰고, 2018년 1월 기준 알리바바의 기업가치(시가총액)는 5,000억 달러(약 550조원)이다. 그는 원하는 고등학교에 들어가지 못했고, 대학입시에 낙방한 후 호텔 입사면접에 지원했지만, 162cm, 45kg의 왜소한 체격에 얼굴도 호남형은 아니어서 '서비스업에 부적합한 외모'라는 이유로 낙방했다. 호텔 대신 잡지사에 들어가 주경야독으로 삼수를 하여 항저우사범대학 영어교육과에 겨우 합격하였으며 그런 시련의 아픔 속 4번의 실패경험이 마윈을 단련시켰다. 대학졸업 후 입사시험에선 30번이나 낙방한 중에는 패스트푸드 업체인 KFC 매장점원 채용공고나 경찰관 시험에서는 유일한 탈락자였으며, 어렵게 항저우전자공업대학 영어강사로 취업했지만 오래 근무하지 못했다. 1992년 항저우에 '하이보hope translation 번역회사'를 차렸고, 1995년 인터넷 홈페이지 제작을 대행해주는 '황엽China Yellow Page'을 설립했으며, 1997년에는 중국 대외경제무역부와 공동으로 '온라인 중국 상품거래시장' 제작과 사업에 참여했던 실패경험 등 알리바바를 세우기 전에 이미 경험한 3번의 사업실패를 바탕으로 마침내 알리바바를 세울 수 있었다. 또 1999년 알리바바 창업 이후 2014년 뉴욕상장에 이르기까지도 수많은 실패와 우여곡절이 있었다. 창업 후 1단계 도약을 위한 투자자금 조달을 위해 접촉했던 40여 명의 투자자로부터 거절당했고, 그 역경을 딛고 골드만삭스와 손정의 소프트뱅크 회장으로부터 각각 500만 달러(약 57억원)와 2,000만 달러(약 230억원)를 유치할 수 있었다. 그 이후 승승장구하던 알리바바는 미국 실리콘밸리에 연구소를 세웠다가 돈만 날렸고, 또한 준비 없이 '야후 차이나'를 인수하고 검색분야에 진출했다가 결국 포기했다. 이런 실패 속에서 알리바바는 '밖으로 나가기 전에 먼저 내실부터 키워야 한다.' 또 '전자상거래'라는 핵심역량core competence에 집중해야 한다'는 교훈을 얻었다. 이처럼 여러 차례의 좌절과 실패 위에서 오늘날의 마윈과 알리바바로 성장할 수 있었다. 마윈은 '2014년 월드 인터넷 콘퍼런스'에서 "많은 사람들이 알라바바가 성공한 이유에 대해서 묻는다. 사실 1995년 내가 세웠던 황엽이 없었더라면, 그리고 수많은 실패가 없었더라면 우리의 지금은 없었을 것이다. 어떤 큰 나무라도 그 밑에는 자양분이 있기 마련이다. 가장 큰 자양분은 무수히 많은 사람들의 실패에서 나온다"고 강조하였다. 마윈이 실패를 극복하는 방식은 '안 되면 되게 하라' 방식이다. 그는 영어를 잘하겠다는 일념 하에 집근처 관광지 서호西湖의 외국인 관광객들을 매일 만나러 가서 관광 가이드 아르바이트를 했고, 고향 항저우에서 최고의 영어강사로 알려졌으나 수학에 약해 IT(정보기술)와 컴퓨터를 잘 모르지만 '항저우 전자공업대학'의 영어강사로 있는 동안에 전기, 전자, 컴퓨터 분야의 동료교수 및 제자들과 사귀었다. 마윈의 열정과 도전정신에 매료되었던 야후와 소프트뱅크, 실리콘밸리의 인재들도 그를 뒷받침하는 훌륭한 네트워크가 되어 주었다. 부족한 분야는 최고의 인재를 영입하여 최적으로 활용하면 된다는 방식이다. 또한 세상을 놀라게 한 알리바바그룹 마윈 회장은 온라인과 오프라인, 모바일, 인공지능을 결합한 새로운 플랫폼으로 2017년 11월 11일, 광군절single's day, 光棍節 ▲하루 매출 28조 3,000억, ▲1초당 25만 건 주문결제, ▲2016년 매출 대비 40% 상승이라는 엄청난 결과물을 세상에 내놓았으나 그의 도전은 아직 끝나지 않았다. 그는 실생활에 널리 적용되는 빅데이터와 같은 '데이터 테크놀로지'가 새로운 도전과 기회를 가져온다고 주장한다. 다섯 가지 핵심기술을 짚어보고 미래를 전망하는 책 〈마윈, 내가 본 미래〉에서 마윈이 말하는 다섯 가지는 온·오프라인과 모바일, 인공지능을 결합한 '신유통', 개성과 맞춤이 강조되는 '신제조', 데이터 기반 신용체계 '신금융', 인터넷과 빅데이터의 융합 '신기술', 데이터 주도형 혁명 '신에너지' 등과 연관된 핵심전략이다. 마윈은 한 치 앞도 내다볼 수 없을 정도로 빠르게 변하는 이 시기에 불가능해 보이는 일들을 현실로 만들어내며, 아마존을 추격자로 전락시키고, 수많은 업계에 충격을 주면서 기존산업의 붕괴로 이어질 수 있다는 엄청난 두려움을 안겨주고 있다. 마윈의 좌우명 "영원불방기永遠不放棄는 절대로 포기하지 않는다"는 의미의 중국식 표현이다. 또 그는 "순간적인 정열은 무의미하고 지속되는 열정만이 비즈니스가 된다"는 말도 남겼다.

Chapter 12

창업가정신entrepreneurship과 한강의 기적

1. 전쟁 폐허 속의 한강의 기적奇蹟, miracle

한국은 1945년 해방을 맞으면서 35년의 일제강점기를 마감하였고, 혼란 속에 발발한 한국전쟁(1950.6.25)이 1953년 7월 휴전되었을 때 국토가 황폐화된 세계최빈국이었다. 일제강점기에는 땀 흘려 농사를 지었더라도 일본에 의한 지독한 수탈 때문에 한국인의 열성과 성취욕은 바닥이었고, 1950년대 전쟁의 폐허에서 벗어나려는 생존욕구는 강했지만 본래 부존자원, 자본, 기술, 인재 어느 것 하나 없었던 열악한 환경 속에서 빈곤의 악순환을 벗어나지 못하여 집집마다 굶주림을 겪었고, 수출은 연 1억 달러도 안 됐으며, 그나마 주요 품목은 흑연·중석 등 원자재와 오징어·김·가발 등이었다. 당시 종군기자로 왔던 영국의 타임지*The Times*의 기자는 "대한민국에서 민주주의의 꽃이 핀다는 것은 쓰레기통에서 장미가 피어나기를 바라는 것과 같다"며 한국의 미래를 절망적으로 보았고, 한국전쟁 당시 UN군 사령관이었던 한국전쟁영웅 맥아더MacArthur 장군마저 "대한민국이 전쟁에서 회복되려면 최소한 100년은 걸릴 것"이라고 했을 정도로 암담한 시대였다. 당시 미국의 구호물자를 받고도 보릿고개를 넘기 어려운 사람들이 대다수였으며, 1960년대 들어서야 미국의 원조를 기반으로 사회기반시설을 갖추기 시작하였다. 1961년 5.16 군사혁명에서 출발한 당시 군사정부는 1962년 시작된 경제개발 5개년 계획을 추진하면서 경제성장에 정책적 인센티브를 제공하였고, 고통 속 흘린 땀에 대한 성공적인 결과가 나타나면서 배고픈 정신력hungry spirit이 '하면 된다can do spirit'의 도전정신으로 전환되었다. 1964년 경제정책의 중심을 수출로 전환하여 시멘트·비료·정유·철강 등 다른 산업의 바탕이 되는 공장들이 세워지면서 일자리가 늘어났고, 국민들은 굶주림에서 어느 정도 벗어나고 경제성장의 발판이 되었다. 1995년 노벨경제학상을 받은 거시경제학의 대가 미국 시카고대 로버트 루카스Robert E. Lucas, Jr. 교수는 〈기적 만들기Making a miracle〉라는 논문에서 1960~88년 한국경제의 고속성장을 '기적'이라고 불렀고, 세계적 석학 프랜시스 후쿠야마 교수(미 존스홉킨스 대학)는 "한강의 기적이 민·업·정民業政의 신뢰구조가 있어 가능했다"고 분석했다. 1960~70년대 고속성장 시대에도 농촌과 도시, 부자와 빈자貧者 간의 갈등요소들이 있었지만, '잘 살아보자'는 명확한 비전을 이끌어낸 리더십에 따라 노동자와 기업과 정부가 서로를 신뢰하면서 각자의 몫을 다해냈고, 그 신뢰의 협력시너지가 오늘날 세계 10위권의 경제대국을 만든 바탕이 되었다. 2차 세계대전이후 독립국 가운데 산업화와 민주화에 모두 성공한 민주주의에 기반한 한국의 시장경제는 기업가나 근로자의 창의성을 촉발해 혁신을 낳고, 그 혁신이 지속적으로 성장엔진을 돌리는 기폭제 역할을 하였다. 또 문화학자 헌팅턴Huntington의 저서 〈새뮤얼 헌팅턴의 문화가 중요하다〉에 따르면, "1990년대 초 나는 가나와 한국의 1960년대 초반 경제자료들을 검토하였는데, 1960년대 당시 두 나라의 인구, 국토, 생산기술, 공산품, 해외원조액 등 경제상황이 아주 비슷했다는 사실을 발견하고서 깜짝 놀랐다. 30년 뒤 한국은 세계 14위의 경제규모를 가진 산업강국으로 발전한 반면 가나의 1인당 GNP는 한국의 15분의 1 수준이었다"라고 밝혔다. 이처럼 두 나라 간의 소득수준 차이를 가져온 원인에 대하여, 헌팅턴은 그것을 문화의 차이라고 설명하면서, 한국인들은 정말 열심히 일하고, 열심히 공부하고, 잘살아보자는 의욕이 넘치는 문화강국이지만 가나는 그런 문화가 없었다고 설명하였다. 보유자원이 거의 없는 상황에서 '한강의 기적'을 이룬 한국의 성장동력은 '사람(인재)'과 '성공하려는 의지'였고, '정보기술IT 강국'으로 성장한 한국경제의 원동력은 끊임없는 도전과 혁신이었다. 우리 국민들은 자본과 자원, 기술마저 없었지만 온종일 노동과 잔업·야근 등 지문이 닳도록 일했고, 목표달성을 향한 집중력과 위험을 무릅쓴 도전으로 일군 눈부신 성과는 근면·검약·성실·교육으로 '가난을 극복하겠다는 의지'와 '하면 된다'는 자신감이 충만했기에 가능했다. 또 한국경제연구원에 따르면 경제개발계획이 추진되기 직전인 1961년도 한국의 1인당 GDP(국내총생산)는 91.6달러, 필리핀은 260.2달러였으나 그로부터 50여 년이 지난 시점에 대한민국은 후진 농업국가에서 근대적인 산업국가로 기적처럼 성장하면서, 2009년에는 한국 17,078달러, 필리핀 1,752달러(자료: World Bank)가 되었고, 2017년 10월 기준 한국 29,730달러, 필리핀 3,022달러이다(IMF 자료). 이제 한국은 필리핀을 포함해 많

한강의 기적과 기업가정신

현대중공업 선박제조장에는 '우리가 잘되는 것이 나라가 잘되는 일이며, 나라가 잘되는 것이 우리가 잘될 수 있는 일이다'라는 구호가 걸려 있다. 1983년 2월 10일 삼성 반도체 회의에서 이병철은 "반도체사업은 국가적 견지에서 하는 것"이라고 공표했다. 과거 기업가들은 나라를 우선시하는 사업보국 정신으로 기업을 키웠고, 우리나라 경제를 발전시키는 데 이바지했다. 그 결과 세계적 기업 삼성전자, 현대 등이 탄생했다. 한국경제는 1945년 해방 당시 35달러에 불과했던 국민소득이 2014년 2만 8,739달러를 기록할 만큼 놀랍게 성장했다. 한강의 기적이라 불리는 한국경제의 성장은 정부가 경제정책을 만들어 육성했지만, 그것을 실행한 주체는 기업, 기업인이었다. 기업가들은 일제하에 민족자본으로 기업을 일으켰고, 해방 후 그들은 '공업화만이 살길'이라고 외치며 공업화의 길로 매진했다. 1980년대 우리나라의 중화학공업은 수출중심으로 발전했고, 정부가 '작은 나라 큰 기업'이라는 전략으로 기업과 함께 경제를 이끌었다. 그 모든 움직임은 '기업가정신'이 동력이 되었다. 한국 기업가들은 독특한 기업가정신을 발휘하며 기업을 키웠다. 일제하에서는 독립운동을 하는 심정으로 기업을 키웠으며, 한민족의 배움을 위해 학교를 설립하거나 장학금을 지급해 인재양성에 나섰다. 해방 후에는 사업을 통해 신생조국을 부강한 나라로 발전하는 데 기여하고자 애썼다. 삼성 창업주 이병철, 현대 창업주 정주영, LG 창업주 구인회, 코오롱 창업주 이원만, 한진그룹의 조중훈, 기아의 김철호 등이 그 기업가들이다. 그들은 박정희 정부 시절, 외자도입형 공업화 전략, 보세가공무역, 중화학공업, 수출제일주의, 울산공업단지, 수출자유지역, 종합상사제도 등을 제안해 경제발전을 이끈 일등 공신이었다.

은 아시아인들이 코리안 드림을 이루기 위해 동경하는 나라가 되었다.

저개발 농업국 상태에서 50년도 되지 않아 선진공업국으로 도약한 한국경제의 발전과정은 놀라움 그 자체다. 부존자원은 물론이고 산업 인프라도 없고, 자본과 기술, 인재와 경험도 없는 척박한 상태에서 철강, 정유·화학, 기계, 전기·전자, 자동차, 조선 등 거의 모든 제조업분야에서 국제경쟁력을 갖춘 나라로 발전한 것은 기적miracle이라고 하지 않을 수 없다. 인류 역사상 이런 경제기적을 창출할 창업가정신은 과거는 물론 앞으로도 없을 것이라고 한다. 암울하던 대한민국이 일제억압과 한국전쟁이라는 역사의 아픔을 딛고 경제·정치·사회적 발전을 이룩한 성장동력은 교육받은 똑똑하고 성실한 국민이 있었기에 가능한 일이었고, 반세기 만에 세계 10대 경제대국으로 부상한 것도 그 바탕엔 우리 기업인들이 보여준 불굴의 혁신의지, 도전정신, 열정 등의 창업가정신이 깔려 있었기 때문이었다. 우리나라에서 창업가정신이 왕성했던 제1세대는 1960~70년대다. 지금 한국경제를 선도하는 대기업들은 국가지도자의 비전과 리더십 아래 창업가정신을 바탕으로 당시의 어려운 여건 속에서 새로운 기회를 현실로 바꾼 주역들이다. 한국이 지난 50년간 전 세계에 사례가 없을 정도로 탁월한 창업가정신을 발휘할 수 있었던 것은 한마디로 '성취욕과 성공체험의 선순환' 때문이었고, 높은 성취욕을 바탕으로 도전하고 성공적인 결과를 얻어내게 되자 긍정적 피드백의 사이클이 가속화되었다. 우리 기업들은 숱한 위기를 겪으면서도 외환위기에도 살아남았고, 글로벌 금융위기를 이겨내는 등 오뚝이처럼 다시 일어서는 저력 있는 기업들 때문에 한국경제도 글로벌 위기 때마다 고비를 넘길 수 있었다. 제3공화국 경제개발 5개년 계획 입안과 집행에 직접 참여한 오원철 전 경제수석 비서관은 "당시 자본과 기술 및 경험 등 아무런 밑바탕이 없는 불모의 상태에서 오로지 공업국가로 입국해야 한다는 지도자의 과감한 관점의 전환과 더불어 온 국민의 성공에 대한 강한 믿음과 의지가 있었기 때문에 기적적인 경제적 성과가 가능했다"며 경제개발 5개년 계획은 모든 자원과 의지를 하나로 모아 높은 국가적 효율성을 발휘한 유용한 수단이었다고 밝혔다. 또 한국경제사 전문가인 이영훈 교수는 "1960~80년대 한국경제를 이끌었던 '박정희 경제성장 모델'은 단순한 정부주도형이 아니라 국제환경과 한국전통에 조응(현상의 앞뒤가 서로 일치하게 대응)한 정부·기업·민간의 상호 유인적 협력체제였다"고 평가하면서 박정희 모델에는

국가적·개인적 관점에서 '국민다수의 자발적 협력'이 있었다고 강조했다.

박정희 대통령은 국가차원의 경제개발을 국가의 최우선 과제로 삼고 순차적인 경제개발에 착수하였으며, 가난과의 전쟁을 선포한 1961년 11월 26일 '성장률 7.12%' '식량자급' 등 제1차 경제개발 5개년 계획을 발표했는데 당시 경제개발 목표의 핵심은 자립경제의 달성을 위한 기반구축이었다. 자본도 자원도 없이 맨손뿐이었지만, 한국에 값싸고 질 좋은 노동력만은 풍부했기 때문에 경제개발의 기본전략을 수출주도형으로 완전히 바꾸면서 공업제품의 수출이 크게 늘었다. 안으로는 강력한 수출드라이브 정책을 수립하여 머리카락을 잘라 가발을 만들어 수출하거나 봉제공장을 차려 점퍼와 바지를 가공·수출하였다. 당시 수출액인 1천 400만 달러로 시작해 1964년 11월 30일 1억 달러 수출달성 기념행사를 치르면서 대통령이 감격의 눈물을 흘렸다고 한다. 당시 박정희 대통령은 전후 폐허상태의 대한민국이 경제강국이 되는 데 기반을 디뎠고, 재임기간 동안 경부고속국도 건설, 중화학공업 우선 육성, 저축장려, 농어촌의 소득향상과 도시발전을 위한 새마을 운동 등 인프라구축과 급속한 경제발전을 이룩하였다. 해외에서 높은 평가를 받는 새마을운동이 정작 해외에 수출되어서는 거듭 실패하는 것을 볼 때 박정희 대통령이 발로 뛰면서 기업들을 관리했던 시스템관리와 실행의 중요성을 알 수 있다. MIT의 경제학자 앨리스 앰스덴Alice H. Amsden은 한국이 다른 국가와 달리 국가주도 산업화에 성공할 수 있었던 가장 큰 이유로, "정부가 기업에게 여러 가지 도움을 주면서 국가가 요구하는 일정수준의 성과를 내지 못하면 지원을 끊는 지원과 징계메커니즘을 활용하였기 때문"이라고 분석했다. '한강의 기적'으로 불리는 이 시기의 고도성장은 지도자의 정확한 방향설정과 국민들의 성실한 노력이 결합돼 만들어진 성공적인 케이스이다. 특히 인적자원 외에는 사실상 아무것도 없는 상태에서 선진공업국으로 도약한 데에는 개발연대 창업 1세대의 창업가정신이 절대적인 역할을 했다. 불모지不毛地 환경에서 무모할 정도로 도전하고, 온갖 시련을 혁신적인 발상으로 극복하면서 성공에 이른 과정은 삼성, 현대, LG, SK, POSCO 등 수많은 창업 1세대들의 창업가정신이 견고한 바탕 덕분이었다. 특히 한국산업의 발전과정은 삼성을 창업한 이병철은 인재제일주의를, 현대의 정주영은 생산의 혁신을, 포스코POSCO의 박태준 회장은 무에서 유를 창조하는 도전정신을, LG의 구인회는 인화모델을 토대로 한 그들의 도전과 성취의 창업가정신이 바탕이었다고 할 수 있다. 특히 현재 대한민국이 경제강국으로 부상할 수 있었던 원동력은 이들 1세대 창업자들 기업경영의 근본을 이윤동기 외에 사업보국과 같은 공동체적 가치에 연결하고 불가능을 가능케 하는 도전과 혁신적인 창업가정신으로 무장했기 때문이었다. 이 같은 대한민국 창업 1세대의 창업가정신은 이미 존재하는 생산요소들을 새롭게 해석해 신제품을 만들거나 또는 혁신적인 방식으로 재결합해 부가가치를 높이는 차원이 아니라 자본, 기술, 주변 인프라, 경험과 같은 주요 생산요소가 부족한 상태, 즉 사실상 빈손으로 산업을 만드는 도전과 열정 그리고 창조정신이었다. 1973년 1월 정부는 중화학공업육성 계획을 발표했는데, 이 계획은 철강, 비철금속, 기계, 조선, 전자, 화학 공업을 6대 전략업종으로 선정하여, 향후 8년간 88억 달러 자금을 투입해 1981년까지 전체공업에서 중화학공업이 차지하는 비중을 51%로 높이고 1인당 국민소득 1,000달러, 수출 100억 달러 목표를 달성한다는 야심찬 그림이었다. 1975년에 준공된 현대조선소는 첫해에 흑자를 달성했고, 대한민국의 수출 100억 달러 목표도 계획보다 4년을 앞당겨 1977년에 달성했으며, 중화학공업화에 거액을 투자한 효과는 1973~1979년 한국경제를 고도성장하는 데 핵심역할을 했다. 기계공업 부문에서는 실적이 부진했지만 제조업은 연평균 16.6%라는 경이로운 성장을 달성했다. 주요 선진국들에서는 한국의 공업구조 변화와 구조개혁에 대하여 "영국에서 산업혁명 이후 100년에 걸쳐 실천한 것을 한국에서 불과 10년 만에 실현했다"고 감탄하였다. 이것이 가능했던 이유는 경쟁국 기업을 넘어서지 못하면 부가가치가 낮은 상품을 수출해야 하는 현실을 극복하지 못한다는 절박함이었다. 또 다른 국가, 기업들보다 높은 목표를 설정하고, '성공하지 못하면 내일은 없다'는 자기최면을 걸고는 민관民官의 협력과 리더십이 더해졌다. 이는 ① 해야 한다는 사명감, ② 할 수 있다는 자신감, ③ 해내고야 말겠다는 도전정신, ④ 같이 잘살아야 한다는 동반정신 등이 바로 창업가정신의 핵심이었던 것이다. 〈새로운 사업의 기원과 발전〉의 저

광복 70년… 세계가 놀란 '한강의 기적'

올해는 대한민국 광복 70주년이다. 광복光復은 주권, 즉 민족 고유의 주체성을 회복했다는 뜻이다. 35년이라는 기나긴 일제의 억압과 탄압에서 벗어나 스스로를 다스리고 자주적 국가건설을 시작했다는 의미다. '한강의 기적'은 광복 70년 대한민국 경제 발전을 보여주는 상징어다. 2014년 한국의 국내총생산GDP은 1조 4,104억 달러로 세계 13위다. 실질 GDP는 1953년부터 2014년까지 연평균 7.3%씩 성장했다. 60년 남짓에 GDP는 3만 배 이상 급증했다. 수출만으로는 세계 6위 국가다. 광복 이후의 슬로건 '수출입국'이 현실화된 것이다. 광복 70년은 인구, 수명, 교육, 문화 등 삶의 전반에 엄청난 변화를 가져왔다. 국력을 뒷받침하는 인구는 불과 60여년 만에 두 배로 늘었다. 1952년 3만 명에 불과했던 대학생은 2014년 210만 명을 넘어섰다. 1947년 3만 7,000명에 그쳤던 유선전화 가입자는 현재 전체 인구에 육박하는 4,700만 명을 넘고, 1982년 300명이던 이통통신 서비스 가입자는 5,000만 명을 돌파했다. 한류韓流는 대한민국이라는 좁은 땅을 넘어 전 세계로 확산 중이다. 특히 창의, 혁신, 도전의 기업가 정신은 한국을 경제대국에 올려놓은 일등공신이다. 물론 모든 여정이 순탄치만은 않았다. 이승만 대통령이 단행한 토지개혁은 시장경제의 기초를 무너뜨리지 않으면서 정부가 취한 최선의 경제개혁이었다. 이승만 정부의 유상몰수 유상분배의 토지개혁으로 대한민국은 근대화·공업화의 길로 들어설 수 있었다. 이 대통령은 의무교육을 실시해 근대화에 필요한 인적자본을 길렀다. 오늘의 대한민국은 70년 전 지도자의 선택으로 자유민주주의와 시장경제라는 두 마리의 토끼를 모두 잡은 나라가 됐다. 광복 70년은 분단 70년이다. 이는 역사의 아이러니며, 한민족의 아픔이다. 진정한 광복은 한반도 분단을 극복하고 평화적 통일을 이루는 것이다. 광복은 아픔의 뒷면이다. 남만을 탓하는 역사는 다시 반복된다. 스스로의 힘을 키워 세계의 중심에 우뚝 서야 광복은 완성된다.

자인 미국 컬럼비아대 아마르 바히데Amar Bhide 교수는 "한국경제의 기적은 수출주도의 경제성장과 최첨단 기술제품으로 가치사슬을 상향 이동한 결과라며 그 바탕에는 창업가정신이 투철한 기업인들의 큰 활약이 있었다"고 말했다.

창업가정신은 지역이나 문화에 따라 차이가 있으며, 사람들이 어떠한 문화적 환경 속에서 성장했는가에 따라 사회적 성향이 다르게 나타난다. 한국의 창업가정신은 우리만의 특수한 역사·문화·환경 속에서 형성된 후천적 차별성과,

이것이 인간의 고유한 속성과 병존하면서 발현된 것이었다. 우리 경제의 주역인 삼성그룹의 출발은 이병철李秉喆이 1938년 3월 대구에서 세운 삼성상회로 당시 자본금 2만원에 설립해 대구 특산품인 사과와 동해 건어물을 중국·일본·동남아시아 등으로 수출했고, 국내에서는 농산물을 가공해 판매했다. 삼성은 1980년대 말까지 경영이념으로 사업보국, 인재제일, 합리경영을 내세웠고, 이후 1990년대 들어서는 "인재와 기술을 바탕으로 최고의 제품과 서비스를 창출해 인류사회에 공헌한다"로 업그레이드upgrade하였다. 삼성은 80년 동안 시대흐름에 따라 다양한 분야로 사업영토를 넓힌 결과 삼성을 모태로 분리된 CJ그룹은 식품과 생활용품, 엔터테인먼트 사업에서 국내 최고기업으로, 신세계 그룹은 유통사업에서 일등기업으로, 한솔그룹은 제지산업에서 국내 최고자리를 지키고 있다.

한편 현대그룹의 창업자 고故 정주영 회장의 "이봐, 해봤어?"는 도전과 혁신이라는 창업가정신을 한마디로 압축한 상장단어가 되었다. 정주영 회장의 신화와 같은 스토리는 경부고속도로와 소양강댐 건설 이야기, 미국의 반대를 이겨내면서 1974년 자동차 독자모델 '포니Pony'를 만들어 성공시킨 이야기, 조선소를 짓기도 전에 영국의 바클레이은행에서 거북선 그림이 있는 500원짜리 지폐를 들고 "우리나라는 영국보다 300년 앞선 1500년대에 이미 이런 철갑선을 만들었다"면서 설득해 차관을 도입하고 그리스 선박회사로부터 유조선 건조계약을 체결한 이야기, 1974년 6월에 조선소 건립과 동시에 2척의 배를 성공리에 진수해 세계조선사史에 전무후무의 기록을 세운 이야기, 1984년 폐유조선을 이용해 서산방조제 물막이 공사를 마무리한 이야기, 일본에 밀려서 다들 안 될 거라던 88 서울올림픽을 성공리에 유치했던 이야기 등등 영웅적 서사시와 같은 사례들이 넘쳐난다. 이 같은 기적의 근간인 창업가정신은 경제발전과 사회발전에 가장 핵심요소이다. 산업화에 필요한 기술과 자본, 부존자원이 부족했어도 선진국 반열에 오를 수 있었던 것은 진취적인 창업가정신이 왕성하게 발현되었기 때문이다. 정주영의 선택과 이 선택이 한국경제의 산업혁명으로 연결될 수 있도록 여건을 만들어 준 박정희시대의 산업화전략은 한국경제 근대화의 일등공신이라 할 수 있다.

대한민국 경제기적의 원천 중 핵심요소

기적의 최종열쇠: 한민족의 DNA

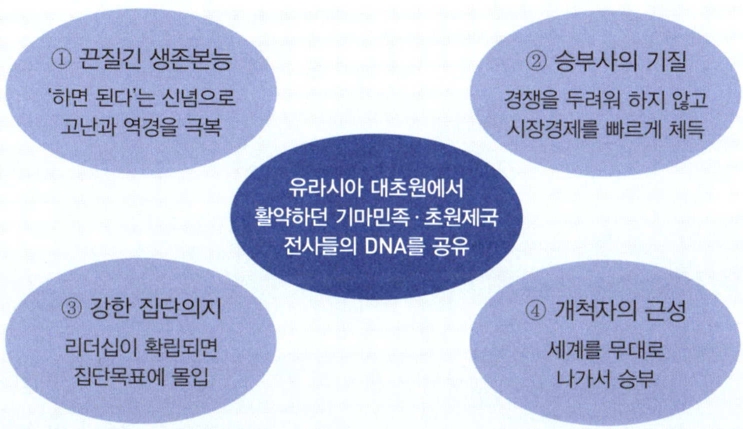

▲ 기적의 최종열쇠: 한민족의 DNA

대한민국 경제기적의 원천 중 가장 핵심적인 요소는 한국인의 DNA다. 첫째, 한국인은 끈질긴 생존본능의 주인공이다. 한국인은 포기하지도 않았고, 두려워하지도 않았다. '하면 된다'는 구호 하나로 일어섰다. 둘째, 한국인은 승부사 기질이 강하다. 경쟁이란 그 성격상 패배에 대한 두려움이 따르기 때문에 사람들에게 불편하고 심적 부담을 주게 마련이다. 그래서 가급적 경쟁을 하지 않으려는 것이 인간 특성이지만 한국인은 해야 할 경쟁이라면 기꺼이 받아들인다. 수출시장에서 세계 기업과의 경쟁은 더 치열하다. 그래서 한국인들은 부지런할 수밖에 없다. 셋째, 한국인은 강한 집단의지의 소유자다. 외국인은 설문조사에서 리더십이 확립되었을 때라는 전제가 있다면 단결심을 한국사회의 장점으로 손꼽고 있다. 크고 작은 무수한 집단에서 리더십에 의해 강한 집단의 힘이 실현돼 오늘의 대한민국 경제를 일궈 낸 것이다. 넷째, 한국인은 특유의 개척자 근성을 가지고 있다. 미국인들의 57%가 평생 자기가 태어난 주에서 산다고 한다. 우리는 누구든지 자식들을 더 큰 곳으로 보내 공부시키고 성공시키려 한다. 자식이 고향을 떠나 사는 것을 자랑스럽게 생각하기 때문에 해외유학 인구비율이 전 세계에서 압도적으로 높다.

– 인사이트코리아, 역경 뚫고 잿더미에서 일어선 한민족의 독특한 특성, 2017.4.4.

2. 한국경제의 경이로운 성장과정

한국은 1964년 수출 1억 달러 수준에서 1977년 수출 100억 달러 달성에 이르기까지 수출은 국가의 목표이자 생존전략이었다. 견고한 나라를 세울 종자돈 Seed money을 마련하기 위하여 1964년 월남에 군대를 파견하여 미국으로부터 경제원조를 얻어내고 병사들 월급으로 외화를 벌어들였고, 서독파견 광부와 간호사의 월급을 담보로 서독정부로부터 미화 3천 500만 달러의 차관(현재 420여억 원에 해당)을 도입하여 국가경제발전의 기반인 경부고속도로를 건설하고 다목적 댐을 건설하면서 항만, 통신, 철로 등의 사회간접자본의 확충과 산업화를 이룰 수 있었다. 제4차 경제개발 5개년 계획이 끝난 1981년까지도 국민들을 하루 12시간씩 일했고, 평균 경제성장률은 60년대 7.7%, 70년대 8.6%, 80년대 10.1%를 이룩했다. 사회기반시설을 갖추기 시작하면서 1962년 제1차 경제개발 5개년 계획을 시작으로 불과 20여 년 만에 세계가 놀랄 만한 경제성장을 이루어 1인당 국민소득은 1962년 87달러에서 1979년 1,693달러로 20배 가까이로 증가했고, 국내총생산GDP은 23억 달러에서 640억 달러로 무려 28배로 성장하였다. 또 2011년 기준 GDP는 1조 1,164억 달러로 반세기 만에 480배가 넘는 경제성장을 이루어 낸 한강의 기적은 바로 1960~70년대의 경이로운 경제성장의 상징적인 단어가 되었다. 이런 결과는 당시 지하자원이 거의 없고 자본마저 바닥인 척박한 상태에서 오직 기업인들은 불굴의 도전정신으로 산업을 일으키고 기업을 키웠기 때문에 얻은 찬사라고 할 수 있다. 당시 자원은 절대 부족한 반면 다행히 양질의 저임금 노동력은 상대적으로 풍부했던 한국이 중간재를 수입해서 대량으로 조립·가공해 수출하는 가격경쟁력이 우수한 가공무역방식의 수출주도형 성장전략과, 시행착오를 줄이기 위해 산업화에 성공한 나라들의 경험을 모방하는 따라잡기Catchup전략 및 빠른추격자Fast Follower 전략을 선택했던 것이 주효했다. 이는 선진국에 비해 제품경쟁력이 낮았던 자동차나 가전 등의 수출을 가능하게 하였고, 선진국의 경험을 모방해 시행착오를 최소화하는 일명 빠른 추격자Fast Follower 전략으로 주력 산업(반도체·자동차·철강 등)의 초석을 다질 수 있었다. 이런 수출주도형 성장전략은 결국 한강의 기적을 이루는 토대가 되었다. 한국경제연구학회장 서강대 이인실 교수는 저서 〈시크릿! 한국경제 성장엔진 5(2013)〉에서 반세기 만에 GDP 34.5배 성장으로 전 세계를 깜짝 놀라게 했던 한국경제의 성장비밀을 밝혔다. 이 교수는 이 책을 통해 '한강의 기적'을 이룬 대한민국만의 독특한 성장엔진 5가지를 분석하고, 이 성장엔진을 업그레이드하여 저성장이 고착화되고 있는 지금의 한국경제에 적용하면 새로운 경제 성장의 기회를 찾을 수 있다면서 한국경제 다섯 가지 성장엔진을 다음과 같이 설명하였다.

우수하고 근면한 노동력 Labor 전쟁 통에도 우리나라 사람들은 교육에 대한 열의가 대단했다. 이러한 교육열은 우수한 노동력을 키웠다. 가정경제를 책임지며 동생들을 뒷바라지했던 여성인력과 새벽부터 별을 보고 나가 해 떨어질 때까지 낮과 밤을 가리지 않고 일하던 남성인력들을 양산했고, 그렇게 벌어 키워낸 아들딸들은 우수한 인재들이 되어 다시 한국 산업 발전의 초석이 되었다.

신속한 자본 투입 Capital 한국전쟁이 끝나고 미국의 원조금을 산업 발전을 위해 쓴 뒤로도 정부는 끊임없이 자금을 모아 투자하고 재분배했다. 정부는 조선업, 제철업, 종합기계, 석유화학을 한국경제의 4대 핵심산업으로 선정해 추진했다. 맨땅에 헤딩하듯 시작한 산업들은 지금의 한국경제를 만든 핵심산업이 되었다.

기술의 진보 Technology 미국의 원조금을 공장건설에 투자했고, 기술인력들을 키우기 위해 해외 파견교육을 했으며, 해외에서 활약하고 있는 과학기술인력들을 데려왔다. 한국과학기술연구원이 세워지고 민간주도의 기술개발 시대가 열렸다. 과학과 전자산업 분야가 발달하면서 기술은 저절로 진보하게 되었고, 이는 산업 성장의 동력이 되었다.

강력하고 실천적인 리더십 Leadership 1960년대에 경제개발 5개년계획을 세워 국토개발, 중화학공업 활성화, 과학기술 발전, 새마을운동 등을 일으키며 빠르게 한국경제 발전을 이룩했던 박정희 대통령의 리더십이 있었다. 척박한 조선업에 도전해 세계 1위의 조선업으로 수출산업을 발전시킨 현대중공업의 정주영의 리더십, 투철한 창업가정신으로 설탕공장에서 시작해 이제는 세계적 전자기업으로 산업의 핵심이 된 삼성의 창시자 이병철의 리더십 등이 한국경제를 이끈 주역이었다.

한국인 특유의 문화와 DNA Culture 한국 사람들의 급한 성미는 '빨리 빨리' 문화가 되어 여러 산업의 동력이 되었다. 섬세함을 요구하는 젓가락 문화 역시 의학과 예술분야에서 뛰어난 자질로 나타났다. '흥'이 많은 한국 사람들의 기질, 유목민의 후예로서 땅을 정복하려는 한국인의 DNA도 여러 산업분야에서 세계로 뻗어나가려는 움직임의 원천이 되었다. K-POP과 한국 스마트폰이 그 사실을 말해준다.

'한강의 기적' 경제개발 5개년 계획 한눈에 본다

세계 최빈국을 반세기 만에 국민총생산 세계 13위의 경제강국으로 만든 '한강의 기적', 우리나라 경제발전사를 한눈에 보여준다. 행정자치부 국가기록원은 광복 70주년을 맞아 1950년~1990년대 경제개발계획을 담은 '기록으로 보는 경제개발 5개년 계획' 자료를 국가기록원 누리집(www.archives.go.kr)에서 공개한다.

▲제1차 계획(1962~1966년)은 '자립경제 달성을 위한 기반구축'을 목표로 기간산업확충과 사회간접자본 충족, 수출증대, 기술진흥, 국토보전과 개발 등 계획을 담고 있다. ▲2차 계획(1967~1971년)은 '산업구조의 근대화, 자립경제 확립 촉진'을 목표로 화학과 철강, 기계공업 건설, 식량자급, 과학과 경영기술 진흥을 계획했다. ▲3차 계획(1972~1976년)은 '성장, 안정, 균형의 조화'를 추구하면서 산업구조의 고도화, 국제수지 개선, 지역개발을 목표로 했다. ▲4차 계획(1977~1981년)은 '성장·형평·능률', ▲5차 계획(1982~1986년)은 '안정·능률·균형', ▲6차 계획(1987~1991년)은 '능률과 형평을 토대로 한 경제선진화와 국민복지 증진', ▲7차 계획(1992~1996년)은 '21세기 경제사회의 선진화와 민족통일 지향'을 목표로 작성됐다. 신경제 5개년 계획(1993~1997년)은 '선진 경제권 진입과 통일에 대비한 튼튼한 경제건설'을 목표로 했다. 이러한 계획과 국민의 단결된 노력 아래 1962년 1명당 91달러이던 국민소득은 2014년 2만 8천 180달러로 300배 이상 늘었다. 국가기록원은 "우리나라가 가난의 굴레를 벗어나 비약적인 경제성장을 이룩하는 데 크게 기여한 경제개발계획 관련 기록을 통해 광복 70주년의 의미를 짚어보는 계기가 되길 바란다"고 밝혔다.

– 연합뉴스, 2015.8.10.

한국의 1인당 GDP 상승률과 기여요인 분해 (단위: %)

기간	실질성장률	생산가능인구	경제활동참가	생산성 증가	인적자본	자본 심화
1960~1970	5.0	−0.1	1.2	0.8	2.2	1.0
1970~1980	7.4	1.3	−0.3	1.2	1.9	3.0
1980~1990	8.6	1.1	1.1	3.7	1.7	0.8
1990~2000	6.0	0.3	0.2	2.3	1.2	1.9
2000~2010	3.9	0.1	0.2	2.2	0.8	0.5
2010~2014	2.5	0.1	0.8	0.5	0.9	0.3
전체	5.9	0.5	0.5	1.9	1.5	1.3

자료: 월간 신동아, 소득주도 성장의 혁신친화성에 대하여, 2017년 11월호.

반세기 동안 대한민국의 급격한 경제성장을 상징하는 '한강의 기적'은 6·25 전쟁 이후부터 국제통화기금IMF 사태 이전까지, 반세기 동안 대한민국경제는 짧은 기간 세계 최빈국에서 명실상부 경제강국으로 성장했다. 2017년 국내총생산GDP은 1조 4,981억 달러로 1953년 대비(13억 달러) 무려 약 1,100배를 넘었다. 대한민국 경제의 발전은 지난 1950년대부터 시작된 산업구조 재편이 출발점이다. 삼백산업부터 반도체까지, 세계사에 기록될 경이로운 경제사이지만 명과 암은 분명했다(이지경제, 2017.9.11).

1950~60년대(복구) 대한민국은 1950년 6·25 전쟁을 겪으며 국가 경제력을 완전히 상실했다. 공보처에 따르면 1953년 휴전 당시 6·25전쟁 총 피해액은 국민 총생산의 85%에 달했다. 이에 정부는 1차 산업에 해당하는 소비재산업 복구에 공을 들였다. 미국 등으로부터 생활필수품 생산에 필요한 밀과 면화, 설탕 등을 원조 받은 시기이다. 특히 정부는 6·25전쟁을 통해 생산시설의 75% 이상이 파괴된 면공업 등의 복구를 위해 원조 받은 물자를 값싼 가격에 기업에 팔았다. 덕분에 대한제분, 제일제당 공업주식회사(현 CJ제일제당), 금성제당 등 설탕 제조업체와 삼양사, 해태제과 등 식료품 제조업체가 급성장했다. 삼백산업 덕분에 시급한 당면 과제인 식량 문제를 상당수 해결할 수 있었지만 밀가루, 면화 등의 대량 수입은 농업의 생존권을 심각하게 위협했다.

1960~70년대(발판) 1960년대 국내 산업은 제조업의 비중이 점차 커지고 있던 시기다. 그러나 경공업 위주의 수출과 내수 등으로는 만성적자 구조였던 대한민국 경제를 감당하기에는 역부족이었다. 본격적인 경제개발 토대가 마련된 것은 정부의 '경제개발 계획'이 수립되면서부터다. '1차 경제개발 계획(1962)'은 정부주도하에 경공업 중심의 수출 주도형 산업을 통한 성장전략이 주를 이뤘다. 주로 정유·비료·화학·전기기계 등의 기간산업과 사회간접자본의 확충에 집중적인 투자가 이뤄졌다. '한강의 기적'이 꿈틀거리기 시작한 것은 '제2차 경제개발 계획(1967년)'이 시발점이다. 당시 정부는 제철·기계·석유 화학·조선업을 4대 국책사업으로 설정하고, 경공업 중심에서 중화학 공업 중심으로의 전환을 시도했다. 이 기간 연평균 경제 성장률은 10.5%에 달한다. 경부고속도로 건설을 주도하며 물자수송 문제해소에 기여한 현대건설(1947년 설립), 포드사와 합작회사로 출범해 국내 자동차 산업을 이끌었던 현대자동차(1967년 설립), 중화학공업이 꽃피는 데 일조한 포항제철공업(1968년 설립, 현 포스코) 등 60여 년이 지난 현재 글로벌 기업에 이름을 올리고 있는 '굴지의 기업'들이 이 시기에 일제히 도드라지거나 설립됐다.

1970~80년대(부흥) 중화학공업의 집중 육성은 한국경제 부흥에 원동력이 됐음은 분명하다. 제조업 생산액에서 중화학공업이 차지하는 비중은 1960년 21%에서 1970년 44%, 1980년 58%로 큰 폭으로 확대됐다. 1977년에는 수출 100억 달러라는 금자탑을 쌓기도 했다. 1970년 4월, 경부고속도로가 개통되면서 한국경제의 초침은 더욱 빠르게 돌아가기 시작했다. 수송, 전력 공급 문제 등이 해소되며 도소매업의 성장은 물론, 중화학공업 제품을 항만으로 나르는 작업이 수월해졌다. 아울러 포항제철의 종합제철공장(1973년 준공), 현대조선소(1972년 설립, 현 현대중공업)의 국내최초 조선소(1974년 준공) 등이 돌아가며 무역수지가 큰 폭으로 상승했다. 아울러 글로벌 경제가 1973년과 1979년 두 차례에 걸친 석유파동으로 심각한 위기에 직면한 상황에서 건설업의 중동 진출, 자동차의 해외 수출 등으로 빠르게 회복하는 저력을 보이기도 했다.

1980~90년대(도약) 정부의 경제정책은 80년대 이후부터 경제성을 띤 집중 육성에서 연구활동 등을 장려하는 지원형으로 바뀌었다. 이는 산업판도에도 변화를 일으켰고, 전자제품 제조에 주력하던 삼성전자와 LG전자가 반도체산업에 뛰어들며 고품질의 전자제품을 직접 생산해냈다. 삼성전자는 1983년 미국, 일본에 이어 세계에서 3번째로 64KD램 개발에 성공했다. 이후 세계 반도체 시장 1위로 도약하며 현재까지 절대 강자로 군림하고 있다. 한국경제의 든든한 버팀목 역할이다. LG전자의 전신인 금성사는 이 시기에 업계 최초로 단일기업 수출 1억 달러를 넘기도 했다. 이후 지속적으로 냉장고, 에어컨, 세탁기, TV 등 가전제품 생산 및 수출에 주력하며 삼성전자와 함께 한국을 수출 강대국의 자리로 이끌었다. 이처럼 한국경제는 전쟁 직후 소비재산업, 중화학공업, 반도체산업 등 산업의 고도화에 따라 급격히 발전했다. 1949년 700만 달러에 불과하던 수출액이 1980년 150억 560만 달러로 급격히 성장했으며, 1980년대 후반에 최초로 경상수지 흑자를 기록했다.

광복 70년, 대한민국 이렇게 변했다

통계청이 2015년 8월 10일 발간한 '통계로 본 광복 70년 한국사회의 변화' 자료는 광복 후 70년 동안 '상전벽해桑田碧海'라는 말로는 모자랄 만큼, 몰라보게 달라진 대한민국의 발전상을 보여준다. 전쟁 폐허 속에서 보릿고개를 겪어야 했던 최빈국 한국은 산업화로 국내총생산GDP 세계 13위, 수출 세계 6위 국가로 일어섰다. 2014년 한국의 국내총생산GDP 규모는 1,485조원이고 달러로 환산하면 1조 4,104억 달러로 세계 13위다. 광복후 처음 집계한 GDP 수치인 1953년(477억원)보다 3만 1,000배 이상 증가한 것이다. 이 기간 GDP성장률은 연평균 7.3%를 기록했다. 경제개발 5개년계획 등으로 1961년부터 1991년까지 30년간 연평균 9.7%의 고도성장을 이뤘다. 성장률은 2000년대 이후 연평균 4% 수준으로 떨어졌다. 1인당 국민총소득GNI은 1953년 67달러에서 2014년 2만 8,180달러로 급증했다. 1인당 GNI는 1977년 처음 1,000달러를 넘어선 뒤, 1994년과 2006년에 각각 1만 달러와 2만 달러를 처음 돌파했다. 1인당 명목 개인처분가능소득은 1975년 22만 9,000원에서 2014년 1,663만원으로 늘었다.

3. 창업가정신과 기업경쟁력competitive power

1) 한국의 국가경쟁력National competitiveness

제2차 세계대전 이후의 불과 반세기 만에 거의 폐허의 땅에서 세계 10위권 경제대국으로 도약했으니 개발도상국들에게 대한민국의 '한강의 기적'은 경제성장의 롤모델role model이라고 할 만하지만 지금 우리나라가 나아가야 할 길은 여전히 멀다. 세계경제포럼WEF의 2017년 국가경쟁력평가에서 우리는 조사대상 137개국 가운데 26위를 차지했다. 우리나라는 2007년 역대 최고인 11위까지 올랐다가 매년 순위가 떨어지고 있으며, 이러한 하락세는 만성적인 노동시장 비효율성과 금융시장의 미성숙 때문으로 분석되었다. 대표적인 요인은 잦은 파업과 노동시장의 유연성 부족, 금융혁신 부족 등이 원인으로 지적되었다. 또 기업혁신부문 순위에서 중국은 33위에서 28위, 인도는 41위에서 29위, 인도네시아는 39위에서 31위로 올라갔지만 한국은 2012년 16위에서 2017년 18위로 내려앉았다. 세계적 투자가인 짐 로저스Jim Rogers 로저스홀딩스 회장은 "한국청년은 대부분이 공무원을 꿈꾸는데 이런 사례는 세계 어디에도 없다"며 "내가 걱정하는 것은 앞으로 한국의 인구가 줄고 빚이 점점 증가하는데 모든 사람이 공무원이 되고 싶어 한다는 것"이라고 말했다. 그는 "한국경제는 정체돼 있고 더 이상 매력적이지 않다"며 "현재로선 투자할 의사가 없다"고 강조했다.

한국인 중 '열심히 일하면 삶이 나아진다'고 인식하는 비율 순위

※ 149개국 기준 자료: 레가툼 재단

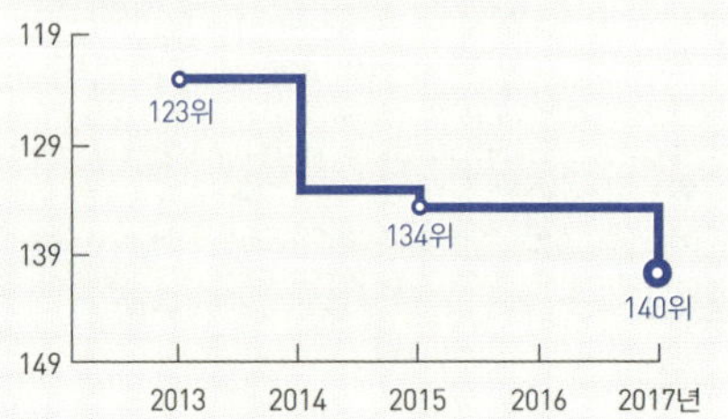

영국의 싱크탱크 레가툼 연구소Legatum Institute는 매년 경제와 창업가정신, 교육, 사회적 자본 등 9개 분야의 점수를 측정하여 국가별 번영순위를 매긴다. 〈2017 레가툼 번영지수〉에 따르면, 우리나라 국민 중 '열심히 일하면 삶이 나아진다'고 생각하는 사람의 비율은 149개국 중 140위

한국 11 → 26위 추락, 중국 35 → 27위 추격…
국가경쟁력 10년간 극명히 엇갈린 희비

한때 '국가경쟁력 글로벌 톱10' 진입을 노렸던 한국이 올해 세계경제포럼WEF 국가경쟁력 조사에서 137개 국가 중 26위로 나타났다. 2007년 11위를 정점으로 10년째 국가경쟁력이 내리막길로 향한 사이, 당시 35위였던 중국은 한국의 턱밑(27위)까지 쫓아왔다. 벼랑 끝 투쟁으로 일관하는 노동운동과 이로 인한 경직된 노동시장 구조, 후진적 금융시장, 과도한 정부규제 등이 복합적으로 작용하며 국가경쟁력을 후퇴시키고 있다는 비판이다. 27일 세계경제포럼WEF이 발표한 국가경쟁력 순위에서 한국은 5년째 순위를 끌어올리지 못했다. 한국의 국가경쟁력을 떨어뜨리는 가장 큰 요인으로는 노동부문이 꼽혔다. 주요 평가항목 12가지 중 '노동시장 효율'은 73위였다. 특히 노사 간 협력(130위), 정리해고 비용(112위) 등이 세계 최하위권이었다. WEF는 "한국은 선진국 중 드물게 지난 10년간 순위하락세가 지속되고 있고, 평가항목에서도 불균형이 두드러진다"고 지적했다. 이어 "노동시장의 낮은 효율성이 국가경쟁력 상승의 발목을 잡는 만성적인 요인"이라고 평가했다. 중국을 비롯한 개발도상국들은 무섭게 치고 올라오며 한국을 위협하고 있다. 인도네시아(36위)는 작년보다 5계단, 5년 전보다는 14계단이나 순위가 올랐고 베트남(55위)도 5년 전과 비교해 순위가 20계단 높아졌다. 기획재정부는 "노동시장 역동성을 강화하는 경제구조개혁에 노력을 다하겠다"고 밝혔지만 저성과자 해고 허용 등을 골자로 하는 양대 노동지침을 폐기하고 최저임금 인상 등을 추진하는 상황에서는 국가경쟁력 향상이 현실적으로 쉽지 않을 것이란 지적이 나오고 있다.

로 나타났는데, 이는 노력을 통해 삶의 여건을 개선할 수 있다는 한국인의 믿음이 근본부터 흔들리고 있음을 의미한다. 또 삶의 질에 대한 만족도 역시 지난해 65위에서 76위로 더욱 낮아졌다. 종합적인 우리나라의 번영지수도 전년보다 한 단계 내려간 36위를 기록하면서 경제분야 전반의 활력과 연관되는 것으로 풀이된다. 비즈니스 환경분야의 세부항목인 '고용과 해고절차' 순위는 2016년 113위에서 122위로 더욱 추락했다. 이는 노동시장의 경직성이 높은 상황에서 더욱 악화하고 있다는 뜻이다. 또 새로운 사업을 시작하는 데 대한 인식은 2016년 143위에서 2017년 142위로 최하위 수준이고, 사회의 경제적 활력을 가늠할 수 있는 '기업가정신' 또한 살아나지 못하고 있는 셈이다. 사회 전반에 만연해있는 이 같은 우울감은 국민들의 창업의지를 꺾고, 사업가의 실행력을 갉아먹어 결국 창업가정신을 후퇴시키는 결과를 낳고 있다. 세계창업가정신개발기구GEDI를 설립한 미국 조지메이슨대 졸탄 액스Zoltan Acs 교수는 "기업가가 새 비즈니스를 창조하고 이를 통해 부를 만들어내는 것에 한국사회의 지지는 인색한 편"이라며 "기업을 규제하는 정부, 대중의 반기업 정서가 이 상태를 유지한다면 한국기업은 더 이상 발전을 보여주기 어려울 것"이라고 말했다. 또 한 나라의 국력을 구성하는 절대적인 부분이 기업의 힘이 80%(대국굴기)라는 기준으로 볼 때 기

한국 국가경쟁력 순위

자료: 세계경제포럼(WEF)

업이 활동하기 좋은 여건을 갖춘 국가의 기업들이 글로벌 경쟁에서 유리할 수밖에 없고 그 국가의 경쟁력이 더 강력해질 수 있다. 2017년 말 포브스*Forbes*가 발표한 '기업하기 좋은 국가' 순위는 재산권, 혁신, 세금, 기술 등 15가지 요소로 153개국을 평가했으며, 이 순위에서 한국은 혁신, 투자자보호 항목에서 높은 평가로 19위에 올랐다. 지금처럼 급변하는 글로벌 무한경쟁의 상황에서 법이나 제도, 사회적인 분위기, 규제완화 등 다양한 측면에서 기업하기 좋은 환경을 만들어야 하는데 비용은 점차 높아지고, 경쟁력은 떨어지고 있다. 과거에 비해 환경, 안전, 인권, 노동에 대한 목소리가 커지면서 기업은 활동하기도 어려워졌고, 최저임금 인상, 근로시간 단축, 통상임금, 비정규직의 정규직화 등 기업의 입장에선 투자하기 어려운 환경이다.

2018 기업가정신지수 · 경제규모 비교

순위	국가	기업가정신 지수(GE)	총 GDP 순위 (2017년 기준)
1	미국	83.6	1
2	스위스	80.4	19
3	캐나다	79.2	10
4	영국	77.8	6
5	호주	75.5	13
6	덴마크	74.3	36
7	아이슬란드	74.2	105
8	아일랜드	73.7	35
9	스웨덴	73.1	23
10	프랑스	68.5	5
24	한국	54.2	11

자료: 한국청년기업가정신재단

창업가정신은 간단하게 도전과 개척정신으로 시대의 변화를 읽고 사업기회를 포착, 이를 행동으로 실천하는 정신을 말한다. 피터 드러커Peter Drucker는 "위험을 무릅쓰고 포착한 기회를 사업화하려는 모험과 도전정신"이라고 정의했다. 그의 말처럼 한국은 '한때' 세상을 놀라게 할 정도의 창업가정신이 넘치는 나라였다. 그러나 국민소득 2만 달러 시대를 넘어섰지만 10년 넘게 국민소득 2만 달러의 늪에서 헤어나지 못하는 우리나라가 선진국 기준인 4만 달러 시대로 가려면 새 성장동력이 필요하다. 창조경제를 잘하기 위하여 그 분야에서 가장 뛰어난 성과를 낸 최고 기업의 강점을 벤치마킹하는 것은 가장 쉽고도 효율적인 선택이지만 적당히 흉내하거나 경쟁을 회피해서는 탁월한 성과를 기대하는 것은 불가능하다. 지금까지는 우리나라는 1위를 벤치마킹해서 더 나은 1위가 되었던 빠른 추격자 전략으로 성공했지만 이제 그 단계를 넘어 비즈니스 기회를 스스로 찾는 미래 선도자가 돼야 한다. 미래 선도자first mover가 되려면 미국·일본 등 기존 선진국뿐만 아니라 중국과의 탁월한 수준의 상대적 경쟁력을 갖추어야 한다. 한 치의 양보도 없는 글로벌 경쟁에서 새로운 분야에 도전해 미지의 세계를 개척하여 큰 성취를 이룬 창조기업 사례가 바로 구글, 애플, 삼성 등이 세계무대의 주인공들이고, 이 기업이 펼치는 싸움은 무한경쟁 속에서 치열하다 못해 전쟁수준이다. 2000년에는 100여 개국의 창업데이터를 분석해 만든 '글로벌 창업가정신지수 모니터GEM'에서 한국이 미국보다 앞서 세계 2위를 차지하기도 했지만 그 이후 가파르게 추락했다. 세계 창업가정신 발전기구GEDI가 발표한 '2018 글로벌 창업가정신지수 보고서'에서 한국은 137개국 중 24위를 차지했고, 점수는 54.2점으로 중간수준이었다. 또 2017년에 IMF(국제통화기

기업가정신이 미래 경쟁력이다

세계경제는 지식기반 산업으로 발전하면서 새로운 패러다임이 시작됐다. 기업들은 지금과는 전혀 다른 경쟁 환경에서 새로운 경쟁자와 싸워야만 한다. 패러다임의 변화는 불확실성을 만들어 냈고, 경쟁자의 범위가 엄청나게 넓어졌다. 불확실성은 누구에게는 기회가 되고 누구에게는 위협이 된다. 변화의 소용돌이 속에서는 큰 기업도 작은 기업도 없다. 다만 자신에게 유리한 환경을 만드는 기업만이 살아남는다. 아날로그에서 디지털로 전환되는 패러다임의 전환기에 불가능하다고 생각했던 것이 현실이 됐다. 이제는 패러다임을 수용하고 활용하는 것만으로는 최고가 될 수 없다. 패러다임을 변화시키는 주체가 돼야 한다. 저성장의 늪에서 벗어날 수 있는 새로운 패러다임을 만들어 내는 혁신은 기업가정신에서 비롯된다. 이미 선진국들은 기업가정신이 강한 국력과 경제를 도약시키는 최선의 방법이라고 생각하고 있다. 창조적 혁신 없이 기존의 방식으로 경쟁하는 제로섬 경쟁으로는 더 이상 미래는 없다는 것을 깨달아야 한다. 기업가는 누군가와 일자리 경쟁을 하는 사람이 아니고 일자리를 창출하는 사람이라는 것만으로도 충분히 존경받아야 마땅하다. 반면에 오랫동안 사업을 해 왔던 경영자도 기업가정신을 잃는다면 하루아침에 시장에서 퇴출되는 것을 우리는 수 없이 봐왔다.

금)가 발표한 한국의 GDP(국내총생산)는 1조 5,279억 달러로 세계 11위를 기록했지만 창업가정신에서는 GDP 105위 국가인 아이슬란드(세계 7위)보다 뒤처진다. 1위는 미국이었고 한국은 OECD(경제협력개발기구) 35개 회원국 중에서도 20위로, 중하위권이었다. 한국경제연구원도 조사를 통해 국내 창업가정신지수가 1970년대 대비 절반 이하로 떨어졌다면서 1970년대 평균 131.7 수준이었던 국내 창업가정신지수는 2000년대 78.1로 두 자릿수로 떨어졌고 2013년에는 66.5까지 하락했다고 분석했다. 경제상황과 삶에 대한 국민들의 인식이 우울해지면서 반기업정서도 사회 전반의 창업가정신을 낮추는 요소 중 하나다. 그러나 한국에서 15년 간 '더 타임스' 기자로 활약한 영국의 마이클 브린Michael Breen은 저서 〈한국인을 말한다〉에서 한국인의 잠재력을 극찬했다. 한국은 평균 지능지수IQ 105를 넘는 세계 유일한 나라일 뿐 아니라, 국제통화기금IMF 위기를 단기간에 극복해 세계를 놀라게 했다는 것이다. 미 여자프로골프LPGA 상위 100명 중 30명이 활약하는 국가이지만 한국의 부모들은 패자부활전이 없는 사회에서 자녀들의 창업을 말리고, 수많은 청년들은 공무원을 꿈꾸는 게 현실이라고 했다.

스위스 국제경영개발연구원IMD이 매년 발표하는 "국가경쟁력지수"는 1인당 국민총소득GNI 4만 달러를 돌파한 국가들과 한국의 경쟁력 차이를 뚜렷하게 보여주는 지표이다. 한국경제신문과 현대경제연구원이 분석한 4만 달러 돌파 10개국(미국, 독일, 영국, 캐나다, 노르웨이, 덴마크, 스웨덴, 오스트리아, 호주, 네덜란드)과 한국의 가장 큰 차이는 '비즈니스 효율성'에서 나타난다. 이들 10개국의 IMD 국가경쟁력지수 중 비즈니스 효율성부문 평균 순위는 13위였고, 한국은 44위에 그친 것은 '기업하기 좋은 환경'이란 측면에서 봤을 때 한국은 다른 선진국보다 떨어진다는 의미다. '교육 경쟁력'도 차이가 두드러졌다. 한국은 37위로 10

한국과 4만 달러 돌파 국가
IMD 경쟁력 순위 비교

부문	한국	4만 달러 돌파 국가 평균
정부효율성	28	16
비즈니스 효율성	44	13
기술인프라	17	10
과학인프라	8	11
교육경쟁력	37	12

자료: IMD

선진국 대비 한국의 노동 생산성 **(단위: 달러)**

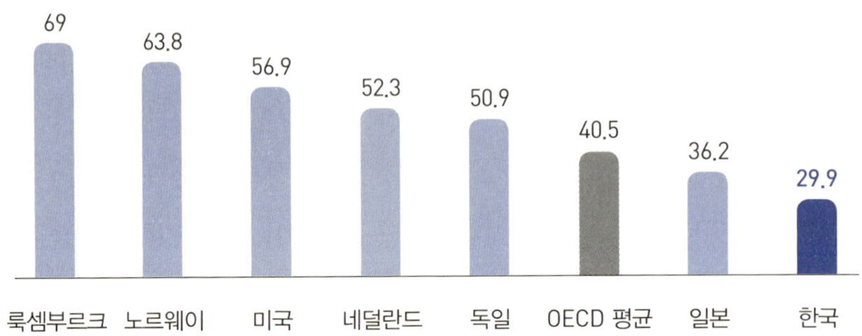

※ 노동생산성은 근로자 1인이 시간당 거둔 실질 GDP(2013년 기준)

자료: 추락하는 韓 국가경쟁력… 탈출구는? 매경이코노미, 제1926호(2017.9.20~9.26일자)

개국 평균(12위)보다 25계단 낮았다. 정부 효율성은 한국이 29위, 10개국 평균 순위가 16위였으며 '기술 인프라'는 한국이 17위, 10개국 평균이 10위로 나타났다. 반면 '과학 인프라'는 한국이 8위로 이들 국가의 평균 경쟁력(11위)을 웃도는 것으로 나타났다. 한국과 4만 달러 돌파 국가의 차이는 산업구조에서도 두드러졌다. 금융 관광 등 서비스업의 발전 정도와 중소기업 경쟁력에서 한국은 이들 국가에 크게 뒤졌다. 세계 최저수준의 출산율도 미래 성장동력을 훼손할 가능성이 높다.

2) 창업가정신과 기업의 핵심경쟁력core competencies

일반적으로 한 기업의 경쟁력competitiveness이 강하다는 것은 동일한 시장 내에서 다른 동종기업과의 경쟁에서 더 높은 성과와 수익을 내게 해주는 기업의 지속가능한 경쟁우위sustainable competitive advantage를 말한다. 기업경쟁력은 어떤 기업이 시장에서의 우월한 지위를 지니고 있음을 의미하지만, 보다 구체적으로는 자사만이 가진 특출한 능력distinctive competence을 지니고 있음을 뜻한다. 어떤 기업이 입지적 유리성, 규모의 경제성, 경험곡선 효과 등을 원천으로 상대적으로 저렴한 가격으로 제품을 생산할 수 있는 원가우위를 갖는 경우이거나 또 특정기업의 제품에 대한 고객들의 충성도를 높이려는 차별화의 우위는 디자인과 상표의 이미지, 기술, 제품의 독특한 특성, 대고객 서비스, 견실한 판매망 등으로부터 나올 수 있다. 급속히 변화하는 환경에의 적응이라는 측면에서도 기업경쟁력은 지속적인 기업의 생존을 보장한다. 경쟁력이 강한 기업은 경영환경변화의 영향을 덜 받기 때문에 비록 국가경제가 전반적으로 불황이거나 그 기업이 속한 산업이 사양 산업일지라도 다른 기업에 비해 생존가능성이 높다. 기업의 핵심경쟁력core competencies은 한 조직이 다른 조직들보다 더 훌륭하게 수행할 수 있는 기능이고, 기업경쟁력이란 결국은 기업의 생존력이며, 성과창출의 열쇠는 핵심역량Core competence이다. 결국 남들과 차별화된 핵심역량을 가지고 성과를 창출하는 기업이 시장의 강자(리더)로 인정받는다. 애플은 혁신의 아이콘이고 구글은 개척자의 이미지가 강하며, 나이키의 디자인과 마케팅 능력, 페덱스의 물류처리 능력과 허브시스템, 혼다의 엔진 기술력, 삼성전자의 빠른 실행력과 변화 적응력 등 일류기업은 그 이름에 걸맞은 핵심역량을 구축하고 있기 때문에 이런 기업들은 차별화된 핵심역량을 갖추고 변화에 적응할뿐더러 변화를 주도하고 있다. 또한 미국 하버드대 마크 에스포시토Mark Espósito 교수는 "세계시장에서 살아남으려면 핵심가치가 있어야 한다"며 "일본은 토요타로 대표되는 장인정신이, 중국은 하이얼Haier로 대표되는 속도가 있지만 한국기업들이 추구하는 가치가 무엇인지는 잘 모르겠다"고 말했다. 그는 "현대자동차가 폴크스바겐의 아우디나 토요타의 렉서스처럼 고급브랜드를 만들기 위해서 가장 중요한 것은 확실한 '가치value'"라고 말했다. 이제 기업의 환경적 요인과 내부역량의 상대적 중요성을 정립하고 이 둘의 장점을 통합해 생각해야 한다. 아마존닷컴의 창업자 제프 베조스는 인터넷산업에서 정확한 포지션을 발견했다. 그는 전자상거래로 초기시장을 장악할 가능성이 있는 많은 아이템 중에서 전자책 판매에 집중했고, 킨들(Kindle, 인터넷 서점 아마존의 전자책 서비스 전용 단말기)을 통한 전자책 시장선점이라는 초기 포지셔닝이 주효했다. 핵심역량의 구축은 빅데이터를 통한 수요예측, 그리고 이를 바탕으로 한 24시간 내 배송체계다. 특정시점, 특정지역에 어떤 수요가 발생할지를 예측하고 대응하는 시스템을 마련한

고객이 알아주는 핵심역량Core competence, 기업 미래 이끈다

애플은 디자인 역량, 월마트는 구매력에 기반한 저가격 제공 역량, 디즈니는 캐릭터와 창의적 스토리텔링 역량 등 고객들에게 각인된 핵심역량을 갖고 있는 기업들이 있다. 핵심역량은 고객이 가치를 느끼고 인정하는 역량이어야 하므로 고객이 핵심역량의 중심에 서 있어야 한다. 핵심역량은 사업성공의 원천도 되고 한편으로는 사업성공의 결과도 되는 동태적인 요인이다. 프라할라드와 하멜C.K. Prahalad and G. Hamel 교수는 1990년 Harvard Business Review의 논문(The Core Competence of the Corporation)에서 핵심역량Core competence이란 개념을 처음으로 제시했다. 핵심역량이란 경쟁에서의 승리를 이끄는 다른 기업이 모방하기 어려운 그 기업만의 고유한 능력이라고 정의하면서, '다양한 시장에 폭넓게 확장 가능한지', '고객에게 차별적인 가치를 제공하는지', '경쟁사가 모방하기 어려운지' 등 3가지 요건을 충족해야 한다고 제시하였다. 또 경영전략분야의 저명한 학자인 도로시 레너드Dorothy Leonard-Barton 하버드대학 명예교수는 핵심역량 존재 영역으로 구성원의 지식과 스킬, 가치와 지식을 창출하는 기술시스템, 가치 창출을 지원하는 경영관리시스템, 조직이 지향하는 가치와 규범 등 4가지 부분을 제시하였다. 핵심역량을 잘 찾기 위해서는 사업의 본질[사업에서 1등을 하기 위해 가장 중요한 요건, 즉 핵심성공요인KFS: Key Factors for Success]과 필요역량을 잘 파악하는 것도 중요하다. 또 선도기업이라고 할지라도 사업의 KFS와 필요역량의 변화에 따라 핵심역량을 끊임없이 진화/발전시키지 못하면 한순간에 몰락할 수 있다. 현재 우리 기업들은 막강한 브랜드, 기술력 등을 바탕으로 우리와의 격차를 벌려나가려는 해외 선진국 기업과 원가경쟁력을 바탕으로 범용제품을 중심으로 맹렬하게 우리를 추격하고 있는 중국기업 사이에서 샌드위치가 되어가고 있는 것 아니냐는 우려상황을 타개하고 시장을 선도하는 기업으로 도약하기 위해 필요한 것이 바로 핵심역량이다. 우리 기업들은 경쟁사와 비교하여 차별적인 요인이 있는가? 우리의 고객이 이 요인들을 차별화의 원천이라 생각하고 있는가? 이 요인들이 상호보완적인가? 등의 관점에서 우리가 가지고 있는 핵심역량이 무엇인지 파악해야 한다. 무엇보다 중요한 것은 핵심역량을 통해 고객들에게 매력적인 상품과 서비스를 제공하는 것이다. 이를 위해서는 산업생태계 내에 존재하는 다양한 이해관계자와의 의견교환을 통해 핵심역량을 활용하여 제공할 수 있는 새롭고 차별적 가치가 무엇인지 찾아내고 이를 실현할 수 있는 방안을 쉼없이 고민하여 해결해야 한다.

것이다. 오늘날의 경영자들은 유리한 포지셔닝 발견과 핵심역량의 구축이라는 두 과제를 두고 고민하면서, 거시적이고 장기적 시각으로 산업을 크게 보며, 끊임없이 기업 내부역량을 키우는 통합적 사고도 키워 나가야 한다.

1990년 미시간 대학 비즈니스스쿨의 프라할라드C. K. Prahalad 교수와 런던 비즈니스스쿨의 게리 하멜Gary Hamel 교수가 정립한 "핵심역량Core Competency이란 기업의 사업성공을 위한 고유하고 독자적이며 궁극적인 능력"을 뜻한다. 이는 자사만이 해낼 수 있는 고유하고 독자적이며 궁극적인 능력 또는 경쟁기업보다 우월한 능력으로써 보다 우수한 수준으로 고객에게 만족을 제공할 수 있는 기업의 힘이다. 기업이 보유하고 있는 내부역량이자 경쟁사와 차별될 뿐만 아니라 사업성공의 핵심으로 작용하는 경쟁우위의 원천으로서, 다양한 형태의 유형 및 무형의 자원과 조직능력에 기반을 두고 있으며, 지속적인 학습과 공유를 통해 더욱 향상된다. '핵심역량의 조건'으로는 ① 고객에 대한 가치를 높이거나 그 가치가 전달되는 과정을 더 효율적으로 할 수 있는 가치창출력, ② 경쟁사에 비하여 우월한 상대적 능력을 의미하는 차별화 능력, ③ 다른 사업으로 적용이 가능한 확장력, ④ 경쟁사가 쉽게 모방할 수 없는 희소성 등이 제기되고 있다. 또한 프라히라드와 하멜이 이상향Utopia으로 하는 조직은 다른 사람이 상대할 수 없는 기능을 가진 제품을 만들어 낼 수 있는 조직이고, 나아가 고객이 필요로 하면서도 상상하지 못했던 제품을 만들 수 있는 조직이며, 이러한 조직을 가능하게 하는 것이 바로 핵심역량이다. 소니의 핵심역량은 '소형화'이고, 캐논은 정밀기계, 정밀공학영역에서 축적된 핵심역량이 모든 제품에 반영되어 있다. 핵심역량은 지금까지 기업을 이끌어 왔고 미래에도 기업성장의 견인차 역할을 할 수 있는 기업 내부에 공유된 기업 특유의 총체적인 능력·지식·기술을 의미한다. 최근 기업이 가진 핵심역량Core competency과 회사 밖 핵심역량을 연결해 혁신을 만들어내는 '연결 & 개발C&D, Connect & Develop'이 글로벌 혁신전략으로 부상하고 있다.

기업의 핵심역량은 다양한 형태의 유형 및 무형자산과 조직능력에 기반을 두고 있으며, 눈으로 보고 측정할 수 있는 기업의 외적 능력뿐 아니라 좋은 기업이미지, 축적된 기술, 소비자정보, 구성원들의 창의성과 도전정신, 유통경로에 대한 영향력, 부품공급업체와의 원만한 관계 등도 될 수 있다. '핵심역량의 4가지 기준'은 다음과 같다. 첫째, 핵심역량은 경쟁사 대비 차별적 우위가 있어야 한다. 둘째, 핵심역량은 가치창조에 기여할 수 있어야 한다. 셋째, 핵심역량은 경쟁사가 쉽게 모방할 수 없는 희소성이 있어야 한다. 넷째, 핵심역량은 다른 사업으로의 적용가능성이 있어야 한다. 실제 미국기업이 거품붕괴에서 회복한 결정적인 방법은 'Core Competency(핵심역량)'이었고, 미래의 비전은 Core Competency전략으로 탄생한다. 또한 월마트Wal-Mart의 경쟁우위 중 하나는 재빨리 판매수치를 기록하고 재고를 통제할 수 있게 하는 정보기술IT: Information Technology에 있고, 델Dell컴퓨터의 경쟁우위는 직접적으로 소비자에게 접근함으로써 도매상에 의한 가격인상을 막는 것이며, 토요타Toyota의 적시공급 생산시스템JIT은 생산의 사이클을 단축시킴으로써 최소한의 재고만을 보유하는 것이다. 하지만 기업의 목표는 단순히 경쟁우위를 확보하고, 그것을 유지하는 것이며, 지속적인 경쟁우위는 경쟁자들이 모방하기 매우 어려운 것이다.

히든챔피언Hidden Champion의 특징

- 전 세계 시장에서 다국적기업과 경쟁한다.
- 눈에 띄게 성장하면서 생존능력도 매우 탁월하다.
- 대중에게 알려지지 않은 제품을 전문적으로 생산한다.
- 우연이나 기적으로 성공을 이룬 기업이 아니다.

정부는 2014년 10월 히든챔피언육성대책에서 발표한 한국형 히든챔피언 기준을 공공기관들과 공유해 기관별 지원사업의 사업명칭, 기업선정 평가, 사후관리 등에 혼선이 없도록 개편해 나가기로 했다. 히든챔피언의 개념이 지나치게 단순하고 객관적 측정이 곤란해 정부는 2014년 한국경제의 특수성을 감안한 '한국형 히든챔피언' 개념과 기준안을 발표했다. 한국형 히든챔피언이란 ▲세계시장을 지배(시장점유율 1~3위)하면서 ▲집중적 연구개발(혁신성)과 적극적 해외시장개척(글로벌 지향성) 등을 특징으로 하는 ▲독자적 성장기반(독립성)을 갖춘 중소·중견기업이다.

애플이나 구글이 무서워하는 경쟁자는 기존기업이 아니라 창고에서 밤새워 연구하는 비정상이거나 좀 모자란 젊은이들이고, 이들은 기존기술과 방식을 혐오하며, 관행적 방식을 답습해서는 시장지배자를 절대 따라잡을 수 없다는 것을 안다. 그들은 인터넷에 수많은 질문을 쏟아내고 크라우드 집단과 실시간 소통하는 구조를 이용하며, 기존방식이 아닌 전혀 새로운 방식으로 세상을 뒤집어 놓는다. 그런 스타트업 본질은 시장에 없거나 시장에 있지만 아무도 가치를 알아보지 못한 기회를 발견하고 새롭고New 독특한Unique 가치를 부각하여 새로움을 추구하는 것이다. 그러나 스타트업이 단순히 기존 회사에 반대되는 것들을 모아놓거나 기존 제품이나 서비스를 살짝 바꾸어 내놓은 것에 불과하다면, 유니크한 기업이라고 할 수 없고 시장을 주도할 수도 없다. 스타트업이 탁월한 경쟁력으로 우수한 품질과 독특함 중 하나를 선택해야 한다면 베스트best 보다는 유니크unique의 생존확률이 높다. 베스트best는 주변보다 빠른 움직임으로 앞서야 하며 뛰어난 품질을 의미하기 때문에 항상 경쟁자가 있어야 하고 경쟁자보다 앞서야 한다. 하지만 유니크는 다름을 인정하고 자신의 본질, 원천을 찾고, 오로지 나이기에 가능한 영역에서 능력을 추구하면 된다. 유니크가 생기려면 일단 갈망하고, 길게, 멀리, 크게 봐야 한다. 유니크는 자신을 세밀히 응시하고, 한 걸음 물러나 쳐다보고, 제3자의 어색한 시각으로 관찰해야 찾을 수 있다. 회사정책과 전혀 맞지 않는 제안이라도, 기존 것과 조금이라도 다른 것을 제안하면 박수치고 환호해야 하며, 살짝 미친 것 같은 생각을 자유롭게 외칠 수 있는 문화가 생겨야 유니크해진다.

노벨경제학상을 수상한 프린스턴대학의 대니얼 카네만Daniel Kahneman 교수와 아모스 트버스키Amos Tversky 교수는 "유니크의 속성은 사람들의 선택이 일어나는 지점"이라고 말한다. 사람들은 이제 비교우위를 선택하는 대신 구별성, 나의 관심과 통하는 상호성, 특정 카테고리에서 10배 이상 뛰어난 탁월성을 가지는 속성인 유니크를 만나면 고객은 그 제품을 선택하게 된다. 유니크가 생기려면 일단 갈망하고, 길게, 멀리, 크게 봐야 한다. 자신의 유니크는 자신을 세밀히 응시하고, 한 걸음 물러나 쳐다보고, 제3자의 어색한 시각으로 관찰해야 찾을 수 있다. 유니크는 자신만의 길을 갈 때, 주변에 휘둘리지 않을 때, 가슴 뛰는 일을 할 때, 재미있어 미칠 것 같을 때 생긴다. 모양을 바꾸고, 크기를 늘리거나 줄이고, 전혀 다른 A와 B를 연결시키고, 전혀 다른 C로 이끈다. 눈앞에 있는 것이든 보이지 않는 것이든, 현실적이든 비현실적이든, 그 어떤 무엇이든 독특하게 변환시켜야 한다. 살짝 미친 것 같은 생각을 자유롭게 외칠 수 있는 문화가 있어야 유니크해질 수 있다.

Chapter 13

창업가정신의 쇠퇴decline와 향상방안

1. 대한민국 창업가정신의 현주소

잿더미에서 한강의 기적을 이루고 정보기술IT 강국으로 성장한 한국경제의 원동력은 끊임없는 도전과 혁신이었다. 세계적 석학들이 기적miracle이라 부르는 눈부신 성장은 근면·검약·성실·교육으로 "가난을 극복하겠다는 의지will"와 "하면 된다는 자신감confidence" 그리고, "창업가정신entrepreneurship"이 충천했기 때문에 가능했다. 특히 창업가정신은 단순히 도전과 창조, 진취적 기상만이 아니라 새로운 기회를 찾는 절실함과 혁신으로 차별화된 대안을 제시하고, 서로 협력하여 의미 있는 가치를 창출하는 과정이다. 세계적인 경영대부 피터 드러커Peter Drucker가 1996년 "한국을 창업가정신이 가장 활성화한 국가로 꼽은 이유는 일제강점기와 6.25 한국전쟁을 거치며 산업적·교육적 기반이 없는 상황에서 40년 만에 20여 개 산업분야에서 세계적인 수준으로 성장"했기 때문이었다. 산업화에 필요한 기술·자본·자원 등이 부족한 상황에서도 한국이 선진국 반열에 오를 수 있었던 것은 진취적 창업가정신이 왕성하게 발현되었고, 우리 국민의 높은 근면성과 교육열이 토대가 되었기 때문이었다. 미래 한국이 경제대국으로 발전하기 위해서는 창업가정신의 지속적 확산이 필수적이지만 안타깝게도 IMF 금융위기 이후 20년이 지난 오늘날 세계경제 전문가들은 한국에 대해 "창업세대의 역동적인 창업가정신을 찾아보기 어렵다", "현실 안주에 급급하다"고 평가하고 있으며, 한국의 창업가정신은 경쟁국대비 낮은 수준으로 나타나고 있다. 2010년부터 시작한 암웨이Amway 글로벌 기업가정신지수는 개인이 사업을 시작하는 데 영향을 미치는 사업에 대한 도전의향, 능력과 자원이 준비됐는지 판단하는 실현가능성, 가족의 반대 같은 사회적 압박을 무릅쓰더라도 사업을 하겠다는 의지력 등 3가지에 대하여 설문응답을 토대로 100점 만점으로 평가하는데, 2017년 발표한 암웨이 글로벌 기업가정신보고서에서 한국창업가정신의 위기를 볼 수 있다. 특히 암웨이가 2018년 3월 14일 펴낸 "2018 암웨이 글로벌 기업가정신 보고서AGER, Amway Global Entrepreneurship Report"에 따르면 한국 기업가정신지수는 2017년보다 10계단 추락하여, 조사대상 44개국 중 33

위로 나타났다. 한국지수는 39점으로 2017년보다 9점 하락해 글로벌 평균(47점)과 아시아 평균(61점)보다도 크게 낮았다. 조사에서는 베트남(89%), 인도(81%), 중국(81%) 미국이 뒤를 이었으며, '창업 붐'이 불고 있는 아시아 5개국이 창업가정신이 높은 나라 상위 10개국 안에 들었다. 35세 이하 청년을 대상으

기업가정신을 저해하는 사회는 미래가 없다

미국은 모든 학교, 사회가 어렸을 때부터 질문과 토론의 방식으로 자신의 목표를 구체화하고, 상대방과 소통하는 방법을 찾게 하였고, 문제를 함께 해결하는 방식을 몸에 배도록 만들어 왔다. 이 문화는 고스란히 새로운 아이템, 콘텐츠, 스타트업과 연결되어 벤처기업의 요람인 실리콘밸리를 탄생시켰다. 특히 이스라엘은 "하브루타"라는 유대인 학습법이 있다. 하브루타(친구)는 학생들끼리 짝을 이루어 서로 질문을 주고받으며 논쟁하는 유대인의 전통적인 교육방법이다. 토론에서는 나이와 성별, 계급에 차이를 두지 않고 두 명씩 짝을 지어 공부하며 논쟁을 통해 진리를 찾아가며 부모와 교사는 학생이 마음껏 질문할 수 있는 환경을 만들어 주고 학생이 스스로 답을 찾을 수 있도록 유도하는 역할을 한다. 하브루타는 소통을 하며 답을 찾아가는 과정 속에서 다층적으로 지식을 이해하고 문제를 해결할 수 있다는 장점과 함께 상대의 관점을 인정하는 경험을 통해 새로운 아이디어와 해결법을 이끌어 낸다. 이스라엘은 이러한 교육방법으로 전 세계 인구의 0.2%밖에 되지 않았음에도 노벨상수상자 22%를 배출했고, 더 나아가 세계적인 스타트업 국가를 만들었다. 이처럼 세계적인 창업국가에는 자신의 목표를 실천하기 위해 상대방에게서 배우고 함께 새로운 것에 도전하는 데에 찬사를 보내는 사회적 문화가 존재한다. 현재의 관습과 제도에 얽매이지 않고 계속해서 도전할 때 새로운 방향, 소통, 협력을 통해 가정, 기업, 회사, 사회, 국가를 변화시킬 수 있기 때문이다. 이처럼 이스라엘에는 '너의 생각은 무엇인가?'를 통해 기업가정신을 고취시키려는 사회적 분위기가 널리 펴져 있었다. 이러한 사회적 분위기 덕분에 천연자원이 별로 없는 이스라엘이 수십 년이 지나도 역동적인 원동력을 잃지 않고 세계적 창업국가, 새로운 사업의 원천이 될 수 있었다. 이와 같은 사회적 분위기의 차이는 동일한 아이템, 콘텐츠를 만들었더라도 매우 다른 가치를 보이게 된다. 네비게이션 프로그램을 예로 들면 한국의 김기사는 650억원에 팔렸고, 이스라엘의 WAZE 프로그램은 1조 2천억원에 팔리는 결과를 가져온 것이다.

로 한 조사에서는 한국의 기업가정신지수(38점)가 더 낮아졌고, 창업할 수 있을 것 같다고 판단하는 실현가능성(31%)과 의지력(36%)이 더 낮았으며, 도전의향(46%)도 절반에 못 미쳤다. 한국경제의 건강한 발전을 위해 가장 중요한 요소가 창업가정신의 함양이므로 청년들이 실패에 대한 두려움 없이 다양한 도전을 통해 성장하기 위해서는 사회적 지원과 환경적 변화가 필요하다.

또한 2017 "국제기업가정신지수GEI, Global Entrepreneurship Index"에 따르면 한국의 GEI 순위는 15년부터 하락하고 있으며, 137개국 중 27위, 경제협력개발기구OECD 국가 34개국 중 23위로 하위권에 머무르고 있다. 한국의 GEI 순위는 미국·스위스·캐나다·스웨덴·덴마크·아이슬란드·호주·영국·아일랜드·네덜란드뿐 아니라 일본과 대만(16위)보다 낮다. GEI는 3개의 큰 기둥(태도, 능력, 열망)과 이를 뒷받침하는 하위 요소인 기회인식, 창업스킬, 위험용인 등 개별설문 데이터에 도시화, 교육수준, 경제자유도 등의 제도적 변수를 접목히여 총 14개 항목을 구성해 각국의 창업가정신 생태계를 측정하며, 분석결과 한국은 창업가정신에 대한 태도항목이 가장 낮았고, 창업가정신을 뒷받침하는 제도부문도 취약한 것으로 나타났다. 지속적인 경기불황으로 도전보다는 안정을 추구하는 성향이 강해진 것으로 나타났다. 또 2017년 5월 OECD가 내놓은 중소기업 창업에 대한 인식조사 발표에서도 2014년 기준 34개 회원국 중 33위였고, 안타까운 점은 한국의 초기창업활동TEA에서도 기회추구형 창업보다 생계형 창업NDEA이 차지하는 비율이 36.2%로 세계 주요국 가운데 최고수준이라는 사실이다. 또한 2016년 "미국의 월스트리트저널WSJ"은 한국의 창업가정신은 아직 불붙지 않았다고 표현하면서 창업가정신이 쇠퇴하고 있는 한국을 우회적으로 비꼬았는데, 해당 기사 속 한국의 창업가정신지수는 1987년 평균 193.5점에서 지속적으로 하락하여 2010년대 초반에는 평균 93.7점을 기록하고 있었다. 또 한국경제연구원 연구에 따르면 "세계기업가정신발전기구가 발표하는 기업가정신지수GEDI와 각종 통계수치를 비교분석한 결과 창업가정신과 1인당 국내총생산GDP은 0.88이라는 높은 상관계수가 있는 것으로 나타났다"며 이는 창업가정신이 활발할수록 1인당 GDP가 높아진다는 의미라고 설명했다. 특히 일본의 창업가정신 순위는 2015년에는 한국에 비해 다섯 계단 아래였고, 2016년에는 세 계단 아래였지만, 2017년에는 한국을 두 계단 앞선 것으로 나타났다. 일본과 한국을 비교한 결과 일본은 14개의 평가항목 중 ▲기회인식, ▲신사업역량, ▲위험용인, ▲인적망형성, ▲모험자본을 제외한 나머지 9개 항목에서 한국을 앞섰다. 이렇게 식

2018년 글로벌기업가정신GEI지수

NO	국가(GEI)	NO	국가(GEI)	NO	국가(GEI)
1	미국(83.6)	9	스웨덴(73.1)	17	벨기에(63.7)
2	스위스(80.4)	10	프랑스(68.5)	18	대만(59.5)
3	캐나다(79.2)	11	네덜란드(68.1)	19	칠레(58.5)
4	영국(77.8)	12	핀란드(67.9)	20	룩셈부르크(58.2)
5	호주(75.5)	13	홍콩(67.3)	21	노르웨이(56.6)
6	덴마크(74.3)	14	오스트리아(66.0)	22	카타르(55.0)
7	아이슬랜드(74.2)	15	독일(65.9)	23	에스토니아(54.8)
8	아일랜드(73.7)	16	이스라엘(65.4)	24	**한국(54.2)**

글로벌기업가정신지수GEM: Global Entrepreneurship Monitor란 미국 조지메이슨대 졸탄 액스 교수와 헝가리 펙스대의 라슬로 체르브 교수가 창안했고 세계기업가정신발전기구가 137여 개국을 대상으로 기업가정신을 평가한 지수다. 기업가정신과 경제발전의 관계를 연구하는 기관인 GEDI는 각국의 기업가정신 생태계를 파악하기 위해 기업가적 태도와 기업가적 능력, 기업가적 열망을 지수화하여 전 세계 기업가정신 수준과 추진실태를 비교·분석하고 있다. 기업가정신 가운데 기업의 창업활동에 초점을 맞춘 GEMGlobal Entrepreneurship Monitor연구는 국가별 기업가정신을 측정하고 기업가정신이 경제성장에 미치는 효과를 분석하여, 국가별로 상이한 기업가정신 수준에 영향을 미치는 요소를 밝히고 있다. 이 지수는 100점 기준으로 점수가 높을수록 기업가정신이 좋다는 것을 의미한다. 평가항목은 제품혁신Product Innovation, 새로운 기술 접목Process Innovation, 창업 기회인식Opportunity recognition, 자본조달 능력Risk Capital, 기업가적 열망Entrepreneurial aspiration 등이다.

– GEM(Global Entrepreneurship Monitor)연구

어버린 기업가들의 열정이 한국경제의 성장저하로 나타났다는 게 전문가들의 지적이다. 이처럼 세계최고 수준이었던 대한민국의 창업가정신은 바닥으로 급격히 하락한 것이다. 한편 K-Startup 그랜드 챌린지 2016 대상을 수상한 핑거팁스랩(Fingertips Lab, 미국) 공동창업자 벤 박Ben Park은 "한국 스타트업(신생 벤처기업) 생태계에서 창업가정신이 사라지고 있다"며 창업가정신이란 모든 역경을 이겨내고 사업을 수행할 강력한 의지인데 한국에서는 사회적 차원에서 이런 역량을 기를 수 있는 시스템이 부족하다는 지적은 한국에서 창업가정신이 사라지고 있는 건 개인의 탓이 아니라는 의미다. 그는 창업가정신은 단기간에 길러지는 게 아니라면서 "현재 한국에서 스타트업 지원은 창업을 막 시작하는 새내기 기업가 단계에 집중돼 있는데 어렸을 때부터 창업가정신에 대한 긍정적 인식을 교육하고 육성하는 시스템이 필요하다"고 주장했다.

한국형 기업가정신의 변천사

중소기업연구원은 우리나라 기업가정신의 변화를 시대적으로 크게 4가지로 구분했다. ▲1955년~72년을 기반형성기, ▲1973년~87년을 고도성장기, ▲1988년~97년을 전환기, ▲1998년 이후를 재도약기로 구분한다. 특히 1980년대는 우리나라 기업가정신은 전환기를 맞았는데, 고도성장기와 같이 창업기회는 왕성하지 않았으나 내수시장의 규모가 확대되고 저유가, 저환율, 민간의 R&D투자 증대와 벤처캐피탈 출현이 기업가정신을 촉진했다. 1990년대에 들어 벤처열풍이 시작되면서 각종 성공모델이 출현하고 매스미디어 시장이 집중조명되고 정부의 정책지원이 활발하게 진행됐다. 투자회수시장도 형성되고 대기업의 고용불안이 커지면서 기업가정신은 활발하게 일어나기 시작했다. 반면 경제질서의 신뢰기반이 무너지고 벤처캐피탈의 전문성이 취약해지며 혁신제품시장 규모가 빈약해지는 저해요인을 안기도 했다. 2000년 이후 우리나라는 조정기에 접어들면서 산학협력이 강화되고 신성장동력이 조성되면서 기업가정신의 촉진을 지원하고 있다. 하지만 벤처에 대한 부정적인 인식 확산과 함께 코스닥 침체 및 신뢰저하, 내수시장 침체, 높은 실패율, 금융위기 등이 기업가정신 쇠퇴의 요인으로 작용 중이다.

2. 세계 최고라 평가받던 창업가정신이 바닥난 이유

우리 기업들은 위기가 닥칠 때마다 과감한 투자와 선제적 대응을 통해 한 단계 도약하는 발판을 만들어왔다. 그러나 지금 우리 사회 분위기는 점차 위험을 감수하지 않으려 하는 분위기가 확산되었고, 뛰어난 인재들이 혁신과 가치 창출에 나서기보다는 공무원 시험에 매달리는 모습이다. 사업현장에서도 적극적으로 나서려 하지 않고 현 상태를 유지하는 데에 만족하려는 보신주의 태도가 넘쳐나면서 우리나라 경제성장을 이끌어 냈던 창업가정신의 발현을 이제는 기대하기 어려운 상황이다. 전문가들은 최근 한국에서 창업이나 투자가 크게 위축된 대표적 원인은 창업가정신이 위축됐기 때문이라고 지적한다. 창업가정신 쇠퇴의 원인은, 기업하기 어렵다는 인식, 사업기회의 감소, 헝그리정신의 실종, 안정추구와 도전정신의 하락, 실패위험의 증가, 성취욕구·열정의 감소, 각종 규제 등 다양하게 설명할 수 있으며 구체적으로 다음과 같이 정리할 수 있다.

1) 절실함과 헝그리정신의 실종

최근 글로벌 기업들의 흥망성쇠를 보더라도 배고픔의 기억과 새로움의 추구가 얼마나 중요한지 알 수 있다. 세계시장 점유율 40%로 휴대폰시장의 왕좌를 차지했던 노키아Nokia도 결국 스마트폰의 메가트렌드에 적응하지 못하고 2013년 9월 휴대폰 사업부가 마이크로소프트MS에 매각되면서 시장에서 사라졌다. 한편 세계최초로 개인용 컴퓨터를 개발한 애플Apple의 스티브 잡스도 독단적인 기업운영으로 한때 자신이 세운 회사로부터 해고되는 아픔을 겪었으며, 위기에 빠진 애플을 구원하기 위해 경영에 복귀한 그는 아이팟iPod과 아이폰iPhone으로 애플을 세계최고의 회사로 성장시켰다. 그가 경영일선에 복귀하고 혁신적인 제품을 선보였던 바탕은 배고픔에 관한 옛 기억의 회복이었다. 스티브 잡스가 강조한 "항상 갈망하고, 언제나 우직하게 살아라Stay hungry. Stay foolish"라는 메시지에서 'Stay hungry'의 헝그리정신Hungry Mind은 "항상 새로운 것들을 배우고

청년의 꿈이 공무원인 나라엔 미래 없다

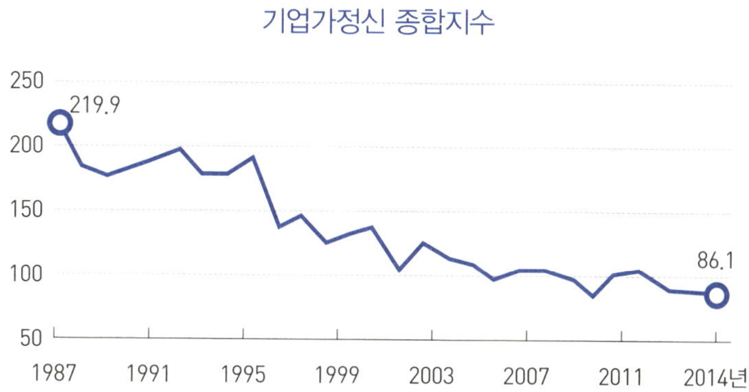

자료: 황인학 한국기업법연구소 수석연구위원

한국경제연구원 황인학 수석연구위원이 2017년 3월 펴낸 '2016년 한국의 기업가정신지수 추정' 보고서에 따르면 1987년 219.9였던 한국의 기업가정신 종합지수는 2014년 86.1로 '반 토막'났다. 지수가 가장 낮았던 때는 글로벌 금융위기가 터진 2009년(83.8)이었다. 2014년은 역대 둘째로 낮은 수준이다. 한국의 기업가정신지수는 ▲경제활동참가율, ▲수출 증감률, ▲인구 10만 명당 사업체 수, ▲300명 이상 대규모 사업체 비율, ▲GDP 대비 설비·연구개발 투자 비율, ▲법안 가결률, ▲공무원 경쟁률(9급) 등 총 12개 지표를 기준으로 산정한 결과다. 황 수석연구위원은 "기업가정신지수가 50% 이상 하락한 데에는 반기업 정서 확산 등 기업·기업가에 대한 인식의 변화와 규제부담 등 제도부문 경쟁력의 저하, 공공부문의 기업가정신 미흡 등이 주요원인으로 작용했다"고 설명했다. 기업가정신을 저해하는 가장 큰 요인은 공공부문의 부진이고, 기업 활동에 대한 규제는 민간의 창의적이고 융·복합적인 기업가정신을 해치는 원인으로 작용한다.

현실에 안주하지 말라"는 의미이고, 'Stay foolish'는 "편안하게 안주하지 말고 스스로 무언가 새로운 것을 찾으라"는 메시지다. 이 두 마디는 결국 '항상 만족하지 말고 끊임없이 새로운 것을 배우라'는 뜻으로 압축된다. 과거 지구상 가장 가

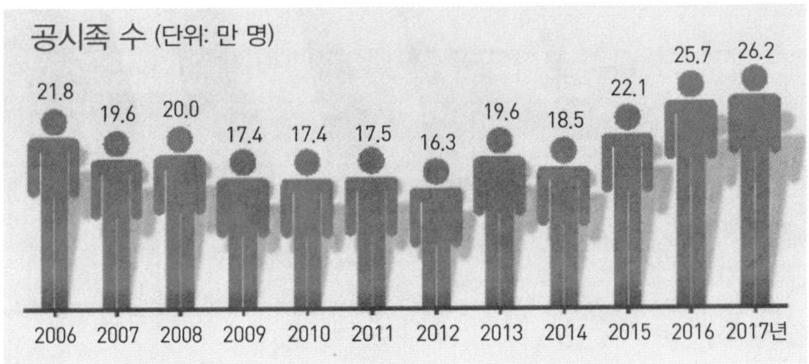

난한 나라였던 한국인에게는 강인한 불굴의 정신이 자랑처럼 여겨지던 시절이 있었다. 1950~1960년대 암울한 시기에도 창업가정신을 토대로 기업을 일군 기업인들은 "야성적 충동animal spirit"으로 뭉친 경영자들이었다. 시대와 경제상황이 변하더라도 살아 있어야 하는 것이 헝그리정신인데 한강의 기적이라 불리는 1960~80년대에는 하면 된다는 용기와 헝그리정신만으로 성취의 기쁨을 느낄 수 있었으나 끼니걱정이 없어지면서 한국인에게는 강인한 정신과 헝그리정신에서 비롯되는 깡도 사라져 버렸다. 지금 우리 사회는 풍요로움plenty에 익숙해지면서 새로운 세계로 나아가려는 진취적인 자세나 도전을 격려하는 문화가 사라지고, 모험과 개척정신은 존중받지 못하며 자연스레 창업을 외면하는 분위기가 만연해졌다. 그러나 한국의 탁월한 CEO 중 한 사람으로 매출과 이익을 연속 30분기 이상 성장시킨 장수 전문경영인CEO으로 알려진 LG생활건강 차석용 부회장은 "성장이 멈춘 기업은 노쇠기로 접어들어 생기를 잃은 생명체처럼 가진 것만을 지키려는 데Not to Lose 치중하게 된다"라면서 "배고픔이 사라지는 순간 창업가정신은 약해지기 시작한다. 늘 배고프고 우직한 태도를 유지하는 것이 창업가정신의 요체"라고 강조했다. 그런데 한국 노동자들의 노동의욕이 세계 최하위권으로 드러났다. 스위스 국제경영개발연구원이 최근 발표한 "2015년 세계인재보고서"에 따르면, 한국은 61개국 중 54위를 기록했다. 브라질(50위)·아르헨티나(56위)·베네수엘라(59위) 등의 남미국가와 비슷한 수준이다. 한국경제의 주된 경쟁력이었던 근면하고 의욕 넘치는 근로자는 이제 옛이야기가 됐다. 지금 대다수 언론들도 우리 국민들에게 헝그리정신이 부족하다는 기사를 쏟아내고 있다.

2) 안정추구와 도전정신의 고갈

1975년 오일쇼크 때 기름값이 4배 이상으로 뛰면서 국가부도 위기에 몰렸을 당시 박정희 대통령은 현대그룹 정주영 회장을 만나 "오일쇼크로 부자가 된 중동에서 대책을 찾아오라"고 주문했고, 정주영 회장은 중동에 다녀온 뒤 "중동은 건설공사를 하기에 세계에서 가장 좋은 곳입니다. 비가 오지 않으니 1년 내내 공사를 할 수 있고, 모래와 자갈이 지천이어서 자재조달이 쉬워 좋습니다"라는 대답했으며, 현대건설은 이듬해 사우디아라비아 주베일 항만공사를 수주하였다. 한편 고故 이병철 삼성그룹 회장이 반도체산업 투자를 결정한 1983년 나이 73세의 노老기업인은 "철강 1t의 부가가치는 20만원이며 자동차 1t은 500만원이다. 반도체 1t은 13억원이다. 반도체 산업을 장악하는 사람이 세계를 지배한다"라며 결단했다. 당시 기술이전도 받지 못할 것이라고 경쟁업체들이 비웃었지만 삼성은 8년 만에 메모리 반도체 세계 1위가 되었고, 지금 세상을 흔드는 스마트폰 시장의 왕좌를 지키고 있다.

안정적인 직장과 변화가 없는 삶을 선호하는 것은 경제발전과정에서 자연스럽게 나타나는 현상이고, 변화하는 세상에서 기회를 포착하는 경각심이 필요하지만 그런 마인드가 부족한 것이 큰 문제다. 오늘날 젊은이들이 가장 선호하는 직업은 자본주의 역동성과는 거리가 먼 의사, 변호사, 교수, 교사, 공무원, 공기업 직원 등이라는 기사가 넘친다. 일류대를 나오고 유복한 가정일수록 창업보다는 대기업 샐러리맨이나 전문직·고위공무원이 되라는 사회적 분위기에 따라 '안정'이 직업선택의 1순위가 되고 청년들이 평생고용을 보장받는 직업을 찾아 헤매면서 도전·개척정신은 사라지고 투자의욕과 창업열기도 식어가면서 지금 한국경제는 역동성을 잃고 정체의 수렁에 빠져 버렸다. 암울하던 1960년대에도 절대적 빈곤을 탈출하기 위해 어렵고 위험한 일에 과감하게 도전하던 맨손의 도전정신이 있었고, 1990년대 선진국을 따라잡겠다며 세계로 질주하기까지 든든한 재산이 돼 주었던 정면돌파와 개척정신이 있었지만, 이제 그 빛을 잃으면서 도전정신은 더 이상 찾아보기 어렵게 되었다. 한국경제의 성장은 위기극복과 궤도를 같이했고, 어려움이 닥칠 때마다 동이족의 후예답게 개척자의 유전자DNA를 발휘해 성장 돌파구를 마련해 왔듯이 이제 다시 실패를 두려워하지 않는 기업들과 도전정신에 충만한 젊은이들이 활개 칠 수 있어야 한다.

기업가정신 침체의 원인

첫째, 사업의 위험은 점점 높아지는데, 성공의 기회는 계속 줄어드는 현상 때문이다. 즉 위험대비 보상의 불균형으로 인해 우수인력의 창업활동이 저조해지고 있다. 신기술이나 첨단기술을 활용한 창업은 성과에 대한 불확실성이 높은 본질적인 위험을 가지고 있는 반면 한국의 현실은 실패에 대한 창업자 개인의 위험부담이 과도하게 높은 편이다. 이는 사업실패 시 회사부채가 개인부채로 전환되어 인생실패로 연결되면서 자신뿐만 아니라 주위 사람들에게도 큰 피해를 주기 때문이다.

둘째, 급속한 산업화과정에서 공정한 게임의 룰이 정착되지 못하고 빈부격차가 벌어지다 보니 기업하기 어렵다는 인식이 팽배하게 되었다. 재벌기업의 성장은 한국경제 발전의 견인차 역할을 했지만, 부당한 납품단가 인하 등 갑을(甲乙)관계가 고착화된 것도 반 기업정서 형성의 원인이 되었다. 결국 '기껏 기술개발하고 인력을 양성했더니 대기업에서 다 가져가더라.' '연구해서 생산단가 낮췄더니 다 뺏어가더라'는 중소기업의 울분과, 성장하기 어려운 구조의 고착화는 중소기업의 기업하고자 하는 의욕을 저하시키는 중대한 원인으로 작용하고 있다.

셋째, 과거 개도국 시절의 '헝그리 정신'과 '하면 된다'는 정신이 소멸되었다는 사실이다. 절대적 빈곤을 탈출하기 위해 어렵고 위험한 일에 과감하게 도전하는 정신이 약화된 것이다. 안정된 직장을 선호하는 것은 경제발전 과정에서 당연히 나타나는 현상으로 이해가 되기는 하나, 선진국에서처럼 기회추구형 창업이 활성화되고 있지 않다는 점은 문제가 있다.

다양한 요인들이 동시다발적으로 상호작용을 일으키면서 문제를 악화시킨 측면이 있어 해결이 쉽지 않다. 성공의 기회가 줄어드는 사회현상으로 인해 청년들은 좀 더 안정적인 직장을 선호하게 되고, 이로 인해 중소기업은 기업하기 더 어려워지고 있으며, 공정한 게임의 룰이 정착되지 않은 문제는 중소기업의 성공의 기회를 줄이는 결과를 야기하고 의존적 관계를 더욱 고착화시킨다.

– 기업가정신, 창조경제 성공의 핵심조건, 한국경제연구원, 2013.3.26.

3) 고위험 대비 낮은 성취감기대감의 한계

한국을 표현하는 말 중 하나가 "Dynamic Korea"이지만 우리 사회는 생존경쟁은 몰라도 경제적으로는 역동적이지 못하며, 어쩌다 어렵게 창업을 해서 돈을 벌면 부동산 투자나 임대사업에 더 관심을 갖는 분위기이다. 그러나 역동적으로 지속가능한 자본주의 경제를 만들어 가는 독일에서는 뛰어난 학생이 이·공계를 지원해 과학기술을 발전시키고, 미국에서는 꿈이 있는 사람이 벤처기업을 창업해서 성공하고 사회적 약자들을 지원하는 사회적 책임에도 적극적이다. 미국이나 유럽사회는 창업환경이 잘 정비돼 있어서 누구나 창업에 쉽게 도전하며, 미국의 대학생은 70%가 창업을 하는데 우리나라는 현재 대학생들의 3% 정도만 창업에 도전하는 실정이다. 이유는 사업실패 시 회사부채가 개인부채로 전환되어 인생실패로 연결되면서 자신뿐만 아니라 주위 사람들에게도 큰 피해를 주게 되기 때문이다. 특히 신기술이나 첨단기술을 활용한 창업은 성과에 대한 불확실성이 높은 본질적인 위험을 가지고 있는 반면, 한국의 현실은 실패에 대한 창업자 개인의 위험부담이 높은 편이다. 또 다른 원인은 창업실패 시 회생의 어려움이나 실업급여 등 사회안전망이 부족하여 젊은이들이 보다 역동적이고 창의적인 일에 도전하는 것을 막게 된다. 또 사업의 위험은 점점 높아져 성공의 기회는 줄어들고 그 책임은 커지는 사회현상, 즉 위험대비 보상의 불균형으로 인해 우수인력의 도전에 대한 성취 기대감이 약해지면서 도전의지마저 계속 줄게 된다. 또한 창업에 성공하여 큰 부자가 된 사람에 대해 열심히 노력해서 부자가 된 사람을 인정하지 않고 '성공한 사람은 굉장히 열심히 일하고 위험을 감수한 훌륭한 사람'이라는 사회적 인식이 부족하기 때문에 창업과 성공에 대한 동기부여가 약할 수밖에 없는 분위기다. 또 도전을 통한 성취감이나 성공은 더 이상 행복의 기준이 아니고 편안함과 안락함 그리고 여가문화에 방점이 찍힌 행복의 기준이 일자리의 전제조건이 되었다. 2017년 국가공무원 7·9급 공채 필기시험에 27만 명 이상, 2018년 국가공무원 7·9급 공채 필기시험에도 24만여 명이 응시하는 현실이다. 현대경제연구원원은 25만 명

기준 공시생들로 인한 경제적 손실이 연간 17조원에 이른다고 추계했다. 통계에 잡히지 않는 공시족까지 100만 명으로 확대해 추계하면 무려 50~60조원의 부가가치가 사라지는 셈이다. 이러한 분위기로는 1976년 현대건설의 사우디아라비아 주베일산업항공사 수주와 같은 중동건설 신화는 옛 얘기가 될 수밖에 없다. 모험정신으로 무장한 개척자적 기업인이 나오지 않는다면 세계경제가 회복되어도 한국경제의 미래는 결코 밝지 않을 것이므로 기업인이 존경받는 풍토와 가치창출에 대한 공로를 인정하는 분위기조성을 통하여 '창업가정신'을 다시 꽃피워야 한다.

4) 식어버린 사업보국事業報國 의지

사업보국事業報國은 사업을 통해 국가에 보답한다는 뜻으로, 기업을 일으켜 국가를 부강하게 하는 데 이바지하겠다는 공익 마인드를 의미이다. 한국경제의 산업화는 1973년 중화학공업 육성정책에 따라 철강, 조선, 기계, 비철금속, 전자, 화학이 6대 전략산업으로 선정되었고, 정부가 주도했던 산업화의 씨앗은 사업보국이라는 시대적 소명을 필생의 과업으로 실천했던 창업세대를 통해 활짝 피었다. 현대사회는 강병强兵을 통한 부국富國보다 사업事業을 통한 보국報國이 더욱 적절하다. 한강의 기적의 주인공으로 사업보국 의지가 남달랐던 삼성 창업자 호암 이병철 회장은 1976년 11월 전경련회보 '나의 경영론'이란 제목의 기고문에서 "나의 갈 길은 사업보국(경영을 통해 나라를 일으킨다)에 있다"라고 밝혔다. 호암은 1938년 일제치하의 암흑기에 사업에 뛰어들어 한국의 대표기업이 된 삼성Samsung의 전신 삼성상회를 창업하고 육성함으로써, 한국경제의 초석을 마련했다. 호암은 일제강점기와 한국전쟁 등 가난과 고난의 시대를 살았기 때문에 사업보국에 대한 의지가 남달랐으며 "사람은 누구나 자기가 무엇을 위해 살아가는지 잘 알고 있을 때가 가장 행복하다. 다행히 나는 기업을 인생의 전부로 알고 살아왔고 나의 갈 길이 사업보국事業報國에 있다는 신념에도 흔들림이 없다"라고 말했다. 호암의 "사업보국 경영철학도 기업을 통해 국가와 사회, 나아가 인류에 공헌하고 봉사하겠다는 것"이었다. 이병철 회장은 임원회의에서 종종 이런 말을 했다. "삼성이 중요한가, 국가가 중요한가? 국가가 더 중요하다. 나라가 튼튼하고 부흥하면 삼성 같은 회사는 망해도 또 생길 수 있지만 국가가 망하면 삼성은 영원히 없어진다"

한편 현대그룹 창업자 정주영 회장은 국가발전의 기반이 될 경부고속도로 건설 공사비를 빨리 지급하지 못해 미안하다는 박정희 대통령에게 "공사비는 내년에 주시면 되고 아니면 내후년에 주셔도 좋고 정 어려우면 안 주시더라도 괜찮습니다"라는 일화가 전해지고 있을 정도였다. 이처럼 1세대 기업인들에게는 돈을 벌기 위해 노력하는 일 못지않게 나라를 생각하는 절절한 마음이 있었다. 사실 창업가정신이란 기업의 본질인 이윤추구는 물론 사회적 책임을 수행하기 위해 갖춰야 할 자세를 의미하기도 하다. 사업가에게 기업의 이익은 포기할 수 없는 가치임은 부정할 수 없으나 개인의 이익을 추구하는 사업가와 국가·사회에 더 큰 이익이 되도록 하려는 사업보국事業報國의 의지를 가진 기업가의 철학은 분명 그 차원이 다르다. 돈만 벌 수 있으면 무엇이든 하겠다는 발상은 창의와 도전의 창업가정신이 아닌 오만한 자본가의 탐욕일 뿐이다. 진정한 창업가정신에는 세상the world은 공公, public이라는 가치관이 필요하며, 경영성과는 공public의 것이라고 생각해야 더 적극적으로 미래투자와 공익사업으로 나아갈 수 있다. 창업가정신에는 국가와 사회에 공헌할 수 있는 가치를 창출한다는 사명감과, 명확한 방향성이 있어야 하며, 그래야 모든 구성원의 가슴을 뛰게 할 수 있다.

5) 사명감Mission과 사회적 책임의식 미비

창업을 하면서 흔히 생각하는 돈을 벌겠다는 생각보다 더 우선하는 가치, 배고픔을 잊고 몰입할 수 있는 일을 사명(mission, 존재의 이유)이라고 할 수 있다. 우리 선조들이 한강의 기적을 이룬 과정에서 돈을 벌어야겠다는 생각이나 인생을 즐기겠다는 가치보다 더 우선하여 목숨 걸고 몰입하게 하던 힘(에너지)이 바로 전 세계인들로부터 기적이라 칭송받는 자랑스러운 성공(트로피)의 씨앗이었다. 현대그룹 창업자 정주영 회장은 아침 일찍 일어나는 부지런한 사람이었다. 우리도 어린 시절에 평소에는 아침에 수차례 깨워야 겨우 일어났지만 소풍날에는 설레임 때문에 깨우지 않더라도 평소보다 훨씬 일찍 일어났던 적이 있었던 것처럼, 정주영 회장은 해야 할 일들에 대한 기대감과 흥분 때문에 아침에 늦게까지 잠자리에 있을 수 없었다고 한다. 또 창업기업가 사관학교IEA, IGM Entrepreneur Academy 송자 전前총장은 "기업의 성공은 사람의 에너지를 모으는 데 달려 있고, 올바른 창업가정신을 가진 사람만이 사람을 감동시켜 에너지를 모을 수 있다는 점에서, 올바른 가치관과 창업가정신이 창업의 핵심"이라고 밝혔다. 우리 모두가 더불어 행복한 세상을 만들어 나가려면 가장 기쁨을 느낄 수 있는 행동은 남을 위해 베풀 수 있는 마음일 것이다. 가진 자가 솔선수범하는 나눔과 섬김의 실천정신이 창업가정신의 새로운 가치관이다. 한편 시장에서 노점상을 하는 김밥할머니가 거액을 장학금으로 쾌척한 사례와 히딩크가 월드컵 축구에서 받은 보답으로 장애인시설과 드림필드를 준공한 사실 등은 우리의 콧등을 찡하게 한다. 더욱이 대한민국 노블리스 오블리제의 대표적인 상징이라 할 수 있는 유한양행의 설립자인 고故 유일한 박사는 유한양행의 수익금을 각종 공익단체에 기부하고, 세상을 떠날 때에도 자신의 유한양행 소유주식 및 전 재산을 '한국사회 및 교육원조 신탁기금'에 기증하는 등의 사회환원을 실천하였다. 또한 1980년대 반도체장비 제조회사 미래산업을 창업한 '벤처창업 1세대' 정문술 전 KAIST이사장이 2001년부터 KAIST에 총 515억원을 기부하였는데, 그는 "한국의 미래를 설계하는 데 기여하고 싶은 마음과 함께 '부를 대물림하지 않겠다'는 개인적 약속 때문에 기부를 결심했다"고 말했다. 한편 미국의 3대째 기부의 가족전통을 이어 받은 빌 게이츠는 280억 달러(약 31조원)를 게이츠 재단에 기부했고, 워렌 버핏은 374억 달러(약 41조원)를 사회에 환원했으며, 페이스북 창업자 마크 저커버그는 자신과 아내 프리실라가 가진 페이스북 지분의 99% 시가 450억 달러(약 52조원) 상당을 자선단체에 기부하겠다고 밝혔다.

6) 어려운 기업환경과 반反기업 정서

기업을 부정적으로 보는 시각에서 비롯되는 '반기업 정서'가 우리사회 전반에 만연하고 있음은 부인할 수 없는 현실이다. 반기업 정서의 원인은 고용을 창출하고 혁신과 성장을 이끄는 기업의 순기능보다는 기업 오너가의 일탈적 행동과 불법적 행태, 기업·기업가들의 편법·탈법경영 사례가 잇따르고 정경유착, 독과점, 양극화와 같은 어두운 면을 주로 보려는 경향이 사회 곳곳에 퍼져 있기 때문이다. 최근 고조되고 있는 반反기업 정서가 기업의 사기를 떨어뜨리는 것은 물론 국가경쟁력도 해치는 등 누구에게도 도움이 되지 않으며, 기업은 당장 의욕적인 기업활동이 어려워지고, 일자리 축소와 성장률 저하로 이어진다. 기업인에 대한 존경과 격려가 줄어들고 그들에 대한 반감과 질시가 일반화 되는 사회적 인식 때문에 기업가들은 사회발전을 이끌었다는 자긍심보다는 "왜 기업가가 되어 이 고생을 하느냐"며 신세를 한탄하는 목소리가 점점 더

국민 55% "기업 싫다"… 더 커지는 반기업 정서

[대한민국 반기업 정서 보고서] 기업을 부정적으로 인식하는 반反기업 정서를 가진 국민이 절반을 넘는 것으로 나타났다. 과거 젊은 층을 중심으로 형성되던 반기업 정서가 전 세대에 걸쳐 광범위하게 퍼져 있는 것으로 조사됐다. 한국경제TV가 여론조사업체 윈스리서치에 의뢰해 전국 성인 1,039명을 대상으로 한 여론조사에서 전체 응답자의 55.1%가 기업에 대해 부정적 인식(나쁨, 매우 나쁨)을 갖고 있다고 답했다. 반면 좋음, 매우 좋음 등 기업에 호감을 갖고 있다는 답변은 34.1%에 그쳤다. 세대별로는 30대의 반기업 정서가 70.3%로 가장 높았다. 20대(69.5%)와 40대(64.0%)도 기업에 대한 비호감 비율이 60%를 넘었다. 50대 응답자도 50.3%가 기업을 나쁘게 인식한다고 답했다. 60대 이상에서만 긍정적 반응(44.9%)이 부정적 인식(30.7%)을 웃돌았다. 졸탄 액스Zoltan Acs 세계기업가정신발전기구 대표는 "기업가가 새 비즈니스를 창조하고 부富를 일구는 것에 한국사회의 지지는 인색하다"며 "반기업 정서가 지금 상태로 유지된다면 한국기업이 이전과 같은 발전을 보여주기 어려울 것"이라고 말했다.

커지고 있다. 한국경제연구원(2015년) 조사에 의하면 사람들의 전체기업에 대한 호감비율은 37.8%인 반면 재벌에 대해서는 24.6%로 나타났다. 대한상공회의소(2017년)의 기업호감지수CFI 조사결과 전체기업에 대한 호감도(50점을 넘으면 긍정)는 55.8점으로 전년보다 8점이 높아졌으며, 국민의 81.9%가 반기업 정서의 원인이 편법·불법과 정경유착에 있다고 생각하는 것으로 나타났다. 최선을 다했으나 경영위기에 처한 기업은 재기할 수 있는 기회를 주어야 하지만 악의적·탐욕적으로 사회적 희생을 야기하는 '반기업적 기업'은 시장에서 정리되어야 한다. 최고경영자들은 반기업 정서 해소를 위한 우선과제로는 '윤리경영의 적극실천'을 최우선으로 꼽았다. 또한 기업의 투자와 일자리가 늘어나야 경제가 성장하고 경제 전반의 활력도 높아질 수 있다는 점에서 기업의욕이나 기업경쟁력을 떨어뜨리는 반기업 정서의 해소는 시급한 과제다.

7) 기업 활력을 저하시키는 규제

창업가정신의 본질은 자율인데, 과도한 제재나 규제가 기업하고 싶은 마음을 꺾고 있다. 전국경제인연합회가 기업현장에서 취합해 정부 각부처에 전달한 628개의 기업규제개선 건의안을 2014년 7월 10일 발표했다. 전경련이 제기한 문제의 규제들은 이런 상태에서 어떻게 기업경쟁력 강화를 바랄 수 있을까 할 정도로 심각한 수준이다. 기술발전을 따라가지 못해 신산업 발전을 가로막는 규제에서부터 우리나라에만 있는 "갈라파고스(국제적 흐름과 단절되어 불합리하거나 불편하여 개선되어야 할) 규제", 실현 가능성과 도입과정이 이해되지 않는 황당 규제까지 다양한 형태로 기업의 경영의욕을 꺾고 있다. 휴대폰의 주요 부품인 유심USIM 규제는 대표적인 악성규제로 꼽힌다. 국내의 한 업체가 2009년 손목시계 형태의 스마트폰을 개발했으나 미래창조과학부의 고시(68조)가 휴대폰에만 유심단말기 삽입을 허용했기 때문에 정작 국내가 아니라 유럽시장에 내놓을 수밖에 없었다. 또 현행 먹는 물 관리법에 명시된 먹는 물 제조회사는 탄산수를 만들 수 없다는 규제 때문에 먹는 물 업체가 탄산수 시장에 진출하려면 공장외부에 음료공장을 따로 지어야 했고, 공장건설비용을 고민하다가 탄산수시장 진출을 접은 제조업체도 있다니 정부가 설비투자와 고용창출을 막은 셈이다. 미래창조과학부가 2013년부터 잘못된 규제가 가져올 위험성을 사전에 차단하기 위하여 현장중심으로 규제과제를 발굴하고 관련부처와 개선방안을 마련하고 있으나, 규제개혁은 국회가 관련법을 통과시켜야 하고, 손발 역할을 하는 일선 지자체의 협조도 필수적이다. 한국경제연구원도 "우리나라는 법과 규제는 명시적으로 허용돼 있지 않으면 원칙적으로 금지되는 네거티브 방식이어서 과거에 없던 상품이나 서비스 모델을 만들었을 때 부딪힐 수밖에 없다"면서 "젊은이들이 도전정신이 부족하다고 탓할 게 아니라 창의성 죽이는 교육, 도전 막는 규제에서 근본적인 해법을 찾아야 한다"고 강조했다. 사실 기업이 마음 놓고 투자할 수 있는 환경을 만들면 창업가정신은 자연히 살아날 수 있으므로 이를 위해 '손톱 밑 가시'를 뽑아야 한다. 한편 오랫동안 한국경제를 연구한 대표적인 '한국통' 랜딜 존스Randall Jones 경제협력개발기구OECD 한국·일본 담당관은 "한국경제가 2%대 저성장에 빠진 것은 산업혁신이 위축됐기 때문이며, 그 배경에는 정부의 과도한 규제가 있다"고 지적했다. 스타트업을 분석하는 CB인사이트의 통계에 따르면 최근 1년간 누적투자액 상위 100대 스타트업에 한국기업은 전무했다. 그것이 100대 기업 중 13개는 규제 때문에 국내에서 아예 창업이 불가능한 모델이고, 44곳은 규제 때문에 조건부로 사업을 시작해야 하는 모델이다. 대표적으로 우버Uber는 여객자동차 운수사업법에 저촉되고, 에어비앤비는 숙박업 요건을 충족하지 못한 개인이 할 수 없는 것이다. 한국에선 창업조차 할 수 없는 이 스타트업들에게 쏟아진 투자액은 1,160억 달러에 달했다. 라이드셰어링(차량공유), 핀테크, 디지털헬스케어 등의 분야에서 미국·중국 등에선 '유니콘(자산가치 10억 달러 이상)'이 쏟아져 나오고 있지만 우리나라는 불가능하다. 또 우리 경제 활성화의 기반인 창업가정신을 향상하려면 공무원들은 군림하지 않고 규제개혁을 권한약화가 아닌 대국민 서비스 향상으로 보는 관료들의 인식 전환이 절실한 시점이다. 역대 한국 대통령들의 규제개혁 의지를 보면 김대중 대통령은 규제개혁위원회를 설치해 '단두대처럼 철폐하겠다'고 했고, 노무현 대통령은 '규제 총량제를 실시하겠다'고 했으며, 이명박 대통령은 '규제 전봇대를 뽑겠다'고 했고, 박근혜 대통령은 규제를 '암 덩어리'라고 했으나 1998년 10,185건이던 규제가 2015년 14,688건으로 오히려 증가(창조경제연구회)한 것으로 나타나 결국 여러 대통령들의 노력에도 불구하고 규제개혁은 개선되지 못했던 것이다. 또 2018년 초 문재인 대통령은 규제혁신은 혁신성장을 위한 토대라며 "새로운 융합기술과 신新산업의 변화속도를 따라가지 못하는 규제는 반드시 혁파해야 한다"면서 신제품과 신기술은 시장출시를 우선 허용하고, 필요시 사후 규제하는 방식으로 규제체계를 전면적으로 전환하자고 했다.

> "규제개혁은 경제성장의 중요 포인트다. 작은 정부정책이 기업생산과 가계 소비를 자극해 경제에 활력을 불어넣는다."
>
> – 존 테일러(John Taylor), 미국 스탠퍼드대 교수

> "한국의 경제성장이 정체된 것은 '큰 정부'가 만들어낸 규제와 높은 세율 때문이다."
>
> – 야론 브룩(Yaron Brook), 미국 에인랜드연구소장

3. 창업가정신entrepreneurship 업그레이드 전략

1) 창업가정신entrepreneurship 향상 교육

세계는 끊임없이 변화하고 발전하는데 우리나라는 안팎으로 밀려오는 숱한 역경과 도전을 불굴의 의지와 단합된 정신으로 헤쳐 오면서 불과 반세기만에 세계 10위권의 경제대국으로 일어섰으나 지금 우리가 어떤 선택을 하느냐에 따라 우리 경제가 다시 한 번 제2의 한강의 기적을 이뤄 내거나, 저성장이 고착화되느냐가 결정될 중대 기로에 서 있다. 지금은 변화의 본질을 알고 대처해 나가는 능력이 무엇보다도 중요한 시대이고, 격변하는 세계경제에서 우리가 매일 새로워지지 않으면 도태될 수 있으므로 보다 효과적이고 능동적으로 자신을 변화시켜가는 능력을 키워야 한다. 그러나 미래학자 앨빈 토플러(Alvin Toffler, 1928~2016)는 "현대의 학교체제는 산업혁명이 있었던 19세기 방식과 똑같다면

서 한국학생들은 학교와 학원에서 미래에 필요하지도 않을 지식과 존재하지도 않을 직업을 위해 하루 15시간 이상을 낭비하고 있다"고 지적했다. 현 체제는 산업화시대에 기업이 필요로 하는 단일화·표준화·대량화라는 산업사회의 가치를 실현하는 훈련된 노동력을 공급하는 게 학교의 최대목표 중 하나였으나 사회의 변화속도가 빨라지면서 지식이 통용되는 유효기간이 갈수록 짧아지기 때문에 미래사회에선 현재 같은 단편적 지식전달 중심의 수업은 큰 의미가 없게 되었다. 토플러는 교육의 목표를 지식에서 학습능력context 교육으로 전환해야 한다고 충고했다. 4차 산업혁명이 가져올 초지능·초연결사회에서는 수많은 사건과 정보들이 서로 얽혀있는 복잡한 문제를 해결하는 능력을 키우는 것이 교육의 목표가 되어야 한다고 미래학자들은 말하고 있다. 또 OECD(경제협력개발기구)는 "데세코DESECO: The Definition and Selection of key Competences 프로젝트"를 통해서 "지금의 청소년들이 세 가지의 핵심역량을 갖추이야 미래사회를 행복하게 살아갈 수 있다"고 제시했다. "제시된 세 가지 핵심역량"은 '도구를 활용하는 능력, 이질적 집단과 상호작용하는 능력, 자율적으로 행동하는 능력'으로 데세코 프로젝트는 "미래핵심역량을 키우기 위해서는 소통과 협력이 무엇보다 중요하다"고 강조하고 있다. 또 KAIST 신성철 총장도 "지금처럼 문·이과를 나누고 국어·영어·수학 중심으로 지식 암기 위주의 수업을 하면 미래인재는커녕 현재의 인재도 키울 수 없다. 학문 간 경계를 허물고 융복합할 수 있는 능력을 키워주는 교육이 절실하다"고 했고, 최재천 이화여대 석좌교수는 "교문을 열고 나가면 세상 모든 일은 이마를 맞대고 협업하고 있다. 교실에서도 협업하고 함께 문제를 푸는 능력을 길러줘야 한다"고 말했다.

> "아이들에게 코딩교육하는 것은 좀 잊어버리고, 우리의 아이들이 꿈을 꾸고 또 그 꿈을 이루어 가는 방법을 교육하라!"
>
> – '4차 산업혁명'을 파생시킨 세계경제포럼(WEF)

기업가정신 교육 방향(윤리 + 기업가정신)

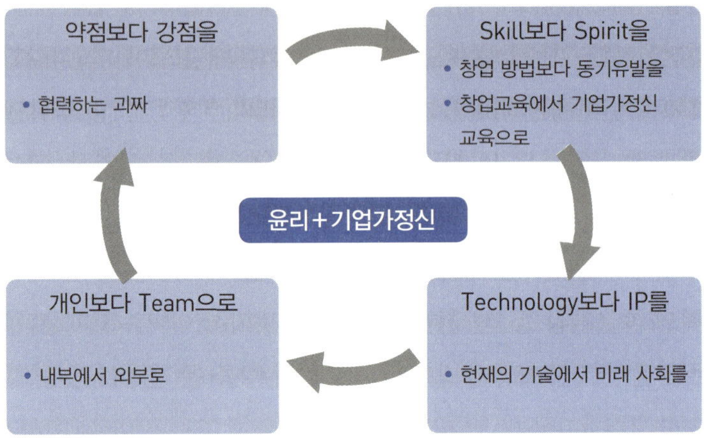

10대 교육과제+창업 프로젝트

No	10대 교육과제	창업 프로젝트
1	• 왜 기업가정신인가?	(국가관)
2	• 기업가정신의 역사와 정의	(역사관)
3	• 혁신에 대한 이해	(철학관)
4	• 기업 경영과 기업가정신	(경영이론)
5	• 창업의 일반론	(창업방정식)
6	• 창업 사례 분석	(사례연구)
7	• 미래변화	(시장기회)
8	• 융합기술과 특허	(핵심역량)
9	• 사내기업가, 사회적 기업가	(확장기업가)
10	• 한국의 벤처생태계	(산업환경)

우리 민족의 장점인 높은 교육열과 부지런함 및 불굴의 의지와 한 번 하면 끝까지 해내는 특유의 신명나는 정신에 불씨가 발화된다면 훌륭한 창업가가 배출될 것이고, 그 시작始作은 창업교육에 있으며 세계 어느 국가에 절대 뒤지지 않을 것이다. 우리나라도 최근 많은 대학교에서 창업 및 창업가정신 과목을 정규교과과정으로 편성해 수업하고 있으며, 11개 대학교가 창업대학원을 운영

해 국제적인 수준으로 올라가기 위한 노력을 하고 있지만 학생들의 의식이 눈에 띄게 변화하지는 못하고 있는 실정이다. 하지만 오늘날 전 세계 국가가 경쟁적으로 창업교육을 강화하고 있다. 미국은 뱁슨칼리지Babson College가 1999년 전 세계 최초로 창업학부를 설립해 창업교육을 실시한 이후 MIT, 스탠포드 대학 등 400개 이상의 학교에서 창업과목을 정규 교과목으로 채택해 체계적으로 가르치고 있으며, 창업국가라 칭하는 이스라엘은 테크니언공대를 필두로 대학생들에게 창업가정신을 가르치고 군대를 창업사관학교로 탈바꿈시켜 세계시장을 겨냥하여 창업을 하도록 동기부여를 하고 있다. 핀란드는 청년실업 돌파구를 창업에서 찾은 나라로 알토대학을 중심으로 '하나의 큰 노키아를 10개의 작고 강한 노키아로' 슬로건 아래 창업교육을 독려하고 있다. 또 말레이시아는 아시아의 실리콘밸리를 건설하려는 목표를 위해 초·중·고 대상으로 창업가정신 교육 강화에 심혈을 기울이고 있고, 중국은 2014년 9월 리커창 총리 주도하에 '대중의 창업, 만인의 혁신' 기치 아래 수십조원의 국가신흥산업 창업투자 인도기금을 조성해 창업자금을 지원하며 대기업 CEO들이 엔젤투자자로서 활발하게 활동 중이다. 특히 알리바바의 마윈 회장은 2015년 1월 항저우에 창업인재 육성을 위한 창업사관학교 '후판湖畔 대학'을 설립했다. 이처럼 세계 주요선진국들은 이미 창업가정신이 경제발전의 근간이라는 인식으로 창업교육을 국가적 과제로 추진, 사회 전반에 창업가정신을 확산함으로써 창업인재를 적극 육성하고 있다.

미국 대표 창업대학의 동문기업 및 매출액

학 교	동문 기업 수	일자리 수	매출액
STANFORD UNIVERSITY (스탠포드 대학교)	39,900개	약 540만 개	약 2조 7천억 달러 (세계5위 경제규모)
MIT Massachusetts Institute of Technology (MIT대학교)	25,800개	약 330만 개	약 1조 9천억 달러 (세계9위 경제규모)

유럽국가나 이스라엘의 경우도 GDP 2만 달러 시점에서 3만 달러를 돌파하기 위해 청소년부터 대학생까지 체계적인 창업가정신 및 창업교육 활성화하며, 대학의 경우 '창업가정신 및 창업과목'을 정규교과목으로 편성해 GDP 성장목표를 달성했다. 또한 유럽연합EU도 '창업가정신에 대한 교육 없이는 EU의 미래도 없다'라는 리스본 어젠다(2001)와 2006년 오슬로 어젠다의 정신 아래 중·고교 때부터 창업가정신교육을 실시하고 있고, 2009년 세계경제포럼WEF에서도 전 세계국가에 동일한 권고를 하면서 전 세계는 치열한 창업가정신교육경쟁에 돌입하였으며, 벤처대국인 이스라엘도 테크니온 공대, 히브리대 등 대학을 중심으로 창업가정신을 적극 함양하고 있다. 미국의 경우 1945년 하버드대에서 최초로 창업가정신 과정을 개설한 이후 1980년대 중반부터 급속히 성장하기 시작하여 현재는 1,500개 이상의 칼리지와 대학에서 창업가정신 관련강좌를 개설했거나 전공과정을 학부 및 대학원 과정으로 운영하고 있다. 미국은 유치원 때부터 게임을 통해서 창업교육을 하고, 초·중·고등학교 때에는 각 단계에 맞는 창업가정신교육과 창업교육을 실시하며, 대학교로 이어지는 창업가정신교육 체계를 갖춤으로써 청소년 전全주기에 걸쳐 창업가정신을 함양하는 교육체계를 갖추고 있다. 미국 창업가정신교육은 1988년도 1인당 국민소득 2만 달러에 정체되어 있을 때 유수대학이 창업가정신교육과정을 정식교과목으로 채택해 젊은이들에게 혁신적인 창업가정신교육을 실시함으로써 국민소득의 성장을 견인하였다. 미국 MBA에서는 경영모델, 기회창출 등 기술적인 부분을 가르치는 것뿐 아니라 '벤처기업 설립의 딜레마(MIT)', '사회적 창업가정신(노스웨스턴대)' 등 세분화되고 심층적인 강의를 개설한 결과 90년대 중반 미국의 1인당 국민소득 3만 달러를 넘어섰고, 현재는 4만 달러를 넘었다. 또 창업가정신교육의 효과에 대하여 미국 애리조나대학의 연구결과에 따르면 창업가정신교육을 받은 학생들의 받지 않은 학생보다 창업률이 3배 이상 높은 것으로 보고되고, 창업을 하지 않더라도 창업가정신교육을 받은 학생들의 연 수입이 교육을 받지 않은 학생들 그룹에 비해 27% 높은 것으로 나타났다. 그러나 그동안 우리나라는 어려서부터 창업가정신교육을 받을 수 있는 기회가 거의 전무하였으나 최근에야 대학에서 창업선도 사업과 산학협력 사업을 통해 창업가정신교육을 추진하고 있고, 중소기업청에서는 도전정신을 통해 미래를 개척하여 창업가정신을 불러일으키기 위하여 젊은 대학생들에게 창업환경과 창업가정신 교육을 위하여 Yes Leader(Young Entrepreneurs's Leaders, 젊은이들에게 창업가정신을 고취·지도하는 활동을 하는 사람)들을 활용해 창업가정신 함양에 힘쓰고 있다. 특강

세계의 교육혁명: 기업가적 인재를 양성하라!

1910년대에 출범한 미국의 비영리 단체 'Junior Achievement'에서는 1940년대 이래 어린이와 청소년들이 '기업가적 사고와 방식'을 함양할 수 있도록 다양한 교육 프로그램과 콘텐츠를 제공하고 있고, 영국에서는 1950년대에 유사한 성격의 단체인 'Young Foundation'을 설립하였다. 미국과 영국의 두 단체는 어린이와 청소년들이 '기업가적 사고와 방식'을 경험하고 함양함으로써, 그들 스스로 '자기고용가능성self-employability'을 높일 수 있음을 강조하고 있다. 영국의 초등학생들은 5파운드를 자본금으로 하여 스타트업 프로젝트를 수행하는 'Fiver Challenge'라는 프로그램을 경험하고, 중학생들 역시 10파운드를 자본금으로 하여 스타트업 프로젝트를 수행하는 'Tenner Challenge'라는 프로그램을 경험한다. 이 프로그램은 개인단위가 아닌 팀 단위로 수행하며 각자가 가진 10파운드의 자본금이 여럿 모이면 수십 파운드로 증가하고, 팀간 인수합병도 가능하다. 이 프로그램은 영국의 전 학교를 대상으로 'Young Foundation'과 리차드 브랜슨의 '버진 머니'가 함께 재정적 뒷받침을 하고, '피터존스아카데미'에서는 중고등학생들을 대상으로 한 '10파운드 거부tycoon되기 프로젝트'를 펼친다. 또 2013년 시작한 '알트스쿨AltSchool'은 미국의 초중등 교육에 새로운 혁신의 바람을 일으키고 있다. 구글 직원이었던 창업자가 자신의 아이를 학교에 보내 보니, 현실세계the real world와 너무나 동떨어진 학교교육에 대한 심각성을 인지하고, 실제의 세계서 활동할 수 있는 인재양성을 모토로 시작한 '사기업형 스쿨 프로그램'이다. 벤처캐피탈로 부터 약 3천 6백만 달러 이상 투자를 받았고, 페이스북의 마크 저커버그가 1억 달러를 기부하며, 이 프로그램을 사회적 약자들도 수혜 받을 수 있도록 해달라는 주문도 있었다. '알트스쿨' 교육프로그램의 핵심은 '개인화된 학습 모델personalized-learning model'과 '디지털의 이해와 활용digital literacy' 그리고 '랩 스쿨(lab school; 실험기반학습법)'로 대변된다. 최근 미국에서 강조하는 전형적인 'STEAM' 교육을 실천하고 있는 것이다.

은 청년층의 도전정신을 고취하고, 기업현장에서 다져온 생생한 경험과 열정을 전수하는 내용으로 2009년을 시작으로 매년 10만여 명 규모로, 각 지역 대학마다 강좌를 실시 중에 있으며, 이외에도 창업경진대회, 대학생 창업강좌, 기술창업학교 등을 통해 청년층 창업가정신 확산을 위해 힘쓰고 있다. 또한 '창업로드쇼' 주관기관으로 선정해 성공창업 길라잡이, 성공기업 탐방, 창업아이디어 공모전, 학생창업 사례설명과 생산제품을 전시하는 등 축제기간을 활용하여 창업가정신을 즐기면서 함양시킬 수 있는 장을 마련하고 있다.

미래에는 AI, 빅데이터, 로보틱스 등 지속적 기술혁명 즉, 제4차 산업혁명의 이슈로 과거 산업화시대에 필요한 순응형 인재가 설 자리가 점점 없어지게 되면서, 스스로 가치를 창출할 수 있고, 이를 기반으로 경제활동을 해야 하는 시대가 되었다. 학생이 직접 지식과 이론을 만들어 낼 수 있는 능력을 길러주는 새로운 유형의 대학이 부상하는 반면 기존대학들은 '인공지능AI' '4차 산업혁명' 등으로 상징되는 미래의 혁신기술 때문에 기존 지식습득 위주의 교육체계가 붕괴위기의 공포를 겪고 있는 가운데, 2030년 전에 세계대학의 절반이 사라질 것이라는 미래학자 토머스 프레이Thomas Frey의 예측이 나왔다. 또 앞으로 10년 뒤엔 일자리 중 절반이 AI로 대체된다는 전망(한국직업능력개발원)이 나오는 상황에서 인간은 AI와의 경쟁에서 살아남기 위해 새로운 역량을 길러야 한다. 그래서 최근 미국에는 과거전통식 교육이 아닌, 실제의 세계와 접목될 수 있는 새로운 교육과정 또는 프로그램이 빠르게 확산되고 있다. 2015년 캘리포니아California주 프레스노Fresno에 설립된, 필립파티노 창업가정신고등학교Phillip J. Patino School of Entrepreneurship는 정규 고등학교 교육과정을 제공하는 앙트레프러너십 고등학교라고 할 수 있다. 이 학교의 학생들은 방학 동안 실리콘밸리에서 인턴십을 하고, 재학 중 스타트업 프로젝트 수행을 의무화하고 있다. 기본방향은 대학에 진학하지 않고도 스스로 자기고용Self employment을 하고, 경제활동과 사회생활 모두를 독자적 능력으로 해낼 수 있도록 인재를 양성한다. 또 수십 년간 창업가정신 육성사업을 하면서 교육혁신을 이룬 카우프만재단Kauffman Foundation은 미국이 세계에서 가장 높은 수준의 창업가정신을 가지는 데 큰 역할을 했다.

카우프만재단은 매년 뉴욕타임스 등 유력 언론사들과 공동으로 세계창업가정신주간을 제정하여 행사를 진행하며, 기업가활동지수도 발표해 미국 전역의 창업활동 수준을 평가하고 있다. 카우프만재단에서 설립한 카우프만 스쿨은 초중고 모든 교육과정을 제공하는 사립학교이지만 교육비가 무상free of charge이어서 사회적 약자계층의 자녀들이 세계적 리더로 성장할 수 있는 토대를 지원하고

미네르바스쿨Minerva School at KGI

혁신을 추구하는 미래대학의 대안으로 떠오르는 미네르바스쿨Minerva School at KGI은 글로벌 체험형 학습모델을 기반으로 한 교육혁명이 빠르게 확산되고 있다. 2014년 개교한 미네르바스쿨의 전공분야는 사회과학과, 계산과학과, 자연과학과, 예술인문학과, 비즈니스과 등 융합된 학문을 가르치는데, 모든 교육은 온라인강의와 토론(세미나 형식)으로 진행할 뿐, 교수 혼자 말하는 일방적 강의는 없다. 현재 공식대학 '미네르바스쿨'은 그리스신화 속 '지혜의 여신'에서 따왔고, 이 학교는 아직 존재하지 않는 직업에 어울릴 인재를 양성하는 것을 목표로 응용력과 융합적 사고를 학생평가의 가장 중요한 잣대로 삼고 있다. 구체적인 학교의 목표는 리더십, 혁신, 넓게 생각할 줄 아는 능력, 글로벌 시민의식 등을 가르치며 미국대학 컨소시엄인 KGI에 인가받아 정규학사학위를 수여하고 있다. 미네르바스쿨은 2016년엔 306명을 뽑는데 1만 6,000여 명이 지원했고 지원자 중 합격률이 1.9%였다. 당시 파이낸셜타임스는 "미네르바스쿨은 하버드(5.2%), 예일(6.3%), 스탠퍼드대(4.7%)보다 합격률이 낮다며 전 세계에서 가장 들어가기 어려운 대학"이라고 평가했다. 미네르바스쿨에서는 마인드를 가르친다. 논리적인 사고로 반박할 수 있고, 통계수치를 이용하기도 한다. 각 방식은 장단점이 있으므로 어떤 점을 이용할 것인지 판단해야 한다. 이런 것을 모두 합쳐서 '마인드'라고 부른다. 미네르바스쿨 학생들은 인문학부터 코딩에 이르기까지 전 분야를 통섭해 배우는데 이 학교의 학생들은 런던, 베를린, 타이페이, 서울, 부에노스아이레스 등 유럽과 남미 그리고 아시아지역에서 각각 학기를 보내 다양한 나라를 경험하면서 글로벌 감각을 키우게 된다. 이제 전통적 학교 교육 시스템의 한계와 함께 21세기 교육에서는 자기고용가능성self-employability이 중시되어야 한다.

– 여러 자료 재정리

있다. 특히 미래시대는 우리의 일상에서는 로봇이 대체할 수 없는 기술, 융합과 통섭형 가치창출, 섬세한 감성기반 가치창출, 글로벌 스케일, 사람 간의 조정과 헌신 등이 가능한 사람들이 주목받는 시대이다. 이러한 역량들을 종합한 인재가 바로 기업가적 인재entrepreneurial talents이다. 특히 앙트레프러너십 교육에서 개인에게 요구하는 것이 자기주도적 삶이므로 순응하고 종속되기보다 자유와 창의의 기반 아래 스스로 자기 삶을 디자인하고 만들어 나가는 삶과 전인교육이 강조하고 있다. 앙트레프러너십 교육은 미국과 영국 그리고 북유럽 국가에서는 삶의 기술life skills로 이야기되면서 초중등교육과 대학교육과정에서도 의무화 흐름이 조성되고 있다.

2) 침몰하는 한국경제 활성화와 창업가정신

글로벌 무한경쟁시대의 우리 경제가 2006년 선박·무선통신기기·일반기계·석유화학·철강제품·반도체·자동차·석유제품·평판디스플레이·섬유류·가전·자동차부품·컴퓨터 등이 '13대 주력 수출품목'으로 지정됐으나 지금 이 중 일부는 주요경쟁국에 시장을 내주고, 뒤늦은 구조조정이라는 혹독한 시련을 겪고 있음에도 국가의 주력 품목은 11년간 변하지 않았고, 여전히 전체수출비중은 80%에 육박한다. 사상 최대실적으로 큰 폭의 상승세를 이어가는 반도체와 달리, 구조조정이 본격화되는 조선이나 철강 등의 업종은 전망이 밝지 않고, 석유화학과 석유제품 역시 국제유가 변동성에 불안한 상황이며, 자동차와 섬유류, 가전, 무선통신기기 등도 경쟁력이 점차 낮아지고 있다. 2006년 정해진 주력산업이 2017년까지 11년간 유지되며 글로벌 산업트렌드를 따라가지 못하고 세계시장 변화에 선제적으로 대응하지 못하면서 우리 경제의 위험요소로 남아 있다. 더구나 글로벌 경기침체로 소비시장은 잠식됐고 고객의 요구는 더욱 까다로워지면서 산업생태계와 제품변화의 속도는 빨라지고 경쟁은 치열해지고 있다. 한때 고공성장을 이어오던 한국경제는 최근 들어 성장세가 급속히 둔화되고 경제구조가 안정되면서 한국 특유의 창업가정신은 후퇴했고, 생산성(60.2%)은 OECD 평균(75.7%)에도 못 미치는 상황이 되었다. 수출은 증가하고 있지만 내수활력은 떨어지고, 일자리가 사라져 청년실업은 심각한 사회문제가 되었다. 경제성장률은 지속적으로 하락하면서 기업 실적부진→생산성 약화→일자리 감소→소비감소로 이어지는 악순환이 고착화되었다. 이 같은 위기상황을 탈출하기 위해서는 지금까지의 구태를 벗고 혁신을 통해 새로운 성장과제를 만들어 내는 것만이 유일한 해법이다. 우리경제가 구조조정과 구조개혁을 통해 생산성을 높이고 경제에 활력을 줄 수 있음을 알면서도 그 길을 가지 않는 이유는 도약하겠다는 창업가정신과 경제활력이 대폭 사라졌고, 대화와 타협보다는 갈등과 대립이 더 심해졌기 때문이다. 경제적 측면에서 지금 우리 경제는 환율불안, 통상마찰 우려, 북핵변수, 노동환경 변화 등 대내외적 시장의 불확실성이 큰데다 급변하는 환경과 저성장의 늪이 기업을 움츠리게 하는 상황에서 국내기업들에게 가장 우선적인 처방은 창업가정신entrepreneurship을 회복하는 것이다.

한국, 기업가정신 키워야 저성장 탈출

한국경제를 연구한 대표적인 '한국통' 랜덜 존스Randall Jones 경제협력개발기구OECD 한국·일본 담당관은 "한국경제가 2%대 저성장에 머무르고 있는 이유는 기업가정신이 약화되고, 규제로 인해 서비스업 생산성을 높이지 못했기 때문"이라고 진단했다. 그는 한국은 경제성장 과정에서 정부개입이 많았기 때문에 정부가 성장을 주도하는 문화가 여전히 남아 있다면서 정부가 시장에 너무 많이 개입한 것이 기업가정신의 퇴보로 이어졌다고 지적했다. 또 1960년대 이후 한국의 고도성장은 수출지향 정책 때문이며 한국이 8~10%대 고성장 기조를 수십 년간 유지할 수 있었던 것은 정부가 특정산업을 육성하기 위해 특혜를 주면서 개입했기 때문이 아니라 수출지향 정책으로 수출경쟁력이 있는 산업에 투자했기 때문이라고 설명했다. 또 그는 한국에선 창업한 사람보다 공무원이 되거나 대기업에 취업한 사람을 더 부러워한다는데, 그래서 기업가정신은 갈수록 퇴보하고, 서비스업 생산성은 제3세계 수준에 머물러 있다고 지적한다. 랜덜 존스뿐 아니라 지금 국내 대부분의 전문가들이 하나같이 강조하는 화두이자 세계석학들이 권고하는 대한민국 저성장 해법은 한마디로 "정부주도 성장 끝났다…기업가정신 깨워라"이다.

– 랜덜 존스 OECD 한·일 담당관

특히 오랫동안 저성장 속에 빠져 있는 기업들은 경영환경악화로 조직피로감이 극대화되고, 위험과 수익성의 불균형에서 과감한 사업기회의 탐색과 도전이 불가능하므로 이를 타개하기 위해서도 근본적인 패러다임의 변화를 추진할 만한 창업가정신이 절실하다는 게 전문가들의 공통된 분석이다. 또한 한국무역협회 국제무역연구원이 2017년 스위스 금융기관인 UBS가 발표한 4차 산업혁명 준비도와 세계경제포럼WEF의 2016년 네트워크 준비지수, 국제경영개발대학원IMD의 2017년 디지털 경쟁력지수 등을 분석해 순위를 매긴 결과 우리나라 4차 산업혁명 경쟁력은 미국(3위), 영국(8위), 독일(13위) 등에 뒤진 세계 주요국 가운데 19위에 그쳤다. 전체 1위는 싱가포르가 차지했고 우리나라는 같은 아시아권인 대만(14위)과 일본(15위)에도 미치지 못했다(매경, 2018.3.23).

> "한국은 OECD 회원국 중 네 번째로 규제가 많다. 창업가정신이 퇴보하고, 서비스업 생산성은 제3세계 수준에 머물러 있다."
>
> – 랜덜 존스(Randall Jones), OECD 한국·일본 담당관

혁신을 일으켜 새로운 비즈니스를 만들고 가치를 창출하는 기업 활동이 바로 창업가정신에 의해 일어나기 때문에 지금 우리 경제의 활력을 높여 경제를 회복하고 위기와 한계에 놓인 대한민국과 기업이 글로벌 경쟁에서 생존하려면 창업가정신의 회복이 절실하다. 그러나 최근 사회분위기는 점차 위험을 감수하지 않으려는 쪽으로 기울고 있다. 서울대 송병락 명예교수는 "요즘 기업들은 안정만을 지향하면서 창업세대의 돌파정신이 전설이 되고 있으니, 잠자는 기업인의 혁신DNA를 깨우는 것은 물론 정부정책도 제2의 이병철·정주영 같은 영웅을 만드는 방향으로 전환돼야 한다"고 주장한다. 과거 창업가정신이 타오르던 시기 우리 경제의 환경변화를 보면 60년대 제1세대 창업가정신은 대기업이 일깨웠고, 제2세대 창업가정신은 벤처기업이 촉진시켰다면, 지금 제3세대 창업가정신의 활성화와 회복은 대기업과 중소 벤처기업, 나아가 기업만이 아니라 대학·사회·정부 등 모든 경제사회 주체의 새로운 시각과 노력으로 달성할 수 있다. 한국경제가 한 단계 더 도약하고 진정한 선진국으로 진입하기 위해서는 과

거 60~70년대처럼 고도성장을 가능하게 했던 도전적이고 창의적인 창업가정신이 되살아나야 하는데, 그러기 위해서 정부는 물론 대학과 기업, 경제단체, 언론 등이 분야별로 다이나믹dynamic한 변화를 선도해야 하고 그럼으로써 우리 사회에 모험과 도전정신이 친숙해지며, 창의성이 유연하게 수용되면 혁신의 창업가정신이 다시 꽃필 수 있을 것이다. 혁신하는 창업가정신이야말로 대한민국 힘의 근원이므로 혁신적 창업가정신 생태계를 만들기 위해 공급 주도보다는 시장이 주도하는 정책이 필요하며, 과거 경제기적을 일구었던 창업가정신의 회복을 넘어 변화의 시대에 적합한 미래에 대한 정확한 예측, 협업과 융합, 개방과 혁신을 추구하는 4차 산업혁명 시대에 적합한 신new창업가정신의 발휘가 절실하다. 특히 우리는 이미 경제기적을 일구었던 경험이 있고, 창조경제의 궁극적 목표인 '더 좋은 일자리를 더 많이 만들자'는 분명한 비전도 있으므로 신新성장

우리나라 기업가정신 문제점과 그 해결방안

현황 및 문제점		해결방안
기업가정신 함양 교육이 미흡하거나 실효성 없음	• 기업가정신 수준의 연령별 차이가 거의 없음 • 기업가정신 교육의 도움 정도(실효성)는 낮은 편	기업가정신 평생교육 체계 구축
직종 특성과 구성원 간 기업가정신 미스매치	• 자영업자의 기업가정신 최하위 수준 • 정부/공공기관이 필요로 하는 기업가정신 수준을 초과하는 우수인력 종사 • 연구인력의 도전정신 부족	기업가정신 연계 진로지도 기반조성
조직 구성원의 기업가정신을 저하시키는 조직체계	• 조직의 기업가정신 수준이 구성원 각자의 기업가정신 수준에 미치지 못함 • 기업체 및 연구조직과 그 구성원의 기업가정신 수준 격차가 매우 큼	기업가정신 저해 환경요인 개선
기업가정신에 대한 오해와 부정적 시각	• '기업가정신=창업'이라는 협소한 인식으로 사회공헌의 중요성 간과 • 사회공헌 의식이 취약한 수준 • 국정농단 사태로 인해 기업인에 대한 부정적 인식 확산	사회공헌·사회적 책임의식 강화

자료: 과학기술정책연구원 STEPI Insight, 이 시대가 필요로 하는 기업가정신–한·미·일·중 4개국 비교, 제206호(2017.1.15)

동력발굴에 도전하는 열정을 창조의 원동력으로 전환하여 창업가정신을 회복함으로써 생산성 개선, 시장규제도 완화, 4차 산업혁명에 대응하기 위해 창업과 벤처체계 구축, 기술보호 등도 강화해야 하며, 특히 모험정신으로 무장한 개척자적 기업인이 나와야 한국경제의 미래는 희망적일 것이다. 실제 창업가정신의 핵심은 도전과 혁신을 통해 새로운 가치를 창출하려는 자세이고, 창업가정신의 위축은 기업인들만의 문제가 아니라 미래 우리 모두의 문제이므로 우리도 이미 꽃피었던 불굴의 창업가정신의 DNA 위에 새 시대를 맞는 새로운 창업가정신(전문가정신)을 융합하여 사회 전반의 생기와 활력을 폭발시킬 불씨를 마련해야 한다.

Chapter 14

창조경제와 창업가정신entrepreneurship

1. 창조경제creative economy의 이해

창조경제Creative Economy는 영국의 경영전략가 존 호킨스John Howkins 박사가 2001년 〈창조경제*The Creative Economy: How People Make Money from Ideas*〉에 창의성과 경제의 관계를 분석하면서 처음 소개하였다. 그는 "창조경제란 새로운 아이디어(창의력)로 제조업, 서비스업 및 유통업, 엔터테인먼트산업 등에 활력을 불어넣는 것"이라고 설명한다. 창조경제란 그동안 존재했던 산업이나 제품에 새롭게 혁신, 융합, 복합, 창의적인 아이디어를 결합해 기존과는 확실히 다른 새로운 산업, 제품 또는 서비스를 창출해 새로운 시장을 만들고 시장을 선도하는 것이다. 시장선도를 통해 기업은 경쟁력을 확보하여 더 많은 부가가치를 창출하고, 고용을 늘려 기업경제는 물론 국가경제를 활성화시켜 모두가 더 행복하게 살 수 있는 원동력을 확보하려는 것이다. 한양대학교 한정화 교수(전 중소기업청장)는 창조경제란 "창조적 아이디어, 기술, 제품이 시장에서의 가치창출로 연결되는 것"이고, "수익창출이 재투자되어 확대 재생산이 이루어지는 것"이라고 설명한다. 창조경제는 '창조성이 경제의 중심'이 되어 과학기술 및 문화와 산업이 융합하고, 산업 간의 벽을 허문 경계선에 창조의 꽃을 피워 새로운 부가가치를 창출하고 사업을 활성화하는 경제이다. 또 창조경제는 혁신경제가 한 단계 더 진화한 가장 진화된 형태의 지식경제로, 다른 산업의 혁신촉매제 역할을 수행하기 때문에 혁신이 보다 쉽게 이뤄지는 경제구조와 시장체제로써 대한민국의 신new 성장 동력과 일자리 창출의 원천이 될 수 있다. 또 지금은 상상력과 창의력이 경쟁력인 시대이므로 개인이 지니고 있는 창의적 아이디어가 비즈니스로 발전하여 새로운 부wealth를 창출해야 하므로 창의적 인재들이 지닌 아이디어를 산업에 접목할 수 있도록 창조생태계를 조성하는 것이 필요하다.

'Creative Economy(창조경제)'는 영국과 유럽에서 촉발되었고, UN에 의해 전 세계적으로 확산되었는데, 개인과 집단이 지니고 있는 그리고 문화유적과 같은 '창의성과 창의적 자산'을 앙트러프러너십(Entrepreneurship, 기업가적 사고와 행동)과 연계하여, 새로운 비즈니스로 만들어 냄으로써, 일자리 창출, 경제적 성장, 사회 혁신 모두를 이루어 보자는 것이다.

창조경제 성패, 기업가정신에 달렸다

창조적 도전을 꿈꿀 수 있게 하는 양대 요소는 도전을 장려하고 실패를 지원하는 사회적 제도와 기업가정신 교육이다. (사)창조경제연구회(이사장 KAIST 이민화 교수)에 따르면 하나의 벤처기업이 창업되면 미래가치는 115억원에 달한다고 한다. 또 기업가정신 교육을 받은 학생들의 창업하는 비율이 교육받지 않은 학생들보다 3배 이상 높고, 창업을 하지 않고 취업을 했을 경우 기업가정신 교육을 받은 학생들의 연 수입이 교육받지 않은 학생들보다 27%나 높은 것으로 조사됐다. 이민화 이사장은 "기업가정신이 없는 국가는 선진국의 문턱에서 좌절하고 있으며, 창조적인 도전정신이 충만한 미래 기업가정신 대국을 위한 전략을 모색이 필요할 때"라고 말했다.

창조경제 생태계

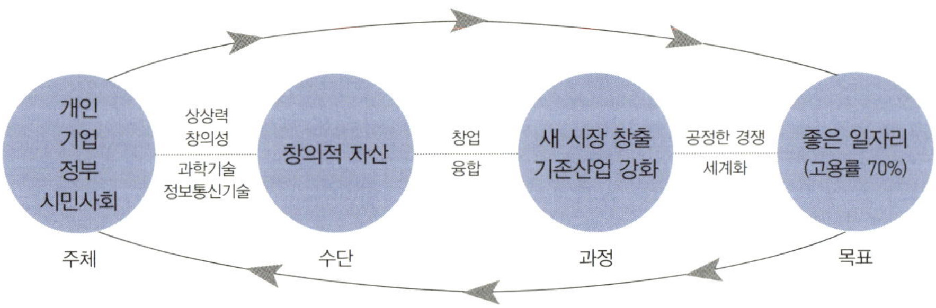

"창조경제는 창의성을 경제의 핵심가치로 두고 새로운 부가가치·일자리·성장 동력을 만들어내는 경제로, 국민의 창의성과 과학기술, 정보통신기술ICT의 융합을 통해 산업과 산업이 융합하고 산업과 문화가 융합해 새로운 부가가치를 창출함으로써 새로운 성장 동력과 일자리를 만들어내는 경제이다."

– 창조경제타운

우리나라가 본격적인 산업화와 경제발전을 시작한 지 40여 년 만에 국민소득 2만 달러 시대를 열 수 있었던 것은 산업화 시대에 적합한 창업가정신이 있었기 때문이었다. 20세기 후반 우리 경제는 대기업을 중심으로 미국과 일본

창조경제 시대에 성공적 적응을 위한 규칙

2010년 7월 "창조생태학*Creative Ecologies*"을 펴낸 호킨스는 창조경제 시대에 성공적으로 적응하기 위해 지켜야 할 규칙 열 가지를 제시했다.

① 창조할 것이 아무것도 없다면, 자기 자신을 창조하라(칼 융 Carl Gustav Jung) 독특한 개인적 재능을 창조한다. 자신만의 이미지를 만든다. 원한다면 학교를 빨리 그만두어도 좋다. 하지만 배우는 것을 그만두면 안 된다.

② 자료보다 아이디어를 더 중요하게 여겨야 한다 자신만의 창조적 상상력을 키운다. 특허·저작권·상표 같은 지식재산을 이해한다.

③ 떠돌아다녀라 유목민은 모든 나라가 자신의 집이다. 그렇다고 외톨이가 되어서는 안 된다. 생각은 홀로 하되 일은 함께해야 한다.

④ 자신의 생각으로 자신을 규정하라 남이 당신에게 부여한 직책으로 자신을 규정해서는 안 된다.

⑤ 끝없이 학습한다 남의 지혜를 빌려서 끊임없이 혁신해야 한다. 당신이 어디에서 아이디어를 구했는지는 중요하지 않다. 진실로 중요한 것은 그 아이디어로 무엇을 했는가 하는 것이다.

⑥ 명성을 얻어서 활용하라 명성을 일단 얻게 되면 비용을 들이지 않고도 많은 것을 보상받을 수 있다. 유명세를 탄다는 것은 창조경제에서 가장 중요한 경쟁력이다.

⑦ 친절해야 한다 누구나 자신이 대접받은 만큼 상대에게 하기 마련이므로 친절하면 창조적 지식을 얻을 기회가 많아진다.

⑧ 성공은 공개적으로 축하하자 창의적인 사람은 자신의 성공과 실패에 엄격하다. 그러나 남의 성공은 공개적으로 칭찬하는 열린 마음을 갖도록 한다.

⑨ 야망은 많이 가질수록 좋다 야망 없이 어찌 꿈을 이룰 수 있으랴.

⑩ 무엇보다 즐겨라 창의적인 인물들은 한결같이 자신의 일을 즐겼다. 자신을 즐길 줄 아는 사람일수록 행복할 뿐만 아니라 더 많이, 더 빨리 자신의 목표를 달성하지 않던가.

– 중앙선데이, 호모 크리에이터(Homo creator), 2013.2.24.

등의 선진국을 모방하는 추격형fast follower 성장전략을 추진한 결과 '한강의 기적'이라는 놀라운 경제성장을 이루었으나 21세기에 접어들면서 패러다임의 한계에 직면하였고, 최근 한국경제는 장기적 저성장의 함정에 대한 우려가 커지고 있다. 이제는 글로벌 기업이나 선진국을 따라잡는 '패스트 팔로어fast follower (재빠른 추격자)' 전략의 한계를 넘어 우리만의 콘텐츠로 승부를 거는 '퍼스트 무버First mover(선도자)'로의 전환이 필요하다. 경영컨설턴트 피터 언더우드Peter F. Underwood는 "미래 혁신을 위해서는 실패에 유연한 문화를 조성해야 한다"면서 혁신을 위해선 실패에 대한 부정적 인식부터 바뀌어야 한다고 강조했다. 그는 "한국은 실패하면 재기하기 어렵다는 인식이 만연해 있다며, 미국처럼 실패 후 회복이 쉬워야 새로운 도전이나 창업이 활성화될 수 있다"고 말했다. 이어 "실패했을 때의 불이익이 성공했을 때의 보상보다 훨씬 큰 사회는 혁신과 도전을 회피하게 된다"며 "실패에 유연한 문화를 조성해야 한다"고 당부했다. 또한 그의 책 〈퍼스트 무버*First Mover*〉에서 "퍼스트 무버의 핵심은 창의성인데 창의성은 도전정신에서 출발한다"고 강조하였다. 한국형 퍼스트 무버의 ▲제1조건은 우리 속에 내재된 창조혁신 DNA의 발현이다. 한국은 세계에서 유일하게 훈민정음 해례본에 담긴 제자製字원리를 가진 한글을 창조한 민족이다. 세종대왕은 세계 각국 문자를 연구하여 우리만의 혁신적 상품인 한글을 창제하였고 사람들의 행동까지 성공적으로 바꿨다. 또 우리가 구텐베르크보다 백 년 이상 앞서 금속활자를 개발했던 것처럼 내재된 혁신의 DNA를 계발하여야 한다. 창의적 아이디어는 소비자가 관심 끄는 가치를 만들어 내고 미래 소비자가 원하는 것을 찾아주는 통찰력insight이자 창업가정신의 핵심이고 창조경제의 시작이다. ▲제2조건은 시장판도를 바꾸는 미국식 시스템적 사고다. 에디슨이 위대한 혁신가인 이유는 전구가 아니라 전구의 상업적 사용이 가능한 전력 인프라를 개발했기 때문이다. 애플의 히트작 중 원조는 전혀 없으며, 다른 사람의 아이디어까지 창의적으로 활용해 게임의 룰을 바꿨을 뿐이다. 한국이 처음 개발한 MP3와 음악듣기 서비스(아이튠스)를 결합한 아이팟을 내놓아 판을 바꾸었고, 복사기회사 제록스의 그래픽모드에 착안해 매킨토시 컴퓨터 운영체제를 디자인했으며, 미

창의교육 없이 창조경제 없다

박근혜 대통령은 창조경제가 창의성을 우리 경제 핵심가치로 두고 과학기술과 정보통신기술 융합을 통해 산업과 산업, 산업과 문화가 융합해서 새로운 부가가치를 창출하고 일자리를 만들어 내는 것이라고 했다. 창조경제를 성공시키기 위해서는 융·복합을 가로막고 있는 규제의 완화와 창의인력 양성과 연구개발 투자확대 등 장기적 로드맵이 필요하다. 이처럼 창조경제가 대두된 배경은 남의 아이디어를 모방하는 '추격형 경제'로는 더 이상 경제를 성장시킬 수 없다는 절박함 때문이다. 창조경제의 심장을 뛰게 할 수 있는 필수조건은 창의교육뿐이다. 라르스 다니엘손 주한 스웨덴 대사는 "스웨덴 창조경제의 바탕은 현대적 초등교육"이라고 했다. 스웨덴에서는 아이들이 과제를 개인이 아닌 그룹으로 해결하며 서로 머리를 맞대고 아이디어를 창조하여 해결책을 찾고 그 과정에서 창의인재가 양성된다는 것이다. 우리 사회가 창조경제를 이끌어 갈 창의인재를 양성하기 위해서 해야 할 일은?.

첫째, 학생들의 사고와 인식에서 패러다임의 혁명이 일어날 수 있는 교육환경을 만들어야 한다. 패러다임은 라틴어 '파라디그마'에서 유래한 단어로 어떤 한 시대 사람들의 견해나 사고를 지배하고 있는 이론적 틀이나 개념의 집합체를 의미한다. 창의교육이 대세를 이루는 교육 패러다임의 변화가 있어야만 학생 누구나 상상의 날개를 마음껏 펼칠 수 있는 교육환경이 조성될 수 있다. 궁극적으로 창조성의 필수요소인 자기표현과 자기주도 학습능력이 함양된다.

둘째, '미치지 않으면 미치지 못한다'는 불광불급不狂不及의 도전정신이 살아 숨 쉬는 교육이 필요하다. 스티브 잡스는 2005년 스탠포드대 졸업식 연설문에서 "계속 갈망하라, 여전히 우직하게stay hungry, stay foolish"라는 유명한 말을 했다. 그는 "순전히 호기심과 직감만을 믿고 저지른 일들이 훗날 값진 도움이 될 수 있는 만큼 사랑하는 일에 전념하라"고 조언했다. 학생들이 실패를 두려워하면서 한 번도 가보지 않은 길을 가지 않으면 '창조적 파괴'가 일어날 수 없다.

셋째, 정부는 세 번 실패하더라도 세 번 일어설 수 있는 구제 시스템을 구축해야 한다. 사람은 초년기, 중년기, 장년기를 거치면서 누구나 실패를 경험할 수 있다. 하지만 이들이 재기할 수 있도록 재교육을 받을 수 있다면 결코 실패를 두려워하지 않을 것이다. 그래야만 창의경제를 성공적으로 추진해 나갈 인재들이 창조적 상상력으로 무장하고 우후죽순 등장할 수 있는 여건이 만들어질 것이다.

창조경제는 창의·모험적 기업가정신에서 시작

창조경제는 현재 잘하고 있는 분야 또는 취약산업에 새로운 아이디어와 기술을 접목해 새로운 성장동력을 발굴하고, 新제품, 新산업, 新직업을 창출하는 것이다. 지구상에 없는 새로운 제품을 만드는 것, 신기술을 개발하는 것만이 창조경제가 아니라 기존제품에 아이디어를 접목하여 새로운 시장을 창출하거나, 해외에는 있으나 국내에 없는 산업·직업을 발굴해 일자리와 부가가치를 창출해 내는 것이 창조경제다. 창조경제는 단순히 기술이나 아이디어 차원에서 끝나는 것이 아니라 그것을 사업화함으로써 새로운 산업과 일자리를 창출하는 것이다. 따라서 창조경제는 창의와 모험정신에 바탕을 두고 사업을 여는 기업가정신Entrepreneurship과 본질적인 면에서 밀접한 관련이 있다. 기업가정신은 창의적이고 도전적인 모험정신의 산물이다. 기업가정신이 있었기에 우리는 오늘날 국민소득 2만 달러가 넘는 선진국 대열에 오를 수 있었지만 최근 우리 기업들은 도전과 성장이 정체돼 있다. 2012년 전경련 조사에 따르면 기업인의 87%가 기업가정신이 위축됐다고 응답했고, 우리 대표업종은 10년 넘게 거의 변하지 않고 있다. 지난 10년간 280만 개 중소기업에서 중견기업으로 성장한 기업은 119개에 불과하며, 중견기업에서 대기업으로 성장한 기업은 단 3개밖에 없다.

기업환경이 열악하다. 필요한 창업자금을 조달하기 어렵고 창업지식도 부족하고 제도도 복잡하다. 우리 경제의 핵심적인 역할을 수행해야 할 청년들이 도전, 모험보다는 안정된 직업을 선호하는 경향도 우려된다. 핀란드 등 스타트업이 성공한 나라에서는 대학생을 중심으로 한 청년들의 활약이 눈부신 반면 한국에서는 2012년 청소년 직업선호도 조사에서 초등학교 교사, 의사, 공무원, 중·고교 교사 등 안정적 직업이 1~4위를 차지하고 있다. 기업가정신을 고취하려면 우선 기업가정신을 쇠퇴시키는 우리나라의 법·제도는 정하고 있는 것만을 허용하고 그 외에는 금지하는 원칙금지 방식의 법과 제도를 개선해야 한다. 창조상품을 개발하더라도 법에서 정한 것이 아니면 인증과 지원을 받기도 힘들다. 자동차와 지게차가 융합된 트럭지게차, 휴대전화를 통해 당뇨를 측정할 수 있는 당뇨폰 등이 모두 인증을 받지 못해 시장출시가 늦어진 사례다. 법에서는 안 되는 것만 정하고 그 외 모든 것을 원칙적으로 허용하는 방식으로 전환해야 창조경제가 활성화될 수 있다. 대학생들에게 창업펀드를 지원하여 실제 창업해 볼 수 있는 기회를 준다면 대출의 어려움, 경영의 어려움 등을 체험해 보고 성공과 실패를 통해 많은 것을 배울 수 있을 것이다. 창조경제의 성공 여부는 시장에서 판가름 나게 되므로 글로벌 시장에서 치열하게 경쟁하고 있는 기업가와 기업가를 꿈꾸는 이들의 사기를 올려줘야 한다.

국의 팜과 림이 개념을 잡은 스마트폰을 아이폰으로 만들어 성공시켰다. ▲ 제3조건은 개방과 협력이다. 자유무역협정FTA에 가장 적극적인 나라 한국은 1990년대 왜색문화로 도배될 것이라는 반발에도 일본 대중문화에 대한 빗장을 과감히 열었고, 지금은 일본이 한국 드라마, 케이팝K-pop의 최대 시장이 되었다. ▲ 제4조건은 '한강의 기적'에서 보여준 창업가정신이다. 폐선廢船을 바다에 가라앉혀 방조제 공사기간을 앞당긴 '정주영식 물막이 공법'이나 리비아의 국토를 바꾼 대수로 사업과 같은 극한상황 속의 도전이 혁신과 창조를 만들어냈다. 창조경제는 없던 것을 갑자기 창조하는 것이 아니라, 기존에 강점이 있는 분야에 창의적인 아이디어를 더해 혁신의 나비효과를 일으키는 것이다. 새로운 형태의 한국형 퍼스트 무버를 다시 정의하자면 '패스트 무버(패스트 팔로어+퍼스트 무버)'가 된다.

> "장조경제의 핵심 키워드Key Word인 창의성과 융합, 새로운 가치창출은 정확히 창업가정신entrepreneurship의 정의와 일치하며, 창조경제에서 실체가 잡히는 것 가운데 창업의 근간이 되는 것 또한 창업가정신이다. 따라서 창업가정신이 창조경제의 핵심이라 할 수 있다"

2. 4차 산업과 창업가정신

250년 전 시작된 1차 산업혁명에 이어 2차와 3차 산업혁명은 지구촌 패러다임 전환과 진화의 역사였다. 1차 산업혁명은 농업사회를 기계화 사회로, 2차 산업혁명은 기계화 사회를 산업화 사회로, 3차 산업혁명은 산업화 사회를 다시 정보화 사회로 탈바꿈시켰다. 이제 제4차 산업혁명이라는 새로운 혁명적인 변화가 펼쳐지고 있고, 이 혁명은 충격적이고 전all산업분야를 흔드는 파괴적인 것이어서 전 세계를 긴장시키고 있다. 산업혁명을 주도한 기술을 중심으로 살펴보면 18세기에 일어난 '1차 산업혁명'은 증기기관이었고, 19세기에 일어난 '2차 산업혁명'은 전기였으며, 20세기에 일어난 '3차 산업혁명'은 컴퓨터와 인터넷이 주도했고, 2016년 세계경제포럼WEF에서 슈밥Klaus Schwab 회장이 언급한 4차 산업혁명은 3차 산업혁명을 기반으로 한 디지털과 바이오산업, 물리학 등의 경계를 융합하는 기술혁명으로, 4차 산업혁명의 본질은 어느 분야에 특정되지 않고 끊임없이 새로운 가치를 창출해 내는 "융합과 연결"이다. 그가 제시한 인공지능AI, 사물인터넷IoT, 빅데이터, 클라우드 컴퓨팅, 나노, 바이오 기술, 드론, 자율주행 자동차, 로봇공학, 블록체인, 가상현실VR·증강현실AR, 핀테크, 공유경제 등의 신기술이나 유망기술 등이 융·복합적으로 어우러지는 과학기술의 파괴적 혁신으로 사회에 엄청난 변화를 가져올 쓰나미 수준의 변화이다. 전문가들은 제4의 혁신이 가져다줄 종착점은 지능화사회의 탄생이라고 말한다. 또 우리 정부 산업통상자원부가 정의한 4차 산업혁명은 "인공지능 기술을 중심으로 하는 파괴적 기술들의 등장으로 상품이나 서비스의 생산, 유통, 소비 전 과정이 서로 연결되고 지능화되면서 업무의 생산성이 비약적으로 향상되고 삶의 편리성이 극대화되는 사회·경제적 현상"이다. "4차 산업혁명을 이끄는 핵심동력"은 ▲지능을 가진 기계가 스스로 학습하면서 새로운 가치를 창출하는 인공지능AI·Artificial Intelligence, ▲모든 것이 실시간으로 연결되는 사물인터넷IoT·Internet of Things, ▲데이터 수집·분석·처리가 고도화되는 빅데이터, ▲사람의 역할을 대신할 로봇, ▲프린터로 물체를 뽑아내는 3D프린팅 등 다섯 가지이다. 진행 중인 "대변혁의 메가트렌드"는 초연결화Hyper connectivity, 초지능화Super Intelligence 융복합화Convergence이며, 초연결화의 특징은 사람과 사물이 광속통신을 하면서 집단 지성을 형성하고, 크라우드 소싱을 통해 협업하며, 공유경제 기업이 탄생하는 현상이다. 초지능화는 인공지능AI을 통한 로보사피엔스의 출현이며 디지털 빅데이터, 하드웨어 성능, 뇌과학이 동시에 개발된 덕이다. 또 융복합화는 학제 간 융복합 추세로 나노, 바이오, 정보, 인지 4개 분야가 협업을 통해 발전할 것이며, 기존산업혁명에 비해 더 넓은 범위scope에 더 빠른 속도velocity로 더 큰 영향impact을 끼칠 것으로 예상된다. KAIST 이민화 교수는 "4차 산업혁명은 인간을 위한 현실과 가상의 융합"이라며 모든 것을 융합의 관점으로 보아야 한다면서, 창업가정신도 사물의 융합만큼 기업생존을 위해 총체적

4차 산업혁명 시대 창업가정신의 변화 방향

대 상	방 향	내 용
개 인	Entrepreneurial Individuals	• 모두는 Entrepreneur가 되도록 노력해야 함(후천적 노력) • 자신만의 전문지식과 기술을 보유 • 상호연결과 협업, 네트워크를 활용
기 업	Open Innovators	• 기업 내/외부의 역량을 통합, 구축, 재구성하는 역량 확보 • 공급자 중심에서 사용자 중심의 체험/가치 극대화 • 법인(corporation)에서 연합(confederation)으로 변화
정 부	Trampoline Government	• 여러 주체가 더 많은 혁신을 만들 수 있는 일에 지원 • 개인과 기업이 창업가정신을 발현할 수 있는 사회적 완충망(트램폴린) 역할 수행

자료: 과학기술정책연구원, "4차 산업혁명 시대 기업가정신과 혁신성장" 4차 산업혁명 시대의 기업가정신과 정부의 역할, 2017.11.14.

변화를 이해하는 융합적 사고로의 전환을 강조한다. 최근 과학기술정책연구원 STEPI 보고서는 "4차 산업혁명의 본질이 인간의 행위와 본성을 이해하고, 이에 맞는 사회적 수요를 해결하기 위한 다양한 기술융합 및 해법의 적용이므로, 인간을 이해하려는 노력이 기업의 성장과 생존에 매우 중요하다"는 것이다. 따라서 4차 산업시대 기업은 업業의 개념을 제품중심에서 고객중심으로 바꿔야 하고, 업무방식도 4차 산업혁명화해야 하며, 철저히 고객중심의 서비스에서 부가가치를 만들어야 한다. 마케팅의 아버지 필립 코틀러Philip Kotler 미국 노스웨스턴대 석좌교수는 "4차 산업혁명에 따른 불확실성의 돌파구는 창업가정신에서 찾아야 한다. 긍정적이고 야심만만한 비즈니스 리더가 유능한 정부관료와 손잡으면 얼마든지 파괴적인 변화를 구현할 수 있다"고 강조했다. 그는 비즈니스 리더와 협력해 변화를 주도할 주체인 정부의 역할이 중요하며 정부뿐만 아니라 민간분야에서도 창업가정신을 키우는 게 중요하다고 강조했다.

쓰나미 수준의 산업 대변혁은 제품·생산방식의 스마트화, 제품과 서비스 융합, 환경의 경제이슈화, 플랫폼 비즈니스 확대 등 트렌드변화를 촉발하게 된다. 4차 산업혁명의 특징은 사람과 사물, 사물과 사물이 인터넷 통신망으로 연결(초연결성), 초연결성으로 비롯된 막대한 데이터를 분석하여 일정한 패턴파악(초지능성), 분석결과를 토대로 인간의 행동을 예측(예측 가능성) 등과 같

4차 산업혁명 이끄는 기업가정신

우리나라를 비롯해 세계가 4차 산업혁명의 물결에 휩싸였다. 인터넷 기반이 지능정보기술로 인해 초연결hyper-connectivity과 초지능super-intelligence의 다양한 산업 간 융합으로 진행되어 가고 있다. 빅데이터와 블록체인block chain이 지식산업의 경쟁원천이 되면서 플랫폼 기반 산업생태계가 조성되고 있다. 5세대 이동통신 5G networks을 기반으로 비서부터 자동차운전까지 일상생활에 스며드는 인공지능, 스마트홈 기술로 층간소음을 해결한 사물인터넷IoT, 빅데이터 분석으로 심야버스 노선 최적화, 집을 하루에 찍어내는 3D프린팅, 사고율이 거의 없는 자율주행자동차, 간편결제 금융서비스를 제공하는 핀테크 등 나날이 변화하는 기술혁신성과를 보고, 듣고, 겪는다. 스마트시대는 산업지형이 흔들리고 위험이 도사려 예측 불가능하지만 기존기업에 도전할 수 있는 기회가 오히려 확대돼 쇠락하는 우리의 기업가정신에 새로운 자극을 준다. 스타트업은 기존기업과 동등한 위치에서 스마트 주도권을 획득해 새로운 비즈니스를 선도할 수 있다. 자신의 생각과 타인의 견해 차이를 좁히기 위해 새로운 방향·목표·실행방법 등을 반복해 시행하는 기업가정신을 보여줄 수 있다. 4차 산업혁명의 본질이 인간의 행위와 본성을 이해하고 이에 맞는 사회적 수요를 해결하는 것이므로 다양한 기술융합 및 해법을 적용한 기업가정신이 나타나야 한다. 기업가정신은 개인주의와 경쟁보다 상호연결과 협업, 네트워크 중시의 사회적 자본확충에 초점을 둬야 한다. 인간의식의 정서적 성향은 이성이 아니라 감성이 지배해 시장을 움직인다. 기업가정신을 지닌 사업가는 '기술'이라는 재료를 이용해 예술을 창조해야 한다. 기업가정신을 지닌 사업가는 생활에 즐거움을 줄 수 있는 아이디어를 사업화해 소비 트렌드를 창조하고 소비자가 모르는 불편도 찾아내 소비자의 신뢰를 얻어야 한다. 남다른 생각을 하되 하나의 생각이 아닌 여러 사람의 생각을 합치는 유연성에서부터 시작돼야 한다. 혁신은 고되고 지속적인 노동의 산물로 소비자와 끊임없이 부딪히며 자신의 생각과 소비자가치의 차이를 좁히는 연구결과물이다. 정보와 정보의 관계를 잘 엮고 물질과 물질을 자유롭게 연결해 조합하는 선택과 집중의 역량을 길러야 한다. 4차 산업혁명의 물결에서 세상은 할 수 있다는 열정, 혁신, 창의, 도전의 기업가정신을 행동으로 옮기길 원한다.

은 일련의 단계를 통해 새로운 가치를 창출해 내는 것이다. 우주탄생의 빅뱅big bang에 버금가는 4차 산업혁명의 소용돌이 속에서 선진국들은 긴박한 산업환경에서 다시 한 번 재도약의 기회와 선두자리를 얻기 위해 발 빠르게 대응하고 있다. 제조업이 강한 독일은 스마트, 디지털 공장으로 더욱 효율적이고 유연한 생산공정을 가능케 하는 '21세기 초超제조업전략'을 추진 중이고, 데이터센터 역할을 담당하는 클라우드가 발달한 미국은 빅데이터를 활용한 클라우드 모델을 추진 중이며, 로봇이 발전한 일본은 산업의 로봇화를 추진 중이다. 모든 분야에서 생존의 각축장이 된 오늘날 변화를 잘 활용한다는 것은 일하는 방식을 획기적으로 바꾼다는 것과 큰 생각big think을 할 창의적 인재를 확보한다는 뜻이다. 시대변화에 어떻게 제대로 준비하느냐에 따라 결과는 노아의 방주가 되거나, 천천히 가라앉는 타이타닉 호가 될 수 있으므로 4차 산업혁명으로 대표되는 글로벌 산업환경 변화는 대표적으로 스마트화Smart, 서비스화Servitization, 친환경화Sustainable, 플랫폼화Platform 등 4가지 메가트렌드megatrend이므로 이에 대한 신속한 대응이 중요하다. 지금은 혁신으로 승부하는 4차 산업혁명의 시기이고 가장 시급한 것은 창의적이고 역동적인 조직문화의 확립이며, 4차 산업혁명을 이끌 인재는 융합적 태도와 통섭convergence의 역량을 기반으로 체계적인 사고력과 창의성을 발휘할 수 있는 인재다. 4차 산업혁명 앞에 선 기업의 변화를 위한 전략수립을 위해서는 늘 새로운 생각을 하고think first, 변화를 잘 활용하며change smart, 민첩하게 대응하는 것act fast이 필요하다. 또한 지금처럼 기술발전이 빠른 환경에서는 뛰어난 한 명의 천재보다 다양한 전문지식과 많은 경험을 보유한 다수의 개인들로 구성된 집단이 상대적으로 훨씬 높은 창의력을 발휘하는 경우가 일반적이고, 특히 개방형 문제에 직면했을 때는 혼자 고민하는 것보다 여러 명의 전문가들이 함께 아이디어를 내고 토론하는 것이 보다 창의적이고 생산적일 때가 많다. 따라서 아이디어의 독창성이 프로젝트 성공 여부에 중요한 영향을 미칠수록 새로운 협력방식을 만들기 위한 노력이 필요하다.

4차 산업혁명의 시대에는 지식과 기술, 정보가 실시간으로 공유되는 시대이므로 변화하는 세상을 4차 산업혁명이라는 메가트렌드Mega trends를 산업과

코틀러 교수
"4차 산업혁명 열쇠는 기업가정신… 민관 함께 파괴적 변화를"

'마케팅의 아버지' 필립 코틀러 미국 노스웨스턴대 석좌교수(86)는 '동아비즈니스 포럼 2017'의 기조강연을 통해 한국의 기업인들에게 "4차 산업혁명에 따른 불확실성의 돌파구는 '기업가정신'에서 찾아야 한다. 긍정적이고 야심만만한 비즈니스 리더가 유능한 정부관료와 손잡으면 얼마든지 파괴적인 변화를 구현할 수 있다"고 조언했다. 디지털 경제시대에 사회가 비개인적이고, 포용적이며, 수평적으로 변하고 있으니 "여성, 청년, 누리꾼 집단의 사회적 영향력이 커지고 있다"며 "기업들은 트렌드에 민감하고 정보공유가 활발한 여성, 청년이 기대하는 구체적인 미래에서 혁신의 기회를 발굴해야 한다"고 강조했다.

코틀러 교수는 비즈니스 리더와 협력해 변화를 주도할 주체인 정부의 역할이 중요하다고 강조했다. 그는 "최근 일본과 프랑스가 정부주도의 성장전략을 실천하고 있다"며 "한국도 민관의 우수한 리더들이 협력하는 모델이 성공할 수 있다"고 말했다. 코틀러 교수는 인공지능AI 기술발전에 따른 일자리 감소문제도 민관협력을 통해 해결할 수 있다고 낙관했다. 그는 "AI로 인해 소멸될 일자리도 많지만 새롭게 등장할 일자리도 많아질 것"이라며 "해당 산업분야에서 청년들이 야심차게 창업에 도전할 수 있도록 정부가 환경을 조성해야 한다"고 말했다. "야심 찬 기업가가 많은 한국에 중국의 알리바바 같은 글로벌 플랫폼 기업이 출현하지 못하는 이유도 민관협력이 부족하기 때문"이라는 게 코틀러 교수의 진단이다. 코틀러 교수는 정부뿐만 아니라 민간분야에서도 기업가정신을 키우는 게 중요하다고 강조했다. 그는 "내가 가르친 MBA 졸업생 10명 중 2명이 글로벌 기업의 스카우트 제의를 받고도 창업을 택할 정도로 기업가정신이 강해 기업들이 내게 불만을 표시한다"고 말했다. 코틀러 교수는 많은 기업이 성장전략의 핵심 툴인 마케팅의 중요성을 간과하고 있다고 지적했다. 그는 "마케팅은 탁월한 가치를 고객에게 전달함으로써 새로운 시장기회를 찾는 전략"이라며 "상품개발과 영업팀뿐만 아니라 정보기술IT, 엔지니어 등 전 직원이 신경 써야 한다"고 말했다. 그는 스페인 의류 브랜드 '자라Zara'를 예로 들며 "이 회사는 여성소비자들의 심리를 간파하고, 매주 신상품을 교체해 소비자들이 마음에 드는 의류를 바로 구매할 수 있도록 유도해 새 시장을 창출했다"고 설명했다. 또 코틀러 교수는 모바일 마케팅을 통해 고객을 브랜드의 충성스러운 옹호자로 쉽게 만들 수 있게 됐다고 봤다.

함께 달리는 기차라고 비유할 경우 급속한 변화를 인지하고 대처하려면 달리는 기차에 올라타야 하는데 그러려면 기차가 달리는 속도와 같은 속도로 달리면서 기차의 손잡이를 잡고 발을 올려놓아야 한다. 다가온 4차 산업혁명시대는 창의력과 문제해결능력 그리고 상상력과 융복합·협업능력을 바탕으로 미래 핵심기술을 얼마나 잘 활용하는지가 개인은 물론 기업과 국가의 경쟁력을 좌우하는 시대가 되었다. 4차 산업혁명의 시대에는 자동화를 통한 생산성 향상과 파괴적 혁신을 주도하는 1등 기업만이 생존할 수 있는 상황에서 첨단제조업의 경쟁력 약세흐름이 지속되는 우리나라가 현재의 경제위기를 극복하려면 4차 산업혁명의 주도국이 되어야 하지만 지금 우리나라는 로켓배송, 우버택시, 핀테크, 원격진료, U-Healthcare, 3D Printing 등 4차 산업의 핵심이 기득권의 영역다툼으로 출발조차 못하고 있고, 부문 간 칸막이 규제는 창조적 파괴를 무색하게 하며 인공지능AI, 무인비행기, 자율주행 자동차, 바이오, 사물인터넷IoT 가상현실VR 등 신산업의 등장을 가로막고 있다. 이처럼 한 치 앞이 보이지 않는 상황에서 실패하더라도 다시 일어설 수 있는 유연한 시장, 어떤 시도는 마음 놓고 할 수 있는 기업환경, 창업가정신을 마음껏 발휘할 수 있는 거침없는 도전이 당연한 환경 조성이 필요하다. 또 4차 산업혁명 시대에는 산업구조와 경쟁방식은 물론 고용형태, 삶의 모습이 급변할 것이므로, 기업경쟁에서 승자독식이 심화하는 상황에서 기업의 신속한 의사결정이 절실함에도 국가가 세세하게 간섭하는 구조 또는 정부가 다 할 수 있다거나 다 해야 한다는 강박에 빠지면 시장활력을 빼앗고 많은 경제적 부작용이 발생하므로 정부개입을 최소화하고 경제적 자유를 확대하는 것이 시장경제에 활력을 불어넣는 최고의 선택이다. 한국이 4차 산업혁명 시대에 생존하려면 생산성의 빅뱅을 이뤄야 하고 생산성을 끌어올리는 방식도 달라져야 하지만 실제 우리의 노동생산성은 미국·네덜란드 등 선진국의 절반 수준이고, 경제협력개발기구OECD 35개국 중 28위로 매우 낮은 상태인데, 생존의 갈림길인 4차 산업혁명이라는 변화의 시기에 제대로 적응하지 못하면 우리는 글로벌시장에서 도태될 우려가 있다. 그래서 한국생산성본부KPC 노규성 회장도 "지금까지는 노동 등 생산요소 투입과 생산량을 각각 얼마나 줄이고 늘리

한국, 4차 산업혁명 핵심기술서 혁신역량 부족

우리나라가 생화학·제약 등 4차 산업혁명 관련 기술 분야에서 혁신역량이 선진국 대비 뒤처져 있다는 지적이 나왔다. 한국은행이 11일 발간한 BOK 경제연구 '4차 산업혁명과 한국의 혁신역량: 특허자료를 이용한 국가·기술별 비교 분석(1976~2015)'에서 정대영 한은 경제연구원 미시제도연구실 부연구위원과 이지홍 서울대 교수는 이같이 밝혔다. 보고서는 1976~2015년 중 미국특허청에서 승인한 500만 개 이상의 실용특허 자료에 기반해 국가별 혁신 역량의 추세를 분석했다. 연구기간은 4개(1976~1985년·1986~1995년·1996~2005년·2006~2015년)로 구분하고 분석 방법으로는 혁신 역량의 양적·질적 측면을 모두 반영하는 H-지수Hirsch-Index가 사용했다. 보고서는 "한국의 혁신순위는 1976~1985년 기간을 기준으로 14위에서 2006~2015년 기준 8위로 상승했다"며 "주로 정보기술IT 혁명 또는 3차 산업혁명과 관련 기술 분야에서 이뤄졌다"고 지적했다. 이어 보고서는 "미국은 전기간에 걸쳐 최상위, 일본은 2위를 유지하고 있다"고 덧붙였다. 문제는 한국이 3차 산업혁명까지는 많은 특허를 냈지만 4차 산업혁명에 대한 대응은 미흡하다는 점이다. 보고서는 "4차 산업혁명이 진행 중인 것으로 간주되는 2006~2015년 기간 소프트웨어 관련 정보기술IT 분야와 생화학·제약 관련 분야가 빠르게 발전하고 있다"며 "한국은 해당 신기술 분야에서의 혁신역량이 상대적으로 낮다"고 지적했다. 실제 특허 출원 속도 기준으로 선별된 상위 10개 기술에는 1990년대 중후반 이후 IT 분야가 2000년대 중반 이후에는 생화학·제약 분야가 다수 포함됐다. 생화학·제약 분야에서 한국은 1996~2005년 10위, 2006~2015년 11위로 선진국 대비 순위가 상대적으로 낮았다. 보고서는 "우리나라의 혁신 역량이 IT 기술 관련 특정 분야에 편향돼 있어 4차 산업혁명 진전으로 기술 및 산업구조가 급변할 경우 혁신을 통한 경제발전이 더디게 진행될 위험이 존재한다"며 "보유하고 있는 혁신 역량을 유지·발전시키고 향후 발전 가능성이 높은 분야에 대한 투자를 적극 확대해야 한다"고 말했다.

는지가 생산성을 결정했다면 앞으로 생산과정 전반의 혁신에 따른 '생산성 빅뱅' '생산성 혁명'의 중요성이 더 커질 것"이라고 말했다. 초지능·초연결사회에서 필요한 '혁신형 생산성'은 기술혁신과 창의를 바탕으로 고객의 요구를 실시간으로 대응할 수 있도록 프로세스를 혁신하거나, 새로운 제품 및 서비스로 부가가치를 획기적으로 확대하려는 것을 의미한다. 혁신형 생산성에 필요한 것은 혁신성장이다. 혁신은 '무'에서 '유'를 창조하는 것이 아니라 묵은 것을 새롭게 바꾸는 것이다. 내적 역량을 키우고, 고객을 중시하며, 개방된 자세로 끊임없이 쇄신하여야 4차 산업혁명 시대를 선두에서 이끌어 갈 수 있다.

> "미래사회의 인재상은 창조성과 협력을 두루 갖춘 '협력하는 괴짜'입니다. 이를 위해 미래사회 교육은 지식습득이 아닌 학습능력을 향상시키는 데 초점을 맞춰야 합니다. 무엇보다 정부는 성공이 아닌 실패를 지원하고 사전규제보다는 사후징벌을 강화해야 합니다."
>
> – 이민화, 창조경제연구회 이사장

3. 창업가정신 향상과 혁신강국 Korea의 부활

통계청이 2017년 9월 발표한 "산업활동 동향"을 보면 8월 전체 산업생산 증가율은 전달대비 0%로 집계됐고 소비와 투자 모두 감소했는데, 문제의 핵심은 한국이 이런 '지지부진한 상황'을 오랜 기간 이어가고 있다는 점이다. 한국은행은 2017년 10월 12일 "우리 경제의 역동성 점검" 보고서를 통해 2002~2016년 우리 경제의 성장률, 소비·투자, 생산성 등 거시지표와 산업구조 개편, 기술혁신 분야를 종합한 '역동성지수' 분석결과 보고서를 보면 2002년 4.48로 기준선(3)보다 높았던 역동성지수는 하락세를 나타내면서 글로벌 금융위기 직후인 2009년부터 기준선 밑으로 떨어졌고, 급기야 2016년에는 1.57 수준까지 떨어졌다. 그동안 한국의 장점은 역동성이었는데 그 역동성이 떨어지면서 국가경쟁력도 약화되고 있다. 또 통계청이 발표(2018.1.10)한 "2017년 연간 고용동향"에 따르면 2017 실업자 수는 역대 가장 많은 102만 8,000명이었고, 15~29세 청년층 실업률도 17년 만에 가장 높은 수준으로 나타났다. 이처럼 고용창출, 대한민국 경제의 재도약 및 장기적 성장을 위해서는 적극적인 사회분위기와 생활의 기초 필수역량인 역동적 창업가정신을 바탕으로 하는 가치혁신이 절실하다. 그러다

보니 "한국 미래의 최대위협은 북한의 핵이 아니라 메말라 가는 창업가정신"이라는 우려까지 나오는 상황이다. 이처럼 지금 한국이 놓여 있는 '지리멸렬한 상황'을 떨쳐버리기 위해서는 지금까지의 구태를 벗고 '혁신'을 통해 새로운 성장과제를 만들어야 하지만 지금 우리 사회는 현실안주형 최고경영자CEO들이 늘면서, 창업가정신이 약해져 신규투자 위험에 대한 두려움을 기지면서 장기투자가 필요한 연구개발R&D 의지도 하락하여 노동생산성과 경영효율을 높이는 데 주력하는 모습을 보인다. 더구나 시장의 판도를 뒤흔들 수 있는 혁신형 기술 혹은 혁신제품이 좀처럼 나오지 않으며 최근 한국기업의 체력이 급속하게 바닥나고 있다는 우려가 확산되고 있다.

현장에서 기업의 활력이 떨어진 원인은 위기 시 몸을 사리는 기업 스스로의 문제도 있으나 위기불감증에다 반기업정서, 경제민주화를 표방한 엄청난 규제 등이 기업의욕과 체력을 훼손하는 원인으로 지목받고 있다. 특히 저성장기 창업가정신은 경제성장에 필수비타민으로 창업가정신이 떨어지면 경제성장의 동력을 상실하고 성장이 불가능하게 된다. 지금 우리에게 혁신국가 진입의 필수요소가 창조적 도전을 감행하는 창업가정신이고 우리에게 제2한강의 기적은 창업가정신에 기반한 창조경제로의 전환 여부에 달려 있으므로 실패를 지원하는 사회적 제도와 창업가정신교육을 통하여 창조적 도전을 꿈꾸는 창업가정신이 발현되어야 한다. 그러나 점차 위축되고 있는 한국의 창업가정신은 이제 성장동력을 잃을 걱정까지 하는 상황이 되었고, 지금 가장 시급한 것은 우리나라 청년들이 실패에 대한 두려움 없이 도전하며 성장할 수 있게 사회적 지원과 환경변화, 그리고 활력을 잃은 기업이 마음껏 활동할 수 있는 환경을 만드는 동시에 기업들 스스로도 창업가정신 함양을 위한 다양한 노력을 강화하는 일이다.

지금 "대한민국 혁신성장의 조건"은 ① 기업은 투명한 지배구조를 만들고 사회적 책임을 다해야 하고, ② 정부는 과감한 규제개혁을 통한 미래성장에 대비해야 하며, ③ 노사정은 한발씩 양보해 사회적 대타협을 모색해야 하고, ④ 창업가정신 되살려 4차산업 혁명 원동력으로 삼아야 하며, ⑤ 금융은 잃어버린 모험정신을 되찾아 경제의 혈관 역할을 해야 한다(한경비즈니스, 제1143호). 특히 지금 세계는 4차 산업혁명 시대에 돌입했다. 창의적 인재를 키울 교육개혁, 기업가가 자유롭게 기업활동이 가능한 규제개혁, 노동시장의 경직성과 이중구조를 해소하는 노동개혁이 필요하며, 불확실성의 먹구름 속에서도 미래를 정확히 예측하고 위험을 감수하며 변화를 모색하는 과감히 도전하는 자세가 요구된다.

미국경제를 회복시킨 '기업가정신'

무엇이 미국경제, 적어도 미국기업의 회복을 설명하는가? 전 세계 10대기업 중 1위를 차지한 애플(1976)과 3위 구글(1998), 5위 마이크로소프트(1975)는 모두 1970년대 이후 시장에 들어온 회사들이며, 정보통신산업에서 출발했지만 그 틀을 벗어나 현재는 플랫폼기업으로서 전 산업적인 영향을 미치고 있다. 하지만 이렇게 젊고, 첨단기술을 나루는 기업만 선두에 있는 건 아니다. 역시 10위권에 있는 GE는 1892년 토머스 에디슨이 세운 회사이며, 6위인 소비재 기업 존슨앤존슨은 1886년에 창립됐다. 이들의 공통점은 스타트업·첨단기술이 아니라 자신의 사업과 고객을 재정의할 수 있는 능력, 그리하여 미래를 창조할 수 있는 능력인 기업가정신이다. 미국기업이 비관적 예측에도 불구하고 경쟁력을 보였던 건 지금만이 아니다. 1970년대 전문가들은 미국경제가 성장잠재력을 모두 소진해 1980년대로 접어들면 제로성장시대에 돌입할 것이라 전망했다. 실제로 1980년의 미국 GDP 성장률은 −0.29%였다. 하지만 1981년부터 2.54%의 성장세로 반전한 미국경제는 다시 회복하기 시작했고 1983년엔 4.52%, 1984년엔 7.19%나 성장했다. 현대 경영학에 큰 영향을 미친 피터 드러커는 1985년 〈혁신과 기업가 정신〉에서 이 수수께끼의 열쇠는 기업가정신에 있다고 밝혔다. 당시 첨단기술 분야의 고용비율이 20%가 채 안 된 점을 감안하면, '기회의 포착과 활용에 중점을 둔 기업가적인 경영'이라는 사회적 혁신이 기술적 혁신보다 경제회복에 더 크게 기여했다는 것이다. 현재 미국경제의 회복을 이끌고 있는 것도 검색엔진부터 전기차에 이르는 기술혁신만은 아니다. 벤처캐피털, 스타트업, 공유·개방과 같은 트렌드의 배경에 기회포착과 문제해결을 장려하는 기업가정신이 다시 살아나며 주목받고 있는 것이 주된 요인이다. 미국의 기업가정신은 대세가 합리적 사고를, 여론이 원리와 원칙을, 관습과 관행이 도전과 혁신을 대신하는 한국사회에 시사하는 바가 많다.

미국 하버드대 드루 길핀 파우스트Drew Gilpin Faust 총장은 "지금 대학졸업생이 사회에 나가면 적어도 여섯 번은 직업을 바꿔야 하는 세상이 될 것"이라고 했는데, 이 같은 초超불확실성의 시대에 대비하기 위해서는 인공지능AI이 대체하기 어려운 창의성과 감성을 발휘해 적극적으로 자신의 직업을 개척해 나가야 할 것이다. 하지만 미국언론인 파리드 자카리아Fareed Zakaria는 "아시아국가 학생들은 국제학력평가에서 거의 언제나 상위권을 독점하지만 결국 세계에서 가장 창의적인 과학자와 기업가, 발명가와 작곡가 및 사업가로 성장하지 못하는 이유, 그리고 미국과 스웨덴, 이스라엘이 국제학력평가에서는 중하위권이지만 가장 창업이 활발한 나라들인 이유는 한마디로 창업가정신 고취에 교육의 초점이 맞춰져 있기 때문"이라고 하였다. 기술의 급격한 변화에 따라 새로운 작품 혹은 직업창출의 기회가 개인차원에서 훨씬 많아질 것이므로 산업화시대의 취업위주 교육에서 융합적·창의적 인재양성 교육으로 바뀌어야 하고, 창업을 통해 한국의 스티브 잡스나 마크 저커버그를 꿈꾸는 창업가가 나올 수 있게 해야 한다.

또 한국의 창업자들이 이스라엘보다 혁신력이나 창의성이 현저히 떨어지는 이유는 토론문화와 창의성교육의 부재와 관련이 있는 것으로 분석되고 있지만 한국은 IT와 SW 기술에 대단한 저력을 지니고 있어 AI와 디지털 신기술에 대해 꾸준히 투자하고 인재를 집중육성하며, 철저한 기업가정신 함양, 정부와 사회의 지속적 지원정책을 펼친다면 가능성은 충분하다. 따라서 지금도 스타트업을 키우는 엔젤투자자나 액셀러레이터의 투자 결정시 가장 중요한 덕목이 바로 기업가정신이고, 기업가정신이야말로 4차 산업혁명과 공학교육 혁신을 이끌어 갈 핵심동력인 것이다. 특히 정부는 기술혁신형 창업기업 육성을 앞세우고 기업이 창업 후 3~5년 뒤 맞는 '죽음의 계곡'을 무사히 넘도록 자금지원을 강화하는 등 우리의 스타트업 육성정책도 중장기적으로 '민간주도 창업생태계'를 조성하여야 하며, 예비 창업자들이 과감히 창업에 나설 수 있도록 생태계를 조성하고 적극 지원해야 한다. 우리는 과거 동북아의 광대한 지역을 호령하던 북방의 패권자 동이족의 후예로써 선조들의 웅대한 기상에 대한 자부심을 가진 자손이므로 그 DNA를 물려받아 대륙을 호령하던 기개氣概와 강렬한 열정을 바탕으로 야생 늑대의 DNA를 가진 우리나라 토종의 풍산개, 경주개 동경이, 진돗개의 기질을 살린 창업기업의 혁심역량과 대기업의 자원 및 성장역량을 융합하여 혁신이 쉬워지는 경제를 조성함으로써 대한민국호가 비상飛上해야 할 것이다.

기업이 주도하는 혁신성장

〈100년 이상의 기업이 주도하는 혁신성장 사례〉 기계견습공이었던 헨리 포드Henry Ford는 자동차를 만들겠다는 결심을 한 후 헛간에 작업장을 마련했다. 그는 거의 모든 주말과 밤 시간을 그곳에서 보냈다. 그런 그를 마을 사람들은 '미친 헨리'라고 불렀다. 1896년 6월 4일 새벽 2시, 포드는 헛간에서 마지막 망치질을 한 순간 포드자동차가 탄생하였다. 하지만 포드의 혁신이 성장의 견인차 역할을 하게 된 것은 자동차에 대한 근본적 문제제기에서 나왔다. "부자만이 아닌 만인을 위한 자동차는 만들 수 없을까?" 자동차는 사치품이라는 게 상식이었던 시대에 이는 '미친 생각'이었으나 포드는 실행에 옮겼다. 1906년 겨울 그는 디트로이트 피켓공장에 작은 연구실을 마련하고 몇 명의 동료와 대중을 위한 차 개발에 나섰다. 소재와 구동방식, 무게 등 모든 것을 바꿔 2년 만에 선보인 신차가 최초의 대량생산 자동차인 '모델T'다. 그는 움직이는 조립라인을 도입하고 부품을 표준화해 대당 조립시간을 12시간 30분에서 5시간으로 줄였는데 당시로서는 기적에 가까운 일이었다. 처음에는 대당 850달러에 판매했지만 지속적인 원가 절감으로 1925년에는 200달러대까지 떨어졌다. 모델T는 자동차대중화 시대를 활짝 열면서 수많은 양질의 일자리를 창출했고 경제성장에 크게 기여했다. 미국정부가 재정을 아무리 많이 투입해도 이 정도로 효과를 거두기는 힘들었을 것이다. 이렇듯 기업의 혁신은 산업지형도를 바꾸고 경제성장의 기폭제로 작용한다. 생산성과 수익성을 획기적으로 높여 고용과 소비확대를 촉발한다는 점에서 성장의 선순환구조를 만드는 시발점이라고도 볼 수 있다. 다가올 4차 산업혁명 시대에는 노동력과 자본만으로는 성장이 어렵다. 자율주행차, 인공지능, 사물인터넷 등 끊임없이 신기술이 쏟아지고 있기 때문이다. 혁신은 기업가정신에서 나온다. 기업인을 과소평가하고 각종 규제로 기업들을 옥죄는 환경에서 혁신성장은 기대할 수 없다.

– 매일경제, 혁신성장이 지름길이다, 2017.9.18.

대한민국 혁신성장의 조건

① 기업, 투명한 지배구조 만들고 사회적 책임 다해야 한다.

② 정부, 과감한 규제개혁을 통한 미래성장 대비해야 한다.

③ 노사정, 한 발씩 양보해 사회적 대타협 모색할 때이다.

④ 창업가정신 되살려 4차산업혁명 원동력으로 활용해야 한다.

⑤ 금융, 잃어버린 모험정신 되찾아 경제의 혈관 역할해야 한다.

– 한경비즈니스, 제1143호(2017.10.25).

성장 잠재력이 고갈된 대한민국이 선진강국으로 거듭나려면 지금 우리 경제에는 기업가의 혁신을 독려하고 새로운 성장모델을 만드는 일이 무엇보다 중요하며, 특히 기업인은 물론 사회 각 분야에서 실패를 두려워하지 않고 도전하는 창업가정신이 절실하다. 혁신성장은 창업·벤처기업에만 한정된 문제가 아니며 모든 경제주체가 함께 산업, 분야, 기업규모, 지역을 불문하고 주도적으로 혁신에 나서야 한다. 혁신성장을 위해서는 개인의 창의력이 발휘될 수 있는 창업가정신이 바탕이 되어야 하고, 창업가정신이 자유롭게 발휘될 여건조성이 전제되어야 하며, 끊임없이 새로운 기회를 찾아 신 성장엔진을 발굴하는 등 각 분야에서 창업가정신을 바탕으로 끊임없는 혁신을 추구할 때 한 단계 성장이 가능하므로 창업가정신의 중요성은 더욱 높아지고 있다. 본래 "창업가정신이 남달랐던 우리나라의 유전자"는 몇 가지 장애요인이 해결된다면 다시 회복될 것이다. 첫째, 기회를 먼저 보는 선견력과 새로운 기회에 대한 몰입이 필요하다. 둘째, 기회 실현에 필요한 서로 다른 유용한 자원과 능력을 가진 주체 간의 협력과 파트너십이다. 셋째, 힘을 모아 이룬 성과에 대한 공정하고 파격적인 보상과 실패한 도전에 대한 위험을 공유하고 합리적으로 관리하는 제도적 장치와 체계적인 시스템을 보유하는 것이 필요하다. 하지만 변화의 속도가 빠르고 불확실성이 높은 경영환경 아래에서 창업가정신이 발휘되지 못하는 기업의 경

기업가정신 3세대에 거는 기대

우리나라가 산업화과정을 통해 이룩한 경제발전은 정부와 민간의 많은 노력 덕분이지만, 그 바탕에는 한국전쟁과 외환위기 등 시련을 딛고 일어나 지속적으로 긴장감을 유지하면서 강인한 적응력으로 이끌어 온 기업가정신Entrepreneurship이 있었기 때문이다. 2000년대에 들어서 우리 사회 전체가 도전보다 안정을 추구하는 경향이 나타나고 있지만 지난 50년을 살펴보면 우리는 분명 강한 기업가정신의 유전자를 가지고 있다. 지금까지 우리나라는 두 번의 큰 기업가정신의 물결을 만들어왔다. 1960~1980년대의 대기업 주도 경제발전 시기에 나타난 제1세대 기업가정신과 1990년대 중반부터 2000년대 초반까지의 벤처 붐을 타고 일어난 벤처기업가 주도의 제2세대 기업가정신이 그것이다. 기업가정신은 '무언가 새로운 것을 만들어서 가치를 창출하는 활동방식'이다. 그간 선진국 '따라가기'와 일부산업에서 '따라잡기'에 성공한 우리나라가 이제 글로벌 경쟁에서 '앞서가기'를 하려면 경쟁자들보다 먼저 무언가 새로운 것을 계속 만들어가는 것밖에 없다. 이것은 기업가정신 없이는 할 수 없는 일이다. 새로운 상황에서 새롭게 만들어갈 우리나라 기업가정신 제3세대의 모습은 다음 요소들을 가져야 할 것이다.

▲첫째, 제3세대 기업가정신은 단지 대기업이나 벤처기업에서만 필요한 것이 아니라, 우리 사회 전반에서 경제·사회·교육·정책 영역 모두에서 동시다발적으로 일어나 다양한 가치를 창출하고 사회문화를 바꾸는 큰 물결이 되어야 한다. 사회적 서비스 활동도 사회적 가치를 연쇄효과를 통해 증폭시키는 방법으로 추진되어야 하고, 정부정책에도 국가예산의 효과적 집행을 위해 공공기업가정신의 개념이 도입되어야 한다. ▲둘째, 제3세대 기업가정신에서 추구하는 가치에는 경제적 가치뿐 아니라 사회적 가치, 윤리적 가치 등도 포함되어야 한다. 약육강식의 차가운 경제체제가 아니라 공정하고 따뜻한 경제체제를 설계하고 이를 지켜갈 제도적·실천적 장치들을 만들어 가야 한다. 우리나라의 제1세대 기업가정신이 대기업 주도로, 그리고 제2세대 기업가정신이 벤처기업 주도로 발전하였다면, 제3세대 기업가정신은 대기업, 중소벤처기업, 정부, 대학, 사회단체들이 모두 참여하여 특정 그룹의 이익 극대화가 아니라, 사회 전체의 가치 극대화를 추구해야 한다. ▲셋째, 기업가정신은 기회에 대한 강한 집착과 전략적 의지를 필요로 한다. 지금까지 우리나라가 이만큼 발전할 수 있었던 원동력은 위기에 대처하기 위한 높고 구체적인 목표설정, 그 목표를 달성하겠다는 집착과 전략적 의지, 그리고 높아 보였던 중간목표들을 달성하면서 생긴 자신감과 지속적 긴장을 유지했기 때문이라고 할

> 수 있다.
> 이제 제3세대 기업가정신을 활성화하기 위해서 가장 필요한 것은 우리가 처한 위기상황을 공감하고 반드시 달성해야 할 각 조직의 목표를 명확히 세우며 구성원들의 공감대를 얻어서 또다시 한 번 그 목표를 향해 에너지를 모으는 것이다. 이제는 변화하는 환경에 적극 대응하면서 새로운 기회를 찾고 이의 실현을 위해 일하고 함께 나누는 동태적인 안정성을 추구하는 것이 진정한 안정을 이루는 길이며, 이것이 바로 기업가정신이 추구하는 방식이다. 아울러 새로운 시도를 해서 성공했을 때의 가치와 이익이 새로운 시도를 해서 실패했을 때의 위험과 손해보다 더 커지는 기업가정신 생태계를 만들기 위해 모두의 지혜를 모아야 할 때다. 그래야 제3의 기업가정신의 물결이 일어날 수 있을 것이다.
>
> – 배종태, KAIST 테크노경영대학원장

우 혁신마인드와 창의적인 실행력이 소멸된다면 결국 사라질 위기에 처할 가능성이 높다. 또한 창업가정신을 살리려면 자율과 창의를 존중하는 사회분위기와 함께 독특한 아이디어에 투자하는 효율적인 금융시장을 조성하고, 청년층을 대상으로 교육도 활성화해야 한다.

또 실패를 두려워하지 않는 '후츠파 정신'이 지금 우리 사회의 활력을 되찾을 적절한 해법이 될 수 있으며, 사회적으로 대기업의 자원과 체계적인 시스템을 활용하여 스타트업의 참신한 아이디어를 살릴 수 있는 분위기를 조성함으로써 취업 대신 창업을 꿈꾸는 사회를 만들도록 지원하고, 국가는 기업 활동에 활력을 주도록 규제를 완화하며, 성장 잠재력을 가진 기업들이 역동적인 경영을 하면서 사회공헌에도 적극적인 사례들을 많이 발굴하되 우선 창업가정신을 고취할 수 있는 사회적 분위기를 만들어야 할 것이다. 또 극복해야 할 요인들로는 시대에 맞지 않는 불합리한 규제, 기업이 요구하는 인재를 길러내지 못하는 교육시스템, 노동시장의 유연성을 가로막는 노사관계, 혁신성과 창의성을 말살하는 기업생태계, 공정한 경쟁을 저해하는 불투명한 시장, 기업 활동의 발목을 잡는 중앙정부와 지방 정부의 관료주의, 후진적인 정치문화 등을 꼽을 수 있다. 또 사회 전반에 창업가정신이 고취될 수 있도록 ▲창업·파산·투자회수의 용이성,

▲고용 유연성, ▲지식재산권 보호, ▲기업 규제완화와 인센티브 제공 등 제도정비에 만전을 기해야 할 것이며, 그 핵심은 투자의 걸림돌인 규제를 혁파하고 신사업에 대한 도전정신을 함양하며 미래 신 성장동력을 발굴 지원하는 것이다.

대한민국이 세계일류의 기업가적 엘리트 국가를 실현하려면 창업가정신에 대한 ① 긍정적 사회인식 보편화, ② 사회적 장애의 제거 및 규제의 질적 제고reregulation, ③ 지속적 교육 및 정보체제 등이 필요하다. 또한 창업가정신은 현 시대를 살아가는 생존기술survival skills이자 삶의 기술life skill이고, 고난과 시련을 극복할 에너지이자 활력소로써 누구나 가져야 할 올바른 인식을 다음과 같이 정리해 볼 수 있다.

▲첫째, 창업가정신에 대한 서양의 저명한 학자들의 정의를 살펴보면 위험감수(리샤르 캉티용), 창조적 파괴(조지프 슘페터), 기회를 변화로 이용하는 것(피터 드러커) 등 핵심이 성과측면에 초점이 맞춰져 있는 반면, 한국에서는 사람을 남기고 사회에 기여하는 것(거상 임상옥), 사람을 통해 나라에 기여하고 사람을 양성하는 것(이병철 회장), 국가에 도움이 되어야 한다는 정신(정주영 회장), 끊임없이 기여하고 일류사회에 공헌하는 정신(이건희 회장) 등 국가 및 사회에 기여적 측면에 초점이 맞춰져 있다. 본래 창업가정신entrepreneurship이 기업가에게 요구하는 핵심요인들은 이윤창출을 위한 통찰력과 과감한 도전, 혁신투자와 창의성이었고, 현대에는 이러한 전통적 의미에 더해 고객만족과 사회적 책임까지 창업가정신의 중요한 요소로 인식하고 있다. 착한 창업가정신이란 위험을 감수하고 끊임없이 도전하며 변화를 기회로 만들어 기업의 지속성장을 이뤄내고, 보다 나은 미래의 지속가능성장을 위한 경영을 지속적으로 추구하는 것이다. 창업가정신으로 무장한 기업가는 경제·사회 문제의 해결사 역할을 하면서 지속적으로 혁신을 창출하고 사회적 책임을 다해야 한다. 오늘날의 창업가정신은 단순히 기업가 개인차원이 아니라, 하나의 거대한 유기체로서 내·외부고객과 협력관계의 파트너들, 기업을 둘러싼 지역사회 등 기업의 수많은 이해 관계자가 얽혀 있는 문제로서 이윤창출, 이해 관계자 만족, 그리고 사회적 책임까지 요구되는 오늘날 창업가정신은 기업뿐 아니라 모든 개인차원에서도 고민하고

실천해야 하는 핵심가치가 되었다.

▲둘째, 본래 자본주의 정신spirit of capitalism이란 돈벌이를 자신의 물질적 욕구를 만족시키기 위한 수단이 아니라 삶의 목적자체로 여기는 소명의식이었다. 누구니 자신이 하고 있는 일에 대한 사명감이 있는 사람만이 고난을 겪더라도 끝내 상황을 극복하고 성취감을 만끽할 수 있다. 피터 드러커는 "사명감을 갖고 하나만을 억척스럽게 물고 늘어지는 사람만이 어떠한 일이든 성취해낼 수 있다"고 했다. 성공하기를 바란다면 가슴 속에 불타는 열망을 가지고 있어야 한다. 일을 단순히 직업이나 월급봉투라고 생각한다면 시작부터가 틀린 것이다. 어떤 일을 잘하기 위해서는 하루에 여덟 시간뿐 아니라, 자신이 가진 모든 것을 던질 수 있어야 한다. 사명감으로 무엇인가에 열중하는 사람은 아무도 말릴 수 없다. 스타벅스Starbucks를 글로벌 기업으로 키워낸 하워드 슐츠Howard Schultz는 다른 사람들이 '커피를 많이 팔기 위한 일'에 매달릴 때, 사무실과 거실을 넘어선 제3의 공간을 제공하는 일로 〈업의 개념〉을 새롭게 정의함으로써 보다 높은 새로운 가치를 창출할 수 있었다. 최고의 커피를 팔겠다는 그의 열정은 진부하고 평범한 기존의 커피를 풍미로운 고급커피로 바꿨고 로맨스와 서로의 정서적 공감을 나누며 어울릴 수 있는 분위기를 창출했다. 이처럼 자신이 하는 일에 대한 가치와 의미에 대한 명확한 사명감을 가져야 지치지 않는 에너지를 얻을 수 있고, 그 분야에서 일가(一家, 특정분야에서 독자적 경지를 이룬 상태)를 이룰 수 있다. 경제적 가치를 목표로 삼기보다 자신이 사랑하는 일을 한다는 자체에 만족한다면 어느 순간 잠깐 실패를 하더라도 포기하지 않고 두려움에 맞서 실패를 통해 배우며 성장을 거듭할 수 있을 것이다.

▲셋째, 우리가 자신의 개인적 성취나 국가 및 사회에 기여하려면 누구나 자신이 하고 있는 그 일에 대한 전문가specialist로서의 당당함과 자부심이 필요하며, 그것을 기반으로 고품질의 상품(서비스)을 생산함으로써 생존과 성장의 경쟁력을 확보할 수 있다. 우리 옛 장인匠人들도 신분은 낮았지만 뛰어난 솜씨와 집념 그리고 투철한 장인匠人, Meister정신으로 전통건축물이나 도자기, 조각품, 공예품, 악기 등 남들로부터 궂은일이라 불리는 분야에서 혼spirit을 불살

라 빛나는 문화유산들을 남겼다. 변화의 속도와 불확실성이 커진 오늘날 우리의 삶이 한 단계 더 도약하기 위해서는 프로정신, 집중력, 전문성, 창의성 등을 갖춘 철저한 장인정신이 필요하다. 대대로 전통가업을 이어가는 일본에서는 기업의 모노즈쿠리もの造り(혼신의 힘을 쏟아 최고의 제품을 만든다는 일본의 장인정신) 문화를 바탕으로 어느 분야에서나 각고의 노력으로 남다른 성취를 한 최고에 대해 찬사와 존경을 아끼지 않는다. 회를 뜨고 초밥을 만들고 우동이나 화과자和菓子를 만들기 위해 수십 년 또는 몇 세대를 이어갈 정도로 한 우물을 파는 성실과 끈기로 탁마琢磨, polishing하는 장인정신을 실천한다. 그들은 많은 노벨상 수상자를 배출할 만큼 자신의 일에 대한 사랑, 도전, 집념, 사명감, 자부심 등 지속적으로 갈구하는 장인정신을 가지고 있다.

▲ 넷째, 사람들은 세계나 인생을 바라보는 자신의 관점(가치관)에 따라 생각하고 다양한 선택지 가운데 어떤 것을 선택·실행하면서 살아가게 되는데 기업의 경우 최고경영자CEO부터 사원까지 모든 구성원이 하나의 가치체계 아래 조직 전체가 공유할 때 위대한 기업으로 성장할 수 있다. 가치관 경영의 핵심은 CEO와 직원들이 중요하게 생각하는 가치를 공유하는 것으로, 가치관 경영을 하게 되면 기업정체성이 뚜렷해지고 경영목표가 분명해진다. CEO가 어떤 경영철학, 즉 창업가정신을 가지고 있느냐에 따라서 기업문화에 미치는 영향은 절대적이다. 세계에서 가장 오래된 의약화학 회사 머크Merck는 "질병과 싸우고 사람들을 고통으로부터 해방한다"는 사명을 품고 있다. 머크의 기업철학은 "Was der Mensch thun kann(What people can do, 인간이 할 수 있는 일)"이다. 인간이 할 수 있는 무한한 역량과 잠재력에 대한 믿음이 오늘날의 머크를 만들었다는 뜻이다. 350년을 세계최고로 지켜오면서 기업의 교과서로 불리는 머크에는 "미래에 대한 끊임없는 질문과 호기심이 지금의 머크를 이끌었다"는 머크만의 DNA가 존재한다.

▲ 다섯째, 자신이 하는 일을 사랑해야 한다. 공자는 "지지자 불여호지자불여낙지자(知之者不如好之者好之者不如樂之者)"라 하였다. 이는 그냥 알기만 하는 사람은 그것을 좋아하는 사람을 넘지 못하고, 좋아하는 사람은 즐기는 사람만 못하다는 뜻이니, 일을 열심히 하는 사람은 일을 좋아하는 사람을 넘지 못하고,

일을 좋아하는 사람은 일을 즐기는 사람을 못 당하는 법이다. 스티브 잡스Steve Jobs는 "진정으로 만족하는 유일한 길은 당신이 위대한 일이라고 믿는 일을 하는 것이다"라면서 "살아보니 돈은 중요하지 않더라"고 말했다. 위대한 일을 하는 유일한 길은 당신이 사랑하는 일을 하는 것이니 가치를 창출하는 혁신가로서 사랑하는 일을 찾아야 한다. 창업가정신은 내가 좋아하는 일, 내가 잘하는 일, 사회적으로 가치 있는 일을 하는 것이다. 자신이 좋아하는 일을 하면서 느끼는 흥분과 열정은 고난과 마주했을 때 혹독한 상황을 딛고 헤쳐 나갈 에너지가 될 수 있고 그로 인한 성취는 남다른 흥분을 느낄 수 있다.

▲ 여섯째, 사회의 구성원으로써 살아가는 인격체는 개인적 사회적 신뢰를 얻기 위하여 올바른 인성과 자존감이 필요하다. 2014년 4월 16일 대한민국 모든 국민들을 큰 충격에 빠지게 한 세월호 참사는 단순한 안전불감증이 아니라 물질만능주의의 풍토와 탐욕에서 비롯된 것으로 국가와 사회의 근간을 흔들고 편법과 탈법의 관행을 암묵적으로 수용한 결과중심과 단기성과에만 집착하는 가치관의 혼란, 그리고 정직과 책임감이 실종된 도덕성 부재가 근본 원인이었다. 그동안 우리 사회는 오로지 성장을 향해 달려오면서 물질만능과 배타적 이기주의, 비리와 부조리, 안전불감증, 도덕 및 윤리의식 실종, 정의감 상실 등 갖가지 병폐들이 혼재되어 있었다. 특히 물질만능주의가 팽배한 사회적 분위기 속에서 성적만 좋으면 된다는 주입식 경쟁위주의 교육이 이루어지다 보니 학교에서나 가정에서나 도덕 및 인성교육을 소홀히 하여 사람의 본질인 바른 성품이 홀대받았기 때문에 수많은 사고와 비효율을 겪었다. 그러나 이제는 우리 사회를 고품격사회로 전환하기 위하여 사회적 신뢰와 높은 도덕성을 회복하고 타인 및 약자를 배려하며 공동체정신을 존중하는 국민의식의 혁신을 이루어야 할 것이다. 또 창업자는 능력도 있어야 하지만, 적어도 지켜야 할 최소한의 양심을 꼭 갖아야 한다. 회사가 이윤을 추구하는 것은 당연한 일이지만 불의한 과정으로 생성된 수익과 불합당한 방법을 동원한 갈취 또는 횡령은 회사를 멍들게 할 뿐이다. 양심이라는 기준이 있을 때, 잘못된 일에 대한 거부반응이 있지만, 올바른 철학과 양심이 없을 때, 아무 일 없다는 듯이 잘못을 저지른다. 기업에게

있어 철학은 기업의 양심을 만들어가는 씨앗과도 같다.

▲ 일곱째, 창업가정신은 세대나 분야에 관계없이 누구에게나 공통적으로 강조되는 핵심적인 마인드로서, 원래 경영의 영역에서 출발했지만 이제는 민간기업, 사회적 기업, 벤처기업은 물론이고 공공부문, 노동계와 교육부문까지 인간의 모든 활동영역에 적용되어 있으며 혁신과 변화를 통해 역동적 사회를 만들어 가는 철학으로 인식되고 있다. 장인에게는 장인정신, 공무원에게는 공무원정신, 교사에게는 교사정신, 언론인은 언론인정신, 기업가에는 창업가정신이 필요하다. 이때 창업가정신이란 기업의 최고경영자CEO에게만 필요한 것이 아니라 구성원 모두가 가져야 할 필수비타민으로 각기 자신의 역할에 맞는 창업가정신을 바르게 인식하고 실천해야만 개인이나 조직도 생존보장과 높은 성과를 창출할 수 있다. 창업가정신의 핵심은 불확실성과 위험을 이겨내고 새로운 가치를 만들고자 하는 도전정신, 창의정신, 역경 극복정신, 혁신정신, 실천정신 등이다. 창업교육과 창업가정신 교육은 당장 창업을 하지 않더라도 창업가정신 함양을 통해 주도적인 인생을 살려는 기초로써 삶의 기술life skills이자, 생존기술survival skills을 학습하는 것이므로, 자신의 삶을 스스로 경영하게 될 미래세대에게 창업가정신 교육은 선택이 아니라 필수과정이다. 그래서 미국의 밥슨babson 대학에서도 창업교육과 창업가정신의 습득은 단지 회사를 세우는 것이 아니라 불확실하고 애매모호한 미래에 대처할 수 있는 삶의 기술life skill로 인식하고 삶을 창의적으로 이끌어가는 과정으로 가르친다. 뱁슨 칼리지Babdon college에서 창업가정신 수업을 학부 1학년 학생들이 의무적으로 들어야 하는 이유는 굳이 창업을 하지 않더라도 CEO의 역할을 몸소 체험하며 수동적이고 타성적인 근로자가 아니라 진취적이고 혁신적인 인재로 육성하기 위함이다. 4차 산업혁명이라는 커다란 변화의 물결 앞에서 도전과 창의에 기반을 둔 창업가정신이 사회 전반에 확산되고, 개인도 창업가정신 덕후(한 분야에 몰두한 사람)가 될 수 있다면 개인적으로 활력과 삶의 가치를 크게 향상시켜 행복한 삶을 구현할 수 있을 뿐만 아니라 혁신성장과 사회문제를 해결하는 기반이 될 것이고, 국가차원에서도 선진국가로의 도약을 효과적이고 효율적으로 실현할 수 있을 것이다.

혁신성장의 핵심방안은 산업융합이다

혁신의 사전적 의미인 '묵은 풍속, 관습, 조직, 방법 따위를 완전히 바꿔서 새롭게 하는 것' 없이는 어느 시대건 새로운 성장은 불가능하다. 혁신성장을 추진하는 데 가장 시급하고 중요한 일은 국내 산업을 둘러싼 대내외 여건 변화에 적합한 구체적 실현방안을 찾는 것이다. 지금 한국경제는 4차 산업혁명에 대응할 수 있는 혁신방안(산업융합)을 찾아야 한다. 새로운 산업혁명을 이끌고 있는 파괴적 신기술들인 사물인터넷, 빅데이터, 인공지능의 특성은 경제부문 간 연결성과 산업활동의 지능성을 고도로 높이는 데 있다. 갈수록 글로벌 전자상거래, 핀테크(금융기술), 원격진료, 자율주행자동차 등과 같이 실물과 가상공간의 결합, 금융·의료 등 서비스업과 정보통신의 연계, 제조업과 인공지능의 합체 등으로 경제활동의 경계와 산업별 고유영역이 붕괴될 것이다. 소비자와 생산자가 실시간으로 연결되고 산업과 산업의 결합으로 탄생하는 것이 4차 산업혁명 시대 융합경제다. 이미 생산과 유통, 제조와 서비스업 간 융합체제를 구축한 아마존, 구글, GE 등이 세계최고의 기업가치를 창출하고 있다. 한국도 '산업융합발전 기본계획' 등을 통해 산업 융합정책을 추진해왔으나 서비스업과 신기술을 합치는 서비스업 융합분야는 한 발짝도 나가지 못하고 있다. 산업별 융합의 가장 성숙한 단계이고 새로운 부가가치 창출이 매우 클 것으로 예견되는 분야가 제조업과 서비스업 융합이다. 선진 제조강국들은 제조과정에 빅데이터를 활용한 연구개발 서비스를 결합하고 제품판매에 금융, 사후관리 서비스를 연계하고 있으나 한국의 제조-서비스업 융합수준은 전문인력이 부족하고 각종 빅데이터 활용에 제약이 너무 많기 때문에 미국과 같은 선진국은 물론이고 중국에도 뒤지는 초보단계에 머물러 있다. 산업융합은 궁극적으로 생산과 소비, 제조와 유통, 신사업 개발까지 하나의 인터넷 기반에서 통합 관리하는 플랫폼 기업으로 연결된다. 온라인 서적 유통기업이었던 아마존은 전 세계 최대 유통플랫폼을 구성하고 물류사업까지 진출하며 온라인과 오프라인 사업을 통합하고 있다. 플랫폼기업이 급속히 성장하는 산업융합경제에서는 경쟁력을 지닌 선발주자가 모든 세계수요와 이익을 독점하는 승자독식 원리가 적용된다. 한국경제의 지속성장을 위한 혁신성장 전략은 산업융합을 어떻게 꽃 피우느냐에 성패가 달려 있다.

참고문헌

〈단행본〉

- Compassionate Capitalism(온정적 자본주의). 마크 베니오프(Marc Benioff). 2004.
- Kotler의 마케팅원리 14판. Philip Kotler & Gary Armstrong. 안광호·유창조·전승우 옮김. 시그마프레스. 2013.
- MIT 스타트업 바이블. 빌 올렛 지음. 비즈니스북스 펴냄. 2014.
- PASSION. 이나모리 가즈오 불패경영의 원칙. 이나모리 가즈오 지음. 김혜성 옮김. 황금지식. 2015.
- Zero to One. 피터 틸, 블레이크 매스터스. 한국경제신문. 2014.
- 100개의 문과 미친 아이디어. 도브 모란(Dov Moran) 저. 이원재 역. 아라크네. 2017.
- 100년 기업의 성공열쇠, 가업승계 전략에서 찾아라. 김선화. 쌤앤파커스 펴냄. 2013.
- 100년 기업의 조건. 케빈 케네디. 이진원 옮김. 한스미디어. 2004.
- 100년 기업의 힘, 타타에게 배워라. 오화석. 매일경제신문사. 2013.
- 2018 트렌드 노트(우리는 어디로 가고 있는가) 김정구, 박현영, 백경혜 외 2명 저 북스톤 2017.10.19.
- 경영(최고들로부터 다시 배우는 62가지 경영의 절대지식). 프랑크 아르놀트 지음. 더숲. 2011.
- 경영자가 된다는 것. 이타미 히로유키 지음. 이혁재 옮김. 예인(플루토북). 2010.
- 경영전략(Strategic Management). 장세진. 박영사. 2012.
- 괴짜처럼 생각하라. 스티븐 레빗·스티븐 더브너 지음. 웅진지식하우스. 2015.
- 교세라에게 배우는 3가지 성공모델. SERI 마케팅전략실 정태수 연구원. 2007.
- 기업 인류 최고의 발명품. 존 미클스웨이트·에이드리언 울드리지. 을유문화사. 2011.
- 기업가정신(William Bygrave 저, 이민화/이현숙 역), 동서미디어. 2013.
- 기업가정신(창조경제 성공의 핵심조건). 최병일 ·황인학 외 지음. 한국경제연구원. 2013.

- 답을 찾는 생각 법. 윤태성 지음. 한국경제신문사. 2017.
- 돈 착하게 벌수는 없는가. 존 매키, 라젠드라 시소디어 지음. 유지연 옮김. 흐름출판. 2014.
- 디자인풀 컴퍼니(The Designful Company) 경영을 디자인하다. 마티 뉴마이어(Marty Neumeier). 박선영 역. 시그마북스. 2009.
- 디자인 싱킹. 로저 마틴 저. 이건식 역. 웅진윙스. 2010.
- 러브마크, 브랜드의 미래. 케빈 로버츠. 양준희 옮김. 서돌. 2005.
- 레전드는 슬럼프로 만들어진다. 김수안 지음. 스리체어스. 2017.
- 마켓 4.0 시대 이기는 마케팅. 필립 코틀러, 허마원 카타자야, 후이 덴 후안 지음. 김민주, 이엽 옮김. 한국경제신문사. 2017.
- 미래사회를 이끌어가는 기업가정신. 피터 드러커 지음. 이재규 옮김. 한국경제신문사. 2004
- 미국 IT 산업 먹여 살리는 '히피 정신' 이케다 준이치 지음. 서라미 옮김. 메디치. 2013.
- 백년의 가게. KBS 백년의 가게 제작팀. ㈜샘터사. 2013.
- 베끼고 훔치고 창조하라. 김종춘 지음. 매일경제신문사. 2011.
- 블루오션 시프트. 김위찬. 르네 마보안 지음. 안세민 옮김. 비즈니스북스. 2017.
- 브랜드자산 경영. 스코트 M. 데이비스. 데이비드 아커(David Aaker). 박영미 최원식 옮김. 기회출판 거름. 2001.
- 비즈니스 모델의 진화: 서비스 모델과 수익 모델의 분리가 가져올 새로운 기회. 노상규. 오가닉 미디어랩. 2015.
- 비즈니스 모델의 탄생(Business Model Generation). 알렉산더 오스터왈더. 예스 피그누어 지음. 유효상 옮김. 타임비즈. 2011.
- 비즈니스 발가벗기기. 리처드 브랜슨 지음, 박슬라 옮김. 리더스북. 2010.
- 비즈니스 지니어스(번역서 Business Genius: A More Inspired Approach to Business Growth). 피터 피스크(Fisk, Peter). Capstone Publishing. 2009.
- 사람을 남겨라. 정동일. 북스톤. 2015.
- 상자 밖에서 생각하라. 김정원. 이른아침. 2012.
- 새로운 업(業)의 발견. 김종현. 삼성경제연구소. 2006.
- 생각의 탄생. 다빈치에서 파인먼까지 창조성을 빛낸 사람들의 13가지 생각도구.

- 성공의 요체. 이나모리 가즈오 지음. 양준호 옮김. 한국경제신문사. 2016.
- 성공하는 스타트업을 위한 101가지 비즈니스 모델 이야기. 남대일·김주희·안현주·정지혜·이계원 공저. 한스미디어. 2015.
- 슘페터가 들려주는 기업가 정신 이야기. 이영직·황기홍. 자음과모음. 2012.
- 스타트업 멘토링. 케빈 존슨 지음. 안세민 옮김. 예문사. 2016.
- 스토리 기업가정신 2판. 피앤씨미디어(P&C Media). 유성은. 2016.
- 스토리 창업 경영 3판. 피앤씨미디어(P&C Media). 유성은. 2017.
- 스토리 창업과 경영 사례 2판. 피앤씨미디어(P&C Media). 유성은. 2017.
- 스티브 잡스 무한 혁신의 비밀(The Innovation Secrets of Steve Jobs): 스티브 잡스를 움직이는 7가지 특별한 원칙. 카민 갤로 지음. 박세연 옮김. 비즈니스북스. 2010.
- 승자의 안목. 김봉국 지음. 센추리원 펴냄. 2013.
- 쓰레기도 팔 수 있는 8가지 전략. IGM 세계경영연구원. IGM books. 2012.
- 시크릿 한국경제 성장엔진 5. 이인실. 에프케이아이미디어(FKI 미디어). 2013.
- 실리콘밸리 사람들은 어떻게 일할까. 정권택·예지은 외. 삼성경제연구소. 2017.
- 아마존은 왜? 최고가에 자포스를 인수했나. 이시즈카 시노부 지음. 이건호 옮김. 북로그컴퍼니. 2010.
- 아웃라이어(OUTLIERS). 말콤 글래드웰. 노정태 옮김. 김영사 2009.
- 어떻게 배울 것인가. 존 맥스웰(John C. Maxwell) 지음. 박산호 옮김. 비즈니스북스. 2014.
- 어떻게 성장할 것인가. 필립 코틀러&밀턴 코틀러 지음. 고영태 옮김. 청림출판. 2013.
- 어떻게 최고의 인재를 얻는가. 클라우디오 페르난데즈 아라오즈(Claudio Fernandez-Araoz) 21세기북스. 2015.
- 연결하는 인간(The Start-up of You). 리드 호프만(Reid Hoffman) 벤 카스노카(Ben Casnocha) 공저. 차백만 옮김. RHK. 2015.
- 여성고객의 마음을 움직여라. 다카히라 아이 저. 박진배 역. 경성라인. 2013.
- 욕망을 디자인하라. 정경원. 청림출판. 2013.
- 이나모리 가즈오의 왜 사업하는가. 이나모리 가즈오. 김지영 옮김. 다산북스. 2017.
- 왜 팔리는가. 조현준. 아템포. 2013.
- 유쾌한 크리에이티브. 톰 켈리&데이비드 켈리 지음. 박종성 옮김. 청림출판. 2014.
- 원칙 중심 리더. 스티븐 코비. 김경섭 옮김. 김영사. 2001.

- 이노베이터 DNA. 제프 다이어 외 지음. 송영학 외 옮김. 세종서적. 2012.
- 절대 가치: 완벽한 정보의 시대, 무엇이 소비자를 움직이는가. 이타마르 시몬슨·엠마뉴엘 로젠 공저. 고영태 옮김. 청림출판. 2015.
- 절대 변하지 않는 8가지 성공원칙. 브라이언 트레이시. 이종인 옮김. 더난출판사. 2006.
- 지금 중요한 것은 무엇인가, 게리 해멀(Gary Hamel). 방영호 옮김. 알키. 2012.
- 지식시대와 경쟁, 그리고 흥망성쇠. 예병일의 경제노트. 2008.
- 지역과 세상을 바꾸는 사회적 기업. 양준호. 두남. 2011.
- 창업가정신[9판]. Donald F. Kuratko. 이종건·임왕규·최경일 옮김. 한경사. 2016.
- 창업다이어리. 중소기업청·소상공인진흥원. 2012.
- 창업성공 11가지 성공의 법칙. 창업투데이. 2012.
- 창조의 탄생. 케빈 애슈턴 지음. 이은경 옮김. 북라이프. 2015.
- 켄터키 할아버지 커넬 샌더스의 1008번의 실패 1009번째의 성공. 최은영. 넥서스 BIZ. 2010.
- 크리에이터 코드: 세상에서 가장 창조적인 기업가들의 6가지 생각 도구. 에이미 윌킨슨. 김고명 옮김. 비즈니스북스. 2015.
- 탁월한 아이디어는 어디서 오는가. 스티븐 존슨. 한국경제, 2012.
- 판매의 심리학. 브라이언 트레이시. 오승훈 옮김. 비즈니스맵. 2012.
- 펌핑 크리에이티브(Pumping Creative). 곽숙철. 틔움. 2016.
- 포지셔닝(Positioning). 알 리스(Al Ries) & 잭 트라우트(Jack Trout). 안진환 옮김. 을유문화사. 2002.
- 프랜차이즈(우리시대 성공신화). 월간창업&프랜차이즈 저. SPC(서울출판클럽). 2003.
- 한강의 기적과 기업가정신. 김용삼. 프리이코노미스쿨. 2015.
- 한국의 장사꾼들. 신동일. 리더스북. 2013.
- 혁신가의 질문. 박영준. 북샵일공칠. 2017.
- 혁신기업의 딜레마. 클레이튼 M. 크리스텐슨. 이진원 옮김. 세종서적. 2009.
- 혁신으로 대한민국을 경영하라. 김병도. 해냄출판사. 2013.
- 혁신의 설계자. 린다 힐(Linda Hill) 외 3인 공저. 이은주 역. 북스톤. 2016.
- 회사의 미래를 결정짓는 기업가정신의 힘. 한정화 지음. 21세기북스. 2011.

- 히든 챔피언(Hidden Champion). 세계시장을 제패한 숨은 1등 기업의 비밀. 헤르만 지몬. 이미옥 옮김. 흐름출판. 2008.

〈일간지〉

- IT NEWS. 세계 최고의 창조학교 스탠퍼드 디스쿨(d-school). 2016.2.16.
- 건설경제신문. 비전, 핵심가치 그리고 조직력. 2012.6.26.
- 경기일보. 창의력, 혁신을 이끄는 힘. 2012.12.27.
- 경향신문. 사회적 기업이 희망이다. 사회적 기업 노리단. 2009.3.18.
- 경향신문. 로고, 기업을 말한다. 2013.11.22.
- 교수신문. 창의력 제고를 위한 다섯 가지 제안. 2013.12.3.
- 국민일보. 글로벌 톱 브랜드로 성공하는 7가지 조건. 2006.3.1.
- 국민일보. 탐욕은 당신을 괴물로 만든다. 2013.10.30.
- 국민일보. 청년들이여 '안주의 둥지'를 벗어나라. 2018.1.1.
- 뉴데일리. 신규 사업 수행 선결과제 '업의 개념'. 2009.3.19.
- 뉴스투데이. 브랜드가 된다는 것. 2017.11.15.
- 대학신문. MIT에서 창업교육의 미래를 찾다. 2016.4.10.
- 동아일보. 창의성이 국가경쟁력이다. 〈1〉창의적 사고 어디서 나오나. 2009.3.13.
- 동아일보. 정주영-이병철, 한국형 기업가정신 상징인물로. 2010.12.3.
- 동아일보. 스티브 잡스 못 키우는 한국. 2010.10.12.
- 동아일보. 기업의 사회적 책임(CSR)과 공유가치 창출(CSV) 개념 비교. 2011.11.18.
- 동아일보. 日에 없는 한국의 '창조혁신 DNA' 2012.8.31.
- 동아일보. 빈곤 한국 '한강의 기적' 어떻게 가능했나? 2013.2.26.
- 동아일보. 스타트업, 열정으로 도전하라! 2015.4.22.
- 동아일보. 바람 없는 에어컨? 114년만의 혁신…삼성전자 일냈다. 2016.2.25.
- 동아일보. 떡잎 때부터 가르쳐야 할 기업가정신. 2017.6.24.
- 동아일보. 한국 11→26위 추락, 중국 35→27위 추격… 국가경쟁력 10년간 극명히 엇갈린 희비. 2017.9.28.
- 동아일보. 코틀러 교수 "4차 산업혁명 열쇠는 기업가정신… 민관 함께 파괴적 변화를" 2017.12.7.
- 디지털타임스. 올해 국내 렌탈 시장규모 26조… 관련 업체 렌탈 사업 확대. 2016.3.22.

- 디지털타임스. 혁신가들이 세상을 바꾸는 방법. 2017.2.20.
- 매일경제. 100년 기업을 몰락시킨 원인은? 2009.7.22.
- 매일경제. 통념에 도발하는 괴짜. 2011.1.7.
- 매일경제. '마케팅 근시' 경계하세요. 2011.11.18.
- 매일경제. 다양성은 창의력의 원천. 2011.10.21.
- 매일경제. 기업가정신 3세대에 거는 기대. 2012.03.23.
- 매일경제. 유망 창업 아이템의 3가지 조건, 성장성·안정성·수익성. 2012.4.26.
- 매일경제. 2012년 창업시장 사로잡은 7가지 키워드. 2012.12.6.
- 매일경제. 선도자와 추격자. 2013.3.19.
- 매일경제. 조깅화에 칩 부착해 3배가치 만든 나이키. 2013.4.18.
- 매일경제. 기업가의 혁신?…가치창출만 해도 충분. 2013.9.6.
- 매일경제. 잇단 실패는 성공 자양분…파괴적 스토리가 창조. 2013.10.15.
- 매일경제. IBM 100세 비결…장수비결 5가지 교훈. 2011.6.17
- 매일경제. Buy One, Give One… 착한기업에 반하다. 2013.10.25.
- 매일경제. 인류의 삶을 혁신하다…3M의 3가지 Magic. 2015.10.2.
- 매일경제. 기업가에 대한 존경. 2016.4.14.
- 매일경제. 이스라엘서 다브카 정신 배워올게요. 2016.6.1.
- 매일경제. 가장 위대한 성공 비결은 '실패의 자유' 2017.5.26.
- 매일경제. 콜럼버스에게서 배우는 투자유치의 4대 노하우. 2017.7.19
- 매일경제. 브랜드를 만드는 힘은 콘셉트부터 시작된다. 2017.09.12.
- 매일경제. 혁신성장이 지름길이다. 2017.9.18.
- 매일경제. 국가경쟁력 3위 싱가포르 그곳에서 생각난 것들. 2017.10.10.
- 매일경제. 한국 기업가정신 지수 137개국 중 24위…매년 꾸준히 상승. 2017.12.22.
- 머니투데이, 식지 않는 웰빙, 업그레이드 웰빙 창업. 2009.9.21.
- 머니투데이, 콘텐츠 분명해야 외식창업 시장에서 생존. 2012.12.6.
- 머니투데이, 당신은 왜 창업을 하려고 하십니까? 2014.1.23.
- 머니투데이, 불황에 얇아진 지갑, '무소유 경제' 뜬다. 2014.2.11.
- 머니투데이, 창조경제 실현, 창업가정신 교육에 달려 있다. 2014.2.18.
- 머니투데이, 창업 실패이유 '자금부족'이 2위, 1위는? 2014.10.3.
- 머니투데이, 너무 서두르고, 고생보단 대박 환상에 빠져. 2015.1.25.

- 머니투데이, '먼지봉투 없는 청소기' 개발, 시제품만 5127개…혁신은 이런 것. 2015.4.17.
- 머니투데이, 고령화 시대 '실버 케어' 스타트업이 뜬다. 2016.2.13.
- 머니투데이, 김동연 "실패도 자산으로…인재들이 창업 도전하는 환경 만들 것" 2017.11.2.
- 머니투데이, 4차 산업혁명 시대의 생존법. 2017.4.20.
- 머니투데이, 대학 창업교육 현장의 '동상이몽' 2017.12.14.
- 머니크랙. 사업 실패의 원인 7가지. 2015.5.28.
- 미래한국. 우수한 품질과 독특함 중 하나를 선택해야 한다면? 2018.3.23.
- 문화일보. "열심히 일하면 삶 나아져" 응답 149국 중 140위 추락. 2017.12.7.
- 비즈니스 와치. 기업 몰락의 '5단계' 2013.11.8.
- 비즈니스와치. 청년창업, 어렵고 험난하구나. 2017.9.28.
- 비즈니스포스트. '실리콘밸리 괴짜' 머스크의 무모한 도전. 2014.8.31.
- 서울경제, 선진국 융·복합화 바람유기농 식품 판매+스파 서비스, 럭셔리 소매점으로 수익 극대화. 2012.2.5.
- 서울경제, 값 내리고 품질은 높이고, 가치소비 아이템이 뜬다. 2012.7.22.
- 서울경제, 정답을 강요하지 않는 사회. 2014.3.6.
- 서울경제, 드러커가 극찬한 기업가정신, 10년새 OECD 꼴찌 추락. 2014.7.31.
- 서울경제, 브랜드 가치 14% 상승한 삼성전자 세계 7위. 2016.11.8.
- 서울신문. 21 세기 新다빈치 프로젝트. 통섭을 말하다. 진화하는 '하버드 소사이어티' 2008.7.25.
- 서울신문. 창조경제는 창의·모험적 기업가정신에서 시작. 2013.8.19.
- 서울신문. 아마존, 세계 100대 기업 중 고객만족도 가장 높아. 2013.12.14.
- 서울신문. 청년창업활성화 중단돼서는 안 된다. 2016.11.30.
- 서울신문. 창의성은 어떻게 길러지는가. 2017.2.20
- 서울신문. 이스라엘 실리콘밸리의 기적. 2017.12.22.
- 서울파이낸스. 창업시장 변화 주도하는 네 가지는? 2012.7.11.
- 세계일보. 장수기업의 나라 일본. 2010.11.28.
- 세계일보. 창업국가의 과제들. 2016.5.10.
- 소비자평가. 마음의 문을 두드리다, 참여형 마케팅. 2016.2.14.

- 아시아경제. 로베르토 베르간티 교수 "디자인 혁신이 성공 부른다" 2010.11.10.
- 아시아경제. 실패를 포용하는 벤처생태계의 완성. 2017.11.8.
- 아시아경제. 피터 드러커가 극찬했던 한국 기업가정신, 왜 주저앉았나. 2018.1.5
- 아시아투데이. '창업'실패를 부르는 10가지 습관. 2015.11.26.
- 에너지경제. 4차 산업혁명 이끄는 기업가정신. 2017.11.19.
- 아이뉴스24. '쓰러지고 있는 창업자들'의 10가지 유형. 2003.8.25.
- 아주경제. 두려움 없는 창업으로 미래 성장 동력 키워야. 2014.1.2.
- 아주경제. 파격을 넘어선 혁신가, 엘론 머스크. 2014.7.23.
- 아주경제. 실패자 마윈. 2017.3.15.
- 연합뉴스. '한강의 기적' 경제개발 5개년 계획 한눈에 본다. 2015.8.10
- 연합뉴스. 삼성전자 브랜드 가치 63조5천억원…세계 6위. 2017.9.25.
- 열린창업신문. 창업기업 성공에 필요한 6가지는? 2015.9.2.
- 열린창업신문. 창업가의 마인드가 성공의 열쇠. 2016.1.15.
- 영남일보. 글로벌 브랜드 성공비결은 창의력과 도전정신. 2017.8.16.
- 위클리공감. 창업을 꿈꾸는가? 'K-스타트업'에 물어보라! 2015.10.22.
- 이데일리. 이런 사람 창업하지 마라. 2007.8.13.
- 이데일리. 창업을 하기전에 왜 해야 하는지에 대해 고민해야 한다. 2015.6.10.
- 이데일리. 광복 70년, 대한민국 이렇게 변했다. 2015.8.11.
- 이데일리. 정주영의 도전정신을 생각한다. 2015.11.13.
- 이지경제. 최빈국에서 경제 강국으로…'한강의 기적' 순간들. 2017.9.11.
- 이투데이. 유레카! 오픈 이노베이션의 힘. 2016.5.3.
- 이투데이. 아마존, 매일 '첫날' 같은 '에브리싱 스토어'. 2018.1.2.
- 이코노미뉴스. 장수기업이 되기 위한 조건. 2014.11.14.
- 전자신문. 한국형 기업가정신의 변천사는. 2013.6.3.
- 전자신문. 스타트업에 경영이 필요한가? 2014.1.7.
- 전자신문. 실리콘밸리언들의 기업가정신. 2016.8.19.
- 전자신문. 스타트업도 브랜드 전략이 필요하다. 2017.9.12.
- 전자신문. 4차 산업혁명에 필요한 기업가정신. 2017.9.25.
- 조선일보, 21세기 예술가? 혁신가의 탄생. 2014.1.28.
- 조선일보, 당신은 당신의 일에 1萬시간 쏟아 부었나? 아니라면 성공을 말하지 말라.

2009.2.14.

- 조선일보, 성공적인 업종선정 위한 '7가지 기본원칙.' 2009.9.14.
- 조선일보, 당신은 이 셋을 가졌는가? 魂(혼·신념) 創(창·창의) 通(통·소통). 2009.10.17.
- 조선일보, 세계적 디자이너 손길 거친 생수… 이젠 '눈'으로 마신다. 2010.7.12.
- 조선일보, '무엇을 파느냐' 아닌 '고객이 왜 사느냐'의 관점서 봐야 業 보여. 2012.1.9.
- 조선일보, 시계 업체 스와치, 패션업으로 재 정의하자 새 시장 열려. 2012.1.9.
- 조선일보, 탄생 130년 만의 '진화'… 선풍기, 날개를 버렸다. 2012.8.15.
- 조선일보, 대기업이 주도하는 '혁신 4.0' 시대 활짝. 2012.9.1.
- 조선일보, 외식창업 트렌드 변화 "1~2인 가구를 공략하라" 2012.9.26.
- 조선일보, 자본주의 5.0. 2012.10.15.
- 조선일보, 돈 얼마나 벌 수 있나 아닌 고객에 어떤 혜택 있나로 사업의 기준을 바꿔야. 2013.2.7.
- 조선일보, 내가 가진 것 이상을 추구하는 기업家가 돼라. 2013.3.29.
- 조선일보, 기업의 사회적 책임이란 무엇인가요? 2013.6.14.
- 조선일보, 기업의 사회적 책임 담은 '지속가능 경영보고서' 2013.7.23.
- 조선일보, 1등 기업 넘어서기… '마라톤 혁신'이다. 2014.1.27.
- 조선일보, 鬪魂(투혼)의 기업가. 2014.7.14.
- 조선일보, 혁신을 분업하라. 2014.8.16.
- 조선일보, 혁신은 '천재들의 기적'이 아니다. 2014.9.6.
- 조선일보, 아이디어만 있으면 OK… '온라인 멘토'가 창업까지 돕는다. 2015.10.07.
- 조선일보, 김영세 이노디자인 대표 "디자이너처럼 생각하면 미래가 보인다". 2016.2.3.
- 조선일보, 단돈 35달러 '나이키' 로고. 2016.2.20.
- 조선일보, '퍼스트 무버'와 '패스트 팔로워' 2016.3.8.
- 조선일보, 기존 제품을 살짝 바꿔보라… 완전히 새로운 아이디어보다 훌륭. 2016.4.3.
- 조선일보, "다양성·결합이 혁신의 비결" 2016.4.28.
- 조선일보, 혼밥·혼술족 '맞춤 사업' 뜬다. 2017.1.6.
- 조선일보, 2017년 창업 시장 흐름 전망. 2017.1.6.

- 조선일보, 옥스퍼드大의 면접 질문들. 2017.1.20.
- 조선일보, 멀리·빠르게·눈에 띄게·현명하게… 창업 성공 4대 DNA. 2017.2.11.
- 조선일보, 주력 소비자 감소시대… 뉴노멀 경제의 소비 7대 트렌드. 2017.3.20.
- 조선일보, 창업 실패해도 정부가 80% 보전… 청년들 도전정신 불 질렀다. 2017.7.4.
- 조선일보, 손정의 사장 경영 통찰력의 원천은 '인문학 삼매경' 2017.9.22.
- 조선일보, '실패에서 배워라'… 개그맨 김학래씨의 생존 창업기. 2017.11.10.
- 조선일보, 원광대 치대생들이 아이폰 뜯어본 이유는? 2017.11.17.
- 조세일보. 진정한 기업가정신만이 성공기업을 만들 수 있다. 2017.5.23.
- 조세일보. 기업가정신을 저해하는 사회는 미래가 없다. 2017.8.17.
- 중기이코노미. 비전 세운 기업, 매출성장·영업익 모두 높다. 2016.9.28.
- 중부일보. 이스라엘의 창업생태계와 성공요인. 2015.12.22.
- 중앙일보. 빠른 추격자에서 최초의 개척자로 변신해야. 2012.8.27.
- 중앙일보. "좋은 브랜드 되려면 '4C' 갖춰야" 2012.9.11.
- 중앙일보. 기업가정신 왜 중요한가요. 2016.11.22.
- 중앙일보. 하버드보다 입학 어려운 新대학 미네르바 스쿨 가보니. 2018.1.12.
- 창업신문. 성공적인 창업자에게 필요한 5가지 핵심역량. 2012.5.11.
- 창업신문. 목표는 대담하게, 실행은 과감하게 창업 10 계명. 2012.5.16.
- 창업신문. 99%가 반대하는 아이디어가 좋은 것이다. 2014.2.12.
- 코메디닷컴. 성공한 기업가들은 생각이 어떻게 다른가. 2014.8.10.
- 파이낸셜뉴스. 정부지원, 융자보다 리스크 분담하는 투자형태로 바꿔야. 2015.10.12.
- 파이낸셜뉴스. 한국, 4차 산업혁명 핵심 기술서 혁신역량 부족. 2018.1.11.
- ㅍㅍㅅㅅ. 어떻게 아이를 창의적으로 키울 수 있을까? 2017.9.13.
- 한국경제, 시대, 고객에 따라 바뀌는 '業의 개념' 읽어라. 2005.5.16.
- 한국경제, 소자본 창업, 성공하려면 '9계명'을 기억하라. 2012.1.27.
- 한국경제, 獨 히든 챔피언 43%, 100년 이상 된 가족기업. 2013.7.14.
- 한국경제, 기업가정신이 답이다. 2013.11.25.
- 한국경제, 왜 기업가정신인가〈 1부〉 기업가정신과 그 적(敵)들. 2014.1.1.
- 한국경제, 창업스쿨서 가르칠 것은 기술보다 기업가정신. 2014.5.16.
- 한국경제, 규제혁파로 기업가정신 살려라. 2014.7.10.
- 한국경제, 광복 70년… 세계가 놀란 '한강의 기적' 2015.8.17.

- 한국경제, 정답만 찾는 '비즈니스 싱킹'…혁신하려면 '디자이너처럼 생각하라'. 2016.11.5.
- 한국경제, 디자인 싱킹(design thinking). 2016.11.5.
- 한국경제, '나도 틀릴 수 있다' 인정할 때 전략적 의사결정 오류 줄인다. 2016.12.10.
- 한국경제, 한국, 기업가정신 키워야 저성장 탈출. 2017.5.10.
- 한국경제, '차이나 기업가정신'의 역설. 2017.6.30.
- 한국경제, 실패 두려워 않는 조직문화가 혁신 이끈다. 2017.7.28.
- 한국경제, 아마존 '파괴적 혁신'… 세상을 바꾸다. 2017.10.18.
- 한국경제, 혁신성장의 핵심방안은 산업융합이다. 2017.10.23.
- 한국경제, '기업하기 좋은 환경' 미국 1위 vs 한국 44위. 2018.1.1.
- 한국경제, "반려견에 한 달 30만원 쓴다"… 6조 펫 시장에 유통·IT사까지 '눈독' 2018.1.15.
- 한국경제, 비고객에 미래 있다. 2018.2.28.
- 한국경제TV. 국민 55% "기업 싫다"… 더 커지는 반기업 정서. 2017.2.24.
- 한국교육신문. 창의교육 없이 창조경제 없다. 2013.4.29.
- 한국대학신문. 대학생 창업 성과 …143억 매출·542명 고용. 2018.1.16.
- 한국일보. 무모한 도전이라고? 실패도 우리에겐 특권이죠. 2015.1.22.
- 헤럴드경제. CEO의 최고 덕목은 … 미래에 대한 통찰력. 2012.5.21.
- 헤럴드경제. 이스라엘 스타트업 성공비결은? 2012.11.24.
- 헤럴드경제. 불황, 렌탈이 新강자. 2012.12.1.
- 헤럴드경제. Can do spirit… 한국경제 신화, 그들이 그립습니다. 2013.11.29.
- 헤럴드경제. '착한' 기업이 오래 살아남는다. 2014.1.28.
- 헤럴드경제. 전문가들 "기업가 정신은 창조경제의 핵심" 2015.12.30.
- CIO Korea. IT 리더십 레슨 '실패로부터 배우는 법' 2014.1.8.

〈주간 월간지 및 연구소 등〉

- CNB저널. [제 310호] CEO가 꼭 알아야 할 경영의 7가지 포인트. 2013.1.21.
- CNB저널. [제316-317호] 리더는 위기를 기회로 바꾼다. 2013.3.11.
- LG경제연구원. 장수하는 CEO가 되는 비결. 2002.11.27.
- LG경제연구원. 명품 CEO가 갖추어야 할 8가지 조건. 2007.6.24.

- MBC이코노미. 애플 창업자 스티브 잡스 통찰력의 비밀. 2012.11.8.
- HBR(하버드비즈니스리뷰). 혁신가(innovator)라면 갖추어야 할 5가지 특성. Tomas Chamorro-Premuzic. 2013.10.25.
- 넥스트랜스. 창업 아이디어를 얻는 법(How to Get Startup Ideas). 2014.6.16.
- 동아비즈니스리뷰. 초경쟁의 성공 열쇠, 통찰력. 1호(2008. 1월).
- 동아비즈니스리뷰. 비전보다 중요한 건 '비전 공유' 116호(2012년 11월).
- 동아비즈니스리뷰. 사람은 왜 돈만 생각하면 이기적이 될까? 129호(2013년 6월).
- 동아비즈니스리뷰. 지식정보화 시대에 적합한 기업가정신 ABC. 133호(2013년 8월).
- 동아비즈니스리뷰. 위대한 혁신가는 모방에서 나왔다. 135호(2013년 9월).
- 동아비즈니스리뷰. 마케터를 위한 관찰의 기준 5가지. 145호(2014년 2월).
- 동아비즈니스리뷰. 리더십은 비전을 현실로 바꾸는 능력. 빅데이터를 기초로 의사결정 훈련을. 220호(2017년 3월).
- 동아비즈니스리뷰. 창의력의 비결은 '연결 코드' 231호(2017년 8월).
- 동아비즈니스리뷰. 혁신적 기술만으로 투자 유치? 비즈니스 모델 없으면 무용지물. 233호(2017년 9월).
- 동아비즈니스리뷰. 우리 회사에선 모두가 디자이너, 이것이 '혁신적 애플'을 키운 힘. 237호(2017년 11월).
- 동아비즈니스리뷰. '차기 제품은 고객이 개발하게...' 기억해야 할 12가지 혁신 통찰. 239호(2017년 12월).
- 디자인하우스. 혁신을 이루고 싶은가? 사물의 의미를 뒤집어라! (2011년 1월).
- 매경이코노미. 수익모델 전략. 과금 방식을 바꿔라. 제1944호(2018.1/31~2/6).
- 월간디자인. 21세기 디자이너의 필수덕목 (1) 창업가정신. 2014 년 6월호.
- 월간 CEO. 브랜드 로고의 의미와 기능. 2014년 02호.
- 월간 신동아. '행복배달'쇼핑몰의 비밀은'와우'자포스(Zappos). 646호(2013년 07월).
- 월간 신동아. 소득주도 성장의 혁신친화성에 대하여. 2017년 11월호.
- 월간 인사관리. 서비스 모델과 수익 모델은 왜 분리될 수밖에 없는가? 2015.09호.
- 위클리공감. 창업을 꿈꾸는가? 'K-스타트업'에 물어보라! 2015.10.22.
- 위클리 공감. 미래 먹거리 산업 '업사이클링'새 가치 담은 상품으로! 2016.4.4.
- 이코노미스트. 아이템 발굴·기획·실행 단계별 '스테이지 게이트' 체제 갖춰라. 1336호(2016.5.30).

- 이코노미스트. 사랑받는 브랜드는 혁신의 결과물. 1390호(2017.7.3).
- 이코노미조선, 현재의 성공을 무너뜨려야 혁신할 수 있다. 2015.6.2.
- 이코노미조선, 품질보다 브랜드가 소비자 지갑 연다. 102호(2013.4.10).
- 이코노미조선, 美 스탠포드대 창업자 과정 들어보니 "잠재 고객 발굴과 의견 수렴부터 하라" 2016년02월 137호.
- 이코노미조선, 파괴적 혁신 시대의 기업 생존 전략. 2017년 3월호.
- 이코노미조선, 현대 경제의 혁신을 이끈 50가지 발명품. 2017년 9월호.
- 이코노미조선, 1위 기업, 파괴적 혁신으로 신시장 개척해야 생존. 기존 시장질서 파괴하고, 비즈니스 모델 혁신 필수. 2017년 12월호.
- 이코노미플러스. 이병철 삼성그룹 창업주. 2010.1.22.
- 이코노미플러스. 아산 철학의 정수 '어록 15 선' 2011.2.3.
- 이코노믹리뷰. 미션과 비전은 나누면 곱하기가 된다. 2011.11.15.
- 이코노믹리뷰. 기업 불황한파 탈출구는 '파괴적 혁신' 아시나요? 2012.11.21.
- 이코노믹리뷰. 대전환기, 강력한 기업가정신이 필요하다. 2014.3.17.
- 인사이트코리아. '통찰'하고 '융합'하고 '상상'하고 '창조'하라! 2014.8.1.
- 인사이트코리아. 고객 속마음은 요란한 경품보다 '빵 맛'에 있다. 2018.4.2.
- 일요서울. 협업으로 창조경제 구현. 1058호(2014.8.11).
- 주간경향. 미국경제를 회복시킨 '기업가정신' 1046호(2013.10.15).
- 주간경향. 집단주의를 버려야 창조가 산다. 1085호(2014.7.22).
- 주간동아. 공유가치창출과 창조경제 '두 바퀴' 923호(2014.1.27).
- 주간동아. 業의 본질. 1065호(2016.11.30).
- 주간동아. 펭귄 무리에서 볼 수 있는 리더십 '첫 번째와 허들링'. 1082호(2017.4.5).
- 주간동아. 대체 불가능한 가치가 성패 가른다. 1094호(2017.6.28).
- 중소기업뉴스. 기업가정신이 미래 경쟁력이다. 2000호(2014.11.12).
- 중앙선데이. 이인식의 '과학은 살아 있다' 호모 크리에이터(Homo creator) 2013.2.24.
- 중앙선데이. 이스라엘 특유의 군대 경험이 창업 밑거름. 326호(2013.6.9).
- 중앙선데이. 실패의 경제학. 348호(2013.11.10).
- 중앙선데이. 피터 드러커의 "혁신과 기업가정신" 355호(2013.12.29).
- 중앙선데이. 창업교육 핵심은 인문학적 상상력 키우기. 468호(2016.2.28).

- 청년의사. '창조경제', 교육에서 시작하라. 2013.4.13.
- 포브스 코리아. '창조 씨앗' 상상력의 가치. 201712호.
- 포브스 코리아. '마케팅의 아버지' 필립 코틀러 교수 인터뷰. 201803호.
- 포춘코리아. 마케팅은 고객행복이다. 2017.08호.
- 한경비즈니스. 기업가정신으로 황무지에 오아시스 일구다. 2014년 6월.
- 한경비즈니스. 기업가정신으로 황무지에 오아시스 일구다. 제963호(2014.5.12).
- 한경비즈니스. 청년창업 성공하려면 기업가정신으로 무장하고 발로 뛰어 준비하라! 제 61호(2014년 7월).
- 한경비즈니스. 실패도 자산… 실리콘밸리 '혁신 DNA' 제 973호(2014년 8월).
- 한경비즈니스. 스타트업 실패 진짜 이유는 시장조사 부족. 제 984호(2014.10.15).
- 한경비즈니스. 명문 장수기업의 성공 DNA. 제114호(2014.11.14).
- 한경비즈니스. 대학이 창업의 전진기지로 변한다. 제1125호(2017.6.21).
- 한경비즈니스. 청년의 꿈이 공무원인 나라엔 미래 없다. 제1143호(2017.10.25).
- 한경비즈니스. 한국, 혁신 통해 '제자리걸음' 벗어나자. 제1143호(2017.10.25).
- 한경비즈니스. 제프 베조스가 아마존을 '혁신 기업'으로 키운 방법. 제1154호(2018.1.10).
- 한경비즈니스머니. 좋은 기업보다 좋은 정신을 남겨라. 제150호(2017년 11월).
- 한국능률협회컨설팅. 월간 혁신리더. 지속성장 위한 4대 핵심역량. 2011.10.
- EBS 〈다큐10+〉 기업의 힘(원제: The Power of Corporations) 10부작. 2012.5.24.
- 한국경제 TV. [대한민국 반기업정서 보고서] 한국의 기업가정신은 망가진 바퀴. 2017.2.22.
- 과학기술정책연구원. "4차 산업혁명 시대 기업가정신과 혁신성장"4차 산업혁명 시대의 기업가정신과 정부의 역할. 2017.11.14.
- 한국경제연구원 KERI Brief. 기업가정신 지수 국제비교를 통한 한국 기업가정신 환경 평가. 2017.2.20.
- 삼성경제연구원. http://www.seri.org
- 현대경제연구원, http://www.hri.co.kr 창조적인 아이디어 도출을 위한 노하우. 남동훈.
- LG경제연구원. GERI리포트. 고객이 알아주는 핵심역량(Core competence), 기업 미래 이끈다. 2015.6.3.

- LG경제연구원. 새로운 시장을 만들어 내는 힘, 창의적 직관. 2016.2.12.
- LG경제연구원. http://www.lgeri.com
- [네이버 지식백과] 디자인 싱킹이란? (창의융합 프로젝트 아이디어북, 2015.6.10. 한빛아카데미(주)).
- (사)창조경제연구회(KCERN). 응답하라 ! 기업가정신. 이민화. 2014.
- CIO. 디지털 성공의 비밀··· '디자인 싱킹' 실행 5원칙. 2017.8.1.
- 휴넷(hunet) 행복한 경영이야기. 기업에 대한 이해.
- 휴넷(hunet) 행복한 경영이야기. 혁신의 5가지 기본적 원칙(Five Basic Tenets).
- 창업경영신문. http://www.sbiznews.com
- 창조경제타운(www.creativekorea.or.kr).
- 창조경제혁신센터 http://blog.naver.com/ccei_forever/220551072245 창업 아이디어를 얻는 법.
- 미래창조과학부 미래준비위원회. 10년 후 대한민국 뉴노멀시대의 성장전략 보고서.
- 국무조정실. 전국 17개 지역 창조경제혁신센터. 2016.2.29.
- 과학기술정책연구원. 이스라엘의 기업가정신: 이스라엘 기업가정신과 육성에 대해. 과학기술정책 통권 196호. 제24권. 제3. 4호(2014.10.31).
- 과학기술정책연구원. 창조경제와 기업가정신. 과학기술정책 통권 196호. 제24권. 제3. 4호(2014.10.31).
- ScienceTimes. 과학에서 시작하는 '생각의 탄생' 2012.8.23.
- ScienceTimes. 천재 발명가 보다 혁신가 원한다. 2016.7.22.
- 창업경영신문 http://www.sbiznews.com). 창업 시장, '웰빙' 바람 거세다.
- 플래텀. 브랜드란 무엇인가? 2013.2.12.
- 플래텀. 창업아이디어를 테스트하는 10가지 방법. 2013.7.31.
- 플래텀. 왜 창업을 하는가? 2013.10.11.
- Bizion. 기존 시장에서 새로운 '가치'를 창출하라. 2013.9.9.
- CnE 혁신연구소(www.insightinstory.com). 레이건과 구두.
- CnE 혁신연구소. 실패를 허용하고 장려하는 구글(Google).
- CnE 혁신연구소. 창업을 하기 전에 스스로에게 물어야 할 10가지 질문.
- CnE 혁신연구소. 창의력을 깨우는 10가지 확실한 방법. 원 출처: 시카고 트리뷴지. 온라인 사이트. '혁신과 기업가정신'

- LG화학 사보. 창조는 모방에서 시작된다. 2014년 8월호.
- 삼표시멘트 계간 사보 〈삼표가 Green 세상〉 실패를 두려워하지 마라. 2017년 여름호.
- 도레이첨단소재(주) 사보. 혁신이 주업인 회사 3M. 2015년 10월호.
- 비즈업. 내 사업 분석해 보기. https://brunch.co.kr/@bzup/51 2016.5.25.
- 브랜딩리드. 창업자를 위한 아홉 가지 브랜드 상식(슬로건의 내용, 형태).
- 모비인사이드. 우수한 품질과 독특함 중 하나를 선택해야 한다면? 2017.12.22.
- KET-NYET. 세계의 교육혁명: 기업가적 인재를 양성하라! 2017.3.21.

찾아보기

【저자소개】

수공(修空) 유성은(庾聖銀)

〈경 력〉

- 수공(修空) 유성은(分聖銀) 충청북도 옥천 출생
- 한남대학교 경영학과 학부, 석사, 박사 졸업(경영학 박사)
- 중등학교 정교사, 효지도사, 칭찬지도사, 인성교육지도사
- 우송대학교 관광호텔 외식경영학부 초빙교수
- 우송대학교 경영대학원(외식 CEO과정) 지도교수
- 한남대학교, 충남대학교, 대덕 대학교, 거제대학교 등 출강
- 건양대학교 외래교수 및 창업 심사위원
- 한남대학교 경영연구소 전임연구원
- 건양대학교 군사과학연구소 연구원
- 성산효대학원 대학교. 대전 효지도사 교육원 교수
- 한국직업능력 개발원. 직업능력 개발 훈련(교육)기관 평가팀장
- 대전광역시 서구 민선 6기 공약이행 평가위원
- 대전광역시 노인복지관. 사회적 효행운동본부 부본부장
- 대한민국 병역명문가 선정－〈유성은가문〉 병무청(2015 - 360)
- 〈경영 및 인성함양 교실〉 동행 정수(正修)학당 학장
- 다음카페 〈정수학당(http://cafe.daum.net/js-sch00l)〉 카페지기

〈연구논문〉

- 자전거 이용 증대를 위한 마케팅 전략－석사학위 논문
- 중소 제조 기업의 환경경영 관행(EMS) 애로점에 관한 연구－한국중소기업학회
- e-biz기업 경영자들의 윤리 경영에 관한 연구－한남대 경영연구소
- 기업 윤리수준 결정 요인에 관한 연구－한국외식산업학회
- 기업 윤리수준이 경영성과에 미치는 영향－박사학위 논문

〈저 서〉

- 기업윤리와 경영성과－한국 학술 정보. 2007
- 지성인(知性人)들의 세상보기－비즈프레스(Bizpress). 2010
- 효행(孝行)은 행복의 마중물－비즈프레스(Bizpress). 2011
- 만리향(萬里香)의 인품과 동행－비즈프레스(Bizpress). 2012
- 스토리(story) 창업경영－피앤씨미디어(P&C Media). 2013
  (2013 문화체육관광부 우수도서 선정)
- 스토리(story) 창업경영 개정 2판－피앤씨미디어(P&C Media). 2014
- 스토리(story) 기업가정신－피앤씨미디어(P&C Media). 2015
- 스토리(story) 창업과 경영 사례－피앤씨미디어(P&C Media). 2015
- 우리 삶의 고귀한 알맹이－마인드탭(MIND TAP). 2015
- 스토리(story) 기업가정신 개정 2판－피앤씨미디어(P&C Media). 2016
- 스토리(story) 창업과 경영 사례 2판－피앤씨미디어(P&C Media). 2017
- 스토리(story) 창업경영 개정 3판－피앤씨미디어(P&C Media). 2017

스토리 창업 & 창업가정신

초판 인쇄 2018년 8월 15일
초판 발행 2018년 8월 20일

지은이 유성은
펴낸이 박노일

총괄기획 김중용 · 최준규
편 집 심성보

펴낸곳 pnc publishing and culture 피엔씨미디어
경기도 고양시 일산동구 강송로 153 310-1501
등록 제396-2012-000203호
전 화 070)7550-3758 팩 스 02)718-8554
홈페이지 www.pncmedia.co.kr 이메일 pnc@pncmedia.co.kr
ISBN 979-11-5730-568-1 93320

정 가 25,000원